Das Osmanische Reich in Schülervorstellungen und
im Geschichtsunterricht der Sekundarstufe I und II

Mehrsprachigkeit

herausgegeben von
Wilhelm Grießhaber
und Jochen Rehbein

Band 51

Tülay Altun

Das Osmanische Reich in Schülervorstellungen und im Geschichtsunterricht der Sekundarstufe I und II

Eine rekonstruktiv-hermeneutische Analyse von Passungen und Divergenzen unter Berücksichtigung der Bedingungen der Migrationsgesellschaft

Waxmann 2021
Münster • New York

Diese Arbeit wurde 2020 als Dissertation zur Erlangung des akademischen Grades Dr. phil. von der Fakultät für Geisteswissenschaften der Universität Duisburg-Essen angenommen. (Gutachterinnen: Prof. Dr. Heike Roll, Prof. Dr. Katharina Brizić, Datum der Disputation: 15. Mai 2020)

Bibliografische Informationen der Deutschen Nationalbibliothek
Die Deutsche Nationalbibliothek verzeichnet diese Publikation in der Deutschen Nationalbibliografie; detaillierte bibliografische Daten sind im Internet über http://dnb.dnb.de abrufbar.

Mehrsprachigkeit/Multilingualism, Band 51
ISSN 1433-0792
Print-ISBN 978-3-8309-4328-0
E-Book-ISBN 978-3-8309-9328-5

© Waxmann Verlag GmbH, 2021
Steinfurter Straße 555, 48159 Münster

www.waxmann.com
info@waxmann.com

Umschlaggestaltung: Pleßmann Design, Ascheberg
Idee Umschlag und Logo: Ivika Rehbein-Ots
Satz: MTS. Satz & Layout, Münster
Druck: CPI Books GmbH, Leck

Gedruckt auf alterungsbeständigem Papier,
säurefrei gemäß ISO 9706

Printed in Germany

Alle Rechte vorbehalten. Nachdruck, auch auszugsweise, verboten.
Kein Teil dieses Werkes darf ohne schriftliche Genehmigung des Verlages in irgendeiner Form reproduziert oder unter Verwendung elektronischer Systeme verarbeitet, vervielfältigt oder verbreitet werden.

Danksagung

Die Entstehung der vorliegenden Arbeit geht auf verschiedene Aspekte in meinem Leben zurück: Meine *Familie*, durch die ich die Bedeutung einer gerechten Gesellschaft wie auch die stetige Reflexion von gesellschaftlich bedeutenden Themen lernte; meine berufliche Rolle als *Lehrerin*, durch die ich auf der einen Seite immer wieder meine Profession beweisen musste, auf der anderen Seite als Vorbild für viele Schüler*innen fungierte; meine *Erlebnisse und Erfahrungen* im Alltag, durch die ich immer wieder mit gesellschaftlich konstruierten und rekonstruierten Differenzmarkierungen konfrontiert wurde und den Umgang mit diesen lernen musste; viele wichtige Gespräche mit vielen *besonderen Menschen* in meinem Leben, mit denen ich immer wieder mit Leidenschaft und genuinem Interesse lernen und lehren, diskutieren und streiten, erleben und erfahren durfte.

In der Zusammenführung all dieser Aspekte, die meine Forschung essentiell prägten, konnte diese vorliegende Arbeit entstehen. Dafür möchte ich mich bei all den Menschen bedanken, die die Entstehung und Fertigstellung dieser Arbeit ermöglicht haben.

Mein herzlicher Dank gilt Prof. Dr. Heike Roll für ihre fachliche und persönliche Begleitung und Unterstützung meiner Arbeit. Die vielen spannenden Gespräche und Perspektiven, die sie immer wieder in meinen Forschungsprozess hineinbrachte, ermöglichten mir die Freiheit und den Mut, interdisziplinäre Ansätze zu einem Grundbaustein meiner Forschung zu machen. Ganz besonders möchte ich ihr dafür danken, dass sie mich in die ‚Welt der Funktionalen Pragmatik' einführte, die eine absolute Bereicherung für meine Arbeit, aber auch für mein Handeln und Reflektieren ist.

Besonders bedanken möchte ich mich bei Prof. Dr. Katharina Brizić, die sich in einer Umbruchphase meines Forschungsprozesses bereiterklärte, die Zweitbegutachtung zu übernehmen. Die Entfernungen nach Freiburg, Berlin oder Wien haben sie nie davon abgehalten, viele und lange Gespräche mit mir zu führen; dafür möchte ich ihr danken. Mit ihrer transnationalen Forschungsperspektive und der damit verbundenen Offenheit prägte sie meinen Forschungsblick. Ohne ihre überzeugenden und kreativen – fast schon musikalisch klingenden – Ideen hätte meiner Arbeit ein ganz besonderer Blick insbesondere auf das zentrale dichotome Begriffspaar *Passungen und Divergenzen* gefehlt.

Neben meinen beiden Gutachterinnen gilt ein ganz besonderer Dank Dr. Claudia Benholz, die die Geburtsstunde meiner Forschungsideen mit großem Interesse begleitet und geprägt hat. Sie hatte immer Zeit für Fragen oder Probleme, hatte aber auch immer Lösungen. Ich erinnere mich an ihre Frage „Möchtest du, dass wir uns jeden Freitag treffen und über deine Dissertation sprechen?" Trotz der vielen Aufgaben und Verpflichtungen, die Claudia hatte, wird jeder/jede diesen Satz kennen, der/die das Glück hatte, mit ihr zu arbeiten. Neben der Sicherheit, von Claudia immer zu allem eine Rückmeldung zu bekommen, war die Arbeit mit ihr auch immer ein sportliches Arbeiten. Claudia wollte immer, viel und tatsächlich helfen.

Katrin Günther, mit der ich viele Jahre das Büro teilte und sehr viele, lange und analytische Gespräche geführt habe, möchte ich auch meinen herzlichen Dank aussprechen. Danke für die Unterstützung.

Im Laufe der Zeit wurden viele Kolleg*innen zu wertvollen Freund*innen. Ich möchte all meinen Freund*innen, gewordenen Freund*innen und Kolleg*innen von ganzem Herzen danken. Ganz besonders geht mein Dank an *ProDaZ* als Team mit einem ganz besonderen Ort: das Büro von Georgia Galanopoulou. Auch gilt mein Dank dem ganzen Institut Deutsch als Zweit- und Fremdsprache – allen ein großes Dankeschön.

Liebe Schüler*innen des Förderunterrichts, vielen lieben Dank für eure Unterstützung. Ohne euch hätte diese Arbeit nicht entstehen können. Ich hoffe, dass ich mit dieser Arbeit einen Beitrag dazu leisten kann, dass die Themen, die euch beschäftigen, in Wissenschaft und Praxis diskriminierungskritisch und differenzsensibel reflektiert werden können und ihr – ungeachtet eurer jeweiligen Voraussetzungen – irgendwann ein zugängliches Schulsystem vorfindet. Bis dahin ist es jedoch noch ein langer Weg.

Mein ganz besonderer Dank gilt meiner Familie, die immer und in jeglicher Form unterstützt hat: bedingungslos und mit absoluter Selbstverständlichkeit. Ein Dissertationsprojekt neben einer vollen Stelle zu verfolgen, war mir nur möglich, weil ich eine ganz besondere Familie habe.

Summary

The motivation for my research was my personal teaching experience in the subject of history. In this context, I frequently observed students reproducing marked distinctions whenever historical contents were particularly relevant to them, yet not addressed in history lessons (here: The Ottoman Empire). However, history lessons are institutionally intended as a space for the joint historical learning and thinking of all participating students. The observed gap between the intentions of the institution, on the one hand, and the relevance for students, on the other, has been the starting point for my work.

Based on my observations, I assumed that student perspectives are not sufficiently taken into account in the institutional teaching of history. However, in order for all students to be able to relate school contents relevant to personal and social concern and everyday life (Jeismann 2000; Gautschi/Hodel/Utz 2009), contents relevant to the students (here: The Ottoman Empire) should also be addressed in history lessons. A history class that intends to relate to the experiences, concepts and knowledge of all students must take into account all students' reality of life, which is, in late modernity, the continuous reality of migragration (Mecheril 2016).

The students' conceptions of the Ottoman Empire therefore formed the core object of my research. In historical-didactic discourse, the students' conceptions are regarded as the starting point for historical learning, which enables the "Verstehen der im Geschichtsunterricht behandelten historischen Sachverhalte" (Günther-Arndt 2006, p. 274). Thus, learning in history lessons can be understood as the development, change and modification of conceptions into "Auschnitt[en] aus dem Universum des Historischen" (Gautschi 2011, p. 49). This leads to the conclusion that addressing the content of the Ottoman Empire can also lead to the construction of meaning through time experience (Rüsen 1997). For my object of research, this raises the following questions: What knowledge do students have about the Ottoman Empire? Is this content addressed in history lessons and its media, and how is this done? In addition, the focus is on the accordance or mismatch between (as individually habitualized structure) and institutionally regulated contents.

Based on these preliminary considerations I generated my research questions, these in turn relating to the institution of school, on the one hand, and the reality of migration society, on the other. The resulting accordances and mismatch between society, institution and the individual have shaped the framework for my analysis, leading to an innovative approach for the *theoretical part*.

Starting with the connection between school and educational inequality from a socio-educational, sociolinguistic and socio-cultural perspective (e.g. Bourdieu 1982), the emphasis was placed on the subject of history teaching with its core dimensions of historical consciousness as a mental (Jeismann 2000) and historical culture as a collective (Rüsen 1995) system. It was followed by a discussion of the core competence of history teaching, narrativity as historical narrative (Barricelli 2005). Historical narrative and the formation of a historical identity (Meyer-Hamme 2008) was also a part of the analysis. The comparative view of history teaching from the perspective of migration pedagogy and the so-called intercultural perspective was also central. In further concretization the discourse of textbook research and the consideration of migration-related reality were also discussed. Analogously, the discussion on students' conception as a significant part of migration-related reality was also included. The theoretical part was concluded by a scientific discussion of selected topics concerning the Ottoman Empire.

Thus, the framework of the analysis required an interdisciplinary consideration of three theoretical discourses: history didactics and science, sociolinguistics (Brizić 2007; Morek/Heller 2012) and migration pedagogy (Mecheril 2004, 2016; Heinemann/Dirim 2016). It is only through this interdisciplinarity that the connection between society, institution and the individual can be viewed from a perspective that is critical of power and difference in order to analyze accordances and mismatches.

The empirical part of the work comprises a pre-study (substudy A) and a two-part main study (substudy B and C). With the pre-study the explorative development of a new research field was made possible by means of guided interviews. In the main study first, institutional guidelines were collected followed by the students' conception through guided interviews and group discussion. Therefore, *substudy A* represents the first scientific approach to the research of student conceptions of the Ottoman Empire. The inductive approach enabled the development of categories from the interviews which resulted in the topic areas for the planning of the main study.

Within the framework of *substudy B* a descriptive review of the core curricula used in North Rhine-Westphalia followed by a frequency analysis of selected history textbooks at secondary education level I and II was carried out. The core curricula were reviewed at a structural and content level. At the structural level it appeared that the core curricula of secondary education level I predominantly use a chronological structuring principle whereas the core curricula of secondary education level II mostly structure the contents according to a diachronic longitudinal section. The content review of the core curricula revealed that the

Ottoman Empire is not mentioned in secondary education level I at all. In secondary education level II it only appears in content field 2. The results show that

- on a structural level an openness of the core curricula to the Ottoman Empire needs multi-perspective structuring principles and
- on the level of content, a religiously marked image of the Ottoman Empire is constructed. The concepts *Ottoman Empire, Islam, Muslims* are hardly differentiated so that it can lead to an order of difference between *we* (Christianity) and *non-we* (Islam).

For the frequency analysis two categories of terms were generated and the chapter on World War I was selected from competence-oriented history textbooks. The frequency of terms was considered for the individual chapters, the respective stages of education and cross educational stages. The results of the analysis of the cross educational review of textbooks show i.e. that the terms from category 1 are found more frequently in secondary education level II books and the terms from category 2 in secondary education level I books. From these results it can be concluded that

- it is hardly possible to address the concept of nations in lower secondary schools
- but the analyzed chapter offers reasons for the reception of both categories of terms.

Substudy C allowed a reconstructive-hermeneutic exploration of individual (individual interviews) and collective (group discussion) knowledge structures about the Ottoman Empire. The group discussion served as a central tool.

In both interaction constellations the subjective concept of Islam plays a central role in the construction of conceptions about the Ottoman Empire in its historical context and its position in the students' reality. The concept of Islam is used to justify social structures and contexts and as a strategy for legitimizing the own conceptions. In contrast to the individual interviews, in the group discussion the dynamics of the interaction enables a construction of the conceptions in a comparative way almost consistently. For this purpose, the students were using the topos '*Everything was better back then*'. It is also noticeable that the group discussion reproduced positions and attributions that are marked more strongly by society.

The central results of the group discussion are dichotomous superordinate concepts (perpetrator-victim concept, then-today concept, positive-negative concept, power-weakness concept), which the students construct their conceptions on. These superordinate concepts extend the so-called basic concepts ("rich/poor" and "up/down") that exist in the didactics of history and enable students' conceptions to be analyzed with regards to social affiliations and differences. The perpetrator-victim concept in particular is used by students to produce concepts of social difference that they often assume to be legitimate and only question critically to a limited extent.

Through a formal reconstruction and discourse-structuring steps of the documentary method negative and positive horizons could be worked out in which the overarching concepts are reflected. It is shown that the students use the positive-negative concept in a negative horizon to construct the role of Muslims in contemporary society. This construction is based, among other things, on the collective guilt of Muslims who are attributed as 'uneducated'. At many points the discourse among students it becomes apparent that the group of Muslims or foreigners and the group of non-Muslims is mainly produced on the basis of a subjective concept of Islam and thus, in the words of Messerschmidt (2014), the socially produced disposition of descent comes into play.

With extending the analytical perspective by functional reconstruction it was possible to analyze the purpose of the linguistic actions of the students' conceptions. It becomes apparent that the students* realize the reference to collective knowledge and common frames of orientation as well as the focusing, restructuring and expansion of collective knowledge through operative particles. The fact that the conceptions are homologous experiential backgrounds and subjunctive knowledge becomes clear through the use of pragmatic quantifications. Their conceptions of the then-today concept are verbalized through time deixis. It becomes clear that time-wise the students can only orient themselves from their collective space of action. Interestingly, the use of personal deixis which can be interpreted as a social difference marker stands out. The personal deixis '*we*' is used to produce the group of Muslims or foreigners which is juxtaposed in opposition to the socially legitimate group of non-Muslims or '*German-influenced persons*'.

It was only through the intertwining of the documentary method (Bohnsack 2007) and the language-theoretical approach of Functional Pragmatics (Ehlich/Rehbein 1986) that precisely these concepts could be worked out. On the basis of the students' internal statements the concepts of *Islam, religion, nationalism* and *ethnicity*, i.a. could be reconstructed. The concepts are transferred from the present into the past without reflection and are thus shaped subjectively. At the center of the explanations is an undifferentiated reference to the present.

This analytical perspective allows for the reconstruction of subjunctive frames of orientation and knowledge of action on the Ottoman Empire to uncover those schemas and practices which in Mecheril's words produce natio-ethno-culturally and religiously coded mechanisms of attribution and distinguish between a '*we*' and a '*non-we*'. Results from the analysis of the procedures and linguistic actions show that in the group discussion the students negotiate their knowledge structures in the form of sentences and maxims by repeatedly discussing social presuppositions.

My work provides implications on the importance of interdisciplinarity in research that can be derived from the theoretical, methodological and empirical part. Through the theoretical framework the relevance of interdisciplinarity becomes clear, especially for the analysis of accordances and mismatches which arises from the mesh of society, institution, the individual and can be made useful for all subject didactics. Moreover, it becomes clear that migration education must be considered as a cross-sectional field of work. The methodological interweaving has proven to be suitable for the reconstruction of individual and collective student conceptions. The reconstructed superordinate concepts can create a reflexive space for all students and therefore make a history lesson that is critical of power and differences possible.

The results of my research illustrate the relevance of follow-up studies critical of power and difference for historical-didactic discourse.

Inhalt

| 1 | **Fragestellung und Aufbau der Untersuchung** | 19 |

Theoretischer Hintergrund

2	**Passungen und Divergenzen: Schule unter den Bedingungen der Migrationsgesellschaft**	35
2.1	Migration als Veränderungsprozess für die Gesellschaft	35
2.2	Bildungsdiskurse und Migration	38
2.3	Bildungsforschung und Migration	41
2.3.1	Entwicklungen des bildungspolitischen Diskurses	42
2.3.2	Ergänzende Perspektive des Diskurses um Migrationsgesellschaft und die Produktion von Passung und Divergenz	46
2.4	Bildung, Schule, Sprache und Migration: Passungen und Divergenzen	52

3	**Passungen und Divergenzen: Geschichtsunterricht unter den Bedingungen der Migrationsgesellschaft**	67
3.1	Geschichtsunterricht und Migration	69
3.2	Historisches Lernen und Narrativität	76
3.3	*Geschichtsbewusstsein* als zentrale Dimension des Geschichtsunterrichts	80
3.3.1	Die Kompetenzorientierung in Kompetenzmodellen des Geschichtsunterrichts	83
3.3.2	Das Kompetenzmodell von Gautschi	89
3.4	*Geschichtskultur* als weitere zentrale Dimension des Geschichtsunterrichts	93
3.5	Historisches Erzählen und die Entwicklung historischer Identitäten unter den Bedingungen der Migrationsgesellschaft	100
3.6	*Interkultureller Geschichtsunterricht*: ein Konzept zur Berücksichtigung der Bedingungen der Migrationsgesellschaft?	111
3.6.1	Entwicklungen im Forschungsdiskurs zum *interkulturellen* Geschichtsunterricht	112
3.6.2	*Interkultureller Geschichtsunterricht*: kein Konzept zur Berücksichtigung der Bedingungen der Migrationsgesellschaft	124

4	**Passungen und Divergenzen: Schulbücher als Ausgangspunkt des (historischen) Lernens**	128
4.1	Bestimmung und Entwicklung des Schulbuches im Forschungsdiskurs	129
4.2	Schulbuchforschung im geschichtsdidaktischen Forschungsdiskurs	134
4.3	Geschichtsdidaktische Schulbuchforschung und der Einfluss der Migrationsgesellschaft	145

5	**Passungen und Divergenzen: Schülervorstellungen als Ausgangspunkt des (historischen) Lernens**	153
5.1	Sprach- und wissenssoziologische Ansätze bei der Bestimmung von Schülervorstellungen	156
5.2	Fachdidaktische Perspektiven bei der Bestimmung von Schülervorstellungen	163
5.2.1	Die Bedeutung von Schülervorstellungen im Diskurs der naturwissenschaftlichen Fachdidaktik	165
5.2.2	Schülervorstellungen im geschichtsdidaktischen Diskurs	168
5.3	Schülervorstellungen im Geschichtsunterricht unter den Bedingungen der Migrationsgesellschaft	174
6	**Passungen und Divergenzen: das Osmanische Reich als historischer Gegenstand**	177
6.1	Der Ursprung und die Entstehung des Osmanischen Reichs und ihre Bezeichnungspraxen	181
6.2	Die Bevölkerung im Osmanischen Reich	183
6.3	Das Phänomen des *Devşirme*	190
6.4	Der Harem im Osmanischen Reich und seine Rekonstruktion	196
6.5	Die Tanzimat-Zeit	203
6.6	Die Entwicklung eines nationalen Bewusstseins unter der Herrschaft der Jungtürken und die daraus resultierenden gesellschaftlichen Entwicklungen am Ende des Osmanischen Reichs	208
6.6.1	Die Bewegung der Jungosmanen	209
6.6.2	Die Bewegung der Jungtürken	212
6.6.3	Der Nationalismus der Jungtürken	214
6.6.4	Entstehung von Unruhen und die daraus resultierenden gesellschaftlichen Veränderungen im Osmanischen Reich	215
6.7	Die Entstehung eines Nationenverständnisses am Ende des Osmanischen Reiches und ihre Bedeutung für die Gegenwart	220

Empirische Studie: Teilstudie A

7	**Prästudie: Schülervorstellungen als Ausgangspunkt des (historischen) Lernens**	229
7.1	Forschungsmethodisches Vorgehen in der Prästudie	229
7.1.1	Teilnehmende der Prästudie	230
7.1.2	Design der Prästudie	231
7.2	Zusammenfassung der Ergebnisse aus der Prästudie	233
7.3	Generierung der Forschungsschwerpunkte für die Teilstudien B und C	247

Empirische Studie: Teilstudie B

8	Hauptstudie: institutionelle Vorgaben und ausgewählte Lehrwerke des Geschichtsunterrichts in NRW – das Osmanische Reich im Geschichtsunterricht	248
8.1	Kernlehrpläne als institutionelle Vorgabe für den Geschichtsunterricht	249
8.2	Forschungsmethodisches Vorgehen: deskriptive Sichtung von Kernlehrplänen des Geschichtsunterrichts der Sekundarstufe I und II .	251
8.3	Ergebnisse aus der deskriptiven Sichtung der Kernlehrpläne	254
8.3.1	Strukturelle Vorgaben der Kernlehrpläne	254
8.3.2	Inhaltliche Vorgaben der Kernlehrpläne	256
8.4	Zusammenfassung der Ergebnisse: Schlussfolgerung aus der Sichtung der Kernlehrpläne	265
8.5	Ausgewählte in NRW zugelassene Geschichtslehrwerke	268
8.6	Forschungsmethodisches Vorgehen: Frequenzanalyse ausgewählter Lehrwerke des Geschichtsunterrichts in NRW	269
8.7	Ergebnisse der Frequenzanalyse ausgewählter Geschichtslehrwerke ..	271
8.7.1	Allgemeine Daten der ausgezählten Geschichtslehrwerke	271
8.7.2	Ergebnisse der Geschichts- und Gesellschaftslehrebücher der Sekundarstufe I	273
8.7.3	Ergebnisse der Geschichtslehrwerke der Sekundarstufe II	278
8.7.4	Vergleich der Ergebnisse beider Bildungsetappen	282
8.8	Zusammenfassung der Ergebnisse	284

Empirische Studie: Teilstudie C

9	Hauptstudie: das Osmanischen Reich in Schülervorstellungen ..	286
9.1	Forschungsmethodisches Vorgehen	287
9.1.1	Der Zusammenhang von Sprache und Wissen bei der Konstruktion von Vorstellungen	287
9.1.2	Die Dokumentarische Methode der Interpretation nach Mannheim ..	290
9.1.3	Methodologische Überlegungen zur Dokumentarischen Methode	291
9.1.4	Die Dokumentarische Methode als gegenwärtiger sozialwissenschaftlicher Forschungszugang	293
9.1.4.1	Interpretationsschritte der Dokumentarischen Methode	294
9.1.4.2	Begriffsinventar zur Diskursorganisation	297
9.1.4.3	Auswahl zweier Verfahren: das leitfadengestützte Interview und die Gruppendiskussion	300
9.1.4.3.1	Das leitfadengestützte Interview	300
9.1.4.3.2	Das Gruppendiskussionsverfahren	303

9.1.4.3.3	Gemeinsamkeiten der methodischen Instrumente Interview und Gruppendiskussion bei der Rekonstruktion von Schülervorstellungen	306
9.1.5	Die Funktionale Pragmatik als linguistische Vertiefung in Anlehnung an den gesprächsanalytischen Ansatz der Dokumentarischen Methode	307
9.1.6	Schülervorstellungen zum Osmanischen Reich: Rekonstruktion von Wissensstrukturen	319
9.1.7	Betrachtung der Fallstudie als übergreifende Forschungsstrategie	320
9.1.7.1	Entstehung des Forschungsdesigns	320
9.1.7.2	Forschungskontext, Forschungsinteresse und Forschungsfragen	322
9.1.7.3	Forscherrolle im Feld und der Umgang mit Forscher-Reflexivität	323
9.1.7.4	Die Beschreibung der Probanden	325
9.2	Ergebnisse der Einzelinterviews: Rekonstruktion von Schülervorstellungen zum Osmanischen Reich	328
9.2.1	Kategorien des Erfahrungswissens von Schüler*innen zum Osmanischen Reich in den Einzelinterviews	329
9.2.2	Schülerwissen zum OR	330
9.2.3	Erste Auseinandersetzung mit dem OR	339
9.2.4	OR im Freundes- und Bekanntenkreis: Umgang und Position	347
9.2.5	Bedeutung des OR für die eigene Gegenwart	351
9.2.6	OR in der Schule: Relevanz und Behandlung	356
9.2.7	Zusammenfassung der Einzelinterviews	361
9.3	Ergebnisse der Gruppendiskussion: Rekonstruktion von Schülervorstellungen zum Osmanischen Reich	365
9.3.1	Auswahl des Analysematerials für die Gruppendiskussion	365
9.3.2	Zusammenfassung der Gruppendiskussion	367
9.3.3	Exemplarische Rekonstruktionen und Zusammenfassung rekonstruierter Schülervorstellungen	370
9.3.3.1	Impuls 1	370
9.3.3.1.1	„Die Aufblühzeit der Osmanen war ja sehr stark, also die waren eine sehr lange Zeit sehr stark"	373
9.3.3.1.2	„[E]ine Aufgabe der Muslime [war es] ein Kalifat zu gründen"	382
9.3.3.1.3	„[I]m Osmanischen Reich wars ja eh voll untersagt, dich als Nation anzusehen"	394
9.3.3.1.4	Zusammenfassung rekonstruierter Schülervorstellungen zum Impuls 1 unter Berücksichtigung der Einzelinterviews	407
9.3.3.2	Impuls 2	412
9.3.3.2.1	„[I]ch weiß so, dass die Sultane den Islam nun Mal wissen, kennen. Und ich kann mir nicht vorstellen, dass sie aus Lust einfach sowas machen"	413
9.3.3.2.2	„Das Osmanische Reich [hat] nun Mal nicht seine Sprache, seine Kultur den Menschen dort aufgezwungen."	425
9.3.3.2.3	„Aber irgendwo sind wir Muslime auch selbst dran schuld."	440

9.3.3.2.4	Zusammenfassung rekonstruierter Schülervorstellungen zum Impuls 2 unter Berücksichtigung der Einzelinterviews	454
9.3.3.3	Impuls 3	463
9.3.3.3.1	„[J]edes Land hat seine Leichen im Keller"	464
9.3.3.3.2	„[D]er kann nichts dafür, dass das damals passiert ist, aber der kann auch nicht das, was damals passiert ist, gut reden. Geht nicht."	476
9.3.3.3.3	„ISIS gleich Islam, ist so als wenn du sagst, Vergewaltigung gleich Liebe"	480
9.3.3.3.4	Zusammenfassung rekonstruierter Schülervorstellungen zum Impuls 3 unter Berücksichtigung der Einzelinterviews	497
9.3.4	Zusammenführung zentraler Ergebnisse: curriculare Vorgaben, Lehrwerkinhalte und Schülervorstellungen zum Osmanischen Reich	504
10	**Übergreifende Zusammenführung der Ergebnisse, ihre Bedeutung für den Geschichtsunterricht und ein Ausblick**	**510**
10.1	Zentrale Ergebnisse: Schülervorstellungen zum Osmanischen Reich	514
10.2	Geschichtsunterricht in der Migrationsgesellschaft	523
11	**Anhang**	**527**
11.1	Abbildungsverzeichnis	527
11.2	Tabellenverzeichnis	528
11.3	Abkürzungen	529
11.4	Impulse Gruppendiskussion	530
11.4.1	Impulsblatt 1	530
11.4.2	Impulsblatt 2	531
11.4.3	Impulsblatt 3	532
12	**Literatur**	**533**
	Verwendete Lehrwerke und Materialien	561
	Kommentare aus einem digitalen Gästebuch	563
	Digitale Artikel gängiger Zeitungen	563

1   Fragestellung und Aufbau der Untersuchung

Migration als reales Phänomen der gesellschaftlichen Wirklichkeit Deutschlands hat selbstverständlich auch Einfluss auf Schule und Unterricht, wird jedoch in vielen fachdidaktischen Forschungsdiskursen kaum bis gar nicht berücksichtigt.[1] Differenzmarkierende Kategorien wie ‚Kultur' oder ‚Ethnie', die eine (‚national'-)gesellschaftliche Trennung produzieren, sind in diesen Diskursen noch immer weit verbreitet. Dies spiegelt sich auch in institutionellen Vorgaben von Schule wider, so dass insbesondere in Lehrplänen allgemeinbildender Schulen beispielsweise sogenannte *interkulturelle* Themen und Fragestellungen zu finden sind, die eine vermeintlich ‚bessere Teilhabe' am Unterricht und an der Gesellschaft intendieren.[2] Aus migrationspädagogischer Perspektive kann eine solche Intention innerhalb von Forschungsdiskursen, in öffentlichen Debatten wie auch in der pädagogischen Praxis differenzmarkierende Zuschreibungsmechanismen produzieren, die Schüler*innen in den sozialen Raum Schule einbinden, aber auch aus diesem ausschließen können.[3]

Die Anerkennung und Berücksichtigung der migrationsgesellschaftlichen Wirklichkeit hingegen kann die Analyse und Reflexion von Schule und Unterricht hinsichtlich gesellschaftlich produzierter Kategorien ermöglichen und differenzbegünstigende Praxen und Schemata kritisch hinterfragen. Es müssten dazu insbesondere jene Kategorien in den Fokus rücken, die zur Produktion und Reproduktion von Bildungs(un-)gleichheit im Kontext der *Migrationsgesellschaft* führen. Zu nennen wären Kategorien wie *Ethnie, Nationalität, Religion* oder *Geschlecht/geschlechtliche Identität/Gender*, die mit der Perspektive der *Migrationspädagogik* bei der Analyse von Zugehörigkeitsordnungen von Bedeu-

---

1   Im Vergleich zu fachdidaktischen Forschungsdiskursen gibt es im erziehungs- und bildungswissenschaftlichen Diskurs viele bedeutende Untersuchungen, auf die im Laufe der vorliegenden Untersuchung eingegangen wird. Einschlägig zu nennen wäre an dieser Stelle der Diskurs der Migrationspädagogik. Siehe dazu z. B. Mecheril, P. (2016): Handbuch Migrationspädagogik. Weinheim/Basel: Beltz Verlag.
2   Als Beispiel sei hier der Kernlehrplan für die Realschule in Nordrhein-Westfalen Geschichte genannt. Siehe dazu https://www.schulentwicklung.nrw.de/lehrplaene/lehrplan/155/KLP_RS_GE.pdf, [eingesehen am 20.07.2019].
3   Die Relevanz einer migrationspädagogischen Perspektive auf Schule führt Geier dezidiert aus, indem er eine differenz- und machtkritische ‚Re-Vision' der Schultheorie fordert. Siehe dazu Geier, T. (2016): Schule. In: Mecheril, P. (2016): Handbuch Migrationspädagogik. Weinheim/Basel: Beltz Verlag. S. 433–448.

tung sind.[4] Diese Kategorien können gesellschaftliche Strukturen in der Form mitbestimmen, dass sie als Marker von Unterschieden fungieren und zu gesellschaftlichen Differenzkategorien und Zugehörigkeitsordnungen führen. Die Produktion dieser Kategorien und Ordnungen sind prägend für die Bildungsbiographie von Schüler*innen, woraus sich die Notwendigkeit einer differenzsensiblen und diskriminierungskritischen Auseinandersetzung mit dem System Schule und seinen Akteur*innen ableiten lässt.[5]

In der Schule als Ort der Aushandlung von gesellschaftlichen Zugehörigkeiten sollen auf der Basis institutionell legitimierter Prinzipien und Inhalte Leistung und Chancengleichheit entwickelt und gesichert werden. Allen Schüler*innen sollen individuelle und gesellschaftliche Zugangsberechtigungen erwerben können, welche wiederum über individuelle Zukunftschancen entscheiden. Welche sozialen Ordnungen dabei reproduziert werden und welche Bedeutung dabei die Migrationsgesellschaft spielt, ist vor dem Hintergrund des Antagonismus von Fördern und Selektieren nicht ausreichend erforscht. Um diese Divergenz zu analysieren, braucht es verstärkt einen wissenschaftlichen Zugang zur Institution Schule, mit dem systemisch der Zusammenhang von *Gesellschaft, Institution und Individuum* ermöglicht wird. Denn der individuelle Bildungserfolg des einzelnen Schülers/der einzelnen Schülerin ist abhängig von der Zugänglichkeit institutioneller Rahmenbedingungen sowie den gesamtgesellschaftlichen Machtverhältnissen, durch die unterrichtliche Inhalte erfahrbar oder nicht erfahrbar gestaltet werden. Es geht folglich um die *Passung* bzw. *Divergenz* zwischen der Präsentation unterrichtlicher Inhalte einerseits und ihrer Zugänglichkeit für Schüler*innen andererseits. Beides – die Präsentation ebenso wie die Zugänglichkeit für Schüler*innen auf Basis ihrer Voraussetzungen – sind stets in institutionelle und gesamtgesellschaftliche Dominanzverhältnisse eingebunden. Es ist also geboten, mögliche Passungen oder Divergenzen aufzudecken zwischen dem, was Unterricht an die Schüler*innen heranträgt, und dem, was der einzelne Schüler/die einzelne Schülerin in den Unterricht mitbringt; denn genau diese Passungen und Divergenzen können die gesellschaftliche Dimensi-

---

4   Siehe dazu Mecheril, P. (2003): Prekäre Verhältnisse. Über natio-ethno-kulturelle (Mehrfach-)Zugehörigkeit. Münster/New York: Waxmann.
5   Siehe z. B. Radtke, F.-O. (2008): Schule und Ethnizität. In: Helsper, W./Jeanette, B. (Hrsg.): Handbuch der Schulforschung. Wiesbaden: VS Verlag für Sozialwissenschaften. S. 651–672 oder Ecarius, J. (2006): Biographieforschung und Lernen. In: Krüger, H.-H./Marotzki, W. (Hrsg.): Handbuch erziehungswissenschaftliche Biographieforschung. Wiesbaden: VS Verlag für Sozialwissenschaften. S. 91–108.

1 Fragestellung und Aufbau der Untersuchung

on der Offenheit der Institution Schule mit bestimmen.[6] Bei der Beschäftigung mit Unterrichtsinhalten bedarf es demzufolge einer verstärkten Analyse fachlicher Inhalte im Hinblick auf das „>>Geflecht verschiedener Machtdimensionen […], die in Wechselwirkung zu einander stehen<< und Bilder vom Anderen entwerfen, die >>in Kategorien der Über- und Unterordnung gefasst sind<<."[7] Erst durch die Analyse von unterrichtlichen Inhalten im Vergleich zu mitgebrachten Vorstellungen und Wissensstrukturen der Schüler*innen können Rückschlüsse auf individuelle, institutionelle und gesellschaftliche Passungen und Divergenzen gezogen werden, die für eine echte Teilhabe aller Schüler*innen von tragender Bedeutung sind.

Im Rahmen der vorliegenden Untersuchung geht es genau um diesen Zusammenhang zwischen Unterrichtsinhalten und mitgebrachten Wissensstrukturen der Schüler*innen, der durch die oben dargestellte Wechselwirkung von Gesellschaft, Institution und Individuum beeinflusst wird. Dazu wird der Blick auf den *Geschichtsunterricht und die Bedeutung von Schülervorstellungen*[8] für diesen Unterricht gerichtet und auf der Folie einer migrationspädagogischen Perspektive untersucht. Dementsprechend wird es in der vorliegenden Untersuchung um zweierlei gehen: Erstens wird aufgezeigt, wie sich in institutionell legitimierten Inhalten des Geschichtsunterrichts gesellschaftlich legitimierte Mechanismen von Inklusion und Exklusion widerspiegeln; und zweitens wird herausgearbeitet, in welchem Zusammenhang diese Inhalte zu individuellen Vorstellungen von Schüler*innen stehen.

Die Notwendigkeit, bei der Eruierung von Schülervorstellungen auch institutionelle und gesellschaftliche Bedingungen zu berücksichtigen, bildet dabei einen zentralen Aspekt der Analysefolie der vorliegenden Arbeit. Es wird da-

---

6   Im Rahmen der vorliegenden Untersuchung wird unter ‚Offenheit' die metakognitive und (selbst)kritische Auseinandersetzung mit Inhalten und Positionen verstanden, wodurch neben der Analyse von Differenzbeschreibungen und Dominanzverhältnissen auch Machtunterschiede reflektiert werden. Siehe dazu Mecheril, P. (2010) (Hrsg.): Migrationspädagogik. Weinheim und Basel: Beltz Verlag. S. 136f., 141 und 159f.
7   Vgl. Völkel, B./Pacyna, T. (2017): Neorassismus in der Einwanderungsgesellschaft: Eine Herausforderung für die Bildung. Bielefeld: transcript. Zit. nach. Rommelspacher, B. (1998): Dominanzkultur. Texte zu Fremdheit und Macht. Berlin: Orlanda-Frauenverlag. S. 22f. [Hervorhebung im Original].
8   Der Begriff Schülervorstellung(en) wird als Gegenstand des fachdidaktischen Forschungsdiskurses verstanden, der somit im Rahmen der vorliegenden Untersuchung als Fachbegriff verwendet wird. Aus diesem Grund wird bei diesem Begriff auf die geschlechtsspezifische Differenzierung in männlich, weiblich, divers verzichtet.

von ausgegangen, dass das Lernen im Geschichtsunterricht als die Entwicklung, Veränderung und Modifikation von Vorstellungen zu „Ausschnitt[en] aus dem Universum des Historischen"[9] verstanden werden kann. Die individuellen Vorstellungen der Schüler*innen zu historischen Gegenständen[10] bilden dabei einen bedeutenden Ausgangspunkt für das historische Lernen im Geschichtsunterricht. Das historische Lernen unter Berücksichtigung der mitgebrachten Vorstellungen ermöglicht die Förderung und stetige Weiterentwicklung eines reflektierten und selbstreflexiven Bewusstseins für Historisches sowie eine Orientierung in der Lebenswelt der Schüler*innen. Es geht demnach um die Förderung und Entwicklung des Geschichtsbewusstseins[11] der Schüler*innen, wodurch sie zum eigenständigen und kritischen historischen Denken angeregt werden sollen. Die Förderung des Geschichtsbewusstseins unter Berücksichtigung von Schülervorstellungen kann somit als ein zentrales Ziel des Geschichtsunterrichts betrachtet werden, das allen Schüler*innen eine gleichberechtigte Teilhabe an historischen wie auch an gesellschaftlichen Diskursen ermöglichen soll.

Der theoretische Bezugsrahmen dieses Zusammenhanges, also die Bedeutung von Schülervorstellungen für das historische Lernen im Geschichtsunterricht, wird in der Geschichtsdidaktik als wissenschaftlicher Konsens angenommen und findet eine breite Zustimmung in der geschichtsdidaktischen Unterrichtsforschung.[12] Die individuellen Schülervorstellungen zu historischen Gegenständen konstituieren sich aus subjektiven Haltungen und Einstellungen zum Gegenstand, aber auch aus einem individuellen Interesse diesem gegenüber.[13] Individuelle Vorstellungen stellen demnach eine wichtige Zugangsvoraussetzung zum historischen Lernen dar, da das historische Lernen im Geschichtsunterricht immer in Bezug zu bisherigen subjektiven Konzepten, Einstellungen

---

9   Vgl. Gautschi, P. (2011): Guter Geschichtsunterricht. Grundlagen, Erkenntnisse, Hinweise. Schwalbach/Ts.: Wochenschau Verlag. S. 49.

10 Die Bezeichnung historischer Gegenstand bezieht sich auf alle diskursiven Auseinandersetzungen zu historischen Inhalten, womit der Gegenstand zum Objekt und Ziel des historischen Denkens und Handelns wird.

11 Die von Karl-Ernst Jeismann in den 1960er Jahren geprägte Kategorie Geschichtsbewusstsein ist einer der zentralen Begriffe der Geschichtsdidaktik. Siehe dazu Kap. 3.3.

12 Über die Relevanz von Schülervorstellungen für den historischen Lernprozess herrscht in der geschichtsdidaktischen Forschung Einigkeit. Siehe dazu u. a. Günther-Arndt, H. (2011): Geschichts-Didaktik. Praxishandbuch für die Sekundarstufe I und II, 5. Aufl. Berlin: Cornelsen Scriptor.

13 Zum Zusammenhang von Interesse und Lernerfolg siehe u. a. Helmke, A. (2015): Unterrichtsqualität und Lehrerprofessionalität. Diagnose, Evaluation und Verbesserung des Unterrichts. 5. Aufl. Seelze: Klett-Kallmeyer.

und Überzeugungen erfolgt. Schülervorstellungen wurden daher in der Geschichtsdidaktik auf der Grundlage dieser konstruktivistischen Sichtweise empirisch untersucht, teils im Kontext des Conceptual-Change-Ansatzes, teils mit anderen theoretischen Zugängen.[14]

Die vorliegende Untersuchung setzt ebenfalls die Bedeutung von Schülervorstellungen für historische Lernprozesse im Geschichtsunterricht voraus, erweitert aber die Forschungsperspektive – im Gegensatz zu den in der Geschichtsdidaktik vorzufindenden Studien – um eine weitere Analyseperspektive, mit der das Verhältnis von Schülervorstellungen und historischen Lernprozessen im Geschichtsunterricht migrationspädagogisch akzentuiert wird.

Die Analyseperspektive des migrationspädagogischen Zugangs ermöglicht „die Beschreibung und Analyse jener Schemata und Praxen [der Inhalte des Geschichtsunterrichts], in denen zwischen natio-ethno-kulturellem ‚Wir' und ‚Nicht-Wir' unterschieden wird[, um] Bedingungen der Möglichkeit der Verflüssigung und Versetzung dieser Schemata und Praxen zu erkennen und zu stärken."[15] Mit Blick auf den geschichtsdidaktischen Diskurs können mit einer solchen forschungsperspektivischen Erweiterung innerhalb der vorliegenden Arbeit Schülervorstellungen auf institutionelle sowie auf gesellschaftliche Passungen und Divergenzen im Hinblick auf institutionell festgelegte historische Inhalte hin analysiert werden.

Um diesem Zusammenhang nachgehen zu können, wird ein spezifischer historischer Inhalt gewählt: das *Osmanische Reich*. Für die Analyse der inhaltlichen Passungen und Divergenzen werden folgende Leitfragen von Bedeutung sein:

- Verfügen Schüler*innen der Sekundarstufe I und II über individuelle Vorstellungen zum Osmanischen Reich? Wenn ja, welche Vorstellungen konstruieren Schüler*innen zum Osmanischen Reich?
- Wird der Inhalt Osmanisches Reich in den Kernlehrplänen von Nordrhein-Westfalen (NRW) des Geschichtsunterrichts der Sekundarstufe I und II be-

---

14 Zu geschichtsdidaktischen Studien über den Conceptual-Change-Ansatz siehe u. a. Günther-Arndt, H. (2006): Conceptual Change-Forschung: Eine Aufgabe für die Geschichtsdidaktik? In: Günther-Arndt, H./Sauer, M. (Hrsg.): Geschichtsdidaktik empirisch. Untersuchungen zum historischen Denken und Lernen (Zeitgeschichte – Zeitverständnis, Bd. 14). Münster/Hamburg/Berlin/London: LIT Verlag. S. 251–278, zu Studien mit anderen theoretischen Zugängen siehe u. a. Zülsdorf-Kersting, M. (2007): Sechzig Jahre danach: Jugendliche und Holocaust. Eine Studie zur geschichtskulturellen Sozialisation. Berlin: LIT Verlag.
15 Vgl. Mecheril, P. (2014): Kritik als Leitlinie (migrations-)pädagogischer Forschung. S. 160. In: Ziegler, A./Zwick, E. (Hrsg.): Theoretische Perspektiven der modernen Pädagogik. Münster: LIT Verlag. S. 159–173.

rücksichtigt? Wenn ja, in welchen Inhaltsfeldern des Kernlehrplans NRW wird der Inhalt Osmanisches Reich berücksichtigt?
- Wird der Inhalt Osmanisches Reich in Geschichtslehrwerken der Sekundarstufe I und II behandelt?
- Und in welcher Beziehung – Passung oder Divergenz – stehen Lernlehrpläne bzw. Geschichtslehrwerke zu den Schülervorstellungen?

Die Eruierung von Schülervorstellungen zum Osmanischen Reich, wie sie in der vorliegenden Arbeit durchgeführt wird, erweitert die Diskussion innerhalb der geschichtsdidaktischen Schülervorstellungsforschung entscheidend, da zu diesem inhaltlichen Bereich noch keine bekannten Forschungsergebnisse vorliegen. Auch konnte – im Gegensatz zur Forschungslage – die Verfasserin der vorliegenden Untersuchung aus ihrer Praxiserfahrung im Geschichtsunterricht durchaus großes Interesse von Schüler*innen am Inhalt Osmanisches Reich feststellen. In der Tat sind immer wieder Aussagen von Schüler*innen aufgekommen, die die Nichtbehandlung des Inhalts Osmanisches Reich im Geschichtsunterricht kritisierten. Die folgenden Originalzitate[16] verdeutlichen einige der Schüler*innenaussagen:

„Warum sprechen wir nie über das Osmanische Reich? Das ist doch auch ne wichtige Geschichte."

„Warum kommt im Geschichtsunterricht immer nur Hitler vor? Können wir auch mal über meine Geschichte, also die Osmanen sprechen?"

„Damit wir die Beziehungen der Länder auf der Welt verstehen, müssen wir doch im Geschichtsunterricht auch über Länder sprechen, die außerhalb Europas sind, zum Beispiel Japan oder so. Ich finde, wir müssen auch über das Osmanische Reich sprechen. Das ist das größte Reich in der Geschichte."

„In unserem Geschichtsbuch steht nichts über die Osmanen, aber über alle anderen schon."

Alle Aussagen verdeutlichen, dass das Osmanische Reich im Kontext des Geschichtsunterrichts dieser Schüler*innen als nicht behandelter Inhalt kategorisiert und als zu berücksichtigender Inhalt bedeutend gewichtet wird. Die Aussagen belegen weiterhin, dass die Schüler*innen zu historischen Inhalten

---

16 Die Verfasserin der vorliegenden Untersuchung dokumentierte im Rahmen ihrer Tätigkeit als Lehrerin für Geschichte in Gedächtnisprotokollen die Reaktionen ihrer Schüler*innen zu den Inhalten des Geschichtsunterrichts in Form von Zitaten.

1 Fragestellung und Aufbau der Untersuchung

bestimmte Interessensschwerpunkte haben, mit denen sie sich im Geschichtsunterricht auseinandersetzen möchten.[17]
Für den Inhalt Osmanisches Reich ist demnach, in Anlehnung an die Äußerungen der Schüler*innen, eine „historische Bedeutungszuweisung"[18] und somit eine Verortung in der Gegenwart und der Antizipation möglicher Zukunftsperspektiven abzuleiten, welche für die Entwicklung des Geschichtsbewusstseins des Individuums als Bedingung verstanden werden kann. Die „persönliche[…] und soziale[…] Betroffenheit […] [und der] unmittelbare[…] Lebensbezug[…]"[19] kann, so wird es auch in der vorliegenden Arbeit verstanden, eine deutende Auseinandersetzung mit historischen Ereignissen und Gegenständen ermöglichen. Der mit Jeismann als individuelle ‚Betroffenheit' bezeichnete Zugang zu historischen Inhalten hebt die Relevanz des individuellen Zugangs hervor, woraus wiederum die Notwendigkeit der Berücksichtigung *aller* Schülervorstellungen im Geschichtsunterricht begründet werden kann. Das übergeordnete Ziel im Geschichtsunterricht ist demnach die Auseinandersetzung mit der Vergangenheit, die, mit Jeismann gesprochen, über eine individuelle und kollektive Betroffenheit sowie einen unmittelbaren Lebensbezug initiiert wird.

Setzt man also die Aussagen der Schüler*innen zu den institutionellen Zielen des Geschichtsunterrichts in Relation, so ist zu vermuten, dass die kollektive Betroffenheit mancher Schüler*innen sowie, damit einhergehend, ihr unmittelbarer Lebensbezug zum Inhalt Osmanisches Reich für ihren historischen Lernprozess keine – oder nicht ausreichende – institutionelle Berücksichtigung findet.

Aus dieser Annahme resultiert die Betrachtung von individuellen Passungen und Divergenzen, die sich aus dem Zusammenhang institutionell legitimierter

---

17   In Studien zur Bedeutung von historischem Interesse für das historische Lernen in der Schule wird deutlich, dass bereits Schüler*innen der Primastufe sich für historische Inhalte interessieren. Siehe dazu u. a. Beilner, H. (1999): Empirische Erkundungen zum Geschichtsbewusstsein am Ende der Grundschule. In: Schreiber, W. (Hrsg.): Erste Begegnungen mit Geschichte: Grundlagen historischen Lernens, Bd. 1. Neuried: ars una, S. 117–151 oder Pape. M. (2008): Entwicklung von Geschichtsbewusstsein im Hinblick auf die unterrichtspraktische Gestaltung historischer Themen im Sachunterricht. Hannover: Philosophische Fakultät der Gottfried Wilhelm Leibniz Universität Hannover.
18   Vgl. Jeismann, K.-E. (2000): „Geschichtsbewusstsein" als zentrale Kategorie der Didaktik des Geschichtsunterrichts. S. 63. In: Jacobmeyer, W./Schönemann, B. (Hrsg.): Karl-Ernst Jeismann. Geschichte und Bildung. Beiträge zur Geschichtsdidaktik und zur Historischen Bildungsforschung. Paderborn, München, Wien, Zürich. S. 46-72.
19   Ebd., S. 64.

historischer Inhalte des Geschichtsunterrichts und den potentiell aktivierbaren individuellen Schülervorstellungen zum Osmanischen Reich ergeben können. Für den oben genannten Zusammenhang *Gesellschaft-Institution-Individuum* ergeben sich daraus Leitfragen, die sich zum einen auf die institutionellen Vorgaben (Kernlehrpläne und ausgewählte Geschichtslehrwerke), zum anderen auf den Umgang der Schüler*innen mit ihren eigenen Wissensstrukturen zum Osmanischen Reich beziehen:

Institutionelle Vorgaben:
- Werden Differenz- und Machtordnungen in institutionellen Vorgaben zum Inhalt Osmanisches Reich produziert?

Schülervorstellungen:
- Welche Bedeutung sprechen Schüler*innen ihren eigenen Vorstellungen zum Osmanischen Reich zu? Wie verorten sich die Schüler*innen selbst, wenn sie ihre Vorstellungen zum Osmanischen Reich konstruieren? Welche Selbst- und Fremdpositionierungen sind aus den Vorstellungen der Schüler*innen rekonstruierbar?

Zusammenhang zwischen institutionellen Vorgaben und Schülervorstellungen:
- Sind aus macht- und differenzkritischen Perspektive Gemeinsamkeiten und/ oder Unterschiede zwischen dem institutionellen und dem schülerseitigen Umgang mit dem Inhalt Osmanisches Reich festzustellen? Sind Passungen und Divergenzen zu erkennen, die aus gesellschaftlichen und/oder institutionellen Praxen heraus produziert werden?

Mit den oben vorgestellten Zugängen wird die vorliegende Dissertation einen Beitrag zur Diskussion zum Zusammenhang zwischen konstruierten Schülervorstellungen zum Osmanischen Reich und dem Umgang institutioneller Vorgaben unter den Bedingungen der Migrationsgesellschaft leisten. Im Zentrum der Untersuchung wird dabei die Rekonstruktion von Schülervorstellungen zum Osmanischen Reich stehen, die bei der Analyse von Kernlehrplänen NRW des Faches Geschichte und in NRW zugelassenen Geschichtslehrwerken zum Vergleich herangezogen werden sollen. Diese komparatistische Analyse mit dem Umgang des Inhaltes Osmanisches Reich wird somit eine differenzkritische Analyse der Daten (Schülervorstellungen versus institutionelle Vorgaben) ermöglichen, aus denen inhaltliche und soziale Passungs- und Divergenzverhältnisse produziert werden.

Ausgangspunkt der vorliegenden Arbeit ist die Auseinandersetzung mit migrationsbedingten und sozialen Ungleichheiten, die sich auf verschiedenen Ebenen der Gesellschaft zeigen. Daher bearbeitet das *Kapitel 2* gesellschaftspo-

1 Fragestellung und Aufbau der Untersuchung

litische Diskurse zur Produktion und Reproduktion von Bildungsungleichheit, indem der Fokus auf bildungspolitische Diskurse und damit auf das System *Schule* gelegt wird. Neben der historisch-gesellschaftlichen Entwicklung der Diskurse um Bildung(-sungleichheit) im Kontext von Migration wird auch auf die Bedeutung von bildungs- und kultursoziologischen Ansätzen eingegangen, die bei der Erfassung von Passungen und Divergenzen auch für gegenwärtige Untersuchungen von tragender Bedeutung sind. Im Zentrum der Ausführungen steht dabei die Habitus-Theorie Bourdieus, mit der die Position des Individuums im gesellschaftlichen und institutionellen Raum bestimmt werden kann. Bezogen auf den Untersuchungsgegenstand der vorliegenden Arbeit kann somit durch die Habitus-Theorie die Analyse von Passungen und Divergenzen zwischen institutionellen Erfahrungen und individuellen Vorstellungen von Schüler*innen erklärt werden. Da die Eruierung von Schülervorstellungen insbesondere über Sprache realisiert wird, beleuchtet das Kapitel abschließend den Zusammenhang von Sprache und Vorstellungskonstruktion, die für die Untersuchung von sprachlichen Passungen und Divergenzen relevant werden.

Nachdem mit einer Weitwinkelperspektive in Kapitel 2 das Begriffspaar Passungen und Divergenzen für die Analyse von pädagogischen Praxen im System Schule unter den Bedingungen der Migrationsgesellschaft diskutiert wurden, liegt in *Kapitel 3* der Fokus auf dem *Geschichtsunterricht*. Unter Berücksichtigung des migrationspädagogischen Ansatzes werden zunächst zentrale Kategorien des Geschichtsunterrichts diskutiert, die die geschichtsdidaktischen Grundlagen des historischen Lernens bilden: *Geschichtsbewusstsein* und *Geschichtskultur*. Die Diskussion dieser beiden geschichtsdidaktischen Kategorien fokussiert eine migrationspädagogische Perspektive, um die „Beschreibung und Analyse jener Schemata und Praxen, in denen zwischen natio-ethno-kulturellem >Wir< und >Nicht-Wir< unterschieden wird"[20], herauszustellen, um daraus mögliche Passungs- und Divergenzverhältnisse für den Geschichtsunterricht abzuleiten. Um denkbare Ansätze für einen migrationssensiblen Geschichtsunterricht vor dem Hintergrund der Diskussion um Kompetenzorientierung zu verdeutlichen, wird das Kompetenzmodell nach Gautschi („Guter Geschichtsunterricht') dargestellt, mit dem die Anknüpfung an jene individuellen Vorstellungen ermöglicht wird, die Schüler*innen in den Geschichtsunterricht mitbringen. Da erst die Kompetenz des historischen Erzählens einen historischen Lernzuwachs ermöglicht, wird anschließend die Bedeutung des historischen Erzählens bei der Entwicklung der sogenannten historischen Identitäten unter den Bedingungen der Migrationsgesellschaft untersucht. Um den geschichtsdidaktischen Diskurs auf mögliche migrationssensible Konzepte hin zu untersuchen, werden am Ende

---

20 Vgl. Mecheril, P. (2014), S. 160.

des Kapitels das Konzept des sogenannten *Interkulturellen Geschichtsunterrichts* kritisch diskutiert und mögliche Modifikationsvorschläge gemacht.

Der Einfluss migrationsbedingter gesellschaftlicher Bedingungen und Entwicklungen auf die Lebenswirklichkeit der Schüler*innen findet in der geschichtsdidaktischen Forschung noch immer zu wenig Berücksichtigung. Dies zeigt sich auch für den Bereich der geschichtsdidaktischen Schulbuchforschung. Aus diesem Grund wird in *Kapitel 4* der Blick auf *Geschichtslehrwerke* gerichtet. Dabei wird zunächst der Diskurs zur Schulbuchforschung durchleuchtet, um die drei zentralen Perspektiven (didaktisch, administrativ und wissenssoziologisch) und die sich daraus ergebenden Ansätze für die Schulbuchforschung zu diskutieren. Für die vorliegende Untersuchung spielt insbesondere die wissenssoziologische Perspektive eine bedeutende Rolle, mit der der Zusammenhang zwischen dem über das Schulbuch vermittelte Wissen und den gesellschaftlichen Aushandlungsprozessen zu diesem Wissen forciert werden kann.[21] Im Anschluss an die allgemeine Schulbuchforschung wird der Fokus auf die geschichtsdidaktische Schulbuchforschung gelenkt, um ihre Schwerpunkte und Funktion darzustellen. Im Anschluss an diese Darstellung wird die Diskussion darüber geführt, ob und wie der Einfluss der Migrationsgesellschaft im geschichtsdidaktischen Schulbuchforschungsdiskurs berücksichtigt wird. Das Kapitel schließt mit Vorschlägen für eine migrationssensible Schulbuchforschung von Geschichtslehrwerken, die als Desiderata formuliert werden.

In *Kapitel 5* werden dann *Schülervorstellungen*, die einen zentralen Forschungsgegenstand der vorliegenden Arbeit bilden, als Ausgangspunkt für das historische Lernen im geschichtsdidaktischen Forschungsdiskurs betrachtet. Dabei werden sprach- und wissenssoziologische Ansätze herangezogen, um die Relevanz von Schülervorstellungen für Lernprozesse und, im Besonderen, für das historische Lernen zu verdeutlichen; diese Ansätze sollen auch die Bedingungen der Migrationsgesellschaft berücksichtigen. Auch in diesem Kapitel ist also das Kernanliegen, die migrationsgesellschaftlichen Bedingungen als relevanten Einflussfaktor zu diskutieren. Denn erst die Eruierung und Analyse von Schülervorstellungen unter Berücksichtigung der Migrationsgesellschaft kann die Identifizierung von Passungen und Divergenzen zwischen Schülervorstellungen und den Anforderungen des Geschichtsunterrichts ermöglichen, aus denen Leitlinien für das historische Lernen und Denken abgeleitet und damit ein Zugang zu historischen fachspezifischen Konzepten entwickelt werden kann.

---

21 Siehe dazu z. B. Höhne, T. (2003): Schulbuchwissen. Umrisse einer Wissens- und Medientheorie des Schulbuchs. Dissertation. Johann-Wolfgang-Goethe-Universität Frankfurt a. M.

1 Fragestellung und Aufbau der Untersuchung

Da die Analyse der Schülervorstellungen in der vorliegenden Untersuchung exemplarisch am Inhalt Osmanisches Reich durchgeführt wird, wird in *Kapitel 6* das *Osmanische Reich* als historischer Gegenstand thematisiert. Die Beschäftigung mit dem historischen Gegenstand Osmanisches Reich folgt dabei jenen Diskursen, die sich in der Geschichtsdidaktik und in der Geschichtswissenschaft finden. In sieben Unterkapiteln werden Themen zum Ursprung und zur Ausbreitung des Osmanischen Reichs, zur inneren Struktur und Ordnung im Osmanischen Reich sowie zu den gesellschaftlichen und politischen Entwicklungen im Übergang vom Osmanischen Reich zur Republik Türkei dargestellt, die entsprechend des fachwissenschaftlichen Diskurses einer historisch-deskriptiven oder diskursiv-vergleichenden Analyseperspektive folgen.

Insgesamt diskutiert der theoretische Teil der vorliegenden Untersuchung (Kapitel 2 bis 6) gezielt jene zentralen Themen, durch die ein interdisziplinär angelegter Zugang zu den Forschungsgegenständen *Schülervorstellungen, Geschichtslehrwerke* und *Kernlehrpläne Geschichte Sekundarstufe I und II NRW* ermöglicht wird. Der darauf aufbauende empirische Teil (*Kapitel 7 bis 9*) ist in drei Teilstudien aufgeteilt. Mit *Kapitel 7* wird über die *Teilstudie A*, die die Prästudie darstellt, an die wissenschaftliche Erschließung des Forschungsfeldes angeknüpft. Zunächst wird das forschungsmethodische Vorgehen der Prästudie dargelegt, um im Anschluss daran die Ergebnisse aufzuzeigen und zu diskutieren. In dieser Prästudie wurden mittels leitfadengestützter Einzelinterviews sechs Schüler*innen zu ihren Vorstellungen zum Osmanischen Reich interviewt. Die Interviewdaten wurden durch die Methode der qualitativen Inhaltsanalyse[22] analysiert, um Kategorien zu den Forschungsfragen zu erarbeiten. Die Kategorien ermöglichen einen ersten Zugang zu Schülervorstellungen zum historischen Gegenstand Osmanisches Reich und zur Position des Inhalts Osmanisches Reich in Geschichtslehrwerken sowie der Unterrichtsinteraktion des Geschichtsunterrichts aus der Perspektive der Schüler*innen. Die Untersuchungsergebnisse der Prästudie dienen anschließend zur Generierung der Forschungsschwerpunkte, und damit zur Entwicklung der Hauptstudie, die in Teilstudie B der Analyse institutioneller Vorgaben und in Teilstudie C der Rekonstruktion von Schülervorstellungen zum Osmanischen Reich nachgeht.

In *Kapitel 8* wird mit der *Teilstudie B* die Analyse institutioneller Vorgaben des Geschichtsunterrichts in NRW durchgeführt, welche eine deskriptive Sichtung der Kernlehrpläne Geschichte der Sekundarstufe I und II NRW sowie eine Frequenzanalyse ausgewählter, in NRW zugelassener Geschichtslehrwerke umfasst. Nachdem das forschungsmethodische Vorgehen beider Analyseteile

---

22 Siehe dazu Mayring, P. (2002): Einführung in die qualitative Sozialforschung. Eine Anleitung zu quantitativem Denken. Weinheim und Basel: Beltz Verlag.

erläutert wird, werden die Ergebnisse zusammengetragen und abschließend vor dem Hintergrund folgender Frage zusammengefasst: *Wird der Inhalt Osmanisches Reich in den Kernlehrplänen Geschichte der Sekundarstufe I und II NRW und in Geschichtslehrwerken thematisiert?* Dabei werden die Äußerungen der Schüler*innen aus der Prästudie als Orientierung genutzt. So wurde für die Analyse der Geschichtslehrwerke beispielsweise ausschließlich das Kapitel zum Inhaltsfeld ‚Imperialismus/Erster Weltkrieg' herangezogen, da dieses von den Schüler*innen konkret benannt wird, das die Thematisierung des Osmanischen Reiches im Geschichtsunterricht anbieten würde. Für die Frequenzanalyse wurden ebenfalls auf der Grundlage der Ergebnisse der Prästudie Kategorien generiert; bei den Kategorien handelt es sich um zwei Wortgruppen, die die Schüler*innen am häufigsten verwendeten.

Zur Analyse in *Kapitel 9* (*Teilstudie C*) dient Datenmaterial aus Einzelinterviews und einer Gruppendiskussion, das kategorisiert und analysiert wird. Dabei wird in diesem Kapitel zunächst das forschungsmethodische Vorgehen für die Analyse der Einzelinterviews und der Gruppendiskussion skizziert. Die Analyse der Einzelinterviews wird mittels qualitativer Inhaltsanalyse durchgeführt, da sich dieser methodische Zugang bei der Analyse des Datenmaterials der Prästudie bewährt hat. Die Analyse des Materials aus der Gruppendiskussion basiert auf einem rekonstruktiv-hermeneutischen Forschungszugang und resultiert aus den wissenssoziologisch angelegten Forschungsfragen, individuelle und kollektive Vorstellungen und Wissensstrukturen zu rekonstruieren.[23] Dazu wird auf die Dokumentarische Methode nach Bohnsack (1989) unter Bezugnahme auf die Wissenssoziologie nach Mannheim (1970) eingegangen, welche mit der handlungstheoretisch fundierten Konzeption der Funktionalen Pragmatik nach Ehlich/Rehbein (1986) verschränkt wird, derzufolge Sprache als Form sozialen und gesellschaftlichen Handelns verstanden wird.[24] Durch diese Verschränkung werden die Vorstellungen der Schüler*innen im Hinblick auf ihre gesellschaftliche und sprachliche Dimension hin untersucht. Eine solche Verschränkung der beiden Forschungsansätze ermöglicht im Rahmen der vorliegenden Untersuchung die Rekonstruktion individueller und kollektiver Wissensstrukturen der Schüler*innen zum Osmanischen Reich. Auf der Grundlage der Darstellung des forschungsmethodischen Vorgehens werden anschließend die Ergebnisse aus

---

23   Siehe dazu Mannheim, K. (hrsg. von Kettler, D./Meja, V./Stehr, N.) (1980): Strukturen des Denkens. Frankfurt a. M.: Suhrkamp und Ehlich, K./Rehbein, J. (1977): Wissen, kommunikatives Handeln und die Schule. In: Goeppert, H.-C. (Hrsg.): Sprachverhalten im Unterricht. München: Fink. S. 36–114.

24   Siehe dazu z. B. Ehlich, K./Rehbein, J. (1986): Muster und Institution. Untersuchung zur schulischen Kommunikation. Tübingen: Narr Verlag.

der Analyse der Einzelinterviews und der Gruppendiskussion dargestellt. Die Analyse der Einzelinterviews ermöglicht die Generierung von Kategorien, die die individuellen Schülervorstellungen zusammenfassen. Die Schülervorstellungen, die auf der Grundlage der Gruppendiskussion elizitiert wurden, werden im ersten Schritt thematisch systematisiert und zusammengefasst. Anlehnend an diese Zusammenfassung, die sich an drei Gesprächsimpulsen orientiert, zu dem die Schüler*innen diskutierten, werden drei thematisch den Impulsen zuzuordnende Diskurspassagen ausgewählt und einer Detailanalyse unterzogen. Dabei können durch die methodische Verschränkung inhaltliche wie auch sprachliche Kriterien herangezogen werden, indem die Schritte der Dokumentarischen Methode durch die funktional-pragmatische Diskursanalyse ergänzt werden.

Am Ende der drei ausgewählten Diskurspassagen werden die rekonstruierten Schülervorstellungen zu dem jeweiligen Gesprächsimpuls unter Berücksichtigung der Kategorien aus der Analyse der Einzelinterviews zusammengefasst. Dabei werden im Sinne einer Datentriangulation die individuellen und kollektiven Schülervorstellungen zum Osmanischen Reich unter Berücksichtigung der Wissensstrukturtypen der Funktionalen Pragmatik zusammengeführt.

In *Kapitel 10* werden abschließend die Ergebnisse der drei Teilstudien der empirischen Untersuchung unter Berücksichtigung der theoretischen Fundierung zusammengetragen, um die Bedeutung der Ergebnisse für den Geschichtsunterricht – und damit auch für den gegenwärtigen geschichtsdidaktischen Forschungsstand – zur Berücksichtigung von Schülervorstellungen unter den Bedingungen der Migrationsgesellschaft abzuleiten.

Zum Schluss dieser Einleitung seien auch noch einige Worte zur selbstreflexiven Forschungsposition der Verfasserin dieser Untersuchung zu verlieren: Jeder Mensch ist in Gesellschaftsstrukturen involviert, in denen es zu Diskriminierung kommen kann und kommt. Auch als Forscher*in ist man in dieses System verstrickt, in dem es ungewollt zur Verwendung diskriminierender Kategorien kommen kann. Die Forscherin der vorliegenden Arbeit wird bemüht sein, differenzkritisch und reflexiv mit Kategorien wie ‚Ethnie' oder ‚Religion' umzugehen. Eine vollständige Vermeidung dieser Kategorien ist jedoch nicht vermeidbar.

Theoretischer Hintergrund

2 Passungen und Divergenzen: Schule unter den Bedingungen der Migrationsgesellschaft

2.1 Migration als Veränderungsprozess für die Gesellschaft

Migrationsprozesse bestimmen die *gesellschaftliche Wirklichkeit* und ihre Individuen mit und sind für gegenwärtige wie auch künftige gesellschaftliche Entwicklungen von großer Bedeutung.[25] Sie beeinflussen alle Bereiche einer Gesellschaft (wie etwa wirtschaftliche, demographische oder soziale Entwicklungen) und geben entscheidende Impulse für Veränderungen.[26] Die durch Migration angestoßenen Wandlungsprozesse beeinflussen die Gesellschaft und ihre Akteure in Gänze, „indem unter anderem Lebensweisen, Biographien und Sprachen in die neue Gesellschaft"[27] hineingetragen werden. Migration ist demnach mit fortlaufender Bewegung verbunden, die sowohl auf das einzelne Individuum Einfluss nimmt als auch auf die Gesellschaften, die sich durch Migrationsbewegungen immer wieder neu konstituieren. In diesem Sinne kann Migration nicht nur ihrerseits als gestaltend wahrgenommen werden, sondern ebenso als eine Kategorie, die von der Gesellschaft und ihren Akteuren maßgeblich mitgestaltet wird.

Die *Gründe für Migrationsbewegungen* sind vielfältig, ihre verändernden Auswirkungen auf eine Gesellschaft ebenfalls.[28] Diese Auswirkungen und die daraus resultierenden Veränderungen können sowohl für Individuen als auch für Gesellschaften als notwendiger Prozess betrachtet werden. Aus dieser Betrachtungsweise heraus kann gemäß Mecheril das Phänomen Migration als „eine universelle menschliche Handlungsform (...) [bestimmt werden], [die in ihrer Dynamik für] neues Wissen, Erfahrungen, Sprachen und Perspektiven in un-

---

25 Migration wird in diesem Zusammenhang nicht als ein aktuelles Phänomen, sondern als ein schon immer existierender Prozess in Gesellschaften betrachtet.
26 Siehe dazu z. B. Bade, K. J. (2017): Migration – Flucht – Integration: Kritische Politikbegleitung von der ‚Gastarbeiterfrage' bis zur ‚Flüchtlingskrise'. Erinnerungen und Beiträge. Karlsruhe: von Loeper Literaturverlag.
27 Vgl. Broden, A./Mecheril, P. (2007): Migrationsgesellschaftliche Re-Präsentation. Eine Einführung. S. 7. In: Dies. (Hrsg.): Re-Präsentationen. Dynamiken der Migrationsgesellschaft. Düsseldorf: IDA-NRW. S. 7–28.
28 Auf die Gründe von Migration soll nicht in Gänze eingegangen werden, da sich das Kapitel mit der Bedeutung von Migration für die Schule als Bildungseinrichtung beschäftigt.

terschiedlichen sozialen Zusammenhängen [sorgt] (…) und diese entsprechend neu gestaltet, modernisiert und renoviert."[29] Migration und Migrationsbewegungen sind, so Mecheril, somit für die Entwicklung von Gesellschaften notwendige Prozesse, denen als zentrales Merkmal das Überschreiten von Grenzen zugrunde liegt.[30] Das Überschreiten von Grenzen und die damit verbundenen Wandlungsprozesse legen ein dynamisches Gesellschaftsverständnis zugrunde, mit dem durch Migration verbundene Entwicklungen einhergehen.

Dem Verständnis einer solchen Gesellschaft, einer, mit Mecheril gesprochen, ‚Migrationsgesellschaft', stehen nationalstaatliche Grenzen und damit verbunden *nationale Selbstverständnisse* gegenüber. Die Sicht auf die Gesellschaft aus einem nationalen (Selbst-)Verständnis heraus führt nach Mecheril dazu, dass „im Verhältnis von Individuen und Gruppen zu *natio-ethno-kulturell* kodierten Zugehörigkeitsordnungen"[31] entstehen. Mecheril weist darauf hin, dass durch den Ausdruck natio-ethno-kulturell die Konzepte *Nation, Ethnie* bzw. *Ethnizität* und *Kultur* ohne eine klare Abgrenzung voneinander Gebrauch finden und durch ihre diffuse Konstruktion politisch zur Differenzierung von Gruppen in der Gesellschaft Verwendung finden. Somit wird die Idee einer politischen Gesellschaft konstruiert, die über national, ethnisch und kulturell kodierte Schemata und Praxen zwischen einem ‚Wir' und einem ‚Nicht-Wir' unterscheidet.[32]

Im migrationspädagogischen Diskurs werden die Auseinandersetzungen zu politisch konstruierten Zugehörigkeitsordnungen und affirmative Differenzordnungen insbesondere auf den deutschsprachigen Raum bezogen, so dass dem ‚Wir' das ‚Deutschsein' und dem ‚Nicht-Wir' das ‚Nicht-Deutschsein' zugeordnet wird. Die Ausführungen und Analysen im Rahmen der vorliegenden Untersuchungen beziehen sich ebenfalls auf die gesellschaftlichen Strukturen im deutschsprachigen Raum, konkret in Deutschland, da im Zentrum der Untersuchung zum einen Vorstellungen von Schüler*innen, die in NRW den Geschichtsunterricht besuchen, zum anderen institutionelle Rahmenbedingungen des Geschichtsunterrichts in NRW stehen.

Migration als gegebene Wirklichkeit anzunehmen, bedeutet die in diesem Zusammenhang die Gesellschaft strukturierenden Zugehörigkeitsordnungen zu reflektieren. Denn die einem Individuum in der Gesellschaft zugesprochene Zugehörigkeit bestimmt seine soziale, politische und gesellschaftliche Position

---

29 Vgl. Mecheril, P. (2016), S. 9.
30 Neben dem Faktor ‚Überschreitung von Grenzen' werden die Faktoren Technologie/Modernisierung und die veränderten Raum- und Zeitverhältnisse genannt. Siehe dazu ebd., S. 10.
31 Vgl. ebd., S. 15. [Hervorhebung T. A.]
32 Ebd.

innerhalb der Gesellschaft und die aus dieser Position vermittelten individuellen Voraussetzungen des Individuums sich selbst einem Kontext zugehörig zu verstehen.

Um Migration als notwendigen Veränderungsprozess für die Gesellschaft anzunehmen, braucht es einen kritisch-analytischen Zugang zu gesellschaftlichen Strukturen sowie eine kritische Auseinandersetzung mit jenen im 19. Jahrhundert entstandenen Vorstellungen, die sich auf territoriale Grenzen und die Einheitlichkeit von Bevölkerungen berufen.[33]

Welche Rolle spielen territoriale und vor allem nationale Grenzen noch für gegenwärtige Gesellschaften unter den Bedingungen von Migration?[34] Welchen Einfluss haben nationale Grenzen auf das Verhältnis von Individuen und Ordnungen in Gesellschaften, die durch Migration geprägt sind?[35] Mit der Akzeptanz der Gesellschaft als Migrationsgesellschaft würde Migration als konstitutives Element von pluralen Gesellschaften verstanden werden, deren Ungleichstellung mit dem Ziel einer gleichberechtigten Partizipation zu reflektieren ist.

Im Rahmen der vorliegenden Untersuchung wird der Diskurs um Migration und ihre Bedeutung für die Gesellschaft auf die Institution Schule und damit auf Bildungsdiskurse gelenkt. Schule als gesellschaftlich gestaltete und gestaltende Institution nimmt demnach, insbesondere aus migrationspädagogischer Perspektive, bei der Analyse von Partizipationsbedingungen und gesellschaftlichen Strukturen eine bedeutende Rolle ein. So ist in gegenwärtigen Bildungsdiskursen eine stetig umfassender werdende Auseinandersetzung mit den durch Migration[36] induzierten gesellschaftlichen Veränderungen festzustellen, innerhalb derer

---

33   Siehe u. a. Anderson, B. (1993): Imagined Communities. Reflections on the Origin and Spread of Nationalism. London/New York: Verso, Hobsbawm, E. (2004): Das imperiale Zeitalter 1875–1914. Berlin: FISCHER Taschenbuch.

34   In diesem Zusammenhang wird immer wieder auch der Begriff Globalisierung diskutiert.

35   Es ist davon auszugehen, dass Migration in unterschiedlicher Weise für alle Gesellschaften eine reale Struktur darstellt und gesellschaftliche Verhältnisse bestimmt.

36   Der Begriff Migration wird in Deutschland innerhalb des wissenschaftlichen Diskurses unterschiedlich verwendet. So weist Gültekin (2003) darauf hin, dass bei Wanderung innerhalb der Entwicklungsländer als Binnenmigration und die von dort in die industrialisierten Staaten ausgehende Form als Migration gefasst wird. Wanderung innerhalb der Bundesrepublik hingegen wird unter dem Stichpunkt Mobilität diskutiert; siehe auch dazu Mecheril (2016). Dies hat zur Folge, dass die Begriffe Migration und Mobilität unterschiedlich konnotiert sind und entsprechend auf- bzw. abgewertet werden. Siehe dazu Gültekin, N. (2003): Bildung, Autonomie, Tradition und Migration. Doppelperspektivität biographischer Prozesse junger Frauen aus der Türkei. Opladen: Leske + Budrich, S. 24.

Migration als eine wachsende gesellschaftliche Herausforderung diskutiert wird. Die Beschäftigung mit diesem Zusammenhang zwischen Bildung und Migration bildet einen zentralen Schwerpunt der vorliegenden Untersuchung und wird im Folgenden näher betrachtet.

2.2 Bildungsdiskurse und Migration

In der *gesellschaftlichen Debatte um Migration* ist eine kontroverse Beschäftigung mit dem Zusammenhang Bildung und Migration zu konstatieren. Die öffentliche Wahrnehmung zu Migration und Bildung ist häufig durch Schlüsselwörter wie ‚Schulprobleme', ‚Sprachdefizite' oder ‚Bildungsungleichheit' geprägt.[37] Insbesondere in der Folge internationaler Leistungsvergleichsuntersuchungen der OECD ist das Thema *Bildungsungleichheit* im Kontext migrationspädagogischer Perspektiven in den Fokus wissenschaftlicher und öffentlicher Diskurse gerückt. Ungeachtet der zuvor wissenschaftlich belegten Ergebnisse aus Studien zum Zusammenhang zwischen dem sogenannten Migrationshintergrund, der sozialer Herkunft und des Schulerfolgs[38] werden die ersten Ergebnisse der PISA-Studie im Jahr 2001 als „Schock"[39] bezeichnet. Besonders der diskursive Umgang mit den Ergebnissen stärkte die Diskussion um Bildungsungleichheit insbesondere

---

37   Siehe u. a. Heinemann, A. M. B./Dirim, I. (2016): „Die sprechen bestimmt (schlecht) über mich". Sprache als ordnendes Prinzip im Bildungssystem. In: Arslan, E./Bozay, K. (Hrsg.): Symbolische Ordnung und Bildungsungleichheit in der Migrationsgesellschaft. Wiesbaden: Springer Verlag. S. 199–214.

38   Siehe dazu u. a. Mahler, G. (1974): Zweitsprache Deutsch. Die Schulbildung der Kinder ausländischer Arbeitnehmer. Donauwörth: Ludwig Auer; Meyer-Ingwersen, J./Neumann, R./Kummer, M. (1977): Zur Sprachentwicklung türkischer Schüler in der Bundesrepublik. Bd. 1 und 2. Kronberg/Ts.: Scriptor Verlag, Glumpler, E. (1985): Schullaufbahn und Schulerfolg türkischer Migrantenkinder. Hamburg: Rissen,Gogolin, I. (1994): Der monolinguale Habitus der multilingualen Schule. Münster: Waxmann, Gomolla, M. (1998): Institutionelle Diskriminierung in der Schule. Das Argument, 224 (1-2). S. 129–143, Gomolla, M. (2000): Ethnisch-kulturelle Zuschreibung und Mechanismen institutionalisierter Diskriminierung in der Schule. In: Atti, I./Marburger, H. (Hrsg.): Alltag und Lebenswelten von Migrantenjugendliche. Frankfurt a. M.: IKO Verlag für Interkulturelle Kommunikation. S. 49–70, Benholz, C./Lipkowski, E. (2000): Förderung in der deutschen Sprache als Aufgabe des Unterrichts in allen Fächern. Deutsch lernen Heft 1. S. 1–10.

39   Mit der Veröffentlichung der Ergebnisse der Large-Scale-Untersuchung PISA wurden die Probleme des Bildungswesens hervorgehoben und die Ergebnisse in der Öffentlichkeit als ‚Schock' diskutiert. PISA wurde in seiner diskursiven Verwendung immer wieder mit ‚Problemen des Bildungswesens' gleichgesetzt.

im öffentlichen Diskurs und rückte Themen zu Bildung und sozialer Herkunft bzw. *Migrationshintergrund* in den Mittelpunkt des öffentlichen Interesses.[40]

Die seit der PISA-Debatte verstärkte Beschäftigung mit Migration im Bildungskontext brachte verschiedene Positionen innerhalb bildungspolitischer wie auch bildungswissenschaftlicher Diskurse hervor. Es konstituierten sich verschiedene parallellaufende Diskurse, die sich grundlegend durch ihre Positionierung zur migrationsbedingten gesellschaftlichen Wirklichkeit unterscheiden und durch ihre konzeptionelle Auslegung zentraler Begriffe auf diese Wirklichkeit reagieren. Insbesondere die Verwendung von Begriffen wie *Migrationshintergrund, Integration, Kultur, Identität* usw., die im Rahmen der vorliegenden Untersuchung als problematische Konstrukte betrachtet und durch welche Probleme im Zusammenhang mit Bildung und Migration zum Teil als Ursachen für gesellschaftliche Probleme fokussiert werden, verdeutlichen die Divergenz in den verschiedenen Diskursen. In Kritik an den Arbeiten etwa von Esser (2004) konstatiert Brizić (2007), dass solche problemorientierten Forschungsperspektiven unterschiedliche Aspekte wie „Arbeitsmarktlage, wirtschaftliche und soziale Gesamtsituation im jeweiligen Einwanderungsland sowie Größe der Migrantengruppen"[41] heranziehen, aus denen sich wiederum konstruierte „Konflikte ideologischer Art entzünden [, die auch] auf den [...] Diskurs ‚Identität' und ‚Nationalität' über[greifen]"[42] können.

Neben diesen *Diskursen zu nationalorientierten Selbstverständnissen* findet sich im Bildungsdiskurs zu Migration auch die Forderung nach einer sogenannten *interkulturellen Gesellschaft*[43], die im Vergleich zwar eine Öffnung aufzeigt, jedoch für die Analyse von gesellschaftlichen Strukturen das Konstrukt ‚Kultur' heranzieht. Damit produziert dieser Diskurs häufig eine kulturalisierende Perspektive auf Migration, da im Zentrum der *Kultur*begriff steht und *Kultur* als Na-

---

40 Siehe dazu u.a. Nolle, A. (2004): Evaluation der universitären Lehrerinnen- und Lehrerausbildung, Erhebung zur pädagogischen Kompetenz von Studierenden der Lehramtsstudiengänge. München: Martin Meidenbauer Verlagsbuchhandlung; Vodafone Stiftung Deutschland (2011): Schul- und Bildungspolitik in Deutschland. Ein aktuelles Stimmungsbild der Bevölkerung und der Lehrer. Eine Studie des Instituts für Demoskopie Allensbach. Düsseldorf: Vodafone Stiftung Deutschland; Bildungsbericht (2016): Bildung in Deutschland 2016. Ein indikatorengestützter Bericht mit einer Analyse zu Bildung und Migration. Bielefeld: W. Bertelsmann Verlag.
41 Vgl. Brizić, K. (2007): Das geheime Leben der Sprachen. Gesprochenen und verschwiegene Sprachen und ihr Einfluss auf den Spracherwerb in der Migration. Münster: Waxmann. S. 13.
42 Vgl. ebd., S. 14.
43 Der Ansatz der Interkulturalität wird im Kap. 2.3.1 ausgeführt.

*tional*kultur verstanden wird. Ein solches Kulturverständnis lässt diese Kategorie als statische und homogene Größe erscheinen und propagiert ein Miteinander unterschiedlicher *Kulturen*, welche wiederum zu gesellschaftlichen *Passungen oder Divergenzen* einzelner Bevölkerungsgruppen in der Migrationsgesellschaft führen.

Mit der vorliegenden Untersuchung wird die Auseinandersetzung mit Migration[44] im Kontext von Bildung und der Institution Schule, genauer im Forschungsdiskurs um den Geschichtsunterricht, untersucht.

Auch in der *Institution Schule* werden Kategorien wie *Nationalität* und *Kultur* zur Feststellung von gesellschaftlicher Passung oder Divergenz verwendet, womit häufig eine nationalkulturelle Perspektive auf Schüler*innen und ihre mitgebrachten Ressourcen entsteht. Es werden Zugehörigkeiten produziert, die die Schüler*innen „so positionieren, dass ihnen unterschiedliche Werte der Anerkennung und Möglichkeiten des Handelns zugewiesen werden"[45], wodurch die migrationsbedingte gesellschaftliche Realität für das Lernen im System Schule nicht ausreichend berücksichtigt wird. Eine Beschränkung auf eine sogenannte Migrantenkultur orientiert an den Herkunftsländern führe sodann dazu, dass die veränderte Realität der Migrationsgesellschaft[46] und die Dynamik der menschlichen Identität[47] insbesondere unter Bedingungen von Migration unbeachtet bleibe und Lehrkräfte über inkorporierte Differenzmechanismen eine (unbewusste) Ungleichbehandlung verschiedener Gruppen innerhalb der Schülerschaft herbeiführen.

44　Für die Bestimmung des Begriffs Migration schließt die vorliegende Untersuchung an die der Migrationspädagogik an, die erstmals durch Paul Mecheril (2004) in „Einführung in die Migrationspädagogik" den Begriff kritisch diskutiert und 2010 durch die Autorengruppe Paul Mecheril, Maria do Mar Castro Varela, İnci Dirim, Annita Kalpaka und Claus Melter in „BA/MA Kompakt: Migrationspädagogik" weiterführt.

45　Vgl. Mecheril, P. (2010), S. 15.

46　Treibel, A. (2003): Migration in modernen Gesellschaften: soziale Folgen von Einwanderung, Gastarbeit und Flucht. Weinheim/München: Juventa-Verlag.

47　Siehe dazu u. a. Graf, P. (2001): Wahrnehmung des Fremden als Verstehen des Eigenen. Interkulturelle Pädagogik und Konstruktivismus. In: Oltmer, J. (Hrsg.): Migrationsforschung und Interkulturelle Studien (IMIS-Schriften, Bd. 11), Osnabrück: V&R unipress. S. 313–332.

2.3 Bildungsforschung und Migration[48]

Der *Diskurs um Migration und Bildung* hält in Deutschland seit Jahrzehnten an und erlebt besonders in den letzten Jahren immer wieder Aufschwung. Theorie und Praxis verschiedener Disziplinen widmen sich diesen Diskursen, um disziplinenspezifisch und -übergreifend den Zusammenhängen zwischen Migration und schulischer Bildung nachzugehen. Besonders für Deutschland kann Migration[49] als gesellschaftliche Wirklichkeit betrachtet werden, weshalb die neuere Forschung unter anderem auch von einer *postmigrantischen*[50] Gesellschaft spricht. Ein Blick in öffentliche Diskurse zeigt allerdings, dass *Migrationsdiskurse* häufig mit Problembeschreibungen verbunden werden. Mit Deutungsmustern wie „Wir waren nie ein Einwanderungsland und wir sind's bis heute nicht"[51] oder mit dichotomen Einteilungen in ‚*Wir und die Anderen*' werden implizite sowie explizite In- oder Exklusionsmechanismen produziert. Dieser polarisierende Diskurs wird besonders durch Forschungsdisziplinen wie der *Migrationspädagogik* analytisch reflektiert. Dabei nimmt die Migrationspädagogik die „durch Migrationsphänomene angestoßene Prozesse der Pluralisierung und der Vereinseitigung, der Differenzierung und der Entdifferenzierung, der Segregation und

---

48 Es kann hier selbstverständlich weder der Ort sein, alle Migrationstheorien noch einzelne annähernd in Gänze nachzuzeichnen, folglich wird dies kursorisch in kurz geraffter Form und lediglich anhand einiger synoptischer Zusammenfassungen geschehen müssen.

49 In Deutschland wird Migration häufig als Zuwanderung verstanden. Mecheril differenziert die Begriffe Einwanderung und Zuwanderung in Abgrenzung zum Begriff Migration vor dem Hintergrund der gesellschaftlichen Strukturen in Deutschland. Während die Begriffe Ein- und Zuwanderung die quantitative Zustandsbeschreibung der Gesellschaft fokussiert, wird mit dem Begriff Migration(sgesellschaft) die migrationsbedingt veränderte gesellschaftliche Realität markiert. Siehe dazu Mecheril, P. (2016).

50 Der Begriff Postmigration stammt ursprünglich von der Berliner Theaterintendantin Shermin Langhoff und wurde von Foroutan in den wissenschaftlichen Diskurs übernommen. Siehe dazu Foroutan, N./Canan, C./Arnold, S./Schwarze, B./Beigang, S./Kalkum, D. (2014): Deutschland postmigrantisch I. Gesellschaft, Religion, Identität – Erste Ergebnisse. Berlin: Humboldt-Universität, Berliner Institut für empirische Integrations- und Migrationsforschung (BIM).

51 Es handelt sich um die Aussage des von 2005 bis 2009 als Bundesinnenminister amtierenden Wolfgang Schäuble (CDU), der dies im Jahre 2006 zur Eröffnung eines Integrationskongresses des Deutschen Caritasverbandes in Berlin äußerte. Siehe dazu z. B.: https://www.tagesspiegel.de/politik/wir-sind-kein-einwanderungsland/783936.html, [eingesehen am 21.07.2016].

der Vermischung des *Sozialen*"[52] in den Blick. *Migrationsbewegungen* werden durch diesen Analysezugang als grundlegendes Kennzeichen von gesellschaftlicher Wirklichkeit in der Gegenwart verstanden.[53]

Für die Institution Schule werden durch den Forschungszugang der Migrationspädagogik sowohl pragmatisch-technische wie auch moralische Fragen bedeutsam, die mit neuen pädagogischen Selbstverständnissen einhergehen und zu Programmen zur Herstellung von Transparenz führen.[54]

2.3.1 Entwicklungen des bildungspolitischen Diskurses

Die *Entwicklung der bildungspolitischen Diskussion* zu Migration und Bildung sowie zu den Menschen mit einem sogenannten Migrationshintergrund reicht in Deutschland bis in die 1960er Jahre zurück. Mit der *Anwerbung ausländischer ArbeitnehmerInnen*[55] und dem Nachzug ihrer Familien veränderten sich die gesellschaftlichen Strukturen im sogenannten Zuwanderungsland Deutschland erkennbar. Auch das System Schule sah sich einer neuen Form der Heterogenität und damit verbunden neuen Herausforderungen ausgesetzt. Mit einem Beschluss der Kultusministerkonferenz (KMK) im Jahr 1971 wurden für ‚ausländische' Schüler*innen sogenannte Vorbereitungsklassen und in manchen Herkunftssprachen der ‚muttersprachliche Unterricht'[56] eingeführt. Alle Maßnahmen hatten zum Ziel, die ‚Integration' in das neue Umfeld zu fördern, zugleich aber auch die fortdauernde Verbindung zur sogenannten Muttersprache und zum Herkunftsland der ‚Ausländerkinder' zu gewährleisten. Für den schulischen Kontext entstanden zugleich erste sozialpädagogische Erklärungsansätze, die innerhalb der erziehungswissenschaftlichen Forschung zu einer neuen Unterdiszi-

---

52   Vgl. Mecheril, P. (2010), S. 19.
53   Dirim, I./Mecheril, P. (2009): Migration und Bildung: Soziologische und erziehungswissenschaftliche Schlaglichter. Münster: Waxmann. S. 7.
54   Ebd., S. 7–8.
55   Diese Arbeitnehmer*innen wurden als ‚Gastarbeiter' bezeichnet, um die aus der nationalsozialistischen Zeit verwendete Bezeichnung der „Fremdarbeiter" zu vermeiden. Siehe dazu Klee, E. (1972): Gastarbeiter, Analysen und Berichte. Frankfurt a. M.: Suhrkamp.
56   Die Bezeichnung ‚muttersprachlicher Unterricht' wurde im Forschungsdiskurs fast vollständig durch den Begriff ‚herkunftssprachlicher Unterricht' ersetzt, da der Begriff Muttersprache zumeist nicht das Sprachinventar von Schüler*innen präzisiert und ausschließlich eine in der Familie gesprochenen Sprache fokussiert wird; z. B. wenn in einer Familie Arabisch und Türkisch gesprochen werden. In manchen Bundesländern findet sich die Bezeichnung weiterhin. Auch als umgangssprachlich geläufiger Begriff findet er immer noch Verwendung.

plin führten, die sich ‚Ausländerpädagogik' nannte.[57] Diese fokussierte vor allem die Behebung von ‚Sprachschwierigkeiten' der entsprechenden Schüler*innen, um ihre ‚Integration' in den Regelunterricht zu ermöglichen. Jedoch wurde dieser Kerngedanke in der Praxis nicht im Sinne einer Inkludierung der ‚ausländischen' Schüler*innen über geeignete Beschulungsmaßnahmen realisiert. Vielmehr entstanden sogenannte *Nationalklassen, Ausländerklassen und Vorbereitungsklassen*, die zur *Segregation* dieser Schüler*innen führten. Die schulische Praxis hielt strikt an der Vorstellung einer homogenen Schülerschaft fest.[58] Die Diskrepanz zwischen der Zielvorstellung einerseits, die ‚ausländischen' Schüler*innen in das deutsche Schulsystem zu ‚integrieren' bzw. sie auf die Rückkehr vorzubereiten, und der Umsetzung im schulischen Alltag andererseits[59] war vor allem darauf zurückzuführen, dass eine adäquate Zweitsprachendidaktik für den Erwerb des Deutschen fehlte.[60]

Im Laufe der Jahre reagierten Wissenschaft und Bildungspolitik auf die genannten Schwierigkeitsbereiche der Schulpraxis. Infolgedessen wurden auf der Ebene der universitären Ausbildung entsprechende Angebote für Lehrkräfte geschaffen, die auf das Unterrichten von Schüler*innen mit *Deutsch als Zweitsprache* vorbereiten sollten und erste Ansätze der Auseinandersetzung mit migrationsspezifischen Phänomenen und ihrem Einfluss auf die gesellschaftliche und bildungspolitische Realität ermöglichten.[61] Die Beschäftigung mit Migration im Hinblick auf Schule und auf die Profession ihrer Akteure leitete einen *Paradigmenwechsel* ein. Der Begriff der Ausländerpädagogik wurde durch die Bezeichnung *Interkulturelle Pädagogik* ersetzt und sollte durch die institutionelle Etablierung der Begrifflichkeiten an Universitäten und Hochschulen den Blick auf Migration und Menschen mit sogenanntem Migrationshintergrund

---

57 Für weiterführende Literatur vgl. u. a. Auernheimer, G. (2007): Einführung in die interkulturelle Pädagogik. Darmstadt: WBG; Mahler, G. (1974); Mahler, G./Steindl, M. (1983): Zweitsprache Deutsch für Ausländerkinder. Bildungspolitische Schwerpunkte, didaktische Grundlagen. Donauwörth: Auer Verlag; Nohl, A.-M. (2010): Konzepte interkultureller Pädagogik. Eine systematische Einführung. Heilbrunn: Julius Klinkhardt.
58 Nohl, A.-M. (2010), S. 24f.
59 Mahler, G./Steindl, M. (1983), S. 63.
60 Meyer-Ingwersen et al. (1977) heben die prekären Schulbedingungen sogenannter ausländischer Schüler*innen hervor. Siehe dazu Meyer-Ingwersen, J./Neumann, R./Kummer, M. (1977), S. 103.
61 Für weiterführende Literatur siehe u. a. Mahler, G./Steindl, M. (1983), Auernheimer, G. (2010): Interkulturelle Kompetenz und pädagogische Professionalität. Wiesbaden: VS Verlag für Sozialwissenschaften.

verändern.⁶² Von der Ausländerpädagogik unterscheidet sich die Interkulturelle Pädagogik vor allem durch die *Ablehnung von Ethnozentrismus und Defizitorientierung*⁶³ sowie eine *kulturell reflexive Herangehensweise*.⁶⁴ Im Zentrum des Ansatzes stehen im Hinblick auf die Institution Schule Gleichheitsbestrebungen für alle Schüler*innen sowie hinsichtlich der Gesamtbevölkerung die Sensibilisierung für eine *multikulturelle, multilinguale* Realität.⁶⁵ Gogolin/Krüger-Potratz (2010) stellen die Unterschiede zwischen dem Ansatz der Ausländerpädagogik und dem der Interkulturellen Pädagogik wie folgt gegenüber:

> „[…] Ausländerpädagogik als Zielgruppenpädagogik versus Interkulturelle Pädagogik als Pädagogik für alle bzw. als Querschnittsaufgabe und Schlüsselqualifikation, Defizithypothese versus Differenzhypothese, Kulturrelativismus versus Kulturuniversalismus, Kulturalisierung statt sozialer Positionierung Perspektivenwechsel."⁶⁶

Folglich sollte innerhalb der Interkulturellen Pädagogik der *Kulturbegriff* in seiner *gesellschaftlich-multikulturellen* Erscheinung als dynamisch und veränderbar angesehen werden. Retrospektiv betrachtet, zeigen allerdings viele Darstellungen des interkulturellen Ansatzes, dass der Kulturbegriff häufig mit der Kategorie der *Ethnizität* und seit der Jahrtausendwende auch verstärkt mit der Kategorie *Religion*⁶⁷ in Verbindung gebracht und *Multikulturalität* als gesellschaftliche Folge von Migration angesehen wurde.⁶⁸

In den 1990er Jahren grenzten sich einige Vertreter der Interkulturellen Pädagogik vor allem von der Sichtweise ab, Multikulturalität unhinterfragt stets normativ als Bereicherung aufzufassen und damit entstehende Konflikte zu verschweigen.⁶⁹ Vielmehr sollte nach Nieke (2000) die Interkulturelle Pädagogik dazu beitragen, das Zusammenleben vernünftig und verantwortlich zu gestal-

---

62 Auernheimer, G. (2007), S. 50.
63 Geier, T. (2011): Interkultureller Unterricht. Inszenierung der Einheit des Differenten, Wiesbaden: Verlag für Sozialwissenschaften. S. 26.
64 Gogolin, I./Krüger-Potratz, M. (2010): Einführung in die Interkulturelle Pädagogik. Einführungstexte Erziehungswissenschaft. Stuttgart: UTB. S. 134.
65 Luchtenberg, S. (2009): Vermittlung interkultureller sprachlicher Kompetenz als Aufgabe des Deutschunterrichts. S. 83. In: Nauwerck, P. (Hrsg.): Kultur der Mehrsprachigkeit in Schule und Kindergarten. Festschrift für Ingelore Oomen-Welke Freiburgi. Breisgau: Dillibach. S- 277–291.
66 Vgl. Gogolin, I./Krüger-Potratz, M. (2010), S. 104f.
67 Bezogen auf die Kulturalisierung durch die Kategorie Islam siehe z. B. Attia, I. (2009): Die „westliche Kultur" und ihr Anderes. Zur Dekonstruktion von Orientalismus und antimuslimischem Rassismus. Bielefeld; transcript.
68 Geier, T. (2011).
69 Nieke, W. (2000), zitiert nach Geier, T. (2011), S. 30f.

ten.[70] In Anlehnung an die Ausführungen von Nohl (2006) und Leggewie (1990), die in der Interkulturellen Pädagogik ihren Fokus auf die *Einwanderung* legen und die Entstehung der *multikulturellen* Gesellschaft von der migrationsbedingten Einwanderung in Verhältnis setzen, formuliert Geier (2011) kritisch:

> „Wenn sich die Gesellschaft dergestalt verändert haben soll, dass ihre normativen und kulturellen Orientierungen laut Theorie heterogener werden, so entsteht dadurch umgekehrt der Eindruck, sie sei vorher homogen und homogener gewesen. Dies ist freilich zu bezweifeln. Setzt man alternativ Diversifizierungsprozesse als für die Moderne konstitutiven Bestandteil an, wird einwanderungsbedingte Heterogenität zu bloß einem Faktor unter vielen anderen für gesellschaftliche Pluralität. Sieht man Multikulturalität hingegen dominant mit Einwanderung verknüpft, so drängt sich zudem zwangsläufig auch die Kategorie der Ethnizität auf, denn diese, wie auch immer inhaltlich gefasste, ist die *differentia spezifica*, welche Autochthone von Allochthonen unterscheiden."[71]

Auch Mecheril (2004) problematisiert den theoretischen Fokus auf Einwanderung innerhalb der Interkulturellen Pädagogik, wodurch der Blick auf die *kulturelle Differenz* gerichtet wird. Trotz der Prinzipien der Wertschätzung und Gleichstellung, auf denen die Interkulturelle Pädagogik fußt und die für den Diskurs um Migration von tragender Bedeutung sind, kann nach Mecheril mit der Interkulturellen Pädagogik den Bedingungen einer Migrationsgesellschaft nicht vollständig gerecht werden.[72] Aus diesem Grund darf bei der Analyse von Migrationsprozessen der Fokus nicht auf der Betrachtung von sogenannten kulturellen Aspekten liegen. Die Forcierung von *Kultur* führe zu einer Differenz, die wiederum *Kultur* zur zentralen Differenzdimension des Diskurses mache.[73] Weiterhin weist er darauf hin, dass die Interkulturelle Pädagogik selbst auch dieses „Problem [...] in den selbstkritischen Reflexionen der Disziplin immer wieder herausgestellt"[74] habe. Trotzdem ist die interkulturelle Perspektive die Grundlage der Interkulturellen Pädagogik geblieben.[75]

Bei der Auseinandersetzung mit Themen zu Bildung und Teilhabe am Bildungssystem distanziert sich Mecheril deshalb von einer „Migrantenpädagogik"[76], die allein durch ihre Bezeichnung die Kategorie *Kultur* als relevantes Untersuchungsmerkmal in der Migrationsgesellschaft zum Thema macht. Er plädiert vielmehr für eine *Migrations*pädagogik, die schon in ihrer Bezeichnung deutlich

---

70 Nieke, W. (2000), zitiert nach Geier, T. (2011), S. 31.
71 Vgl. Geier, T. (2011), S. 41f.
72 Mecheril; P. (2004), S. 18.
73 Ebd., S. 16.
74 Vgl. ebd., S. 16.
75 Ebd., S. 16f.
76 Vgl. ebd., S. 17.

macht, dass der Blick auf eine einzige, ausgewählte Zielgruppe (z. B. auf *Migranten*) abzulehnen ist. Vielmehr soll die Migrations*gesellschaft* als Ganzes betrachtet werden[77], wie auch jene durch die Gesellschaft produzierten Passungen und Divergenzen, die für die schulische Laufbahn in hochdiversen Gesellschaften maßgeblich sind.

2.3.2 Ergänzende Perspektive des Diskurses um Migrationsgesellschaft und die Produktion von Passung und Divergenz

Die Skizzierung der Entwicklungen des bildungspolitischen Diskurses hat gezeigt, dass für die vorliegende Untersuchung sich die Perspektive der Migrationspädagogik besonders eignet: Diese ermöglicht die Analyse von natio-ethno-kulturell kodierten Schemata, die bei der Konstruktion von individuellen Schülervorstellungen zum Osmanischen Reich produziert werden. Die Perspektive soll an dieser Stelle anhand eines bildungs- und kultursoziologischen Ansatzes vertieft werden. Dazu wird im Folgenden die *bourdieusche Habitus-Theorie* kurz skizziert, um die Relevanz und gleichzeitig die Aktualität der Theorie für die Erfassung von Passungen und Divergenzen im schulischen Kontext unter den Bedingungen der Migrationsgesellschaft zu verdeutlichen.

Bourdieu, der wohl bekannteste Soziologe des 20. Jahrhunderts, hat mit den Begriffen *Habitus, Feld, Kapital, sozialer Raum* und *Klasse* innerhalb der Sozialisationstheorie ein Klassenmodell des *sozialen Raums* erstellt.[78] Er vertrat die These, dass das Handeln und Denken eines Individuums durch dessen Position im sozialen Raum bestimmt wird. Mit dem Konzept des sozialen Raums ermöglichte Bourdieu die Darstellung und Analyse sozialer Strukturen wie auch individueller Positionen innerhalb einer Gesellschaft. Das „Kernstück seiner Soziologie"[79] bildet das Habitus-Konzept, mit dem das *Handeln von Menschen im sozialen Raum* in den Mittelpunkt des Interesses rückt. Bezogen auf *Schul- und Unterrichtsforschung* ermöglicht das *Habituskonzept*, Denk-, Wahrnehmungs-

---

77 Mecheril, P. (2015): Kulturell-ästhetische Bildung. Migrationspädagogische Anmerkungen. S. 35. In: Mission Kulturagenten – Onlinepublikation des Modellprogramms „Kulturagenten für kreative Schulen 2011–2015", Berlin 2015. Verfügbar unter: http://www.kulturagenten-programm.de/assets/Uploads/Modul-3-Reflexion.pdf, S. 113–120 [eingesehen am 13.07.2017].

78 Die Begriffe Habitus, Feld, Kapital, sozialer Raum und Klasse diskutiert Bourdieu in seinem Hauptwerk „Die feinen Unterschiede", welches 1979 veröffentlicht wurde. Siehe dazu Bourdieu, P. (1982): Die feinen Unterschiede. Kritik der gesellschaftlichen Urteilskraft. 1. Aufl. Frankfurt a. M.: Suhrkamp Verlag.

79 Vgl. Krais, B./Gebauer, G. (2002): Habitus. Bielefeld: transcript. S. 5.

und Bewertungsschemata auf ihre Wechselwirkungen und Passungen sowie auf ihr Ungleichheitspotenzial und Divergenzen hin zu untersuchen. Bourdieu beschreibt den Habitus als ein „sozial konstituiertes System von strukturierten und strukturierenden Dispositionen, das durch Praxis erworben wird und konstant auf praktische Funktionen ausgerichtet ist."[80] Mit Habitus ist somit „die Haltung des Individuums in der sozialen Welt, seine Dispositionen, seine Gewohnheiten, seine Lebensweise, seine Einstellungen und seine Wertvorstellungen gemeint."[81] Die Theorie des Habitus-Konzeptes verdeutlicht, dass das Individuum niemals vollständigen Einfluss auf das eigene Verhalten hat. Es „ist ein auch in seinem Inneren vergesellschaftetes Individuum, ausgestattet (und auch begrenzt) durch präformierte Denk- und Handlungsdispositionen, die es zur sozialen Praxis befähigen."[82] Daraus folgert Bourdieu, dass die individuellen Interessen einer Person keine Ausprägungen einer ‚naturgegebenen' Persönlichkeit sind, sondern durch die Positionen im sozialen Raum bestimmt werden.[83]

Die *Positionen im sozialen Raum* charakterisiert Bourdieu in drei Grundklassen bzw. Schichten[84]: die Oberschicht, die Mittelschicht und die Unterschicht. Die Oberschicht nennt Bourdieu die Bourgeoisie[85] (frz. ‚Bürgertum') und beschreibt sie als das Besitz- und Bildungsbürgertum. Diese Schicht zeichnet sich nach Bourdieu dadurch aus, dass sie die herrschende Klasse ist und sich durch das Merkmal der Distinktion kennzeichnet, wodurch sie sich von anderen Klassen abgrenzt. Die Mittelschicht, von Bourdieu auch Kleinbürgertum genannt, ist gekennzeichnet durch die Prätention (Streben nach kultureller Anpassung an die obere Schicht) und die Distinktion, mit der sie sich von der unteren Schicht abgrenzt. Die Unterschicht bezeichnet Bourdieu als das Arbeitermilieu[86], das

---

80 Vgl. Bourdieu, P./Wacquant, L. J. D. (1996): Reflexive Anthropologie. Frankfurt a. M.: Suhrkamp. S. 154.
81 Vgl. Fuchs-Heinritz, W./König, A. (2005): Pierre Bourdieu. Eine Einführung (UTB, Bd. 2649). Konstanz: UVK Verlagsgesellschaft. S. 113.
82 Vgl. ebd., S. 114.
83 Bourdieu, P. (1999): Die Regeln der Kunst. Genese und Struktur des literarischen Feldes. Frankfurt/M.: Suhrkamp. S. 17ff.
84 Bourdieu verwendet die Begriffe Grundklasse und Schicht synonym, so dass auch im Rahmen der vorliegenden Untersuchung die Begriffe gleichbedeutend verwendet werden.
85 Die Bezeichnung Bourgeoisie verwendet Bourdieu unter Rückgriff auf den Marxismus, wonach mit diesem Begriff die herrschende soziale Klasse der Gesellschaft gemeint ist. Bourdieu geht im Vergleich zu Karl Marx, dem Begründer des Marxismus, davon aus, dass gesellschaftliche Unterschiede wesentlich ‚feiner' seien, als sie die marxistische Theorie darstellt.
86 Fuchs-Heinritz, W./König, A. (2005), S. 54f.

durch den ‚Notwendigkeitsgeschmack' und den Kampf ums Überleben charakterisiert ist. Die Unterschicht ist nach Bourdieu die Klasse der Beherrschten, die über ein geringes ökonomisches Kapital verfügt.[87] Bourdieu betont, dass der Begriff Klasse bzw. Schicht nicht gleichzusetzen ist mit dem beruflichen Status, sondern dass er auch Merkmale der klassenspezifischen Habitusformen, geschlechtliche oder geographische Verteilungen usw. umfasst.[88]

Die Position im sozialen Raum wird nach Bourdieu über die Ausstattung des vorhandenen Kapitals[89] bestimmt. Dabei unterscheidet er *drei Kapitalsorten*[90], die sich unterschiedlich verteilen und verschieden stark in den einzelnen sozialen Schichten ausgeprägt sind. Bourdieu nennt das ökonomische, kulturelle und das soziale Kapital. Das ökonomische Kapital bezieht sich auf das finanzielle, materielle Kapital sowie Güter oder Land, das ein Individuum besitzt. Die Akkumulation von ökonomischem Kapital ist grenzenlos. Das kulturelle Kapital wird in drei weitere Unterkategorien unterteilt: das inkorporierte, das objektive und das institutionelle Kapital. Zum kulturellen Kapital gehören der Besitz von Gütern mit kulturellem Wert (beispielsweise Gemälde), aber auch Fähigkeiten und Ausdrucksweisen, ebenso wie Zeugnisse, Titel und weitere institutionell relevante, ‚materialisierte' Belege, die in Bildungskontexten erworben sind. Das soziale Kapital schließlich zeichnet sich nach Bourdieu durch die Qualität und Quantität der sozialen Beziehungen aus.[91] Alle drei Kapitalsorten können ineinander übersetzt werden, so dass beispielsweise ein geringes ökonomisches Kapital nicht zwangsläufig zu einer schlechteren sozialen Position im sozialen Raum führt. Individuen können beispielsweise ihre kulturellen Güter verkaufen oder ihre Fähigkeiten einsetzen und Geld verdienen. Diese Kapitalformen haben

---

87 In der oberen Schicht drückt sich der Habitus beispielsweise durch einen elaborierten Sprachgebrauch, durch den Machterhalt und eine gewisse selbstsichere Haltung aus. Im Gegensatz dazu beschreibt Bourdieu den Habitus der mittleren Schicht als strebsam und diszipliniert, wohingegen er den Habitus der unteren Schicht durch ein unreflektiertes Unterordnen an bestehende Werte und Normen, die Präferenz von viel-günstig und dem Interesse an Freizeitbeschäftigungen ohne kognitive Eigenleistung beschreibt, siehe dazu Fuchs-Heinritz, W./König, A. (2005), S. 177ff.
88 Bourdieu, P. (1982).
89 Bourdieu beschreibt das Kapital als „soziale Energie", die als „akkumulierte Arbeit, entweder in Form von Material oder in verinnerlichter, inkorporierter Form" (vgl. Bourdieu, P. (1992): Die verborgenen Mechanismen der Macht. (Schriften zu Politik & Kultur 1). Hamburg: VSA-Verlag. S. 49) dem Individuum zur Verfügung steht und seine Denk- und Handlungsweisen bestimmt.
90 Die vierte Kapitalform, symbolisches Kapital, soll zunächst nicht berücksichtigt werden.
91 Fuchs-Heinritz, W./König, A. (2005), S. 157ff.

sich in den Untersuchungen von Bourdieu zur Bildungsungleichheit bewährt und werden in unterschiedlichen Forschungsdiskursen immer wieder als Unterscheidungskategorien herangezogen.[92]

In Bourdieus Sozialisationstheorie ist der Habitus das Verbindungsglied zwischen der Position und dem Handeln des Individuums im sozialen Raum. Der Habitus ist ein System von verinnerlichten Handlungsmustern, die immer wieder vom Individuum generiert werden. Die Muster aus dem Habitus bestimmen die Handlungen und die Wahrnehmungen des Individuums und können aus dem System dauerhafter Dispositionen, die einen Sinn für die eigene soziale Stellung im sozialen Raum beinhalten, bewusst oder unbewusst generiert werden. In Situationen, in denen Individuen entscheiden müssen, wie sie sich zu verhalten haben, greifen sie beispielsweise auf bestimmte Muster zurück, die entsprechend der Situation notwendig sind, um richtig zu handeln. Wann eine Person eine andere Person duzt oder siezt, wäre ein solches Muster, das aus dem Habitus heraus generiert werden könnte. Nach Bourdieu wird durch den Habitus die „Weitergabe von sozialen Strukturen und kulturellen Bedeutungen, Werten usw. an die nachfolgenden Generationen"[93] geformt, so dass das Aufwachsen in einer bestimmten Schicht das Leben eines Individuums prägt. Die Muster werden durch Vorbilder (i. d. R. Eltern als Bezugspersonen) von frühester Kindheit an internalisiert.

Nach Bourdieu wird dem Individuum in diesem Habitualisierungsprozess keine dominante Eigenleistung eingeräumt, weshalb die bourdieuschen Habitus-Theorie vielfach als deterministisch kritisiert wird.[94] Jedoch beschreibt Bourdieu den Habitus in seiner Struktur zwar als etwas Überdauerndes und Stabiles, das allerdings sehr wohl durch einen bewussten und reflexiven Umgang veränderbar ist.[95] Habituelle Veränderungen sind somit auch nach Bourdieu durchaus möglich, so dass der Habitus nicht ausschließlich als statisch beschrieben werden kann; die habituelle Veränderung bedarf aber eines bewussten und reflektierten Umgangs mit entsprechenden Verhaltensweisen und internalisierten Mustern.

---

92 Hummrich, M./Kramer, R.-T. (2017): Schulische Sozialisation. Moderne Einführung in ein essentielles Thema. Wiesbaden: Verlag für Sozialwissenschaften.
93 Vgl. Bourdieu, P. (1987): Sozialer Sinn. Kritik der theoretischen Vernunft. Frankfurt: Suhrkamp. S. 127.
94 Siehe dazu u. a. Rieger-Ladich, M. (2005): Weder Determinismus, noch Fatalismus: Pierre Bourdieus Habitustheorie im Licht neuerer Arbeiten. In: Zeitschrift für Soziologie der Erziehung und Sozialisation 25, Heft 3, S. 281–296 oder Kramer, R.-T. (2011): Abschied von Bourdieu? Perspektivenungleichheitsbezogener Bildungsforschung. Wiesbaden: Verlag für Sozialwissenschaften.
95 Bourdieu, P. (1993): Soziologische Fragen. Frankfurt a. M.: Suhrkamp. S. 100.

Bourdieus Habitus-Theorie kann in diesem Sinne auch als ein dynamisches Konzept beschrieben werden, dessen Grenzen verändert werden können. Beispielsweise neue Freundschaften oder Bekanntschaften mit Personen aus anderen sozialen Schichten, aber auch irritierende Lebensereignisse können dazu führen, dass Individuen die Grenzen ihres Habitus verändern, indem neue und dem eigenen Habitus unbekannte Muster kennengelernt und adaptiert werden.

Die Habitus-Theorie dient gewissermaßen als eine Analysefolie für unterschiedliche soziale Konstellationen, so auch für die Beziehungskonstellationen in der Institution Schule. Je nachdem, in welchem Passungs- oder Divergenzverhältnis der durch Schule konstruierte Habitus zum mitgebrachten Schüler*innenhabitus steht, können schulische „Urteile und Sanktionen diejenigen der Familie bestätigen, ihnen aber auch entgegenlaufen und entgegenwirken."[96]

Schulische Erfahrungen werden durch die Ersterfahrungen des Individuums beeinflusst. Auch wenn der Habitus „mit den Strukturen aus früheren Erfahrungen jederzeit neue Erfahrungen strukturieren"[97] kann, werden neue Erfahrungen doch immer auch aus den vorschulischen Primärerfahrungen heraus generiert und neu geordnet. Neue Erfahrungen können also nach Bourdieu nur innerhalb eines bereits bestehenden Habitus generiert werden.[98] Dem Schulsystem, das dem Gleichheitsgrundsatz folgend allen Schüler*innen gleichermaßen begegnen soll, unterstellt Bourdieu ein *Denkmuster*, das den wahren Zweck von Schule verschleiert, indem es dem Leistungsprinzip nachkommt. Das Gleichheitsprinzip, das im Artikel 3 des Grundgesetzes festgeschrieben ist und auch für das System Schule als gesellschaftliche Institution gilt, bricht an der Realität der mangelnden Chancengerechtigkeit (und damit verbundene soziale Voraussetzungen), da ausschließlich die individuellen Leistungen berücksichtigt werden. Sozial ungleiche Ausgangspositionen bleiben also unberücksichtigt, weshalb Bourdieu der Schule vorwirft, soziale Ungleichheit zu reproduzieren.[99]

Die an Bourdieus Forschungsarbeiten anknüpfenden Untersuchungen haben immer wieder den Zusammenhang zwischen sozialer Ungleichheit und dem System Schule herausgearbeitet, welche für die Erforschung von Passungen und Divergenzen auch gegenwärtig von tragender Bedeutung sind. Das Resultat jener Arbeiten müsste die Verbesserung der Chancengerechtigkeit und der Handlungsautonomie aller Schüler*innen sein. Für die schulische Praxis würde dies konkret bedeuten, dass Lehrkräfte zum einen ihre Anforderungen (Erwar-

---

96 Vgl. Bourdieu, P. (1997): Das Elend der Welt. Zeugnisse und Diagnosen alltäglichen Leidens an der Gesellschaft. Konstanz: UVK Universitätsverlag. S. 651.
97 Vgl. Bourdieu, P. (1993), S. 113.
98 Ebd., S. 113.
99 Bourdieu, P. (1982).

tungshorizont) an Unterricht und Schüler*innen transparenter gestalten müssen und zum anderen verstärkt auf die Lebenswirklichkeit aller Schüler*innen eingegangen werden muss.

Insbesondere für die verstärkte Berücksichtigung der Lebenswirklichkeit der Schüler*innen ist der Einbezug der in den Unterricht mitgebrachten individuellen Vorstellungen relevant, die das Handeln der Schüler*innen bestimmen[100] und somit Einfluss auf ihren Lernprozess haben kann. Ob die Lebenswirklichkeit und damit verbunden die Vorstellungen aller Schüler*innen tatsächlich für den Lernprozess und die Förderung der Handlungsautonomie im System Schule berücksichtigt wird, kann nur über einen interdisziplinären Zugang analysiert werden. Vor dem Hintergrund der vorliegenden Untersuchung sind demnach für die Analyse von Lernbedingungen und -zugängen im Bildungskontext Schule folgende Bedingungen zu berücksichtigen:

- individuell-habituelles Vorwissen von Schüler*innen,
- institutionell-schulische Anforderungen und institutionell geregelte Inhalte,
- Bedingungen der Migrationsgesellschaft.

Mit seiner Theorie fokussiert Bourdieu insbesondere habituelle und damit verbundene schichtspezifische Differenzkategorien, durch die gesellschaftliche In- und Exklusionsmechanismen entstehen. Der Ansatz der Migrationspädagogik hingegen lenkt das Augenmerk auf die durch Migration gegebene Dynamik der gesellschaftlichen Entwicklungen – eine Dynamik, welche allerdings unter dem Einfluss von natio-ethno-kulturell kodierten Kategorien in weiten Teilen der Gesellschaft unberücksichtigt bleibt, woraus auch Inklusions- und Exklusionsmechanismen entstehen. Gemeinsam ist beiden theoretischen Zugängen jedoch, dass gesellschaftliche Reproduktionsmechanismen, die zu sozialer oder auch institutioneller Ungleichheit führen, analysiert und reflektiert werden können. Im Zentrum beider Ansätze steht die Position des Individuums in der Gesellschaft. So kann, wie die Theorie von Bourdieu, auch die Migrationspädagogik als eine Gesellschaftstheorie betrachtet werden, die anhand des bourdieuschen Ansatzes zu einer Präzisierung der migrationspädagogischen Perspektive beitragen kann.

Da erst die Berücksichtigung der oben genannten Bestandteile die Analyse von Passungen und Divergenzen zwischen neuen schulischen Erfahrungen und individuellen Vorstellungen ermöglichen kann, ist sie notwendig an Sprache geknüpft. Sowohl habituelle als auch schulische mentale Prozesse sind einzig über sprachliches Handeln zu rekonstruieren. Aus diesem Grund ist bei der Analy-

---

100 Wahl, D. (2001): Nachhaltige Wege vom Wissen zum Handeln. Beiträge zur Lehrerbildung, 19. S. 157-147.

se von Passungen und Divergenzen zwischen individuellen Vorstellungen und schulischen Anforderungen im Kontext schulischen Lernens aller Schüler*innen ein sprachanalytischer Zugriff von Bedeutung. Aus diesem Grund wird im folgenden Kapitel auf die Bedeutung von habituellem Vorwissen, schulischen Anforderungen, den Bedingungen der Migrationsgesellschaft und der Rolle von Sprache vor dem Hintergrund von Passungen und Divergenzen eingegangen.

2.4 Bildung, Schule, Sprache und Migration: Passungen und Divergenzen

Bereits in der Sozialisationsforschung der 1950er bis 1970er Jahre wurde *Passung* als ein zentrales Konzept zur *Analyse von Reproduktionseffekten sozialer Ungleichheit* diskutiert.[101] Dabei beschreibt das Passungs-Konzept

> „das Zusammenspiel, oder man könnte auch sagen, das ‚Zusammenpassen' von Ausgangsvoraussetzungen der SchülerInnen und dem, was das Bildungssystem als Eigenschaften, Fähigkeiten und Kompetenzen erwartet."[102]

Für dieses *Zusammenspiel* werden individuelle Ausgangsvoraussetzungen von Schüler*innen mit den Erwartungen von Schule in Verhältnis gesetzt und analysiert, woraus Effekte für Bildungmisserfolg bzw. -erfolg abgeleitet werden können. Die individuellen Ausgangsvoraussetzungen der Schüler*innen setzen sich aus Fähigkeiten wie den fachlichen und sprachlichen Kompetenzen, aus Anwendung von Lernstrategien und aus der Verwendung eines ‚schulischen Habitus'[103] zusammen.[104] Habitus meint demnach die sozialisationsbezogenen Besonderheiten eines Individuums, aus denen Verhaltensweisen generiert werden.[105] Die Passung aber ist das Ausmaß, in dem die Verhaltensweisen des Individuums den schulischen Erwartungen entsprechen. Passung ist also der zentrale Mechanismus, über den ‚Nähe' bzw. ‚Distanz' zur Schule – und folglich Bildungserfolg bzw. Bildungsmisserfolg – ganz konkret realisiert wird.[106] Der Divergenzbegriff

---

101 Bauer, U. (2012): Sozialisation und Ungleichheit. 2. Aufl. Wiesbaden: Springer VS. S. 20.
102 Vgl. ebd., S. 20.
103 Zu den Erwartungen zählen auch Eigenschaften wie Kleidungsstil und Geschmack, auf die an diesen Stellen nicht näher eingegangen werden soll. Siehe dazu z. B. Bourdieu, P. (1993).
104 Bauer, U. (2012), S. 20.
105 Ebd., S. 20.
106 Ebd., S. 20.

hingegen wird als solcher im Forschungsdiskurs seltener verwendet und erklärt sich zumeist als das Gegenteil zur Passung.[107]
Einer der ersten Sozialisationsforscher, der sich mit *Passung* befasste, war Basil Bernstein (1972). Mit seiner bildungssoziologischen Forschung lenkte er den Fokus konkret auf jene Passung, die sich mit dem *Verhältnis von Sprache und Schulerfolg* beschäftigt. Im Zentrum seiner Forschung steht die Annahme, sogenannte bildungsnahe und bildungsferne[108] Schichten greifen auf unterschiedliche Sprachcodes zurück, welche elaborierte oder restringierte Merkmale aufweisen. Den *elaborierten Sprachcode* charakterisiert Bernstein als grammatisch komplex und universell ausgerichtet, der von *bildungsnahen* Schichten verwendet wird. Der *restringierte Sprachcode* hingegen besitzt eine einfache Grammatik, ist durch partikulare Orientierung charakterisiert und wird von *bildungsfernen* Schichten verwendet.[109] Aus seinen Studien, in denen er Kinder aus unterschiedlichen Schichten nacherzählen lässt, leitet er in Anlehnung an das Passungs-Konzept das Verhältnis zwischen der Ausgangssituation der Kinder einerseits und den Erwartungen der Schule andererseits ab, woraus sich spezifische Passungsbedingungen ergeben.[110] Bernsteins Unterteilung in restringierten und elaborierten Sprachcode wird im gegenwärtigen sprachsoziologischen Diskurs differenzierter betrachtet, da beispielsweise mehrsprachige Sprachmischungen auch berücksichtigt und als eine kognitiv hohe Leistung angesehen werden.[111]

---

107 Im pädagogischen und psychologischen Forschungsdiskurs wird der Divergenzbegriff im Zusammenhang mit der Divergenzhypothese verwendet, die definiert wird als „Annahme, daß die Intelligenzleistung nicht nur vom Alter abhängig ist, sondern auch vom Begabungsniveau." Vgl. http://www.spektrum.de/lexikon/psychologie/divergenzhypothese/3559, [eingesehen am 17.08.2017]. Sie wird der Differenzhypothese gegenübergestellt. Innerhalb der Sozialwissenschaften findet sich das Begriffspaar Divergenz und Konvergenz. Dabei werden Divergenz und Konvergenz gegensätzlich verwendet. Siehe dazu z. B. Robertson, R. (1998): Glokalisierung: Homogenität und Heterogenität in Raum und Zeit. In: Beck, U. (Hrsg.): Perspektiven der Weltgesellschaft. Frankfurt a. M.: Suhrkamp. S. 192–220.
108 Zu der Verwendung der Begriffe bildungsnah und bildungsfern siehe Fußnote 116.
109 Bernstein, B. (1977): Beiträge zu einer Theorie des pädagogischen Prozesses. Frankfurt/Main: Suhrkamp. S. 263.
110 Ebd.
111 Meisel, J. (1994): Bilingual first language acquisition. French and German grammatical development (Language acquisition & language disorders, Vol. 7). Amsterdam/Philadelphia: John Benjamins Publishing; Müller, N./Kupisch, T./Schmitz, K./Cantone, K. (2007): Einführung in die Mehrsprachigkeitsforschung. Deutsch – Französisch – Italienisch. 2. durchg. und aktual. Aufl. Tübingen: Gunter Narr Verlag.

Der Ansatz von Bernstein wurde in den Folgejahren weiterentwickelt und findet sich in seiner Grundidee beispielsweise wieder in der Theorie des kanadischen Pädagogen und Sprachlehrforschers Jim Cummins (1979), der an das *Verhältnis zwischen Sprachkompetenz und Schulerfolg anknüpft und Mehrsprachigkeit und Zweitspracherwerb* inkludierte. Seiner Theorie liegt die Unterscheidung der Begriffe *BICS* (Basic Interpersonal Communicative Skills) und *CALP* (Cognitive Academic Language Proficiency) zugrunde. Der Ansatz gilt mittlerweile als in der Spracherwerbsforschung etabliert, wenngleich er aufgrund schwieriger Nachweisbarkeit auch umstritten ist. Insgesamt bezieht sich Cummins mit BICS und CALP auf die Kontinuen zwischen ‚context-embedded' und ‚context-reduced' sowie ‚cognitively undemanding' und ‚cognitively demanding'[112], mit der alltagsbezogene und schulbezogene Kommunikationsfertigkeiten von Schüler*innen unterschieden werden können. Dabei bilden die im Sprachenerwerbsprozess aufgebauten sprachlichen Basiskompetenzen BICS die Grundlage für den Aufbau der kognitiv-akademischen Sprachfähigkeiten CALP. Dieses Konzept von Cummins kann als stark ausdifferenzierte Variante der Bernsteinschen Sprachcodes verstanden werden. Die Realisierung von Sprachfähigkeiten auf CALP-Ebene ist primär in schulische und akademische Kontexte einzuordnen, die sich durch eine dekontextualisierte Sprachrealisierung auszeichnet. Für Schüler*innen bedeutet dies, dass sie im Unterricht sprachliche Handlungen realisieren müssen, „mit denen komplexe und abstrakte Inhalte unabhängig von der konkreten Interaktionssituation ausgedrückt werden können."[113] Schule kann in diesem Zusammenhang als der Ort betrachtet werden, an dem sprachliche Fähigkeiten kontinuierlich erweitert werden müssen, damit Schüler*innen der Umgang mit in Lehrplänen festgelegten Inhalten in ihrer wachsenden Komplexität ermöglicht wird.[114] Demnach müsste Unterricht in allen Fächern so gestaltet sein, dass Schüler*innen der Übergang von der Alltagssprache zu

---

112 Cummins, J. (1991): Conversational and academic language proficiency in bilingual contexts. In: Hulstijn, J. H./Matter, J. F. (Hrsg.): Reading in Two Languages. AILA-Review 8/91. S. 75–89.
113 Vgl. Rösch, H. (2017): Deutschunterricht in der Migrationsgesellschaft: Eine Einführung. Stuttgart: J. B. Metzler Verlag. S. 176.
114 Siehe dazu u. a. Tajmel, T. (2009): Unterrichtsentwicklung im Kontext sprachlich-kultureller Heterogenität am Beispiel naturwissenschaftlichen Unterrichts. In: Fürstenau, S./Gomolla, M. (Hrsg.): Migration und schulischer Wandel: Unterrichtsqualität. Wiesbaden: VS Verlag; Gogolin, I. et al. (2011).

kognitiv-akademischen Sprachfähigkeiten ermöglicht wird und dabei sukzessive neue sprachliche Mittel angeeignet werden können.[115]

Für den *Handlungsraum Schule*, in dem eine intensive Auseinandersetzung mit Schrift und Schriftlichkeit stattfindet, sind die oben dargestellten Modelle von Bedeutung. Die theoretischen Ansätze erfassen im Kern ähnliche Phänomene, wobei Cummins sein theoretisches Konstrukt explizit in den Kontext des Zweitsprachenerwerbs stellt. Mit solchen Ansätzen der Differenzierung von sprachlichen Äußerungen können literal geprägte Kommunikationskontexte sprachlicher Handlungen analytisch systematisiert werden, weshalb sich Ansätze wie der von Cummins insbesondere in einschlägigen sprachwissenschaftlichen und sprachdidaktischen Diskursen um Bildungssprache oft rezipiert wird.[116]

Welche Bedeutung haben die oben darstellten sprachtheoretischen Ansätze, die den Erwerb von Bildungssprache thematisieren, für die Analyse von *Passungs- und Divergenzverhältnissen*, wenn Ausgangsvoraussetzungen von

---

115 Eine weitere in der sprachwissenschaftlichen Forschung etablierte Herangehensweise zur Systematisierung der bei Bernstein wie auch bei Cummins hervorgehobenen Polarität sprachlicher Realisierungen bietet das Nähe-Distanz-Modell nach Koch/Oesterreicher (1985). Die Autoren differenzieren in ihrem Modell gesprochene und geschriebene Sprache, indem sie sprachliche Realisierungen zwischen medialer (phonisch/graphisch) bzw. konzeptioneller (gesprochen/geschrieben) Mündlichkeit und Schriftlichkeit unterscheiden. Sie erfassen mit ihrem Modell eine Bandbreite an Kommunikationsbedingungen, denen sie entsprechend ihrer Konzeption bestimmte Versprachlichungsstrategien zuordnen, die wiederum über die Äußerungsformen der sprachlichen Äußerungen über eine Sprache der Nähe oder eine Sprache der Distanz realisiert werden. Siehe dazu Koch, P./Oesterreicher, W. (1985): Sprache der Nähe – Sprache der Distanz. Mündlichkeit und Schriftlichkeit im Spannungsfeld von Sprachtheorie und Sprachgeschichte. In: Romanistisches Jahrbuch 36/85. S. 15–43.

116 Siehe dazu u. a. Cummins, J. (2010): Language Support for Pupils form Families with Migration Backgrounds: Challanging Monolingual Instructional Assumptions. In: Benholz, C./Kniffka, G./Winter-Ohle, E. (Hrsg.): Fachlich und sprachlich Förderung von Schülern mit Migrationsgeschichte. Beiträge des Mercator-Symposiums im Rahmen des 15. AILA-Weltkongresses „Mehrsprachigkeit: Herausforderungen und Chancen. Münster: Waxmann. S. 13–25; Gogolin, I./Dirim, İ./Klinger, T./Lange, I./Lengyel, D./Michel, U./Neumann, U./Reich, H. H./Roth, H.-J./Schwippert, K. (2011): Förderung von Kindern und Jugendlichen mit Migrationshintergrund FÖRMIG. Bilanz und Perspektiven eines Modellprogramms (FÖRMIG Edition, Bd. 7). Münster: Waxmann; Feilke, H. (2012): Bildungssprachliche Kompetenzen – fördern und entwickeln. In: Praxis Deutsch 39. S. 4–13; Schleppegrell, M. J. (2004): The language of schooling. A functional linguistics perspective. Mahwah, New Jersey: Erlbaum.

Schüler*innen und Erwartungen der Institution Schule aufeinandertreffen? Es kann festgehalten werden, dass die Verfügbarkeit oder Nicht-Verfügbarkeit von bildungssprachlichen Strukturen im Handlungsraum Schule und im Konkreten für fachkulturell-spezifische Anforderungen und Erwartungen im Unterricht den Lernprozess jedes einzelnen Schülers/jeder einzelnen Schülerin beeinflusst. Neugebauer und Nodari (1999) stellen in diesem Zusammenhang fest, dass „CALP in der Schule nicht systematisch aufgebaut, sondern eher vorausgesetzt [wird]. Kinder aus bildungsgewohnten Familien bringen auch CALP von zu Hause mit, Kinder aus bildungsfernen[117] Familien bleiben benachteiligt."[118] Mit ihrer Feststellung knüpfen die Autoren an das Passungs-Konzept von Bernstein an und verdeutlichen seine Relevanz für das Verständnis von *Bildungsdifferenzen*. Die Bildungsdifferenzen beginnen damit nicht erst in der Schule: Wenn Schule die konzeptionelle Schriftlichkeit (Bernsteins elaborierten Code bzw. Cummins' CALP) nicht systematisch aufbaut, sondern sie einfach voraussetzt, dann sind *alle* Schüler*innen aus ‚weniger gebildeten' Familien – einsprachige *und* mehrsprachige – schon von Anfang an benachteiligt, und *alle* Schüler*innen

---

117 Die Autoren verwenden den Begriff bildungsfern, welcher im Rahmen der vorliegenden Untersuchung kritisch hinterfragt wird. Eine mögliche Alternative bietet der Begriff systemfern, da dieser bestimmten Schüler*innen wie auch ihren Eltern eine mögliche Bildungsaspiration als Determinante nicht abspricht. In vielen nationalen und internationalen Studien hat sich gezeigt, dass Familien mit einem sogenannten Migrationshintergrund im Durchschnitt über eine höhere Bildungsaspiration verfügen als Familien ohne einen sogenannten Migrationshintergrund (u. a. Glick, J. E./White, M. J. (2004): Post-secondary school participation of immigrant and native youth: The role of familial resources and educational expectations. ocial Science Research, 33(2). S. 272–299; Rosenbaum, E./Rochford, J. A. (2008): Generational Patterns in Academic Performance: The Variable Effects of Attitudes and Social Capital. Social Science Research 37 (1). S. 350–372; Ditton, H./Krüsken, J./Schauenberg, M. (2005): Bildungsungleichheit – Der Beitrag von Familie und Schule. Zeitschrift für Erziehungswissenschaft 8 (2). S. 285–304; Paulus, W./Blossfeld, H.-P. (2007): Schichtspezifische Präferenzen oder sozioökonomisches Entscheidungskalkül? Zur Rolle elterlicher Bildungsaspirationen im Entscheidungsprozess beim Übergang von der Grundschule in die Sekundarstufe. Zeitschrift für Pädagogik 53 (4). S. 491–508. Dies ist auch dann gegeben, wenn die Schüler*innen geringeren Schulerfolg aufweisen.
118 Vgl. Neugebauer, C./Nodari, C. (1999): Aspekte der Sprachförderung. S. 4. In: Gyger, M./Heckendorn-Heinimann, B. (Hrsg.): Erfolgreich integriert? Fremd- und mehrsprachige Kinder und Jugendliche in der Schweiz. Bern: Bernischer Lehrmittel- und Medienverlag. S. 161–175.

aus bildungsgewohnten Familien – einsprachige *und* mehrsprachige – schon von Anfang an bevorzugt.

Die solcherart *ungleichheitsträchtige konzeptionelle Schriftlichkeit* führt nun in einem nächsten Schritt weiter zu noch spezifischeren Formen von schulischer Sprache: nämlich zu den Fachsprachen im schulischen Fachunterricht. Hier zeigt sich, dass Schüler*innen aus ‚bildungsgewohnten' Familien nun nicht mehr so deutlich im Vorteil sind. Dass bestimmten Schüler*innen generell elaborierte sprachliche Kompetenzen zugesprochen werden, beschreibt Ehlich (1999) als *ein idealisiertes Bild*, da Schule und Unterrichtswirklichkeit in vielen Fällen zeigt, dass fachsprachliche Strukturen von *allen* Schüler*innen erst erlernt werden müssen – also auch von jenen aus ‚bildungsgewohnten' Familien.[119] An Ehlichs Feststellung schließen neuere soziolinguistische Studien an, die eine Modifikation des Ansatzes von Bernstein einfordern. Denn im Erwerb der Fachsprachen rücken nicht nur ein- und mehrsprachige, sondern auch bildungsgewohntere und weniger bildungsgewohnte Schüler*innen näher zusammen. Neben sozioökonomischen Faktoren werden deshalb hier auch sprachbiographische Einflussfaktoren[120] relevant, von denen die Sprachentwicklung und damit auch der schulische Erfolg abhängen können.

Empirische Studien, die den Zusammenhang zwischen Sprachkompetenzen und schulischen Leistungen untersucht haben, sind zahlreich. Dabei werden in den einzelnen Studien sehr unterschiedliche *sozioökonomische oder sprachliche Einflussfaktoren* herangezogen, mit denen Bildungsdifferenzen erfasst und ein kausaler Zusammenhang zu den schulischen Leistungen hergestellt werden können.[121] Hervorgehoben sei hier die Studie von Debuschewitz und Bujard (2014),

---

119 Vgl. Ehlich, K. (1999a): Der deutsche Weg und die europäische Schiene – einsprachig oder mehrsprachig? S. 11. In: Deutsch lernen 4/1999, S. 1–15.

120 Sprachbiographische Einflussfaktoren können unterschiedliche Aspekte wie Zeitpunkt des Spracherwerbs und aktuelle Sprachkompetenzen in allen Sprachen, Selbsteinschätzung der gesprochenen Sprachen usw. sein. Siehe dazu beispielsweise Rothweiler, M. (2007): Bilingualer Spracherwerb und Zweitspracherwerb. In: Steinbach, M. (Hrsg.): Schnittstellen der germanistischen Linguistik, S. 103–135.

121 Faktor Staatsangehörigkeit siehe z.B. Mikrozensus 2011. Verfügbar unter: https://www.zensus2011.de/DE/Home/home_node.html, Faktor Migrationshintergrund siehe z.B. OECD 2007. Verfügbar unter: https://www.oecd.org/newsroom/38528123.pdf), Faktor Mehrsprachigkeit bzw. Divergenz von Familien- und Unterrichtssprache siehe z.B. Ufer, S./Reiss, K./Mehringer, V. (2013): Sprachstand, soziale Herkunft und Bilingualität: Effekte auf Facetten mathematischer Kompetenz. In: Becker-Mrotzek, M./Schramm, K./Thürmann, E./Vollmer, H. J. (Hrsg.): Sprache im Fach -Sprachlichkeit und fachliches Lernen. Münster: Waxmann. S. 167–184, Faktor sozioökonomischer Status siehe z.B. Ehmke, T./Hohensee, F./

die einen differenzierten Blick auf mögliche Zusammenhänge werfen: In ihrem BiB Working Paper[122] zum Thema ‚Migrationshintergrund, soziale Ungleichheit oder Bildungspolitik: Wodurch lassen sich Bildungsdifferenzen erklären?' zeigen die Autoren, dass die Kausalitätsannahme bei dem Dualismus der *Einflussfaktoren ‚sozioökonomischer Status' und ‚Migrationshintergrund' keine ausreichende Erklärung für schlechtere Schulleistungen bei Schüler*innen mit sogenannten Migrationshintergrund* liefern können.[123] Vielmehr hat der Einfluss der PISA-Ergebnisse, die in Diskursen über Migration und soziale Ungleichheit mündeten, zu selektiven Analysen von Bildungsungleichheit und zu einer einseitigen Interpretation der Einflussfaktoren geführt,[124] wodurch die Gruppe der Schüler*innen mit ‚Migrationshintergrund' „in der Regel als besonders förderungswürdig bewertet [wird]."[125] Zwar weisen mehrsprachige Schüler*innen mit ‚Deutsch als Zweitsprache' durchaus Eigenheiten in ihrem Spracherwerb auf, jedoch sind auch die sprachlichen Fähigkeiten von allen anderen Schüler*innen durch ganz verschiedene Merkmale beeinflusst, die insgesamt die Diversität einer Lerngruppe ausmachen. Die Markierung von Schüler*innen als ‚besondere Gruppe' widerspricht somit dem Anspruch, *elaborierte Sprache und Fachsprachen als Querschnittsaufgabe in allen Fächern* anzusehen und dabei *alle* Schüler*innen – ungeachtet ihres Bildungs-, Migrations- und sprachlichen Hintergrunds – in den Blick zu nehmen.

Heidemeier, H./Prenzel, M. (2004): Familiäre Lebensverhältnisse, Bildungsbeteiligung und Kompetenzerwerb. In: Prenzel, M./Baumert, J./Blum, W./Lehmann, R./Leutner, D./Neubrand, M./Pekrun, R./Rolff, H.-G./Rost, J./Schiefele, U. (Hrsg.): PISA 2003. Der Bildungsstand der Jugendlichen in Deutschland. Ergebnisse des zweiten internationalen Vergleichs. Münster: Waxmann. S. 225–254 und Faktor Lesekompetenz siehe z. B. Leutner, D./Klieme, E./Meyer, K./Wirth, J. (2004): Problemlösen. In: PISA-Konsortium Deutschland (Hrsg.): PISA 2003: Der Bildungsstand der Jugendlichen in Deutschland –Ergebnisse des zweiten internationalen Vergleichs. Münster: Waxmann. S. 147–175.

122   BiB Working Paper sind Arbeitspapiere zu Forschungsprojekten des Bundesinstituts für Bevölkerungsforschung, die in Kooperationen mit anderen Forschungseinrichtungen Ergebnisse der Öffentlichkeit.
123   Debuschewitz, P./Bujard, M. (2014): Migrationshintergrund, soziale Ungleichheit oder Bildungspolitik: Wodurch lassen sich Bildungsdifferenzen erklären? BiB Working Paper 1. Wiesbaden: Bundesinstitut für Bevölkerungsforschung.
124   Ebd., S. 6.
125   Vgl. Chlosta, C./Ostermann, T. (2008): Grunddaten zur Mehrsprachigkeit im deutschen Bildungssystem. S. 17. In: Ahrenholz, B./Oomen-Welke, I. (Hrsg.): Deutsch als Zweitsprache. Baltmannsweiler: Schneider Verlag Hohengehren. S. 17–30.

Für Schüler*innen mit und ohne ‚Deutsch als Zweitsprache' gelten in der Schule die gleichen schulischen Anforderungen. Das Ziel, Bildungserfolg anzustreben, gilt somit für alle, auch wenn mitgebrachte Ausgangsvoraussetzungen sich unterscheiden. Wenn die Institution Schule jedoch von gleichen Ausgangsvoraussetzungen bei allen Schüler*innen ausgeht, dann ist eine schüler*innengebundene systematische Förderung nicht möglich.[126] So geht es für Schule als Bildungseinrichtung darum, sprachliche Ausgangsvoraussetzungen in einem solchen Ausmaß zu diagnostizieren, dass anhand *passender sprachbildender Konzepte* allen Schüler*innen der Zugang zu elaborierter sowie fachspezifischer Sprache ermöglicht wird.[127]

An dieser Stelle sei auf den Begriff *Bildungssprache* verwiesen, der sowohl in Studien, in denen linguistische Merkmale einer *academic language* (Cummins 1979) oder einer *konzeptionellen Mündlichkeit und Schriftlichkeit* (Koch/ Oesterreicher 1985) eine Rolle spielt, als auch in Untersuchungen, in denen der Zusammenhang von *Bildungserfolg* und *Sprachkompetenzen* erforscht wurde, oft im Mittelpunkt des Interesses steht. Für den *Zusammenhang von Bildungserfolg und Sprache* wird dabei häufig der Erwerb der deutschen Bildungssprache als das zentrale Ziel betrachtet. Es geht demnach zumeist um den Prozess und das Resultat der Aneignung von sprachlichen Strukturen, mit denen das Erschließen von schulischen Inhalten in den entsprechenden Fächern ermöglicht werden soll. In diesem Zusammenhang wird Bildungssprache als jene Sprachkompetenz verstanden, die sich von alltagssprachlichen Kompetenzen abgrenzt und deren Beherrschung eine fortlaufende Aneignung von Wissen ermöglicht. Bildungssprache wird als Zugangsschlüssel für abstrahiertes Wissen betrachtet, „mit (deren) Hilfe man sich mit den Mitteln der *Schulbildung* ein Orientierungswissen

---

126 Hoffmann, R./Weis, I. (2011): Deutsch als Zweitsprache – all Kinder lernen Deutsch. Berlin: Cornelsen.
127 Mit Sprachkompetenzen sind die Fertigkeiten und Fähigkeiten auf verschiedenen Ebenen der Sprachverarbeitung und Sprachanwendung gemeint. Nach Portmann-Tselikas (1998) kann bei Sprachkompetenz in folgende Kompetenzbereiche unterschieden werden: Sprachkompetenz als Kenntnisse über die Teilfertigkeiten von Sprache sowie der Grammatik und Rechtschreibung; soziolinguistische Kompetenz als sprachkulturelles Wissen; sprachlogisches Wissen als sprachübergreifende Kompetenz bei der Realisierung von komplexeren sprachlichen Sachverhalten notwendig, meist schulisch erworbene Kompetenz; strategische Kompetenz als Fähigkeit, Probleme bei sprachlicher Verständigung und beim Sprachlernen zu lösen, Strategiewissen ist auch sprachenübergreifend nutzbar. Siehe dazu Portmann-Tselikas, P. R. (1998): Sprachförderung im Unterricht. Handbuch für den Sach- und Sprachförderunterricht in mehrsprachigen Klassen. Zürich: Orell Füssli Verlag.

verschaffen kann."[128] Das Bewusstsein für die Bedeutung von Bildungssprache für den schulischen Erfolg aller Schüler*innen führte in jüngster Zeit zu einer vielfältigen Auseinandersetzung mit sprachlichen Strukturen im (Fach-)Unterricht, u. a. mit dem Ziel, aus den Ergebnissen didaktische Implikationen abzuleiten, die die Förderung von sprachlichen Ressourcen und damit von Lernprozessen in den Fächern ermöglichen.

Der Versuch, den Begriff Bildungssprache für *schulische Kommunikationszwecke* zu bestimmen, erscheint nicht einfach, auch wenn er im deutschsprachigen erziehungs- und sprachdidaktischen Forschungsdiskurs auf unterschiedlichen Ebenen prominent diskutiert wird.[129] Morek/Heller (2012) weisen in diesem Zusammenhang darauf hin, dass im gegenwärtigen Diskurs der Versuch, den Begriff Bildungssprache theoretisch zu begründen, „noch immer viele Fragen [aufwirft], die die empirische Fundierung, theoretische Reflexion und Konsequenzen für die didaktische Vermittlung betreffen."[130] Diese Fragen beschäftigen sich mit verschiedenen *Diskurskontexten*, die im Hinblick auf Bildungssprache unterschiedlichen Zusammenhängen nachgehen. Feilke (2013) nennt dazu drei Diskursrichtungen, die den Begriff Bildungssprache unter Berücksichtigung folgender Aspekte untersuchen: Untersuchungen zur Bildungssprache und sogenannte Sprachbarrieren, Untersuchungen zur Bildungssprache und die Bedeutung für Schriftlichkeit und Untersuchungen zur Bildungssprache im Verhältnis zur sogenannten Schulsprache.[131] Für die vorliegende Untersuchung wird an dieser Stelle primär der erstgenannte Diskurs betrachtet und hinsichtlich seiner sozialen Dimensionen unter Berücksichtigung einer migrationspädagogischen Perspektive näher erläutert.

Die Diskussion um *Bildungssprache und 'Sprachbarriere'* thematisiert vorwiegend Phänomene wie *Migration und Mehrsprachigkeit* und setzt diese in Verhältnis zu Schulerfolg. Der Diskurs fokussiert auf diese Weise Schüler*innen, die

---

128 Vgl. Gogolin, I. et al. (2011), S. 15f. [Hervorheb. i. O.]
129 Siehe dazu z. B. Gogolin, I./Krüger-Potratz, M. 2010; Gogolin, I. et al. (2011), Ahrenholz, B. (2010): Fachunterricht und Deutsch als Zweitsprache. Tübingen: Narr oder Weinert, S./Stanat, P./Redder, A. (2016): Bildungssprachliche Kompetenzen (BiSpra): Anforderungen, Sprachverarbeitung und Diagnostik. Schlussbericht 2016. Bamberg u. a.: Otto-Friedrich Universität Bamberg u. a.
130 Vgl. Morek, M./Heller, V. (2012): Bildungssprache. Kommunikative, epistemische, soziale und interaktive Aspekte ihres Gebrauchs. S. 69. In: Zeitschrift für angewandte Linguistik 57/1. S. 67–101.
131 Feilke, H. (2013): Bildungssprache und Schulsprache am Beispiel literal-argumentativer Kompetenzen. In: Becker-Mrotzek, M. et al. (Hrsg.): Sprache im Fach. Sprachlichkeit und fachliches Lernen. Münster: Waxmann. S. 113–130.

als mehrsprachig[132] bezeichnet werden. Aus migrationspädagogischer Sicht wird mit einem solchen Fokus eine Gruppe der sprachlich ‚Anderen' konstruiert.[133] Die als mehrsprachig bezeichneten Schüler*innen werden somit innerhalb des Diskurses als ‚gesonderte' Gruppe betrachtet, denen eine Position innerhalb der *sprachlichen Hierarchie* zugesprochen wird. Mit der Theorie der „Ökonomie des sprachlichen Tausches"[134] von Bourdieu (1990) kann diese Hierarchisierung auch für die Positionierung von mehrsprachigen Schüler*innen im schulischen Kontext erklärt werden. Demnach ist die Position eines jeden Sprechers/einer jeden Sprecherin innerhalb der sprachlichen Hierarchie durch die Nähe bzw. Distanz der individuellen Sprachen zur sogenannten legitimen Sprache der Gesellschaft bestimmt, die als die einzig legitime Sprache in formellen Kontexten – im Falle der mehrsprachigen Schüler*innen in der Institution Schule ist die deutsche Bildungssprache gemeint – angenommen und akzeptiert wird. Obwohl der Zugang zur Bildungssprache für den Lernprozess aller Schüler*innen zentral ist, da sie für alle „[…] (Bildungs-)Ziel und Handwerkszeug der Institution Schule gleichermaßen"[135] ist, wird dem Erwerb und der Beherrschung von Bildungssprache insbesondere für mehrsprachige Schüler*innen eine soziale Dimension zugeschrieben.

Aus Sicht der Migrationspädagogik ergeben sich demzufolge u. a. *Fragen nach Dominanzverhältnissen* in Schule, die sich „auf die Bedingungen und Praktiken der Bildungsinstitutionen auswirken […]."[136] Demnach produziert die Institution Schule beim Zugang zur Bildungssprache Benachteiligungsstrukturen, die sie zu reflektieren hat. Für diese Reflexion erscheint die Frage, wem bildungs-

---

132 Neben der Bezeichnung ‚mehrsprachige Schüler*innen' findet sich im linguistischen Forschungsdiskurs für diese Schüler*innengruppe auch die Markierung ‚Deutsch als Zweitsprache'.
133 Dirim, I./Mecheril, P. (2010a): Die Schlechterstellung Migrationsanderer. Schule in der Migrationsgesellschaft. In: Mecheril, P./Castro Varela, M. d. M./Dirim, I./Kalpaka, A./Melter, C. (Hrsg.): Migrationspädagogik. Weinheim/Basel: Beltz Verlag. S. 121–149.
134 Vgl. Bourdieu, P. (1990): Was heißt Sprechen? Die Ökonomie des sprachlichen Tausches. Wien: Wilhelm Braumüller Verlag.
135 Vgl. Döll, M. (2013): Sprachdiagnostik und durchgängige Sprachbildung – Möglichkeiten der Feststellung sprachlicher Fähigkeiten mehrsprachiger Jugendlicher in der Sekundarstufe. S. 171. In: Gogolin, I. et al. (Hrsg.): Herausforderung Bildungssprache. Ort: Verlag. S. 170–180.
136 Vgl. Mecheril, P./Quehl, T. (2015): Die Sprache der Schule. S. 152. In: Thoma, N./Knappik, M. (Hrsg.): Sprache und Bildung in Migrationsgesellschaften. Machtkritische Perspektiven auf ein prekarisiertes Verhältnis. Bielefeld: Transcript. S. 151–177.

sprachliche Strukturen zugesprochen werden, auch von Bedeutung. Vollmer/ Thürmann (2013) heben hervor, dass Bildungssprache „jenen zum Gebrauch zur Verfügung [steht], die von Hause aus damit ausgestattet sind", wodurch Bildungssprache im schulischen Kontext als „eine sozial dominante Varietät"[137] auftritt. Weiterhin betonen sie, dass Bildungssprache „von denen verwendet wird, die in der Gesellschaft Einfluss und Macht haben"[138], womit sie die Produktion von Passungs- und Divergenzkonstellationen durch Schule hervorheben. Demnach stellen bildungssprachliche Kompetenzen für den schulischen Kontext ein ‚mitgebrachtes' sprachliches Kapital[139] dar, das eine Teilhabe am Lernprozess in Schule ermöglicht oder nicht ermöglicht.

Wenn nun davon ausgegangen wird, dass Bildungssprache als sprachliches Kapital vorausgesetzt wird und mehrsprachigen Schüler*innen dieses Kapital ‚aberkannt' wird, kann in Anlehnung an Morek/Heller (2012) der Bildungssprache eine „Reproduktions- und Selektionsfunktion"[140] zugesprochen werden. Nach Morek/Heller gehört die Reproduktions- und Selektionsfunktion zu einer der drei Funktionen von Bildungssprache. Die Autoren halten folgende *drei Funktionen* fest, die *Bildungssprache* übernehmen kann:

> „-Bildungssprache als *Medium von Wissenstransfer* (Kommunikative Funktion)
> -Bildungssprache als *Werkzeug des Denkens* (Epistemische Funktion)
> -Bildungssprache als *Eintritts- und Visitenkarte* (Sozialsymbolische Funktion)"[141]

Bildungssprache sollte nach Morek/Heller innerhalb dieser drei Funktionen analysiert und reflektiert werden. Dabei ermöglicht der Zugang zur Bildungssprache über ihre *kommunikative Funktion* die Nutzung von Sprache als Medium von Wissenstransfer. Damit verbunden, nennen sie die *epistemische Funktion* von Bildungssprache, mit der *Sprache als Werkzeug des Denkens* betrachtet wird:

---

137 Vgl. Vollmer, H. J./Thürmann, E. (2013): Sprachbildung und Bildungssprache als Aufgabe aller Fächer der Regelschule. S. 42. In: Becker-Mrotzek, M. et al. (Hrsg.): Sprache im Fach. Sprachlichkeit und fachliches Lernen. Münster: Waxmann. S. 41-57.
138 Vgl. ebd., S. 42.
139 Mit Kapital wird zumeist auf Bourdieu Auffassung von Sprache als Sprachkapital verwiesen, der bereits in den 1970er Jahren bildungssprachliche Ressourcen als ‚kulturelles Kapital' bezeichnet. Bourdieu versteht Bildungssprache als Element des Habitus. Siehe dazu Bourdieu, P. (2001): Die drei Formen des kulturellen Kapitals. In: ders. et al. (Hrsg.): Wie die Kultur zum Bauern kommt. Über Bildung, Schule und Politik. Hamburg: VSA-Verlag. S. 112–120
140 Vgl. Morek, M./Heller, V. (2012), S. 76.
141 Vgl. ebd., S. 70.

„Wer Bildungssprache adäquat verwenden kann, der ist auch in der Lage zu den damit in Zusammenhang stehenden komplexen kognitiven Operationen (wie z. B. Abstraktion, Verallgemeinerung, Kausalität)."[142]

Diesen Funktionen liegt der Zusammenhang zwischen sprachlicher Handlung und der damit verbundenen kommunikativen Funktion zugrunde, der den Zugang zu schulischen Inhalten im Lernprozess ermöglicht.[143] Als dritte Funktion von Bildungssprache nennen Morek/Heller die *sozialsymbolische Funktion*, der sie die Bedeutung einer „Eintritts- und [bei Beherrschung einer] Visitenkarte"[144] zusprechen. Die Bezeichnung „*Eintritts- und Visitenkarte*", die Morek/Heller wählen, verdeutlicht zum einen die „ungleichheitsreproduzierende Funktion", zum anderen die „sozialsymbolische Funktion" von Bildungssprache.[145] Dass Bildungssprache als ‚Eintrittskarte' betrachtet wird und in diesem Sinne eine ‚ungleichheitsproduzierende' Funktion enthält, begründen die Autoren über die Habitus-Theorie von Bourdieu. Demzufolge ist Bildungssprache ein Teil des Habitus, der entsprechend des Status bzw. der Klasse sich in der Sprachgebrauchsweise ausdrückt.[146]

Auch Morek/Heller gehen von der Annahme aus, dass „implizite schulische Erwartungen an die sprachlichen Fähigkeiten der Schüler/innen meist weder im Fach- noch im Sprachunterricht explizit thematisiert bzw. vermittelt werden."[147] Mit dieser Bildungsposition sprechen sie dem Schulsystem in Anlehnung an Bourdieu eine ‚Mittelschichtsnähe' zu, die bestimmte sprachliche Kompetenzen voraussetzt. So werden nicht explizit vermittelte Sprachfertigkeiten implizit erwartet und bilden die Grundlage für schulische Bewertungen, weshalb diese Eintrittskarte vielen Schüler*innen verwehrt bleibt.

Mit der Bezeichnung *Visitenkarte* als eine weitere Funktion von Bildungssprache verweisen die Autoren auf die „rahmen- und rollendefinitorische und

---

142 Vgl. ebd. S. 75.
143 Die systematische Berücksichtigung kontextueller Faktoren bei der Analyse von Kommunikation und der daraus resultierende Zusammenhang von Funktion und Bedeutung von Sprache geht zurück auf die ‚Funktionale Grammatik' von Michael Halliday (1985), der Sprache nicht ausschließlich nach Formen und Regeln, sondern in den Kontext der Situation stellt. Siehe dazu Halliday, M. (1985): An Introduction to Functional Grammar. London: Arnold.
144 Vgl. Morek, M./Heller, V. (2012), S. 70.
145 Ebd. S. 76.
146 Bourdieu, P. (2005): Was heißt sprechen? Zur Ökonomie des sprachlichen Tausches. 2. Aufl. Wien: Braumüller.
147 Vgl. Morek, M./Heller, V. (2012), S. 78.

somit sozialsymbolische, identitätsstiftende Funktion"[148] bildungssprachlicher Fähigkeiten, die im Diskurs um Bildungssprache kaum thematisiert wird. Damit meinen die Autoren jene Funktion von Bildungssprache, durch die eine *soziale Positionierung innerhalb von Kommunikationsbedingungen* konstruiert wird. Die Verwendung von bildungssprachlichen Strukturen ermöglicht Teilhabe an „einer ‚bildungsnahen' akademisch orientierten *community*"[149], mit der die Beteiligten der Kommunikationssituation eine „Expertenposition" einnehmen. Welche Auswirkung diese soziale Positionierung im schulischen Kontext für diejenigen Schüler*innen haben kann, denen die Verwendung von bildungssprachlichen Strukturen nicht gelingt, verdeutlichen Morek/Heller, indem sie in ihrem Beitrag „Bildungssprache – Kommunikative, epistemische, soziale und interaktive Aspekte ihres Gebrauchs"[150] auf ausgewählte Studien verweisen, in denen Lernende ihre eigene Sprachverwendung reflektieren. Die Ergebnisse aller von den Autoren referierten Studien verdeutlichen, dass die Verwendung bzw. Nicht-Verwendung von bildungssprachlichen Strukturen „im Sinne der Indexikalität immer auch als Mittel der Selbstpositionierung und des Ausdrucks von Identität"[151] ist.

Die vorliegende Untersuchung wird sich mit *Sprache, Wissenskonstruktion und Fachspezifik* in einem ganz bestimmten schulischen Kontext befassen: *im Geschichtsunterricht*. Die vorausgegangenen Ausführungen lassen sich für den Geschichtsunterricht wie folgt zusammenführen: Schüler*innen sollen über Sprachkompetenzen der Zugang zum historischen Lernen ermöglicht werden. Handro/Schönemann setzen in diesem Zusammenhang Sprache in ein Verhältnis zu „vergangener Wirklichkeit", zu „historischem Verstehen", zu „Geschichtsdarstellungen" und zu „Diskurs (…) und kommunikativen Praktiken des Geschichtsunterrichts und der Geschichtskultur (…)."[152] Dabei betonen die Autoren, dass die Sprache der Lehrkraft und der Schüler*innen als ein geschichtsdidaktisches Forschungsanliegen bislang weitgehend unbeachtet geblieben ist. Die Rolle und Bedeutung von Sprache stellt immer noch ein Desiderat der deutschen geschichtsdidaktischen Forschung dar.[153]

Es liegen zwar Ergebnisse zur Auseinandersetzung mit Schülervorstellungen zu historischen Gegenständen vor, z. B. in der Conceptual-Change-Forschung;

---

148 Vgl. ebd., S. 79.
149 Vgl. ebd., S. 79.
150 Ebd., S. 79–82.
151 Vgl. ebd., S. 81.
152 Vgl. Handro, S./Schönemann, B. (2010): Geschichte und Sprache. Münster: LIT Verlag. S. 3–15.
153 Ebd., S. 8.

2 Schule unter den Bedingungen der Migrationsgesellschaft

diese wurden aber bisher ausschließlich in ihrer inhaltlichen Dimension, nicht jedoch im Hinblick auf sprachliche Passungen und Divergenzen untersucht. Ähnliches gilt auch für das Verhältnis zwischen Schülervorstellungen einerseits und Geschichtslehrwerken andererseits; auch dies bildet ein Forschungsdesiderat in der Geschichtsdidaktik.

Die vorliegende Untersuchung widmet sich deshalb genau diesem Verhältnis: dem *Verhältnis zwischen Schülervorstellungen und Geschichtsunterricht bzw. zwischen Schülervorstellungen und Geschichtslehrwerken*. Dabei werden sprachliche Passungen und Divergenzen im Zentrum der Betrachtung stehen.

Die Untersuchung schließt damit an die neuere soziolinguistische Forschung an, die ebenfalls die Betrachtung der Dichotomie von Passung und Divergenz zu einem Schwerpunkt gemacht hat.[154] Dabei bezieht sich der Begriff Divergenz beispielsweise bei Heller (2012) auf die Institution Schule und meint *Sprach- und Sprachwahrnehmungsunterschiede* zwischen Schüler*innen und Lehrkräften, die den Lehr-Lern-Prozess und damit die Förderung von Handlungsautonomie erschweren können. Heller fokussiert hierbei Passungen und Divergenzen zwischen familialen, also ‚mitgebrachten', und unterrichtlichen, also ‚gelehrten' Diskurspraktiken: Die Autorin zieht aus diesem Zusammenhang Schlüsse zum Entstehen von Bildungsungleichheit unter besonderer Berücksichtigung unterschiedlicher Ausgangspositionen der Schüler*innen.

In der vorliegenden Untersuchung dagegen beziehen sich Passungen und Divergenzen auf die *Unterschiede zwischen realisierten Schülervorstellungen* (hier zum Osmanischen Reich) *und realisierten Darstellungen in Kernlehrplänen Geschichte NRW und Geschichtslehrwerken NRW* (ebenfalls zum Osmanischen Reich). In diesem Zusammenhang bildet Divergenz das negative Analogon zu Passung. Passungen und Divergenzen werden daher im Rahmen der vorliegenden Arbeit als dichotomes Begriffspaar zum Vergleich von Schülervorstellungen und institutionellen Inhalten zum Osmanischen Reich herangezogen.

Dass Passungs- und Divergenzverhältnisse in der Institution Schule zu Bildungsungleichheit führen können, und dass dies bereits seit langem Untersuchungsgegenstand sprachwissenschaftlicher und -soziologischer Forschungsarbeiten ist, wurde oben veranschaulicht.[155] Für die vorliegende Arbeit ergibt sich daraus die zentrale Frage, in welchem Passungs- und Divergenzverhältnis mitgebrachte Schülervorstellungen einerseits, institutionelle Inhalte andererseits

---

154 Siehe dazu z.B. Heller, V. (2012): Kommunikative Erfahrungen von Kindern in Familie und Unterricht. Passungen und Divergenzen. Tübingen: Stauffenburg.
155 Neben der bourdieuschen Habitus-Theorie können Passungs- und Divergenzverhältnisse auch mit Mannheims Wissenssoziologie untersucht werden, auf die im Kapitel 5.1 eingegangen werden soll.

stehen. Für die Analyse dieses Zusammenhanges wird der Fragen nachzugehen sein, ob Divergenzen zwischen Schülervorstellungen, Kernlehrplänen und Lehrwerken das kulturelle Kapital der Schüler*innen beeinflussen und verändern, indem ebendiese Schüler*innen etwa ihre eigenen Vorstellungen verbergen, also nicht zur Sprache bringen – zumindest nicht in der Schule.

3   Passungen und Divergenzen: Geschichtsunterricht unter den Bedingungen der Migrationsgesellschaft

Passung und Divergenz, das wurde in Kapitel 2 gezeigt, sind ein dichotomes Begriffspaar, das bei der Analyse von pädagogischen Praxen Anwendung finden kann. Auch konnte gezeigt werden, dass das Begriffspaar für die Analyse von migrationsbedingten Ungleichheiten im Schulwesen zentral ist.
Vor dem Hintergrund dieser Feststellung geht die vorliegende Untersuchung davon aus, dass eine Wechselbeziehung zwischen migrationsbedingter Ungleichheit in Schule und ungleichen Wissenszugängen für Schüler*innen in schulischen Lernprozessen existiert. Wird diese Annahme für den Geschichtsunterricht konkretisiert, so kann davon ausgegangen werden, dass Divergenzen zwischen Schüler*innenwissen und schulischen Inhalten entstehen, wenn der geschichtsdidaktische Diskurs die Bedingungen der Migrationsgesellschaft für den Geschichtsunterricht nicht berücksichtigt.
Um dieser Annahme nachgehen zu können, wird nun in diesem Großkapitel der Geschichtsunterricht mit seinen domänenspezifischen Besonderheiten fokussiert, um diese unter den Bedingungen der Migrationsgesellschaft zu diskutieren.
Setzt man sich mit den fachdidaktischen Spezifika des Geschichtsunterrichts auseinander, wird die Beschäftigung mit den Grundkategorien des Geschichtsunterrichts – *Geschichtsbewusstsein* und *Geschichtskultur* – zwingend erforderlich. Das Geschichtsbewusstsein stellt dabei die individuelle, die Geschichtskultur die kollektive Vergegenwärtigung von Geschichte dar. Beide Kategorien bilden für das Individuum somit den Zugang zum Universum des Historischen[156], was die Beschäftigung mit gesellschaftlich geprägten Repräsentationen von Vergangenem meint und durch Gegenwarts- und Zukunftserwartungen geprägt sind. Das Zusammenspiel dieser temporalen Dimensionen soll zu einer historischen Sinnbildung des Einzelnen führen.
Die vorliegende Untersuchung diskutiert diese beiden Kategorien unter den Bedingungen der Migrationsgesellschaft, da beide alle Umgangsformen einer Gesellschaft mit Vergangenem beinhalten und die gesellschaftliche Wirklichkeit durch Migration geprägt ist. Eine solche Perspektivierung eröffnet die Diskussion darüber, was das außerschulische sowie das schulische historische Lernen

---

156   Gautschi, P. (2011), S. 43.

unter den Bedingungen der Migrationsgesellschaft ausmacht. Da im Rahmen der vorliegenden Untersuchung der institutionelle (Kernlehrpläne und Geschichtslehrwerke, Kap. 4) und individuelle (Schülervorstellungen, Kap. 5) Zugang zu historischen Gegenständen diskutiert werden soll, wird die Relevanz der Bedingungen der Migrationsgesellschaft für beide Sinnbildungsprozesse zu diskutieren sein.

Der Geschichtsunterricht hat das Kernziel, dass Schüler*innen ihr Geschichtsbewusstsein fortwährend entwickeln, um gesellschaftliche Geschichtskultur wahrnehmen, deuten und für die eigene Position innerhalb der Gesellschaft reflektieren zu können. Dieses Ziel des Geschichtsunterrichts wird erst über die Handlung des Erzählens operationalisierbar, so dass die narrative Kompetenz als die mentale Operation des Geschichtsunterrichts betrachtet wird, durch die Schüler*innen einen reflektierten und reflexiven Umgang mit Geschichte ermöglicht werden soll. Die Narrativität bildet demnach für das historische Lernen die Kernkompetenz und den Ausgangspunkt beim Umgang mit Geschichte im Kontext des Geschichtsunterrichts (Kap. 3.2).[157] Aber auch außerhalb des Geschichtsunterrichts werden Individuen mit Geschichte konfrontiert und benötigen narrative Sinnbildungsstrukturen, um mit historischen Gegenständen umzugehen.

In beiden Konstellationen – schulisch und außerschulisch – wird die Tätigkeit des historischen Denkens durch die Wahrnehmung der Unterschiede zwischen Vergangenem und Gegenwärtigem initiiert und führt zu historischen Fragen, die aus der Gegenwart heraus an die Vergangenheit gestellt werden. Sobald diese Denkprozesse verbalisiert werden, können historischen Erzählungen entstehen.[158]

Trotzdem unterscheiden sich historische Erzählungen im Geschichtsunterricht von denen, die außerhalb des Geschichtsunterrichts realisiert werden. Die Konstruktion historischer Erzählungen außerhalb des Unterrichts ist stärker geprägt durch kollektive und individuelle Denkmuster, die nicht zwingend zur Reflexion historischer Inhalte führen müssen und häufig unter Rückgriff auf lebensweltliche Erfahrungen gebildet werden. Das historische Erzählen im Geschichtsunterricht hingegen verfolgt eine erkenntnistheoretische und verste-

---

157 Barricelli, M. (2012): Narrativität. In: Ders./Lücke, M. (Hrsg.): Handbuch Praxis des Geschichtsunterrichts Bd. 1. (Forum Historisches Lernen). Schwalbach/Ts.: Wochenschau Verlag. S. 255–280.
158 Buchsteiner, M./Nitsche, M. (2016): Einleitung – Historisches Erzählen und Lernen. In: Ders. (Hrsg.): Historisches Erzählen und Lernen Historische, theoretische, empirische und pragmatische Erkundungen. Wiesbaden: Springer Verlag. S. 1–5.

hende Ausrichtung, so dass die Auseinandersetzung mit dem historischen Gegenstand zu einem reflexiven Sinnbildungsprozess führen soll.[159]

In den kollektiven und individuellen Denkmustern, die die Schüler*innen bei der Konstruktion von historischen Erzählungen verbalisieren, formen zumeist ihre subjektiven Vorstellungen zu historischen Inhalten. Diese subjektiv geprägten Vorstellungen werden meistens im sozialen Umfeld des Individuums gebildet bzw. aus diesem übernommen, so dass individuelle Vorstellungen auch durch die Bedingungen der Gesellschaft geprägt sind. In den Geschichtsunterricht können diese Vorstellungen als sogenannte Schülervorstellungen (Kap. 5) mitgebracht werden und – bei Passung mit den schulisch-historischen Inhalten – für den historischen Lernprozess verwendet werden.

Für die vorliegende Untersuchung wird davon ausgegangen, dass Schüler*innen vielfältige historische Vorstellungen in den Geschichtsunterricht mitbringen, die unter den Bedingungen der Migrationsgesellschaft entstehen, im Geschichtsunterricht allerdings nicht immer Berücksichtigung finden. Aus diesem Grund wird im Folgenden der geschichtsdidaktische Zugang zum Geschichtsunterricht im Zusammenhang mit der Migrationsgesellschaft zu diskutieren sein.

3.1 Geschichtsunterricht und Migration

Der Geschichtsunterricht ist ein Fachunterricht, in dem reflektiertes historisches Lernen (Kap. 3.2) bei Schüler*innen angebahnt und gefördert werden soll. Dabei soll es nicht nur darum gehen, den „Aufbau eines chronologischen Faktengerüstes [zu initiieren, sondern historisches Lernen soll auch zur] Orientierung in der Gegenwart, über die gegenwärtige Auseinandersetzung mit Erfahrungen der Vergangenheit [dienen], für die die vernünftige Gestaltung der Zukunft in humanistischer Ansicht [möglich wird.]"[160] Mit einer umgangssprachlichen, jedoch treffenden Zielbeschreibung stellen unter anderem Schreiber et al. (2005) fest, dass der Geschichtsunterricht statt im traditionellen Sinn *zum Pauken* vielmehr *zum Denken* anregen soll.[161] Der Geschichtsunterricht soll so *allen* Schüler*innen zu

---

159   Pandel, H.-J. (2010): Historisches Erzählen. Narrativität im Geschichtsunterricht. Schwalbach/Ts.: Wochenschau Verlag.

160   Vgl. Becker, A./Heuer, C. (2017): Erkenntnistheoretische Grundlagen historischen Lehrens und Lernens. S. 78. In: Barricelli, M./Lücke, M. (Hrsg.): Handbuch Praxis des Geschichtsunterrichts 1. Wochenschau Verlag. S. 77–88.

161   Vgl. Schreiber, W. (2005): Geschichte denken statt pauken. Theoretische Grundlagen für ein praktisches Konzept. Basisbeitrag. S. 17. In: Mebus, S./Schreiber, W. (Hrsg.): Geschichte denken statt pauken. Didaktisch-methodische Hinweise zur

einer Orientierung in der Zeit verhelfen, welche einen „Zusammenhang von Vergangenheitswahrnehmung, Gegenwartsverständnis und Zukunftsperspektive"[162] ermöglichen soll. Um eine Orientierung in der Zeit im Sinne des Lernzieles des Geschichtsunterrichtes zu erreichen, sollen Schüler*innen verstehen lernen, dass vergangene Ereignisse aus ihrer (ihnen vertrauten) Gegenwart heraus betrachtet und beurteilt, und daraus wiederum Schlüsse für ihre (persönliche) Zukunft gezogen werden können. Dieses konstruktivistische Verständnis von historischen Ereignissen ermöglicht im Geschichtsunterricht die Entwicklung von Geschichtsbewusstsein (Kap. 3.3), womit durch einen historisch-reflexiven Zugang das Betrachten und möglicherweise Überdenken eigener historischer Selbstverständnisse und -vorstellungen verbunden ist.

Entsprechend dem *Passungs- oder Divergenzverhältnis* zwischen dem individuellen historischen Wissen von Schüler*innen und den institutionell festgelegten Inhalten des Geschichtsunterrichtes entwickelt sich auch der historische Lernprozess des einzelnen Schülers/der einzelnen Schülerin. Das individuelle historische Wissen eines Schülers/einer Schülerin kann beispielsweise zum Inhalt ‚Erster Weltkrieg' in einem Passungs- oder auch Divergenzverhältnis zu den curricularen Inhalten des Geschichtsunterrichts stehen. Ein *Passungsverhältnis* könnte dann gegeben sein, wenn Schüler*innen mit ihrem subjektiven Wissen und ihren Vorstellungen auf die Inhalte des Geschichtsunterrichts rekurrieren können und das subjektive Wissen somit für den Lernprozess im Geschichtsunterricht berücksichtigt wird. Diese Passung kann den historischen Lernprozess erfolgreich unterstützen, da eine Verbindung und damit eine Relevanz zwischen individuellem und unterrichtlichem Wissen hergestellt werden kann. Hingegen kann ein *divergierendes Verhältnis* zwischen dem subjektiven Wissen von Schüler*innen und den Inhalten des Geschichtsunterrichts dann entstehen, wenn das subjektive Schüler*innenwissen im Lernprozess keine Verwendung findet oder als ‚nicht zulässig' markiert wird. In diesem Fall findet das mitgebrachte, möglicherweise als Ausgangspunkt für das historische Lernen nutzbar zu machende Wissen von Schüler*innen keine Verwendung.

Förderung historischer Kompetenzen. Radebeul: Meißen: Sächsische Akademie für Lehrerfortbildung. S. 17–23. Weitere Veröffentlichungen, in denen dieser Paradigmenwechsel thematisiert wird, sind Bramann, C. et al. (2018): Historisch Denken lernen mit Schulbüchern. Schwalbach/Ts.: Wochenschau Verlag oder Kühberger, C. (2012): Historisches Wissen. Geschichtsdidaktische Erkundung zu Art, Tiefe und Umfang für das historische Lernen. Schwalbach/Ts.: Wochenschau Verlag.

162 Jeismann, K.-E. (1985): Geschichtsbewusstsein. S. 42. In: Bergmann, K. (Hrsg.): Handbuch der Geschichtsdidaktik. Düsseldorf: Seelze-Velber. S. 42–44.

Der Lernprozess im Geschichtsunterricht wird neben dem Faktor Schülervorstellungen auch durch weitere Faktoren beeinflusst. Zu nennen wären die Inhalte von Lehrmitteln, die im Geschichtsunterricht eingesetzt werden, die wiederum an institutionelle Vorgaben (Kernlehrpläne in NRW) gebunden sind.[163] Diese Vorgaben für den Geschichtsunterricht haben demnach Einfluss darauf, welches Schüler*innenwissen sich für den Geschichtsunterricht – und damit für das historische Lernen des Einzelnen – als ‚passend' oder aber als ‚divergent' erweist. Demzufolge kann subjektives historisches Wissen im Verhältnis zu curricularen historischen Inhalten *passend* oder *divergent* sein, womit eine Differenzordnung geschaffen und Schüler*innendiskurse entsprechend ihrer Passungskonformität bzw. -nichtkonformität tendenziell eher angenommen oder aber ausgeschlossen werden. Die Inhalte des Geschichtsunterrichts können demnach Selektionskriterien produzieren, durch welche den Schüler*innen mit *unpassendem subjektivem Wissen* ein erster möglicher Zugang zu den Inhalten des Geschichtsunterrichts verweigert wird. Infolge dieses Passungs- oder Divergenzverhältnisses spielt die Berücksichtigung des Zusammenhangs zwischen Subjektwissen und curricularen historischen Inhalten im Geschichtsunterricht eine zentrale Rolle, die für ein erfolgreiches historisches Lernen stärker in den geschichtsdidaktischen Diskurs einbezogen werden sollte. Genau damit setzt sich die vorliegende Untersuchung auseinander.

Die Beachtung dieses Zusammenhanges setzt voraus, dass sich der geschichtsdidaktische Diskurs auch mit den Bedingungen auseinandersetzt, die das *subjektive historische Wissen von Schüler*innen* prägen. Nach Scherr (2017) ist dieses Wissen „eng mit dem Sozialisationsprozess verknüpft, in denen (…) [Schüler*innen] ihr persönliches Selbstverständnis, alltagsmoralische und gesellschaftspolitische Werteorientierungen (…) entwickeln."[164] Scherrs Aussage liegt die Annahme zugrunde, dass sich das Schüler*innenwissen in den jeweiligen Sozialisationskontexten entwickelt und aufbaut, daher individuell und durch den jeweiligen gesellschaftlichen Kontext und die Lebenswirklichkeit des Einzelnen geprägt ist. Für den Geschichtsunterricht lässt sich daraus konstatieren, dass Schüler*innen unterschiedliches historisches Wissen in die Schule mitbringen. Die Aufgabe des Geschichtsunterrichtes ist es, diese Vielfältigkeit des subjektiven Wissens zu berücksichtigen und allen Schüler*innen einen gleichwertigen

---

163 Fuchs, E./Niehaus, I./Stoletzki, A. (2014): Das Schulbuch in der Forschung. Analysen und Empfehlungen für die Bildungspraxis. Göttingen: V&R unipress.

164 Scherr, A. (2017): Sozialisation und Identitätsbildung bei Jugendlichen heute. In: Barricelli, M. Lücke, M. (Hrsg.): Handbuch Praxis des Geschichtsunterrichts 1. Wochenschau Verlag. S. 59–69.

Zugang zum schulisch historischen Lernen und darüber eine reflektierte Entwicklung und Stärkung des Geschichtsbewusstseins zu ermöglichen.[165]

Aus diesem als Forderung formulierten und in der geschichtsdidaktischen Theorie als anerkannt diskutierten didaktischen Anspruch nach der Relevanz von *subjektivem Wissen von Schüler*innen zu bestimmten historischen Inhalten* für das historische Lernen ergeben sich Fragen, die eine interperspektivische Analyse des *Geschichtsunterrichts als sozialer Raum* erfordern. So stellt sich die Frage, welche Möglichkeiten des gemeinsamen historischen Lernens subjektives historisches Wissen von Schüler*innen für den Geschichtsunterricht bietet, beziehungsweise wie die von institutionellen Vorgaben abweichenden Wissensstrukturen der Schüler*innen berücksichtigt und reflektiert werden können.

Diese und ähnliche Fragen werden innerhalb des geschichtsdidaktischen Diskurses bislang noch nicht ausreichend thematisiert. Sie werden aus diesem Grund in der vorliegenden Untersuchung am Beispiel des Inhaltes Osmanisches Reich zum Untersuchungsgegenstand gemacht.

Dass die Entwicklung von *Geschichtsbewusstsein* das zentrale Ziel des Geschichtsunterrichts ist, darüber herrscht innerhalb des geschichtsdidaktischen Diskurses breiter Konsens.[166] Allerdings existieren gegenwärtig nicht ausreichend empirisch belastbare Befunde darüber, wie und über welche unterrichtlich-methodischen Implikationen dieses Ziel erreicht werden kann.[167] So können geschichtsdidaktische *Kompetenzmodelle* (Kap. 3.3.1) ausschließlich eine normativ orientierte Aussage darüber treffen, welche Teilkompetenzen für den Geschichtsunterricht zentral sind, um geschichtsdidaktische Schlüsse für den Zusammenhang zwischen subjektivem Wissen und historischem Lernen

---

165 Siehe beispielsweise Günther-Arndt, H. (2014): Historisches Lernen und Wissenserwerb. In: ders./Zülsdorf-Kersting, M. (Hrsg.): Geschichtsdidaktik für die Sekundarstufe I und II. 6. Aufl. Berlin: Cornelsen Scriptor. S. 24-49.

166 Siehe u.a. Günther-Arndt, H. (2014): Historisches Lernen und Wissenserwerb. In: Günther-Arndt, H./Zülsdorf-Kersting, M. (Hrsg.): Geschichts-Didaktik. Praxishandbuch für die Sekundarstufe I und II. 6. überarb. Neuaufl. Berlin: Cornelsen Verlag. S. 24- 49; Lange, K. (2011): Historisches Bildverstehen oder Wie lernen Schüler mit Bildquellen? Ein Beitrag zur geschichtsdidaktischen Lehr-Lern-Forschung (Geschichtskultur und historisches Lernen, Bd. 7). Berlin: LIT Verlag; Mathis, C. (2015): „Irgendwie ist doch da mal jemand geköpft worden" Didaktische Rekonstruktion der Französischen Revolution und der historischen Kategorie Wandel (Beiträge zur didaktischen Rekonstruktion, Bd. 44). Baltmannsweiler: Schneider Verlag Hohengehren.

167 Pandel, H.-J. (2017b): Geschichtsunterricht in unterschiedlichen Schulformen (insbesondere Sekundarstufe I): S. 169. In: Barricelli, M. Lücke, M. (Hrsg.): Handbuch Praxis des Geschichtsunterrichts 1. Wochenschau Verlag. S. 167–175.

ziehen zu können. Die Bandbreite unterschiedlich ausgerichteter Kompetenzmodelle erschweren die Kompetenzdiskussion um den Geschichtsunterricht innerhalb der Geschichtsdidaktik zusätzlich. Das komplexe Gebilde des Geschichtsbewusstseins, das Pandel (2017) als „Kollektivsingular"[168] bezeichnet, ist neben seiner Bedeutung für das schulische Lernen von Geschichte auch ein selbstverständlicher Bestandteil der *außerschulischen Lebenswirklichkeit* von Schüler*innen. Die aus geschichtsdidaktischen Diskursen abzuleitende Folgerungen für den Geschichtsunterricht fordern demnach die Berücksichtigung der unterschiedlichen Lebenslagen und damit verbundenen individuellen Diskurse *aller* Schüler*innen im Geschichtsunterricht.

Vor dem Hintergrund der Forschungsfrage der vorliegenden Arbeit ergibt sich daraus für den geschichtsdidaktischen Diskurs die notwendige Konsequenz, bei der Förderung des Geschichtsbewusstseins die *Bedingungen der Migrationsgesellschaft* mit zu berücksichtigen. Denn für den Geschichtsunterricht stellt Sauer fest, dass über die Vermittlung von Geschichtsbewusstsein eine „historisch fundierte Gegenwartsorientierung ermöglicht"[169] wird. Für eine solche Orientierung ist somit auch die migrationsbedingte Lebenswirklichkeit der Schüler*innen zu berücksichtigen. Denn *migrationsgesellschaftliche Entwicklungen* haben Einfluss auf alle Bereiche der Gesellschaft, so auch auf die Schule und den *Geschichtsunterricht*. Für die gegenwärtige fachdidaktische Auseinandersetzung mit dem Geschichtsunterricht kann allerdings konstatiert werden, dass migrationsgesellschaftliche Bedingungen nur bedingt beachtet werden. Noch immer wird zumeist ‚Migration' als ‚ethnisch' kodierte Kategorie diskutiert, so dass die Berücksichtigung migrationsgesellschaftlicher Entwicklungen im Hinblick auf den Geschichtsunterricht häufig Zuschreibungsmechanismen generieren. Schüler*innen werden als Personen ‚mit Migrationshintergrund' depersonalisiert, so dass eine – mehr oder weniger häufig auch positiv – *selektierte Gruppe* entsteht. Dieser Zugang findet sich innerhalb der Geschichtsdidaktik insbesondere in den Arbeiten, die dem sogenannten *Interkulturellen Geschichtsunterricht* (Kap. 3.6.2) zuzuordnen sind. Innerhalb des Diskurses des Interkulturellen Geschichtsunterrichts werden unter anderem inhaltliche Ausrichtungen eines Geschichtsunterrichts diskutiert, die die gesellschaftlichen Bedingungen historischen Lernens aufgreifen werden. Dabei wird historisches Lernen eng mit der Reflexion der historischen Identität (Kap. 3.5) gedacht, „denn ohne eine Reflexion der historischen Identität kann [im Geschichtsunterricht] nicht von historischem Lernen oder dem Aufbau eines Geschichtsbewusstseins gespro-

---

168 Ebd., S. 169.
169 Sauer, M. (2012): Geschichte unterrichten. Eine Einführung in die Didaktik und Methodik. 10. Aufl. Seelze: Friedrich Verlag. S. 19.

chen werden."[170] Aus diesem Verhältnis resümiert Meyer-Hamme (2017), dass [d]ie in den Klassenraum immer schon mitgebrachten historischen Selbstverständnisse [...] als Voraussetzung des Geschichtslernens anzuerkennen"[171] sind. Er führt seine Position zur Bedeutung der Berücksichtigung historischer Identitäten aus, indem er diese als auf den Unterricht differenzierend wirkend und als „Ursache und Wirkung individueller Lernprozesse zugleich"[172] beschreibt. Diese „mitgebrachten historischen Selbstverständnisse [...] begründen also neue Heterogenität, die wiederum auch außerhalb der Schule Bedeutung besitzt."[173] Mit seinem Resümee hebt Meyer-Hamme die Berücksichtigung der Geschichtskultur (Kap. 3.3) als weitere zentrale Dimension des Geschichtsunterrichts hervor und beschreibt Geschichtskultur als den Umgang mit Vergangenem in Erinnerungsmilieus[174] bzw. in Erfahrungsräumen[175], aus denen heraus Geschichte in der gegenwärtigen Lebenswelt der Individuen konstruiert wird. Für den Geschichtsunterricht bedeutet dies, dass durch Geschichtskultur eine Auseinandersetzung mit Geschichte in der gegenwärtigen Lebenswirklichkeit der Schüler*innen stattfinden kann. *Geschichtskultur* stellt somit die Schnittstelle zwischen subjektivem und schulischem historischem Wissen dar, die für das historische Lernen und die Entwicklung des Geschichtsbewusstseins im Geschichtsunterricht eine bedeutende Rolle hat.

Die Anerkennung der ‚mitgebrachten historischen Selbstverständnisse' für das historische Lernen im Geschichtsunterricht, die Meyer-Hamme beschreibt, verlangt eine weiterführende Perspektive mit einer migrationsgesellschaftlichen Akzentuierung, die einen breiteren Analysezugang zu mitgebrachtem Schüler*innenwissen ermöglicht sowie das Passungs- bzw. Divergenzverhältnis zum schulisch vermittelten historischen Wissen erschließen lässt. Aus einer solchen Forschungsperspektive können didaktisch-methodische Ansätze für einen Geschichtsunterricht unter den Bedingungen der Migrationsgesellschaft abgeleitet werden, welche die mitgebrachten Schüler*innendiskurse stärker in den

---

170 Vgl. Meyer-Hamme, J. (2017): Historische Identitäten in einer kulturell heterogenen Gesellschaft. S. 96. In: Barricelli, M./Lücke, M. (Hrsg.): Handbuch Praxis des Geschichtsunterrichts 1. Wochenschau Verlag. S. 89–97.
171 Vgl. ebd., S. 96.
172 Vgl. ebd., S. 96.
173 Vgl. ebd., S. 96.
174 Vgl. Domansky, E./Welzer, H. (1999): Die alltägliche Tradierung von Geschichte. In: Domansky, E./Welzer, H. (Hrsg.): Eine offene Geschichte. Zur kommunikativen Tradierung der nationalsozialistischen Vergangenheit. Tübingen. S. 7–25.
175 Pandel, H.-J. (2017a): Geschichtskultur. In: Barricelli, M./Lücke, M. (Hrsg.): Handbuch Praxis des Geschichtsunterrichts 1. Wochenschau Verlag. S. 147–159.

Prozess des historischen Lernens *aller* Schüler*innen einbinden. Diese erst zu entwickelnden Ansätze stellen innerhalb der geschichtsdidaktischen Forschung gegenwärtig noch ein Desiderat dar.

In diesem Zusammenhang wird die Auseinandersetzung mit dem *Kompetenzbegriff* (Kap. 3.3.1) und den Kompetenzmodellen (Kap. 3.3.2) des Geschichtsunterrichts notwendig, da sich auch für die Analyse der institutionellen Vorgaben die Frage stellt, ob diese das historische Lernen unter Berücksichtigung migrationsbedingter Entwicklungen ermöglichen.

Eine *geschichtsdidaktische Auseinandersetzung von subjektivem Schüler*innenwissen* ist vor dem Hintergrund aller bisherigen Aussagen demnach unter den *Bedingungen der Migrationsgesellschaft* zu untersuchen, denn

(a) migrationsgesellschaftliche Entwicklungen nehmen Einfluss auf das gesellschaftliche Zusammenleben und somit auch auf das subjektive Wissen von Individuen und

(b) die Analyse des Zusammenhangs zwischen Subjektwissen und schulisch-historischen Inhalten im Geschichtsunterricht kann ohne eine migrationspädagogische Perspektive letztlich zu einer Herstellung von dichotomen und somit ausgrenzenden Differenzordnungen führen, beispielsweise unterteilend in ‚unsere Geschichte' vs. ‚eure Geschichte'.

Bezogen auf den Geschichtsunterricht können solche Differenzordnungen ein reflektiertes Geschichtsbewusstsein erschweren. Aus diesem Grund ist gerade für die Geschichtsdidaktik ein migrationssensibel reflektierender Zugang zu historischen Inhalten von tragender Bedeutung, um produzierte Differenzordnungen zu erkennen und eine Reflexion möglicher Zuschreibungen zu ermöglichen, wodurch analytische Zugänge zu historischen Ereignissen aus der gegenwärtigen gemeinsamen Gesellschaft diskutiert werden können.

Für die vorliegende Untersuchung ist hervorzuheben, dass ein solcher Geschichtsunterricht unter den Bedingungen der Migrationsgesellschaft *eben gerade nicht einen besonderen Unterricht für Schüler*innen mit ‚Migrationshintergrund'* konzipieren soll. Denn der Geschichtsunterricht, so plädiert Scherr (2017), sollte „nicht mit nationalen oder ethnischen Identitätszuschreibungen […] operieren."[176] Vielmehr geht es um einen Geschichtsunterricht, der „migrationsgesellschaftliche Themen wie Differenz und Dominanz, Diversität und Hybridität"[177] anhand historischer Gegenstände und Kontexte so zu thematisieren versucht, dass ein reflexiver Zugang zu historischen Gegenständen und

---

176 Scherr, A. (2017): Sozialisation und Identitätsbildung bei Jugendlichen. S. 69. In: Barricelli, M./Lücke, M. (Hrsg.): Handbuch Praxis des Geschichtsunterrichts. Bd. 1, S. 59–69

177 Rösch, H. (2017): Deutschunterricht in der Migrationsgesellschaft. Eine Einführung. Stuttgart: Metzler. S. 126.

somit für alle Schüler*innen eine Orientierung in der Zeit und Sinnbildung über Zeit ermöglicht wird.[178] Demzufolge sollten im Geschichtsunterricht Migrationsphänomene der gegenwärtigen Gesellschaft berücksichtigt werden, die Einfluss auf das Geschichtsbewusstsein des Einzelnen sowie auf das der Migrationsgesellschaft insgesamt haben.

3.2 Historisches Lernen und Narrativität

Historisches Lernen[179] kann immer und überall stattfinden: in der Familie, in der Peer-Gruppe, im Sportverein, in sozialen Netzwerken oder in der Schule. Jede Auseinandersetzung eines Individuums „mit Ausschnitten aus dem Universum des Historischen"[180] kann nach Gautschi (2011) als historisches Lernen bezeichnet werden. Diese mentale Tätigkeit ist nach Pandel (2000) ein „Denkstil und nicht das Akkumulieren von Wissen"[181], womit das Individuum in seiner gesamten Lebensgeschichte zu einer kognitiven Auseinandersetzung mit Geschichte befähigt wird, bei der es um Verknüpfungen, Bewertungen und Beurteilungen geht. Rüsen (2006) beschreibt diese Auseinandersetzung als einen „Vorgang des menschlichen Bewusstseins, in dem Zeiterfahrungen deutend angeeignet werden und dabei zugleich die Kompetenz zu dieser Deutung entsteht und sich weiterentwickelt."[182] Historisches Lernen bezieht sich demnach auf die *Zeitdimensionen* Vergangenheit, Gegenwart und Zukunft. Durch seine *Erfahrungen mit diesen Zeitdimensionen* wird das Individuum in die Lage versetzt, das Gelernte zu deuten und weiterzuentwickeln. „Die Vergangenheit wird erinnernd so vergegenwärtigt, daß gegenwärtige Lebensverhältnisse verstanden und Zu-

---

178   Heidi Rösch thematisiert den Kulturbegriff für den Deutschunterricht und diskutiert darüber die Bedeutung des Deutschunterrichts unter den Bedingungen der Migrationsgesellschaft. Diese Ideen können auch auf den Geschichtsunterricht übertragen werden. Siehe dazu Rösch, H. (2017), S. 125ff.
179   Im geschichtsdidaktischen Diskurs finden sich die Begriffe ‚Historische Denken' und ‚Historisches Lernen'. Die Unterscheidung kann an dieser Stelle nicht weiter ausgeführt werden. Für die vorliegende Untersuchung wird in Anlehnung an Gautschi (2011) die Bezeichnung ‚Historisches Lernen' verwendet, da das Kapitel den Geschichtsunterricht als Lernanlass diskutiert und der Lern-Begriff umfassender ist. Siehe dazu Gautschi, P. (2011), S. 42.
180   Vgl. Gautschi, P. (2011), S. 43.
181   Vgl. Pandel, H.-J. (2000): Quelleninterpretation. Die schriftliche Quelle im Geschichtsunterricht. Schwalbach/Ts.: Wochenschau Verlag. S. 126.
182   Vgl. Rüsen, J. (2008a): Historisches Lernen. Grundlagen und Paradigmen. 2. Überarb. Und erweiterte Aufl. Schwalbach/Ts.: Wochenschau Verlag. S. 61.

kunftsperspektiven der Lebenspraxis entworfen werden können."[183] Bei diesem Prozess des menschlichen Bewusstseins durchläuft das Individuum die Tätigkeitsbereiche seines Geschichtsbewusstseins (Kap. 3.3) – ein Bewusstsein, für das das historische Wissen als reine Gedächtnisleitung nicht ausreichend erscheint, sondern ein sinnbildendes Verhältnis zwischen den Zeitdimensionen benötigt wird. Historisches Lernen ermöglicht in diesem Sinne über die „Erinnerung der Vergangenheit und Erwartung der Zukunft […] die eigene Gegenwart als zeitliche[n] Prozeß [wahrzunehmen] und so [zu interpretieren], daß man sich in ihr orientieren kann."[184]

Rüsen (2008) operationalisiert diesen mentalen Prozess des Individuums über die Begriffe *Erfahrung, Deutung, Orientierung*, die er in Anlehnung an Jeismanns Bezeichnungen Analyse, Sachurteil, Wertung als Erweiterung betrachtet.[185] Dabei geht Rüsen von der Annahme aus, dass mit den Begriffen Erfahrung, Deutung, Orientierung „umfassender und fundamentaler"[186] die Operationen des Geschichtsbewusstseins zu fassen seien. Über die zentrale Dimension Geschichtsbewusstsein fokussiert Rüsen die Relevanz von *Narrativität* als bedeutende Operation beim Erschließen von Geschichte. Daraus leitet er die *narrative Kompetenz* ab, die er in die Einzelbestandteile Wahrnehmungs-, Erfahrungs-, Deutungs- und Orientierungskompetenz[187] zerlegt. Jedoch ist mit Zülsdorf-Kersting (2012) festzuhalten, dass die Operationen und ihre Bezeichnungen aus einer geschichtsdidaktischen Theorie komponiert, jedoch nicht aus empirischen Daten heraus generiert sind.[188]

---

183 Vgl. Rüsen, J. (2008a), S. 61.
184 Vgl. ebd. S. 61.
185 Ebd., S. 65.
186 Vgl. ebd., S. 65.
187 Vgl. Rüsen, J. (1992a): Das ideale Schulbuch. Überlegungen zum Leitmedium des Geschichtsunterrichts. S. 240f. In: Internationale Schulbuchforschung, 14. Ort: Verlag. S. 237–250.
188 Zülsdorf-Kerstings Feststellung bezieht sich auf die normativ ausgelegten Kompetenzmodelle zum Geschichtsunterricht, für die der Vorgang des Historischen Lernens im Geschichtsunterricht zentral ist. Diese kann somit auch auf die Operationen des Historischen Lernens bezogen werden. Siehe dazu Zülsdorf-Kerstings, M. (2012): Was ist guter Geschichtsunterricht? Annäherung an eine verschüttete und wieder aktuelle Frage. In: Meyer-Hamme, J./Thünemann, H./ders. (Hrsg.): Was heißt guter Geschichtsunterricht? Perspektiven im Vergleich. Schwalbach/Ts.: Wochenschau Verlag. S. 11–23.

Die Realisierung von historischem Lernen erfolgt über die *Narrativität*[189], die als Instrument zur Darstellung von Geschichte bezeichnet werden kann. Narrativität ermöglicht die Konstruktion von Geschichte über die *kohärente Zusammenführung von historischen Ereignissen*. Barricelli (2017) spricht bei Narrativität davon, dass „vereinzelte Sachverhalte einer Zeit vor unserer Gegenwart"[190] sinnbildend miteinander verbunden werden und für die gegenwärtigen Akteure darüber Sinnbildung über Zeiterfahrung geschaffen wird. Durch Narrativität wird ein Rahmen um die erzählten historischen Ereignisse gebildet, durch welchen kein willkürlicher, sondern ein kausaler Zusammenhang geschaffen wird. Die *sprachliche Verbalisierung* einer solchen Narrativität bezeichnet Hasberg als explananas.[191] Narrativität im Geschichtsunterricht ist somit zu unterscheiden von fiktiver Narrativität und ermöglicht Schüler*innen eine überprüfbare Rekonstruktion von Vergangenem.

Aus der *Analyseperspektive der Migrationspädagogik müsste mit Blick auf die Orientierungsfunktion der narrativen* Kompetenz der Frage nachgegangen werden, ob mit der gegenwärtigen Konstitution des Geschichtsunterrichts allen Schüler*innen der Erschließung der narrativen Kompetenz und damit der Orientierung in der Zeit ermöglicht wird. Komplementär zu dieser Analyseperspektive erscheint für die Inhalte des Geschichtsunterrichts die Frage nach der Konstruktion von Zuschreibungen von Bedeutung zu sein; und: Zeichnen sich bei der institutionell festgelegten Auswahl an Inhalten des Geschichtsunterrichts gesellschaftliche Differenzlinien ab, die möglicherweise historische ‚Zugehörigkeiten' oder ‚Nicht-Zugehörigkeiten' konstruieren? Beide Fragen verdeutlichen, dass es für den geschichtsdidaktischen Diskurs eine Thematisierung und Problematisierung der Vielfalt der migrationsgesellschaftlichen Ordnung braucht, die gegenwärtig in der Forschung noch nicht gegeben ist. Das Historische Lernen im Geschichtsunterricht unter den Bedingungen der Migrationsgesellschaft fordert insbesondere die Berücksichtigung der Einflüsse von Migration auf das Geschichtsbewusstsein, damit Schüler*innen Sinnbildung über Zeiterfahrung auf ihr „konkretes und reales (…) Leben"[192] beziehen und sich dadurch in der Zeit orientieren können. Historisches Lernen unter den Bedingungen der Migrationsgesellschaft sollte (auch) unbewusste Prozesse und Strukturen zu Migration

---

189 Im Forschungsdiskurs finden sich neben dem Begriff Narrativität auch die Begriff Narration oder Historisches Erzählen, die zumeist synonym verwendet werden.
190 Barricelli, M. (2017a), S. 256. In: Ders./Lücke, M. (Hrsg.): Handbuch Praxis des Geschichtsunterrichts. Schwalbach/Ts.: Wochenschau Verlag. S. 255–280.
191 Hasberg, W. (1997): Klio im Geschichtsunterricht: Neue Perspektiven für die Geschichtserzählung im Unterricht? In: GWU 48 (1997), S. 708–726.
192 Ebd., S. 14.

reflektieren, da diese als „bedeutender Motor gesellschaftlicher Veränderung und Modernisierung"[193] wirken, in denen Schüler*innen sich bewegen und ihr Geschichtsbewusstsein geprägt wird. Die Reflexion etablierter und curricular geregelter Prozesse und Strukturen des historischen Lernens im Geschichtsunterricht braucht eine *verstärkte Öffnung* der immer noch hauptsächlich nationalgeschichtlichen bzw. europäischen *Geschichtsperspektive,* durch welche dynamische Gesellschaftsstrukturen nicht berücksichtigt und eine reale und lebensnahe Orientierung in der Zeit für Schüler*innen nicht ermöglicht wird. Auch wenn Schüler*innen lernen, historische Ereignisse argumentativ zu beurteilen, ist eine selbstreflexive Sinnbildung über die Zeit ohne Bezug zu eigenen gesellschaftlichen Konstellationen und zur eigenen gesellschaftlichen Wirklichkeit kaum möglich. Es braucht vor allem eine ‚Denationalisierung' des historischen Blicks im Geschichtsunterricht. Demnach sind die *gesellschaftlichen und die institutionellen Bedingungen* und die daraus resultierenden *Mechanismen* in Anbetracht der Migrationsgesellschaft im Geschichtsunterricht zu berücksichtigen und in die historischen Lernprozesse der Schüler*innen einzubinden.

Historisches Lernen im Geschichtsunterricht soll Schüler*innen langfristig auch dazu befähigen, an gesellschaftlichen Ereignissen partizipieren sowie sich als Individuum innerhalb der Gesellschaft verorten zu können. Mit Bezug auf ein solch übergreifendes Ziel des Geschichtsunterrichts wird die Diskussion über das Passungsverhältnis zwischen den vermittelnden historischen Inhalten im Geschichtsunterricht und den historischen Erinnerungen und Vorstellungen im Bewusstsein von Gemeinschaften und Gesellschaften notwendig. Demnach ist davon auszugehen, dass historisch Gelerntes bei der Verortung des Individuums in seiner Gegenwart nur dann nutzbar gemacht werden kann, wenn das im Geschichtsunterricht zu verhandelnde historische Ereignis für die eigene Lebenswirklichkeit des Einzelnen operationalisiert und zur Orientierung im Hier und Jetzt nutzbar gemacht werden kann. Historisches Lernen sollte im Geschichtsunterricht nicht dazu führen, dass Geschichte als „Trennungsmoment erlebt und konstruiert"[194] wird, sondern anhand historischer Methoden einen reflexiven Raum für das Historische Lernen aller Schüler*innen schaffen kann.

---

193 Vgl. Mecheril, P. (2010), S. 8.
194 Georgi, V./Ohliger, R. (2009b): Geschichte und Diversität. Crossover statt nationaler Narrative? S. 12. In: Ders. (Hrsg.): Crossover Geschichte. Historisches Bewusstsein Jugendlicher in der Einwanderungsgesellschaft. S. 7–21.

3.3 *Geschichtsbewusstsein* als zentrale Dimension des Geschichtsunterrichts

Die Diskussion um Passungen und Divergenzen von subjektivem Schüler*innenwissen im Verhältnis zu historischen Inhalten des Geschichtsunterrichts erfordert die Diskussion der bereits in Kapitel 3.1 benannten grundlegenden Kategorien von Geschichte: Geschichtsbewusstsein und Geschichtskultur. Beide Begriffe sind als zentrale Kategorien geschichtsdidaktischer Diskussionen anzusehen und werden in diesem und im folgenden Teilkapitel skizziert, um ihre Relevanz für den genannten Zusammenhang beurteilen zu können. Zunächst wird die Bedeutung der *Grundkategorie Geschichtsbewusstsein* für das historische Lernen im Geschichtsunterricht verdeutlicht.

Das Geschichtsbewusstsein verbindet verschiedene Elemente wie historische Haltungen, Werte, Normen, Einstellungen, Vorstellungen sowie Kenntnisse von Individuen miteinander.[195] Innerhalb der Geschichtsdidaktik wird der Begriff Geschichtsbewusstsein seit Karl-Ernst Jeismann (1977) als zentrale Dimension des Geschichtsunterrichts akzeptiert, wobei die anfänglichen Analysen eine normative Ausrichtung aufweisen und im Laufe der Zeit sich die Analyseausrichtung zu einer analytischen hin gewandelt hat.[196] Geprägt u. a. durch die empirisch ausgerichteten Arbeiten von Jeismann aus den 1970er Jahren ermöglichte die geschichtsdidaktische Zentralkategorie Geschichtsbewusstsein eine analytische Orientierung für den Geschichtsunterricht.[197] Der diskursive Rückgriff auf diese Beschreibung ist in theoretischen, empirischen und pragmatischen Untersuchungen zum Geschichtsbewusstsein zu finden. Grundlage aller Untersuchungen ist die Beschreibung, die das Geschichtsbewusstsein „als eine komplexe Interaktion und Integration verschiedener kognitiver und affektiver Hinwendungen zum geschichtlichen Gegenstand"[198] darstellt und das historische Lernen als einen dynamischen Prozess versteht.[199] Demzufolge kann das Geschichtsbe-

---

195 Jeismann, K.-E. (2000): „Geschichtsbewußtsein" als zentrale Kategorie der Didaktik des Geschichtsunterrichts. S. 48f. In: ders. (Hrsg.): Geschichte und Bildung: Beiträge zur Geschichtsdidaktik und zur Historischen Bildungsforschung. Paderborn; München; Wien; Zürich: Schöningh. S. 46–72.
196 Pandel, H.-J. (2013): Geschichtsdidaktik. Eine Theorie für die Praxis. Schwalbach/Ts.: Wochenschau Verlag. S. 129.
197 Ebd. und Jeismann, K-E. (2000).
198 Vgl. Jeismann, K.-E. (1988): Geschichtsbewußtsein als zentrale Kategorie der Geschichtsdidaktik. S. 17. In: Schneider, G. (Hrsg.): Geschichtsbewußtsein und historisch-politisches Lernen. Pfaffenweiler: Centaurus Verlag. S. 1–24.
199 Jeismann, K.-E. (1997): Geschichtsbewusstsein – Theorie. In: Bergman, K./Fröhlich, K./Kuhn, A./Rüsen, J./Schneider, G. (Hrsg.): Handbuch der Geschichtsdidaktik.

wusstsein als ein *mentaler Prozess zum Erwerb historischer Wissensbestände* des Individuums beschrieben werden, in dem durch den „Aufbau und Umbau von historischen Wissensbeständen im Gedächtnis (Wissensstrukturen)"[200] historisches Lernen arrangiert wird. Das Geschichtsbewusstsein ist das „Bewußtsein von der geschichtlichen Bedingtheit menschlicher Existenz"[201], in dem „mentale Operationen […] durch die Erfahrung von Zeit im Medium der Erinnerung zur Orientierungen der Lebenspraxis verarbeitet"[202] wird. Dabei stellt das Individuum einen „Zusammenhang von Vergangenheitsdeutung, Gegenwartsverständnis und Zukunftsperspektive"[203] her, in „dem sich konkretes und reales menschliches Leben vollzieht."[204]

Geschichte wird im Geschichtsbewusstsein relevant und durchläuft nach Jeismann die Teildimensionen ‚Analyse, Sachurteil, Werturteil'.[205] Die *Analyse* befähigt das Individuum unter methodischer Herangehensweise zu einer Beschäftigung mit einer Sachaussage aus der Vergangenheit. In Anlehnung an die Analyse kontextualisiert das Individuum das Ereignis und beschäftigt sich mit dem historischen Phänomen innerhalb des historischen Kontexts, was zu einem *Sachurteil* führen kann. Aus dem *Sachurteil* heraus kann das Individuum dem historischen Phänomen, wie auch seinem eigenen Hier und Jetzt, Bedeutungen zuschreiben und ein *Werturteil* fällen. Nach Jeismann ermöglicht dieser Dreischritt die Operationalisierung des historischen Lernens und bildet das zentrale Bildungsziel der geschichtsdidaktischen Forschung und somit des Geschichtsunterrichts.

Das zentrale Element des Geschichtsbewusstseins ist die Prozesshaftigkeit, weshalb ihm eine eigene Dynamik zugesprochen wird und darüber immer nur der gegenwärtige Moment des Bewusstseins analysiert werden kann.[206] Mit der Veränderung der Erfahrungen eines Individuums können sich die Erwartungen

---

Seelze-Velber: Kallmeyer, ders. (1988) Geschichtsbewusstsein als zentrale Kategorie der Geschichtsdidaktik. In: Schneider, G. (Hrsg.): Geschichtsbewusstsein und historisch-politisches Lernen (Jahrbuch für Geschichtsdidaktik, Bd. 1). Pfaffenweiler: Centaurus Verlag. S. 1–24 und Rüsen, J. (2008b), S. 70–114.

200 Vgl. Schönemann, B. (2003): Geschichtsdidaktik, Geschichtskultur, Geschichtswissenschaft. S. 25. In: Günther-Arndt, Hilke (Hrsg.): Geschichts-Didaktik. Praxishandbuch für die Sekundarstufe I und II. Wuppertal: S. 11–22.

201 Vgl. Meyer, H. (1974): Enzyklopädisches Lexikon 10. Mannheim: Bibliographisches Institut. S. 191.

202 Vgl. Jeismann, K.-E. (1997), S. 42.

203 Vgl. ebd., S. 42.

204 Vgl. Rüsen, J. (2008), S. 14.

205 Jeismann, K.-E. (1980), S. 207 und Schönemann, B. (2014), S. 28.

206 Schönemann, B. (2012), S. 104.

an die Zukunft verändern, womit sich auch das Geschichtsbewusstsein des Individuums verändert. Das Geschichtsbewusstsein befindet sich durch verschiedene innere und äußere Einflüsse, die sich auf das Individuum auswirken, in einem kontinuierlichen Modifikationsprozess.[207] Daraus resultiert unter anderem die Annahme, dass das Geschichtsbewusstsein altersspezifisch ist, da sich im Laufe des Lebens eines Individuums seine Erfahrungen erweitern bzw. modifizieren und verändern.[208] Die normative Vorstellung von einem richtigen Geschichtsbewusstsein kann demnach nicht gehalten werden, welche jedoch durch curriculare Erwartungen geschaffen wird.[209]

Innerhalb des Geschichtsunterrichts spielen Vorstellungen bei der Entwicklung des Geschichtsbewusstseins der Schüler*innen eine zentrale Rolle, da sie lernen sollen, wie sie aus ihrer gegenwärtigen Perspektive heraus und unter Rückgriff auf historische Methoden historische Erzählungen auf narrative Triftigkeit[210] hin überprüfen und rekonstruieren können, um auch zukünftige Ereignisse beurteilen zu können. Die Entwicklung von narrativen Kompetenzen im Geschichtsunterricht wird nach Jeismann (2000) durch mitgebrachte Geschichtsvorstellungen mitbestimmt:

> „Die den Unterricht steuernde Instanzen – Richtlinien, Lehrbücher, Lehrer – und die Adressaten, die Schüler, stehen in einem weiteren, mit Geschichtsvorstellungen ihrer Zeit besetzten gesellschaftlichen Umfeld, dessen Kraftlinie Inhalte und Ziele des Geschichtsunterrichts mitbestimmen. Geschichtsunterricht ist nichts Autonomes, er baut nicht beim Schüler eine Geschichtsvorstellung aus didaktisch reduzierter wissenschaftlicher Erkenntnis auf: er ist vielmehr Teil einer gesellschaftlichen Konstruktion der Wirklichkeit, in die ständig historische Deutungen eingehen."[211]

Mit dieser Aussage verdeutlicht Jeismann zum einen, dass Geschichtsunterricht eine durch die Lehrkraft strukturierte Konstruktionskonstellation ist, die durch didaktische und methodische Entscheidungen die Erschließung von Geschichte lenkt. Zum anderen hebt er hervor, dass mitgebrachte Schülervorstellungen

---

207 Mit inneren und äußeren Einflüssen, die die Entwicklung des Geschichtsbewusstseins beeinflussen, sind Einflüsse emotionaler, affektiver, kognitiver aber auch sozialer bzw. gesellschaftlicher Art gemeint.
208 Borries v., B. (2002): Genese und Entwicklung von Geschichtsbewusstsein. Lern- und Lebensalter als Forschungsproblem der Geschichtsdidaktik. In: Schönemann, B./Schreiber, W./Voit, H. (Hrsg.): Zeitschrift für Geschichtsdidaktik 1. S. 44–59.
209 Schönemann, B. (2012).
210 Barricelli spricht beim Umgang mit Geschichte von narrativer Triftigkeit. Siehe dazu: Barricelli, M. (2005): Schüler erzählen Geschichte. Narrative Kompetenz im Geschichtsunterricht. Schwalbach/Ts. 2005, S. 5–110.
211 Vgl. Jeismann, K.-E. (2000), S. 46.

einen zentralen Einflussfaktor für den Geschichtsunterricht darstellen. Aus diesem Grund spricht Jeismann von „Erweiterung der geschichtsdidaktischen Perspektive"[212] im Geschichtsunterricht, durch welche das Geschichtsbewusstsein immer ein „Teil einer gesellschaftlichen Konstruktion der Wirklichkeit" ist.

Eine ‚erweiterte geschichtsdidaktische Perspektive' kann vor dem Hintergrund der Forschungsfrage der vorliegenden Untersuchung nur dann die ‚gesellschaftlichen Wirklichkeit' berücksichtigen, wenn sich die Forschung zum Geschichtsbewusstsein für eine migrationspädagogische Perspektive öffnet. Diese Öffnung könnte vermehrt Passungsverhältnisse zwischen der gesellschaftlichen Wirklichkeit der Schüler*innen und den Inhalten des Geschichtsunterrichts ermöglichen, um so die Entwicklung des Geschichtsbewusstseins aller Schüler*innen zu ermöglichen.

Das Geschichtsbewusstsein, das im Geschichtsunterricht den reflektierten Umgang mit der Vergangenheit ermöglichen soll, wird in der neueren geschichtsdidaktischen Diskussion häufig mit Kompetenzmodellen in Verbindung gebracht. Welche Rolle das Geschichtsbewusstsein in den Kompetenzmodellen des Geschichtsunterrichts einnimmt, wird im Folgenden skizziert. Insbesondere werden Gemeinsamkeiten und Unterschiede gängiger Kompetenzmodelle herausgearbeitet. Dabei wird eine übergreifende und keine Einzelfallbetrachtung der Kompetenzmodelle verfolgt, womit anschließend die Frage zu beantworten wäre, ob die in der Geschichtsdidaktik existierenden Kompetenzmodelle historisches Lernen unter Berücksichtigung migrationsbedingter Entwicklungen berücksichtigten.

3.3.1 Die Kompetenzorientierung in Kompetenzmodellen des Geschichtsunterrichts

Seit der sogenannten Kliem-Expertise „Zur Entwicklung nationaler Bildungsstandards" ist wie in allen Fachdidaktiken auch in der Geschichtsdidaktik eine Diskussion zur Kompetenzorientierung zu finden. Ein Blick in den Forschungsdiskurs zeigt offenkundig, dass es sich dabei um einen kompetitiv geführten Diskurs innerhalb der Geschichtsdidaktik handelt, der sowohl Debatten um den *Kompetenzbegriff* enthält als auch distributive Verhandlungsprozesse um historische Kompetenzen für den Geschichtsunterricht aushandelt.[213]

---

212 Vgl. ebd., S. 46.
213 Barricelli/Gautschi/Körber begründen den kompetitiv geführten Diskurs innerhalb der Geschichtsdidaktik zum einen über die Übernahme des Kompetenzbegriffs nach Weinert, der für die Geschichtsdidaktik keine Fachspezifik aufweist und mit für die Kompetenzdebatte zum Geschichtsunterricht ungeklärte Fragen

Dieser geschichtsdidaktische Diskurs wird von vielen Geschichtsdidaktiker*innen geführt, so auch von Pandel (2016). In seinem retrospektiven Beitrag „Kompetenzen – ein Rückblick nach zwölf Jahren" stellt er für die gegenwärtige geschichtsdidaktische Diskussion zu Kompetenzen im Geschichtsunterricht folgende Bedingung fest:

> „Wir kommen zurzeit in der Geschichtsdidaktik bzw. im Geschichtsunterricht auf knapp 30 grundverschiedene Kompetenzmodelle. Die Zahl der einzeln ausgeführten sog. Kompetenzen geht allein im Geschichtsunterricht in die Hunderte, weil Wissensziele als Kompetenzen ausgegeben werden („Kompetenzerwartung")."[214]

Die Sichtung der Kompetenzmodelle des Geschichtsunterrichts zeigt, dass sich praktisch alle Kompetenzmodelle[215] an der erziehungswissenschaftlichen Kompetenzdefinition nach Weinert[216] orientieren.[217] In der Übertragung dieser

---

     mitbringt. Zum anderen weisen sie darauf hin, dass die unterschiedlichen Kompetenzmodelle ihre Kompetenzen unterschiedlich operationalisieren. Barricelli, M./Gautschi, P./Körber, A. (2017): Historische Kompetenzen und Kompetenzmodelle. S. 211ff. In: Barricelli, M./Lücke, M. (Hrsg.): Handbuch Praxis des Geschichtsunterrichts. Bd. 1. Schwalbach/Ts.: Wochenschau Verlag. S. 207–235.

214 Vgl. Pandel (2016): Kompetenzen – ein Rückblick nach zwölf Jahren. S. 21. In: Verband der Geschichtslehrer Deutschlands (Hrsg.): Kompetenzen ohne Ende? Geschichte für heute. Zeitschrift für historisch-politische Bildung. Jg. 9/2016, Heft 3. Ort: Wochenschau Verlag. S. 20–34.

215 Mayer typologisiert die Kompetenzmodelle in allgemein-didaktische und fachspezifische Modelle, was hinsichtlich des Zieles des Geschichtsunterrichts für Divergenzen sorgen kann. Sieh dazu Mayer, U. (2014): Keine Angst vor Kompetenzen. Kompetenzorietierung – eine typologische, historische und systematische Einordnung. S. 8ff. In: Geschichte für heute 3/2014: Geschichte kompetenzorientiert lehren. Jg. 7. Ort: Wochenschau Verlag. S. 6–19.

216 Der Psychologe F. E. Weinert bezieht sich in seinem sogenannten Weinert-Gutachten bzw. Weinert-Report für die PISA-Untersuchungen auf den Kompetenzbegriff des Linguisten N. Chomsky, der den Kompetenzbegriff als einen Grundbegriff betrachtet und ihn als „die Fähigkeit, zwischen Tiefen – und Oberflächenstruktur zu vermitteln." Dabei arbeitet Chomsky den Kompetenzbegriff am Beispiel von Sprache ab und beschreibt, dass „Sprachkompetenz die Fähigkeit, auf der Grundlage einer begrenzten Anzahl von Regeln unendlich viele Sätze zu bilden und solche zu verstehen, die man noch nicht gehört hat." Vgl. Pandel (2016): Kompetenzen – ein Rückblick nach zwölf Jahren. S. 25. In: Verband der Geschichtslehrer Deutschlands (Hrsg.): Kompetenzen ohne Ende? Geschichte für heute. Zeitschrift für historisch-politische Bildung. Jg. 9/2016, Heft 3. Ort: Wochenschau Verlag. S. 20–34.)

217 Kompetenzen sind demnach „die bei Individuen verfügbaren oder durch sie erlernbaren kognitiven Fähigkeiten und Fertigkeiten um bestimmte Probleme zu

Definition finden sich eine Vielzahl an Modellen und Kompetenzen in der Geschichtsdidaktik, mit denen jedoch eine einheitliche Klärung der Kompetenzorientierung für den Geschichtsunterricht gegenwärtig erschwert wird.[218] Mayer spricht von der Entwicklung eines „Kaleidoskop von einem halben Dutzend konkurrierender Kompetenzmodelle (Pandel, Berliner Rahmenplan, FUEER, Gautschi, Heil, Geschichtslehrerverband), [die] vorwiegend spekulativ-normativer Art [sind]."[219] Dieser „Kompetenzdschungel"[220] führte zu verschiedenen Kompetenzmodellen, in denen das Historische Lernen unterschiedlich konstituiert ist. Die daraus resultierenden Folgen beschreiben Barricelli/Gautschi/Körber[221] wie folgt: „In der Folge sieht sich die Zunft heute der Tatsache gegenüber, dass mehrere Vorschläge für Kompetenzmodelle nebeneinander bestehen und miteinander in Wettstreit treten."[222] Die Autoren merken an, dass ein solcher ‚Wettstreit' die Position der Geschichtsdidaktik schwäche.[223]

Aus diesem divergierenden Diskurs heraus ergeben sich für die Autoren Barricelli/Gautschi/Körber fünf Punkte, die in der Diskussion um Kompetenzorientierung im Geschichtsunterricht die ausschlaggebenden Unterschiede forcieren und die *Herausforderungen des kompetenzorientierten Geschichtsunterrichts* verdeutlichen. Die erste zentrale Herausforderung stellt den Unterschied

---

lösen, sowie die damit verbundenen motivationalen, volitionalen und sozialen Bereitschaften und Fähigkeiten, um Problemlösungen in variablen Situationen erfolgreich und verantwortungsvoll nutzen zu können." Vgl. Weinert, F. E. (2001), S. 27–28.

218 Die Orientierung an dem Kompetenzbegriff nach Weinert erschwert die Bestimmung und Operationalisierung der Kompetenzen, die im Geschichtsunterricht zum Historischen Lernen führen sollen. Für die Übertragung des Kompetenzbegriffs aus der übergreifenden bildungspolitischen Diskussion in die fachspezifische Diskussion um Kompetenzen im Geschichtsunterricht stellt für die Kompetenzmodelle eine Herausforderung dar.

219 Vgl. Mayer, U. (2014): Keine Angst vor Kompetenzen. Kompetenzorietierung – eine typologische, historische und systematische Einordnung. S. 6. In: Geschichte für heute 3/2014: Geschichte kompetenzorientiert lehren. Jg. 7. Ort: Wochenschau Verlag. S. 6–19.

220 Vgl. Conrad, F. (2012): „Alter Wein in neuen Schläuchen" oder „Paradigmenwechsel"? Von der Lernzielorientierung zu Kompetenzen und Standards. S. 312, 317. In: GWU 63, 2012, H. 5/6, S. 302–323.

221 Barricelli, M./Lücke, M. (2017).

222 Barricelli, M./Gautschi, P./Körber, A. (2017), S. 211.

223 Gleichwohl weisen die Autoren darauf hin, dass dies kein genuin geschichtsdidaktisches Theorieproblem ist, sondern auch in anderen Disziplinen beobachtbar sei. Siehe dazu ebd., S. 212.

hinsichtlich der Dimension der Kompetenzmodelle dar. Dabei merken die Autoren an, dass sich manche Modelle ausschließlich auf das Historische Lernen im Geschichtsunterricht, andere hingegen neben dem schulisch-historischen Lernen auch auf das außerschulische historische Lernen beziehen und dem historischen Lernen ein lebenslanges Lernen zugrunde legen.[224] Die Divergenzen hinsichtlich struktureller Ausrichtungen der Kompetenzmodelle halten sie als zweiten Punkt fest. Sie merken an, dass manche Kompetenzmodelle eine Kompetenzorientierung im Sinne eines Strukturmodells verfolgen, andere wiederum als Prozessmodelle konstituiert sind. Hinsichtlich der Konstitution der Modelle ergeben sich entsprechend auch Differenzen hinsichtlich der Anzahl der „Kern-, Teil- und Unterkompetenzen"[225]. Aus der quantitativen Differenz bezüglich der Kompetenzen resultieren die Autoren einen qualitativ unterschiedlichen Umgang mit Kompetenzen in den Kompetenzmodellen.

Kompetenzmodelle weisen ein unterschiedlich ausgeprägtes Verständnis von Kompetenzen auf, wodurch „der Umgang mit dem letztlich rein akademischen Konstrukt doch auf vielfältige Art und Weise"[226] realisiert würde. Entweder seien „Kenntnisse, Fertigkeiten und Haltungen in gleichem Maße gemeint (…) oder aber aus einem engen Verständnis von ‚Kompetenz' heraus das Können (oder Wissen oder Verfügen) eindeutig priorisiert (…)."[227] Als Folge dessen unterscheidet sich die Verortung von Wissen in den Kompetenzmodellen:

> „Während in einigen die Verfügung über deklaratives Wissen in Form von korrekten Aussagen über Vergangenes als eigener Kompetenzbereich figuriert, gehört in anderen Modellen Wissen in eher funktionaler Form (etwa als Verfügung über Begriff, Verfahrensregeln etc.) als Element zu jeder Kompetenz hinzu."[228]

Komplementär zum Umgang mit Wissen vergleichen die Autoren den Umgang mit historischen Inhalten in den Kompetenzmodellen. Dabei stellen sie fest, dass die Auseinandersetzung mit dem Begriff der Sachkompetenz in den jeweiligen Kompetenzmodellen unterschiedlich ausgelegt und hinsichtlich des Historischen Lernens nicht einheitlich verortet wird:

> „Die Spannbreite geht von einem Konzept der ‚inhaltsbezogenen Sachkompetenz', welches die Verfügung über eine begrenzte Menge konkreter Aussagen über Vergangenes und auf sie bezogener Operationen (nennen, erläutern etc.) bezeichnet […], bis zu einer

---

224 Ebd., S. 213.
225 Vgl. ebd., S. 213.
226 Vgl. ebd., S. 214.
227 Vgl. ebd., S. 213.
228 Vgl. ebd., S. 214.

gänzlich anders gelagerten Auffassung, in welcher die Verfügung über Kategorien, Konzepte und Begriffe des historischen Denkens modelliert wird."[229] Die Berücksichtigung von Emotionen und Affekten beim Historischen Lernen nennen die Autoren bei ihrem komparatistischen Zugang zur Kompetenzmodelldebatte als letzten Punkt. Dabei heben sie hervor, dass die Kompetenzmodelle bei dem Zusammenhang von Historischem Lernen und Emotionen „den Anschein [erwecken], dass historisches Lernen ein rein intellektuelles, rationales Geschäft sei."[230] Zur Relevanz von Emotionen im historischen Lernprozess halten die Autoren fest:

> „[d]ass der Gebrauch und Besitz von Geschichte aber außer mit Verstand wesentlich und unhintergehbar mit Gefühl, Irrationalität, Trieb einhergeht, ja darin erst überhaupt erst seine Berechtigung besitzt – was in der Geschichtsdidaktik prinzipiell unumstritten ist – (…) – findet in vielen Systematiken wenig unmittelbaren Niederschlag."[231]

Die Berücksichtigung von Emotionen und Affekten im historischen Lernprozess nimmt demnach eine zentrale Rolle für das Erschließen historischer Inhalte und das Reflektieren der damit verbundenen subjektiven Emotionen des Individuums ein. Die Autoren heben damit die Relevanz von „Gefühl[en]" für den unterrichtlichen Umgang mit historischen Ereignissen, Prozessen usw. hervor. Dieser letztgenannte Punkt zur Kompetenzdebatte kann an den Zusammenhang subjektives Wissen bzw. Vorstellungen und Inhalte des Geschichtsunterrichts anschließen und einen möglichen Ansatz für die Berücksichtigung migrationsgesellschaftlicher Bedingungen innerhalb der geschichtsdidaktischen Diskussion um Geschichtsbewusstsein ermöglichen.

Trotz unterschiedlicher Ansätze zur Kompetenzorientierung im Geschichtsunterricht kann die Dimension des Geschichtsbewusstseins als das zentrale Ziel aller Kompetenzmodelle festgehalten werden, die sich auf die „theoretische Basis der narrativen Geschichtstheorie nach Rüsen"[232] beziehen. Demnach folgen die meisten Kompetenzmodelle dem Theorem Rüsens, nach dem im historischen Lernprozess durch das historische Erzählen „Sinn über Zeiterfahrung" gebildet wird.[233] *Narrative Kompetenzen* bilden demnach das Fundament für historische Lernprozesse, durch welche die Entwicklung des Geschichtsbewusstseins ermöglicht werden soll.[234] Historisches Wissen kann demzufolge nur durch

---

229 Vgl. ebd., S. 214.
230 Vgl. ebd., S. 214.
231 Vgl. ebd., S. 214.
232 Vgl. ebd., S. 212.
233 Rüsen, J. (2008), S. 62.
234 Barricelli, M. (2005), S. 7.

narrative Strukturen in der Gegenwart als vergangene Wirklichkeit realisiert werden, da „[e]rst durch die Erzählungen [...] die vergangene Wirklichkeit vergegenwärtigt"[235] wird. Daraus kann für den Umgang mit Geschichte gefolgert werden, dass „erst die erzählende Verknüpfung der Quellen- bzw. Materialbefunde, das *Narrativieren*, den Interpretations- und damit Arbeitsprozess abschließt."[236] Das *Erzählen im Geschichtsunterricht* kann somit als ein für historische Erkenntnisprozesse charakteristisches Denkmuster des Erklärens betrachtet werden, mit dem Sinnbildung beim Historischen Lernen ermöglicht wird.[237]

Über den Vergleich der geschichtsdidaktischen Kompetenzmodelle halten Barricelli/Gautschi/Körber übergeordnete Aspekte fest, die über alle Kompetenzmodelle hinweg in unterschiedlicher Intensität und aus verschiedenen Perspektiven heraus operationalisiert werden. Für die vorliegende Arbeit stellt sich die Frage, welche Relevanz subjektivem Wissen in den einzelnen Kompetenzmodellen zugesprochen wird. Die Ergebnisse der Autoren verdeutlichen, dass die meisten Kompetenzmodelle eine Anknüpfung an subjektives Wissen bzw. subjektive Vorstellungen für den Prozess des historischen Lernens kaum explizieren. Jedoch zeigt sich insbesondere in den letzten Jahren im Austausch der einzelnen Kompetenzmodelle, dass das Prinzip der Schülerorientierung und damit verbunden des Lebensweltbezuges der Schüler*innen für einen kompetenzorientierten Geschichtsunterricht stärker in den Blick genommen werden muss.[238] Auf Basis dieses für den kompetenzorientierten Geschichtsunterrichts relevanten Ergebnisses kann unter den gängigen Kompetenzmodellen das auf Peter Gautschis Forschungen zum ‚Guten Geschichtsunterricht' fußende Kompetenzmodell genannt werden, das in seiner Progression der Kompetenzbereiche das Prinzip der Schüleraktivierung mit dem Kompetenzbereich ‚Wahrnehmung von Veränderung in der Zeit' berücksichtigt. Aus diesem Grund wird im

---

235 Vgl. Barricelli, M./Gautschi, P./Körber, A. (2017), S. 211.
236 Vgl. ebd., S. 211.
237 Der amerikanische Geschichtstheoretiker Arthur C. Danto begründete das Erzählen im historischen Kontext als eine besondere Form des Erklärens für historische Sinnbildung. Siehe dazu Danto, A. C. (1974): Analytische Philosophie der Geschichte [1965]. Frankfurt/M.: Verlag.
238 Siehe dazu beispielsweise Gautschi, P. (2016): Plausibilität der Theorie, Spuren der Empirie, Weisheit der Praxis. Zum Stand der geschichtsdidaktischen Kompetenzdiskussion. In: Geschichte für heute 9, H. 3. S. 5–18 oder Dzubiel, C./Giesing, B. (2018): Viel Lärm und wenig? Kompetenzorientierung und Geschichtsunterricht aus Sicht von Praktiker*innen in NRW. In: Geschichte in Wissenschaft und Unterricht. Schwerpunkt: Kompetenzorientierung im Geschichtsunterricht – eine Bestandsaufnahme. Jg. 69, H. 11/12. S. 623–638.

Folgenden das Modell von Gautschi in seinen Grundzügen skizziert und mit Blick auf die Relevanz von Lebensweltbezug unter den Bedingungen der Migrationsgesellschaft diskutiert.

3.3.2 Das Kompetenzmodell von Gautschi

Das ‚*Kompetenzmodell Guter Geschichtsunterricht*'[239] nach Peter Gautschi (2011), das den geschichtsdidaktischen Diskurs um Kompetenzen prägt und strukturelle Ähnlichkeiten u. a. mit dem Modell von Pandel (2005) aufweist, wird an dieser Stelle näher erläutert. Gegenwärtig kann es als einziges Modell genannt werden, das im Hinblick auf ausgewählte Teildimensionen empirische Befunde aufweisen kann und nicht ausschließlich auf spekulativ-normativen Kompetenzen basiert.[240] Es kann also als ein geschichtsdidaktisch und in Teilen auch empirisch einen ‚guten Geschichtsunterricht' ausweisendes Modell kategorisiert werden. Ebenfalls kann es über die domänennahe Unterteilung der Kompetenzen eine fachdidaktische Berücksichtigung von Schülervorstellungen ermöglichen.

In Anlehnung an Weinerts Kompetenzbegriff entwickelt Gautschi ein an *fachspezifischen Kompetenzen orientiertes Modell* für den Geschichtsunterricht, in dessen Zentrum das historische Lernen als Sinnbildungsprozess über Zeiterfahrung steht.[241] Die historische Kernkompetenz für diesen Sinnbildungsprozess bestimmt er in Anlehnung an Barricelli als die *narrative Kompetenz*. Dabei bestimmt er für den historischen Lernprozess die Entwicklung narrativer Kompetenz als „das zentrale Lernziel des Geschichtsunterrichts."[242] In seinem Modell operationalisiert Gautschi die narrative Kompetenz in vier Teilkompetenzen, die er als notwendige Kompetenzen annimmt, die Individuen immer im historischen Lernprozess beim Lösen von Problemen benötigen. Diese Perspektivierung verdeutlicht, dass historisches Lernen in der Schule wie auch außerhalb stattfindet, im Geschichtsunterricht jedoch bei Schüler*innen die Fähigkeit zum eigenständigen und reflektierten historischen Lernen und Denken entwickeln kann. In diesem Sinne sind Schülervorstellungen immer ein Teil des historischen Lernprozesses, sowohl in der als auch außerhalb der Schule.

Dem Kompetenzmodell von Gautschi liegen die Teilkompetenzen *Wahrnehmungskompetenz, Erschließungskompetenz, Interpretationskompetenz* und

---

239 Das ‚Kompetenzmodell ‚Guter Geschichtsunterricht' entwickelte Peter Gautschi im Rahmen seiner Dissertation. Siehe dazu Gautschi, P. (2011).
240 Bernhardt, M. (2011): „Ich sehe was, was Du nicht siehst!" S. 47. In: Handro, S./ Schönemann, B: (Hrsg.): Visualität und Geschichte. Münster: LIT Verlag. S. 37–53.
241 Gautschi, P. (2011), S. 48.
242 Vgl. ebd., S. 50.

Orientierungskompetenz zugrunde. Gautschi benennt diese Teilkompetenzen als Anforderungen historischen Lernens zum Aufbau narrativer Kompetenz.[243] Im Folgenden werden die Kompetenzbereiche näher erläutert:

- „Wahrnehmung von Veränderung in der Zeit, zur Begegnung mit Zeugnissen aus dem Universum des Historischen und Präsentationen der Geschichtskultur: Diese Kompetenz soll das Individuum zu eigenen Fragen und Vermutungen an Quellen und Darstellungen führen (Fragen und Vermutungen stellen).
- Erschließungskompetenz für historische Quellen und Darstellungen: Durch diese Kompetenz soll das Individuum dazu befähigt werden, anhand von Quellen und Darstellungen eine eigene historische Sachanalyse zu entwickeln, überprüfen und darzustellen, um darüber einen geeigneten Umgang mit historischen Gattungen zu ermöglichen (Sachanalyse).
- Interpretationskompetenz für Geschichte: Auf Grundlage der Sachanalyse soll das Individuum in die Lage versetzt werden, ein Urteil über das betrachtete historische Phänomen zu fällen (Sachurteil).
- Orientierungskompetenz für Zeiterfahrung: Mit dieser Kompetenz soll das Individuum abschließend in die Lage versetzt werden, über eine Werturteilsprüfung an Zeiterfahrungen das historische Phänomen so zu reflektieren, dass es zu einer eigenen Orientierung in der gegenwärtigen Lebenswirklichkeit führt (Werturteil)."[244]

Gautschi betont bei der Darstellung der oben genannten Operationen, dass es sich um die dem menschlichen Bewusstsein zugrundeliegenden Operationen handelt, denen der Aufbau historischen Lernens in allen Kompetenzbereichen ausschließlich unter Berücksichtigung historischer Inhalte möglich ist.[245]

Insbesondere die Explizierung der Kompetenz der Wahrnehmung für Veränderung in der Zeit ist bei diesem Modell hervorzuheben. Diese Kompetenz stellt den ersten Zugang zur Geschichte für das Individuum dar, bei dem de facto noch keine historischen Methoden herangezogen werden, sondern das Einordnen eines Dokumentes, eines Zeugnisses als aus der Vergangenheit stammend möglich wird. Es ist eine „Begegnung mit Zeugnissen aus dem Universum des Historischen"[246], mit der die Wahrnehmung für die Veränderung in der Zeit aus dem Hier und Jetzt des Individuums vollzogen wird. Das Individuum benötigt diese Kompetenz, um die Veränderung in der Zeit zu realisieren und über ein

---

243 Vgl. Gautschi, P. (2007), S. 50.
244 Vgl. Gautschi, P. (2011), S. 51f.
245 Vgl. ebd., S. 52.
246 Vgl. ebd., S. 50.

historisches Dokument für sich einen ersten Zugang zur Geschichte zu ermöglichen.[247]

Gautschi stellt in seinem Kompetenzmodell die Wahrnehmungskompetenz an den Anfang des historischen Lernprozesses, ohne diese die Anknüpfung an das Geschichtsbewusstsein nicht möglich wäre. Diese Teilkompetenz des historischen Narrativieren erhält unter Berücksichtigung der Diskussion um Schülervorstellungen eine besondere Relevanz. Die Wahrnehmungskompetenz kann zur Konstruktion von Fragen und Vermutungen wie auch subjektiven Vorstellungen und Meinungen zu historischen Ereignissen führen, die primär durch subjektive Erfahrungen und Vorstellungen geprägt sind. Jede Wahrnehmung wird an das bereits Vorhandene angeknüpft. Die ersten Formulierungen sind subjektiv und unreflektiert und sind somit subjektiv-perspektivisch.

Bei vergleichender Betrachtung der Kompetenzmodelle für den Geschichtsunterricht fällt auf, dass das Modell von Gautschi über die *Wahrnehmungskompetenz* die zentralen Dimensionen von Geschichte – Geschichtsbewusstsein und Geschichtskultur – für das Individuum miteinander verbindet.

Auch wenn sich alle Kompetenzmodelle auf den Geschichtsunterricht beziehen, berücksichtigt die Wahrnehmungskompetenz im Modell nach Gautschi zusätzlich auch die Begegnung und Auseinandersetzung mit Geschichte außerhalb von Schule. In ihrem Beitrag „Historisches Lernen angesichts neuer Kerncurricula" zeigen Bernhardt/Gautschi/Mayer (2011) an einem fiktiven außerunterrichtlichen Beispiel, wie historisches Lernen ablaufen kann. Dabei beschreiben sie, wie ein Mädchen im Bücherkeller seiner Großeltern eine schwarz-weiße Fotografie findet und Fragen an diese Fotografie stellt (Kompetenzschritt: Fragen und Vermutungen stellen). Kernpunkt hierbei ist die Wahrnehmung des Mädchens für Veränderung in der Zeit, wodurch es die Fotografie als historisches Dokument einstuft und ihm durch sein Geschichtsbewusstsein eine Auseinandersetzung mit diesem Dokument ermöglicht wird. Anschließend beschäftigt sich das Mädchen näher mit der Fotografie, indem es das historische Dokument erschließt (Kompetenzschritt: Sachanalyse) und eine Narration entwickelt (Kompetenzschritt: Sachurteil), die dem historischen Dokument zugrunde liegt. Ausgehend von der Auseinandersetzung des historischen Phänomens im historischen Kontext leitet das Mädchen mögliche Schlüsse für seine Gegenwart ab (Kompetenzschritt: Werturteil).[248]

In anderen Kompetenzmodellen wird die bei Gautschi als eigenständig genannte Wahrnehmungskompetenz anderen Kompetenzen untergeordnet. Für die Berücksichtigung von Schülervorstellungen nimmt die Wahrnehmungs-

---

247 Bernhardt, M./Gautschi, P./Mayer, U. (2011).
248 Bernhardt, M./Gautschi, P./Mayer, U. (2011), S. 4ff.

kompetenz allerdings eine zentrale Kompetenz ein.²⁴⁹ Die von Gautschi als *Wahrnehmung von Veränderung in der Zeit* benannte Kompetenz ist in allen zum Vergleich herangezogenen Kompetenzmodellen so verortet, dass für die Ausführung dieser Teilkompetenz entsprechendes historisches Werkzeug (entsprechende historische Methoden) notwendig ist und vermutlich subjektive Vorstellungen eine sekundäre Rolle einnehmen. Betrachtet man die Kompetenzmodelle vor den zugrundeliegenden Ergebnissen der Forschung zu Schülervorstellungen und zur Conceptual-Change-Forschung bietet das Kompetenzmodell von Gautschi mit der Wahrnehmungskompetenz eine explizit ausgewiesene Adaptionsmöglichkeit für den Geschichtsunterricht, um mitgebrachtes individuelles Wissen als Schülervorstellungen für den Prozess des historischen Lernens nutzbar zu machen.

Aus der Diskussion um Kompetenzmodelle im geschichtsdidaktischen Diskurs kann abgeleitet werden, dass Schülervorstellungen für den historischen Lernprozess nicht ausreichend berücksichtigt werden. Das Modell zum ‚guten Geschichtsunterricht' nach Gautschi bietet über die Wahrnehmungskompetenz eine explizite Berücksichtigung der Schülervorstellungen und die Anknüpfung an die Lebenswirklichkeit der Schüler*innen. Vor dem Hintergrund der vorliegenden Untersuchung bedarf es demnach einer Erweiterung dieser in den letzten Jahren stärker diskutierten Berücksichtigung der Schüler*innenorientierung und des Lebensweltbezuges im Hinblick auf die Bedingungen der Migrationsgesellschaft. Demnach braucht es eine stärkere Berücksichtigung und Analyse von Schülervorstellungen im Kontext des Kompetenzdiskurses, da Schülervorstellungen für das historische Lernen von tragender Bedeutung sind. Jedoch kann erst die Berücksichtigung der Bedingungen der Migrationsgesellschaft die Förderung der Wahrnehmungskompetenz aller Schüler*innen ermöglichen.

Welche Bedeutung die zweite Grundkategorie des Geschichtsunterrichts, die Geschichtskultur, für den historischen Lernprozess unter den Bedingungen der Migrationsgesellschaft einnimmt, wird im Folgenden diskutiert. Dazu wird zunächst die Kategorie Geschichtskultur in Anlehnung an die geschichtsdidaktische Forschung skizziert, um anschließend ihren Einfluss auf subjektive Vorstellungen und den historischen Lernprozess im Geschichtsunterricht kenntlich zu machen.

---

249 Günther-Arndt, H. (2011).

3.4 *Geschichtskultur* als weitere zentrale Dimension des Geschichtsunterrichts

Der Begriff *Geschichtskultur* wird neben der Grundkategorie Geschichtsbewusstsein gegenwärtig als eine weitere zentrale Dimension für den Geschichtsunterricht diskutiert, was als eine neuere Diskussion betrachtet werden kann. Lange Zeit bezog sich der Begriff auf die Auseinandersetzung mit Geschichte, die außerhalb der Wissenschaft und Schule stattfindet. Dabei setzte sich der geschichtswissenschaftliche Diskurs mit dem Begriff Geschichtskultur unter anderem im Zusammenhang mit der „Behandlung von historischen Themen in den publizistischen Massenmedien Fernsehen, Film und Presse"[250] auseinander. Der Begriff Geschichtskultur integriert in diesem Sinne sämtliche Ereignisse, Plätze, Produkte sowie Erscheinungsformen, die in der Auseinandersetzung mit Geschichte in einer Gesellschaft entstehen. Im Gegensatz zum Geschichtsbewusstsein, das als mentaler Prozess des Individuums in seiner Auseinandersetzung mit Geschichte betrachtet wird und nicht materialisiert werden kann, repräsentiert die Geschichtskultur die gesellschaftliche Auseinandersetzung mit Geschichte, welche Rüsen (1995) als „praktisch wirksame Artikulation von Geschichtsbewusstsein im Leben einer Gesellschaft"[251] beschreibt. Nach diesem Ansatz von Rüsen ist die Dimension Geschichtskultur komplementär zum Geschichtsbewusstsein zu verstehen.

Für die Kategorie Geschichtskultur unterscheidet Rüsen verschiedene Bereiche[252], die er insbesondere in die Dimensionen *Kognition*, *Ästhetik* und *Politik* unterteilt. Dabei betont er, dass diese Bereiche „in ihrer Unterschiedlichkeit und in ihrem inneren Zusammenhang anthropologisch[253] fundiert [sind], nämlich in den elementaren mentalen Operationen des Fühlens, Wollens und Denkens."[254] Nach Rüsen wird die mentale Operation der historischen Erinnerung demnach

---

250 Vgl. Pandel, H.-J. (2017a), S. 147.
251 Vgl. Rüsen, J. (1995): Geschichtskultur. S. 513. In: GWU 46 (1995), S. 513–521.
252 Rüsen spricht bei der Ausführung der drei Bereiche von den Dimensionen der Geschichtskultur. Im Rahmen der vorliegenden Untersuchung wird der Begriff Dimension für die übergeordneten Grundbegriffe Geschichtsbewusstsein und Geschichtskultur verwendet. Operationalisierungen der beiden Dimensionen werden als Bereiche bezeichnet.
253 Rüsen geht davon aus, dass historische Erinnerungen als „Aktivität[en] des Geschichtsbewusstseins" in Vorstellungen – also anthropologische Grundlagen sind – von Menschen realisiert werden. Vgl. Rüsen, J. (1995), S. 513.
254 Vgl. Rüsen, J. (1997a), S. 39.

insbesondere durch diese drei Dimensionen reguliert und bestimmt, die sich gegenseitig bedingen.[255]

Die *kognitive Dimension* beschreibt Rüsen als die, die sich auf das Wissen und die Erkenntnis der menschlichen Vergangenheit bezieht und sich über das Sinnkriterium der Wahrheit begründet. Jede Aussage über die menschliche Vergangenheit, ob empirisch, theoretisch oder normativ, hat demnach einen kognitiven Wahrheitsanspruch.[256] Bei der ästhetischen Dimension geht es um die Wahrnehmung von Repräsentation der Vergangenheit in unterschiedlichen Medien. Grundsätzlich geht es um die Form der Darstellung und die Zugänglichkeit ihrer, aus der die Repräsentation von Vergangenheit in den Orientierungsrahmen der Lebenspraxis hinein verarbeitet werden kann. Rüsen spricht in diesem Zusammenhang von „narrativer Kohärenz in der Form der Repräsentation historischen Wissens oder historischer Erkenntnis"[257]. Die ästhetische Dimension bewegt sich zwischen den Bereichen der Sinnlichkeit und Vernunft und bedient sich bei der Repräsentation von menschlicher Geschichte der Elemente beider Bereiche. Mit der *politischen Dimension* beschreibt Rüsen ein soziales Verhältnis von Machtkämpfen im historischen Denken als kulturelle Form. Der Sinngehalt dieser Dimension wird durch die Macht- und Herrschaftsverhältnisse begründet, in denen Menschen leben (müssen). Über das historische Denken wird die Erfahrung der Vergangenheit begründet, die immer auch eine Erfahrung der Macht und Herrschaft ist, „[so]dass ihre Legitimierbarkeit und ihr Legitimationsbedarf als innerer Sinn politischen Handelns in den vergegenwärtigten Ge-

---

255 Laut Pandel umfasst die Dimensionierung des Geschichtskulturmodells von Rüsen nicht alle Präsentationen und Verarbeitungen von Geschichte, die in einer Gesellschaft vorkommen können. Aus diesem Grund erweitert er das Modell um zwei weitere Dimensionen: die ethische und ökonomische Dimension von Geschichtskultur. Pandels Erweiterungen passen sich den gesellschaftlichen Entwicklungen der Darstellungen von Geschichte an und haben somit ihre Berechtigung. In Veröffentlichungen aus 2013 und 2014 ergänzt Rüsen sein eigenes Geschichtskulturmodell um zwei weitere Dimensionen, die nicht vollständig mit der Erweiterung von Pandel übereinstimmen. Pandels ethische Dimension ist vergleichbar mit der moralischen Dimension nach Rüsens. Bei Rüsen werden die moralischen und religiösen Dimensionen ergänzt. Auch diese Erweiterung kann als eine Reaktion auf gesellschaftliche Entwicklungsprozesse betrachtet werden, die durch Wandel und Dynamisierung der postmodernen Gesellschaft Legitimation erhält. Siehe dazu Rüsen, J. (2014): Die fünf Dimensionen der Geschichtskultur. In: Nießer, A. u. a. (Hrsg.): Angewandte Geschichte. Neue Perspektiven auf Geschichte in der Öffentlichkeit (S. 46–57); Rüsen, J. (2013): Historik. Theorie der Geschichtswissenschaft.
256 Ebd., S. 47.
257 Vgl. ebd., S. 48.

3   Geschichtsunterricht unter den Bedingungen der Migrationsgesellschaft   95

schehnissen der Vergangenheit denkbar und sinnfällig werden."[258] Genau diese Legitimation ermöglicht die Existenz von Herrschaft und Macht beim historischen Denken wie auch historisches Lernen.[259]

Die *gegenseitige Bedingtheit der drei Bereiche* von historischen Phänomenen der Geschichtskultur und darin ihre komplexe gegenseitige Beziehung verdeutlicht Rüsen über das Beispiel von Denkmälern als historische Gegenstände:

> „Denkmäler (…) sind immer zugleich ästhetisch und politisch verfaßt, ihr kognitiver Gehalt ist vergleichsweise gering. In der wissenschaftlichen Historiographie überwiegt demgegenüber natürlich das kognitive Element des historischen Wissens; aber sie hat in der Form ihrer Darstellung stets auch eine ästhetische Seite, und in ihr jeweils präsentierte Perspektive, in der die Vergangenheit als Geschichte erscheint, ist aufgrund ihrer Bedingtheit durch den Standpunkt ihrer Autoren im Machtkampf der Gegenwart stets politisch imprägniert."[260]

Die Dimensionen der Geschichtskultur nach Rüsen machen deutlich, wie und auf welche Art und Weise Geschichte innerhalb einer Gesellschaft (dazu werden auch Bildungsinstitutionen wie Schule gezählt) verhandelt wird und zur Bildung einer sogenannten historischen Identität (Kap. 3.5) beiträgt.

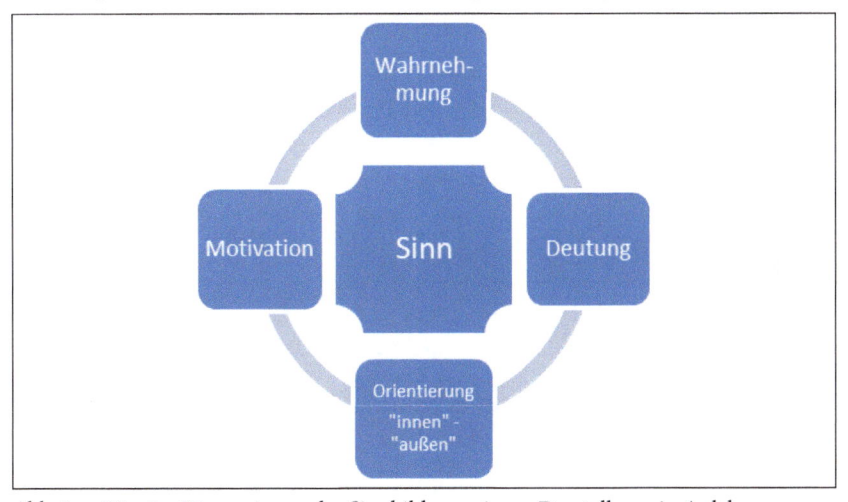

Abb. 1:   Die vier Dimensionen der Sinnbildung, eigene Darstellung, in Anlehnung an Rüsen (2008)

---

258   Vgl. ebd., S. 49.
259   Vgl. ebd.
260   Vgl. Rüsen, J. (1997a), S. 40.

Die Geschichtskultur mit ihren Bereichen führt Rüsen (2007) in ihrer Relevanz für die Geschichtsdidaktik aus und diskutiert sie als Inbegriff von Sinnbildung beim Umgang der Zeitdimensionen im Geschichtsunterricht. Dabei beschreibt er den Begriff *Kultur* mit seinen mentalen Operationen für das historische Lernen und benennt die Operationen *Wahrnehmung, Deutung, Orientierung* und *Motivation*[261], die er auf den Bereich der Geschichte überträgt und als „natürlich mannigfaltig ineinander verstrickt und verschlungen"[262] betrachtet. Dieser komplexe mentale Prozess ist für die persönliche menschliche Lebenspraxis von großer Bedeutung, da sie einen deutenden Umgang mit Geschichte ermöglicht. Abb. 1 zeigt die mentalen Operationen von Kultur nach Rüsen, die sich gegenseitig bedingen und als dynamischer Prozess zu verstehen sind.

Bezogen auf den Sinnbildungsprozess von Geschichte beschreibt Rüsen die Operationen wie folgt:

- Wahrnehmung: historische Erfahrung, Erschließung des zeitlichen Wandels von äußerer und innerer Welt, Sensibilität für Zeitdifferenz bzw. Alterität.
- Deutung: Interpretation von zeitlichem Wandel als Geschichte, indem spezifische Deutungsmuster des Zeitverlaufes verwendet werden.
- Orientierung:
  - äußere Orientierung: Ausrichtung praktischer Lebensvollzüge an erfahrungsgesättigten Zeitverlaufsvorstellungen.
  - innere Orientierung: Formierung historischer Perspektiven von Zugehörigkeit und Unterscheidung, Integration transpersonaler Zeiterfahrung und -deutung in die eigene Vorstellung des eigenen Selbst.
- Motivation: Willensbestimmung durch sinnhafte Absichten aus Erinnerung, Lenkung oder Richtungsbestimmung historischer Deutungsmuster, Mobilisierung von Gefühlen durch Erinnern und Gedenken.[263] Rüsen betont, dass die Operation Motivation in der Geschichtsdidaktik als wenig erforscht ist.[264]

In dieser Dynamik des Prozesses der geschichtskulturellen Sinnbildung wird Geschichte in *sozialen Konstellationen* konstruiert. Diesen sozialen Konstruktionsprozess benennt Günther-Arndt (2008) als „gesellschaftliche[n] Raum, in dem Individuen und soziale Gruppen in der Gegenwart einen Bezug zur Ver-

---

261 Rüsen überträgt die im Allgemeinen auf Kultur bezogenen mentalen Operationen auf die Geschichte. Auf eine allgemeine Darstellung wird an dieser Stelle verzichtet. Sie dazu Rüsen, J. (2008a), S. 133.
262 Vgl. ebd., S. 133.
263 Vgl. ebd., S. 133f. [Hervorhebung T.A.]
264 Ebd. (2008), S. 134.

3 Geschichtsunterricht unter den Bedingungen der Migrationsgesellschaft

gangenheit herstellen"[265]. Schönemann (2013) spricht von einem *sozialen System, in dem über eine kulturelle geprägte Kommunikation Geschichte* vergegenwärtigt und ihr folglich Sinn verliehen wird.

Als soziales System schreibt Schönemann der Geschichtskultur vier Elemente zu: Institutionen, Professionen, Medien und Publika.[266]

Der *mediale Diskurs* kann mit seiner Geltung auf das historische Bewusstsein für die gegenwärtige Gesellschaft indes als ein weiterer zentraler Einflussfaktor benannt werden. Neben dem schulischen Geschichtsunterricht sind Schüler*innen auch außerhalb der Schule mit historischen Phänomenen konfrontiert. *Soziale Netzwerke* wie *Facebook* oder *Instagram*, Computerspiele wie *Imperium Romanum*, Unterhaltungsliteratur wie *historische Romane*, Denkmäler und *Jubiläen* und auch das *Fernsehen* bieten eine breite Auseinandersetzung mit Geschichte, ohne immer einen Anspruch auf historische Authentizität zu haben. Nach Hoffmann (2009) haben beispielsweise historische Filme durch ihre Intensität und Ausdrucksstärke einen größeren Einfluss auf historische Vorstellungen und das kulturelle Gedächtnis von Menschen und Gesellschaft, als dies sachlich fundierte historische Darstellungen hätten leisten können.[267] Bezogen auf Filme hebt Hoffman hervor, dass diese durch filmische Gestaltungsmittel eine historische Realität aufbauen, die den Eindruck herbeiführt, „es läge kein filmischer Code vor, der Geschichte nach Bild- und Erzählkonventionen gestaltet, sondern die Leinwand böte uns ein Fenster, durch das wir in die Vergangenheit blicken könnten."[268] Betrachtet man den Einfluss der Medien vor dem Hintergrund geschichtsdidaktischer Ziele, ist ein *reflektierter und reflexiver Umgang mit dem medialen Einfluss innerhalb der Geschichtskultur für den Geschichtsunterricht* von tragender Bedeutung. Auch wenn der Geschichtsunterricht mithin einen Teil geschichtskultureller Ausprägung ist, soll der Geschichtsunterricht den objektivreflexiven Umgang mit historischen Ereignissen und die Orientierung in der Zeit ermöglichen, so dass Schüler*innen auf ihre Zukunft ausgerichtete Schlüsse ziehen und darüber Sinnbildung über Zeiterfahrung generieren können.[269] Demnach sollten im Geschichtsunterricht geschichtskulturelle Elemente unter

---

265 Vgl. Günther-Arndt, H. (2008): Geschichte als Beruf. S. 34. In: Budde, G./Freist, D./ders. (Hrsg.): Geschichte. Studium – Wissenschaft –Beruf. Berlin: Akademie Verlag. S. 32–50.
266 Schönemann, B. (2013), S. 18.
267 Hoffmann, H. (2009): Geschichte und Film – Film und Geschichte. In: Horn, S./Sauer, M: (Hrsg.): Geschichte und Öffentlichkeit. Orte – Medien – Institution. Stuttgart: UTB Verlag.
268 Vgl. Ebd. (2009), S. 135.
269 Rüsen, J. (1994).

den Bedingungen der Migrationsgesellschaft und damit unter den Bedingungen der Lebenswirklichkeit der Schüler*innen reflektiert werden, um einen gleichberechtigten reflexiven Raum für alle Schüler*innen schaffen zu können.

Bei der Zusammenführung der Kerndimensionen Geschichtsbewusstsein und Geschichtskultur beschreibt Rüsen (2008) die „Geschichtskultur [als] nichts anderes als Geschichtsbewusstsein in praktischem Lebenszusammenhang. Mit diesem Terminus kommen zu den subjektiven Elementen des Bewusstseins objektive Bedingtheiten und Funktionen und damit Praktiken des sozialen Lebens ins Blickfeld der Geschichtsdidaktik."[270] Auch Pandel betont den Zusammenhang der Dimensionen Geschichtsbewusstsein und Geschichtskultur und fordert für den Geschichtsunterricht und damit auch für den geschichtsdidaktischen Diskurs eine Einbindung geschichtskultureller Elemente. Er plädiert für die Entwicklung methodischer Modelle, um das „instrumentelle Verhältnis [des Geschichtsunterrichts] zu[r] Geschichtskultur"[271] und die „Lehrplanaffirmation"[272] zu entkräften, dadurch „Schülerinnen und Schüler zu einer Teilnahme an der Geschichtskultur zu befähigen."[273]

Folgt man den Ausführungen Rüsens wird deutlich, dass die *gesellschaftliche Auseinandersetzung mit Geschichte* durch beide Komponenten geprägt ist.[274] Schüler*innen begegnen Geschichte sowohl in der Schule als auch in ihrer alltags- und lebensweltlichen Wirklichkeit. Vergangenheitskonstruktion kann durch die unterschiedlichen Begegnungsformen zum einen durch „Internalisierungs- und Sozialisationsprozesse"[275] im individuellen Geschichtsbewusstsein, zum anderen durch Externalisierung von historischen Phänomenen im kollektiven Geschichtsbewusstsein konstruiert werden. Auch Schönemann (2013) betont die Öffnung des Geschichtsunterrichts für die Geschichtskultur als zentralen Gegenstand. Denn „Schule selbst [ist] eine Institution der Geschichtskultur [...], in der professionell ausgebildete Geschichtslehrerinnen und -lehrer mit Hilfe von Lehrbüchern und anderen Medien das Publikum der Schülerinnen und Schüler historisch zu bilden versuchen."[276] Schüler*innen verfügen bereits vor Eintritt in die Schule über ein gesellschaftlich geprägtes Geschichtsbewusstsein, an das der Geschichtsunterricht anknüpfend „Teilnahme am geschichtskul-

---

270 Vgl. Rüsen, J. (2008), S. 132. [Hervorhebung T.A.]
271 Vgl. Pandel, H.-J. (2013), S. 173.
272 Vgl. ebd. (2013), S. 172.
273 Vgl. ebd. (2013), S. 176.
274 Erdmann, E. (2007): Geschichtsbewußtsein – Geschichtskultur. Ein ungeklärtes Verhältnis. In: Geschichte, Politik und ihre Didaktik, 35, H. 3/4. S. 186–195.
275 Schönemann, B. (2013), S. 16ff.
276 Vgl. ebd. (2013), S. 20. [Hervorhebung T.A.]

turellen Diskurs der Gegenwart"[277] ermöglicht, Geschichtskultur auf vergangene Perspektiven ausweitet und Geschichte als Begegnung behandeln kann.[278]

Der *Geschichtsunterricht in der Migrationsgesellschaft* erhält auf diese Weise die *Aufgabe*, die lebensweltliche Bedeutung von Geschichte unter Berücksichtigung der Bedeutung für den individuell mentalen Prozess von Geschichte für Schüler*innen zugänglich zu gestalten. Ein zunehmend zeithistorischer Zugang zur Geschichte kann für Schüler*innen einen motivierenden und interessierenden Zugang zur Geschichte ermöglichen.[279] Dabei kann durch die „Zunahme von Vermittlungsinstanzen"[280] der medialen Darstellungen von Geschichte ein konstitutiver Einfluss zugeschrieben werden, wodurch eine „zunehmende Subjektivierung der [Geschichtskultur]"[281] zu konstatieren ist. Der Diskurs zur Berücksichtigung geschichtskultureller Inhalte im Geschichtsunterricht ist um die Perspektive der Migrationspädagogik zu erweitern, um geschichtskulturelle Inhalte immer auch auf gesellschaftliche Differenzordnungen hin analysieren und einen gleichberechtigten Zugang zu historischen Inhalten für alle Schüler*innen zu schaffen.

Kompetenzorientierter Geschichtsunterricht, das haben die bisherigen Ausführungen verdeutlicht, bedarf der Berücksichtigung sowohl des Geschichtsbewusstseins als auch der Geschichtskultur als zentralen Kategorien des Geschichtsunterrichts. In Bezug auf unterrichtspragmatische Implikationen beider Dimensionen spielt für den Geschichtsunterricht die Operationalisierung narrativer Kompetenzen eine bedeutende Rolle, die in den meist normativ ausgerichteten Kompetenzmodellen zwar vorzufinden ist, jedoch nur geringe Hinweise bezüglich der Umsetzung im konkreten historischen Lernprozesse der Schüler*innen enthält. Es zeigt sich weiterhin, dass praktisch keines der Kompetenzmodelle dominanzkritische Zugänge berücksichtigt, so dass natio-ethno-kulturell kodierte Kategorien unreflektiert und unhinterfragt verwendet werden, demzufolge migrationsbedingte gesellschaftliche Ordnungen nicht mit dem kompetenzorientierten Geschichtsunterricht in Verbindung gebracht werden.

---

277 Vgl. ebd. (2013), S. 20 (zit. nach Pandel, H.-J. (1999): Postmoderne Beliebigkeit? Über den sorglosen Umgang mit Inhalten und Methoden. S. 290. In: Geschichte in Wissenschaft und Unterricht, 50. S. 282–291).
278 Schönemann, B. (2013), S. 20.
279 Heuer, C. (2005): Geschichtsdidaktik, Zeitgeschichte und Geschichtskultur. In: Geschichte, Politik und ihre Didaktik, 3/4, S. 170–175. S. 173.
280 Vgl. Schörken, R. (1995), S. 163.
281 Vgl. Cornelißen, C. (2003): Was heißt Erinnerungskultur? Begriff-Methoden-Perspektiven. S. 551. In: Geschichte in Wissenschaft und Unterricht, 54/10. S. 548–563. [Hervorhebung T.A.].

Welche Rolle das historische Erzählen für den Prozess der sogenannten historischen Identitätsbildung einnimmt, wird im Folgenden mit Blick auf das Geschichtsbewusstsein und die Geschichtskultur, diskutiert und anschließend im Hinblick auf die Bedingungen der Migrationsgesellschaft hinterfragt.

3.5 Historisches Erzählen und die Entwicklung historischer Identitäten unter den Bedingungen der Migrationsgesellschaft

Die Skizzierung des Kompetenzmodells „Guter Geschichtsunterricht" nach Gautschi[282] hat gezeigt, dass historisches Denken als ein mentaler Prozess betrachtet wird, der erst durch die Wahrnehmung des Individuums von Unterschieden zwischen der Vergangenheit und der Gegenwart ausgelöst wird. Dabei wird das historische Lernen eng verbunden mit der Tätigkeit des historischen Denkens, welches durch die Versprachlichung des Denkprozesses in Form der historischen Erzählung realisiert wird.

Die Entwicklung dieses historischen Denkprozesses und damit des historischen Lernprozesses im Geschichtsunterricht folgt nach Gautschi einer Progression, in der sowohl einzelne Produkte als auch Teilprozesse eines Gesamtprozesses betrachtet werden können. Damit können Schüler*innen beispielsweise „ihre Werturteile hinterfragen und an ein Sachurteil anbinden"[283], wodurch die Vielfältigkeit des historischen Lernprozesses verdeutlicht wird. Der Prozess des historischen Lernens ist nach Gautschi immer in ein dynamisches Verständnis von Gesellschaft eingebunden, in dem sich das Individuum bewegt. Nach diesem Verständnis ist historisches Denken eine Tätigkeit, die innerhalb und außerhalb des Unterrichts stattfindet und Einfluss auf das individuelle Geschichtsbewusstsein wie auch auf geschichtskulturelle Manifestationen hat.[284]

Die beiden Kategorien ‚historisches Lernen' und ‚historisches Denken' sind im kompetenzorientierten Geschichtsunterricht komplementär zur dritten bedeutenden Kategorie des ‚historischen Erzählens' zu setzen, da erst durch das ‚Erzählen' der historische Sinnbildungsprozess sichtbar wird. Damit Schüler*innen historisch erzählen können, gilt es narrative Kompetenzen aufzubauen, wodurch sich das elaborierte ‚*historische Erzählen*' von basalen Erzählungen unterscheidet.

---

282 Gautschi, P. (2011).
283 Vgl. ebd., 37.
284 Gautschi, P. (2011).

3 Geschichtsunterricht unter den Bedingungen der Migrationsgesellschaft

Das *basale Erzählen* ist ein Diskurstyp, der für jedes Individuum in vielen Lebenskontexten eine zentrale Stellung einnimmt. Sobald ein Individuum in einen interaktiven Diskurs eintritt, kann es überall mit Erzählungen konfrontiert werden: als Erzähler*in oder auch als Zuhörer*in. In beiden Rollen begibt er/sie sich in eine Interaktion. Das Verhältnis des Umgangs mit basalen Erzählungen und ihrer Relevanz für den Menschen beschreibt Barricelli (2011) wie folgt:

> „Mit Geschichten taxieren wir unser Tagewerk, regeln wir unsere Beziehungen, bestimmen wir unseren gesellschaftlichen Status, verbinden wir die existentiellen Punkte des Lebens, machen wir aus Geburt, Ausbildung, Elternschaft, Karriere, Krankheit, Tod etwas Zusammengehöriges, Einheitliches, das wir dann, jeder für sich, ‚mein Leben' nennen."[285]

Der Geschichtsdidaktiker, der sich insbesondere mit dem historischen Erzählen auseinandersetzt, beurteilt das basale Erzählen als zentrale sprachliche Operation für alle Lebenskontexte und verdeutlicht, dass der Mensch über das Erzählen seine Position in der Gesellschaft bestimmt und sich darüber orientiert. Aus dieser lebensbezüglichen Relevanz leitet Barricelli die Position und die Relevanz ab, die dem *Erzählen im gegenwärtigen historischen Diskurs* zugeschrieben wird:

> „Mit ‚Erzählen' versucht man heute sogar, das *Genuine und Besondere* von Geschichte als akademischer Übung zu bestimmen, also eine Aussage darüber zu treffen, was im Kontext von Forschung und Lehre nur die Geschichtswissenschaft, *so* tut, *wie* sie es tut."[286]

Als Instrument der Geschichtswissenschaft[287] wird das historische Erzählen[288] in der geschichtstheoretischen sowie in der geschichtsdidaktischen Geschichts-

---

285 Vgl. Barricelli, M. (2011): Historisches Erzählen: Was es ist, soll und kann. S. 61. In: Hartung, O./Fuchs, T. (Hrsg.): Lernen und Erzählen interdisziplinär. Wiesbaden: VS Verlag. S. 61–82.
286 Vgl. ebd., S. 61f.
287 Die Geschichtswissenschaft besteht aus den Bereichen historische Forschung, Geschichtstheorie und Geschichtsdidaktik. Vor dem Hintergrund der Forschungsfrage forciert die vorliegende Arbeit den geschichtsdidaktischen Diskurs und greift dabei auf geschichtstheoretische Ansätze. Die historische Forschung spielt für die vorliegende Untersuchung keine Rolle.
288 Als Erzählung unterscheidet sich das historische Erzählen von anderen Erzählstrukturen wie das literarische oder alltägliche Erzählen. Das literarische und alltägliche Erzählen werden an dieser Stelle nicht weiter ausgeführt. Siehe dazu Ehlich, K. (1980): Der Alltag des Erzählens. In: ders. (Hrsg.): Erzählen im Alltag. Frankfurt a. M.: Suhrkamp. S. 11–27. Zum Erzählen im Alltag siehe Quasthoff, U. M. (1980): Erzählen in Gesprächen. Linguistische Untersuchungen zu Strukturen und Funktionen am Beispiel einer Kommunikationsform des Alltags. Tübingen

wissenschaft als die zentrale sprachliche Operation betrachtet, mit der Wissensstrukturen aus dem Geschichtsbewusstsein des Individuums narrativiert werden. Das historische Erzählen ist ein kommunikativer Akt, in dem Geschichte konstruiert und versprachlicht wird. Ohne die historische Erzählung ist Geschichte nicht möglich, sie ist, so beschreibt Pandel (2010), „die zentrale Form der Darstellung von Geschichte."[289] Um die Bedeutung und die Relevanz dieser zentralen Operation der Geschichte zu verdeutlichen, wird an dieser Stelle auf die Beschreibung von Jörn Rüsen[290] zurückgegriffen, mit der die Dimensionen für die Orientierung[291] des Individuums in der Zeit verdeutlicht werden:

> „Historisches Erzählen ist zunächst einmal die alltägliche sprachliche Form, in der Geschichte artikuliert wird, also Geschichtsbewußtsein sich manifestiert. Es tritt in sehr unterschiedlichen, zumeist unfertigen und fragmentarischen Formen auf, deren Gemeinsamkeit darin besteht, daß ein Zeitverlauf in der Vergangenheit berichtet wird. Dieser Bericht erfolgt stets in einer kommunikativen Situation, in der ein Erzähler seinen Zuhörern die Vergangenheit vergegenwärtigt, die aus unterschiedlichen Gründen für die Gegenwart wichtig ist. Die Grenzen dieser alltäglichen Form sprachlicher

---

(Kommunikation und Institution 1); Gülich, E. (1980): Konventionelle Muster und kommunikative Funktionen von Alltagserzählungen. In: Ehlich, K. (Hrsg.): Erzählen im Alltag. Frankfurt a. M.: Suhrkamp. S. 335–384.

289 Vgl. Pandel, H.-J. (2010), S. 7.

290 In der Geschichtswissenschaft gelang es insbesondere Jörn Rüsen eine narrative Historie zu etablieren. Auf Grundlage der Beiträge von Rüsen zum historischen Erzählen ermöglichte er einen didaktischen Diskurs, der als Grundlage für empirisch angelegte Studien zur narrativen Kompetenz (z. B. Barricelli, M. (2005)) oder zur historischen Identität unter Berücksichtigung von „Migration" (z. B. Meyer-Hamme 2009, 2017) dient. In der vorliegenden Untersuchung werden die von Rüsen benannten Typen des historischen Erzählens herangezogen. Diese normativ angelegte Typisierung historischer Narrative ermöglichen wesentliche Grundstrukturen von historischen Erzählungen zu analysieren und zu systematisieren.

291 Orientierung meint hier die historisch angelegte Orientierung, die sich von beispielsweise einer alltäglich-lebensweltlichen Orientierung unterscheidet. Beiden ist gemeinsam, dass es für das Individuum um ein sich Zurechtfinden geht, die historische Orientierung jedoch das sich Zurechtfinden unter Bezugnahme zeitlicher Veränderungen und Entwicklungen meint. Für die Orientierung alltäglich-lebensweltlichen Situationen ist das sich Zurechtfinden in den Zeitdimensionen Vergangenheit-Gegenwart-Zukunft nicht grundlegend. So kann sich ein Mensch in einer fremden Stadt mit einer Stadtkarte zurechtfinden und muss sich nicht in den Zeitdimensionen orientieren.

3 Geschichtsunterricht unter den Bedingungen der Migrationsgesellschaft

Darstellung bedeutungsvoller Vergangenheit und Kommunikation über Geschichte sind fließend."[292]

Rüsen verdeutlicht, dass durch das historische Erzählen das Individuum Geschichte sprachlich so konstruiert und diese Konstruktion sich immer auf die Vergangenheit bezieht. Er beschreibt weiterhin den Zweck des historischen Erzählens, der darin besteht, dass „ein Erzähler seinen Zuhörern die Vergangenheit vergegenwärtigt, die aus unterschiedlichen Gründen für die Gegenwart wichtig ist."[293] Rüsen verdeutlicht, dass historische Orientierung ein individueller mentaler Prozess ist, der immer aus der gegenwärtigen Situation der erzählenden Person heraus konstruiert wird. Dabei ist der Erzähler „in seine einerseits immer schon vorhandenen, andererseits ständig neu entstehenden subjektiven Geschichten eingewoben."[294] Demnach ist *Geschichte lernen* eng mit *Geschichte erzählen* verbunden und somit für den Geschichtsunterricht als eine zentrale Operation zu betrachten. Wenn Schüler*innen im Geschichtsunterricht historisch erzählen, setzen sie *distinktive Ereignisse aus der Vergangenheit* hinsichtlich ihres Erscheinens so in eine Reihenfolge, wie sie in der Vergangenheit nicht erschienen sind. Erst durch die Erzählung werden die in der Vergangenheit stattfindenden zusammenhangslosen, voneinander möglicherweise unabhängigen Ereignisse in eine Relation zueinander gesetzt und eine kohärente Erzählung der Vergangenheit in der Gegenwart entsteht.

Im geschichtsdidaktischen Forschungsdiskurs wird das historische Erzählen demnach als die Operation betrachtet, über die historische Lernprozesse sprachlich verbalisiert werden.

Insbesondere die eigenständig produzierte historische Erzählung wird in der Geschichtsdidaktik als bedeutende Handlung angesehen, die das historische Lernen ermöglicht:

„Erst wenn man sich vergegenwärtigt, was das Subjekt denn eigentlich lernt, wenn es Geschichte lernt, nämlich die Fähigkeit, durch historisches Erzählen auf eine bestimmte Weise Sinn über Zeiterfahrungen zu bilden, mit dem es sein Dasein im Fluss der Zeit

---

292 Vgl. Rüsen, J. (1997): Historisches Erzählen. S. 57. In: Bergmann, K. et al. (Hrsg.): Handbuch der Geschichtsdidaktik. Seelze-Velber: Kallmeyer. S. 57–63.
293 Vgl. Rüsen, J. (1992): Historisches Erzählen. S. 44.In: Bergmann, K. et al. (Hrsg.): Handbuch der Geschichtsdidakitk. Seelze-Velber: Kallmeyer. S. 44–49.
294 Vgl. Schreiber, W.: Kompetenzbereich historische Orientierungskompetenz. S. 4. Verfügbar unter: https://core.ac.uk/download/pdf/12046768.pdf, .S. 2–30. [Eingesehen am 20.6.2017].

orientieren kann, erst dann wird deutlich, dass und wie das lernende Subjekt nicht nur rezeptiv, sondern immer auch produktiv handelt."[295]

Aus der Annahme Rüsens kann für den Geschichtsunterricht resultiert werden, dass in der Auseinandersetzung mit Geschichte die Schüler*innen durch das Erzählen dazu befähigt werden, historische Sachanalysen durchzuführen sowie historische Sachurteile und gegenwärtige Werturteile zu fällen. Im Umkehrschluss kann demnach weiter abgeleitet werden, dass Schüler*innen nicht historisch lernen können, wenn sie nicht historisch erzählen lernen.

Der mentale Konstruktionsprozess des historischen Erzählens wird in der geschichtsdidaktischen Forschung mit der *Konstruktion einer historischen Identität* verbunden. Nach Meyer-Hamme (2017) enthält „jede Geschichte einen Identitätsentwurf des Erzählers und ein Identitätsangebot an die jeweilige Adressatin/den jeweiligen Adressaten, denn nur wenn eine gegenwärtige Bedeutung in der historischen Erzählung erkannt wird, lohnt sich eine Beschäftigung mit Geschichte."[296] Im historischen Denken der Schüler*innen wird somit eine historische Identität konstruiert, die sowohl Elemente auf sogenannte „Wir-Gruppen"[297] als auch auf Elemente des individuellen mentalen Prozesses Bezug nimmt. Die historische Identität ist dabei in einen individuellen Prozess eingebettet, die indes immer in Abhängigkeit zu einer Gesellschaft sich positioniert, in der sich das Individuum bewegt oder aus der heraus es Vorstellungen zu bestimmten historischen Ereignissen generiert.

Die Konstruktion der historischen Identitäten verortet Rüsen in die Geschichtskultur, „weil historische Orientierungen in kommunikativen Situationen ausgehandelt werden"[298], an denen immer Individuen beteiligt sind, die auf historische Kompetenzen und Elemente aus einer gemeinsamen Geschichtskultur (Kap. 3.4) zurückgreifen können. Mit Meyer-Hamme kann die Konstruktion der historischen Identität als „eine Dimension des Umgangs mit Geschichte [beschrieben werden], [sie] ist aber notwendigerweise auf Geschichtskultur und

---

295 Vgl. Rüsen, J. (2008): Historisches Lernen. Grundlagen und Paradigmen. 2. überarbeitete Auflage. Schwalbach/Ts: Wochenschau-Verlag. S. 44.
296 Vgl. Meyer-Hamme, J. (2017): Historische Identitäten in einer kulturell heterogenen Gesellschaft. S. 89. In: Barricelli, M. Lücke, M. (Hrsg.): Handbuch Praxis des Geschichtsunterrichts 1. Wochenschau Verlag. S. 89–97.
297 Meyer-Hamme verwendet den Begriff der „Wir-Gruppe", der aus der Perspektive der Migrationspädagogik hinsichtlich der Schaffung von Differenzordnungen hinterfragt werden müsste.
298 Vgl. ebd., S. 89.

Erinnerungsmilieus[299] sowie historischen Kompetenzen angewiesen."[300] Im Prozess des historischen Erzählens wird demnach eine historische Identität konstruiert, die erst durch die Erzählung des Individuums entsteht, immer auch auf Geschichtskultur angewiesen ist.

Aus der Theorietradition Rüsens heraus wird das historische Erzählen als eine kulturelle Funktion historischen Denkens betrachtet, wonach historische Identität als die Auseinandersetzung mit Geschichte verstanden wird. Rüsen geht davon aus, dass das historische Erzählen in vier idealtypische Formen unterteilt werden kann, die entsprechend vier unterschiedliche historische Identitäten entstehen lassen können.[301] Allen Formen des historischen Erzählens spricht Rüsen bestimmte Besonderheiten zu, die die wesentlichen Sinnbildungsoperationen des Erzählens ausmachen. Nach Rüsen ist eine Erzählung dann historisch, wenn sie sich

„an das Medium der Erinnerung bindet [...] die Sinnbildung über Zeiterfahrung in der Form einer übergreifenden Zeitverlaufsvorstellung und Zeitabsicht in einen inneren Zusammenhang bringt [...] [und] die für die Sinnbildung maßgebliche Zeitverlaufsvorstellung im lebenspraktischen Zusammenhang subjektiver Handlungsortientierung und Identitätsbildung erfolgt."[302]

Rüsens Bestimmung einer Erzählung charakterisiert die Eigenschaften des historischen Erzählens und bietet eine analytische Herangehensweise an das Geschichtsbewusstsein, das über kommunikative Operationen eine sinnbildende Orientierungsleistung des Individuums in der Zeit ermöglicht.[303]

Mit seinem funktionstypologischen Ansatz[304] des Geschichtsbewusstseins, das sich nach Rüsen in narrativ verfassten sprachlichen Gebilden äußert, unter-

---

299 Der Begriff „Erinnerungsmilieus" wird an dieser Stelle nicht näher erläutert, wird von Meyer-Hamme fast synonym zu Geschichtskultur verwendet. Siehe dazu ebd., S. 89.
300 Vgl. ebd., S. 89.
301 Neben Rüsen theoretischen Konzept zur historischen Identität existieren auch andere Konzepte historischer Identität. Siehe dazu z. B. Assmann (1994) oder Angehrn (1985). In: Meyer-Hamme, J. (2017): Historische Identitäten in einer kulturell heterogenen Gesellschaft. S. 97. In: Barricelli, M. Lücke, M. (Hrsg.): Handbuch Praxis des Geschichtsunterrichts 1. Wochenschau Verlag. S. 89–97.
302 Vgl. Rüsen, J. (1997), S. 58f.
303 Rüsen, J. (2008), S. 31f.
304 Neben der funktionstypologischen Unterscheidung des Geschichtsbewusstseins von Rüsen finden sich in der Literatur weitere theoretische Ansätze. Zu nennen sind hier der strukturanalytische Ansatz, auf den sich u. a. Jeismann (siehe dazu Jeismann, K.-E. (1988): Geschichtsbewusstsein als zentrale Kategorie der Ge-

scheidet er das historische Erzählen in die Typen[305] traditionales, exemplarisches, kritisches und genetisches Erzählen.[306] Er reduziert die Formenvielfalt des historischen Erzählens somit auf vier Idealtypen, mit denen er eine systematische Analyse historischer Narrative bezweckt. Rüsen weist darauf hin, dass sich die vier Typen gegenseitig bedingen und aufeinander aufbauen. Weiterhin ermöglicht diese Typologisierung, „unterschiedliche Formen von Gegenwartsbezügen und Identitätsentwürfen einzelner historischer Narrationen zu erkennen und zu benennen"[307], weshalb die vier Typen an dieser Stelle in Kürze erläutert werden. Nach Rüsen treten diese Sinnbildungstypen nie in Reinform auf, sondern immer in charakteristischen Kombinationen bzw. Mischformen, wobei eine der Formen in der Regel dominant sei. Rüsen differenziert diese Erzähltypen[308] nicht

---

schichtsdidaktik. In: Schneider, G. (Hrsg.): Geschichtsbewusstsein und historisch-politisches Lernen, Jahrbuch für Geschichtsdidaktik (S. 1–24). Pfaffenweiler) und Pandel (siehe dazu Pandel, H.-J. (1987)) beziehen sowie der genetische Ansatz, nach welchem u. a. Borries das Geschichtsbewusstsein theoretisch operationalisiert (siehe dazu Borries v., B. (1988): Geschichtslernen und Geschichtsbewußtsein. Empirische Erkundungen zu Erwerb und Gebrauch von Historie. Stuttgart. S. 12). Diese Ansätze werden im Rahmen der vorliegenden Untersuchung nicht weiter ausgeführt.

305 Für andere Sinnbildungsmuster siehe z. B. Pandel, H.-J. (2002): „Erzählen und Erzählakte. Neuere Entwicklungen in der didaktischen Erzähltheorie." In: Demantowsky, M./Schönemann, B. (Hrsg.): Neuere geschichtsdidaktische Positionen. Bochum: Projekt-Verlag (Dortmunder Arbeiten zur Schulgeschichte zur und historischen Didaktik; 32), S. 39–55 oder Borries, B. v. (1988), S. 59–62.

306 Zur genaueren Bestimmung der Typen des historischen Erzählens nach Rüsen siehe Rüsen, J. (1982): Die vier Typen des historischen Erzählens, S. 514ff. In: Koselleck, R. (Hrsg.): Formen der Geschichtsschreibung. München: Deutscher Taschenbuch Verlag. S. 514-605, Rüsen, J. (1997): Historisches Erzählen. In: Bergmann, K. et al. (Hrsg.): Handbuch der Geschichtsdidaktik. Seelze-Velber: Kallmeyer. S. 57–63 und Barricelli, M. (2012): Narrativität. S. 264. In: ders.: Handbuch Praxis des Geschichtsunterrichts. Band 2. Schwalbach/Ts.: Wochenschau-Verlag. 1. Auflage. S. 255–280.

307 Vgl. Meyer-Hamme, J. (2017), S. 91.

308 Die Sinnbildungstypen nach Rüsen haben im geschichtsdidaktischen Forschungsdiskurs mehrere Erweiterungen und Ausdifferenzierungen erfahren. Zu nennen sind beispielsweise die Ergänzungen von Pandel, der Rüsens Erzähltypen um die zyklische und die organische Erzählform ergänzt und die genetische Erzählform zur ‚gegenwartsgenetischen' und ‚telischen' Erzählform erweitert. Bodo von Borries ordnet drei der vier Erzähltypen nach Rüsen spiralförmig an und ergänzt sie durch kritische Perspektiven. In einer neueren Veröffentlichung versucht Jakob Krameritsch angesichts digitaler Veränderungen die Rüsen'schen Typen, um den

nur nach der Art der Erinnerung, sondern auch nach ihren Konzepten der Kontinuität, ihren Formen der Kommunikation, ihren Arten der Identitätsstiftung und ihrem Sinn von Zeit.[309]

Im Geschichtsunterricht wird das *historische Erzählen als Zugang zur historischen Identitätsbildung* betrachtet, wodurch Schüler*innen die (oder eine mögliche) Antwort auf eine gegenwärtige Frage bzw. auf ein gegenwärtiges Problem finden. Die Relevanz einer solchen Fragestellung bzw. eines Problems ist nach Rüsen abhängig von einer ‚*kulturellen' Zugehörigkeit des Erzählers*.[310] Demnach schreibt Rüsen historischen Erzählungen Gegenwarts- und Zukunftsbezüge zu, durch welche die erzählende Person über das Erzählen eine historische Identität konstruiert. Rüsen geht davon aus, dass sich Erzähler*innen in ihrer historischen Erzählung positionieren und sich entsprechend ihrer jeweiligen Position orientieren. Nach Rüsen führen die von ihm genannten idealtypischen historischen Erzählungen zu verschiedenen Sinnbildungsmustern, aus denen er wiederum vier Formen der historischen Identitätsbildung ableitet. Bei der *traditionalen historischen Erzählung* wird durch Affirmation und Identifikation eine Identität konstruiert, die zur „Übernahme vorgegebener Weltordnungen und Lebensformen"[311] führt. Rüsen spricht hier auch von der „Nachahmung"[312]. Mit der *exemplarischen historischen Erzählform* erwirbt die erzählende Person durch die Erzählung Kompetenzen über Regeln und leitet die Prinzipien ihres persönlichen Handels aus der Vergangenheit ab. Bei dieser Identitätsbildung spricht Rüsen von „Klugheit"[313]. Der Unterschied zum traditionalen Erzählen ist demnach, dass über die Regelkompetenz das Individuum in die Lage versetzt wird, aus den Regeln der Vergangenheit geeignete, für die eigene Gegenwart relevante Regeln für entsprechende Handlungskontexte abzuleiten. Bei der *genetischen historischen Erzählung* verortet sich die erzählende Person in der Entwicklung und erkennt die Richtung der Entwicklung an. Der Individualisierungsprozess spielt dabei eine zentrale Rolle. In diesem Identitätsprozess kann das Individuum über die Reflexion von Entwicklungsprozessen in der Vergangenheit Schlüsse für die eigene Orientierung in der Gegenwart ableiten. Durch die *kritische*

---

situativen Erzähltyp zu ergänzen. Siehe dazu Pandel, H.-J. (2002) und Borries, v. B. (1988): Geschichtslernen und Geschichtsbewusstsein. Empirische Erkundungen zu Erwerb und Gebrauch von Historie. 1. Aufl. Stuttgart: Klett. S. 59–96.
309 Rüsen, J. (1982), S. 514ff.
310 Rüsen, J. (1997b): Historisches Erzählen. In: Bergmann, K. et al. (Hrsg.): Handbuch der Geschichtsdidaktik. Ort: Kallmeyer. S. 57–63.
311 Vgl. ebd., S. 61.
312 Vgl. ebd., S. 61.
313 Vgl. ebd., S. 61.

historische Erzählung entwickelt die erzählende Person eine historische Identität, indem sie sich von bestimmten Orientierungsmustern und daraus resultierenden Identitätskonstrukten distanziert. Rüsen spricht bei dieser Identitätsform vom „Eigensinn"[314], da sich das Individuum von konstruierten historischen Standpunkten abgrenzt und durch diese Distanz seine eigene Sinnbildung und Orientierung in der Zeit beurteilt.

Der Identitätsbegriff[315] wird im historischen Kontext im Zusammenhang mit der historischen Erzählung betrachtet, mit dem eine individuelle Orientierung einhergeht. Eine solche Orientierung des Individuums wird dem Erzählenden dann ermöglicht, wenn er die historische Relevanz des Erzählten erkennt. Nach Meyer-Hamme (2017) kann ein Individuum eine historische Identität dann konstruieren, wenn es „einen narrativen Zusammenhang zwischen unterschiedlichen Geschichten und damit historischen Sinnbildungen herstellt."[316] Zentral ist in diesem Kontext der persönliche Bezug und das persönliche Interesse für die historische Erzählung, wodurch sie als identitätsrelevant eingestuft werden kann. Meyer-Hamme hebt hervor, dass historische Erzählungen „je nach gesellschaftlichem Kontext verschieden ausfallen können."[317] Er verdeutlicht damit, dass die *Konstruktion von Geschichte* kein rein individueller Prozess ist, sondern auch immer in *Abhängigkeit zu gesellschaftlichen Dispositionen* steht. Historische Erzählungen zu ein und demselben historischen Ereignis können sich entsprechend der jeweils erzählenden Person unterscheiden, da das Individuum seine historische Erzählung über *seinen gesellschaftlichen Kontext* ratifiziert bzw. legitimiert.[318] Demnach kann die historische Erzählung als ein Teil eines gesellschaftlichen Zuordnungsmechanismus betrachtet werden, durch welchen geschichts-

---

314 Vgl. ebd., S. 61.
315 Zu Identitätskonstrukten in anderen Disziplinen sind u.a. die Arbeiten von Hu, A. (1999): Identität und Fremdsprachenunterricht in Migrationsgesellschaften. In: Bredella, L./Delanoy, W. (Hrsg.): Interkultureller Fremdsprachenunterricht. Tübingen: Gunter Narr Verlag. S. 209–239., die die Wechselbeziehungen zwischen Identität und Sprachen im Kontext von Migrationsgesellschaften thematisiert, oder Straub, J. (2000): Identität als psychologisches Deutungskonzept. In: Greve, W. (Hrsg.): Psychologie des Selbst. Weinheim: Beltz Psychologie-Verlags-Union. S. 279–301 und ders. (2004): Identität. In: Jaeger, F./Liebsch, B. (Hrsg.): Handbuch Kulturwissenschaften. Grundlagen und Schlüsselbegriffe. Bd. 1. Stuttgart: J.B. Metzler. S. 277–303, der Identität aus psychologischer Perspektive betrachtet. Identität als Konstrukt wird ein prozesshaftes Verständnis zugrunde gelegt.
316 Vgl. Meyer-Hamme, J. (2017), S. 94.
317 Vgl. ebd., S. 94.
318 Als weiteres Merkmal für eine historische Identität nennt Meyer-Hamme die Veränderung des Individuums, die zeitlich bedingt ist. Siehe dazu ebd., S. 94.

3 Geschichtsunterricht unter den Bedingungen der Migrationsgesellschaft

kulturelle Inhalte einer Gesellschaft als Grundlage für die Identitätsbildung dienen und damit als historischen Orientierung verstanden werden können. Meyer-Hamme diskutiert die Bildung von historischen Identitäten hinsichtlich einer „kulturell heterogenen Gesellschaft, die u. a. aufgrund von Migrationsbewegungen Menschen unterschiedlicher kultureller Zugehörigkeit umfasst."[319] Durch die Beschreibung der Gesellschaft als eine „kulturell heterogene"[320] schafft Meyer-Hamme eine Differenzkategorie, mit der In- und Exklusionsmechanismen über die sogenannten *kulturellen* Zugehörigkeiten entstehen. Dabei produziert die Kategorie ‚Kultur' eine natio-kulturell kodierte Zuschreibung. Besonders durch die Verwendung der Begriffskonstellation ‚Migrationsgesellschaft', ‚Kultur' und ‚Heterogenität' wird eine Zugehörigkeitsordnung geschaffen, der wiederum symbolische Praktiken[321] unterliegen, die über eine ‚Wir-Konstruktion' strukturiert sind und darüber auch das ‚Nicht-Wir' produzieren.

Angesichts migrationspädagogischer Annahmen[322] sollte die Verwendung von Begriffskonstellationen wie ‚kulturell heterogene Gesellschaft' hinterfragt werden, mit denen im geschichtsdidaktischen Diskurs Differenz- und Zuschreibungsmechanismen geschaffen werden und im Geschichtsunterricht zur Konstruktion symbolischer Praktiken führen können. Es bedarf demnach eines analytischen Zugangs, um hegemoniale Diskurse innerhalb der geschichtsdidaktischen Forschung zu reflektieren. Im Sinne eines solch reflexiven Zugangs zu geschichtsdidaktischen Fachkonzepten würde eine derartige Öffnung des geschichtsdidaktischen Diskurses auch die Analyse des Konzept ‚historische Identität' einfordern, das durch die Schaffung von Konstrukten wie ‚unsere Geschichte' und ‚eure Geschichte' verschiedene ‚historische Identitäten' produziert, mit denen Konzepte von *Nation*, *Ethnie* und *Kultur* konstruiert und darauf beruhend wiederum institutionelle und diskursive Ordnungen produziert werden. Im Rahmen der vorliegenden Untersuchung stellt sich aus migrationspädagogischer Perspektive für das Konzept der historischen Identitätsbildung demnach

---

319 Vgl. ebd., S. 95.
320 Diese Formulierung geht auf den Beitrag „Historische Identitäten in einer kulturell heterogenen Gesellschaft" von Meyer-Hamme zurück. Vgl. ebd., S. 89.
321 Symbolische Praktiken meinen in Anlehnung an Paul Mecheril die durch Migrationsphänomene geschaffenen Grenzen der Zugehörigkeit von Menschen in einer Gesellschaft, die durch eine hegemonial strukturierte diskursive Hervorbringung von Begriffen und Bezeichnungspraktiken realisiert wird. Siehe dazu u. a. Mecheril, P. (2016.) und Dirim, I./Mecheril, P. (2010b): Die Sprache(n) der Migrationsgesellschaft. In: Mecheril, P. et al.: Migrationspädagogik. Beltz Verlag: Weinheim und Basel, S. 99–120.
322 Siehe dazu u. a. Mecheril, P. (2016).

die Frage, welchen Einfluss differenzmarkierende Begriffspraktiken wie ‚kulturell heterogene Gesellschaft' auf ‚historische Identitätsbildungsprozesse' haben, und ob sie zur Schaffung von Ordnungskriterien im Geschichtsunterricht führen können.

Dass der Geschichtsunterricht mitgebrachte historische Identitäten als Voraussetzung betrachten muss, wird immer wieder in Forschungsarbeiten und wissenschaftlichen Beiträgen der Geschichtsdidaktik forciert. So schreibt Meyer-Hamme (2012), dass historisches Lernen dann möglich wird, „wenn die Schülerinnen und Schüler im Zusammenhang mit dem Unterrichtsthema ihre historische Identität reflektieren und verändern."[323] Jedoch werden Schüler*innen hinsichtlich ihrer historischen Identität durch Begriffspraktiken wie ‚Migrationshintergrund' oder ‚kulturell heterogen' zumeist über nationale Kategorien markiert, worüber Zugehörigkeitsordnungen geschaffen werden. Wenn nun das Ziel des Geschichtsunterrichts für alle Schüler*innen u. a. die Reflexion und Veränderung von subjektiv historischer Identität ist, um urteilsfähig zu werden bzw. zu sein, bedarf es im Geschichtsunterricht passender Instrumente, mit denen sich Schüler*innen von nationalen Identitäten distanzieren können. In diesem Sinne muss der Geschichtsunterricht bei der Bildung von historischen Identitäten allen Schüler*innen die Möglichkeit bieten, gemeinsam „historische Verantwortung zu übernehmen, […] jenseits nationale[r] Herkunftshintergründe."[324]

Im Hinblick auf den geschichtsdidaktischen Diskurs bedarf es einer reflexiven Betrachtung und Analyse der Begriffspraktiken zum Konzept historische Identität, wodurch existierende Ansätze hinsichtlich ihrer Begriffspraxis über eine migrationspädagogische Perspektive analysiert werden. Über die historische Identitätsbildung im Geschichtsunterricht müssten Schüler*innen mit den Bedingungen ihrer Lebenswelt vertraut gemacht und über historisches Wissen und historische Kompetenzen zur Beurteilung gemeinsamer lebensweltlicher Bedingungen befähigt werden. Dies würde bedeuten, dass der geschichtsdidaktische Diskurs seine eigenen zentralen Dimensionen und Prinzipien unter Bezugnahme auf die Bedingungen der Migrationsgesellschaft reflektieren muss.

Inwieweit die *Berücksichtigung von Migration* in der geschichtsdidaktischen Forschung unter Bedingungen der Migrationsgesellschaft behandelt wird, soll

---

323 Vgl. Meyer-Hamme, J. (2009a): „Dieses Kostüm ‚Deutsche Geschichte'". Historische Identitäten Jugendlicher in Deutschland. S. 86. In: Georgi, V./Ohliger, R. (Hrsg.): Crossover Geschichte. Historisches Bewusstsein Jugendlicher in der Einwanderungsgesellschaft. Hamburg: Körber Stiftung. S. 75–89.

324 Vgl. Messerschmidt, A. (2016): Geschichtsbewusstsein ohne Identitätsbesetzungen. Kritische Gedenkstättenpädagogik in der Migrationsgesellschaft. S. 20. In: Aus Politik und Zeitgeschichte 66, 3–4 (18. Januar 2016). S. 16–22.

im Folgenden diskutiert werden. Dabei wird das Konzept des Interkulturellen Geschichtslernens vorgestellt und vor dem Hintergrund migrationspädagogischer Ansätze und Vorschläge zum *interkulturellen historischen Lernen* kritisch betrachtet.

3.6 *Interkultureller Geschichtsunterricht:* ein Konzept zur Berücksichtigung der Bedingungen der Migrationsgesellschaft?

Die Diskussion um *Interkulturellen Geschichtsunterricht* umfasst wesentliche Konzepte der Geschichtsdidaktik und versucht diese unter Berücksichtigung des *Kulturbegriffs* auf den Geschichtsunterricht zu übertragen. Dabei wird der Kulturbegriff innerhalb der Geschichtsdidaktik als „ein einer Gesellschaft gemeinsames System von Kenntnissen, Werten, und Haltungen, das die Lebensweise einer Gesellschaft ausmacht"[325], verstanden. Reeken (2014) nennt Merkmale von *Kulturen*, die Individuen im Laufe ihrer Sozialisation erwerben, mit denen sie sich einem ‚gemeinsamen System' als Gesellschaft zugehörig fühlen. Anhand von Gestaltungsmechanismen wie Sprache oder Ritualen, aber auch in Institutionen wie Schule, Museen oder Medien[326] wird dabei von Individuen des ‚gemeinsamen Systems' die gemeinsame *Kultur* transportiert und darüber eine Zugehörigkeit geschaffen. Dem geschichtsdidaktischen Forschungsdiskurs liegt demnach ein Kulturverständnis zugrunde, durch welches *Kultur* in einem kontinuierlichen Entstehungsprozess betrachtet wird und perspektivische Veränderung mit sich bringt. Die Individuen eines ‚gemeinsamen Systems', dem ein solches Konzept von *Kultur* zugrunde liegt, nehmen zwei Positionen ein: Sie sind als Mitglieder des gemeinsamen Systems *Geschöpfe der Kultur* und gleichzeitig durch ihren Einfluss auf das gemeinsame System *Schöpfer*innen von Kultur*.

---

325 Vgl. Reeken, D. v. (2014): Interkulturelles Geschichtslernen. S. 238. In: Günther-Arndt, H./Zülsdorf-Kersting, M. (Hrsg.): Geschichtsdidaktik. Praxishandbuch für die Sekundarstufe I und II. 6. übera. Aufl. Berlin: Cornelsen Scriptor. (Zit. nach Sandfuchs 2001, S. 589).

326 Medien als Institution zu betrachten, erscheint auf den ersten Blick eher ungewöhnlich. Für die vorliegende Untersuchung werden Medien im Kontext von Migrationsgesellschaft als institutioneller Einfluss auf Gesellschaften betrachtet, die sich mit ihrer Wirkmacht auf das historische Lernen von Individuen wie klassische Institutionen auswirken können. Es ist sogar davon auszugehen, dass der mediale Einfluss sich teilweise stärker auf das historische Lernen auswirken kann als institutionell-schulischer Geschichtsunterricht und somit die historische Identität mitprägt bzw. prägen kann.

Angesichts dieser Auslegung lehnt die Geschichtsdidakitk mindestens in ihrer *theoretischen Ausrichtung* ein statisches, lineares und holistisches Kulturverständnis ab. In Anlehnung an die Begriffsbestimmung von *Kultur* nach Reeken (2014) wäre für die Geschichtsdidaktik abzuleiten, dass durch den *Kultur*begriff alltägliche Prozese des menschlichen Handelns in den Vordergrund rücken, die im Kontext geschichtsdidaktischer Forschungszusammenhänge zu analysieren wären. Mit dem *Kultur*konzept der geschichtsdidaktischen ‚Interkulturalitätsforschung' werden allerdings Bezugspunkte hergestellt, durch die *die eine Kultur* zu *der anderen Kultur* im Vergleich stehen kann und Praxen und Konzepte der Unterscheidung von ‚zugehörig' und ‚nicht zugehörig' konstitutiv sind. Für die vorliegende Untersuchung ergibt sich aus dem geschichtsdidaktischen *Kultur*konzept die Frage, welche theoretische Forschungsposition sich beim Umgang mit den Kategorien *Migration* und *Kultur* innerhalb der Geschichtsdidaktikforschung zeigt.

Welche Bedeutung und Funktion dem ‚interkulturellen' historischen Lernen in geschichtsdidaktischen Diskursen zugesprochen wird, wird im Folgenden über einen Abriss des Forschungsdiskurses zum *Interkulturellen Geschichtsunterricht* skizziert. Das Großkapitel 3 soll dann mit der kritischen Prüfung des Konzepts des *Interkulturellen Geschichtsunterrichts* vor der Folie des migrationspädagogischen Ansatzes in Bezug auf Macht institutioneller und diskursiver Ordnungen schließen.

3.6.1 Entwicklungen im Forschungsdiskurs zum *interkulturellen* Geschichtsunterricht

Einen *ersten Beitrag zum „interkulturellem Lernen"*[327] *im geschichtsdidaktischen Diskurs* leisten die Arbeiten von Rolf Schörken (1980), die angesichts von Veränderungsprozessen innerhalb der Gesellschaft eine Veränderung des Geschichtsunterrichts fordern. In einem Beitrag mit dem Titel „Geschichtsunterricht in

---

327 Schörken verwendet noch nicht die Bezeichnung ‚Interkultureller Geschichtsunterricht', sondern beschäftigt sich im Rahmen von Globalisierung mit dem Unterrichtsprinzip Fremdverstehen, welches in Folge der geschichtsdidaktischen Entwicklungen und der Berücksichtigung von Migration im Kontext des ‚Interkulturellen Geschichtsunterricht' relevant wurde. Siehe dazu beispielsw. Körber, A. (2012): Fremdverstehen und Perspektivität im Geschichtsunterricht. Verfügbar unter: https://www.pedocs.de/volltexte/2012/5849/pdf/Koerber_2012_Fremdverstehen_und_Perspektivitaet_D_A.pdf [eingesehen am 13.6.2017].

einer kleiner werdenden Welt"[328] diskutiert Schörken die Bedeutung einer Didaktik des Geschichtsunterrichts unter Berücksichtigung des Konzepts *Fremdverstehen*.[329] Dabei greift er das Konzept der *Identität* auf und plädiert für eine inhaltliche und konzeptionelle Öffnung des Geschichtsunterrichts, die die „weltpolitischen Verflechtungen"[330] berücksichtigen solle. Schörken gibt Hinweise zu Übungen, die eine methodische Herangehensweise unter Berücksichtigung von Fremdverstehen ermöglichen sollen. In diesem Zusammenhang bestimmt er Fremdverstehen als das geschichtsdidaktische Unterrichtsprinzip, mit dem die Herausforderungen „einer kleiner werdenden Welt"[331] im Geschichtsunterricht reflektiert werden können. Eng verknüpft mit der Diskussion um das Fremdverstehen im Geschichtsunterricht thematisiert er Fragen nach dem ‚Wir' und ‚Nicht-Wir'.[332] Er hält fest, dass der Geschichtsunterricht im Besonderen die Schüler*innen anspricht, die sich dem ‚Wir' zugehörig fühlen, „die darüber hinausreichenden Gruppierungen […] als eigene Einheiten kaum ins Bewußtsein" hole.[333] Nach Schörken ermöglicht die Berücksichtigung des Fremdverstehens im Geschichtsunterricht die Reflexion der inneren Kohäsion von Gruppen und die Anerkennung der Unterschiede in der Gesellschaft als Normalität. Bezogen

---

328 Vgl. Schörken, R. (1980): Geschichte in einer kleiner werdenden Welt. Prolegomena zu einer Didaktik des Fremdverstehens. S. 315. In: Süssmuth, H. (Hrsg.): Geschichtsdidaktische Positionen. Bestandsaufnahme und Neuorientierung. Paderborn, München, Wien, Zürich: Schöningh: S. 315–336.

329 Fremdverstehen gehört zu einem der geschichtsdidaktischen Unterrichtsprinzipien, das von Sauer als Teilkompetenz verortete wird. Mit dieser Teilkompetenz sollen Schüler*innen bei der Begegnung mit der historisch fremden Welt unter Berücksichtigung der eigenen Perspektive erklären und beurteilen können. Siehe dazu Sauer, M. (2006): Kompetenzen für den Geschichtsunterricht – ein pragmatisches Modell als Basis für die Bildungsstandards des Verbandes der Geschichtslehrer. In: Informationen für den Geschichts- und Gemeinschaftskundelehrer. Heft 72. S. 7–20.

330 Vgl. Schörken, R. (1980), S. 324. Schörken thematisiert mit seinem Beitrag bereits in den 1980er Jahren die Herausforderungen von Globalisierungsprozessen – damals noch nicht so genannt – die den Geschichtsunterricht beeinflussen.

331 Vgl. ebd., S. 324.

332 Innerhalb des migrationspädagogischen Forschungsdiskurses nimmt die Analyse der Identitäts- und Zuschreibungskonzepte ‚Wir' und ‚Nicht-Wir' mit Blick auf pädagogische Praktiken eine zentrale Rolle ein und beschäftigt sich im Besonderen mit der Konstruktion von Anderen bzw. Othering, um Ungleichheits- und Differenzverhältnisse in Bildungseinrichtungen zu diskutieren und zu reflektieren. Siehe dazu z. B. Mecheril, P./Castro Varela, M./Dirim, I./Kalpaka, A./Melter, C. (2010).

333 Vgl. Schörken, R. (1980), S. 319.

auf den Geschichtsunterricht spricht er in diesem Kontext insbesondere den nationalen und eurozentrischen Blick auf Geschichtsvermittlung an, der auch in gegenwärtigen Diskussionen über die Relevanz globalgeschichtlicher Perspektiven in der Geschichtsdidaktik auftritt.[334]

Neben den Arbeiten von Schörken ist auch die Arbeit von Hans Göpfert (1985) zu nennen, mit der er insbesondere Inhalte des Geschichtsunterrichts in den 1980er Jahren analysiert. Dabei setzt er sich kritisch mit nationalgeschichtlich geprägten Inhalten auseinander, deren Folgen er mit einer möglichen Begünstigung von *Ausländerfeindlichkeit* beschreibt. Mit dem Phänomen Ausländerfeindlichkeit diskutiert Göpfert am Beispiel des Geschichtsunterrichts den Zusammenhang von Unterrichtsinhalten und der institutionellen Zuschreibung einer *nationalen Zugehörigkeit* im System Schule. Er konstatiert, dass Schüler*innen, die einen ‚ausländischen' Hintergrund mitbringen, bereits in der unterrichtlichen Umgebung durch die curricularen Vorgaben nicht berücksichtigt werden. Seine Arbeit ermöglichte es also bereits 1985, die verengte Perspektive auf die gesellschaftlichen Bedingungen zu erkennen, aus der heraus Deutschland „als ethnisch homogenes Kollektiv"[335] betrachtet wird, in dem ein *nationales Selbstbild konstruiert* wird.

Nach den Untersuchungen von Rolf Schörken und Hans Göpfert werden im geschichtsdidaktischen Diskurs lange Zeit migrationsbedingte Veränderungen der Gesellschaft und ihr Einfluss auf das Geschichtsbewusstsein kaum bis gar nicht berücksichtigt. Erst um die Jahrtausendwende finden sich wieder Untersuchungen, die Migration als reales gesellschaftliches Phänomen betrachten und ihren Einfluss auf den Geschichtsunterricht berücksichtigen.[336] Die Gründe für

---

334 Siehe dazu z. B. Reeken, D. v. (2014); Günther-Arndt, H./Kocka, U./Martin, J. (2017): Globalgeschichte im Unterricht (Theorie und Praxis). Verfügbar unter: https://www.hsozkult.de/conferencereport/id/tagungsberichte-3316 [eingesehen am 12.01.2017].

335 Vgl. Terkessidis, M. (2002): Migration und politische Bildung in Deutschland. Über die vernachlässigte Frage der Staatsbürgerschaft. S. 22. In: Widersprüche. Zeitschrift für sozialistische Politik im Bildungs-, Gesundheits- und Sozialbereich, 22. Jg., Heft. 85, S. 17–29.

336 Die Diskussion um den ‚Interkulturellen Geschichtsunterricht' wird im geschichtsdidaktischen Diskurs erst Ende der 1990er Jahre mit einer expliziten Bezeichnung ‚Interkulturelles Lernens' aufgegriffen. Sieh dazu u. a. Alavi, B. (1998); Alavi, B./v. Borries, B. (2000b); Körber, A. (2001b): Interkulturelles Geschichtslernen mit dem Internet? In: Körber, A. (Hrsg.): Interkulturelles Geschichtslernen. Geschichtsunterricht unter den Bedingungen von Einwanderung und Globalisierung. Konzeptionelle Überlegungen und praktische Ansätze (Novemberakademie, Bd. 2). Münster: Waxmann. S. 239–249 und Ders. (2010): Theoretische Dimensionen des

3 Geschichtsunterricht unter den Bedingungen der Migrationsgesellschaft

die Thematisierung können auf die gesellschaftlich-politischen Entwicklungen in Deutschland zurückgeführt werden. Ab 2000 prägen die Regelung der deutschen Staatsbürgerschaft und das 2005 verabschiedete Zuwanderungsgesetz die Gesellschaft.[337] Eine der ersten Untersuchungen innerhalb dieser gesellschaftspolitischen Strukturen ist innerhalb des geschichtsdidaktischen Diskurs die Dissertation von Bettina Alavi (1998) zu den Modifikationsbedingungen des „Geschichtsunterricht[s] in der multiethnischen Gesellschaft"[338], in der sie Veränderungsprozesse in Deutschland und ihren Einfluss auf den Geschichtsunterricht beschreibt. Alavi entwickelt in ihrer Arbeit ein Handlungskonzept, aus dem sie didaktische Prinzipien für den Geschichtsunterricht ableitet, um „Geschichte [...] im interkulturellen Dialog" erfahrbar zu machen.[339] Ziel ihrer Untersuchung ist es, die historischen Inhalte des Geschichtsunterrichts vor dem Hintergrund der als ‚multiethnisch' bezeichneten Gesellschaft zu betrachten und unter Berücksichtigung der ‚kulturellen Erfahrungen' der Schüler*innen zur ‚Normalität' des Geschichtsunterrichts werden zu lassen. Auch wenn der *Kultur*begriff kritisch hinterfragt wird, wird er im Zusammenhang mit dem Begriff *Ethnie* verwendet, so dass *Kultur* als *Nationalkultur* verortet werden kann. Diese in Alavis Arbeit nicht hinreichend reflektierte Dichotomie ist vor dem Hintergrund der Forschungsfrage der vorliegenden Untersuchung für das historische Lernen im Geschichtsunterricht kritisch zu hinterfragen.[340]

---

interkulturellen Geschichtslernens. In: Sächsisches Bildungsinstitut (Hrsg.): Geschichte denken statt pauken in der Sekundarstufe II. 20 Jahre nach der friedlichen Revolution. Deutsche und europäische Perspektiven im gymnasialen Geschichtsunterricht. Radebeul: Sächsisches Bildungsinstitut. S. 25–48. Verfügbar unter: http://www.pedocs.de/frontdoor.php?source_opus=6540&la=de, [eingesehen am 26.10.2017].

337 Zur genaueren Ausführung siehe Mecheril, P. (2016).
338 Alavi, B. (1998): Geschichtsunterricht in der multiethnischen Gesellschaft. Eine fachdidaktische Studie zur Modifikation des Geschichtsunterrichts aufgrund migrationsbedingter Veränderungen (Interdisziplinäre Studien zum Verhältnis von Migrationen, Ethnizität und gesellschaftlicher Multikulturalität, Bd. 9). Frankfurt: IKO – Verlag für interkulturelle Kommunikation.
339 Vgl. ebd. S. 299.
340 Weitere Veröffentlichungen von Alavi siehe u. a. Alavi, B./Wenzel, B. (2000): Interkulturelles Geschichtslernen. In: Mütter, B./Schönemann, B./Uffelmann, U. (Hrsg.): Geschichtskultur. Theorie, Empirie, Pragmatik. Weinheim: Deutscher Studienverlag. S. 61-69; Alavi, B. (2001): Von der Theorie zur Praxis interkulturellen Geschichtslernens. Problembereiche bei der Planung und Durchführung von Unterricht. In: Körber, A. (Hrsg. a): Interkulturelles Geschichtslernen. Geschichtsunterricht unter den Bedingungen von Einwanderung und Globalisierung. Konzepti-

Arbeiten innerhalb der Geschichtsdidaktik, die unter Rückgriff auf andere Disziplinen wie die *Sozial-, Bildungs- und Kulturwissenschaften interdisziplinär* angelegt sind, tragen ebenfalls zu Befunden der empirischen Geschichtsbewusstseinsforschung bei. Zu diesen interdisziplinär zu verortenden Arbeiten ist auch die Dissertation von Viola Georgi (2003)[341] einzuordnen, die sich mit Fragen beschäftigt, mit denen sowohl Erkenntnisse für den Geschichtsunterricht als auch für den außerunterrichtlichen Umgang mit Geschichte unter Berücksichtigung von Migration gewonnen werden sollen. Georgi geht in ihrer qualitativen Untersuchung der Frage nach, welche Relevanz die Geschichte des Holocaust und des Nationalsozialismus für junge *Migranten* hat und inwiefern sich dieses Verhältnis zur ‚deutschen' Geschichte und zur ‚deutschen' Gesellschaft aufstellt. Dabei geht sie von der Annahme aus, dass ein „beachtlicher Teil der heute in Deutschland lebenden jungen Menschen"[342] über kollektive Geschichten verfügt, die durch die *kulturell* geprägte primäre Sozialisation „sich von den ‚deutschen' [Geschichten] unterscheiden"[343]. Die Autorin hält fest, dass die Jugendlichen mit ihren subjektiven, familial geprägten Geschichten in einer Gesellschaft leben, in der die Geschichte zum Nationalsozialismus und zum Holocaust im „politisch-moralischen Diskurs der Öffentlichkeit"[344] eine herausragende Stellung einnimmt. Anhand von ausgewählten Fallstudien arbeitet sie eine Typologie biografischer Umgangsmechanismen mit der NS-Vergangenheit heraus, die auf der Identifikation bestimmter historischer Bezugsgruppen beruht.[345] Von der Typenbildung in Georgis Arbeit können allerdings nicht gesellschaftliche Schwierigkeiten im Hinblick auf *ethnische* Zuschreibungen abgeleitet und diskutiert werden, so dass die Arbeit die Dependenz zwischen *nationaler Zugehö-*

---

onelle Überlegungen und praktische Ansätze. Münster: Waxmann. S. 97-104; Alavi, B. (2002): Geschichtsunterricht in der multiethnischen Gesellschaft – eine neuere geschichtsdidaktische Position. In: Demantowsky, M./Schönemann, B. (Hrsg.): Neue geschichtsdidaktische Positionen. Bochum: Projekt-Verlag. S. 13–25; Alavi, B. (2017): Geschichtslernen in der Migrationsgesellschaft. Herausforderungen und Chancen für außerschulische Lernorte. In: Knoll, W.-R. (Red.): Geschichtslernen und Demokratiebildung in der Migrationsgesellschaft – Herausforderungen und Chancen für außerschulische Lernorte. Tagungsband einer Fachtagung der Point Alpha Akademie vom 13./14. Juni 2016. Geisa: Point Alpha Akademie. S. 5–15.

341 Georgi, V. B. (2003): Entliehene Erinnerung. Geschichtsbilder junger Migranten in Deutschland. Hamburg: HIS Verlag.
342 Vgl. ebd., S. 9.
343 Vgl. ebd., S. 9.
344 Vgl. ebd., S. 9f.
345 Die Fallstudien werden auf der Basis von Interviews mit 55 Jugendlichen mit ‚Migrationshintergrund' generiert. Siehe Georgi, V. B. (2003).

3 Geschichtsunterricht unter den Bedingungen der Migrationsgesellschaft

rigkeit und *ethnischem Hintergrund* nicht hinreichend zur Diskussion stellt.[346] Ebenfalls müsste hinterfragt werden, was eine sogenannte *deutsche* Geschichte und *deutsche* Gesellschaftskonstellation ausmacht, um ethnisierenden Diskursen im Geschichtsunterricht entgegenzuwirken.

Die Behandlung des Phänomens Migration wird in den Folgejahren in unterschiedlichen Veröffentlichungen zu unterschiedlichen geschichtsdidaktischen Feldern diskutiert. In dem Sammelband von Alavi und Henke-Bockschatz (2004)[347] findet sich ein ausführlicher Diskurs zu *Migration und Fremdverstehen*, der den schulischen Geschichtsunterricht und in außerschulischen Bereichen die Geschichtskultur innerhalb der ‚multiethnischen' Gesellschaft beleuchtet. Dem als Dokumentation der ‚Konferenz für Geschichtsdidaktik' angelegten Sammelband liegt ein Verständnis zugrunde, nach dem

> „Migration [...] als ein Grundbestand menschlichen Lebens in Vergangenheit, Gegenwart und Zukunft verstanden und in dieser Form in die Planung nicht nur einzelner Unterrichtsstunden und Ausstellungen, sondern übergreifender Lehrpläne, Curricula, Museumskonzeptionen etc. einbezogen werden."[348]

Die Autoren führen über diesen Anspruch den *Diskurs um Migration als Bedingung gesellschaftlicher Veränderungen* weiter und begreifen migrationsbedingte Einflüsse als ein beständiges Element sozialer Systeme. Mit ihrer Position, Migration als Bedingung gesellschaftlicher Veränderung anzuerkennen, stellen die Autoren für den Diskurs in der Geschichtsdidaktik die Forderung, den gegenwärtigen Geschichtsunterricht hinsichtlich seiner inhaltlichen Gestaltung sowie seiner methodischen Ausrichtung orientiert an den Bedingungen der Migrationsgesellschaft zu modifizieren.

---

346 Weitere Veröffentlichungen von Georgi siehe u. a. Georgi, V. B. (2006): Historisch-Politische Bildung in der deutschen Migrationsgesellschaft. Zeitschrift für Internationale Schulbuchforschung 28/4, S. 355–367; ders. (2009): Geschichte(n) in Bewegung. Zur Aneignung, Verhandlung und Konstruktion von Geschichtsbildern in der deutschen Migrationsgesellschaft. Jahrbuch für Kulturpolitik, Bd. 9: Kulturpolitik und Gedächtnis. S. 117–125; ders. (2008): Migration und Geschichte: Geschichtsaneignung und interkulturelles Lernen in der deutschen Einwanderungsgesellschaft. In: Schaarschmidt, T. (Hrsg.): Historisches Erinnern und Gedenken im Übergang vom 20. zum 21. Jahrhundert. Frankfurt a.M.: Peter Lang Verlag. S. 109–131.

347 Alavi, B./Henke-Bockschatz, G. (2004) (Hrsg.): Migration und Fremdverstehen. Geschichtsunterricht und Geschichtskultur in der multiethnischen Gesellschaft. Idstein: Schulz-Kirchner Verlag.

348 Vgl. Alavi, B./Henke-Bockschatz, G. (2004), S. 11.

Migration solle als Bedingung gesellschaftlichen Lebens beim historischen Lernen im Unterricht und außerhalb des Unterrichts als beständiger Bestandteil berücksichtigt werden. Welche Funktion der Begriff ‚multiethnisch' einnimmt, müsste bezüglich des Wortstammes ‚ethnisch' hinsichtlich seiner Wirkmacht als Differenzmechanismus kritisch hinterfragt werden. Die Wortzusammensetzung ‚multi-ethnisch' schafft durch das Lexem ‚multi' einen differenzierteren Blick auf die innere Diversität von Gesellschaften, das Teilwort ‚ethnisch' konstruiert allerdings wiederum aufgrund eines individuellen Selbstverständnisses oder eines kollektiven Gemeinschaftsgefühls eine Ausgrenzung von Menschengruppen in ‚Ethnien'.

Der Diskurs um Migration im Hinblick auf den Geschichtsunterricht thematisiert neben der Forschung zum Geschichtsbewusstsein und zu Geschichtskultur auch das *Verständnis von Identität für den historischen Lernprozess*. Dazu rekonstruiert Meyer-Hamme (2009)[349] das Verhältnis von historischer Identität und Geschichtsunterricht, indem Schüler*innen zu ihrem Geschichtsunterricht und zu ihrem Verständnis von Geschichte erzählen. Anhand ausgewählter Narrative generiert Meyer-Hamme drei Typen, die die Herangehensweise der historischen Identitätsbildung von Jugendlichen verdeutlichen sollen. Der Rekonstruktion von Schüler*innenerzählungen legt Meyer-Hamme die Frage zugrunde, wie „Jugendliche in der deutschen Einwanderungsgesellschaft ihre historische Identität" konstruieren und „in welchem Zusammenhang […] die historischen Identitäten der Jugendlichen"[350] zu ihrem Geschichtsunterricht stehen.

Meyer-Hammes Untersuchung eröffnet über eine empirische Flankierung eine interdisziplinäre Perspektive, die er aus der Bildungsgangforschung[351] heraus begründet, so dass er historische Identitätsbildung auch vor dem Hintergrund gesellschaftlicher Anforderungen diskutiert. Mit seiner Untersuchung zeigt er, wie Geschichtsunterricht über Schüler*innenperspektiven zu einer reflektierten historischen Identität beitragen kann. Das zentrale Ergebnis der Un-

---

349 Meyer-Hamme, J. (2009b): Historische Identitäten und Geschichtsunterricht. Fallstudien zum Verhältnis von kultureller Zugehörigkeit, schulischen Anforderungen und individueller Verarbeitung (Schriften zur Geschichtsdidaktik, Bd. 26). Idstein: Schulz-Kirchner Verlag.
350 Vgl. ebd., S. 104.
351 Die Bildungsgangforschung beschäftigt sich mit Lehr-Lern-Prozessen im Unterricht unter Berücksichtigung sozialisatorischer Prozesse und fokussiert primär den Zusammenhang zwischen Anpassung und Selbstbestimmung in Lehr-Lern-Prozessen. Diese beziehen sich vor allem auf Arbeiten von Herwig Blankertz (1927–1983), die u. a. im Hamburger DFG-Graduiertenkolleg Bildungsgangforschung (2002–2008) weiterentwickelt worden sind.

tersuchung ist, dass es sich bei den Verhältnis von „dem Niveau der historischen Orientierungskompetenz und dem schulischen Erfolg im Geschichtsunterricht [...] um zwei unterschiedliche Dimensionen" handele."[352] Dies begründet der Autor darüber, dass Schüler*innen zum einen den „Unterrichtsgegenständen eine Bedeutung zuschreiben, damit es zu historischem Lernen im Sinne eines Bildungsprozesses kommt – ohne eine solche Identitätsreflexion kann dieser Anspruch nicht verwirklicht werden"[353]. Und zum anderen sollen Schüler*innen „ihren je eigenen historischen Sinn [bilden] [...], auch in Abhängigkeit von ihrer kulturellen Zugehörigkeit."[354] Meyer-Hammes zentrales Ergebnis bestätigt für die geschichtsdidaktische Forschung bereits bekannte Erkenntnisse, schafft allerdings mit der Rekonstruktion von subjektiven Schüler*innenperspektiven zum Geschichtsunterricht neue und interessante Befunde, die eine Diskussion über das Verhältnis der Inhaltsfelder des Geschichtsunterrichts und der Schüler*inneninteressen bzw. Schülervorstellungen öffnen kann.

Durch die Zuordnung der Schüler*innen in die ‚Einwanderungsgesellschaft' wird ‚Einwanderung' indes zu einer Eigenschaft dieser Schüler*innengruppe erklärt, wodurch sie erst zu einer Gruppe gemacht werden. Die ‚Einwanderungsgesellschaft' wird konstitutiv für die *kulturelle* Zugehörigkeit' der Schüler*innen und damit als ihre gesellschaftliche Wirklichkeit konstruiert.

Meyer-Hammes kohärente Verwendung der Begriffe *kulturelle* Zugehörigkeit' und ‚Einwanderungsgesellschaft' sind zu hinterfragen, da in dieser Konstellation der Begriff *Kultur'* mit den Konstrukten *Nationalität* und *Ethnizität* verknüpft oder sogar gleichgesetzt wird, woraus wiederum Differenzordnungen konstruiert werden können. So ist es auch für die Untersuchung von Meyer-Hamme von Bedeutung, grundlegende Begrifflichkeiten wie ‚*Kultur*', ‚*Einwanderung*' oder ‚*Einwanderungsgesellschaft*' zu hinterfragen und im Sinne des Ansatzes der Migrationspädagogik die konstruierten *Wir*-Vorstellungen und die damit verbundene Reproduktion von Ungleichheit zu reflektieren.

Der *Einfluss von Migration auf das historische Bewusstsein* wird in dem Band *Crossover Geschichte* der Herausgeber Georgi und Ohliger (2009)[355] aus unterschiedlichen Perspektiven diskutiert. Allen Perspektiven liegt das Postulat zugrunde, dass eine ‚Einwanderungsgesellschaft' sich von der Vorstellung der *nationalen* Narrative verabschieden und eine sogenannte *Crossover Geschichte*

---

352 Vgl. Meyer-Hamme, J. (2009b), S. 288.
353 Vgl. ebd., S. 287.
354 Vgl. ebd., S. 287.
355 Georgi, V. B./Ohliger, R. (2009a) (Hrsg.): Crossover Geschichte. Historisches Bewusstsein Jugendlicher in der Einwanderungsgesellschaft. Hamburg: Edition Körber-Stiftung.

anerkennen müsse. Der Band diskutiert in seinen theoretischen und praktischen Zugängen die subjektive Verarbeitung von Geschichtsbildern sowie die Entdeckung der eigenen Geschichten zu den „Dimensionen [...] nationaler Geschichts- und Erinnerungskultur"[356] und ihrer Interpretation zwischen Geschichtsdidaktik, politischer Bildung und Sozialwissenschaft. In dem Band von Georgi und Ohliger finden sich auch Einzelbeiträge zur Bedeutung des Geschichtsverständnisses und dessen Rolle bei der Identitätsbildung aus der Perspektive anderer Disziplinen. So behandelt der *Psychologe und empirische Geschichtsbewusstseinsforscher* Carlos Kölbl (2009) das Geschichtsbewusstsein als historische Dimension auch unter Berücksichtigung von Migration und Globalisierung. Er konstatiert, dass Jugendliche mit und ohne einen sogenannten Migrationshintergrund in keinem Fall ein uniformes Geschichtsbewusstsein besitzen, und betrachtet in diesem Zusammenhang die Bezeichnung ‚Migrationshintergrund' kritisch. Wie in seinen anderen Studien benennt Kölbl[357] auch in diesem Beitrag Facetten des *interkulturell* historischen Lernens, etwa die Differenz- und Fremdheitssensibilität sowie das Bewusstsein für Anderssein, denen der Geschichtsunterricht unter den Erfordernissen einer ‚Einwanderungsgesellschaft' gerecht werden solle.[358] Kölbl fordert eine intensivere Auseinandersetzung mit den Einflussfaktoren des Geschichtsbewusstseins, die durch Migration und Globalisierung bedingt sind. Dazu formuliert er „lohnende Forschungsfragen"[359], an denen in Zukunft gearbeitet werden sollte.[360]

---

356 Vgl. ebd., S. 7.
357 Siehe dazu. u. a. Kölbl, C. (2009): Mit und ohne Migrationshintergrund. Zum Geschichtsbewusstsein Jugendlicher in der Einwanderungsgesellschaft. In: Georgi, V. B./Ohliger, R. (Hrsg.): Crossover Geschichte. Historisches Bewusstsein Jugendlicher in der Einwanderungsgesellschaft. Hamburg: Edition Körber-Stiftung. S. 61–74.; Kölbl, C. (2008): Auschwitz ist eine Stadt in Polen. Zur Repräsentation der NS-Zeit im Geschichtsbewusstsein junger Migrantinnen und Migranten. In: Barricelli, M./Hornig, J. (Hrsg.): Aufklärung, Bildung, „Histotainment"? Zeitgeschichte in Gesellschaft und Unterricht heute. Frankfurt a.M.: Lang Verlag. S. 161–173; Kölbl, C./Straub, J. (2005): Geschichtsbewußtsein im Kulturvergleich, Geschichtsbewußtsein interkulturell. Zur Einführung. Handlung, Kultur, Interpretation. Zeitschrift für Sozial- und Kulturwissenschaften, 14/2. S. 199–211.
358 Vgl. Kölbl, C. (2009), S. 71.
359 Vgl. ebd.; S. 69.
360 Kölbl formuliert einige mögliche Fragen als Forschungsdesiderata, mit denen sich die Geschichtsbewusstseinsforschung im Kontext von Migration und Globalisierung auseinandersetzen müsse. Beispielhaft zu nennen wäre die Frage „Welche Möglichkeiten der schulischen Vermittlung der angesprochenen Wissensbestände werden bereits praktiziert?". Vgl. ebd., S. 70.

Kölbl hinterfragt die Kategorie ‚Migrationshintergrund', mit der die ‚Interkulturelle Geschichtsdidaktik' operiert. Er betont, dass „heterogene Phänomene unter die Kategorie Migrationshintergrund subsumiert werden"; es gäbe somit „keine einheitliche Gruppe >>der<< Migrantinnen und Migranten in Deutschland (…)."[361] Obwohl Kölbl den sogenannten Migrationshintergrund kritisch betrachtet, nutzt er ihn für seine theoretischen Ausführungen zur Differenzierung des Geschichtsbewusstseins von Jugendlichen in der ‚Einwanderungsgesellschaft'. Auch den Begriff ‚Einwanderungsgesellschaft' stellt er in Frage, indem er die Teilhabe und Zugehörigkeit von Individuen zu einer „kollektiv bedeutsamen Vergangenheit"[362] diskutiert.

Aus dieser kritischen Herangehensweise lassen sich Fragen zur Konstruktion von Differenzordnungen ableiten, die aus der Perspektive der Migrationspädagogik für die Geschichtsbewusstseinsforschung von Bedeutung sind. Für Kölbls Annahmen wäre zu fragen, welche Differenzmechanismen durch die Verwendung der Begriffe ‚Migrationshintergrund', ‚Migranten' und ‚Einwanderungsgesellschaft' konstruiert werden, die Kölbl zwar als zu reflektierende und zu differenzierende Begriffe thematisiert, aber bei der Formulierung von Desiderata trotzdem verwendet. Insbesondere die Schaffung eines kausalen Zusammenhangs zwischen den Begriffen ‚Einwanderungsgesellschaft(en)' und ‚Migrationshintergrund' schwächt Kölbls kritische Auseinandersetzung mit der Kategorie ‚Migrationshintergrund', auch wenn er darauf hinweist, dass „der Begriff Migrationshintergrund mit diskriminierenden Konnotationen aufgeladen" ist.[363] Die Notwendigkeit einer Unterscheidung innerhalb der Geschichtsbewusstseinsforschung in das Geschichtsbewusstsein von Jugendlichen ‚mit und ohne Migrationshintergrund', die Kölbl vornimmt, müsste aus Sicht der Migrationspädagogik somit auch hinterfragt und auf das Erkennen der Macht institutioneller und diskursiver Ordnungen hin analysiert werden.

Zur *Forschungslage zum ‚Interkulturellen Geschichtsunterricht'* stellen Meyer-Hamme/Körber (2008) fest, dass durch die intensive Beschäftigung mit den Begriffen *Kompetenzen, Standardisierung* und *Lerndiagnostik* das Interesse für die ‚Interkulturalität' abgenommen habe. Die Veränderungen insbesondere durch die Ergebnisse der PISA-Studie führten auch in der Lehr-Lern-Forschung der Geschichtsdidaktik zu einem Paradigmenwechsel, so dass das Interesse am ‚Interkulturellen Geschichtsunterricht' trotz der Forschungsbefunde aus den 2000er Jahre noch weiter abnahm. Fragen zu den „unterschiedlichen kulturel-

---

361 Vgl. ebd., S. 64.
362 Vgl. ebd., S. 63f.
363 Vgl. ebd., S. 65.

len Prägungen in multikulturellen und heterogenen Situationen"[364] in der geschichtsdidaktischen Forschung sind nicht ausreichend erforscht, so dass kaum Kenntnisse über die Auswirkungen bezüglich der „Orientierungsbedürfnisse und [der] tatsächlichen Prozesse historischen Denkens und Lernens"[365] bekannt sind. Anhand des *Kultur*begriffs diskutieren Meyer-Hamme und Körber (2008) den Umgang mit ‚*interkultureller*' Kompetenz und kritisieren, dass der *Kultur*begriff nicht ausreichend universell betrachtet werde. Mit ihrem Graduierungskonzept[366] versuchen die Autoren zu verdeutlichen, dass der Geschichtsunterricht keine eigene ‚*interkulturelle*' Kompetenz benötige, sondern „*kulturelle* Prägung als Voraussetzung historischer Orientierung" anzusehen sei. Somit gehen die Autoren davon aus, dass der Geschichtsunterricht, im Sinne seines zentralen Ziels des historischen Denkens, den metakognitiven reflexiven Umgang mit gesellschaftlichen Konzepten vermitteln muss.

Auch der Geschichtsdidaktiker von Borries (2008) widmet sich dem geschichtsdidaktischen Diskurs zum *Interkulturellen Geschichtsunterricht*. Er stellt in seinem Buch *Historisches Denken Lernen – Welterschließung statt Epochenüberblick. Geschichte als Unterrichtsfach und Bildungsaufgabe*[367] die Frage, wie Geschichtslernen angesichts gesellschaftlicher Entwicklungen (er nennt Einwanderung, Pluralisierung, Europäisierung und Globalisierung) konstituiert sein sollte. Dabei thematisiert er fünf Bereiche[368] der Geschichtsdidaktik, die er als Problemfelder bezeichnet und zur „Diagnose von Entwicklung und

---

364 Vgl. Körber, A./Meyer-Hamme, J. (2008): Interkulturelle historische Kompetenz? Zum Verhältnis von Interkulturalität und Kompetenzorientierung beim Geschichtslernen. S. 309. In: Bauer, J.-P./Meyer-Hamme, J./Körber, A. (Hrsg.): Geschichtslernen – Innovationen und Reflexionen. Geschichtsdidaktik im Spannungsfeld von theoretischen Zuspitzungen, empirischen Erkundungen, normativen Überlegungen und pragmatischen Wendungen. Festschrift für Bodo von Borries zum 65. Geburtstag (Reihe Geschichtswissenschaft, Bd. 54) Kenzingen: Centaurus Verlag. S. 307–334.

365 Vgl. ebd., 309.

366 Das Graduierungskonzept von „FUER Geschichtsbewusstsein" umfasst drei Niveaus, basales Niveau, intermediäres Niveau und elaboriertes Niveau, und berücksichtigt den kompetenzorientierten Geschichtsunterricht. Siehe dazu ebd.

367 Borries v., B. (2008): Historisch Denken Lernen – Welterschließung statt Epochenüberblick. Geschichte als Unterrichtsfach und Bildungsaufgabe (Studien zur Bildungsforschung, Bd. 21). Opladen/Farmington Hills: Verlag Barbara Budrich.

368 Borries geht von der Kernfrage „Warum ist das Geschichtslernen so schwierig?" aus und unterteilt seine Antwort in fünf Teilantworten. Dabei skizziert er den geschichtsdidaktischen Ist-Stand mit den folgenden Leitfragen: a) Unter welchen Bedingungen, b) warum, c) was, d) wie soll Geschichte gelernt werden und e) wie weit

Istzustand des Geschichtsunterrichts in Deutschland"[369] zusammenträgt. Für den *Interkulturellen Geschichtsunterricht* ist insbesondere der dritte Bereich von Bedeutung. Hier setzt Borries sich mit der Frage auseinander, „was eigentlich historisch gelernt werden soll!"[370] Seine Teilantwort zu *Was* begründet er über gesellschaftliche Veränderungen, die er wie folgt beschreibt:

> „Im Hinblick auf die Tatsache, dass etwa 30% der heute Lernenden ganz oder teilweise aus einem Migrationshintergrund kommen, lassen sich – für die deutsche Debatte und zweifellos nötige Transformation des nationalstaatlichen Geschichtsunterrichts – vier verschiedene Strategien zur Auswahl beschreiben (…)."[371]

Aus dieser ‚Tatsache' begründet er die Notwendigkeit für Selektionskriterien, die innerhalb des geschichtsdidaktischen Diskurses zur „Inhaltsauswahl für Geschichtslernen in der ‚Einwanderungsgesellschaft'"[372] vorzufinden seien.[373] Die Strategien kategorisiert er nach den Aspekten Auswahlkriterium, Leistung/Chance und Defizit/Risiko. In Anlehnung an die Strategien und mit Blick auf das *Was* problematisiert v. Borries die Frage nach der Identitätsbildung und Weltorientierung von Lernenden, an die er die Frage anknüpft, [w]er (…) eigentlich „Wir" [sind] und wer „wir" sein [wollen]?"[374] Diese Frage greift v. Borries in seinem Buch immer wieder auf und bezieht sie auf das historische Lernen als Sinnbildung über Zeiterfahrung und damit die Entwicklung des Geschichtsbewusstseins. Den Geschichtsunterricht beschreibt er abschließend als einen Ort der „Fragenhaltung, Kontextualisierung, Deutung und Orientierung."[375] In diesem Sinne fordert er eine Umstrukturierung des Geschichtsunterrichts, der „pluralinterkulturell angelegt und kinder- und jugendfreundlich gestaltet"[376] sein sowie Bezüge zu Emotionen, Ästhetik, Imagination und Biographien herstellen sollte.

Die Sichtung des Diskurses zu Migration innerhalb der Geschichtsdidaktik hat gezeigt, dass es Bemühungen zum *Interkulturellen Geschichtslernen* gibt, die

---

    ist der Weg von Geschichtseinsicht zu Verhaltensänderung? Siehe dazu v. Borries, B. (2008) S. 17–46.
369 Vgl. ebd., S. 13.
370 Vgl. ebd., S. 26.
371 Vgl. ebd., S. 26f.
372 Vgl. ebd., S. 27.
373 v. Borries bezieht sich auf die Nationalgeschichte, Nahweltgeschichte, Mentalitätsgeschichte und Menschenrechtsgeschichte, mit denen in sogenannten Einwanderungsgesellschaften die Be- und Verarbeitung ihrer Geschichte möglich sei. Siehe dazu ebd. S. 144ff.
374 Vgl. ebd., S. 272.
375 Vgl. ebd., S. 272.
376 Vgl. ebd., S. 272.

sich theoretisch und empirisch mit verschiedenen Bedingungen von Migration beschäftigen und teilweise auch Konzepte interkulturellen Geschichtslernens enthalten. Jedoch zeigt sich auch, dass die Forschungsansätze differenz- und dominanzproduzierende Kategorien wie ‚Nation', ‚Ethnie' oder ‚Kultur' nicht ausreichend reflektieren, um pädagogische Praxen für den historischen Bildungsprozess im Geschichtsunterricht zu beschreiben und zu analysieren. Aus diesem Grund wird im folgenden Teilkapitel die Relevanz eines ‚interkulturell' ausgerichteten Geschichtsunterrichts in Hinblick auf seine Probleme und Grenzen diskutiert.

3.6.2 *Interkultureller Geschichtsunterricht*: kein Konzept zur Berücksichtigung der Bedingungen der Migrationsgesellschaft

Die Skizzierung der Forschungslage zum *Interkulturelle Geschichtsunterricht* verdeutlicht, dass er innerhalb des geschichtsdidaktischen Diskurses eine eher *marginale Stellung* einnimmt. Bis auf einige Studien aus den 1970er Jahren, die Migration als gesellschaftliches Phänomen aufgreifen und für die Geschichtsbewusstseinsforschung innerhalb der Geschichtsdidaktik behandeln, wurden bis Ende der 1990er Jahre in der geschichtsdidaktischen Forschung gesellschaftliche Entwicklungen zur Erforschung des Geschichtsbewusstseins priorisiert, „die in der interessierten Öffentlichkeit breitere Aufmerksamkeit"[377] fanden. Die vereinzelten empirischen Untersuchungen zur Entwicklungen des Geschichtsbewusstseins setzen sich insbesondere mit dem Geschichtsbewusstsein zum Nationalsozialismus und ab 1989/90 zur Teilung Deutschlands auseinander.[378] Georgi spricht beim Themenkomplex Nationalsozialismus und Holocaust von einem „politisch-moralischen Diskurs der Öffentlichkeit"[379], der eine herausragende Stellung einnimmt. Die Migration als gesellschaftliche Realität schlägt sich in der Vermittlung dieser so zentralen Inhalte allerdings kaum oder gar nicht nieder.

Ende der 1990er Jahre ist innerhalb der Geschichtsdidaktik in Bezug auf den *Interkulturellen Geschichtsunterricht* eine Wende zu konstatieren. Es entstehen Dissertationen, Sammelbände, Beiträge in geschichtsdidaktischen Standardwerken und Zeitschriften, die sich mit der Migrationstatsache und ihrem Einfluss auf den Geschichtsunterricht auseinandersetzen. Dieses Interesse der geschichtsdidaktischen Forschung an Migration als gesellschaftliches Phänomen kann auf den öffentlichen, politischen und medialen Diskurs zu Migration zurückgeführt

---

377 Vgl. Kölbl, C. (2004): Geschichtsbewusstsein im Jugendalter. Grundzüge einer Entwicklungspsychologie historischer Sinnbildung. Bielefeld: transcript Verlag. S. 47.
378 Siehe u. a. Borries, B. v. (1980 und 1995).
379 Vgl. Georgi, Viola B. (2003), S. 9f.

werden, der seit Anfang der 2000er ausschlaggebende politische Veränderungen aufweist. „Seit Beginn des 21. Jahrhunderts hat sich das politische Szenario verändert. Ab 2000 prägen bedeutsame Momente des Ortsansässigkeitsprinzips die deutsche Staatsbürgerschaftsregelung."[380]

Rechtliche Veränderungen wie die Staatsbürgerschaftsregelung und die damit eingeführte Kategorie ‚Migrationshintergrund' im Jahre 2005 durch das Statistische Bundesamt[381] haben Einfluss auf die Selbstdarstellung und damit auf die gesellschaftliche Wirklichkeit von Gesellschaften. Dies gilt auch für die migrationsgesellschaftliche Wirklichkeit in pädagogischen Handlungsfeldern des Geschichtsunterrichts. So finden sich in geschichtsdidaktischen Untersuchungen, die sich mit Migration auseinandersetzen, Formulierungen wie „Die Zahl der Jugendlichen mit Migrationshintergrund wird in Zukunft zunehmen. Es ist also nötig und angemessen, Deutschland als eine Einwanderungsgesellschaft zu verstehen"[382], welche seit Mitte der 2000er Jahre auch den öffentlichen Diskurs widerspiegeln. Es ist somit davon auszugehen, dass öffentliche gesellschaftlich-politische Diskussionen um Migration auch auf geschichtsdidaktische Diskurse Einfluss haben.

Allerdings zeichnet sich mit der Debatte um Kompetenzorientierung im Geschichtsunterricht eine Kehrtwende ab, die unter dem Begriff *Paradigmenwechsel* neue Diskussionen um kompetenzorientierten Geschichtsunterricht aufwirft, wodurch die Beschäftigung mit dem sogenannten *Interkulturellen Geschichtsunterricht* wieder in den Hintergrund gerät.

Vor dem Hintergrund der Migrationspädagogik konnte in Kapitel 3.6.1 anhand einschlägiger Untersuchungen aufgezeigt werden, dass der geschichtsdidaktische Diskurs die Verwendung von Begriffen um Migration nicht ausreichend reflektiert. Die Entwicklungen zur Kompetenzorientierung des Geschichtsunterrichts trugen zusätzlich dazu bei, dass die ersten Entwicklungen an Wichtigkeit wieder verloren, so dass die Bemühungen um den Zusammenhang zu Migration und ihre Bedeutung für den Geschichtsunterricht im geschichtsdi-

---

380 Vgl. Mecheril, P. (2015), S. 1.
381 Die Kategorie ‚Migrationshintergrund' wurde im Jahre 2005 durch das Statistische Bundesamt in das Erhebungsprogramm des Mikrozensus aufgenommen, so dass ab 2005 die Bevölkerung in Deutschland nach dem Ordnungskriterium in ‚mit Migrationshintergrund' und ‚ohne Migrationshintergrund' differenziert werden. Siehe dazu die Erläuterungen des Statistischen Bundesamtes. Verfügbar unter: https://www.destatis.de/DE/ZahlenFakten/GesellschaftStaat/Bevoelkerung/MigrationIntegration/Methoden/PersonenMitMigrationshintergrund.html, [eingesehen am 23.06.2018].
382 Vgl. Meyer-Hamme. J. (2009b), S. 13.

daktischen Diskurs kaum noch präsent waren. Insgesamt zeigt sich also, dass bereits viel früher die Diskussion innerhalb der Geschichtsdidaktik hätte eröffnet werden können, um auf die strukturlogischen Probleme durch das Konzept des ‚Interkulturellen Geschichtsunterrichts' in schulischer Praxis hinzuweisen. Insbesondere die Zuschreibungsmechanismen, die durch den Kulturbegriff produziert werden, brauchen immer noch innerhalb der geschichtsdidaktischen Debatte eine stärkere Analyse von Schemata und Praxen im Geschichtsunterricht.

Ein erster Versuch, *historisches Lernen aus migrationspädagogischer Perspektive* zu betrachten, findet sich im Handbuch Migrationspädagogik[383], in dem Martin Lücke (2016) den historischen Bereich der Erinnerungsarbeit analysiert.[384] Für die Erinnerungsarbeit diskutiert er die produzierten hegemonialen Strukturen, die sowohl in der schulischen Geschichtsvermittlung (also im Geschichtsunterricht) als auch in der außerschulischen Geschichtsvermittlung wie in Gedenkstätten produziert vorzufinden sind und eine Perpetuierung eines natio-ethno-kulturellen ‚Wir' und ‚Nicht-Wir' verursachen. Seinen Beitrag schließt Lücke mit migrationspädagogisch positionierten Perspektiven ab, mit denen er den als hegemonial geprägt kategorisierten Zugang zur Geschichte reflektiert und Ideen für ein historisches Konzept vorstellt, mit dem über eine „inklusive[...] Erinnerungskultur, über einen reflexiven Begriff von historischer Identität sowie über ein postkoloniales Raumkonzept nachgedacht"[385] werden kann. Diese Ausführungen Lückes zu einer migrationspädagogischen Erinnerungsarbeit verdeutlichen, dass der geschichtsdidaktische Diskurs kaum Berührungspunkte mit der theoretischen Position der Migrationspädagogik aufweist, jedoch die Reflexion der gegebenen und weiterhin produzierten hegemonialen Strukturen der Geschichtsvermittlung von tragender Bedeutung sind.

Wenn nun die in Kap. 3.6 gestellte Frage nach der theoretischen Forschungsposition des ‚Interkulturellen Geschichtsunterrichts' und der damit verbundene Umgang mit den Kategorien Migration und Kultur innerhalb der Geschichtsdidaktikforschung beantwortet werden soll, ist festzuhalten, dass eine manifeste Orientierung an der erziehungswissenschaftlichen Position der Interkulturellen Pädagogik zu erkennen ist, mit der zwar Differenzen pädagogischer Praxen reflektiert, jedoch Differenzen als *kulturell* bestimmt sind und damit als konstruierte Verschiedenheit immer von Anbeginn gesetzt werden. Die meisten Untersuchungen zum Interkulturellen Geschichtsunterricht operieren mit Begriffen, die zur Konstruktion von Zuschreibungs- und Differenzordnungen führen. Es

---

383 Mecheril, P. (2006).
384 Lücke, M. (2016): Erinnerungsarbeit. In: Mecheril, P. (Hrsg.): Handbuch Migrationspädagogik. Weinheim und Basel: Belz Verlag. S. 356–371.
385 Vgl. ebd., S. 356.

3 Geschichtsunterricht unter den Bedingungen der Migrationsgesellschaft 127

zeigt sich, dass Begriffe wie ‚Migrationshintergrund‘, ‚Einwanderungsgesellschaft‘ oder ‚multiethnisch‘ zur Anwendung kommen, eine Reflexion hinsichtlich ihrer Wirkmacht allerdings nicht oder nur fallweise geleistet wird.

Ausgehend von dem migrationspädagogischen Ansatz, der der vorliegenden Untersuchung zugrunde liegt, stellt sich für den geschichtsdidaktischen Diskurs die Frage, welche Relevanz solche Begrifflichkeiten für die Geschichtsbewusstseinsforschung haben. Müssten Forschungsbemühungen zum Geschichtsbewusstsein nicht von den Bedingungen der Migrationsgesellschaft ausgehen und diese für den Geschichtsunterricht nutzbar machen? Ein solcher Ansatz eines geschichtsdidaktischen Diskurses würde sich dem Geschichtsbewusstsein sämtlicher Schüler*innen widmen, die unter den Bedingungen von Migration aufwachsen und gemeinsam den Geschichtsunterricht besuchen.

Der migrationspädagogische Ansatz, der von Mecheril „aus systematischen wie empirischen Gründen [als] ein konstitutiv unabgeschlossenes, ein sich revidierendes und differenzierendes, sich fortsetzend präzisierendes Projekt"[386] beschrieben wird, kann einen reflexiven Umgang mit Distinktionspraktiken im sogenannten *interkulturell*-geschichtsdidaktischen Feld ermöglichen.[387]

Die Überlegungen zu einem Geschichtsunterricht unter den Bedingungen der Migrationsgesellschaft haben gezeigt, dass migrationsbedingte gesellschaftliche Bedingungen und damit die Lebenswirklichkeit der Schüler*innen eine zentrale Aufgabe für den geschichtsdidaktischen Diskurs darstellen, jedoch deutlich zu wenig Berücksichtigung finden. Die Kernfrage nach der Berücksichtigung migrationsgesellschaftlicher Verhältnisse wird auch im folgenden Großkapitel die Folie für die Diskussion um Schulbücher für den Geschichtsunterricht bilden, womit nun der Blick auf den geschichtsdidaktischen Schulbuchforschungsdiskurs gerichtet wird.[388]

---

386 Mecheril, P. (2017): Migrationspädagogik – ein Projekt. S. 8. In: ders. (Hrsg.): Handbuch Migrationspädagogik.

387 Mecheril spricht für den ganzen migrationspädagogischen Diskurs von einer ‚selbstreflexiven Such-Bewegung‘, die auch für den Diskurs um den Geschichtsunterricht gilt. Siehe dazu ebd., S. 8.

388 Die Auseinandersetzung mit differenzkritischen Kategorien wie ‚Klasse‘, ‚Ethnie‘ oder ‚Geschlecht‘ im geschichtsdidaktischen Diskurs nehmen zwei Sammelbände auf und stoßen eine für die Geschichtsdidaktk wichtige Debatte an, eine konkrete differenzkritisch-didaktische Vermittlung von historischem Lernen im Geschichtsunterricht wird allerdings nicht intendiert. Siehe dazu Brüning, C./Deile, L./Lücke, M. (2016): Historisches lernen als Rassismuskritik. Schwalbach/Ts.: Wochenschau Verlag und Barsch, S./Degner, B./Kühberger, C./Lücke, M. (2019): Handbuch Diversität im Geschichtsunterricht. Schwalbach/Ts.: Wochenschau Verlag.

4 Passungen und Divergenzen: Schulbücher als Ausgangspunkt des (historischen) Lernens

In diesem Großkapitel werden die Überlegungen zum Umgang mit Migration im Kontext des Geschichtsunterrichts erweitert und die Auseinandersetzung mit migrationsgesellschaftlichen Einflüssen innerhalb des Schulbuchforschungsdiskurses untersucht. Dabei soll im Besonderen der Frage nachgegangen werden, ob migrationsgesellschaftliche Bedingungen in der geschichtsdidaktischen Schulbuchforschung berücksichtigt werden. Als ein bedeutsames Medium, das im Geschichtsunterricht eingesetzt wird, stellt das Schulbuch[389] für den Lehr-Lernprozess noch immer das zentrale Medium unter den Bildungsmedien dar.[390] Innerhalb des unterrichtlichen Medienverbundes kann ohne Zweifel das Schulbuch als das Hauptmedium benannt werden.[391] Diese Position des Schulbuches im Geschichtsunterricht macht es für die vorliegende Untersuchung zu einem wesentlichen Analysegegenstand, so dass in diesem Kapitel zunächst ein kurzer Überblick zur Genese der Schulbuchforschung skizziert wird, um anschließend die Bedeutung des Schulbuches im geschichtsdidaktischen Forschungsdiskurs sowie vor der Folie ‚Migrationsgesellschaft' diskutieren zu können.

---

389 Das Schulbuch wird zumeist in einem sogenannten Medienverbund erstellt und vermarktet. Dabei können neben dem Schulbuch, das i.d.R. als Schüler*innenband bzw. Schüler*innenbuch bezeichnet wird, Lehrer*innenbände bzw. Lehrer*innenhandreichungen, Arbeitshefte für die Schüler*innenhand, weitere Themenhefte, audiovisuelle Medien und, seit einigen Jahren immer häufiger berücksichtigt, Online-Material für Schüler*innen oder Lehrkräfte im Medienverbund enthalten sein. Die Medienverbundpakete werden in manchen Kontexten auch als Lehrwerke bezeichnet. Siehe dazu u.a. Neuner, G. (2007): Lehrwerke. In: Bausch, K.-E. Christ, H./Krumm, H.-J. (Hrsg.): Handbuch Fremdsprachenunterricht. Tübingen/Basel: UTB. S. 399–402. Im weiteren Verlauf der vorliegenden Untersuchung wird auch der Begriff Lehrwerk verwendet. Das Wort Lehrwerk wird dabei nicht synonym zum Begriff Medienverbund, sondern zum Begriff Schulbuch verwendet. Zur Systematisierung des Begriffs Bildungsmedien und der Kategorisierung des Schulbuches als das zentrale Medium unter den Bildungsmedien siehe z.B. Ott, C. (2017): Sprachlich vermittelte Geschlechterkonzepte. Eine diskursanalytische Untersuchung der Wilhelminischen Kaiserzeit bis zur Gegenwart. Berlin, Boston: De Gruyter.
390 Fuchs, E./Niehaus, I./Stoletzki, A. (2014): Das Schulbuch in der Forschung. Analysen und Empfehlungen für die Bildungspraxis. Göttingen: V & R unipress. S. 9.
391 Ott, C. (2017).

4.1 Bestimmung und Entwicklung des Schulbuches im Forschungsdiskurs

Will man das *Schulbuch als Forschungsgegenstand bestimmen*, fällt auf, dass es angesichts seiner „Eigenart [...] [und der] Methoden seiner Analyse bis heute keine übereinstimmende Auffassung gibt"[392]. Dies führen Fuchs et al. (2014) auf zweierlei Aspekte zurück. Sie sprechen zum einen von einem „*offenen Charakter*" des Schulbuches, der eine einheitliche Bestimmung für den Forschungskontext erschwert. Zum anderen heben sie hervor, dass die Forschung zum Schulbuch hinsichtlich „*semantischer, theoretischer und methodischer Fragen*" Desiderata aufweist, die ebenso eine Bestimmung des Schulbuches als Gegenstand erschweren.[393] Durch diese Herausforderungen kann das Forschungsfeld zu Schulbüchern nicht klar umrissen werden, und eine einheitliche Bestimmung dieses Mediums ist somit nur bedingt möglich.[394] Dennoch ist für die vorliegende Untersuchung eine Bestimmung notwendig, so dass auf die gängige Definition von Wiater (2005) zurückgegriffen wird, mit der das Schulbuch im engeren Sinne als ein „für den Unterricht verfasstes Lehr-, Lern- und Arbeitsmittel in Buch- oder Broschüreform und Loseblattsammlungen [beschrieben wird], sofern [es] einen systematischen Aufbau des Jahresstoffs enth[ält]."[395] Nach dieser Definition von Wiater ist das Schulbuch ein *aus vielfältigen Elementen bestehendes Medium*, das gebunden ist an strukturell bestimmte Rahmenbedingungen wie Ziele und In-

---

392 Vgl. Fuchs, E./Niehaus, I./Stoletzki, A. (2014), S. 9.
393 Vgl. ebd., S. 9.
394 Fuchs, E./Niehaus, I./Stoletzki, A. (2014) hinterfragen in diesem Zusammenhang auch die Verwendung des Begriffs ‚Schulbuchforschung', da es diesen „als klar umrissenes Forschungsfeld [...] [nicht gibt]. Daher scheint [für die Autoren] der Begriff der >>schulbuchbezogenen Forschung<< geeigneter zu sein, dieses Feld zu vermessen." Vgl. ebd., S. 21. Die Bezeichnung Schulbuchforschung wird trotzdem im Diskurs zu Schulbüchern häufiger verwendet. Für die vorliegende Untersuchung wird die Auseinandersetzung um die Verwendung des Begriffs ‚Schulbuchforschung' im Forschungsdiskurs berücksichtigt. Der Einfachheit halber wird in der vorliegenden Untersuchung der Begriff ‚Schulbuchforschung' verwendet.
395 Wiater, W. (2005): Lehrplan und Schulbuch. Reflexionen über zwei Instrumente des Staates zur Steuerung des Bildungswesens. S. 43. In: Matthes, E./Heinze, C. (Hrsg.): Das Schulbuch zwischen Lehrplan und Unterrichtspraxis. Bad Heilbrunn: Klinkhardt, S. 41–64 (= Beiträge zur historischen und systematischen Schulbuchforschung 4).

halte sowie auch an den Lehrplan eines Unterrichtsfaches, der wiederum von Schulart, Altersstufe und Bundesland[396] abhängig ist.

Die verschiedenen Kriterien bieten für die Bestimmung von Schulbüchern für die aktuelle Diskussion *drei Perspektiven*: die *didaktische*, die *administrative* und die *wissenssoziologische* Perspektive.[397]

Aus *didaktischer* Perspektive werden dem Schulbuch nach Hacker (1980) bestimmte Funktionen zugesprochen. Hacker spricht von der Strukturierungsfunktion, der Repräsentationsfunktion, der Steuerungsfunktion, der Motivierungsfunktion, der Differenzierungsfunktion und der Übungs- und Kontrollfunktion eines Schulbuches.[398] Im Sinne der Kompetenzorientierung von Lehr- und Lernprozessen hebt Gautschi (2010) in Anlehnung an Hacker für die didaktische Bestimmung von Geschichtsschulbüchern die Strukturierung anhand von Kompetenzentwicklungen hervor.[399]

Eine Bestimmung unter Berücksichtigung *administrativer* Merkmale verdeutlicht die Bedeutung des Schulbuches als ein spezifisch für Schüler*innen bestimmtes Medium, das sich entsprechend des Unterrichtsfaches und der Schulform an den jeweiligen Lehrplänen und ihren Inhalten und Zielen sowie an Kompetenzen und Standards orientiert.[400] Die administrativen Merkmale werden durch viele Akteure beeinflusst, die bei der Konzeption von Schulbüchern eine Rolle spielen. In komplexen Aushandlungsprozessen von allen an diesem Konzeptionsprozess beteiligten Akteur*innen entsteht das in den Schulbüchern zu vermittelnde Wissen, das dann in Form des Schulbuches denjenigen

---

396 Durch die behördlichen Vorgaben unterscheiden sich die Schulbücher der Bundesländer in solchem Maße, so dass stets nur ein Lehrwerk für ganz bestimmte Bundesländer entwickelt werden kann; ein und dasselbe für Bayern, Sachsen, Nordrhein-Westfalen und Niedersachsen ist fast unmöglich", weshalb zu einer Lehrwerksreihe meist unterschiedliche Ausgaben existieren. Vgl. dazu Menzel, W. (2010): Wie schreibe ich ein Schulbuch? S. 219. In: Fuchs, E./Kahlert, J./Sandfuchs, U. (Hrsg.): Schulbuch konkret. Kontexte – Produktion – Unterricht. Bad Heilbrunn. S. 219–228.
397 Vgl. Fuchs, E./Niehaus, I./Stoletzki, A. (2014), S. 9.
398 Hacker, H. (1980): Didaktische Funktionen des Mediums Schulbuch. S. 14ff. In: ders. (Hrsg.): Das Schulbuch. Funktion und Verwendung im Unterricht. Bad Heilbrunn: Klinkhardt. S. 7– 30.
399 Gautschi, P. (2010): Anforderungen an heutige und künftige Schulgeschichtsbücher. S. 131. In: Beiträge zur Lehrerbildung 28, 1. S. 125– 137.
400 Stöber, G. (2010): Schulbuchzulassung in Deutschland. Grundlagen, Verfahrensweisen und Diskussionen. S. 6. In: Eckert. Beiträge 3 (2010). Verfügbar unter: http://www.edumeres.net/uploads/tx_empubdos/Stoeber_Schulbuchzulassung. pdf, [eingesehen am 14.09.2017].

präsentiert wird, die mit diesem arbeiten.[401] Lässig (2010) konstatiert, dass die Schulbuchentwicklung, -konzeption und -veröffentlichung einen langen Prozess darstellt, in dem Schulbücher und Schulbuchwissen im Zusammenspiel mit den Akteur*innen geformt wird.[402]

Für eine *wissenssoziologische* Bestimmung des Schulbuches bedarf es über didaktische und administrative Merkmale hinausgehender Kriterien. Eine Bestimmung des Schulbuches aus wissenssoziologischer Perspektive soll an dieser Stelle unter Rückgriff auf die Studie von Höhnes[403] geleistet werden, wonach das Schulbuch als „soziales Beobachtungsmedium im Medienverbund"[404] betrachtet wird. Dabei stellt Höhnes fest, dass das Schulbuch neben seiner didaktisch angelegten Struktur hinsichtlich seiner semantischen Struktur analysiert und bestimmt werden muss, um „soziokulturelles Wissen" in Schulbüchern bestimmbar zu machen.[405] Aus dieser wissenssoziologischen Perspektive kommt der Analyse des Zusammenhangs zwischen dem über das Schulbuch vermittelte Wissen und den gesellschaftlichen Aushandlungsprozessen über dieses Wissen eine bedeutende Rolle zu.

Besonders in seiner wissenssoziologischen Bestimmung bildet das Schulbuch „einen zentralen Bestandteil der *materialen Kultur* von schulischer Bildung und damit einen konstituierenden Faktor der modernen Schule"[406] ab, weshalb es nicht ausschließlich als bloßes Instrument der Wissensvermittlung betrachtet werden kann. Nach Ansicht von Kahlert (2010) transportieren Schulbücher auch „das kulturelle Selbstverständnis einer Gesellschaft"[407], mit dem das Wissen über gesellschaftliche Normen und Werte vermittelt wird. In diesem Sinne spricht Kahlert dem Schulbuch eine gesellschaftliche Funktion zu, der eine Dependenz zwischen Wissensvermittlung und Werteorientierung zugrunde liegt. „Sowohl bezogen auf Wissensinhalt als auch Werteorientierung dokumentieren sie, was

---

401   Höhne, T. (2003): Schulbuchwissen. Umrisse einer Wissens- und Medientheorie des Schulbuchs. Frankfurt a. M.: Johann-Wolfgang-Goethe-Universität. S. 61.

402   Lässig, S. (2010): Wer definiert relevantes Wissen? Schulbücher und ihr gesellschaftlicher Kontext. In: Fuchs, E./Kahlert, J./Sandfuchs, U. (Hrsg.): Schulbuch konkret. Kontexte – Produktion – Unterricht. Bad Heilbrunn, S. 199–215.

403   Höhne untersuchte konstruktive, strukturelle und transformative Wissensprozesse in Schulbüchern aus wissenssoziologischer, diskurs- und medienanalytischer Perspektive. Siehe dazu Höhne, T. (2003).

404   Vgl. Fuchs, E./Niehaus, I./Stoletzki, A. (2014), S. 11.

405   Höhne, T. (2003).

406   Vgl. Fuchs, E./Niehaus, I./Stoletzki, A. (2014), S. 9. [Hervorhebung T. A.]

407   Vgl. Kahlert, J. (2010): Das Schulbuch – Ein Stiefkind der Erziehungswissenschaft? S. 41. In: Fuchs, E./Kahlert, J./Sandfuchs, U. (Hrsg.): Schulbuch konkret. Kontexte – Produktion – Unterricht. Bad Heilbrunn: Klinkhardt. S. 41–56.

jeder, der eine öffentliche Schule eines bestimmten Jahrgangs besucht, erfahren, lernen und können sollte (...)."[408] Die Ansicht Kahlerts muss allerdings in zweierlei Hinsicht hinterfragt werden. Zum einen ist das Schulbuch als *Instrument bildungspolitischer Steuerung* vor dem Hintergrund ministerialer und damit verbundenen curricularer Vorgaben konstituiert. Schulbücher sind abhängig von den über die Kultusministerien erarbeiteten Lehrplänen sowie von den in den Zulassungsverfahren zugrunde liegenden Kriterien, die Wiater als ein „indirektes Mittel der staatlichen Beeinflussung des Schulwesens"[409] bezeichnet. Für das Schulbuch bedeutet diese *Dependenz* eine staatliche Regulation, durch welche das Schulbuch den Status eines Politikums übernimmt.[410] Ein gesellschaftlichen Bedingungen berücksichtigender Rahmen ist in diesem Zusammenhang nicht einfach zu gestalten.

Aus den drei verschiedenen Perspektiven (didaktisch, administrativ, wissenssoziologisch) ergeben sich unterschiedliche Ansätze und Forschungsschwerpunkte, die wiederum zu einer Vielfalt an Fragestellungen innerhalb der Schulbuchforschung führen. Diese Bandbreite unterschiedlicher Fragestellungen zur Schulbuchforschung, die sich aus unterschiedlichen theoretischen Debatten ableiten lassen, fasst Weinbrenner (1995) in *drei verschiedenen Grundtypen der Schulbuchforschung* zusammen: *die prozessorientierte, die produkt- und inhaltsorientierte und die wirkorientierte Schulbuchforschung.*[411] Bei der Betrachtung der gängigen Schulbuchforschung zeigt sich allerdings, dass der Hauptfokus auf der

---

408 Vgl. ebd., S. 42.
409 Vgl. Wiater, W. (2003): Schulbuchforschung in Europa. Bestandsaufnahme und Zukunftsperspektive (Beiträge zur historischen und systematischen Schulbuchforschung, Bd. 1. Bad Heilbrunn/Obb.: Verlag Julius Klinkhardt. S. 13.
410 Zur Bedeutung von staatlichen Regularien auf die Schulbuchkonzeption siehe u. a. Müller, W. (1977): Schulbuchzulassung. Zur Geschichte und Problematik staatlicher Bevormundung von Unterricht und Erziehung. Kastellaun: Henn; Sauer, M. (1991): Von der ›Negativkontrolle‹ zur ›Schulbuchpolitik‹. Schulbuchzulassung und -einführung in der preußischen Volksschule im 19. Jahrhundert. In: Recht der Jugend und des Bildungswesens 2. S. 182–194; Moderow, H.-M. (2002): Schulbuchzulassung und Schulbuchverbreitung in Sachsen und die Rolle der Lehrervereine. In: Wollersheim, H.-W. (Hrsg.): Die Rolle von Schulbüchern für Identifikationsprozesse in historischer Perspektive. Leipzig: Leipziger Universitätsverlag. S. 25–47.
411 Zur genauen Darstellung der drei Grundtypen der Schulbuchforschung nach Weinbrenner siehe Weinbrenner, P. (1995): Grundlagen und Methodenprobleme sozialwissenschaftlicher Schulbuchforschung. In: Olechowski, R. (Hrsg.): Schulbuchforschung (Schule – Wissenschaft – Politik, Bd. 10). Frankfurt a. M./Berlin/Bern/New York/Paris/Wien: Peter Lang. S. 21–45.

produkt- und inhaltsorientierten Schulbuchforschung liegt, die die didaktische Verbesserung von Schulbüchern als Forschungsziel verfolgt. Die vorliegende Arbeit fokussiert indes auf Schulbücher als Vermittler sozialrepräsentativen Wissens, so dass hier die Annahme leitend ist, dass mit in Schulbüchern repräsentiertem Wissen „eine potentielle Praxis [präformiert wird], die aber in der realen Situation des Unterrichts schließlich ganz anders aussehen kann."[412] Aus diesem Grund orientiert sich die vorliegende Untersuchung an der wissenssoziologischen Bestimmung, mit der Schulbücher auch in ihrer Funktion als Medium der Repräsentation gesellschaftlicher Konstellationen und Ordnungen in den Blick genommen werden.[413]

Die *Herausforderungen*, die sich bei der Bestimmung des Schulbuchs als Medium ergeben, zeigen sich auch für die *theoretischen Ansätze der Schulbuchforschung*. Fuchs et al. (2014) skizzieren in ihrem Band „Das Schulbuch in der Forschung"[414] die theoretischen Ansätze zur Schulbuchforschung und die damit verbundenen unterschiedlichen Herangehensweisen. Dabei heben sie hervor, dass die Untersuchungen zur Schulbuchforschung sowohl durch die unterschiedlichen theoretischen Ansätze als auch in ihren methodischen Analyseverfahren stark differieren. Die Autoren betrachten ausgewählte Forschungsbereiche, die sich in unterschiedlichen disziplinären Kontexten verorten. Dabei werden diskursanalytische Ansätze, sozialwissenschaftliche Ansätze, makrosoziologische Ansätze, bildanalytische Ansätze (im Kontext der ikonographischen Wende), Ansätze der Europa- und transnationalen Forschung, Ansätze zu transnationalen und postkolonialen Theorien und Konzepten, kulturwissenschaftliche Ansätze und fachwissenschaftliche sowie fachdidaktische Ansätze herausgegriffen.[415]

---

412 Vgl. Höhne, T./Kunz, T./Radke, F.-O. (1999): Bilder von Fremden. Formen der Migrantendarstellung als der „anderen Kultur" in deutschen Schulbüchern von 1981–1997. Zwischenbericht (Frankfurter Beiträge zur Erziehungswissenschaft: Reihe Forschungsberichte, Bd. 1). Frankfurt a. M.: Johann Wolfgang Goethe-Universität. S. 40. Verfügbar unter: https://www.uni-frankfurt.de/51747502/Bilder_von_Fremden.pdf [eingesehen am 25.06.2019].

413 Für einen historischen Abriss der Entwicklung von Schulbuchforschung in Deutschland siehe Ott, C. (2017). Ausschließlich das seit 1975 in Braunschweig ansässige Georg-Eckert-Institut – Leibniz-Institut für internationale Schulbuchforschung erforscht stetig nationale und internationalen Forschungsfragen zu Schulbüchern. Für das virtuelle Netzwerk für internationale Schulbuchforschung des Georg-Eckert-Institut. Verfügbar unter: http://www.gei.de/home.html, [eingesehen am 25.09.2019].

414 Fuchs, E./Niehaus, I./Stoletzki, A. (2014).

415 Ebd., S. 24–29.

4.2 Schulbuchforschung im geschichtsdidaktischen Forschungsdiskurs

Innerhalb der *gegenwärtigen geschichtsdidaktischen Schulbuchforschung* werden Geschichtsschulbücher insbesondere im Hinblick auf die Vermittlung historischer Denk- und Lernprozesse bei Schüler*innen untersucht. Dieser Forschungsschwerpunkt ist besonders aus dem Zentralziel des Geschichtsunterrichts, der Förderung des Geschichtsbewusstseins (Kap. 3.3), abzuleiten. Ein Blick auf die *Entwicklung* des geschichtsdidaktischen Schulbuchforschungsdiskurses verdeutlicht, dass die Untersuchung von historischen Denk- und Lernprozessen nicht immer das Kernziel dieses Forschungsdiskurses war. Angesichts historischer und gesellschaftspolitischer Ereignisse der Zeit waren Schulbücher vor allem durch ihre „Konstruktion nationaler Vorurteile und Feindbilder oder [auch] als Katalysatoren in gesellschaftlichen Umbruchsituationen [...]"[416] Gegenstand der Schulbuchforschung.[417] Dieser Schwerpunkt ist insbesondere auf die Bemühungen des Völkerverbundes[418] zurückzuführen, der in diversen Kommissionen unter Berücksichtigung seines zentralen Zieles, der Sicherung des Weltfriedens, vorrangig Entwicklungs- und Verständigungsarbeit betrieb. Als einer der Ausschüsse des Völkerverbundes wurde 1922 die Kommission für geistige Zusammenarbeit gegründet, die als Ziel die Entwicklung eines internationalen Verständnisses von Staaten und einer sogenannten interkulturellen Kommunikation anstrebte. Ihre Arbeit bezweckte auch die Revision von Schulbüchern, um nationalistische Inhalte aus Schulbüchern zu entfernen. Diese Entwicklung wird insbesondere auf die Folgen des Ersten Weltkrieges zurückgeführt, denn „[n]ach den Erfahrungen mit den Folgen nationalistischen Denkens im Ersten Weltkrieg trat der Völkerbund für eine Schulbuchrevision auf internationaler Ebene ein. Der Beitrag von Schulbüchern zum Entstehen von Feindbildern war überdeutlich geworden."[419] Jedoch war die Wirkkraft dieses Ansatzes wegen fehlender

---

416 Handro, S./Schönemann, B. (2011): Zur Einleitung. S. 3. In: Ders. (Hrsg.): Geschichtsdidaktische Schulbuchforschung. Münster: LIT Verlag. S. 3–12.
417 Handro/Schönemann nennen in diesem Zusammenhang die Arbeiten von Siegfried Kawerau (1931). S. 3.
418 Der Völkerverbund wurde nach dem Ersten Weltkrieg auf Initiative des amerikanischen Präsidenten Woodrow Wilson im Jahre 1920 zwischen 32 alliierten Staaten gegründet und war eine zwischenstaatliche Organisation der Staaten, die den Versailler Vertrag unterzeichneten. Die Hauptziele des Völkerverbundes waren die Sicherung des internationalen Friedens sowie die Förderung der Kooperation einzelner Staaten, welchen er nicht gerecht werden konnte und im Jahre 1946 in der Gründung der Organisation der Vereinten Nationen mündete.
419 Vgl. http://www.gei.de/das-institut/geschichte.html [eingesehen am 18.12.17].

Mechanismen zur Implementierung nur gering.[420] Dieser von der Kommission für geistige Zusammenarbeit angebahnte Revisionsgedanke von Schulbüchern findet sich auch in den Arbeiten des Georg-Eckert-Instituts (GEI) wieder.[421] Seine Arbeit begründet das Institut aus der Relevanz des Schulbuches heraus, die es wie folgt beschreibt:

> „Schulbüchern kommt aufgrund ihres verdichteten und kanonischen Charakters wissenschaftlich, politisch und bildungspraktisch eine wichtige Rolle zu. Da sich in Schulbüchern das Wissen findet, das eine Generation an die nächste weitergeben möchte, werden sie häufig zum Politikum. Schulbücher können Ressentiments und Vorurteile fördern, zugleich können sie aber auch einen Beitrag zu Aussöhnung und Verständigung leisten."[422]

Die hier beschriebene Funktion von Schulbüchern stellt gleichzeitig ihre *wesentlichen Charakteristika* dar. Das Schulbuch wird demnach als wissenschaftlich, politisch und bildungspraktisch wichtiges Medium klassifiziert, mit dem das *Wissen einer Gesellschaft* übertragen werden kann. Aus diesem Forschungsschwerpunkt des GEI ergeben sich insbesondere für die Schulbuchforschung unter den Bedingungen der Migrationsgesellschaft folgende weitere Fragen, die insbesondere für die geschichtsdidaktische Schulbuchforschung Desiderata darstellen: *Welches Wissen wird übertragen? Wie geschieht dies? Und welchen Einfluss hat dieses transferierte Wissen angesichts einer sich im ständigen Wandel befindenden Gesellschaft auf die migrationsgesellschaftlichen Bedingungen?*

Wie bereits oben festgestellt, ist die Schulbuchforschung auch innerhalb des geschichtsdidaktischen Diskurses als etablierter *Forschungsbereich* zu nennen, den Handro/Schünemann (2011) als „Daueraufgabe geschichtsdidaktischer Forschung"[423] einstufen. Auch andere Geschichtsdidaktiker wie Schreiber et al. (2013), Schönemann/Thünemann (2010), Kühberger/Philipp (2015), Bramann (2017) oder Thünemann (2018) verweisen auf die Position des Geschichtsschulbuches als ‚Leitmedium des Geschichtsunterrichts', das bereits 1992 von Rüsen so

---

420 Fuchs, E. (2006): Der Völkerbund und die Institutionalisierung transnationaler Bildungsbeziehungen. In: Zeitschrift für Geschichtswissenschaft 54. S. 888–899.

421 Das GEI forscht seit 1975 zu kulturwissenschaftlich-historischen Themen, indem es anwendungsbezogene und multidisziplinäre Untersuchungen zu Schulbüchern und, weiter gefasst, Bildungsmedien durchführt. Das Institut, das seit seiner Gründung kontinuierlich Schulbuchforschung auch zu Geschichtsschulbüchern betreibt, beschreibt sich in einer Eigendarstellung als ein „internationales Referenzzentrum", vgl. http://www.gei.de/das-institut.html/[eingesehen am 23.02.2019].

422 Vgl. ebd.

423 Vgl. Handro, S./Schönemann, B. (2011), S. 3–12.

benannt wurde.[424] Für die Kontinuität dieser Position des Geschichtsschulbuches führen Handro/Schönemann (2011) die ‚unterrichtspraktische und geschichtskulturelle Funktion' sowie die ‚Transferfunktion'[425] von Geschichtsschulbüchern an, womit sie die Bedeutsamkeit der Forschung von Geschichtslehrwerken als eine „Daueraufgabe geschichtsdidaktischer Forschung"[426] begründen.

Die Autoren heben hervor, dass die *unterrichtspraktische Funktion*[427] von Geschichtsschulbüchern als Medium im Geschichtsunterricht dadurch zu Vorschein kommt, weil Geschichtsschulbücher trotz des Einflusses neuer und digitaler Medien sowie veränderter Lehr- und Lernbedingungen weiterhin „ihren Stammplatz im Medienkanon"[428] behalten haben. Dieser auf die quantitative Verwendung von Geschichtslehrwerken ausgerichtete Grund ermöglicht jedoch noch keine Aussagen über die Rezeption und das damit verbundene Schulbuchverständnis von Schüler*innen.

Mit Fragen zur Rezeption und Wirkung von Schulbüchern beschäftigt sich der *Forschungsbereich der Rezeptions- und Wirkungsforschung*, welcher innerhalb der geschichtsdidaktischen Schulbuchforschung ein zentrales Forschungsdesiderat darstellt. Vereinzelte empirische Studien wie die von Gautschi (2010) oder v. Borries (1999) setzen sich mit Rezeption und Wirkung von Geschichtsschulbüchern im Hinblick auf Lernprozesse, didaktische Fragen zum Geschichtsunterricht im Sinne der Kompetenzorientierung, Merkmalen ‚bestmöglicher' Geschichtsschulbücher, der Häufigkeit ihrer Nutzung oder auch mit Gemeinsamkeiten und Unterschieden zur Geschichtsschulbuchauffassung auseinander.[429] Erste Ansätze zu konkreten Nutzungsbedingungen für Geschichtslehrwerke und zur Entwicklung historischen Lernens bietet der Sammelband *Historisch Denken lernen mit Schulbüchern* von Bramann/Kühberger/Bernhardt (2018)[430]. Die Beiträge des Sammelbandes gehen auf aktuelle Aspekte

---

424 Siehe dazu Rüsen, J. (1992a): Das ideale Schulbuch. Überlegungen zum Leitmedium des Geschichtsunterrichts. In: Internationale Schulbuchforschung 14. S. 237–250.
425 Vgl. Handro, S./Schönemann, B. (2011), S. 4ff.
426 Vgl. ebd. S. 4.
427 Ebd., S. 4.
428 Ebd., S. 4.
429 Siehe dazu u. a. von Gautschi, P./Moser, D. V./Reusser, K./Wiher, P. (2007): Geschichtsunterricht heute. Eine empirische Analyse ausgewählter Aspekte (Geschichtsdidaktik heute, Bd. 1) Bern: hep Verlag; Gautschi, P. (2010); Borries v., B. (1999): Jugend und Geschichte. Ein europäischer Kulturvergleich aus deutscher Sicht (Schule und Gesellschaft, Bd. 21). Opladen: Leske + Budrich.
430 Bramann, C./Kühberger, C./Bernhard, R. (Hrsg.) (2018): Historisches Denken lernen mit Schulbüchern. Frankfurt/M.: Wochenschau Verlag. Dieser Sammelband

4 Schulbücher als Ausgangspunkt des (historischen) Lernens

der geschichtsdidaktischen Schulbuchforschung, auf Produktionsprozesse von Geschichtsschulbüchern und auf methodische Ansätze der empirischen Wirkforschung ein. Der Fokus des Sammelbandes liegt dabei auf der Frage, ob und wie Geschichtsschulbücher den historischen Denk- und Lernprozess beeinflussen und entwickeln können. In diesem Zusammenhang werden erste Ergebnisse u. a. zur Nutzung von Geschichtsschulbüchern in Deutschland und Österreich vorgestellt. Neben ersten Ergebnissen wird auch auf Desiderata im Bereich der Wirk- und Rezeptionsforschung verwiesen, mit denen auf Untersuchungen im Hinblick auf die Verwendung von Geschichtslehrwerken durch Lehrkräfte und Schüler*innen hingewiesen wird. Einen zentralen Forschungsschwerpunkt bei der Analyse von Geschichtsschulbüchern stellt die Rekonstruktion und Analyse von historischen Aneignungsprozessen von Schüler*innen dar, auf den auch im Sammelband von Bramann/Kühberger/Bernhardt in Ansätzen eingegangen wird. Die Frage, ob und unter welchen Bedingungen Schüler*innen die in Geschichtsschulbüchern angebotenen Deutungsmuster annehmen bzw. nicht annehmen, ist aus Sicht der Autoren ein weiteres Desiderat innerhalb der geschichtsdidaktischen Schulbuchforschung.

Als zweiten Grund für eine geschichtsdidaktische Schulbuchforschung nennen Handro/Schönemann die *geschichtskulturelle Funktion* des Geschichtslehrwerkes. Mit dieser Funktion sprechen die Autoren dem Geschichtsschulbuch eine konservierende Funktion zu, indem sie es „als Medium historischen Lehrens und Lernens [bezeichnen, das] eine entscheidende Steuerungsfunktion bei der Formulierung des Geschichtsbewusstseins der nachwachsenden Generationen [übernimmt]."[431] Angesichts geringer empirischer Befunde relativieren die Autoren die Tragfähigkeit der Funktion des Geschichtslehrwerkes, konservierende und tradierende Eigenschaften hinsichtlich des Geschichtsbewusstseins zu übernehmen.[432] Aus diesem Grund plädieren sie für eine kritisch-analytische

---

entstand im Rahmen einer Jahrestagung im September 2016 zum Themenschwerpunkt ‚Historisch denken lernen mit Schulbüchern', die von der Gesellschaft für Geschichtsdidaktik Österreich in Kooperation mit dem Salzburger FWF-Projekt Competence and Academic Orientation in History Textbooks und dem Bundeszentrum für Gesellschaftliches Lernen an der Pädagogischen Hochschule Salzburg Stefan Zweig veranstaltet wurde.

431 Vgl. ebd., S. 5.
432 Die Autoren Handro/Schönemann verweisen auf folgende Studien von Borries v., B. (2005): Schulbuchverständnis, Richtlinienbenutzung und Reflexionsprozesse im Geschichtsunterricht. Eine qualitativ-quantitative Schüler- und Lehrerbefragung im Deutschsprachigen Bildungswesen 2002. Neuried: Ars Una.

Herangehensweise an das Geschichtslehrwerk als ein Medium der Geschichtskultur.

Die Erforschung des Geschichtslehrwerkes im Hinblick auf seine *geschichtskulturelle Funktion* bedarf aus der Forschungsperspektive der vorliegenden Untersuchung eines differenzierteren Blicks auf den Begriff Geschichtskultur, als es innerhalb des geschichtswissenschaftlichen und geschichtsdidaktischen Diskurses vorzufinden ist. Innerhalb dieses Diskurses wird der Begriff Geschichtskultur von Rüsen (1994) als eine „praktisch wirksame Artikulation von Geschichtsbewusstsein im Leben einer Gesellschaft"[433] bestimmt; und Pandel (2013) folgend fragt Geschichtskultur in Anlehnung an Rüsen danach, „wie eine Gesellschaft mit ihrer Vergangenheit und ihrer Geschichte umgeht".[434] Beide aus dem geschichtstheoretischen und -didaktischen Diskurs heraus bestimmten Zugänge zur Geschichtskultur basieren auf einem Gesellschaftskonzept, das nicht näher erläutert wird. Das Verständnis für geschichtskulturelle Verarbeitungsprozesse müsste indes mit Blick auf die Forschungsfrage der vorliegenden Untersuchung ein an einem Nationenkonstrukt orientiertes Gesellschaftskonzept ablehnen und Geschichtskultur unter den Bedingungen der Migrationsgesellschaft bestimmten und analysieren, weshalb eine Diskussion um Bezeichnungspraxen innerhalb der geschichtsdidaktischen Schulbuchforschung relevant wird, die im gegenwärtigen Diskurs wohl nicht vorzufinden ist und ein Desiderat darstellt.

Die *Transferfunktion* des Geschichtslehrwerkes wird als dritter Grund für eine geschichtsdidaktische Schulbuchforschung genannt. Dazu heben die Autoren das interdependente und zugleich ambivalente Verhältnis von Schulbuchinhalten und wissenschaftlichen Befunden hervor. Sie betonen hierbei die „herausgehobene Bedeutung beim Transfer des wissenschaftlichen Diskurses in die Unterrichtspraxis"[435], weisen aber gleichzeitig auch darauf hin, dass durch die institutionellen Hürden innovative Prozesse in der Schulbuchentwicklung behindert werden können.

Zu den Funktionen des Geschichtsschulbuches werden im Rahmen der Geschichtsschulbuchforschung Fragen generiert, die sich auf die zentralen Kategorien des Geschichtsunterrichts (Geschichtsbewusstsein und Geschichtskultur) beziehen und aus den zugrundeliegenden Theorien abgeleitet werden, so dass für die geschichtsdidaktische Schulbuchforschung eine vielfältige Auseinandersetzung mit den zentralen Kategorien des Geschichtsunterrichts eingefordert wird.

---

433 Vgl. Rüsen, J. (1994), S. 5.
434 Vgl. Pandel, H.-J. (2013), S. 164.
435 Handro, S./Schönemann, B. (2011), S. 5.

4 Schulbücher als Ausgangspunkt des (historischen) Lernens   139

Aus diesen Gründen ergeben sich verschiedene Forschungsbereiche, innerhalb derer Geschichtslehrwerke unter Berücksichtigung forschungsbereichsspezifischer Ziele untersucht werden.

Die geschichtsdidaktische Schulbuchforschung unterteilen Schönemann/Thünemann (2010) in *drei Forschungsbereiche*. Sie nennen die Hauptforschungsbereiche *historische Schulbuchforschung, internationale Schulbuchforschung* und *didaktische Schulbuchforschung*[436], innerhalb derer auf verschiedene methodologische Ansätze zurückgegriffen wird.

Der Forschungsbereich *Historische Schulbuchforschung* umfasst drei Formate von Untersuchungen, mit denen gattungsgeschichtliche, themenspezifische Untersuchungen und Untersuchungen zur Geschichte der Geschichtsdidaktik und des historischen Lernens durchgeführt werden können. Der Forschungsbereich zur *internationalen Schulbuchforschung* entwickelte sich in erster Linie aus dem Gedanken der Schulbuchrevision und wurde von Jeismann (1979) als „eine Gegenbewegung [bezeichnet], welche die nationalistische Formierung des Geschichtsbewußtseins durch die Staatsschule durchkreuzen wollte [...]."[437] Mit dieser Position werden durch eine sogenannte Schulbuchrevision[438] seit Anbeginn vorwiegend die Prüfung geschichtskultureller Inhalte in Schulbüchern forciert, beispielsweise von Inhalten, mit denen Vorurteile oder ‚Feindbilder' entstehen können, um Berichtigungen in Schulbüchern vorzunehmen.[439] Die *didaktische Schulbuchforschung* beschäftigt sich als ein weiterer Forschungsbereich mit „alle[n] Frage[n] und Probleme[n], die das Medium Schulbuch als historisches Lehr- und Lernmittel (...)"[440] enthält. Für die Erforschung des Geschichtsunterrichts nennt Gautschi (2011) in diesem Zusammenhang die Forschungsrichtungen Phänomenforschung, Ergebnisforschung, Wirkungsforschung, Interventionsforschung und die Forschung zu historischem Denken und Lernen.[441]

---

436 Vgl. Schönemann, B./Thünemann, H. (2010): Schulbucharbeit. Das Geschichtslehrbuch in der Unterrichtspraxis. Schwalbach/Ts.: Wochenschau Verlag. S. 21ff.

437 Vgl. Jeismann, K. E. (1979): Internationale Schulbuchforschung. Aufgaben und Probleme. S. 8. In: Internationale Schulbuchforschung 1, Heft 1. S. 7–22.

438 Die Schulbuchrevision kann als ein Forschungsbereich innerhalb der Schulbuchforschung betrachtet werden, der das Ziel verfolgt, Schulbuchinhalte sorgfältig zu prüfen (Revision als genaues Durchsehen von Schulbuchinhalten) und zu verändern (Revision als Korrigieren und Erweitern von Schulbuchinhalten).

439 Für eine dezidiertere Ausführung der Forschungsbereiche siehe Schönemann, B./Thünemann, H. (2010), S. 21ff.

440 Vgl. Schönemann, B./Thünemann, H. (2010), S. 40.

441 Gautschi, P. (2011), S. 104ff.

Auf Grundlage historisch-theoretischer Ansätze können somit beispielsweise die Berücksichtigung von Gegenwartsbezügen oder geschichtskultureller Objektivation oder auch das Narrativieren von Darstellungen bzw. Erzählmustern von Geschichtsvorstellungen untersucht werden.

Diese und weitere Forschungsrichtungen stellen in der geschichtsdidaktischen Schulbuchforschung weitestgehend Desiderata dar. Eine der ersten Untersuchungen zur didaktischen Schulbuchforschung stellt die Studie von v. Borries (1980) dar. Mit seiner Studie „Problemorientierter Geschichtsunterricht. Schulbuchkritik und Schulbuchrevision, dargestellt am Beispiel der römischen Republik"[442] entwickelt v. Borries ein normativ orientiertes Modell, durch welches über eine deduktive und anschließende operationalisierende Analyse Geschichtslehrwerke untersucht werden. Der Untersuchung von v. Borries folgen weitere Studien zur Geschichtslehrwerkanalyse u.a. von Rüsen[443] oder Binnenkade/Gautschi[444], die didaktische Ansätze beim Umgang mit Schulbüchern berücksichtigen. Rüsen generiert aus seiner Untersuchung zehn Kriterien für die „Brauchbarkeit eines Schulbuches"[445], die er mit weiteren Kriterien verbindet, die sich auf die Praktikabilität des Schulbuches im Geschichtsunterricht beziehen. Binnenkade/Gautschi legen ihrer Schulbuchuntersuchung ein didaktisches Dreieck zugrunde, mit dem sie die Schüler*innen, die Lehrkraft und den Unterrichtsgegenstand im Verhältnis zueinander betrachten und hieraus Kriterien für eine strukturanalytische Untersuchung für Schulbücher entwickeln.[446]

Für die Erforschung von Geschichtslehrwerken mit den oben dargestellten Forschungsrichtungen können verschiedene methodische Zugänge angewendet werden. Dabei bedient sich die Geschichtsdidaktik der Methoden der empirischen Sozialforschung, denn „[d]ie Geschichtsdidaktik verfügt weder über spezifische Forschungszugänge noch über ein Methodenrepertoire, sondern sie

---

442 Zur genauen Darstellung siehe Borries v., B. (1980): Problemorientierter Geschichtsunterricht? Schulbuchkritik und Schulbuchrevision, dargestellt am Beispiel der römischen Republik (Anmerkungen und Argumente zur historischen und politischen Bildung). Stuttgart: Klett Verlag.
443 Siehe dazu Rüsen, J. (1992a).
444 Siehe dazu Binnenkade, A./Gautschi, P. (2003): Didaktisches Konzept des Lehrmittels ‚Menschen von Zeit und Raum'. Das Theoriekonzept von „FUER Geschichtsbewusstsein" als Horizont. In: Zeitschrift für Geschichtsdidaktik 2. S. 197–212.
445 Vgl. Rüsen, J. (1992a), S. 244ff.
446 Siehe dazu z.B. Schreiber, W./Sochatzy, F./Ventzke, M. (2013): Das multimediale Schulbuch. Kompetenzorientiert, individualisierbar und konstruktionstransparent. In: Schreiber, W./Schöner, A./Sochatzy, F. (Hrsg.): Analyse von Schulbüchern als Grundlage empirischer Geschichtsdidaktik. Stuttgart: W. Kohlhammer. S. 212–232.

setzt Verfahren der *empirischen Sozialforschung* zur Erforschung des Geschichtsunterrichts ein"[447], um einen analytischen Erkenntnisgewinn hinsichtlich historischen Denkens und Lernens im Geschichtsunterricht zu schaffen.[448] Zur Methodologie der Schulbuchanalyse finden sich erste Diskurse in den 1970er Jahren[449], die punktuell in den folgenden Jahrzenten[450] weitergeführt werden, allerdings keine ausreichende Evidenz für die Diskussion um Methoden der Schulbuchforschung im geschichtsdidaktischen Diskurs ergeben. Auch gibt es Studien, die heuristische Ansätze verfolgen, sowie Studien, denen Ansätze der kategorialen Codierung[451] zugrunde liegen, um Geschichtsschulbücher zu analysieren. Diese Untersuchungen stellen allerdings keine ausgewachsenen Forschungszweige dar. Besonders qualitative, aber auch quantitative Studien zur Rezeptions- und Wirkungsforschung liegen nur in rudimentären Ansätzen vor.[452]

Bei der Skizzierung des Forschungsdiskurses zur geschichtsdidaktischen Schulbuchforschung zeigt sich, dass die Analyse von Geschichtsschulbüchern ein wichtiger Teil des Diskurses ist, auch wenn nach wie vor einige Forschungsperspektiven stärker erforscht werden müssen. Thünemann (2018) benennt insbesondere *drei Forschungsperspektiven*, die er für die *geschichtsdidaktische Schul-*

---

447 Vgl. Gautschi, P. (2011): 113f.
448 Siehe dazu auch Handro, S./Schönemann, B. (2002) (Hrsg.): Methoden geschichtsdidaktischer Forschung (Zeitgeschichte – Zeitverständnis, Bd. 10). Münster/Hamburg/London: LIT Verlag, S. 4 und Hasberg, W. (2007): Im Schatten von Theorie und Pragmatik – Methodologische Aspekte empirischer Forschung in der Geschichtsdidaktik. In: Zeitschrift für Geschichtsdidaktik, Jahresband. S. 9–40.
449 Siehe dazu z. B. Dörr, M. (1975): Das Schulbuch im Geschichtsunterricht. Kriterien für seine Bewertung. In: Jäckel, E./Weymar, E. (Hrsg.): Die Funktion der Geschichte in unserer Zeit. Stuttgart: Klett Verlag. S. 294–309.
450 Siehe dazu z. B. Fröhlich, K. (1985): Schulbuch. In: Pandel, H.J./Schneider, G. (Hrsg.): Handbuch Medien im Geschichtsunterricht. Düsseldorf: Schwann. S. 91–114 oder Rüsen, J. (1992a).
451 Siehe dazu die Beiträge im Sammelband Bramann, C./Kühberger, C./Bernhard, R. (2018).
452 Siehe dazu z. B. Mägdefrau, J./Michler, A. (2012): Individualisierende Lernaufgaben im Geschichtsunterricht. Eine empirische Untersuchung zur Rolle von Schulbuchaufgaben und Eigenkonstruktionen von Lehrkräften. In: Zeitschrift für Geschichtsdidaktik 11: Menschenrechtsbildung – Holocaust-Education – Demokratieerziehung. S. 208–233, die in ihrer Untersuchung der Frage nachgehen, wie Schüler*innen sowie Lehrkräfte mit Aufgaben im Geschichtsunterricht umgehen und welchen Einfluss die Aufgaben und der Umgang der Lernenden und Lehrenden auf das historische Denken und Lernen haben.

buchforschung als Desiderata kategorisiert. Demnach braucht es Thünemann zufolge *erstens* Forschungsarbeiten, die in Geschichtsschulbüchern all das „eruieren, was Schulbuchautorinnen und Schulbuchautoren, Schülerinnen und Schüler sowie Lehrkräfte unter historischem Denken eigentlich genau verstehen"[453], um darüber das Konzept des historischen Denkens aller Akteure*innen[454] transparent und vergleichbar sowie für die Konzeption des Geschichtsschulbuches nutzbar zu machen. Ergebnisse solcher Forschungsarbeiten würden ermöglichen, Geschichtsschulbücher dahingehend zu modifizieren, dass ihr Einsatz bei Schüler*innen ein reflektiertes und an den gegenwärtigen geschichtstheoretischen Diskurs orientiertes historisches Lernen und Denken entwickelt[455], aber auch die Bedingungen der Migrationsgesellschaft berücksichtigen.

Zweitens ist laut Thünemann eine Forschungsperspektive nötig, die der Frage nachgeht, „wie Schülerinnen und Schüler sowie Lehrkräfte mit Geschichtsschulbüchern tatsächlich arbeiten."[456] Über Untersuchungen zu den Nutzungsaktivitäten von Geschichtsschulbüchern im Unterricht können Aussagen darüber getroffen werden, ob und wie Geschichtsschulbücher für das historischen Denken von ihren Rezipienten genutzt werden.[457] Diese Forschungsperspektive müsste sich vor dem Hintergrund der vorliegenden Untersuchung auch mit der Frage beschäftigen, ob die Nutzungsaktivitäten von Geschichtsschulbüchern unter dem Einfluss eines Spannungsverhältnisses zwischen nationaler Tradition historischer Schulbuchdarstellungen und migrationsgesellschaftlicher Wirklichkeit der Schüler*innen stehen. Eine solche analytische Herangehensweise würde wiederum dazu führen, dass Inhalte von Geschichtsschulbüchern stärker auf macht- und differenzkritische Mechanismen hin analysiert und Vorschläge für historisch-reflexive Didaktisierungen für die Konzeption von Geschichtslehrwerken gemacht werden.

Und *drittens* weist Thünemann auf fehlende Interventionsstudien hin, mit denen u. a. Fragen nachgegangen wird, die sich den Bedingungen der „Anbahnung von historischer Lehr-Lernprozesse auf Schulbuchbasis"[458] widmen. Mit solchen

---

453 Thünemann, H. (2018): Historisches Denken lernen mit Schulbüchern? Forschungsstand und Forschungsperspektiven. S. 30f. In: Bramann, C./Kühberger, C./Bernhard, R. (Hrsg.): Historisches Denken lernen mit Schulbüchern. Frankfurt a. M.: Wochenschau Verlag. S. 17–36.
454 Mit Akteure*innen sind hier sowohl die Produzent*innen als auch die Rezipient*innen des Geschichtsschulbuches gemeint.
455 Thünemann, H. (2018), S. 30f.
456 Vgl. ebd., S. 31.
457 Ebd., S. 31.
458 Vgl. ebd., S. 31.

4 Schulbücher als Ausgangspunkt des (historischen) Lernens   143

Studien können Effekte bestimmter Interventionen auf das historische Lernen und Denken durch das Geschichtsschulbuch untersucht werden. Thünemann plädiert bei solchen Untersuchungen für „standort- und disziplinübergreifende Projektverbünde[, die in der geschichtsdidaktischen Schulbuchforschung] ein großes Desiderat dar[stellen]."[459]

Diese drei von Thünemann benannten Desiderata verdeutlichen u. a. das Erfordernis nach Untersuchungen, mit denen Verwendungsprozesse sowie Lehr- und Lerneffekte beim Einsatz von Geschichtslehrwerken untersucht werden und dabei den Prozess des historischen Lernens und Denkens mit betrachten. Insbesondere die Relevanz der disziplinenübergreifenden Rezeptionsforschung ist im Rahmen der vorliegenden Untersuchung als bedeutender Forschungszugang zu Geschichtsschulbüchern herauszustellen. Trotz geringer empirisch belegter Ergebnisse zu den von Thünemann genannten Forschungsperspektiven zeigt sich, dass das Geschichtslehrwerk nach wie vor als „Leitmedium des Geschichtsunterrichts"[460] gilt. Als für den historischen Lehr- und Lernprozess bedeutsames Medium entwickelte sich das Geschichtslehrwerk in seiner historischen Entwicklung bis in die Gegenwart insgesamt über vier[461] verschiedene Typen hinweg.[462]

---

459 Vgl. ebd., S. 31.
460 Vgl. Lässig, S. (2013): Räume und Grenzen. Außenperspektiven und Innenansichten durch die Linse des Schulbuches. S. 6. In: Geschichte in Wissenschaft und Unterricht 64, S. 6–12 und Sauer, M. (2016): Schulgeschichtsbücher. Herstellung, Konzepte, Unterrichtseinsatz. S. 588. In: Geschichte in Wissenschaft und Unterricht 67, S. 588–603.
461 Als Typen des Geschichtsschulbuches können im historischen Rückblick die Schulbuchtypen (1) Katechese, mit dem historisches Wissen über Frage-Antwortsequenzen dargestellt wurde und Schüler*innen Fragen bereits vorgegeben wurden, (2) der klassische Leitfaden, in dem historische Erzählungen in zusammenhängenden Erzählungen präsentiert wurden, welche als die einzige Erzählung akzeptiert werden mussten, (3) das reine Arbeitsbuch, mit dem eigene Fragen an die Geschichte gestellt und einem Orientierungsbedürfnis der Schüler*innen gerecht werden sollte, genannt werden. Der Typ (4) ist das kombinierte Lern- und Arbeitsbuch, mit dem ein Fragen anregender Geschichtsunterricht ermöglicht werden soll. Für eine ausführliche Darstellung der historischen Entwicklung dieser vier Typen siehe Schönemann, B./Thünemann, H. (2010), S. 49–80.
462 Angesichts der Entwicklungen zur Schulbuchforschung wird im aktuellen Forschungsdiskurs von der Form des kombinierten Lern- und Arbeitsbuches ausgegangen. Durch Digitalisierungsbestrebungen ist innerhalb des geschichtsdidaktischen Schulbuchforschungsdiskurses ein weiterer Forschungsbereich zu nennen, der sich mit der Konzeption und Rezeption von digitalen Geschichtsschulbüchern

Mit Blick auf die Forschungsfrage der vorliegenden Untersuchung ist für die Analyse von Geschichtslehrwerken unter Berücksichtigung der Migrationsgesellschaft eine weitere Perspektive zu nennen, die in der geschichtsdidaktischen Schulbuchforschung nicht mitbetrachtet wird. Dabei handelt es sich um die Analyse von Schulbüchern unter Berücksichtigung von Migration, die nicht auf Migration als Inhalt, sondern auf die Darstellung des Zusammenhangs von Migration und historischem Lernen und Denken in Geschichtsschulbüchern *als Analyseperspektive* fokussiert. Kernanliegen einer solchen Forschungsperspektive wäre die Berücksichtigung des gesellschaftlichen Phänomens Migration für den Prozess der Geschichtskonstruktion und damit für ein gemeinsames historisches Lernen und Denken *aller* Schüler*innen. Geschichtsdidaktische Untersuchungen, die Migration als Kategorie berücksichtigen, wurden im Kapitel 3.6 vorgestellt. Jedoch beziehen sich die vorgestellten Untersuchungen nicht auf die geschichtsdidaktische Schulbuchforschung. Ebenfalls liegt keiner der vorgestellten Untersuchungen ein aus migrationspädagogischer Perspektive entwickelter Ansatz zugrunde, der Zuschreibungs- und Ordnungsmechanismen konstruiert und Begriffe wie *Migrationshintergrund* oder *Zuwanderung* einer machtkritischen Analyse im Hinblick auf den Geschichtsunterricht unterzieht. Den in Kap. 3.6 vorgestellten Studien liegen zumeist Praxen und Schemata zugrunde, die über die vergleichsweise unkritische Verwendung von Begriffen wie *Migrationshintergrund* ein hegemoniales ‚Wir' und ‚Nicht-Wir' perpetuieren[463], was

---

auseinandersetzt, auf den an dieser Stelle nicht weiter eingegangen werden kann. Zu nennen sind beispielhaft das Projekt der Forschungsgruppe um Waltraut Schreiber (2012) der Universität Eichstätt, das ein multimediales Schulbuch (mBook) konzipiert hat und das von Markus Bernhardt und Alexander Neeb im Historischen Institut für die Didaktik der Geschichte der Universität Duisburg-Essen angesiedelte Projekt Akzeptanz und Nutzung von digitalen Medien im Geschichtsunterricht (2017), das die Nutzung des Einsatzes von digitalen Medien durch Lehrkräfte im Geschichtsunterricht eruiert.

463 An dieser Stelle wird auf das vom BMBF bewilligte Verbundvorhaben „Geschichten in Bewegung – Erinnerungspraktiken, Geschichtskulturen und historisches Lernen in der deutschen Migrationsgesellschaft" hingewiesen, das in einem interdisziplinären Forschungsprojekt den Wandel der Geschichts- und Erinnerungskultur in der Migrationsgesellschaft empirisch untersuchen soll. Im Rahmen des Forschungsvorhabens sollen geschichtsdidaktische Forschungsbereiche unter Berücksichtigung einer migrationspädagogischen Perspektive untersucht werden; eines der Teilprojekte umfasst dabei die Analyse von Geschichtsschulbüchern. Ziel des Forschungsprojektes ist es, Konzepte für historisches Lernen sowie konkrete Lernmaterialien zu entwickeln. Inwiefern ein machtkritischer und damit migrationspädagogischer Zugang innerhalb dieses Projektes berücksichtigt werden wird,

auch für die Untersuchungen der geschichtsdidaktischen Schulbuchforschung festgehalten werden kann.

Abschließend kann festgehalten werden, dass der Diskurs um die geschichtsdidaktische Schulbuchforschung, verstärkt multidisziplinär angelegte Studien braucht, die geschichtsdidaktische Unterrichtsprinzipien unter Berücksichtigung migrationsgesellschaftlicher Entwicklungen untersuchen.

4.3 Geschichtsdidaktische Schulbuchforschung und der Einfluss der Migrationsgesellschaft

Die Teilkapitel 4.1 und 4.2 haben gezeigt, dass sich die Analyse von Schulbüchern auf verschiedene Forschungsbereiche beziehen kann und die theoretischen und methodischen Zugänge bis heute keinen gemeinsamen Bezugsrahmen teilen. Dies begründet sich aus dem offenen Charakter des Schulbuches und der Tatsache, dass Fragen zum Schulbuch bislang nur vereinzelt behandelt wurden, obwohl das Schulbuch als konstitutives Medium schulischer Bildung bezeichnet werden kann. Es zeigt sich, dass der Diskurs um Schulbücher mehrdimensionale und interdisziplinäre Forschungszugänge benötigt. Dieses Desiderat wird bereits 1995 von Weinbrenner festgestellt. In seinem Beitrag schreibt Weinbrenner, dass „Schulbuchforschung […] mehrdimensional und multiperspektivisch sein [muss]".[464] Jedoch zeigt sich, dass der Großteil der Untersuchungen zu Schulbüchern aus den jeweiligen Disziplinen heraus stattfindet, um entsprechend einschlägige, fachspezifische Forschungsfragen zu beantworten.

---

ist abzuwarten. Siehe dazu Projektbeschreibung der beteiligten Wissenschaftler, z. B.: https://www.uni-hildesheim.de/zbi/forschungsprojekte/geschichten-in-bewegung/ oder http://www.geschkult.fu-berlin.de/e/fmi/institut/arbeitsbereiche/ab_didaktik/News/BMBF-Hilmig.html, beide eingesehen am 20.6.18. Der Titel des Projektes „Geschichten in Bewegung – Erinnerungspraktiken, Geschichtskulturen und historisches Lernen in der deutschen Migrationsgesellschaft" lässt schon jetzt Fragen aufkommen: Was meint eine „deutsche" Migrationsgesellschaft? Jedoch ist anzumerken, dass es sich bei diesem Forschungsprojekt um das erste und momentan einzige Projekt handelt, das mit einem multidisziplinären Ansatz der Frage des historischen Lernens und Denkens unter Berücksichtigung der Migrationsgesellschaft nachgeht. Siehe dazu Projektbeschreibung des Georg-Eckert-Institut zu dem Teilprojekt, dass sich mit Geschichtsschulbüchern beschäftigt: http://www.gei.de/abteilungen/schulbuch-und-gesellschaft/geschichten-in-bewegung-erinnerungspraktiken-geschichtskulturen-und-historisches-lernen-in-der-deutschen-migrationsgesellschaft.html, [eingesehen am 20.07.2019].

464 Vgl. Weinbrenner, P. (1995), S. 21–45.

Auf der fachdidaktischen Ebene ist eine Fokussierung fachlicher Prinzipien legitim und auch nötig, so dass beispielsweise unter Bezugnahme auf die geschichtsdidaktische Zentralkategorie des Geschichtsbewusstseinseins der Gesellschaft ein fachspezifisches Forschungsprofil und damit verbundene Forschungsfragen abgeleitet werden können, mit denen genuin geschichtsdidaktischen Forschungsschwerpunkten nachgegangen werden kann. Jedoch haben auch gesellschaftliche, sprachliche oder auch bildungspolitische Gegebenheiten und Entwicklungen Einfluss auf die Inhalte von Geschichtslehrwerken und sollten ebenso untersucht werden. Erst durch Analysen, die multidimensionale Einflussfaktoren berücksichtigten, können Schlüsse auf den realen ‚faktischen' Zugang zu Geschichtslehrwerken für alle Schüler*innen gezogen werden.[465] Ein an den Lernenden orientiertes fachspezifischen Schulbuch bedarf verstärkt einer rezeptionsorientierten Schulbuchforschung, wodurch mögliche Divergenzen zwischen der Theorie des Unterrichts und der Lebenswirklichkeit von Schüler*innen erforscht werden können. Dazu braucht insbesondere der fachdidaktische Schulbuchforschungsdiskurs eine stärkere Verschränkung interdisziplinärer Zugänge.

Dieser interdisziplinär orientierten Forschungs*notwendigkeit* versuchen die Autoren Kiesendahl und Ott (2015) in ihrem Sammelband *Linguistik und Schulbuchforschung* nachzugehen, indem sie die Relevanz eines Schulbuchforschungsdiskurses hervorheben, der die fachliche Forschungsperspektive durch einen linguistischen Zugang ergänzen müsse. Die Autoren formulieren in der Einleitung ihres Sammelbandes dazu folgenden Bedarf:

> „Der Sammelband Linguistik und Schulbuchforschung möchte herausstellen, dass linguistische Untersuchungen am Schulbuch und weiteren Bildungsmedien für die vornehmlich pädagogisch geprägte Schulbuch- und Bildungsmedienforschung von Relevanz sind, und umgekehrt auch das Schulbuch in der Linguistik als Untersuchungsgegenstand etablieren."[466]

Die Autoren zeigen mit ihrem Sammelband linguistische Perspektiven von schulbuch- und bildungsmedienbezogener Forschung auf, mit denen ein multiperspektivischer Zugang bei der Analyse von Schulbüchern geleistet werden

---

465 Vor dem Hintergrund der vorliegenden Untersuchung wird davon ausgegangen, dass Geschichtsschulbücher in ihrer gegenwärtigen Konstitution nicht alle Schüler*innen ansprechen.

466 Vgl. Kiesendahl, J./Ott, C. (2015): Linguistik und Schulbuchforschung. S. 8. In: Dies. (Hrsg.): Linguistik und Schulbuchforschung. Gegenstände – Methoden – Perspektiven. S. 7–16.

4 Schulbücher als Ausgangspunkt des (historischen) Lernens

soll.[467] Der im Sammelband eingeforderte linguistische Zugang für die Analyse von Schulbüchern ist ein wertvoller Zugang, der allerdings stärker im Hinblick auf das fachspezifische Lernen betrachtet werden muss.

Auch in dem Band *Schulbücher im Fokus* von Jörg Doll et al. (2012) werden unterschiedliche Perspektiven zur Erforschung von Schulbüchern verschiedener Domänen vorgestellt. Das Ziel des Sammelbandes wird „aus Sicht der Herausgeber [aus der Notwendigkeit abgeleitet, Impulse für die] dringend erforderliche empirisch fundierte und interdisziplinär organisierte Schulbuchwirkungsforschung"[468] geben zu können. Mit Beiträgen, die aus verschiedenen Disziplinen zu unterschiedlichen Schulbuchebenen normative oder empirische Forschungsergebnisse vorstellen, werden allerdings insbesondere domänenspezifische Beiträge fokussiert.[469] Der Sammelband ermöglicht einen Überblick über die Diskurse in den verschiedenen Forschungsdisziplinen. Forschung, die über interdisziplinäre Zugänge Schulbücher untersucht, fehlt in diesem Sammelband in Gänze.

Die Schulbuchforschung braucht auf den drei Bestimmungsebenen – didaktisch, administrativ und wissenssoziologisch (Kap. 4.1) – Untersuchungen zu lernerorientierten Passungsbedingungen, die auf die Rezeption von Schulbüchern Einfluss haben. Lernerorientierte Passungsbedingungen können erst dann berücksichtigt werden, wenn der Diskurs um die Schulbuchforschung die Lebenswirklichkeit der Schüler*innen mitanalysiert und „[...] das Faktum [berücksichtigt wird], dass Schulbücher strukturellen und politischen Tendenzen ausgesetzt sind."[470] Bleibt dieser Zusammenhang bei der Analyse von Schulbüchern unbeachtet, sind Divergenzen bei der Rezeption von Schulbüchern unvermeidbar.[471] Diese Überlegungen gelten im Besonderen für die geschichtsdi-

---

467 Ebd., S. 339ff.
468 Vgl. Doll, J./Frank, K./Fickermann, D./Schwippert, K. (2012): Einleitung. S. 16. In: ders. (Hrsg.): Schulbücher im Fokus. Nutzungen, Wirkungen und Evaluation. Münster: Waxmann. S. 9–17.
469 Siehe dazu ebd.
470 Vgl. Wallsten, B. (2015): An der Schnittstelle zwischen Bild und Text. Bildunterschriften in Geschichtslehrbüchern als Untersuchungsgegenstand sprachwissenschaftlicher Schulbuchforschung. S. 140. In: Kiesendahl, J./Ott, C. (Hrsg.), S. 137–155.
471 Wie Schüler*innen Geschichtsschulbücher beurteilen, wenn diese im klassischen Sinne konzipiert sind, zeigen die Ergebnisse der Studie von v. Borries aus dem Jahre 1995. Siehe dazu Borries v., B. (1995): Das Geschichtsbewußtsein Jugendlicher. Erste repräsentative Untersuchung über Vergangenheitsdeutung, Gegenwartswahrnehmung und Zukunftserwartungen von Schülerinnen und Schülern in Ost- und Westdeutschland (Jugendforschung). Weinheim/München: Juventa Verlag.

daktische Schulbuchforschung, was sich im empirischen Teil der vorliegenden Untersuchung auch zeigen wird.

Der Schule als gesellschaftliche Institution sowie dem historischen Lernen und Denken als Prinzip des Unterrichtsfach Geschichte kommt die Aufgabe zu, Schüler*innen zu mündigen Bürger*innen zu erziehen und sie somit auf das Leben in der Gesellschaft vorzubereiten. Schüler*innen sollen demnach zu einer aktiven Teilhabe in der Gesellschaft befähigt werden sowie ein Geschichtsbewusstsein entwickeln, das ihnen eine Orientierung in der Zeit ermöglicht. Die Entwicklung des Geschichtsbewusstseins und damit die Orientierung in der Zeit, womit die Partizipation an der Gesellschaft für alle ermöglicht werden soll, wird Schüler*innen u. a. über das Geschichtsschulbuch präsentiert. Schüler*innen lernen Geschichtskonstruktionen und die damit verbundenen Perspektiven kennen, welche bestimmte Denk- und Handlungsweisen vermitteln. Welches Wissen diesen über Geschichtsschulbücher vermittelten Denk- und Handlungsweisen zugrunde liegt, wird Lässig (2011) zufolge von „Deutungseliten einer Gesellschaft"[472] entschieden, die staatlich autorisiert sind und im gesellschaftlichen Diskurs in der Regel als „objektiv, korrekt und bedeutsam"[473] gelten. Diesen Einfluss auf Schulbücher beschreibt Lässig (2010) folgendermaßen:

> „In Schulbüchern spiegeln sich das Wissen und die Werte, die eine Gesellschaft und speziell ihre politischen Eliten als wichtig definieren und deshalb an die nächste(n) Generation(en) weitergeben wollen. Indirekt lassen sie aber auch erkennen, welche sozialen, ethischen oder religiösen Gruppen im Prozess der Aushandlung dieser Werte keine oder nur eine marginale Rolle gespielt haben bzw. spielen und wessen Weltbilder dominant sind. [...] Schulbücher sind, so ließe sich zugespitzt formulieren, Konstruktionen und Konstrukteure sozialer Ordnungen und gesellschaftlichen Wissens."[474]

Lässig verdeutlicht mit ihrer Aussage, dass das Wissen in Schulbüchern nicht das Wissen der ganzen Gesellschaft widerspiegelt, sondern der staatlich autorisierten ‚Deutungselite' transportiert. Besonders dann, wenn die Gesellschaft

---

472 Lässig, S. (2011): Repräsentationen des „Gegenwärtigen" im deutschen Schulbuch. Verfügbar unter: http://www.bpb.de/apuz/59797/repraesentationen-des-gegenwaertigen-im-deutschen-schulbuch?p=0, [eingesehen am 07.05.2019].

473 Müller-Mathis, A./Wohnig, A. (2017): Konstruktionen der ungleichen Partizipation in Schulbüchern – Zur Einführung. In: Dies. (Hrsg.): Wie Schulbücher Rollen formen. Konstruktionen der ungleichen Partizipation in Schulbüchern. Schwalbach/Ts: Wochenschau. S. 5–11.

474 Vgl. Lässig, S. (2010): Wer definiert relevantes Wissen? Schulbücher und ihr gesellschaftlicher Kontext. S. 203. In: Fuchs, E./Kahlert, J./Sandfuchs, U. (Hrsg.): Schulbuch konkret. Kontexte – Produktion – Unterricht. Bad Heilbrunn/Obb.: Verlag Julius Klinkhardt. S. 199–215.

4 Schulbücher als Ausgangspunkt des (historischen) Lernens

als Migrationsgesellschaft verstanden wird, gewinnt die Aussage von Lässig für die Analyse von Geschichtsschulbüchern noch stärker an Bedeutung. Demnach müssten Geschichtsschulbücher alle Lebensweisen, Sprachen, Biographien innerhalb der Migrationsgesellschaft berücksichtigen, die durch Migration in die Gesellschaft übertragen werden und somit Bestehendes und Bekanntes verändern. Migration sollte als gesellschaftliche Realität im historischen Lernprozess Berücksichtigung finden. Der Forschungsdiskurs zeigt allerdings, dass nur wenige Studien den Umgang mit Migration in Schulbüchern untersuchen.

Im geschichtsdidaktischen Forschungsstand der deutschen Schulbuchforschung weist u. a. Alavi (2004) darauf hin, dass es in Bezug auf Geschichtsschulbücher eine mangelnde Darstellung von sogenannten Migranten gibt, weshalb die Inhalte vorwiegend aus der Perspektive der Mehrheitsgesellschaft dargestellt werden. Demnach würden Geschichtsschulbücher häufig die dichotome Darstellung von ‚uns' und ‚den Ausländer(inne)n' wählen und damit diesen Gegensatz verfestigen. Alavi kritisiert, dass trotz des Unterrichtsprinzips Fremdverstehen[475] in Geschichtsschulbüchern bis in die Aufgabenstellungen hinein die Zuschreibungen ‚wir' als die *Deutschen* und ‚sie' als die *Nicht-Deutschen* unproblematisiert unterstellt werden.[476] Sie weist darauf hin, dass die Inhalte von Geschichtsschulbüchern erkennen lassen, „wie die Schulbuchautorinnen und -autoren an Migranten erinnern wollen, welchen Part sie dabei Migranten selbst zuweisen – als Opfer, Handelnde, Partner oder Zerrissene – welche kulturelle Orientierungsfunktion sie der Migrationsgeschichte zuschreiben."[477] Mit ihrer Feststellung verdeutlicht Alavi, dass Geschichtsschulbücher mediales Diskurswissen wiederholen und sogar bekräftigen, so dass ein reflexiver Zugang zur Migration nicht oder kaum ermöglicht wird.[478] Alavi spricht gleichwohl in ihrer Studie von *Menschen mit einem Migrationshintergrund*. Durch die Verwendung dieser Bezeichnung für eine Gruppe von Menschen markiert Alavi selbst eine Zugehörigkeit bzw. eine Nicht-Zugehörigkeit, obwohl sie den Umgang in Geschichtsschulbüchern genau mit diesen Zuschreibungsmechanismen kritisch hinterfragt. So zeigt dieses Beispiel sehr genau, dass Geschichtsschulbücher sowohl hinsichtlich ihres Inhaltes als auch ihrer Sprache einer machtkritischen

---

475 Zum Prinzip Fremdverstehen siehe Kap. 3.6.1.
476 Alavi, B. (2004): Geschichtsschulbücher als Erinnerungsorte. Ein Gedächtnis für die Einwanderungsgesellschaft? In: Motte, J./Ohliger (Hrsg.): Geschichte und Gedächtnis in der in der Einwanderungsgesellschaft. Migration zwischen historischer Rekonstruktion und Erinnerungspolitik. Essen: Klartext Verlag.
477 Vgl. ebd., S. 203
478 Ebd.

und migrationssensiblen Analyse unterzogen werden müssen, um hegemoniale Strukturen zu erkennen und aufzulösen.

Studien, die die Darstellung von Migration in Schulbüchern untersuchen, beziehen sich beispielsweise auf die Darstellung von Migration und *MigrantInnen* oder des *Islam* in Schulbüchern.[479] Weitere Untersuchungen im Kontext Migration setzen sich mit der Konstruktion von Rassismus in Schulbüchern und der Darstellung des Verhältnisses zwischen dem Konzept ‚Afrika' und dem Konzept ‚Weißsein' in Schulbüchern auseinander.[480]

Orientieren sich Schulbücher an *monokausalen Erklärungsversuchen*[481] zu Migration, können Differenzkategorien, die Inklusions-, aber auch Exklusionsmechanismen produzieren, nicht erkannt und aufgelöst werden. Allen Akteur*innen, die an der Konzeption und Entwicklung von Schulbüchern beteiligt sind, kommt demzufolge die Aufgabe zu, Migration als kontinuierlich existierendes und natürliches Phänomen anzunehmen, sich kritisch mit Bezeichnungspraxen auseinanderzusetzen und diese in Schulbüchern so umzuset-

---

479 Zu Studien, die in Schulbüchern Migration bzw. MigrantInnen untersuchen, siehe Höhne, T./Kunz, T./Radke, F.-O. (2005): Bilder von Fremden. Was unsere Kinder aus Schulbüchern über Migranten lernen sollen. Frankfurt a. M.: Johann-Wolfgang-Goethe-Universität und Hintermann, C./Markom, C./Üllen, S./Weinhäupl, H. (2014): Debating Migration in Textbooks and Classroom in Austria. In: Journal of Educational Media, Memory, and Society 6 (1). S. 79–106; zu Studien, die die Darstellung von Islam bzw. Muslimen in Schulbüchern untersuchen, siehe Georg-Eckert-Studie „Darstellung von Islam und Muslimen in europäischen Schulbüchern" (2011), verfügbar unter: http://www.gei.de/presse/pressemitteilungen/pressemitteilung-details/news/detail/News/modernes-europa-versus-anti quierter-islam-die-darstellung-von-islam-und-muslimen-in.html [eingesehen am 20.05.2019].

480 Siehe dazu Osterloh, K. (2008): Weißsein in Politikschulbüchern. Eine diskursanalytische Untersuchung. Saarbrücken: VDM Verlag Dr. Müller; Grawan, F. (2014): »Impliziter Rassismus und kulturelle Hegemonie im Schulbuch? Rassismuskritische Analyse und objektivhermeneutische Rekonstruktion.« In: Eckert. Working Papers 2. Verfügbar unter: http://www.edumeres.net/fileadmin/publika-tionen/ working_papers/EWP_Grawan_Rassismus_impl.pdf [eingesehen am 19.05.2018]; Marmer, E. (2013): »Rassismus in deutschen Schulbüchern am Beispiel von Arfrikabildern.« In: Zeitschrift für internationale Bildungsforschung und Entwicklungspädagogik2. S. 25–31.

481 Lundt, B. (2017): National-, Europäische-, Weltgeschichte. In: Barricelli, M./Lücke, M. (Hrsg.): Handbuch Praxis des Geschichtsunterrichts. Band 1. S. 405–421. [Hervorhebung T. A.].

4 Schulbücher als Ausgangspunkt des (historischen) Lernens 151

```
                    Prinzipien
                    Geschichts-
                    unterricht


  Geschichts-    Migrationssensible    Historisches
  bewusstsein    Geschichtsbücher      Lernen und
                                       Denken


                   Reflexion von
                    Dichotomien
                      Wir vs.
                     Nicht-Wir
```

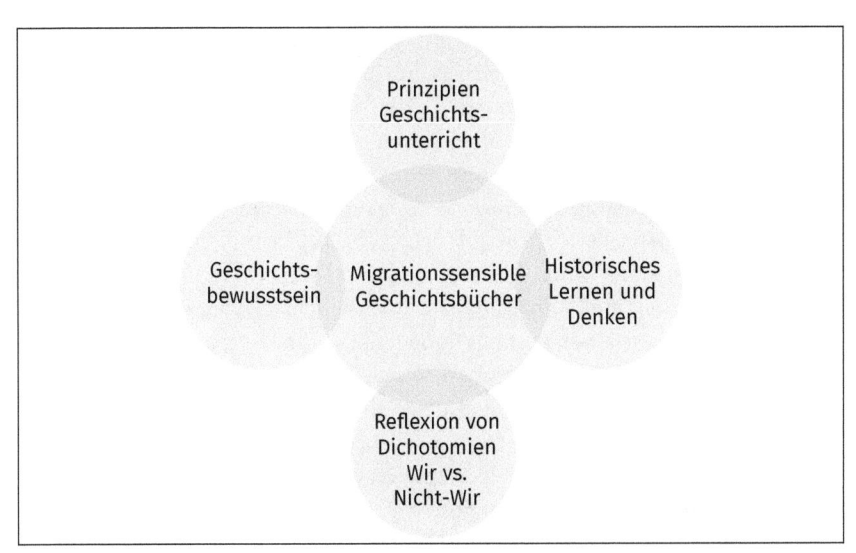

Abb. 2: Exempel für migrationssensiblen Untersuchungszugang bei Geschichtsschulbüchern, eigene Darstellung

zen, dass Schüler*innen über die Inhalte des Schulbuches Migrationsdiskurse reflektieren können.

Die meisten Untersuchungen reflektieren nicht die Zusammenhänge zwischen Schulbuchinhalten und medialen und politischen Diskursen um Migration. Die multiperspektivische Analyse von Geschichtsschulbüchern ist demnach zwingende Voraussetzung für die Revision von Schulbüchern. Die geschichtsdidaktische Schulbuchforschung muss dabei der Frage nachgehen, welche Untersuchungskriterien berücksichtigt werden sollten, um Geschichtsschulbücher im Sinne migrationssensibler historischer Darstellungen zu untersuchen.

In Abb. 2 werden mögliche Perspektiven zusammengeführt, um Geschichtsschulbücher aus einer migrationssensiblen Perspektive analysieren zu können. Diese Darstellung stellt keinen Anspruch auf Vollständigkeit und versteht sich als erweiterbarer Vorschlag:

Die Interdisziplinarität läge bei einem solchen Zugang darin, dass Geschichtsschulbücher beispielsweise nach ausgewählten Unterrichtsprinzipien wie Multiperspektivität und/oder Kontroversität und ihrer Bedeutung für das historische Lernen untersucht und über einen migrationssensiblen Zugang ergänzt werden, indem der Zusammenhang von Multiperspektivität als Unterrichtsprinzip und Darstellungen von Dichotomien („Wir" und „Nicht-Wir") in Geschichtsschulbüchern untersucht werden. Mit einer solchen Forschungsperspektive könnte nicht nur der Frage nachgegangen werden, ob durch die Darstellungen in Geschichtsschulbüchern fachdidaktische Prinzipien des Geschichtsunterrichts entwickelt werden und damit historisches Lernen und Denken ermöglicht wird. Dadurch könnte auch untersucht werden, ob die Berücksichtigung der Prinzipien des Geschichtsunterrichts für alle Schüler*innen partizipierende Strukturen für ein historisches Lernen und Denken schaffen kann. Damit verbunden kann durch eine solche Untersuchung der Frage nachgegangen werden, in welchem Zusammenhang die in den Geschichtsschulbüchern berücksichtigten Unterrichtsprinzipien zur Darstellung von Dichotomien stehen und welchen Einfluss dieser Zusammenhang auf die Entwicklung des Geschichtsbewusstseins und damit verbunden des historischen Lernens und Denkens haben kann. Ein solch migrationssensibler Zugang bei der Analyse von historischen Inhalten in Geschichtslehrwerken erweitert den fachlichen Blick und berücksichtigt die Lebenswirklichkeit *aller* Schüler*innen.

Insgesamt lässt sich konstatieren, dass verstärkt Untersuchungen zu Rezeptions- und Aneignungsforschung notwendig sind, die bestimmte Schulbuchinhalte und -darstellungen auf ihre ausgrenzende Wirkung hin untersuchen. Weiterhin bedarf es intersektionaler und vergleichender Forschung zu Schulbüchern, die Differenzkategorien wie ‚mit Migrationshintergrund' oder ‚ohne Migrationshintergrund' herausarbeiten und diese innerhalb des Diskurses um Diskriminierung bzw. Ungleichheit untersuchen.

In diesem Großkapitel wurden sowohl die Entwicklungen der Schulbuchforschung skizziert als auch gegenwartsbezogene Perspektiven und daraus resultierende Desiderata in Bezug auf die geschichtsdidaktische Schulbuchforschung dargelegt. Die sich aus den skizzierten Zusammenhängen ergebenden Folgerungen zeigen bestehende Defizite bei der Berücksichtigung der Lebenswirklichkeit aller Schüler*innen durch Schulbücher auf, weshalb neben den zentralen Kategorien des Geschichtsunterrichts (Geschichtsbewusstsein und Geschichtskultur) und dem zentralen Medium des Geschichtsunterrichts (Geschichtsschulbuch) auch die Auseinandersetzung mit Schülervorstellungen als Ausgangspunkt historischen Lernens relevant wird. Aus diesem Grund beschäftigt sich das nächste Kapitel mit der Relevanz von Schülervorstellungen für einen solchen geschichtsdidaktischen Forschungsdiskurs, der auch die Bedingungen der Migrationsgesellschaft beinhaltet.

5 Passungen und Divergenzen: Schülervorstellungen als Ausgangspunkt des (historischen) Lernens

Tagtäglich treffen Menschen auf historische Gegenstände und beschäftigen sich mit diesen. Unter Berücksichtigung ihrer bereits existierenden *subjektiven historischen Vorstellung* nehmen sie das Neue an, hinterfragen oder kritisieren es oder bestätigen es auch. Es findet ein Prozess statt, in dem sich Individuen mit historischen Gegenständen auseinandersetzen und diese auf ihre Konformität hin überprüfen. Ausgangspunkt dieser Beschäftigung sind subjektive Vorstellungen zu historischen Ereignissen und Gegenständen, die im mentalen System des Individuums bereits existieren. Dieses mentale System als „kognitives Bezugssystem"[482] in der Wahrnehmung und Verarbeitung historischer Gegenstände und Prozesse ist das Geschichtsbewusstsein des Individuums.[483] Mit diesem System werden Passungs- oder auch Divergenzverhältnisse zwischen dem bereits Existierenden und dem Neuen geschaffen und so das historisch Neue in das Geschichtsbewusstsein aufgenommen oder davon ausgeschlossen. Im *subjektiven Umgang mit neuen historischen Gegenständen* wird das Individuum bei Divergenzen zwischen den eigenen Vorstellungen und dem neuen historischen Gegenstand den Wirklichkeitsanspruch des historischen Gegenstandes möglicherweise zunächst ablehnen.

Ein solches Divergenzverhältnis soll an einem Beispiel verdeutlicht werden, das sich an den im Rahmen dieser Untersuchung zu eruierenden Inhalt anschließt: Man stelle sich eine Situation vor, in der eine Person A in ein Gespräch eingebunden wird, in dem sich eine Personengruppe über den Harem im Osmanischen Reich unterhält. Die Personengruppe, die bereits im Gespräch miteinander ist, bevor Person A hinzukommt, konstruiert den Harem als einen Ort des sexuellen Vergnügens. Die Vorstellungen der in das Gespräch nun neu eintretenden Person A unterscheiden sich von den Vorstellungen jener Personen, die sich bereits im Gespräch befinden. Person A geht von einer Haremsvorstellung aus, in der er den Harem als Ort der Ausbildung und des Schutzes für Frauen konstruiert. Im Gespräch kann es nun passieren, dass Person A ihre Vorstellungen entgegen den Vorstellungen der Gruppe verbalisiert, um diese von

---

482 Vgl. Pandel, H.-J. (1987), S. 132.
483 Hasberg, W./Körber, A. (2003): Geschichtsbewusstsein dynamisch. S. 183f. In: Körber, A. (Hrsg.): Geschichte – Leben – Lernen. Bodo von Borries zum 60. Geburtstag. Schwalbach/Ts.: Wochenschau Verlag. S. 177–202.

den eigenen Vorstellungen zum Harem zu überzeugen. Es kann aber auch sein, dass Person A zuhört, ihre eigene Vorstellung nicht hinterfragt und auch auf eine Revision der verbalisierten Gruppenvorstellungen verzichtet. In beiden Fällen entsteht für Person A, aber auch für die restliche Gruppe ein Divergenzverhältnis, da Person A und die Gruppe nicht dieselben Vorstellungen teilen. Die individuellen Denkmuster und Wissensstrukturen, die sich zwischen den Beteiligten unterscheiden, werden möglicherweise trotzdem beibehalten, sei es von Person A oder auch von den restlichen Gruppenmitgliedern – die Vorstellungen werden in diesem Beispiel also nicht revidiert oder modifiziert. Da es sich bei dieser fiktiven Situation um eine informelle Gesprächskonstellation handelt, werden vermutlich alle Beteiligten primär auf subjektive Konzepte zurückgreifen, durch welche sie ihre Vorstellung vom Harem konstruieren und legitimieren.

Die im obigen Beispiel in das Gespräch eintretende Person A wird den diskutierten historischen Gegenstand kontextualisieren und mit subjektiven Konstrukten im eigenen Geschichtsbewusstsein kontrollieren, indem sie ihn auf „Relevanzsetzungen und Bedeutungszuschreibungen"[484] hin überprüft. In diesem Prozess werden „Bezüge zur Gegenwart des interpretierenden Subjektes"[485] hergestellt und darüber die bereits existierenden Vorstellungen im individuellen Geschichtsbewusstsein entweder bestätigt oder modifiziert. Das Geschichtsbewusstsein befindet sich somit in einem fortwährenden dynamischen Prozess der Bestätigung und Veränderung bereits existierender Vorstellungen.

In Kapitel 3.3 wurde bereits das Geschichtsbewusstsein als eine zentrale Dimension des Geschichtsunterrichts diskutiert. Es wurde auch gezeigt, dass sich das Geschichtsbewusstsein in alltäglichen Erlebnissen mit der (Um-)Welt des Individuums entwickelt. Schörken beschreibt, „daß – ob mit oder ohne Geschichtsunterricht – ein bestimmter geschichtlicher Verständnishorizont immer schon vorhanden ist und Geschichtsbewusstsein in vielfältiger Gestalt"[486] existiert, was mit dem oben skizzierten fiktiven Beispiel verdeutlicht wurde. Für den Geschichtsunterricht bedeutet dies, dass das vorunterrichtliche Geschichtsbewusstsein und damit auch die mitgebrachten Schülervorstellungen die Inhalte des Geschichtsunterrichts beeinflussen und bestimmen können, da das Ge-

---

484 Vgl. Martens, M. (2010): Implizites Wissen und kompetentes Handeln. Die empirische Rekonstruktion von Kompetenzen historischen Verstehens im Umgang mit Darstellungen von Geschichte. Göttingen: V&R unipress S. 62.
485 Vgl. ebd.
486 Vgl. Schörken, R. (1972): Geschichtsdidaktik und Geschichtsbewußtsein. S. 99. In: Geschichte in Wissenschaft und Unterricht 46. S. 81ff.

schichtsbewusstsein auch subjektive historische Vorstellungen umfasst, die von Schüler*innen mitgebracht werden.[487]

Die vorliegende Untersuchung folgt mit diesem Verständnis von Schülervorstellungen einer *konstruktivistischen Auffassung von Lernen*, nach der „historisches Lernen als erfahrungs- und kontextbasierte Konstruktion von Wissen"[488] zu verstehen ist. Dabei wird davon ausgegangen, dass die Vorstellungen des Individuums in einer mentalen Struktur, in netzwerkartigen Ereignisabfolgen oder auch Objekten gespeichert werden. Diese mentalen Wissensstrukturen repräsentieren „typische Zusammenhänge innerhalb eines Realitätsbereichs."[489] Günther-Arndt (2003) beschreibt diese mentalen Strukturen als ein „Instrument zur Erkenntnis der Umwelt, eine Art geistiger Plan"[490], mit dem das Individuum sich in seinem Lernprozess orientiert und organisiert.

Vor dem Hintergrund dieser Ausführungen werden mitgebrachte Vorstellungen des Individuums als Ausgangspunkt des Lernprozesses betrachtet, denn Wissenserwerb kann „als aktive Konstruktion auf der Basis der vorhandenen Vorstellungen"[491] verstanden werden. Unterrichtliches Lernen ist somit auch von den mitgebrachten Vorstellungen und den mentalen Strukturen der Schüler*innen abhängig.

Nach dieser theoretischen Einordnung von Schülervorstellungen in den geschichtsdidaktischen Diskurs werden wissens- und sprachsoziologische Ansätze sowie interdisziplinär angelegte Ansätze diskutiert, die die Analyse von Schülervorstellungen ermöglichen. Auch wenn in allen domänenspezifischen Fachdidaktiken Konsens über die Relevanz von Schülervorstellungen für den fachgebundenen Lernprozess besteht, bildeten sich unterschiedliche Forschungsdiskurse zu Schülervorstellungen als erklärungsmächtige mentale Strukturen in den Fachdidaktiken heraus. Als Wegbereiter des deutschsprachigen fachdidaktischen Schülervorstellungsdiskurses können die Naturwissenschaften

---

487   Jeismann, K.-E. (2000), S. 48f.
488   Vgl. Günther-Arndt, H. (2005): Historisches Lernen und Wissenserwerb. S. 44. In: ders. (Hrsg.): Geschichtsdidaktik. Praxishandbuch für die Sekundarstufe I und II, Berlin: Cornelsen Scriptor. S. 23–47.
489   Vgl. Vgl. Schnotz, W. (2001): Conceptual Change. S. 77. In: Rost, D. H. (Hrsg.): Handwörterbuch Pädagogische Psychologie. 2. überarb. und erw. Aufl. Weinheim: Beltz PVU. S. 75–81.
490   Vgl. Günther-Arndt, H. (2005), S. 43.
491   Vgl. Duit, R. (1996): Lernen als Konzeptwechsel im naturwissenschaftlichen Unterricht. S. 147. In: Duit, R./v. Rhöneck, C. (Hrsg.): Lernen in den Naturwissenschaften. Beiträge zu einem Workshop an der Pädagogischen Hochschule Ludwigsburg (IPN, Bd. 151). Kiel: Leibniz-Institut für die Pädagogik der Naturwissenschaften (IPN). S. 145–162.

genannt werden, die auch Einfluss auf andere Fachdiskurse hatten.[492] Wie dieser Diskurs sich entwickelte, welchen Einfluss er auf den Forschungsdiskurs zu Schülervorstellungen in der Geschichtsdidaktik hatte und wie sich dieser Diskurs entwickelt hat, wird in diesem Großkapitel vorgestellt. In Anlehnung an die geschichtsdidaktische Forschungsposition zu Schülervorstellungen wird die Frage diskutiert, welchen Einfluss und welche Relevanz Schülervorstellungen, die unter den Bedungen der Migrationsgesellschaft konstruiert werden, auf und für den Geschichtsunterricht haben können. Daraus ergibt sich für das vorliegenden Großkapitel die Frage, wie Schülervorstellungen in einer Migrationsgesellschaft nutzbar gemacht werden können, um für alle Schüler*innen ein reflektiertes und reflexives historisches Lernen zu ermöglichen.

5.1 Sprach- und wissenssoziologische Ansätze bei der Bestimmung von Schülervorstellungen

Folgt man einer konstruktivistischen Auffassung des Lernprozesses, können für die Analyse von Schülervorstellungen wissens- und sprachsoziologische Ansätze in Betracht gezogen werden. Im Folgenden werden zwei Ansätze vorgestellt, die für die Rekonstruktion von Vorstellungen einen theoretischen Rahmen bilden können und im Rahmen der vorliegenden Untersuchung zur Analyse von Schülervorstellungen zum Osmanischen Reich herangezogen werden. Zunächst wird das Konstrukt Schülervorstellungen näher erläutert, um anschließend mit den ausgewählten theoretischen Ansätzen mögliche Zugänge zur Erschließung von Schülervorstellungen zu erklären, die vor dem Hintergrund der vorliegenden Untersuchung auch die Bedingungen der Migrationsgesellschaft berücksichtigen können.

Schüler*innen machen im historischen Lernprozess von ihren mentalen Wissensstrukturen Gebrauch. Diese können in Form von *Vorstellungen* repräsentiert sein und als „subjektive gedankliche Konstrukte aller Komplexitätsebenen, also sowohl ‚Begriffe', ‚Konzepte', ‚Denkfiguren', ‚Theorie' oder Ähnliches"[493] abbilden. Gropengießer (2001) betont, dass Vorstellungen eines Individuums

---

492 Siehe dazu beispielsweise Kattmann, U./Duit, Reinders/Gropengießer, H./Komorek, M. (1997): Das Modell der Didaktischen Rekonstruktion – ein Rahmen für naturwissenschaftliche Forschung und Entwicklung. In: Zeitschrift der Didaktik der Naturwissenschaften, Heft 3. S. 3–18.
493 Vgl. Gropengießer, H. (2001): Didaktische Rekonstruktion des Sehens. Wissenschaftliche Theorien und die Sicht der Schüler in der Perspektive der Vermittlung (Beiträge zur Didaktischen Rekonstruktion, Bd. 1). 2. überarb. Aufl. Oldenburg: Didaktisches Zentrum. S. 31.

"einen Referenten [haben] und sprachlich vermittelt werden [können]."[494] Bei der *Verbalisierung von Vorstellungen* greifen Schüler*innen auf sprachliches und inhaltliches Wissen zurück, das ihre Handlungspraxis bestimmt. Gropengießers Bestimmung von Vorstellungen verdeutlicht ihre Subjektivität und Individualität sowie ihren Konstruktcharakter. Durch die Bestimmung Gropengießers wird allerdings nicht ausreichend der Prozess der sprachlichen Verbalisierung von Vorstellungen berücksichtigt, der durch ein „gesellschaftlich basierte[s], zweckorientiertes Handeln"[495] geprägt ist. Denn Schüler*innen konstruieren ihre individuellen Vorstellungen anhand ihrer Wissensstrukturen, die sich auf *gesellschaftliches Handeln* beziehen. Diese gesellschaftliche Verortung von Sprache ist durch die *handlungstheoretische Perspektive der Funktionalen Pragmatik (FP) als Sprachtheorie* nach Ehlich/Rehbein (1986) begründbar. Die mentalen Wissensstrukturen und Prozesse, die bei der Konstruktion von Schülervorstellungen verbalisiert werden, sind einzig zu rekonstruieren über sprachliches Handeln. Der sprachanalytische Zugriff auf die mentale Verarbeitung des Inhaltes Osmanisches Reich erfordert einen sprachtheoretischen Zugriff, der Kommunikation als gesellschaftlich bedingtes Handeln versteht. Demnach sind Schülervorstellungen in Anlehnung an die FP als aus gesellschaftlichen Handlungen abzuleitende sprachliche Handlungen zu bestimmen, die in unterschiedlichen gesellschaftlichen Handlungsräumen[496] gebildet werden, in denen sich das Individuum bewegt. Handlungsräume sind nach Rehbein (1985) gesellschaftliche „Erfahrungs- und Vermittlungsinstanzen" wie Familie, Bildungseinrichtungen, Institutionen wie Vereine oder religiöse Einrichtungen usw.[497] Das gemeinsame Wissen versteht Rehbein als

---

494 Vgl. ebd., S. 31.
495 Vgl. Roll; H. (2003): Jugendliche Ausländer sprechen über ihren Alltag. Rekonstruktionen sprachlichen und kulturellen Wissens. München: Iudicium Verlag. S. 55.
496 Der Begriff Handlungsraum wird als ein „spezifisch ausgezeichnetes Ensemble voraussetzenden Bestimmungen, die durch die gesellschaftliche Gesamtstruktur und deren Reproduktion auskristallisiert sind und die spezifisch in die Handlungen, die in dem betreffenden Handlungsraum stattfinden, eingehen. Die ‚Bestimmungen' haben jedoch ihrerseits eine Verselbstständigung gegenüber dem spezifischen Handlungsraum, so daß sie bis zu einem gewissen Grad auch als selbständige Größen analysiert werden können." Vgl. Rehbein, J. (1977): Komplexes Handeln. Elemente zur Handlungstheorie der Sprache. Stuttgart: Metzler. S. 12.
497 Angesichts des medialen Einflusses auf gesellschaftliche Interaktionsprozesse sollten soziale Netzwerke wie Facebook oder Instagram auch als Handlungsräume mitgedacht werden.

„Standards, (...) Gewohnheiten, spezifisch vertraute Abläufe, spezifisch vertraute Weisen sich auszudrücken, zu sprechen und zu handeln. Formen, bei deren Gebrauch (..) in der Gruppe auf ein unkompliziertes und quasi automatisches Verständnis [zu treffen ist]. Die Formen haben [die Individuen] von der Gruppe selbst erworben. Das, was sie mit den anderen verbindet, ist eine Vielfalt gemeinsamer Präsuppositionen, die standardisiert aktualisiert werden, eine Vielfalt von Handlungssystemen."[498]

Überträgt man die Bestimmung Rehbeins zum gemeinsamen Wissen auf Schülervorstellungen, werden Vorstellungen über Handlungspräsuppositionen produziert, die für die Schüler*innen die mentale Grundlage ihrer gesellschaftlichen Teilhabe und damit ihres sozialen Handelns darstellen. Die Präsuppositionen sind fest in die Handlungen des Individuums eingebunden und werden solange unhinterfragt verwendet, solange sich das Individuum mit Personen den gleichen sozialen Raum teilt, in dem die verwendeten Präsuppositionen auf ein „quasi automatisches Verständnis treffen."[499] Jedoch werden „Präsuppositionen [...] dann bewusst, wenn ihre Fraglosigkeit außer Kraft gesetzt wird."[500] Dies kann passieren, wenn der Handlungsraum Schule das Präsuppositionssystem der Schüler*innen in Frage stellt bzw. unberücksichtigt lässt. Wenn aber Schüler*innen ihr Präsuppositionssystem in schulischen Konstellationen nicht einbringen können, kann es bei Divergenzen zwischen schulischen Anforderungen und mitgebrachten Schülervorstellungen zum Verlust von subjektiven Ressourcen führen.

In Bezug auf die handlungstheoretischen Perspektive auf Schülervorstellungen kann auf der Grundlage der vorliegenden Untersuchung weiterführend der Frage nachgegangen werden, inwiefern Divergenzverhältnisse zwischen mitgebrachten Schülervorstellungen und unterrichtliche Anforderungen des Geschichtsunterrichts den Erfolg bzw. Misserfolg in Schule bestimmen.[501] Diese Frage stellt für den geschichtsdidaktischen Forschungsdiskurs ein Desiderat dar.

---

498   Vgl. Rehbein, J. (1985): Interkulturelle Kommunikation. Tübingen: Narr. S. 29.
499   Vgl. ebd., S. 29.
500   Vgl. Roll, H. (2003), S. 57.
501   Vivien Heller beschäftigt sich mit der Frage um Divergenzverhältnisse in Bezug auf kommunikative Praktiken, indem sie Konsequenzen von Divergenzverhältnissen zwischen kommunikativen Erfahrungen von Schüler*innen und schulisch erwarteten Diskurspraktiken herausarbeitet. Dabei stellt sie fest, dass zwischen familialen Erwerbskontexten und schulischen Anforderungen kein monokausaler Zusammenhang besteht und familiale Diskurssozialisationskontexte den Erfolg bzw. Misserfolg in Schule bestimmen. Siehe dazu Heller, V. (2012): Kommunikative Erfahrungen in Familie und Unterricht. Passungen und Divergenzen. Tübingen: Staufenburg.

Der Handlungsraum als Ort, an dem Vorstellungen und Wissen einer sozialen Gruppe entstehen, verwendet und konserviert werden, findet sich auch in wissenssoziologischen Ansätzen wieder. Einen solchen Ansatz bietet die *Wissenssoziologie nach Mannheim*, die mit ihren Grundannahmen einen weiteren für die vorliegende Untersuchung geeigneten Zugang bei der rekonstruktiven Analyse von Schülervorstellungen darstellt und im Folgenden vorgestellt werden soll.

Mannheim will mit seiner *Theorie der Wissenssoziologie zur Weltanschauungsinterpretation* (1922) eine alternative Entwicklungslogik[502] als methodischen Zugang zum Verstehen und Interpretieren von Weltanschauungen ermöglichen und geht davon aus, dass die Erkenntnis nicht vom denkenden Subjekt zu trennen ist.[503] Das Wissen des Subjektes geht nach Mannheim immer aus einer Handlungspraxis hervor, die durch seine soziale Praxis geprägt ist. Welche Vorstellungen Schüler*innen also zu ‚Schule', Geschichtsunterricht' oder zum ‚Osmanischen Reich' haben, hängt maßgeblich von ihren Erfahrungen in verschiedenen Kontexten mit diesen Räumen und Gegenständen ab, welches Wissen sie durch diese Erfahrungen erworben haben und welche Form des Umgangs in diesen Kontexten funktioniert hat.

Für die Analyse dieser als kollektiv, gruppenbezogen und handlungsleitend zu bestimmenden Wissensbestände unterscheidet Mannheim zwischen *Kulturobjekten* und *Naturobjekten*. Dieser Unterscheidung liegt die Annahme zugrunde, dass Gegenstände vermittelt oder unvermittelt gegeben sind. Als Naturobjekte beschreibt Mannheim all das, was aufgrund der Stofflichkeit (das können nach Mannheim Lebewesen, Gegenstände usw. sein) die unvermittelte ‚Selbstgegenwart eines Gegenstandes' ausmacht und somit von Natur aus gegeben ist. Diese sind unvermittelt durch einfache Wahrnehmung beispielsweise des Hörens und Sehens gegeben und im Vergleich zu Kulturobjekten unabhängig von einer Weltanschauung. Kulturobjekte hingegen entstehen erst durch ein ‚In-Geltung-Setzen' des Objektes. Dazu wird ihnen in den Handlungsräumen etwas Vermitteltes zugesprochen. Sie können erst durch eine Weltanschauung existieren, mit der eine vermittelte Sinnhaftigkeit einhergeht. Mannheim ver-

---

502 Mannheim stellte mit seiner Wissenssoziologie heraus, dass eine Übertragung der naturwissenschaftlichen Logik und Methodologie auf humanwissenschaftliche Fächer nicht möglich sei, diese eine alternative Erkenntnislogik benötigen. Siehe dazu u. a. Mannheim, K. (eingeleitet und hrsg. von: Kurt H. Wolff) (1964): Wissenssoziologie: Auswahl aus dem Werk (Soziologische Texte, Bd. 28). Berlin/Neuwied. Luchterhand Fachverlag.

503 Vester, H.-G. (2009): Kompendium der Soziologie II – Der Klassiker. Wiesbaden: VS Verlag für Sozialwissenschaften. S. 153.

steht Weltanschauung nicht als einen rein kognitiven Vorgang, sondern einen durch soziale Entscheidungsprozesse geprägten Zusammenhang zwischen den Subjekten und ihrer Weltanschauung, durch den u. a. Kollektivvorstellungen übernommen oder generiert werden.[504]

Das *Verstehen der Sinnhaftigkeit von Kulturobjekten* beschreibt Mannheim als einen hoch komplexen Prozess. Um diesen zu erschließen, braucht es nach Mannheim einen *rekonstruktiven Zugang zu der Weltanschauung*, der hinter der Sinnhaftigkeit und damit dem Objekt steht. Es bedarf demnach einer Rekonstruktion des Sinnes, um die sozialen Phänomene aus ihrem sozialen Kontext heraus zu verstehen.

Bei der Rekonstruktion der „vermittelten Gegebenheitsweise"[505] unterscheidet Mannheim *drei Sinnebenen von Kulturobjekten*. Er nennt die Sinnebene des *Objektsinns*, die des indirekten Ausdruckssinns und die Sinnebene des Dokumentsinns.[506] Dem Objektsinn und dem indirekten Ausdruckssinn schreibt Mannheim den Ausdruck von Kulturobjekten zu. Den Objektsinn beschreibt Mannheim als ein soziales Phänomen, das sich als objektiver Zusammenhang innerhalb einer Situation erschließen lässt und auf die soziale Bedeutung rekurriert. Durch seine „immanente Bedeutungserschließung ohne Rekurs auf ein Subjekt und dessen Intention für die Interpretation"[507] handelt es sich daher eher um einen funktionalen Ausdruck, der auch dem Außenstehenden eine Situation zugänglich macht und als typisierte Situation kategorisiert werden kann. Im Vergleich zum Objektsinn beschäftigt sich der *Ausdruckssinn* mit dem *Gemeinten* und damit der Absicht des Subjektes in einer Handlung, die in Verbindung mit der Innenwelt des Subjektes steht. Mit dem *Dokumentsinn* als dritte Sinnebene nennt Mannheim einen weiteren Interpretationszugang, durch welchen über eine Handlung eine *Rekonstruktion der Weltanschauung* der Beteiligten ermöglicht wird. Dabei dokumentiert der Zugang über den Dokumentsinn mehr als nur eine Absicht oder einen sozialen Zusammenhang. Er ermöglicht einen Zugang zu Ausdrucksgestalten, die Mannheim als das „lebendige Leben"[508] bezeichnet. Mit dieser Sinnebene wird auf den „dokumentarisch gegebenen

---

504 Mannheim, K. (1970): Wissenssoziologie: Auswahl aus dem Werk. Neuwied am Rhein: Luchterhand.
505 Vgl. ebd., S. 106.
506 Ebd. S. 104.
507 Endreß, M. (2007): Karl Mannheim. In: Handbuch Wissenssoziologie und Wissensforschung. S. 82. Konstanz: UVK-Verlag-Ges. S. 77–93.
508 Vgl. Mannheim, K. (1970), S. 105ff.

Weltanschauungssinn"[509] abgezielt, der sich in einem „historisch-sozial geltenden Weltanschauungssinn"[510] in Kulturobjekten niederschlägt. Dieser Weltanschauung liegt nach Mannheim ein unbewusstes Handeln zugrunde, das sich in der habituellen[511] Handlungsfähigkeit sedimentiert. Das Wissen, das diese Handlung leitet, nennt Mannheim „atheoretisches Wissen"[512]. Das atheoretische[513] Wissen ermöglicht nach Mannheim, das in der Alltagspraxis verwendete handlungsleitende Wissen nicht in seinen Wissensbeständen begrifflich-theoretisch zu explizieren.[514]

Mannheims Überlegungen zur Erschließung von Wissensstrukturen stellen im Besonderen das „Denken und Verstehen [als] eine stets lebendige Funktion der sozialen Gemeinschaft"[515] in den Mittelpunkt seiner Wissenssoziologie. Dabei hebt er hervor, dass diese Funktionen kommunikativ konstruiert werden und sich das Individuum dabei an der Sprache bedient, die in seinem sozialen Raum erworben hat. Es greift somit auf Kommunikationsmittel zurück, die in seiner sozialen Praxis als legitim anerkannt sind.[516] Nach Mannheim ist Sprache in historisch gewordenen Erfahrungszusammenhängen manifestiert, weshalb sie „nicht bloß Sprache des sprechenden einzelnen ist, sondern gleichsam hinter dessen Rücken entstand"[517]. Aus diesem Grund sind „Problemstellungen, Begriffe, Kate-

---

509 Vgl. Jung, T. (2007): Die Seinsgebundenheit des Denkens: Karl Mannheim und die Grundlegung einer Denksoziologie. Bielefeld: transcript Verlag. S. 237.
510 Vgl. ebd., S. 237.
511 Bei dem Habitusbegriff rekurriert Mannheim auf das Habituskonzept von Bourdieu, nach dem es verschiedene Habitusformen gibt, die als „Systeme dauerhafter und übertragbarer Dimensionen [...] als Erzeugungs- und Ordnungsgrundlagen für Praktiken und Vorstellungen, die objektiv an ihr Ziel angepasst sein können, ohne jedoch bewußtes Anstreben von Zwecken" zu verstehen sind. Vgl. Mannheim, K. (1980), S. 106.
512 Vgl. Mannheim, K. (1970), S. 100.
513 Michael Polanyi (1958) verwendet für die Beschreibung des atheoretischen Wissen den Begriff „tacit knowledge", der mit stillschweigendes oder implizites Wissen übersetzt werden kann. Siehe dazu Polanyi, M. (1985): Implizites Wissen. Frankfurt am Main: Suhrkamp.
514 Mannheim, K. (1970), S. 100.
515 Vgl. Mannheim, K. et al. 1980, S. 163.
516 In seinen Arbeiten beschäftigte sich Mannheim intensiv mit der Realisierung von Wissen in verschiedenen Schichten und Wissenschaften und ihren dabei verwendeten Denkstilen und Methodologien. Siehe dazu Mannheim, K. (1964): Wissenssoziologie: Auswahl aus dem Werk. S. 409. Hrsg. von Wolff, K. et al.: Berlin: Luchterhand. S. 408–508.
517 Vgl. ebd., S. 409.

gorien, in denen der einzelne die historische Wirklichkeit denkt, nichts anderes als Teilausschnitte aus historisch gewordenen Erfahrungszusammenhängen"[518] und hängen somit von gesellschaftlichen Mechanismen ab. Bei dieser Manifestation historischer Erfahrungszusammenhänge betont Mannheim, dass zwischen der Begriffsgeschichte in den Geistes- und Naturwissenschaften zu unterscheiden ist:

> „Gerade weil im naturwissenschaftlichen Denken ein System, dasselbe System im Laufe der Zeiten ausgebaut wird, gibt es hier das Phänomen des Bedeutungswandels nicht, und es ist die Möglichkeit gegeben, den Denkprozeß als ein Fortschreiten auf eine, in einer einzigen Weise allein formulierbare Richtigkeit hin darzustellen. Es gibt in der Physik nicht mehrere ‚Kraftbegriffe' und sofern es solche historisch gab, sind sie als Vorstufe zur Findung der aus der ursprünglichen Systematisierungsintention vorgeschriebenen einzig richtigen Konzeption des ‚Kraftbegriffs', zu betrachten."[519]

Aus dieser Feststellung Mannheims kann abgeleitet werden, dass sich das Paradigma des subjektiven Wissens entsprechend des domänenspezifischen Kontextes unterscheidet. Demnach sind Wissensstrukturen innerhalb des naturwissenschaftlichen Denkens nicht in dem Maße durch einen Paradigmenwechsel geprägt, wie es beispielsweise für das gesellschaftswissenschaftliche Denken der Fall ist. Für gesellschaftswissenschaftliche Wissensstrukturen ist ein konjunktives Erkennen grundlegend[520], welches durch gemeinsame, geteilte Erlebnisse bzw. Erfahrungen von Individuen ermöglicht wird. Denn „[d]as Erfahrene ist durch und durch persönlich, [...], es ist ‚Dritten' nicht ohne weiteres mitteilbar."[521] Erst mit dem kommunikativen Wissen, das Mannheim dem konjunktiven Wissen gegenüberstellt, wird Wissen expliziert. Dieses Wissen wird insbesondere bei der Interaktion mit Personen relevant, die sich in unterschiedlichen konjunktiven Erfahrungsräumen bewegen. Hier wird über sprachliche Explizitheit das Wissen der einzelnen Person artikuliert.[522] Das Individuum besitzt beide Wissensformen, es handelt und denkt im konjunktiven Raum seines Milieus und im kommunikativen Austausch der Gesellschaft.

In Anlehnung an die wissenssoziologische Annahme von Mannheim kann für die Konstruktion von Schülervorstellungen abgeleitet werden, dass *Vorstellungen von Schüler*innen zu historischen Ereignissen* somit deutlich stärker durch übermittelte Erinnerungen beeinflusst sind, als es ihre Vorstellungen zu

---

518 Vgl. ebd., S. 409.
519 Vgl. ebd., S. 409.
520 Mannheim, K. (1980), S. 211.
521 Vgl. ebd., S. 215.
522 Ebd., S. 289.

naturwissenschaftlichen Ereignissen oder naturwissenschaftlichen Phänomenen sind.[523] Denn gesellschaftswissenschaftliche Denkstrukturen sind neben möglichen Strukturierungsintentionen auch durch Erinnerungen geprägt: Über die „Erinnerung eignet sich der Mensch Erfahrungen aus der Vergangenheit an."[524] Beiden Zugängen (Handlungsraum-Prinzip der sprachtheoretischen Perspektive der FP und konjunktiven Raum der Wissenssoziologie nach Mannheim) ist gemeinsam, dass sie das *Handeln von Menschen als eine zweckgebundene Tätigkeit* betrachten, bei dem auf Wissensbestände zurückgegriffen wird, die sich aus dem sozialen Raum konstruieren lassen. Überträgt man die Ansätze auf die Probanden[525] der vorliegenden Untersuchung, so sind auch sie einem gemeinsamen Handlungsraum, einem konjunktiven Erfahrungsraum zugehörig, der sich über ihre Rolle als Schüler*innen an Essener Schulen bestimmt, an denen sie in der Sekundarstufe I oder II am Geschichtsunterricht teilnehmen.

5.2 Fachdidaktische Perspektiven bei der Bestimmung von Schülervorstellungen

Innerhalb fachdidaktischer Disziplinen wird mit dem Konstrukt Vorstellungen bzw. Schülervorstellungen zunächst eine Abgrenzung zu fachlichen Konzepten bzw. zu fachlichem Wissen geschaffen. Dabei wird auf die potentielle Diskrepanz zwischen den subjektiven Vorstellungen der Schüler*innen und den zu erlernenden fachlichen Konzepten hingewiesen, die anhand didaktischer Modelle im Fachunterricht überwunden werden sollen. Um jedoch eine genaue *Bestimmung von Schülervorstellungen* aus fachdidaktischer Sicht festlegen zu können, ist eine solche Gegenüberstellung unzureichend. Aus *konstruktivistischer Sicht* stehen Vorstellungen in einem ursächlichen Zusammenhang zur Lebenswelt[526] der

---

523 Nach Mannheim ist auch naturwissenschaftliches Denken durch einen historisch bedingten Bedeutungswandel geprägt. Allerdings liegt diesem meistens kein multiperspektivischer Zugang zugrunde, was das historische Denken auszeichnet.
524 Vgl. Günther-Arndt, H. (2014), S. 25.
525 Für eine genaue Beschreibung der Probanden der Prästudie siehe Kapitel 7.1.1 und Hauptstudie siehe Kapitel 9.1.7.
526 Der Begriff Lebenswelt bezieht sich primär auf die subjektiven Erfahrungen und wird im Lernprozess als vorwissenschaftliche Handlungspraxis verstanden. Siehe dazu Günther-Arndt, H. (2006). Dabei können sich lebensweltliche Erfahrungen und wissenschaftliche Orientierungen gegenseitig bedingen, so dass diese beiden Wissenssysteme nicht absolut konträr betrachtet werden können. Siehe dazu Lange, D. (2004): Historisch-politische Didaktik. Zur Begründung historisch-politischen Lernens. Schwalbach/Ts: Wochenschau.

Schüler*innen, durch welchen sowohl ihr Wissenserwerb als auch ihre Wissensumsetzung beeinflusst wird.[527] Wissen kann demnach als eine subjektive Konstruktion und Lernen als „aktiver, konstruktiver Prozess in einem bestimmten Handlungskontext"[528] betrachtet werden. Folglich nehmen Schülervorstellungen für das Lernen eine zentrale Rolle ein und können im Unterricht in ihrer epistemologischen Dimension zur Sinnbildung über fachliche Inhalte führen. Für den Geschichtsunterricht, der im Rahmen der vorliegenden Untersuchung im Fokus der Analysen steht, können demzufolge über die Berücksichtigung von Schülervorstellungen historische Sinnbildungsprozesse gefördert werden.

Der oben dargestellte Zusammenhang von Schülervorstellungen und fachlichem Lernen ist für alle fachdidaktischen Disziplinen von zentraler Bedeutung, da davon ausgegangen wird, dass sie das Verstehen von Lerninhalten und damit den individuellen Lernprozess von Schüler*innen beeinflussen und bestimmen. Jedoch zeigen sich sowohl in der Tradition der Schülervorstellungsforschung als auch in ihren theoretischen Überlegungen und Bestimmungen fachspezifischen Unterschiede auf. Im Folgenden wird exemplarisch der deutschsprachige Forschungsdiskurs in der naturwissenschaftlichen Fachdidaktik skizziert, da in diesem eine lange Tradition der Schülervorstellungsforschung existiert und viele Fachdidaktiken in Anlehnung an die Forschungsergebnisse der Naturwissenschaften theoretische Modelle zur Erhebung und Einbindung von Schülervorstellungen im Unterricht bzw. an die Inhalte des Unterrichts entwickelt haben.[529] Anschließend wird der Forschungsdiskurs in der Geschichtsdidaktik dargestellt, dem dann die Diskussion um Schülervorstellungen im Geschichtsunterricht un-

---

527 Schuler, S. (2011): Alltagstheorien zu den Ursachen und Folgen des globalen Klimawandels. Erhebung und Analyse von Schülervorstellungen aus geographiedidaktischer Perspektive. Bochum: Europäischer Universitätsverlag. S. 16f.
528 Vgl. Reinmann, G./Mandl, H. (2006): Unterrichten und Lernumgebungen gestalten. S. 626. In: Krapp, A./Weidemann, B. (Hrsg.): Pädagogische Psychologie. Ein Lehrbuch. 6. Aufl. Weinheim: Beltz. S. 612–658.
529 Ein solches didaktische Modell ist das der Didaktischen Rekonstruktion, das ursprünglich in den naturwissenschaftlichen Fachdisziplinen (Kattmann, U./Duit, Reinders/Gropengießer, H./Komorek, M. (1997)) entwickelt und im Laufe der Zeit auf Fachdisziplinen wie die Geschichtsdidaktik übertragen wurde. Das iterative Modell versucht fachwissenschaftliche Vorstellungen und entsprechende fachliche Methoden, orientiert an den Lernbedingungen und Lernvoraussetzungen der Schüler*innen, in den Unterricht zu übertragen, so dass über didaktische Entscheidungen mitgebrachte Schülervorstellungen komplementär zu den fachlichen Inhalten und Konzepten des Unterrichts berücksichtigt werden sollen. Auf das Modell der Didaktischen Rekonstruktion soll im Laufe der vorliegenden Untersuchung nicht näher eingegangen werden.

ter den Bedingungen der Migrationsgesellschaft folgt, welche für die vorliegende Untersuchung von tragender Bedeutung ist.

5.2.1 Die Bedeutung von Schülervorstellungen im Diskurs der naturwissenschaftlichen Fachdidaktik

Die Erhebung und Erforschung von *Schülervorstellungen* entstand wesentlich in der *naturwissenschaftlichen Fachdidaktik*, die unter Einbezug konstruktivistischer Ansätze ihre Erkenntnisse in den Lehr-Lern-Diskurs einführte und diskutierte. Bereits in den 1970/80er Jahren finden sich naturwissenschaftliche Forschungsarbeiten zu Schülervorstellungen, die zu unterschiedlichen Themen Schülervorstellungen aus einer kognitivistischen Sichtweise untersuchen.[530] Dabei hat sich für die Naturwissenschaften „[d]er radikale Konstruktivismus[531] [...] im Verlaufe der 80er Jahre zur wichtigsten konstruktivistischen Referenzposition entwickelt."[532] Die Ergebnisse der Untersuchungen in der naturwissenschaftlich-fachdidaktischen Schülervorstellungsforschung sind gegenwärtig in der Forschungsperspektive des pragmatisch-moderaten Konstruktivismus zusammenzuführen, der sich zum zentralen theoretischen Rahmen in der Lehr-Lern-Forschung entwickelte und zur Konzeption von Modellen wie das der Didaktischen Rekonstruktion[533] führte.

Die Entwicklungen und Veränderungen der konstruktivistischen Perspektive im fachdidaktischen Forschungsfeld der Naturwissenschaften zu Schülervorstellungen führte auch zu einer *Begriffsentwicklung*, die das Eruieren von Schülervorstellungen bedeutend beeinflusste. Mit zentralen Grundbegriffen wie *Alltagsvorstellungen, Alltagstheorien* oder *Präkonzepte* wurde lange Zeit (und

---

530 Zu nennen sind u.a. die Arbeiten im englischsprachigen Raum: Warren, J.W.: Understanding Force. London: Murray 1979 und im deutschsprachigen Raum: u.a. Jung, W./Wiesner, H./Engelhard, P. (1981): Vorstellungen von Schülern über Begriffe der Newtonschen Mechanik. Empirische Untersuchung und Ansätze zu didaktisch-methodischer Folgerungen (Texte zur mathematisch-naturwissenschaftlich-technischen Forschung und Lehre, Bd. 8). Bad Salzdetfurth: Verlag Franzbecker; Schecker, H. (1985): Das Schülervorverständnis zur Mechanik – eine Untersuchung in der Sekundarstufe II unter Einbeziehung historischer und wissenschaftstheoretischer Aspekte. Dissertation, Universität Bremen.
531 Als Begründer des radikalen Konstruktivismus kann Ernst von Glaserfeld (1981, 1989) genannt werden.
532 Vgl. Duit, R. (1995): Zur Rolle der konstruktivistischen Sichtweise in der naturwissenschaftsdidaktischen Lehr- und Lernforschung. S. 908. In: Zeitschrift für Pädagogik. Jg. 41, Heft. 6. S. 905–923.
533 Siehe dazu Kattmann, U./Duit, Reinders/Gropengießer, H./Komorek, M. (1997).

zum Teil auch heute noch) davon ausgegangen, dass Schüler*innen über Fehlvorstellungen, sogenannte misconcepts, zu naturwissenschaftlichen Phänomenen verfügen, die über Alltagserfahrungen und alltagssprachliche Strukturen in den Unterricht mitgebracht werden. Dieser kognitivistische Ansatz von Fehlvorstellungen findet sich auch in der *Conceptual-Change-Forschung*[534] wieder. Schwierig erscheint diese Perspektive auf mitgebrachte Schülervorstellungen deshalb, weil sie von Fehlvorstellungen ausgehend keine kompetenzorientierte Sichtweise, sondern eine defizitorientierte fokussiert und somit fachliche Konzepte im Unterricht als „Sollzustand"[535] betrachtet, so dass letztlich Schülervorstellungen immer als defizitäre und rudimentäre Konzepte kategorisiert werden.

Die Analyse der *Funktion und der Bedeutung von Vorstellungen* für den fachspezifischen Lernprozess ermöglicht eine Distanzierung von der Perspektive der Fehlvorstellungen. In diesem Kontext ist in neueren Studien der naturwissenschaftlichen Schülervorstellungsforschung eine Abkehr von der Fehlkonzeptperspektive zu konstatieren. Schülervorstellungen können nicht schon als Fachkonzepte betrachtet werden, denn

> „Schüler, die mit eigenen Vorstellungen ihre Deutungen äußern, machen keine fachwissenschaftlichen Aussagen. Sie können daher nicht angemessen erfasst werden, wenn sie anhand eines fachwissenschaftlichen Rasters beurteilt werden, das kontextfremd an sie angelegt wird"[536]

Gropengießers (2001) Systematisierung der verwendeten Begrifflichkeiten zu Vorstellungen im naturwissenschaftlichen Diskurs[537] ermöglicht die Differenzierung des Vorstellungsbegriff a) nach dem Kontext der Verwendung, b) nach dem Grad der Bewusstheit und c) nach dem Grad ihrer Komplexität.[538] Die Differenzierung von Schülervorstellungen nach ihrer Komplexität unterteilt Gro-

---

534 Die Conceptual-Change-Forschung meint Prozesse der Veränderung von Wissensstrukturen und führte in ihrer Genese aus unterschiedlichen Ansätzen heraus zu verschiedenen Modellen. Zu kognitiven Ansätzen des Conceptual Change siehe beispielsweise Vosniadou, S./Brewer, W. F. (1992): Mental models of the earth: A study of conceptual change in childhood. In: Cognitive Psychology, 24. S. 535–585, zum situativen Ansatz des Conceptual Change siehe beispielsweise Caravita, S./Halldén, O. (1994): Reframing the problem of conceptual change. In: Learning and Instruction, 4. S. 89–111.
535 Vgl. Lange, D. (2004), S. 246.
536 Vgl. Kattmann, U./Großengießer, H. (1996): Modellierung der didaktischen Rekonstruktion. S. 189. In: R. Duit/C. von Rhöneck (Hrsg.): Lernen in den Naturwissenschaften. Kiel: IPN an der Universität Kiel, S. 180–204.
537 Gropengießer, H. (2001), S. 31.
538 Ebd.

pengießer in *vier weitere Stufen, die er Begriffe, Konzept, Denkfigur und subjektive Theorie* nennt. Gropengießers Differenzierung folgend können Vorstellungen auf jeder Stufe sprachlich und referenziell unterschiedlich realisiert werden. Im Folgenden werden die vier Stufen nach Gropengießer verdeutlicht:

- *Begriffe* sind nach Gropengießer die einfachsten Vorstellungselemente. Sie werden sprachlich über einzelne Begriffe realisiert. Dabei kann es sich um Fachbegriffe handeln oder auch Wörter, die kontextualisiert werden. Begriffe beziehen sich auf Gegenstände oder Ereignisse. Mitgebrachte Begriffe können dabei von fachlichen Begriffen abweichen, die für das fachliche Konzept relevant sind.
- *Konzepte* meinen nach Gropengießer solche Vorstellungen, die durch verschiedene Begriffe in Form einer Aussage sprachlich verbalisiert werden. Die Begriffe stehen in einem kausalen Zusammenhang und beziehen sich auf einen Sachverhalt.
- Die Stufe der *Denkfiguren* wird bei Gropengießer als komplexere Vorstellung beschrieben, die sich auf einen Wirklichkeitsaspekt bezieht. Denkfiguren werden über die sprachliche Handlung *Erklären* als Norm oder Grundprinzip konstruiert. In ihrer Komplexität kann sich eine Denkfigur auf eine erkenntnistheoretische Annahme beziehen und trägt somit einen epistemologischen Wert.
- Als *subjektive Theorien* beschreibt Gropengießer sehr komplexe Vorstellungen, die sich umfassend auf einen Wirklichkeitsbereich beziehen. Subjektive Theorien setzten sich zusammen aus Konzepten und Denkfiguren, die in ihrer sprachlichen Realisierung über komplexe Aussagegefüge verbalisiert werden.[539]

Gropengießers Systematisierung von Vorstellungen als gedankliche Konstrukte ermöglicht es, den Komplexitätsgrad von Schülervorstellungen im naturwissenschaftlichen Unterricht entsprechend ihrer referenziellen und sprachlichen Verbalisierung in Verhältnis zu setzten.[540]

Ziel naturwissenschaftlicher Fachdidaktiken ist entsprechend der Ergebnisse aus empirischen Untersuchungen für den unterrichtlichen Kontext wissenschaft-

---

539 Ebd., S. 31.
540 Christian Mathis (2015) nutzt Gropengießers naturwissenschaftliche Differenzierung des Begriffs Vorstellung und verwendet diese als terminologische Grundlage bei der Untersuchung und Systematisierung der Vorstellungen zum historischen Wandel. Siehe dazu Mathis, C. (2015): „Irgendwie ist doch da mal jemand geköpft worden" Didaktische Rekonstruktion der Französischen Revolution und der historischen Kategorie Wandel. Baltmannsweiler: Schneider Verlag Hohengehren.

lich angemessene, präzise Fachkonzepte zu vermitteln, die an die mitgebrachten Vorstellungen anknüpfen und diese zur Modifikation bzw. Weiterentwicklung führen können.[541]

Für dieses Ziel ermöglicht die Differenzierung von Gropengießer einen ersten analytischen Zugang zu Schülervorstellungen, der unter Berücksichtigung der Perspektiven der vorliegenden Untersuchung allerdings weiter ausdifferenziert werden müsste. In Anlehnung an die Forschungsfrage der vorliegenden Untersuchung braucht der systematisch-analytische Zugang zu Schülervorstellungen einen sprachanalytischen Zugriff auf die mentalen Verarbeitungen zum individuellen Wissen zum Osmanischen Reich. Über die Analyse der sprachlichen Formen und ihrer Funktionen sollen die Schülervorstellungen unter systematischer Berücksichtigung des mentalen Bereichs der Schüler*innen rekonstruiert werden. Eine solche Verschränkung über die Wissens- und Sprachsoziologie als Analyseperspektive wird im Forschungskontext der naturwissenschaftlichen Fachdidaktiken bei der Analyse von Schülervorstellungen nicht berücksichtigt.

Die Beschäftigung mit Schülervorstellungen in den naturwissenschaftlichen Fachdidaktiken stellte den ersten Diskurs zu Schülervorstellungen im deutschsprachigen Raum dar. Jedoch liegt für die vorliegende Untersuchung der Fokus auf der Auseinandersetzung mit Schülervorstellungen im geschichtsdidaktischen Diskurs. Aus diesem Grund wird im Folgenden diskutiert, wie Schülervorstellungen in der Geschichtsdidaktik untersucht werden und ob Ähnlichkeiten zum Diskurs in den Naturwissenschaften festzustellen sind.

5.2.2 Schülervorstellungen im geschichtsdidaktischen Diskurs

Im Vergleich zu der breit angelegten Forschung zu Schülervorstellungen in den naturwissenschaftlichen oder technischen Fächern lässt sich in der *geschichtsdidaktischen Schülervorstellungsforschung* eine *geringere Forschungsaktivität* festhalten.[542] Auch wenn in den letzten Jahren die theoretische und empirische Erforschung von Schülervorstellungen sowie die Entwicklung von Modellen immer mehr an Bedeutung gewinnen[543], ist die Aufmerksamkeit im geschichtsdidaktischen Diskurs gegenüber Schülervorstellungen im Gegensatz zu anderen Fachdidaktiken eher marginal. Dabei ist gerade der Geschichtsunterricht ohne die Auseinandersetzung mit Schülervorstellungen nicht denkbar, da besonders

---

541 Duit, R. (1995).
542 Günther-Arndt, H. (2014), S 29.
543 Siehe dazu insbesondere die Arbeiten von Günther-Arndt, H. (2014), Mathis, C. (2009), Dück, A. (2013) Georgi, V. (2003).

mitgebrachte Schülervorstellungen zu gesellschaftlich-historischen Inhalten resistent gegenüber schulisch-historischem Lernen sind.[544]

Im Folgenden wird versucht, den Begriff *Schülervorstellung für die deutschsprachige Geschichtsdidaktik* zu *bestimmen*, um dann einen Überblick über die Auseinandersetzung mit dem Vorstellungsbegriff im Forschungsdiskurs der Geschichtsdidaktik herauszuarbeiten.

In der geschichtsdidaktischen Forschung leitet sich der Begriff Schülervorstellungen von dem englischen Begriff *conception* ab und meint Begriffe, Konzepte und Theorien, die das Individuum im Laufe seines Lebens entwickelt und mit denen es ein historisches Ereignis oder einen historischen Gegenstand konstruiert und erklärt. Diese Vorstellungen sind subjektiv geprägt und sind von reflektiertem historischem Wissen zu unterscheiden.[545] Neben dieser Beschreibung des Conception-Begriffs findet sich auch die Bezeichnung *vorwissenschaftliche Konzepte* (Kattmann et al. 2005) oder *naive bzw. subjektive Theorien*[546]. Dass der Begriff *Vorstellung* in der Geschichtsdidaktik nicht genau spezifizierbar ist, zeigt sich an weiteren Bestimmungsversuchen. Neben der im Forschungsdiskurs oft rezitierten Bestimmung nach Günther-Arndt (2004) findet sich eine Bestimmung des Vorstellungsbegriffs bereits 1989 bei v. Borries, der Vorstellungen als eine *Akkumulation von kognitiven und affektiven Voraussetzungen und Eigenschaften* der Schüler*innen beschreibt. Er spricht von Wissen und Vorurteilen, Einstellungen und Erwartungen, Phantasien und Erinnerungen, Denkfiguren und Moralurteilen.[547] Auch Schörken beschreibt den Vorstellungsbegriff, indem er ihn als Imaginationskraft im Sinne innerer Vorstellungen bestimmt. Dabei verweist er darauf, dass der Begriff im alltäglichen Gebrauch keine klare Verwendung aufweist, so dass er eine Vielfalt an Bedeutungen zulässt.[548]

Dieser in gewisser Weise als *Dissens* zu beschreibende Zustand innerhalb der Schülervorstellungsforschung verdeutlicht, dass in der Geschichtsdidaktik *keine präzise Einordnung in der Begriffsverwendung* besteht, was unter anderem auf den Bedarf empirischer Untersuchungen hinweist, mit denen domänenspezifische theoretische Modelle entwickelt und weiterführende Erkenntnisse zur Verortung des Konstrukts Vorstellungen innerhalb der Geschichtsdidaktik nötig sind.

---

544 Aus geschichtsdidaktischer Perspektive siehe Günther-Arndt, H. (2014), aus wissenssoziologischer Perspektive siehe Mannheim (1980).
545 Günther-Arndt, H. (2014), S. 28.
546 Vgl. Lange, K. (2011), S. 53.
547 Borries (1989).
548 Schörken, R. (1994), S. 23.

Die vorliegende Untersuchung rekurriert auf die Definition von Günther-Arndt, die Schülervorstellungen entsprechend ihrer Qualität als Begriffe, Alltagskonzepte und subjektive bzw. implizite Theorien beschreibt. Wie die meisten fachdidaktischen Schülervorstellungsdiskurse beschäftigt sich auch der geschichtsdidaktische Diskurs mit dem Zusammenhang von mitgebrachten Schülervorstellungen und fachlichen Konzepten. Innerhalb der Geschichtsdidaktik geht es dabei um einen Konzeptwechsel von subjektiven historischen Schülervorstellungen zu historischen Fachkonzepten im Geschichtsunterricht. Günther-Arndt (2006) beschreibt diesen historischen Zusammenhang von der Verbindung zwischen historischen Schülervorstellungen und historischen Fachkonzepten als einen kausalen Zusammenhang, mit dem „Schülervorstellungen […] zum Verstehen der im Geschichtsunterricht behandelten historischen Sachverhalte genutzt [werden]. Erklärungen werden z. B. nicht aus einer historischen Quelle ‚herausgelesen', sondern an sie herangetragen."[549] Dieser grundlegende Zusammenhang ist für den historischen Lernprozess im Geschichtsunterricht ausschlaggebend.

Für die *Systematisierung der Komplexität von Schülervorstellungen* wird auch in der geschichtsdidaktischen Schülervorstellungsforschung zumeist auf das Stufenmodell von Gropengießer (Kap. 5.2.1) zurückgegriffen, womit die Bildung von Schülervorstellungen zu historischen Gegenständen den Ebenen „Begriffe (Objekten, Ereignisse), Konzepte (Sachverhalte), Denkfiguren und Theorien"[550] zugeordnet werden kann. Dabei können sich Schülervorstellungen auf alle historischen Erscheinungen beziehen: auf Personen oder bestimmte Beweggründe von Personen, auf Ereignisse, Handlungen wie auch auf Institutionen, Strukturen und noch komplexer auf den Zusammenhang von Ursachen und Folgen von Ereignissen.[551]

Schüler*innen *aktivieren ihre mitgebrachten Vorstellungen* zu einem historischen Gegenstand im Geschichtsunterricht, um neue historische Informationen aufnehmen zu können, „ohne die fände gar kein Lernen statt."[552] Allerdings sind mitgebrachte Vorstellungen häufig widerstandsfähig und nicht einfach aufzubrechen, da sie sich als implizite Theorien in vielfältigen Situationen als geeignet

---

549 Vgl. Günther-Arndt, H. (2006), S. S. 274.
550 Vgl. ebd., S. 274.
551 Günther-Arndt, H. (2004): Fremdverstehen, Schülervorstellungen und qualitative Forschung. S. 218. In: Alavi, B./Henke-Bockschatz, G. (Hrsg.): Migration und Fremdverstehen. Geschichtsunterricht und Geschichtskultur in der multiethnischen Gesellschaft (Schriften zur Geschichtsdidaktik, Bd. 16). Idstein: Schulz-Kirchner Verlag. S. 215–220.
552 Vgl. ebd., S. 219.

erwiesen haben, um bestimmte Ereignisse oder Geschehnisse zu erklären. So kann die Konsistenz von Vorstellungen dazu führen, dass manche Vorstellungen von Schüler*innen parallel zum Schulwissen unverändert existieren und „die Alltagsvorstellungen gelangen in entsprechenden Kontexten weiter zur Anwendung."[553]

Wie im Kap. 5.2.1 gezeigt wurde, kategorisieren manche fachdidaktischen Forschungsdiskurse Schülervorstellungen als subjektive bzw. implizite Theorien von Schüler*innen, so dass sie für das schulische Lernen als Fehlkonzepte betrachtet werden. Aus konstruktivistischer Perspektive können Schülervorstellungen aber als alternative konzeptuelle Bezugsrahmen zu den im Unterricht vermittelten Fachkonzepten betrachtet werden. Schülervorstellungen als Fehlkonzepte zu kategorisierten, erweist sich insbesondere angesichts der domänenspezifischen Konstitution des Unterrichtsfaches Geschichte als nicht sinnvoll, da „Historiker keine Objekte der physikalischen Welt beobachten und messen und sie nicht im eigentlichen Sinne Hypothesen aufstellen und falsifizieren können."[554] Schülervorstellungen im Geschichtsunterricht sind somit nicht als ‚falsch' einzustufen, da die Grenzen zwischen den Schülervorstellungen und den Fachkonzepten aufgrund der domänenspezifischen Besonderheiten des Faches permeabel sind.[555] So arbeitet die Geschichtsdidaktik vorwiegend mit dem Begriff *Vorstellungen* als alternativen konzeptuellen Bezugsrahmen, auch wenn Forschungsergebnisse verdeutlicht haben, dass Schüler*innen „selten ein konzeptuelles Verständnis von Geschichte"[556] entwickeln.

Um die *Diskrepanz zwischen den alternativen konzeptuellen Bezugsrahmen und den fachlichen Konzepten des Geschichtsunterrichts* zu verdeutlichen, fasst Günther-Arndt (2014) empirisch belegte zentrale Ergebnisse zusammen, die an dieser Stelle skizziert werden sollen. Günther-Arndt geht zuerst auf die Ergebnisse von Halldén ein, der in Anlehnung an seine Studien zu Geschichtsvorstellungen von Kindern und Jugendlichen die Hauptschwierigkeit impliziter Theorien in der personifizierten und personalisierten Konstruktion von Geschichte im Geschichtsunterricht sieht, was bei Schüler*innen zu einem ‚Verharren' in den subjektiven Theorien führt.[557] In Anlehnung an die Ergebnisse von

---

553 Vgl. Schnotz, W. (1998): Conceptual Change. S. 77. In: Rost, D. H. (Hrsg.): Handwörterbuch Pädagogische Psychologie. Weinheim: Beltz PVU. S. 75–81.
554 Vgl. Günther-Arndt, H. (2006), S. 273.
555 Zülsdorf-Kersting, M. (2007), S. 27.
556 Vgl. Günter-Arndt, H. (2014), S. 29.
557 Halldén, O. (1997): Conceptual Change and the Learning of History. In: International Journal of Educational Research 27/3: Explanation and Understanding in Learning History. S. 201–210.

Halldén referiert Günther-Arndt aus Ergebnissen des deutschsprachen Raums der geschichtsdidaktischen Forschung, die auf ähnliche Ergebnisse hinweisen. Sie verweist auf Untersuchungen von Zülsdorf-Kersting (2007), Stöckle (2011) und Mathis (2013) und nennt die *Dominanz lebensweltlicher Konzepte*, mit denen Schüler*innen bekannte Erfahrungen ohne weiteres auf die Vergangenheit transferieren, da ihre Erklärungen für sie plausibel sind. Ihre lebensweltlichen Konzepte sind so stark, dass weder eine historische Kontextualisierung noch eine Reflexion stattfinden.

Mit der Untersuchung von Lange (2011) verweist Günther-Arndt auf *dichotome Basiskonzepte* wie *arm-reich, alt-jung* usw., mit denen Schüler*innen historische Gegenstände deuten und diese koexistent zu fachlichen Konzepten einsetzen. Mitgebrachte dichotome Basiskonzepte sind, so Lange, „wirkmächtiger [und] bleiben Teil unseres kognitiven Systems, in dem unser Wissen organisiert ist."[558]

Die Studien von Martens (2010), Lange (2011) und Schönemann u. a. (2011[559]) kommen u. a. zu dem Ergebnis, dass Schüler*innen kaum bis keine Vorstellungen darüber entwickeln, wie historisches Wissen entsteht. Demzufolge betrachten Schüler*innen historische Quellen und Darstellungen „in der Regel als Abbild der historischen Vergangenheit, der historischen Wirklichkeit"[560], so dass es für sie die eine Wahrheit gibt. *Multiperspektivisches historisches Denken sowie Geschichte als Konstrukt* zu betrachten, wird mit solchen epistemologischen Überzeugungen nicht möglich.[561]

Die *Ergebnisse der geschichtsdidaktischen Schülervorstellungsforschung* bettet Günther-Arndt in einen zentralen Rahmen von Bedingungen für die Analyse von Schülervorstellungen ein. Dabei nennt sie erstens die *Relevanz von Zeitdifferenz*, bei der die Bezugnahme von Vorstellungen beim Deuten von Geschichte berücksichtigt werden muss. Sie spricht von einem undifferenzierten Gegenwartsbezug, der zur Nichterkennung von Zeitdifferenz führen kann. Aus diesem Grund kann aus Sicht von Günther-Arndt ein reflektiertes Geschichtsbewusstsein nicht aufgebaut werden. Als Zweites nennt sie das *Denken in Analogien*, das historische Gegenstände trotz veränderter Zeitverhältnisse (Vergangenheit-Gegenwart) in ein gleiches Verhältnis setzen lässt. Mit dem dritten Aspekt spricht Günther-Arndt von der *Bedeutung von Sprache des Geschichtsunterrichts*, der

---

558 Vgl. Lange, K. (2011), S. 268.
559 Siehe dazu Schönemann, B./Thünemann, H./Zülsdorf-Kersting, M. (2011): Was können Abiturienten? Zugleich ein Beitrag zur Debatte über Kompetenzen und Standards im Fach Geschichte. Berlin, Münster, Wien, Zürich, London: LIT Verlag.
560 Vgl. Lange, K. (2011), S. 266.
561 Günther-Arndt, H. (2014), S. 29f.

ihr eine Restringiertheit und gleichzeitig eine Relativität zuschreibt, die ihrer Vermutung nach „wahrscheinlich [...] eine tiefe Auseinandersetzung mit dem Sachverhalt"[562] verhindert. Allerdings zeigt die Betrachtung der Fachsprache des Geschichtsunterrichts, dass sie spezifische Strukturen aufweist.[563] Daraus kann abgeleitet werden, dass Schüler*innen nicht an mitgebrachte, alltagssprachliche Kompetenzen anknüpfen können, wenn im Geschichtsunterricht fachliche Konzepte sprachlich verbalisiert werden sollen. Die Realisierung bedarf fachsprachlicher Strukturen, die i.d.R. den alltäglichen sprachlichen Mitteln und Handlungen der Schüler*innen nicht entsprechen. Wenn beispielsweise Verhältnisse innerhalb einer Verfassungsform beschrieben oder erklärt werden sollen, müssen Schüler*innen entsprechende sprachliche Handlungen und damit entsprechende sprachliche Mittel aktivieren. Dazu müssen sie Verben wie *wählen, auflösen, ernennen, entsenden* passend zum fachlich-historischen Kontext kennen und korrekt verwenden können. Der Rückgriff auf alltagssprachliche Kompetenzen reicht häufig in solchen Zusammenhängen nicht aus bzw. ist nicht fachlich korrekt.

Die *alltagssprachlichen Kompetenzen* der Schüler*innen sind genauso heterogen wie ihre Vorstellungen. Aus diesem Grund erscheint eine Konkretisierung der Aussagen Günther-Arndts zur Sprache im Geschichtsunterricht und ihren Einfluss auf mitgebrachte Schülervorstellungen notwendig. Das Unterrichtsfach Geschichte verfügt über domänenspezifische fachsprachliche Handlungen, die beim historischen Denken als Sinnbildungsstrukturen fungieren. Besonders die eher alltagssprachlich wirkenden sprachlichen Strukturen sind diffiziler als explizierbare fachsprachliche Strukturen naturwissenschaftlicher Unterrichtsfächer.[564] Besonders für die „Rekonstruktion historischer Denkwelten"[565]

---

562 Vgl. Günther-Arndt, H. (2014), S. 32
563 Siehe dazu z.B. Handro, S. (2013): Sprache und historisches Lernen. Dimensionen eines Schlüsselproblems des Geschichtsunterrichts. In: Becker-Motzek, M./Schramm, K./Thürmann, E./Vollmer, H. J. (Hrsg.): Sprache im Fach. Sprachlichkeit und fachliches Lernen (Fachdidaktische Forschung, Bd. 3). Münster: Waxmann. S. 317–333 oder Bernhardt, M./Conrad, F. (2018) (Hrsg.): Sprachsensibler Geschichtsunterricht. Geschichte lernen 31/182: Sprachsensibler Geschichtsunterricht. Seelze: Friedrich Verlag.
564 Bernhardt, M./Wickner, M. C. (2015): Die narrative Kompetenz vom Kopf auf die Füße stellen. Sprachliche Bildung als Konzept der universitären Geschichtslehrerausbildung. S. 281. In: Benholz, C./Frank, M./Gürsoy, E. (Hrsg.): Deutsch als Zweitsprache in allen Fächern. Konzepte für die Lehrerbildung und Unterricht. Stuttgart: Filibach bei Klett. S. 281–296.
565 Vgl. Günther-Arndt, H. (2010): Hinwendung zur Sprache in der Geschichtsdidaktik. Alte Fragen und neue Antworten. S. 45. In: Handro, S./Schönemann, B.

von Schüler*innen, welche „nur als Sprachwelten zugänglich"[566] sind, bedarf es theoretisch, empirisch wie pragmatisch angelegter Untersuchungen zum Verhältnis von Geschichtslernen und Sprache, die auch in den Geschichtsunterricht mitgebrachte Schülervorstellungen im Vergleich zu historischen Inhalten aus sprachlicher Perspektive berücksichtigen. Die Eruierung von Schülervorstellungen könnte beispielsweise mögliche Diskrepanzen zwischen von Schüler*innen verwendeten sprachlichen Handlungsmustern und den Anforderungen des Geschichtsunterrichts beim historischen Erklären aufdecken und vor allem Unterstützungsmöglichkeiten zum Aufbau einer Fachsprache und damit den Zugang zum historischen Lernen ermöglichen.

5.3 Schülervorstellungen im Geschichtsunterricht unter den Bedingungen der Migrationsgesellschaft

Ein Blick in die aktuelle geschichtsdidaktische Forschungslage zu Schülervorstellungen zeigt, dass nur wenige Arbeiten bei der Untersuchung von Schülervorstellungen auch migrationsspezifische Bedingungen berücksichtigen. Diese wenigen Arbeiten betrachten gesellschaftliche Kategorien wie ‚ethnische Zugehörigkeiten' oder ‚Identität', mentale Phänomene der Bewusstseinsbildung oder auch Denkweisen wie ‚Rassismus' und analysieren ihren Zusammenhang zum historischen Lernen und Denken.[567] Viele der institutionellen Herausforderungen, so auch die Frage nach In- und Exklusion jedes/jeder einzelnen Schülers/Schülerin, bleiben noch im Vagen. Empirische Forschung mit einem dezidiert differenzkritisch-fachlichen Bezug ist noch wenig bis gar nicht durchgeführt worden. Auch wurde aus den Darstellungen bisher deutlich, dass den gesellschaftlich/institutionell-fachlichen Herausforderungen nur interdisziplinär begegnet werden kann. Die Geschichtsdidaktik steht mit diesem Ist-Stand vor der Herausforderung, neue Konzepte für eine sich im Wandel befindende Schullandschaft zu entwickeln, die durch die Bedingungen der Migrationsgesellschaft geprägt ist. Will man nun *Schülervorstellungen unter Berücksichtigung der Migrationsgesellschaft eruieren und analysieren*, spielt auch dafür die *Identifizierung von Passungen und Divergenzen* zwischen Schülervorstellungen und den Anforderungen des Geschichtsunterrichts eine zentrale Rolle. Denn das Erkennen von Passungen und Divergenzen kann zur Entwicklung von Leitlinien für das

---

(Hrsg.): Geschichte und Sprache (Zeitgeschichte – Zeitverständnis, Bd. 21). Berlin: LIT Verlag. S. 17–46.
566 Vgl. ebd., S. 45.
567 Siehe dazu Kap. 3.6.

historische Lernen und Denken und damit einen Zugang zu historischen fachspezifischen Konzepten führen.

Auch der Diskurs um den sogenannten *Interkulturellen Geschichtsunterricht* (Kap. 3.6) versucht bei der Auseinandersetzung mit dem Geschichtsunterricht die migrationsbedingte Wirklichkeit zu berücksichtigen. Unterrichtsprinzipien wie Fremdverstehen oder Alterität, mit denen Schüler*innen einen authentischen Zugang zu historischen Inhalten erhalten sollen, werden hinterfragt.[568]

Im Vergleich zu der Auseinandersetzung mit ausgewählten Unterrichtsprinzipien ist die kritische Beschäftigung mit dem *Kultur*begriff (Kap. 4.2, 5.4) unter den Bedingungen der Migrationsgesellschaft nicht ausreichend diskutiert. Auch wenn der geschichtsdidaktische Diskurs theoretisch ein dynamisches Kulturverständnis zugrunde legt, das Kultur als ein ‚gemeinsames System' versteht, braucht es eine kontinuierliche Entwicklung und perspektivische Veränderung des Kulturbegriffs für historische Vorstellungen. Der empirische Untersuchungsstand zeigt, dass der Kulturbegriff in seiner dynamischen Auffassung ein normatives Verständnis als Ausgangspunkt hat. Folglich wird *Migration als Erscheinung der Gesellschaft nicht als reales gesellschaftliches Phänomen betrachtet und sein Einfluss auf den Geschichtsunterricht nicht als lebensweltliches Phänomen berücksichtigt*. Über ‚Kultur' als Untersuchungsmerkmal wird somit eher eine *Differenzdimension* des Diskurses ‚Geschichtsunterricht' konstruiert, mit der die Kategorisierung in *Passung und Divergenz* zwischen mitgebrachten Schülervorstellungen und Anforderungen des Geschichtsunterrichts im Hinblick auf die Kategorie ‚Ethnizität' produziert wird.

Die Berücksichtigung einer migrationsbedingten Wirklichkeit der Gesellschaft und ihr Einfluss auf den Geschichtsunterricht machen einen wissenschaftlichen Diskurs notwendig, der *Prozesse menschlichen Handelns in den Vordergrund rücken lässt und Kultur als ein Konstrukt eines sozialen Systems* betrachtet; die Konstruktion ‚ethnischer' oder ‚nationaler' Zuschreibungen (beispielsweise ‚ihr Araber') müssten in einem solchen Diskurs reflektiert werden.

Bezogen auf die vorliegende Untersuchung bedeuten diese Überlegungen für die Rekonstruktion von Schülervorstellungen, dass unabhängig vom sogenannten Migrationshintergrund der Schüler*innen mitgebrachte Diskurse eruiert werden sollten, die für das historische Lernen im Geschichtsunterricht eine zentrale Rolle einnehmen können, im bisherigen Forschungsdiskurs angesichts eurozentrischer bzw. an manchen Stellen nationalorientierter Geschichtsvermittlungen im Geschichtsunterricht unberücksichtigt blieben.

Um dieses Desiderat wissenschaftlich bearbeiten zu können, wird für die vorliegende Untersuchung der Ansatz der Migrationspädagogik herangezogen,

---

568 Siehe dazu Kap. 3.6.

der Migration als „universelle menschliche Handlungsform"[569] betrachtet und ‚Kultur' als damit verbundenes kulturelles Wissen aus der sozialen Position des Individuums heraus ansieht. Diesem Ansatz liegt ein Kulturverständnis zugrunde, das *kulturelles Wissen als ein in einem gesellschaftlich bedingten Handlungsraum angelegtes Handlungswissen* betrachtet.

---

[569] Vgl. Mecheril, P. (2016), S. 9.

6 Passungen und Divergenzen: das Osmanische Reich als historischer Gegenstand

In diesem Großkapitel werden ausgewählte Themenbereiche aus dem fachwissenschaftlichen Diskurs zum Osmanischen Reich im deutschsprachigen Forschungsdiskurs thematisiert. Die Auswahl der Themenbereiche begründet sich durch die Relevanz der Inhalte für eine mögliche Behandlung im Kontext des Geschichtsunterrichts. Um eine solche Auswahl der Themen zu treffen, wurden Beiträge aus dem geschichtsdidaktischen und geschichtswissenschaftlichen Diskurs herangezogen, in denen der Inhalt Osmanisches Reich im Hinblick auf das historische Lernen im Geschichtsunterricht fachwissenschaftlich diskutiert wird. Bei den Beiträgen handelt es sich um theoretisch fundierte und didaktisch-methodisch für Geschichtsunterricht aufbereitete Vorschläge oder Hinweise aus gängigen geschichtsdidaktischen und geschichtswissenschaftlichen Zeitschriften.[570] Die ausgewählten Zeitschriften behandeln historische Inhalte fachlich fundiert und thematisieren Inhalte, in denen im Vergleich zu institutionell legitimierten Inhalten des Geschichtsunterrichts in NRW weiterführende curricular zentrale Epochen, historische Quellen und didaktisch-methodische Fragen für den Geschichtsunterricht besprochen werden.

Der Inhalt Osmanisches Reich, der für die vorliegende Arbeit bei der Rekonstruktion der Schülervorstellungen zentral ist, wird unter Berücksichtigung der in den ausgewählten Zeitschriften besprochenen Inhalte und unter Rückgriff auf den wissenschaftlichen Diskurs diskutiert. Die Entscheidung für diese Vorgehensweise begründet sich aus der vorliegenden Arbeit selbst, da es um die Rekonstruktion von Schülervorstellungen zum Osmanischen Reich geht, die von Schüler*innen in den Geschichtsunterricht mitgebracht werden und somit für den Geschichtsunterricht einer fachlich fundierten Grundlage bedürfen.

Die Sichtung der Zeitschriften ergab, dass für die Thematisierung des Inhaltes Osmanisches Reich im Geschichtsunterricht auf folgende Inhaltsbereiche eingegangen wird:

---

570 Für die Sichtung der Beträge wurden die gängigen geschichtsdidaktischen Zeitschriften *Geschichte lernen* und *Praxis Geschichte* sowie die Zeitschrift *Geschichte in Wissenschaft und Unterricht* herangezogen, die geschichtsdidaktische Diskurse fachdidaktisch und fachwissenschaftlich behandeln und auch häufig von Lehrkräften für den Geschichtsunterricht der Sekundarstufe I und II verwendet werden.

- Ursprung und Ausbreitung des Osmanischen Reichs
- Innere Struktur und Ordnung im Osmanischen Reich
- Gesellschaftliche und politische Entwicklungen im Übergang vom Osmanischen Reich zur Republik Türkei[571]

An diesen Inhaltsbereichen orientiert, werden in diesem Kapitel zentrale Aspekte aus fachwissenschaftlicher Perspektive diskutiert. Beginnend mit dem historischen Diskurs über die Entstehung und den Ursprung des Osmanischen Reiches werden in Kapitel 6.2 die strukturellen Besonderheiten der Bevölkerung im Osmanischen Reich vorgestellt. Das Phänomen Knabenlese (tr. Devşirme), das eine zentrale Rolle für die Vergrößerung der osmanischen Bevölkerung hatte, wird anschließend unter Berücksichtigung verschiedener historischer Perspektiven diskutiert. An diese Diskussion schließt das Kapitel 6.4 an, in dem die Funktion des Harems im Osmanischen Reich betrachtet wird. Der Harem kann als eine bedeutende Institution des Osmanischen Reichs angesehen werden, über die im historischen Diskurs starke Kontroversen zu finden sind. Aus diesem Grund werden verschiedene Perspektiven und Diskurse zum Harem thematisiert. Im 17. und 18. Jahrhundert begann der Niedergang des Osmanischen Reichs, der zum einen durch die militärischen Niederlagen gegen europäische Gegner, zum anderen durch innenpolitische Schwierigkeiten ausgelöst wurde. Im 19. Jahrhundert schwächten nationale Entwicklungen in Europa immer mehr die Position des Osmanischen Reichs. Zur Zeit dieser außenpolitischen Entwicklung wurden im Osmanischen Reich die sogenannten Tanzimat-Reformen durchgeführt, die das Osmanische Reich stärken sollten, jedoch es in der Tat weiter schwächten. Diese für das Osmanische Reich relevante Periode wird in Kapitel 6.5 skizziert. Als Reaktion auf die außen- und innenpolitischen Entwicklungen im Osmanischen Reich entstand schließlich die Bewegung der sogenannten Jungtürken, die die Basis der nationalen Bewegung des Osmanischen Reichs und später der Republik Türkei bildete. Diese für das Ende des Osmanischen Reich bedeutende Bewegung wird in Kapitel 6.6 vorgestellt.

Welches Nationenverständnis dem Osmanischen Reich zugrunde lag und welche Rolle dieses Verständnis in der Gegenwart spielt, wird abschließend in Kapitel 6.7 diskutiert.

---

571 Die Generierung der Themen stellt im Rahmen der vorliegenden Untersuchung nicht den Anspruch, ‚die' Geschichte des Osmanischen Reichs abzubilden; im Gegenteil. Es wird deutlich, dass im schulisch-didaktischen Diskurs zum Inhalt Osmanisches Reich immer wieder bestimmte historische Kontexte thematisiert und als für den Geschichtsunterricht relevant hergehoben werden.

6 das Osmanische Reich als historischer Gegenstand

Die Auseinandersetzung mit dem Osmanischen Reich aus fachwissenschaftlicher Perspektive hat gezeigt, dass manche Themen sich für einen diskursiv-vergleichenden Zugang anbieten, andere wiederum einer historisch-deskriptiven Darstellung bedürfen. Die Diskurse zum Harem beispielsweise erlauben durch die bestehenden divergierenden Forschungsperspektiven einen Vergleich der in der Literatur rekonstruierten Vorstellung zum Harem. Dabei fällt die starke Gegenüberstellung zweier Perspektiven auf, die im Rahmen des Kapitels als ‚europäische' und ‚nichteuropäische' Perspektive kategorisiert werden. In Anlehnung an Wodak et al. (1998) zeigt sich, dass beide Perspektiven diskursiven Konstruktionen aufweisen, die sich an einem identitären ‚Wir' orientieren, somit auch Elemente einer ‚nationalen' Identität enthalten.[572] Auch wenn Wodak et al. in erster Linie Erzählungen analysieren, in denen eine sogenannte ‚Nationalkultur' konstruiert wird, somit das ‚Nationale' den gemeinsamen Nenner der Diskurse darstellt, können die von Wodak et al. genannten Strategien auch auf die Erzählungen angewendet werden, die für die vorliegende Untersuchung analysiert wurden.[573]

Bei der Sichtung der Daten zeigt sich, dass ein Abgrenzungselement der Erzählungen der *Islam* ist, somit neben einer ‚nationalen' auch eine ‚religiöse' Identität konstruiert wird, die Gemeinsamkeiten aufzeigen: Für die Hervorhebung des ‚Wir' wird auf ‚bewahrende bzw. rechtfertigende Strategien' und für die Abgrenzung vom ‚'Nicht-Wir' ‚demontierende bzw. destruktive Strategien' zurückgegriffen. Dies zeigt sich vor allem im Diskurs zum Harem, in dem die religiöse Verortung im Zentrum der diskursiven Konstruktion einer ‚religiösen' Identität' steht.

Für die vorliegende Untersuchung sind somit die Diskurse neben der mental konstruierten Nationenvorstellung auch stark über eine religiöse Identität geprägt. Auch diese Diskurse „zielen inhaltlich vor allem auf die Konstruktion einer gemeinsamen Geschichte, Gegenwart und Zukunft, einer gemeinsamen Kultur', eines nationalen [und religiösen] >>Körpers<<." Die Untersuchung von Wodak et al. bezieht sich auf unterschiedliche österreichische Diskurse, so dass sie als zentrales Ziel der Diskurse „die Konstruktion eines >>Homo austriacus<<" ableiten. Für die Diskurse im Rahmen der vorliegenden Untersuchung

---
572   Siehe dazu Wodak, R./de Cillia, R./Reisigl, M./Liebhart, K./Hofstätter, K./Kargl, M. (1998): Zur diskursiven Konstruktion nationaler Identitäten. (Edition Suhrkamp, Bd. 1349). Frankfurt a. M.: Suhrkamp Verlag.
573   Wodak et al. leiten aus den Diskursen über Nation und ‚nationale' Identität Metastrategien ab, die in den Erzählungen immer wieder zur Anwendung kommen: „[…] konstruktive, bewahrende beziehungsweise rechtfertigende, transformierende und demontierende beziehungsweise destruktive Strategien." Vgl. ebd., S. 499.

könnte in Anlehnung an die Ergebnisse von Wodak et al. von der Konstruktion eines ‚Homo muslimicus' gesprochen werden, der über mehrheitlich-legitime gesellschaftliche Diskurse reproduziert wird und auch in gegenwärtigen Diskursen zu finden ist. Es zeigt sich, dass in fokussierter Weise auf Religion rekurriert wird und darüber eine Disparität entsteht, die insbesondere im Verhältnis zum Islam entsteht.[574] So kann die Tabuisierung des Harems durch das Osmanisches Reich beispielsweise als ein Grund für die Konstruktion von differenzierten Vorstellungen genannt werden, die sich in verschiedenen Darstellungsformen wie Kunst oder Literatur widerspiegelten.

Die Beschäftigung mit dem Osmanischen Reich als historischen Gegenstand im fachwissenschaftlichen Diskurs ergibt somit für die nachfolgenden Teilkapitel folgende Analyseperspektiven:

Tab. 1:   Übersicht Analyseperspektiven

Teilkapitel	Analytischer Zugang
Der Ursprung und die Entstehung des Osmanischen Reichs und ihre Bezeichnungspraxen	historisch-deskriptiv
Die Bevölkerung im Osmanischen Reich	historisch-deskriptiv
Das Phänomen des Devşirme	diskursiv-vergleichend
Der Harem im Osmanischen Reich und seine Rekonstruktion	diskursiv-vergleichend
Die Tanzimat-Zeit	historisch-deskriptiv
Die Entwicklung eines nationalen Bewusstseins unter der Herrschaft der Jungtürken und die daraus resultierenden gesellschaftlichen Entwicklungen am Ende des Osmanischen Reichs	historisch-deskriptiv
Die Entstehung eines Nationenverständnisses am Ende des Osmanischen Reiches und ihre Bedeutung für die Gegenwart	historisch-deskriptiv und diskursiv-vergleichend

Alle Themen müssen in ihrer Behandlung innerhalb ihres historischen Kontextes in Form einer chronologischen Verortung immer auch historisch rekonstruiert werden. Das bedeutet, dass die Behandlung der Inhalte in diesem Großkapitel immer die Thematisierung der ausgewählten Inhalte mit der chronologischen Rekonstruktion der historischen Ereignisse verbindet.

---

574 Mecheril und Olalde sprechen in diesem Kontext von einem religiösen Othering. Siehe dazu Mecheril, P./Thomas-Olalde, O. (2018): Religion oder die Identifikation der Anderen. In: Dirim, I./Mecheril, P. (Hrsg.): Heterogenität, Sprache(n), Bildung. Eine differenz- und diskriminierungstheoretische Einführung (UTB, Bd. 4443). Bad Heilbrunn/Obb.: Verlag Julius Klinkhardt/UTB. S. 179–196.

6.1 Der Ursprung und die Entstehung des Osmanischen Reichs und ihre Bezeichnungspraxen

Die *Dynastie der Osmanen* war mit seinem Reich das größte islamische Großreich, das vermutlich unter Osman dem I. im Jahre 1299/1300 in Kleinasien entstand und bis 1922/23 bestand.[575] Als Herrschergeschlecht mit einem Sultanatsthron war es mit einer Dynastie, die fast 700 Jahre regierte, das am längsten herrschende Geschlecht der Weltgeschichte. Über die Herkunft und das Wirken Osman I. (1258–1326/1324) ist wenig historisch Gesichertes überliefert bzw. existieren teilweise divergierende historische Erkenntnisse. Mit Hilfe der existierenden Quellen wird davon ausgegangen, dass Osman I. der Sohn des Hordenfürsten Ertuğrul Bey und seiner Frau Halime Hatun war und dem yörük-turkmenischen Stamm der Karakeçili der oğuzischen Föderation der Kyai entstammte, welcher von dem rum-seldschukischen[576] Sultan Kai Kobad I. in das Gebiet von Bithynien[577] angesiedelt wurde. Osman I. erhielt angesichts seiner Erfolge durch den Seldschuken-Sultan Kai Kobad III. den Titel des Fürsten und Bithynien wurde im Jahre 1288 zu seinem Fürstentum ernannt.[578] Osman I. schaffte es in verschiedenen Eroberungszügen, insbesondere gegen das Byzantinische Reich[579], das Gebiet auszudehnen und zunehmend seine Souveränität zu sichern. Auf der Grundlage historischer Rekonstruktionen[580] ist zu vermuten, dass im Jahre 1299 das Osmanische Reich gegründet und Bursa bis zur Eroberung von Edirne zu seiner Hauptstadt wurde. Mit der Eroberung byzantinischer Gebiete wie Nikaia (heute İznik) im Jahre 1337 aber auch Adrianopel (heute Edirne) im Jahre 1362

---

575 Historiker vermuten, dass die Gründung des Osmanischen Reichs auf das Jahr 1299 bzw. 1300 zu datieren ist. Dies wird aus den ersten in osmanischer Sprache verfassten Chroniken aus dem 15. Jahrhundert rekonstruiert. Siehe dazu Faroqhi, S. (2006): Geschichte des Osmanischen Reichs. München: Beck.

576 Die Rum-Seldschuken waren eine Fürstendynastie und standen unter der Macht der Mongolen.

577 Bithynien war eine antike Landschaft, die ca. 430 v. Chr. unter Doidalses gegründet wurde und bis zur Eroberung Konstantinopels durch die Osmanen als Provinz des Byzantinischen Reiches existierte.

578 İnalcık, H. (2009): Devlet-i Aliyye – Osmanlı İmparatorluğu Üzerine Araştırmalar 1 – Klasik Dönem (1302–1606). İstanbul: İş Bankası Kültür Verlag. S. 12.

579 Das Byzantinische Reich herrschte in den Jahren zwischen 330 und 1453 auf dem Gebiet des östlichen Mittelmeers. In den umliegenden Gebieten des nordwestlichen Anatoliens wurden byzantinische Gebieten durch Osman I. und später auch durch seinen Sohn Orhan erobert.

580 Günay, C. (2012): Geschichte der Türkei. Von den Anfängen der Moderne bis heute. Wien, Köln, Weimar: Böhlau Verlag. S. 21.

wurden Gebiete besetzt, auf denen vorwiegend christliche Bevölkerungsgruppen lebten. Die sich zum Islam bekennende osmanische Dynastie verfolgte mit der Einnahme christlicher Gebiete keine direkte Islamisierungspolitik, es sollte ein vielvölkerorientiertes Reichswesen verfolgt werden, in dem die Mehrheit der Bevölkerung jedoch Muslime waren. Das Osmanische Reich erstreckte sich im 17. Jahrhundert über die Kontinente Asien, Europa und Afrika.

Für die *Bezeichnung des Herrschaftsgebiets der Osmanen* finden sich verschiedene *Eigenbezeichnungen*. In osmanischen Quellen findet sich bis in das 18. Jahrhunert die Bezeichnungsform *Devlet-i Âlîye* (dt. der erhabene Staat), mit der verdeutlicht werden sollte, dass „die osmanische Dynastie den Vorrang vor anderen muslimischen Herrschaftshäusern beanspruchte."[581] In späteren Quellen findet sich insbesondere die Bezeichnung *Memâli-i Devlet-i Osmânîye* (dt. Osmanische Länder), mit der die Vielzahl der Gebiete im Sinne einer territorialen Dimension hervorgehoben wurde. Diese Bezeichnung findet sich auch in der ersten schriftlichen Verfassung des Osmanischen Reichs von 1876. Eine weitere Bezeichnung, die sich in der Enzyklopädie Şemseddîn Sâmîs[582] findet, ist *Devlet-i Osmânîye* (dt. Osmanischer Staat) und wird durch *Empire Ottoman* ergänzt.[583] Die verwendeten Eigenbezeichnungen des Osmanischen Reiches orientierten sich stark an den außenpolitischen Entwicklungen und waren somit politisch motiviert. Eine adäquate Entsprechung der Begriffe ‚Staat' oder ‚Reich' findet sich in den osmanischen Bezeichnungen nicht wieder.[584]

Werden die Eigenbezeichnungen der Osmanen mit den *Bezeichnungspraxen für das Osmanische Reich* verglichen, die *außerhalb des Reichs* verwendet wurden, finden sich andere Formen als Bezeichnung für das Reich. Im westeuropäischen Raum findet sich ab dem 12. Jahrhundert die Bezeichnung *Turchia*, was als

---

581 Vgl. Kreiser, K. (2008): Der osmanische Staat. 1300–1922. München: Oldenbourg Wissenschaftsverlag. S. 2.

582 Die Enzyklopädie Kâmûsu'l-Alâm von Şemseddîn Sâmîs ist die erste türkischsprachige Enzyklopädie, die aus sechs Bänden besteht und zwischen den Jahren 1889 und 1898 in dem Verlagshaus Mihran veröffentlicht wurde. Rentzsch beschreibt den Inhalt wie folgt: „This work contains rich cultural and historical data that has partly fallen into oblivion today." Verfügbar unter: http://www.julianrentzsch.com/Publications_files/Rentzsch_2016_Kamusulalam.pdf [eingesehen am 2.7.2019].

583 Die Bezeichnung des Imperiums wird bereits im 14. Jahrhundert in europäischen Quellen für das Osmanische Reich verwendet. Siehe dazu Kreiser, K. (2008).

584 Kreiser verwendet den Begriff des Staates. Für die vorliegende Untersuchung wird die Bezeichnung Osmanischen Reich verwendet, da diese Bezeichnung sowohl im fachwissenschaftlichen als auch fachdidaktische Diskurs gängig ist. Siehe dazu ebd.

Türkei oder Türkisches Reich übersetzt werden kann.[585] In englisch- und französischsprachlichen Quellen findet sich auch die Bezeichnung *Ottomanisches Reich*, die sich von der arabischen Namensform *Uthman* ableiten lässt. Die Bezeichnungen der Osmanen für ihr eigenes Reich unterscheidet sich von der in Westeuropa verwendeten Bezeichnung Turchia für das Osmanische Reich dahingehend, als dass die *Eigenbezeichnungen der Osmanen keinen Hinweis auf die Türken* als quantitativ bedeutende Bevölkerungsgruppe enthalten.[586] Demgegenüber wurde die Bezeichnung *Türke* in Europa bereits seit dem dritten Kreuzzug verwendet, wenn die Region Anatolien oder auch das Herrschaftsgebiet der Osmanen thematisiert wurde.[587] Die westliche Perspektive auf das Osmanische Reich weist für die Bezeichnung Osmanen immer wieder ein konkurrierendes Verhältnis mit der Bezeichnung *Türken* auf. Denn die ‚ethnische' Zuschreibung ‚türkisch' für das Osmanische Reich spiegelt nicht das fundamentale Merkmal wider, auf dem das osmanische System fußte. Denn „[t]ürkisch im heutigen Sinne war das Osmanische Reich nur am Rande."[588]

6.2 Die Bevölkerung im Osmanischen Reich

Im Osmanischen Reich lebten viele verschiedene Bevölkerungsgruppen, die sich in erster Linie über ihre religiöse Zugehörigkeit definierten. Diese Zugehörigkeit spiegelte sich auch in der gesellschafts-politischen Systematisierung dieser Gruppen in „*ethnokonfessionellen Gemeinschaften*"[589] wider. Innerhalb dieser systematischen Differenzierung der Bevölkerung wurden die einzelnen Gemeinschaften als *millet* (dt. Religionsgemeinschaft) bezeichnet. Demnach gab

---

585 Findley, C. V. (übers. von: Ayşen Anadol) (2012): Dünya Tarihinde Türkler (türk. übers. von: The Turks in World History). 3. Baskı. İstanbul: Timaş Yayınları. S. 72.
586 Matuz weist ebenfalls darauf hin, dass „[d]ie in Europa früher wie heute häufig verwendete Bezeichnung ‚Türkei' für das Osmanische Reich [...] daher nicht korrekt [ist] [...]" und betont weiterhin, dass [...] auch die Osmanen selbst [...] ihr Reich nie so bezeichneten". Vgl. Matuz, J. (2010): Das Osmanische Reich. Grundlinien seiner Geschichte. 6. Ausgabe. Darmstadt: WBG. S. 2.
587 Kreiser, K. (2008).
588 Vgl. Brizić, K. (2007), S. 102.
589 Vgl. Adanir, F. (2009): Beziehung von Christen und Muslimen im Osmanischen Reich. S. 59. In: Kahl, T. et al. (Hrsg.): Christen und Muslime: interethnische Koexistenz in südosteuropäischen Peripheriegebieten (Religions- und Kulturgeschichte in Ostmittel- und Südosteuropa. Berlin, Münster, Wien, Zürich, London: LIT Verlag. S. 59-74. [Hervorhebung T. A.].

es mehrere *millet*-Gemeinschaften im Osmanischen Reich, die im *millet*-System organisiert waren.

Das *millet-System* des Osmanischen Reichs war die religiös definierte Rechtsordnung, nach der das Osmanische Reich strukturiert war. Das Zusammenleben der *millet*-Gemeinschaften wird in der Forschung häufig als anpassungsfähiges System dargestellt. Adanır (2009) führt diese Anpassungsfähigkeit auf die *rechtliche Regelung des Personalprinzips* zurück, durch welches die Position des Einzelnen „unabhängig vom Wohnort auf der Grundlage der Konfessionszugehörigkeit bestimmt"[590] wurde. Dies führte dazu, dass vielerorts Zentren von bestimmten Religionsgemeinschaften entstanden. Ein bedeutendes Beispiel für ein solches Zentrum ist gegen Ende des 19. Jahrhundert die damalige Hauptstadt Istanbul, die zu der Zeit „über eine Million Einwohner zählte, [die] etwa zur Hälfte nichtmuslimisch, d. h. griechisch-orthodox, armenisch und jüdisch"[591] war.

Auch wenn alle *millets* auf dem Gebiet des Osmanischen Reichs lebten, wurden sie nicht als ‚osmanisch' bezeichnet. ‚Osmanisch-Sein' war innerhalb des Systems des Osmanischen Reichs *keine ethnische Zugehörigkeit*, sondern meinte vielmehr *eine muslimische Elite im osmanischen System*, die eine religiös-habituelle Basis hatte.[592] Denn die türkischsprachige Bevölkerung war nicht gleichzusetzen mit der türkischen Bevölkerung im Osmanischen Reich, die mehrheitlich muslimisch war. So sprachen eine Vielzahl der im Osmanischen Reich lebenden armenischen oder griechischen *millet*-Gemeinschaften die türkische Sprache, unterschieden sich jedoch durch ihre religiöse Zugehörigkeit von anderen Bevölkerungsschichten und innerhalb des *millet*-Systems von anderen *millets*. Als Osmanen im engeren Sinne galten vor allem diejenigen, die der *muslimisch-osmanischen Oberschicht* angehörten, die als *askeri* (dt. Staatsklasse) bezeichnet wurde. Sie setzte sich neben den Vertretern der militärisch-bürokratischen Oberschicht, dazu gehörte die *kalimiye*, (dt. Verwaltung) und die *seyfiye* (dt. militärische Spitze), aus der sogenannten *Ulema* (dt. hohe Geistliche im Islam) zusammen und war von der Steuerpflicht im Osmanischen Reich befreit. Diese gesellschaftliche Elite[593] wurde durch den Sultan mit exekutiver oder religiöser

---

590 Vgl. ebd., S. 59.
591 Vgl. ebd., S. 60.
592 Kreiser, K./Neumann, C. K. (2009): Kleine Geschichte der Türkei. Stuttgart: Philipp Reclam.
593 Der in der Literatur häufig verwendete Elite-Begriff für die als Osmanen bezeichnete Bevölkerungsschicht verdeutlicht, dass die osmanische Gesellschaftsstruktur mindestens in zwei Klassen unterteilt war: die Staatsklasse (askeri) und die Untertanen (reaya). Siehe dazu Günay, C. (2012), S. 32. Im wissenschaftlichen Diskurs finden sich auch Darstellungen, die die Zwei-Klassen-Systematik der osmanischen

Macht betraut, um die *reaya* (dt. Untertanen) zu regieren. Günay (2012) beschreibt eine Art Habitus, die die Elite des Osmanischen Reichs ausmacht:

> „Die Staatselite fühlte sich einer über den regionalen und ethnischen Unterschieden stehenden osmanischen Hochkultur verpflichtet, die sich aus einem bestimmten Verhaltenscode, Werten, Bildung, Geschmack und dem Bewusstsein der Verantwortung gegenüber dem Staat und seinem Wesen zusammensetzte."[594]

Diese Beschreibung von Günay weist auf die Standesmerkmale der Staatselite hin, verdeutlicht gleichzeitig auch eine Form der Verpflichtung, die diese Elite im direkten Dienst dem Staatswesen des Osmanischen Reichs gegenüber hatte.

Der *restlichen Bevölkerung wurde der Rang der Untertanen* zugewiesen. Die sogenannten Untertanen (osm. Reaya) umfassten alle auf dem Gebiet des Osmanischen Reichs lebenden Gruppen, die vor allem in Muslime und Nicht-Muslime unterschieden wurden. Aus ihrer Zuordnung in Muslime oder Nicht-Muslime begründeten sich ihre Pflichten dem Staat gegenüber, von denen die *Steuerpflicht* die ausschlaggebendste war.[595] Der Großteil der *reaya* lebte auf ländlichen Gebieten des Reiches, eine demographisch-konfessionelle Mischung gab es hier nicht.[596] Im Vergleich dazu lebten in den Städten die Bevölkerungsgruppen territorial näher aneinander, in der Umsetzung allerdings auch hier getrennt voneinander. Durch dieses separierte Leben der Menschen konnten die unterschiedlichen Lebensstile der einzelnen Gruppen wie auch die sprachlichen Differenzen nebeneinander existieren. Sprachliche Unterschiede gab es nicht nur innerhalb der *reaya*, sondern auch zwischen der reaya als millets und der osmanischen Elite. Die von der osmanischen Elite gesprochene Sprache beschreibt Brizić (2008) wie folgt:

Gesellschaft widerlegen. So sagt Bekir Aksoy: „Diese Vermutung ist jedoch falsch. Denn der Begriff ra'aya (arab. für: Gefolgsleute, Beherrschte, nicht an der Regierung beteiligte Menschen) vereinigte im Osmanischen Reich beide Gruppen, die Nichtmuslime wie auch die Muslime, unter einem ‚Dach'. Da das Osmanische Reich ein semi-theokratischer Staat war, dürfte ra'aya in diesem Zusammenhang wohl am besten im biblischen Sinne zu übersetzen sein – als: der Schäfer (die Machthaber) und seine Herde (alle übrigen Menschen)." Verfügbar unter: http://islam-aktuell. de/index.php/themen/islamische-geschichte/das-osmanische-reich/item/107-der-status-der-dhimmis-im-osmanischen-reich [eingesehen am 17.8.2018].

594   Vgl. Günay, C. (2012), S. 33.
595   İnalcık; H. (2003): The Ottoman Empire. The Classical Age, 1300–1600. London: Phoenix.
596   Günay, C. (2012).

"Sie war eine lexikalische und grammatikalische Synthese aus Arabisch, Persisch und auch Türkisch, wobei aber der Großteil des Lexikons gerade nicht auf türkischen, sondern auf persischen und arabischen Wurzeln basierte, geschrieben in arabischer Schrift und hochornamentalem Stil. Das Osmanische blieb bis zum Ende des Osmanischen Reich ausschließlich Domäne der Elite."[597]

Dass die einzelnen Bevölkerungsgruppen in ihren Lebensweisen und bevölkerungsspezifischen Eigenschaften ihr ‚Anderssein' leben konnten, wird in der Literatur häufig auf eine als tolerant beschriebene Regierungsform zurückgeführt, wenn von der *şeriat*[598] (dt. islamisches Rechtsgesetz) abgesehen wird, durch die Regelungen für Nicht-Muslime festgelegt wurden. Gemäß islamischen Rechts wurden Nicht-Muslime unter einen besonderen Schutz gestellt, wofür sie eine *gizya* (dt. Kopfsteuer) leisten mussten. Unter diesen Bedingungen hatten sie das Recht auf eine freie Ausübung ihrer Religion. Sie konnten sich unter Führung ihrer religiösen Glaubensgemeinschaften organisieren und genossen in ausgewählten Bereichen Autonomierechte. Jedoch hatte auch diese Regelung der Osmanen Grenzen. Nicht alle nichtmuslimischen Glaubensrichtungen waren vollständig anerkannt. So waren nur die jüdischen, armenisch-apostolischen (christlich) und griechischen (christlich) Glaubensrichtungen als millets akzeptiert. Anderen Glaubensgemeinschaften wie den Schiiten (muslimisch) oder den Jesiden (jesidisch) wurden keine besonderen Rechte zugesprochen. Sie wurden als Teil der muslimischen *Umma* (dt. Gemeinschaft aller sunnitischen Muslime) behandelt, was das Ausleben der Religion für diese Gemeinschaften erschwerte und in Teilen zur Assimilation führte.[599]

Diese Ordnungsprinzipien der osmanischen Gesellschaft wurden im bereits genannten Millet-System organisiert, in denen die Rechte und Pflichten aller *millets* geregelt waren. Die auf der *Scharia* beruhende Rechtsordnung regelte den Status aller auf dem Gebiet des Osmanischen Reichs lebenden Menschen. Der Schutz, der Nicht-Muslimen durch diese Regelung zugesprochen wurde, verlangte entsprechend Gegenleistungen wie die *giyza*-Leistung (dt. Kopfsteuer). Weitere Verpflichtungen und Regelungen, die mit der *Scharia* für Nicht-Muslime verbunden war, zeichneten sich über Verbote aus.[600] Demnach war

---

597 Vgl. Brizić, K. (2007), S. 102.
598 Im Folgenden wird die deutsche Schreibweise verwendet: Scharia.
599 Koutcharian, G. (1989): Der Siedlungsraum der Armenier unter dem Einfluss der historisch-politischen Ereignisse seit dem Berliner Kongress 1878: Eine politisch-geographische Analyse und Dokumentation. Dietrich Reimer Verlag Berlin.
600 Kürşat, E. (2003): Der Verwestlichungsprozeß des Osmanischen Reiches im 18. und 19. Jahrhundert: Zur Komplementarität von Staatenbildungs- und Intellektualisierungsprozessen. Hannover: IKO-Verlag

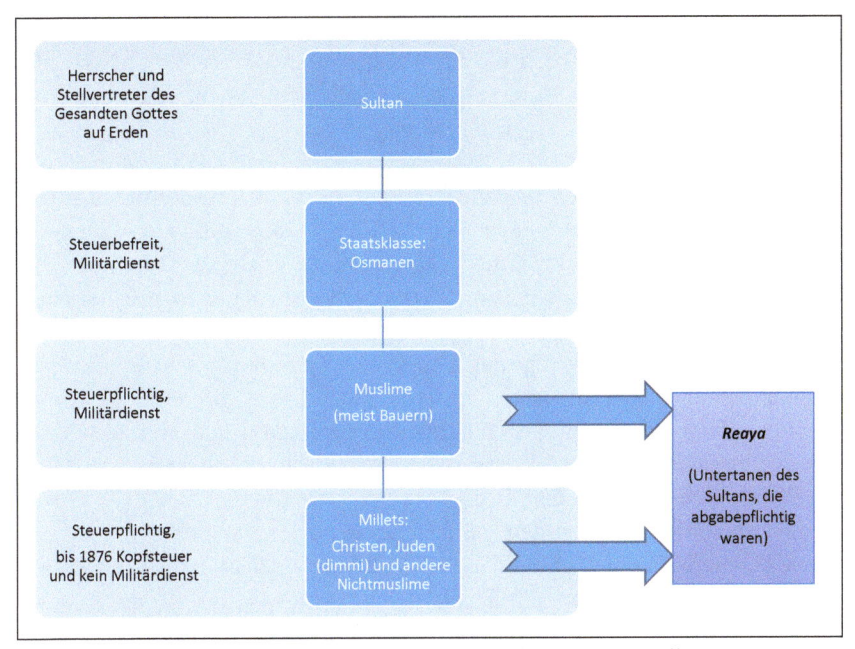

6 das Osmanische Reich als historischer Gegenstand

```
Herrscher und
Stellvertreter des          Sultan
Gesandten Gottes
auf Erden
                              │
Steuerbefreit,            Staatsklasse:
Militärdienst               Osmanen
                              │
Steuerpflichtig,            Muslime                    Reaya
Militärdienst             (meist Bauern)  ──▶
                                                  (Untertanen des
                                                   Sultans, die
                              │                    abgabepflichtig
Steuerpflichtig,            Millets:                   waren)
bis 1876 Kopfsteuer     Christen, Juden   ──▶
und kein Militärdienst  (dimmi) und andere
                          Nichtmuslime
```

Abb. 3: Bevölkerungsstruktur im Osmanischen Reich, eigene Darstellung

Nicht-Muslimen das Tragen von Waffen sowie die Arbeit in der Administration untersagt.[601] Neben diesem Verbot wurde ihnen das Recht auf Selbstverwaltung und eigene Rechtsprechung zugesprochen, wodurch sie unter der Aufsicht ihrer konfessionell zugeordneten Oberhäupter standen.[602]

Die folgende Darstellung soll einen Überblick über die gesellschaftlichen Positionen der einzelnen Gruppen innerhalb des Osmanischen Reiches verdeutlichen. Die Darstellung kann nicht das soziale System der ganzen Ära des Osmanischen Reichs abbilden, vielmehr soll die grundsätzliche Hierarchie skizziert werden, nach der das Osmanische Reich strukturiert war.

Die Darstellung verdeutlicht, dass der Sultan als Herrscher und Stellvertreter des Gesandten Gottes auf Erden rechtlich und religiös die absolute legitimierte Macht besaß. Die Herrschaftsform des Osmanischen Reichs zeichnet sich dadurch aus, dass sie mit einem Sultan an der Spitze regiert wurde, der religiöser, geistlicher und weltlicher Führer war. Somit war der Sultan auch gleichzeitig

---

601 Altun, T./Bernhardt, M. (2016): Vom Osmanischen Reich zur Republik Türkei. Moderner Staat oder türkischer Nationalismus? In: Geschichte lernen, 169 Nation und Nationalismus. S. 40–49. Seelze: Friedrich Verlag.
602 Kürşat, E. (2003).

Kalif. Dieser Titel beinhaltet insbesondere die religiöse Führerschaft, mit der der Sultan die oberste Instanz für alle Muslime war. Der Kalifentitel war also im Sultanstitel inkludiert. Dem Sultan waren alle anderen auf dem Gebiet des Osmanischen Reich lebenden Bevölkerungsgruppen in unterschiedlichen Funktionen untergeordnet. Die Bevölkerungsgruppe, die dem Sultan am nächsten stand, sind die sogenannten Osmanen. Diese Nähe ist auch bestimmt durch eine räumliche Nähe, da die Osmanen als einzige die Berechtigung zum Zugang in den Sultanspalast hatten. Zu ihnen gehört auch die Eliteeinheit der Janitscharen (Kap. 6.3). Zu der Reaya gehörten alle Menschen im Osmanischen Reich (unabhängig von ihrer religiösen Zugehörigkeit) und waren Diener des Sultans. Sie waren alle abgabepflichtig, mit dem Unterschied, dass Nicht-Muslime die zusätzliche Kopfsteuer entrichten mussten. Bis in das 19. Jahrhundert durften Nicht-Muslime auch nicht den Militärdienst verrichten. Dieser war ausschließlich Muslimen zugänglich. Die muslimischen Reaya lebten meist ländlich, da das Reich agrarisch geprägt war.[603]

Die Staatsklasse war ab dem 14. Jahrhundert immer stärker geprägt durch die sogenannten Janitscharen, die lange Zeit über das Phänomen *Devşirme* (dt. Knabenlese) rekrutiert wurde (Kap. 6.3).

Für alle Menschen im Osmanischen Reich galt, dass sie sich einer *Buchreligion zuordnen*, um Teil der osmanischen Bevölkerung zu sein. Suttner (2009) unterscheidet die Bevölkerung im Osmanischen Reich entsprechend ihrer Glaubenszugehörigkeit in den ‚Vollbürger', der als gläubiger Muslim sich an die Regeln der Scharia hält, und in ‚Halbbürger' bzw. ‚Schutzbefohlener'[604], der an die heilige Schrift der Juden oder der Christen glaubt und einer dieser Glaubensgemeinschaften angehörte.[605] Den Status von denjenigen, die sich keiner Buchreligion zuordneten, beschreibt Suttner wie folgt:

„Für jemanden, der sich zu keiner Buchreligion bekannte, war hingegen keine rechtlich abgesicherte Existenz möglich. Es wäre gesetzlos gewesen, da im islamischen Staat eine

---

603 Günay, C. (2012), S. 32ff.
604 Aus dem Schutz, den Nicht-Muslime durch das Osmanische Reich erhielten, resultierte Hartmann zufolge eine „Unterwerfung und Minderprivilegierung". Vgl. dazu Hartmann; E. (2016): Die Reichweite des Staates: Wehrpflicht und moderne Staatlichkeit im Osmanischen Reich 1869–1910.Paderborn: Ferdinand Schöningh. S. 56.
605 Suttner, E. C. (2009): Zur Rechtslage nicht-muslimischer Volksgruppen im europäischen Teil des Osmanischen Reichs. In: Kahl, T. et al. (Hrsg.): Christen und Muslime: interethnische Koexistenz in südosteuropäischen Peripheriegebieten (Religions- und Kulturgeschichte in Ostmittel- und Südosteuropa. Berlin, Münster, Wien, Zürich, London: LIT Verlag. S. 75-83.

Vielzahl von staatlichen Belangen als kirchliche Angelegenheiten verstanden wurde und von der religiösen Obrigkeit auszuführen war."[606]

Mit dieser differenzierten Darstellung aus religiöser Sicht verdeutlicht Suttner das Spannungsverhältnis zwischen der religiösen Zugehörigkeit der Menschen im Osmanischen Reich und ihrer damit verbundenen Rechte und Pflichten. So kann von einer klar strukturierten Hierarchisierung gesprochen werden, in der „[d]as muslimische millet […] als >>herrschende Religionsgemeinschaft<< (*millet-i hakime*)"[607] galt. Die häufig als etablierte Praxis angesehene Toleranz des Osmanischen Reiches den Nicht-Muslimen gegenüber[608] kann demnach nicht in Gänze bestätigt werden.

Die *ersten Veränderungen hinsichtlich einer stärkeren Einbindung der Nicht-Muslime* in das osmanische Staatswesen folgten in der Zeit der sogenannten Tanzimat-Reformen (Kap. 6.5) im 19. Jahrhundert, die als Reaktion auf die großen Gebietsverluste resultierten. Hartmann (2016) formuliert drei Grundideen, die im Laufe der Reformzeit das Osmanische Reich zusammenhalten sollten. Sie nennt die mit den Tanzimat-Reformen aufkommende *Idee der osmanischen Staatsbürgerschaft*, die sich aus einem ‚Osmanismus' (Kap. 6.6) entwickelte. Diese als Ideologie einzustufende Haltung sollte insbesondere die wachsenden Bestrebungen nach nationaler Unabhängigkeit auf dem Balkangebiet stoppen und eine Integration in das Osmanische Reich dieser Gruppen gewährleisten, was kaum möglich war.[609] Welche Auswirkungen dieser politische Versuch hatte, beschreibt Hartmann wie folgt:

> „Die politische Strategie, unter Druck weitreichende Reformen anzukündigen, die Umsetzungen dann aber zu verschleppen, um die Gegensätze der verschiedenen Gruppen im Reich zu überbrücken, riss eine wachsende Kluft zwischen den Erwartungen und Hoffnungen der Nichtmuslime einerseits und den Verlustängsten vieler Muslime andererseits auf. Sie war nicht dazu geeignet, die Bevölkerung des Reiches zu einer Einheit zu integrieren, sondern bewirkte im Gegenteil eine Verschärfung der Spannungen."[610]

---

606 Vgl. ebd., S. 76.
607 Vgl. Hartmann, E. (2016), S. 56. [Hervorhebung im Original].
608 Das Osmanische Reich wird häufig als Beispiel eines Vielvölkerstaats dargestellt, das durch seine gesellschaftliche Struktur für die meisten millets ein selbstbestimmtes Leben ermöglichte. Siehe dazu Günay, C. (2012), Kreiser, K. (2008), Matuz, J. (2006): Das Osmanische Reich. Grundlinien seiner Geschichte. 4. Aufl. Darmstadt: Wissenschaftliche Buchgesellschaft u. a.
609 Hartmann; E. (2016).
610 Vgl. ebd., S. 58.

Die gesellschaftlichen Entwicklungen des Osmanischen Reichs ermöglichten zu keiner Zeit eine tatsächliche Gleichstellung aller auf osmanischem Gebiet lebenden Menschen. Während in den ersten Phasen des Reiches die Hierarchisierung und damit verbundenen Rechte eines Einzelnen über die religiöse Zugehörigkeit geregelt wurden, entwickelte sich ab dem 19. Jahrhundert verstärkt eine nationalorientierte Ideologie, die immer auch mit der religiösen Zugehörigkeit zum sunnitischen Islam verbunden wurde. Diese Entwicklungen am Ende des Osmanischen Reiches bildeten die ideologische Basis für die Gründung der Republik Türkei (Kap. 6.7).

6.3 Das Phänomen des *Devşirme*[611]

In der Geschichte des Osmanischen Reichs ist das Phänomen *Devşirme ein viel diskutiertes Thema,* zu dem die Quellenlage nur *geringe verlässliche Informationen* bietet. Die Forschung, die dieses Phänomen untersucht, kann in zwei zueinander *konträr verlaufende Diskurse* unterteilt werden. In Anlehnung an die Forschungsliteratur werden diese beiden Diskurse im Folgenden dargestellt. Eingangs wird eine Bestimmung des Phänomens vorgenommen, um anschließend die existierenden Diskurse in den Sachkontext einzuordnen.

Zur *Stärkung der Führungsschicht* wurde seit vermutlich dem Beginn des 14. Jahrhundert die sogenannte *Devşirme* eingeführt, durch welche über eine spezielle Form der Rekrutierung vorwiegend junge christliche Männer zum Islam konvertiert und für das osmanische Staatswesen, im Konkreten für die Eliteeinheit des Sultans, die *yeni çeri* (dt. Neue Truppe)[612], ausgebildet wurden. Kreiser (2008) vermutet, dass die Janitscharen ihren Ursprung in einer Leibgarde des Sultans aus dem Jahre 1330 haben.[613] Durch dieses System wurde bis in das frühe 18. Jahrhundert die Existenz der osmanischen Eliteeinheit sichergestellt. Anhand der Forschungsliteratur ist es möglich, die Knabenlese als Institution zur Rekrutierung von Janitscharen auf etwa diese Zeit zurückzuführen.

Die *Janitscharen-Einheiten* wurden in speziell vorgesehenen Schulen ausgebildet und lebten ausschließlich für den Krieg. Sie trugen eine *keçe* (dt. Filz), eine Filzhaube, die ein optisches Erkennungsmerkmal dieser Einheit war und als Kopfbedeckung einen Nackenschutz bot. Für die in dieser Einheit dienenden Männer gab es *feste Regeln.* Zu diesen Regeln gehörten unter anderem das Ver-

---

611 Es gibt unterschiedliche Schreibweisen des Wortes. In der vorliegenden Arbeit wird die türkische Schreibweise verwendet.
612 Im Folgenden soll die in der deutschsprachigen Literatur verwendete deutsche Bezeichnung Janitscharen verwendet werden.
613 Kreiser, K. (2008).

bot der Eheschließung und des persönlichen Besitzes von Gütern. Sie waren als Soldaten des Osmanischen Reiches *Eigentum des Sultans* und wurden in allen größeren Feldzügen eingesetzt.[614]

Durch die Knabenlese konnte somit eine *militärische Elitetruppe* für das osmanische Heer ausgebildet werden, die in unterschiedlichen Funktionen mit dem Ziel, dem Sultans zu dienen, eingesetzt wurde.

Kreiser beschreibt, dass „[d]ie Turkisierung und Islamisierung der Knaben (osm. gulâm) [...] in einer Art Adaptionssystem auf dem Lande [erfolgte]."[615] Dafür wurden *vornehmlich männliche Kinder christlicher Bauern auf dem Gebiet des Balkans* ausgewählt, die zum Teil nach der Konvertierung zum Islam in Konstantinopel bei muslimisch-anatolischen Bauern als *kul* (dt. Sklave) aufwuchsen, um ab einem bestimmten Alter in die Einheit der Janitscharen aufgenommen zu werden.[616] Ein anderer Teil der männlichen Kinder wurden für den *enderûn* (dt. innerer Palastdienst) ausgebildet, um später im *bîrûn* (dt. äußeren Palastdienst) eingesetzt zu werden. Zum Teil übernahmen sie zentrale Funktionen innerhalb von Provinzverwaltungen.[617] Das Phänomen der Knabenlese wird letztmalig in Quellen aus dem Jahre 1705 erwähnt.[618]

Die *ersten Janitscharen-Einheiten stammten aus Kriegsgefangenen und Sklaven*. Durch die Expansion des Osmanischen Reichs wurden unter anderem Gebiete erobert, auf denen Christen lebten. Die Annexion dieser Gebiete und der Bedarf das Heer zu stärken, führten zur Einführung der Intuition der Knabenlese.[619] Im Forschungsdiskurses finden sich verschiedene Interpretationsperspektiven dieser Einrichtung. In einer *ersten Perspektive* wird die Knabenlese als eine andere *Form der systematischen Sklaverei* interpretiert, mit der sie als Diener des Sultans dem Osmanischen Reich gehörten. Diese Interpretation von ‚Sklaverei' diskutiert auch die spezifische Stellung von Sklaven in der osmanischen Gesellschaft. Diesen Interpretationsansatz führt Papoulia (1963) in ihrer Arbeit „Ursprung und Wesen der „Knabenlese" im Osmanischen Reich"[620] aus. Dabei führt sie das Phänomen der Knabenlese darauf zurück, dass es im Osma-

---

614 Herm, G. (1993): Der Balkan. Das Pulverfaß Europas. Düsseldorf/Wien/New York/ Moskau: Econ Verlag. S. 159.
615 Vgl. Kreiser, K. (2008), S. 57.
616 Jakob, J. (2014): Ostsyrische Christen und Kurden im Osmanischen Reich des 19. und frühen 20. Jahrhunderts. Berlin, Münster, Wien, Zürich, London: LIT Verlag.
617 Kreiser, K. (2008).
618 Ebd.
619 Siehe dazu u. a. Papoulia, B. D. (1963): Ursprung und Wesen der ‚Knabenlese' im Osmanischen Reich. München: Verlag Oldenbourg.
620 Ebd.

nischen Reich einen „Mangel an rassischen Vorurteilen [gab], was die Bildung der herrschenden Schicht anbelangt [...]"[621], da diese „Knaben, die anderen Völkerschaften angehörten, einerseits Sklaven [...], andererseits aber für den Militärdienst und die höchsten Ämter des Staates [...]"[622] verwendet wurden. Ihre ‚rassische' Verortung der ‚Knaben', so beschreibt es die Autorin, spielte in diesem Zusammenhang keine Rolle. Sie führt ihre Kritik an dem Phänomen weiter aus, indem sie auf die Ambivalenz zwischen ‚Sklave' und ‚Elite' hinweist, in der sich die ‚Knaben' befanden, wenn sie rekrutiert wurden. Dabei stellt sie fest, dass die mittels Knabenlese rekrutierten jungen Männer zur ‚Authority' erzogen wurden, aber als Sklaven einzustufen waren. Auch erwähnt sie, dass sich dieser jungen Männer „als Werkzeug im absoluten Sinn des Wortes bedient [wurde], d.h. sowohl in geistiger als auch in körperlicher Hinsicht."[623]

Mit dieser Form der Interpretation knüpft Papoulia ganz explizit an den Diskurs an, der die Knabenlese als ein System der Versklavung von jungen christlichen Männern betrachtet, mit der eine Zwangsislamisierung verbunden war. Die Enzyklopädie des Islams aus dem Jahre 1913 beschreibt dieses Phänomen ähnlich. So wird es als eine gewaltsame Aushebung von ‚Christenknaben' für den Ersatz der Janitscharen-Truppen und den Dienst in den kaiserlichen Palästen dargestellt.[624]

Als die erste zeitgenössische Quelle, in der von *Devşirme* berichtet wird, kann die Rede des Isidoros aus dem Jahr 1395 genannt werden.[625] Er berichtet von dem Schicksal, dass christliche Kinder und ihre Familien durch das System der Devşirme auseinandergerissen wurden und ihre christliche Religion verleugnen mussten:

> „Welche Leiden hätte ein Mensch nicht durchkostet, der den Knaben, den er geboren hat, wegen dessen er so häufig geweint hat und für den er immer nur das höchste Glück gewünscht hat, plötzlich gewaltsam von fremden Händen weggerafft und in sonderbare Sitten zu fallen gezwungen sieht?... Wen könnte der Vater mehr bejammern, sich selbst oder den Knaben? Sich selbst, weil er der Stütze des Alters beraubt wurde..., jenen, weil ein Freier zum Knecht und ein edler zu barbarischer Sitte gezwungen wird; er, der von

---

621 Vgl. ebd., S. 2.
622 Vgl. ebd. S. 1f.
623 Vgl. ebd., S. 2.
624 Mordtmann, J. H. (1913): Dewshirme. In: Houtsma, M. Th./Arnold, T. W./Basset, R./Hartmann, R. (Hrsg.): Enzyklopädie des Islam. Geographisches, ethnographisches und biographisches Wörterbuch der muhammedanischen Völker. Bd. 1. Leiden/Leipzig: E. J. Brill/O. Harrassowitz. 1. S. 992.
625 Isidoros war ein christlicher Erzbischof aus Thessaloniki. Zur genauen Angabe der Rede siehe Papoulia, B. D. (1963), S. 62.

mütterlichen und väterlichen Händen zärtlich umschmeichelt wurde, soll mit barbarischer Grausamkeit erfüllt werden; er, der in den Kirchen die Frühmette besucht und bei weisen Lehrern studiert hat, wird, oh weh!, zur Tötung seiner Landsleute im Dunkel erzogen; er, er im Gotteshause dienen sollte, wird jetzt Hunden und Falken zu dienen genötigt; er, der zu vielen Ergötzungen und Leistungen geboren war, wird gezwungen, in Hitze und Kälte durch Flüsse, über Berge und durch unwegsame Abgründe zu gehen. Und das größte der Übel: im Elend von Gott getrennt, wird er dem Teufel verbunden und zuletzt mit den Dämonen in Finsternis und Vernichtung gestürzt."[626]

Quellen aus späterer Zeit berichten ebenfalls von Unterdrückung und Systematik bei der Vorgehensweise der Knabenlesen. Ein Beispiel dafür ist der Tagebucheintrag von Hans von Hradiczin Dernschwam, einem deutschen Humanisten aus dem 16. Jahrhundert. Er beschreibt die Vorgehensweise des Osmanischen Reichs bei der Annexion und Umsetzung der Knabenlese:

„Aus den christlichen Ländern und Königreichen, die er erobert hat, aus Bosnien, Kroatien, Windischland, Griechenland, Albanien, Moldau, Walachei, Ungarn etc., von diesen nimmt er überall in den Dörfern und wohlgestalteten Knaben, so viel ihm gefallen und vonnöten. [...] Was in diesen genannten Ländern an Kindern geboren und aufgezogen wird, das wird Haus für Haus aufgeschrieben."[627]

Den Quellen ist gemeinsam, dass sie die ‚europäische' Perspektive auf das Phänomen des *Devşirme* im Osmanischen Reich hervorheben, die sowohl in ihrer zeitgenössischen als auch in der historisch-rekonstruktiven Darstellung die Knabenlese als ‚gewaltsame Aushebung von Christenknaben', ‚Leiden' oder ‚Sklaverei' beschreiben. Weiterhin verdeutlichen diese Positionen, dass die Knabenlese als zentrales Instrument zur Vergrößerung des Militär- und Verwaltungsdienstes im Osmanischen Reich verwendet wurde.

Entgegen der oben dargestellten Perspektive zum Phänomen Knabenlese ist auch eine *positive Darstellung der* Knabenlese im Forschungsdiskurs zu finden. Diese interpretiert das Phänomen der Knabenlese als Chance, wodurch *junge christliche Männer Positionen im Militär und in hohen Ämtern des Staates* einnahmen und zur Elite der Gesellschaft (die sogenannte Staatsklasse) wurde. Die Darstellung der Knabenlese als eine Chance kann als eine Reaktion auf die ‚europäische' Negativdarstellung interpretiert werden. Diese Interpretationsperspektive beruht auf der Argumentation, dass die Knabenlese zur Verbesserung

---

626 Vgl. Isidoros (Ende 14. Jh.), Metropolit von Thessaloniki, Reden Zitiert nach: Papoulia, B. D. (1963), S. 112.

627 Vgl. Hans von Hradiczin Dernschwam, deutscher Humanist 16. Jh., Tagebuch einer Reise nach Konstantinopel und Kleinasien. 1553–55. Zitiert nach: Teply, K. (1968): Kaiserliche Gesandtschaften ans Goldene Horn. Stuttgart. S. 166f.

des *Status quo* innerhalb der osmanischen Gesellschaft führte und kann als die ‚nicht-europäische' Perspektive[628] kategorisiert werden. Das Phänomen wird als ein System der Rekrutierung betrachtet, mit dem sich eine Karrieremöglichkeit anbot. Dabei wird die Knabenlese als ein soziales Element kategorisiert, durch das die osmanische Gesellschaft geprägt wurde.

Der osmanischen Dichter und Historiker Mustafa Âli aus Gelibolu (1541-1600) verdeutlicht in seinen Schriften die Notwendigkeit der Knabenlese aus osmanischer Perspektive, indem er festhält, dass die wenigsten im osmanischen Staatssystem tätigen Menschen gebürtige Muslime waren. Ausgehend von seiner Vorstellung von der Regierungsform des Osmanischen Reichs kann seine Aussagen so interpretiert werden, dass er die Knabenlese als notwendige Bedingung für den Erfolg im Osmanischen Reich interpretiert.[629]

Das System der Knabenlese stellt eine *Diskussion der Konzepte Sklave und Zugehörigkeit im Osmanischen Reich* gegenüber. Die unterschiedliche Herkunft der im Staatsdienst der Osmanen dienenden Personen war allgemein bekannt und spielte keine zentrale Rolle, da die *konfessionelle Zugehörigkeit das Hauptkriterium* für einen solchen Dienst darstellte und durch die Knabenlese ein konfessioneller Wechsel von in der Regel *christlich* zu *muslimisch* verbunden war.[630] Allerdings spricht Papoulia (1963) genau zu diesem Zusammenhang eine Diskrepanz an, durch welche die Knabenlese *den Regeln der Scharia widerspricht*. Sie schreibt, dass die „Lehre des heiligen Buches des Islams und [die] Devşirme" [...] in vollkommenem Gegensatz zum Scheriatrecht[631] stand."[632] Denn die Scharia fordere eine Bekämpfung der Schriftbesitzer, der sogenannten *Ahl al-Kitâb*[633],

---

628 An dieser Stelle könnte auch von einer ‚osmanischen' Perspektive gesprochen werden.
629 Schmidt, J. (1991): Pure water for thirsty muslims, a study of Mustafâ Âlî of Gallipoli's Künhü'l-ahbâr. Leiden: Het Oosters Instituut.
630 Brizić, K. (2007), S. 106.
631 Das Scheriatrecht, auch Scharia genannt, „umfasst die Gesamtheit aller religiösen und rechtlichen Normen, Mechanismen zur Normfindung und Interpretationsvorschriften des Islam, also etwa der Vorschriften über Gebete, Fasten das Verbot bestimmter Speisen und Getränke wie Schweinefleisch und Alkoholisches und die Pilgerfahrt nach Mekka, ebenso wie Vertrags-, Familien- und Erbrecht." Vgl. dazu Rohe, M. (2007): Das islamische Recht: Geschichte und Gegenwart. München: Beck. S. 9.
632 Vgl. Papoulia, B. D. (1963), S. 43.
633 Die Bezeichnung Ahl al-Kitab bedeutet Leute des Buches/der Schrift, mit dem im Koran, im Hadith und damit in der Scharia Christen und Juden bezeichnet werden. Siehe dazu u. a. Sharon, M., People of the Book. In: McAuliffe, J. D. (Hrsg.): Encyclopaedia of the Qur'ān. Washington DC.: Georgetown University. S. 36–43.

bis sie das Tribut entrichtet haben. Die aus dieser Diskrepanz zwischen Scharia und Knabenlese resultierenden für die Osmanen notwendige Rechtfertigungshaltung formuliert Jakob (2014) wie folgt:

> „Als solche wurde der anhaltende Krieg mit den Christen angeführt, aufgrund dessen die Versklavung der Christenkinder legitim sei. Somit hatte die Einführung des *devşirme* pragmatische Gründe, da Soldaten für die Expansion des Osmanischen Reiches benötigt wurden."[634]

Jakobs kritische Haltung der Knabenlese gegenüber wird insbesondere in der Formulierung „*Versklavung der Christenkinder*"[635] deutlich, die er entsprechend der Scharia-Gesetze als illegitim darstellt. Diese Argumentation findet sich auch bei anderen Autoren wieder, die eine Rechtswidrigkeit des Osmanischen Reichs durch die Umsetzung der Knabenlese hervorheben, da sich das osmanische Rechtssystem in allen anderen Bereichen des Lebens an der Scharia orientierte.[636]

Die Knabenlese kann innerhalb der osmanischen Strukturen als das einzige Beispiel betrachtet werden, durch welches *eine Vielzahl an zimmi (dt. Christen) durch Konversion zum Islam übertraten*. Eine zahlreiche Konversion zum Islam, beispielsweise auch der *yahudi* (dt. Juden), hätte für das Osmanische Reich nicht von Interesse sein können, da Nicht-Muslime steuerlichen Verpflichtungen in Form der *gizya* nachgehen mussten und diese somit eine bedeutende Einnahme für den osmanischen Staat bedeutete.

Wie die genaue *Genese der Knabenlese aussah, wird noch erforscht* und ist nicht abschließend geklärt. Kreiser (2008) weist auf ein Werk von Reindl-Kiel und Kiel hin, in dem ein Rekrutierungsregister von 1603/04 die Aushebung der Knabenlese in mehreren griechischen Provinzen nach Gerichtsbezirken beschreibt. Es wird durch einen Vergleich mit Steuerregistern aufgezeigt,

> „daß der Prozentsatz der ‚abgegebenen' Jünglinge einen demographisch sehr unwesentlichen Anteil (1% und weniger!) an der männlichen Bevölkerung ausmachte. Überraschend ist auch ein höheres Durchschnittsalter (14 1/2 -16 Jahre) als bisher angenommen und der Nachweis, daß gelegentlich auch Städte in das devşirme-System einbezogen wurden."[637]

Verfügbar unter: http://dx.doi.org/10.1163/1875-3922_q3_EQSIM_00319 [eingesehen am 12.11.2018]
634   Vgl. Jakob, J. (2014): Ostsyrische Christen und Kurden im Osmanischen Reich des 19. und frühen 20. Jahrhunderts. Berlin, Münster, Wien, Zürich, London: LIT Verlag. S. 82.
635   Vgl. ebd. [Hervorhebung T.A.].
636   Siehe auch Papoulia (1963).
637   Vgl. Kreiser, K. (2008), S. 148.

Solche Ergebnisse zur Funktion und zur Beschaffenheit des Phänomens der Knabenlese können die Forschungsperspektive im Hinblick auf die Handlungsmotivation der Osmanen um zusätzliche und neuen Perspektiven erweitern.

6.4 Der Harem im Osmanischen Reich und seine Rekonstruktion

Ein weiteres bedeutendes und gleichzeitig in verschiedenen Forschungskontexten konträr diskutiertes Thema ist der Harem im Osmanischen Reich, der divergierende Perspektiven aufzeigt, durch welche die Auseinandersetzung mit dem Harem als Lebensraum in eine *westliche* und eine *orientalische* Perspektive getrennt werden kann. Aus diesen beiden Diskursen gehen verschiedene, in Teilen stark voneinander abweichende *Konstruktionen des Harems* hervor, die auch gegenwärtig in verschiedenen Fachdisziplinen wie Kunst- oder Literaturwissenschaften verwendet werden. Aus diesem Grund wird im folgenden Teilkapitel der Versuch unternommen, die *Entstehung und Entwicklung des Harems der osmanischen Sultane*, der auch imperialer Harem[638] genannt wird, *unter Berücksichtigung beider Konstruktionsperspektiven* (*westlich* und *orientalisch*) zu skizzieren.

Das Wort *Harem* ist vom Wortstamm ‚h r m' aus dem Arabischen abzuleiten und kann als ‚*verboten*' oder ‚*tabu*', mit einer weiteren Bedeutung des Wortes auch als ‚*heilig*' übersetzt werden.[639] Die Übersetzungen des Wortes Harem verdeutlichen, dass dieser im Kontext von Lebensraum einen Ort darstellt, der für bestimmte Personen abgeschlossen und verboten war, für andere wiederum ihren privaten Ort bzw. Raum darstellte. Im islamischen Sinne wird der Harem demnach als ein sozialer Ort für weiblichen Mitglieder einer Familie angesehen, in dem als Wohnort sowie auch als Erziehungsanstalt islamischen Frauen lebten.[640] Für fremde[641] Männer war der Zugang zu diesem Raum somit aus religiösen Gründen gänzlich verboten, was auch dazu führte, dass die Assoziationen mit dem Harem Vorstellungen eines geheimnisvollen Ortes der Lüste produzierten.

---

638 Peirce, L. (1993): Imperial Harem. Women and Souvereignty in the Ottoman Empire. New York: Oxford University Press.
639 Altındal, M. (1993): Osmanlı'da Harem. Istanbul: Altın Kitaplar.
640 Kürşat-Ahlers, E. (2003): Haremsfrauen und Herrschaft im Osmanischen Reich. In: Gather, C. et al. (Hrsg.): Feministische Studien. 21/1. Stuttgart: De Gruyter. S. 35–47.
641 Als ‚fremd' werden im Zusammenhang mit dem Wort Harem die Männer betrachtet, die nicht zur Familie ersten Grades gehören.

Insbesondere in Europa wurden Vorstellungen über den Harem erzeugt, die das Bild vom Harem mit unzähligen Frauen verband, die sich für sexuelle Akte mit Männern bereithielten. Diese Vorstellung vom Harem wurde in Europa über den Islam begründet, der durch die Zustimmung zur Polygamie einen solchen Raum erlaube. Dass jedoch der Harem und damit verbunden die Polygamie keine Erfindung der islamischen Osmanen waren, hebt Ruth B. Yeazell (2000) in ihrer Auseinandersetzung mit der europäischen Kunst und Literatur hervor: „the custom of segregating women, like the practice of polygamy, antedated the comig of Mohammend."[642] Das polygame Eheverständnis im Islam folgt bestimmten Regeln, nach denen der Mann bis zu vier Ehen schließen kann; diese Regel gilt allerdings nicht für die Frau. Die Regelung wird im Koran in Sure 4, Vers 3 folgendermaßen begründet:

> „Und wenn ihr fürchtet, nicht gerecht gegen die Waisen zu sein, so heiratet, was euch an Frauen gut ansteht, zwei, drei oder vier; und wenn ihr fürchtet, nicht gerecht zu sein, (heiratet) eine ... So könnt ihr am ehesten Ungerechtigkeit vermeiden. (4:3)"[643]

Für den muslimischen Mann gilt auf der Grundlage dieses Verses, dass er ausschließlich bei Sicherung einer gerechten Versorgung der Frau und ihrer minderjährigen Kinder eine Ehe mit bis zu vier Frauen schließen kann. Gleichzeitig wird die Aufgabe des Mannes als Versorger einer Familie deutlich gemacht. Dass bei mehreren Ehefrauen eine gerechte Versorgung nicht in Gänze möglich ist, wird im Koran auch berücksichtigt, womit das in Sure 4, Vers 3 genannte relativiert wird: „Und ihr könnt zwischen den Frauen keine Gerechtigkeit üben, so sehr ihr es auch wünschen möget [...] (4:129)."[644]

Inwiefern diese Regeln im imperialen Harem des Sultans eingehalten wurden, ist nur schwer belegbar, da die Geschichtsschreibung des osmanischen Reiches kaum auf den Umgang mit Frauen im Osmanischen Reich eingeht, was auch für die Hofchroniken gilt.[645]

---

642 Vgl. Yeazell, Ruth B. (2000): Harems of the Mind: Passages of Western Art and Literature. New Haven, London: Yale University. S. 2.

643 Koranübersetzung An-Nisa, Sure 4, Vers 3. Verfügbar unter: http://tanzil.net /#trans/de.aburida/4:3 [eingesehen am 20.6.2018].

644 Koran Übersetzung An-Nisa, Sure 3, Vers 129. Verfügbar unter: http://tanzil. net/#trans/de.aburida/4:129 [eingesehen am 20.6.2018].

645 Elçin Kürşat-Ahlers betont, dass dies insbesondere für die Frauen gilt, die in ländlichen Regionen lebten und ganz besonders auch für die Frauen, die sozioökonomisch schlechter gestellt waren. Siehe dazu Kürşat-Ahlers, E. (2003): Haremsfrauen und Herrschaft im Osmanischen Reich. In: Gather, C. et al. (Hrsg.): Feministische Studien. 21/1. Stuttgart: De Gruyter. S. 35–47.

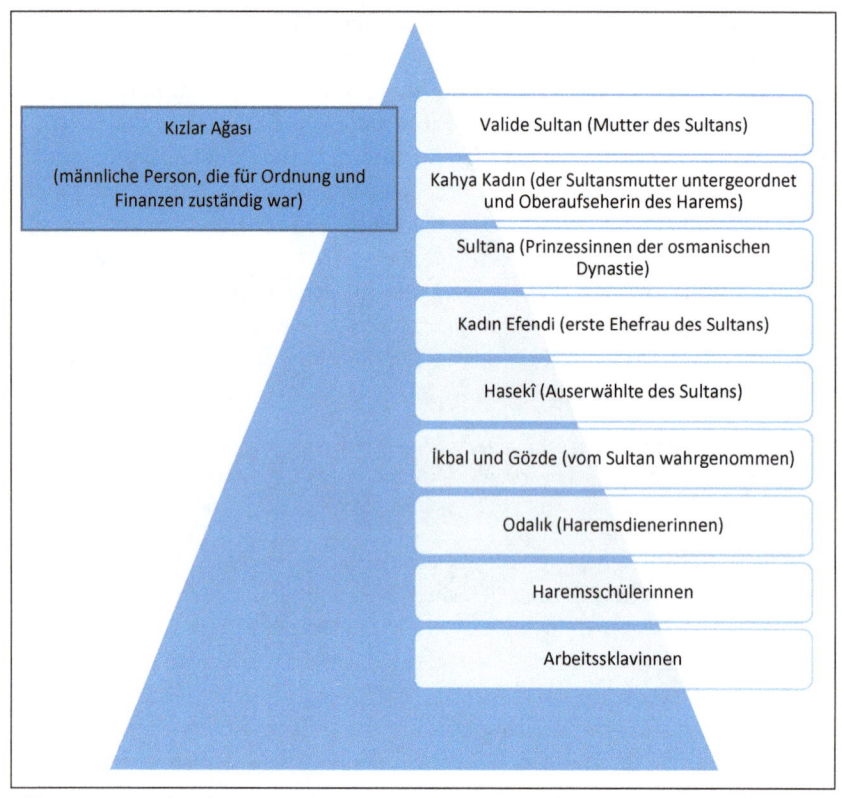

```
                        ┌─────────────────────────────────────┐
                        │  Valide Sultan (Mutter des Sultans) │
┌──────────────────────┐ ├─────────────────────────────────────┤
│    Kızlar Ağası      │ │  Kahya Kadın (der Sultansmutter     │
│ (männliche Person,   │ │  untergeordnet und Oberaufseherin   │
│  die für Ordnung und │ │  des Harems)                        │
│  Finanzen zuständig  │ ├─────────────────────────────────────┤
│       war)           │ │  Sultana (Prinzessinnen der         │
└──────────────────────┘ │  osmanischen Dynastie)              │
                         ├─────────────────────────────────────┤
                         │  Kadın Efendi (erste Ehefrau        │
                         │  des Sultans)                        │
                         ├─────────────────────────────────────┤
                         │  Hasekî (Auserwählte des Sultans)   │
                         ├─────────────────────────────────────┤
                         │  İkbal und Gözde (vom Sultan        │
                         │  wahrgenommen)                       │
                         ├─────────────────────────────────────┤
                         │  Odalık (Haremsdienerinnen)         │
                         ├─────────────────────────────────────┤
                         │  Haremsschülerinnen                 │
                         ├─────────────────────────────────────┤
                         │  Arbeitssklavinnen                  │
                         └─────────────────────────────────────┘
```

Abb. 4: Hierarchie des imperialen Harems, eigene Darstellung, in Anlehnung an Lesli P. Peirce (1993) und Fariba Zarinebaf-Sharhr (2004)

Der Harem wird in der Literatur immer wieder als eine *Struktur der orientalischen Gesellschaft* betrachtet, „er funktioniert wie der *eukos* oder die *famila* des griechischen oder römischen Fürsten oder *pater famila*."[646] Jedoch gibt es keine Hinweise darauf, ob diese gesellschaftliche Struktur auch in den Alltag der muslimischen Bevölkerung integriert war.

Trotzdem ist es anhand der wenigen Quellen aus osmanischer Zeit möglich, die Struktur des Harems zu konstruieren. Demnach zeigt sich, dass der Harem sich an einer klaren Struktur orientierte, in der alle Mitglieder des Harems bestimmte Funktionen übernahmen. Abbildung 4 verdeutlicht diese Hierarchie.

---

646 Vgl. Nickel, B. (2015): Der Harem. Zu interkulturellen und intermedialen Austauschprozessen in der Herausbildung des abendländischen Orientalismus seit dem 18. Jahrhundert. S. 59. In: World Literture Studies.1, 7. S. 58–70. [Hervorhebung im Original].

Der Abbildung[647] ist zu entnehmen, dass der *Harem eine Art Mikrogesellschaft* innerhalb der osmanischen Gesellschaft darstellte, die einem *klaren machstrukturellen System* folgte. Innerhalb dieser Struktur stand an höchster Position die *Valide Sultan*, die die Entscheidungsträgerin im Harem war. Ihre Entscheidungsbefugnis bezog sich sowohl auf die im System des Harems lebenden Frauen als auch auf die Beziehungen des Sultans im Harem, so dass die *Valide* immer die neue *Ikbal* für den Sultan aussuchte.[648] Ihr unterstand die *Kahya Kadın*, die als Aufseherin des Harems u. a. die Befehle der Valide Sultan umsetzte bzw. weiter delegierte. In der Hierarchie des Harems folgten der Valide Sultan die sogenannten *Sultana*, die die Prinzessinnen der Dynastie waren. In der Regel lebten die Sultana bis zur Ehe im Harem ihres Vaters, dem Sultan. Ihnen folgte die *Kadın Efendi*, die als erste Ehefrau für die dynastische Nachfolge verantwortlich und somit die Mutter der Kinder des Sultans war. Die *Hâsseki* waren der ersten Ehefrau des Sultans untergeordnet und wurden als Nebenfrauen des Sultans betrachtet. Ihnen waren Frauen untergeordnet, die als *Ikbal* bzw. *Gözde* bezeichnet wurden und für das Schlafgemach des Sultans von Seiten der Valide ausgewählt wurden. Diese Frauen lebten streng bewacht durch den *Kızlar Ağası* ein Leben im Palast.[649] Alle weiteren Frauen, die auch im Harem lebten, wurden u. a. zum persönlichen Dienst der Sultansfrauen vorgesehen. Dabei standen in dieser Bedienstetenhierarchie an oberster Stelle die *Odalık*, welchen die Haremsschülerinnen[650] und denen wiederum die *Arbeitssklavinnen* untergeordnet waren.[651] Als einziger Mann, der sich im Harem aufhielt, kann *der Kızlar Ağası*[652] genannt werden. Nach der Valide hatte der Kızlar Ağası die wichtigste Funktion innerhalb des Harems. Er kontrollierte die Arbeit aller im Harem tätigen Bediensteten und war für die finanziellen Belange des Harems verantwortlich. Mit seinen Aufgaben war der Kızlar Ağası der Vermittler zwischen dem Harem und der Außenwelt.[653]

---

647 Peirce, L. P. (1993): The imperial harem: women and sovereignty in the Ottoman Empire. New York: Oxford University Press.
648 Gost, R. (2002): Die Geschichte des Harems. Düsseldorf: Verlag Albatros.
649 Ebd.
650 Haremsschülerinnen wurden in verschiedenen Bereichen der Bildung und Erziehung ausgebildet, um auf ihre Rolle als Ehefrau vorbereitet zu werden.
651 Gost, R. (2002).
652 Kızlar Ağası waren zumeist Eunuchen aus Afrika, die im Palast des Sultans ein wichtiges Amt bekleideten. Eunuchen wurden einer Kastration unterzogen, z. T. wurde ihnen das männliche Geschlechtsteil vollständig entfernt.
653 Dewald, J. (2003): Europe, 1450 to 1789; Encyclopedia of the Early Modern World. New York: Charles Scribner's Sons.

Diese hier überblicksartig skizzierte Struktur des Harems bezieht sich auf den Harem des Sultans. Ob die Familien innerhalb der muslimischen Bevölkerung auch einen solchen Mikrokosmos besaßen, ist nicht für die ganze Bevölkerung zu beantworten. Die existierenden Quellen, mit denen der Umgang mit Harems in der muslimischen Gesellschaft des Osmanischen Reichs rekonstruiert werden können, ermöglichen begrenzten Zugang zum Konstrukt des Harems in der übrigen Gesellschaft.[654] Jedoch kann in Anlehnung an das im Koran geregelte Eheschließungsgesetz davon ausgegangen werden, dass polygame Familienstrukturen auch in der Bevölkerung[655] zu finden waren. Es ist des Weiteren zu vermuten, dass auch innerhalb dieser Strukturen die Bedeutung des Begriffs Harem im Sinne von heilig und verboten für die eigene Familie eine zentrale Rolle einnahm. Es kann aber ausgeschlossen werden, dass die oben beschriebenen Haremsstrukturen eines imperialen Harems in der Bevölkerung vorzufinden waren. Bei den hier beschriebenen Haremsstrukturen ist zu vermuten, dass sie für die meisten Haushalte in der Bevölkerung zu kostenaufwendig gewesen wären. Aus diesem Grund wird es den Harem und damit die verbundene polygame Familienstruktur vorwiegend in Familien der Oberschicht gegeben haben.

Die *europäische Vorstellung des Harems* produziert oft Mythen, durch die der Harem als ein Ort der Exotik und Sexualität dargestellt wurde. Dabei finden sich Darstellungen, die den Harem als Sinnbild des Despotismus sowie als Symbol der weiblichen Freiheit beschreiben.[656] Diese Darstellungen wurden zumeist in literarischen Gattungen[657] wie auch in wissenschaftlichen Abhandlungen konstruiert. Häufig wurden beispielsweise in der europäischen Malerei[658] oder in Reiseberichten[659] Haremsszenen aus einem Harem des Sultans dargestellt. Dass die-

---

654 Es handelt sich bei diesen Quellen um Erbschaftsunterlagen, Gerichtsakten und Reiseberichte von Europäern, die eine vollständige Rekonstruktion des Harems in der muslimischen Bevölkerung nicht zulassen. Siehe dazu Faroqui, S. (2002): Stories of Ottoman Men and Women. Establishing Status, Establishing Control. Istanbul: Eren Yayıncılık.
655 Faroqui, S. (2002).
656 Nickel, B. (2015), S. 59f.
657 Literarische Erzählungen wie Nächte im Harem von Benton (2003). Siehe u. a. Benton, C. (2003): Nächte im Harem. München: Droemer Knaur.
658 Zu nennen sind die malerischen Darstellungen zum Sultans-Harem die des französischen Historienmalers und Bildhauers Jean-Léon Gérôme (1824-1904) sowie des französischen Malers Jean Auguste Dominique (1780-1867), in denen der Harem als ein Ort der Sinnlichkeit und Dekadenz konstruiert wird.
659 Karin Hörner (2001) beschäftigt sich in ihren Beitrag „Verborgene Körper – verborgenen Schätze: Haremsfrauen im 18. und 19. Jahrhundert" mit Haremskonstruktionen in Reiseberichten europäischer Frauen im 18. und 19. Jahrhundert. Siehe

se Darstellungsformen oft aus einer subjektiven Perspektive heraus konstruiert waren, beschreibt Förschler für die Konstruktion des Harems in Reiseberichten:

„Die Reise- und Hofberichte sind generell ein Genre zwischen Fiktion und Dokumentation, zwischen Distanz und Nähe, zwischen bekanntem Wissen und ethnografischen Besonderheiten aus eigener Erfahrung."[660]

Diese subjektive Darstellungsform kann dadurch ergänzt werden, dass beispielsweise Reisende meistens keinen Einblick in den verbotenen Raum und damit in das System des Harems erhielten. Demzufolge muss bei diesen Darstellungen von zeitgenössisch-europäisch geprägten Vorstellungen ausgegangen werden, die den Harem mit seinen Strukturen nur bedingt erschließen konnten. Aus diesen subjektiv konturierten Vorstellungen entstanden in Europa Darstellungen, mit denen die Diskrepanz zwischen Neugierde für das Geheimnisvolle und der negativ geprägten Vorstellung vom unsittlichen Orient untermauert wurden. Dieses Missverhältnis in europäischen Darstellungen finden nach Pinn (2004) auch heute noch Verwendung:

„Die meisten populären Klischeebilder vom Orient sind schon mindestens ein Jahrhundert alt. Sie entstammen Reiseberichten, Romanen und Bildern des Kolonialzeitalters. Waren Europäer einerseits fasziniert von prächtigen Palästen und geheimnisvoll-bunten Basaren, von der Mystik und der Haremerotik, galt der Orient andererseits stets als unzivilisiert, grausam und despotisch. Auch die Frauenfeindlichkeit des Islam und die dem Propheten zugeschriebene Lüsternheit und Lasterhaftigkeit gehörten zu den >>klassischen<< Orient-Stereotypen. Bis heute prägen sie das Vorstellungsbild von der islamischen Welt, etwa in der Tourismuswerbung oder auch in der Medienberichterstattung."[661]

---

dazu Hörner, K. (2001): Verborgene Körper – verborgenen Schätze: Haremsfrauen im 18. und 19. Jahrhundert. In: Gernig, K. (Hrsg.): Fremde Körper. Zur Konstruktion des Anderen in europäischen Diskursen. Berlin: Dahlem University Press. S. 176-207. Mit der Konstruktion von Bildern zum Harem, in denen Sexualität, Gewalt und Irrationalität produziert, in Reiseberichten ab dem 16. Jahrhundert, setzt sich Iman Attia (2009) auseinander. Siehe dazu Attia, I. (2009): Die westliche Kultur und ihr Anderes. Bielefeld: Transkript Verlag.

660 Vgl. Förschler, S. (2010): Bilder des Harems: Medienwandel und kultureller Austausch. Berlin: Reimer. S. 32.

661 Vgl. Pinn, I. (2004): Von der exotischen Haremsschönheit zur obskuren Fundamentalistin: Frauen im Islam. S. 137. In: Youssef, H. (Hrsg.): Abschied vom Harem? Selbstbilder – Fremdbilder muslimischer Frauen. Berlin: Orlanda Frauenverlag. S. 137.-152.

Die *Mythen, die zum imperialen Harem* im Osmanischen Reich in Europa entstanden, arbeitet Peirce (1993) in ihrem Buch ‚The Imperial Harem' auf.[662] In diesem für den Diskurs als einschlägiges Werk einzustufende Buch nennt sie zwei zentrale Mythen, die der ‚westlichen' Konstruktion des Harembildes zugrunde liegen. Mit dem *ersten Mythos* wurde ein Bild konstruiert, dass im Harem ausschließlich die Frauen und Geliebten des Sultans lebten, mit denen er in einem sexuellen Verhältnis stand. Peirce verdeutlicht die Strukturen eines Harems mit allen seinen Mitgliedern (siehe Abb. 4) und dekonstruiert darüber diesen Mythos. Dieser Dekonstruktionsversuch von Peirce unterscheidet zwei verschiedenen Formen des Harems: (1.) den Männerharem, in dem Jungen und junge Männer, weiße ‚Eunuchen' als Wächter, ‚Kleinwüchsige' und ‚Stumme' lebten, (2.) den Frauen- bzw. Familienharem (siehe Abb. 4), in dem neben dem Sultan die Frauen und Kinder sowie als Wächter fungierende schwarze ‚Eunuchen' lebten.[663] Demnach wird der Harem nicht ausschließlich über die Frauen legitimiert, sondern insbesondere über die Anwesenheit des Sultans als Gottes Schatten auf Erden.[664]

Als *zweiten Mythos* nennt Peirce den Zusammenhang zwischen den Frauen im Harem und ihrem politischen Einfluss, welcher sich über die Strukturen des Palastes begründen lässt. Dass die Verwendung der Attribuierungen *privat, häuslich, weiblich* in Bezug auf den Harem für die Systematik des osmanischen Palastes nicht passend waren, beschreibt sie mit dem osmanischen Weltbild, nach dem die Nähe zum Sultan immer auch mit individueller Macht zusammenhing. Demnach waren nur bestimmte Frauen, die durch ihren Platz im Harem dem Sultan nahestanden, mit den Attributen *privilegiert, heilig und nah* zu beschreiben. Aus diesem Mythos von Peirce kann im Umkehrschluss gefolgert werden, dass Frauen, die nicht dem Harem angehörten, in einem Distanzverhältnis zum Sultan lebten. Die europäische Vorstellung von den Frauen im Osmanischen Reich im 16. Und 17. Jahrhundert berücksichtigte hingegen nicht dieses *Nähe-Distanz-System*, durch welches Frauen im Harem in das imperiale Machtgefüge des Osmanischen Reichs einbezogen wurden.[665]

Auch im *gegenwärtigen europäischen Diskurs zu den Vorstellungen vom Orient* finden sich immer wieder Denkmuster und Vorstellungen, die mit den Vorstellungen des Harems und des Orients im 16. und 17. Jahrhundert verglichen werden können. Früher wie heute sind in diesem Diskurs produzierte Zuschrei-

---

662 Peirce, L. P. (1993): The Imperial Harem. Women and Sovereignty in the Ottoman Empire. New York: Oxford University Press.
663 Zur genaueren Darstellung der Haremskonstellationen siehe ebd.
664 Ebd.
665 Ebd.

bungsmechanismen beobachtbar, mit denen koloniale Herrschaftsstrukturen transportiert werden.[666]

Dieses Teilkapitel konnte einen Einblick in die osmanische Haremsstruktur geben und die Rollen der Frauen im imperialen Harem im Osmanischen Reich diskutieren. Ebenfalls konnte aufzeigen, dass historisch-zeitgenössische Konstruktionen zum Harem und zum Orient auch in gegenwärtigen Diskursen existieren, weshalb es einen stärkeren kritisch-kolonialen Diskurs zum Harem im Osmanischen Reich benötigt.

Für die vorliegende Untersuchung stellt insbesondere im Hinblick auf die zu rekonstruierenden Schülervorstellungen die Frage, ob und wie Schüler*innen Vorstellungen zum Harem im Osmanischen Reich rekonstruieren. Dass für Schüler*innen der Harem bei der Konstruktion von Vorstellungen zum Osmanischen Reich eine Rolle spielen, zeigt sich in den Ergebnissen der Prästudie. Unter Rückgriff auf welche kollektiven Wissensstrukturen und sprachlichen Formen die Schüler*innen ihre Vorstellungen zum Harem konstruieren und in welchem Verhältnis diese Konstruktion der Schüler*innen zum wissenschaftlichen Diskurs steht, wird sich in der Analyse der Schülervorstellungen in Kapitel 9 zeigen.

6.5 Die Tanzimat-Zeit

Das über sechs Jahrhunderte herrschende Reich der Osmanen hatte im *19. Jahrhundert* seine *größte Krise in allen zentralen Bereichen des Staatswesens*. Betroffen waren *Armee, Verwaltung, Bildung und Wirtschaft*, aber auch die *kollektive Identität*, mit der die auf osmanischem Gebiet lebenden Menschen zusammengehalten werden sollten. Die t*erritorialen Verluste des Reiches und Nationalstaatsbestrebungen*[667] im Westen des Reiches machten Veränderungen im Staatswesen

---

666 Für den gegenwärtigen Forschungsdiskurs kann Edward Saids Kritik zum Orientalismus als zentrale Kritik an orientalischen Positionen genannt werden. Mit dem Ansatz von Foucault analysiert Said einschlägige europäische Werke und arbeitet ihre subjektive Betrachtung heraus, die über einen kolonialen Ansatz Gegensätze wie Westen/Zivilisation und Orient/mysteriös/bedrohlich konstruieren. Aus diesem resultiert Sait eine kulturalistische, diskriminierende und exotische Sichtweise Europas auf den Orient. Said leistete mit seiner Forschung einen grundlegenden Beitrag für postkoloniale Forschungsansätze. Siehe dazu Said, E. (1979): Orientalism. New York: Pantheon Books.

667 Die Gründung des griechischen Königreichs im Jahre 1832 ist für die Osmanen auf dem westlichen osmanischen Gebiet der erste Gebietsverlust, der durch nationale Bestrebungen nach Unabhängigkeit zu einer Republikgründung führte. Siehe dazu Kreiser, K. (2008).

des Osmanischen Reichs notwendig. Aus diesen Bedingungen folgte für das Osmanische Reich eine Zeit der *Reformen*, die bis zum Zerfall des Osmanischen Reichs zu vielen Veränderungsversuchen führten.

Diese Phase der Geschichte des Osmanischen Reichs wird aus diesem Grund auch das ‚*Reform-Jahrhundert*' oder *Tanzimat-Phase* (Tanzimat, dt. wohltätige bzw. wohltuende Umorganisation, Neuordnung) genannt.[668] Sie ist geprägt durch *Modernisierungsbemühungen*, die mit verschiedenen Reformen verbunden waren und von den Sultanen Abdülmecid (1839-1861) und Abdülaziz (1861-1876) umgesetzt wurden. Diese Phase der osmanischen Geschichte wird als die osmanische „*Version der Aufklärung*"[669] angesehen, weil sie zu einem gewissen Maße zur Säkularisierung des Osmanischen Reiches und zum Ausbau weltlich orientierter Bürokratie- und Rechtsstrukturen führte, jedoch weiterhin unter der absoluten Macht der Sultane stand.

Die Reformen werden auch als eine Form der *Ausrichtung des Osmanischen Reichs nach Europa* betrachtet.[670] Bekmezci (2015) bezeichnet die Tanzimat-Phase angesichts der gegenwärtigen EU-Beitrittsdiskussionen als die Phase, in der erstmalig ein „richtige[r] türkische[r] Europäisierungsprozess nach europäischem Vorbild"[671] zu beobachten gewesen sei. Ob aus diesen Reformierungsbemühungen, die sich vorwiegend aus Verlust- und Zerfalltendenzen des Reiches ergaben, das Interesse einer Europazentrierung abgeleitet werden kann, ist zu hinterfragen. Denn die anhaltenden militärischen Niederlagen des Osmanischen Reiches machten die europaorientierten Tanzimat-Reformen immer präsenter, um das Reich vor einem Zerfall zu retten.

Die Tanzimat-Phase wird üblicherweise mit dem *Zeitraum von 1839 bis 1876* gleichgesetzt und ist geprägt von drei wesentlichen Entscheidungen, mit denen Veränderungen im Osmanischen Reich verbunden waren. Das *erste Ereignis* war die Einführung des Erlasses von Gülhane (Istanbul), das sogenannte *Hatt-ı Şerif* (dt. Erhabenes Kaiserliches Handschreiben) vom 3. November 1839, das von Sultan Abdülmecid verfasst worden sein soll und aus diesem Grund als *herrscherliches Handschreiben* bezeichnet wird.[672] Dieser Erlass sollte im Be-

---

668 Kreiser, K. (2008).
669 Vgl. Faoqui, S. (2002), S. 278. [Hervorhebung T. A.].
670 Günay, C. (2012), S. 67.
671 Vgl. Bekmezci, İ. (2015): Analyse und Beurteilung des EU-Beitritts der Türkei. Die Dimensionen der Debatte unter Berücksichtigung der europäischen Perspektiven. Norderstedt: BoD. S. 19.
672 Die Entwicklungen bis zu dem Erlass von Gülhane sind zentrale Ereignisse, die einen solchen Erlass notwendig machten. Zu einer ausführlichen Darstellung der Phase vor dem Erlass siehe Kreiser, K. (2008).

sondern auf den aufkommenden Nationalismus reagieren, indem eine Öffnung für Nichtmuslime in den Staatsdienst eingeführt wurde. Diese Entwicklung, die auch in den Folgejahren von den Osmanen vertreten wurde, könnte als eine Art *kosmopolitischer Osmanismus* bezeichnet werden. In dieser Zeit versuchten die Osmanen die *Öffnung nach Europa* auf verschiedenen Ebenen zu ermöglichen, was zahlreiche Veränderungen für das Osmanische Reich mit sich brachte. Diese Veränderungen wirkten sich insbesondere auf die *öffentliche Verwaltung* sowie das *Bildungs- und Rechtswesen* aus.[673] Ziel war es, durch die Reformen eine Orientierung an dem Aufklärungsgedanken Europas, insbesondere Frankreichs, und damit eine Ausrichtung an dem „Bürgerrecht [...] und der damit einhergehenden Stärkung des Eigentums, der Beseitigung des Feudalismus und den Drang des Bürgertums nach mehr Mitsprache"[674] im Osmanischen Reich zu schaffen. Die mit dem Edikt aus 1839 geplanten Veränderungen können wie folgt zusammengefasst werden: Es sollte (1.) eine Sicherung für die Untertanen aller Glaubensrichtungen im Hinblick auf Leben, Ehre und Vermögen, (2.) eine gleichberechtigte Regelung bei der Einnahme von Steuern und (3.) eine einheitliche Regelung der Wehrdienstpflicht mit einer Begrenzung auf fünf Jahre ermöglicht werden. Das Hatt-ı Şerif wurde als eine Bekundung des Sultans für die Förderung der Modernisierung des Osmanischen Reichs aufgenommen. So wird die Intention des Reformansatzes im Dekret folgendermaßen hervorgehoben:

> „Unsere wohlwollenden Gedanken [ist] einzig und allein darauf gerichtet, das Reich zur Blüte zu bringen und dem Volke, namentlich den Armen, zu Wohlstand und Glück zu verhelfen."[675]

Diese Formulierung aus dem Dekret sollte verdeutlichen, dass der Reformierungsgedanke allen im Osmanischen Reich lebenden Menschen, aber im Besonderen denen, die als ‚Arme' benannt wurden, zugutekommen sollte. Diese als neu zu bezeichnenden Bestrebungen des Osmanischen Reichs spiegelten ihre Orientierung an europäischen Entwicklungen wider. Gleichzeitig war es auch ein Versuch, den durch Nationalbestrebungen im europäischen Raum geschwächten Zusammenhalt im Osmanischen Reich zu stärken. Es sollte eine alle Nationen und Glaubensrichtungen umfassende osmanische Identität fördern.

Dass dieser Gleichheitsgedanke und damit verbunden die Auswirkungen auf eine Stabilisierung des Reiches, die in einem Top-down-Prozess umgesetzt

---

673 Kreiser, K./Neumann, C. K. (2009), S. 334ff.
674 Vgl. Günay, C. (2012). S. 67.
675 Hatt-i scherif (Erhabenes Kaiserliches Habschreiben) von Gülhane (Tanzimat Edikt) vom 26. Scha'ban 1255 (=3. November 1839). Verfügbar unter: http://www.verfassungen.eu/tr/tuerkei39.htm [eingesehen am 24.5.2019].

wurden, letztlich nicht umsetzbar waren, verdeutlichen die Entwicklungen und weitere Reformversuche im Osmanischen Reich.

Dem Erlass aus 1839 folgte ein *zweiter Erlass*, das sogenannte *Hatt-ı Hümâyûn* (dt. Großherrliches Handschreiben), der am 18. Februar 1856 umgesetzt wurde. Der von Sultan Abdülmecid I. unterzeichnete Erlass sollte die Inhalte des Hatt-ı Şerif bekräftigen, so dass das Hatt-ı Hümâyûn als eine Konkretisierung des Erlasses aus 1839 zu verstehen ist, der durch eine kompromissreiche Entscheidungsphase der osmanischen Politik entstand.[676]

Auch dieser Erlass sollte *der inneren Krise des Osmanischen Reichs und den verlorenen Kriegen entgegenwirken,* um das Reich zu stabilisieren. Demgemäß wurden die Schwerpunkte des Hatt-ı Şerif im Hatt-ı Hümâyûn in Weiterführungen aufgenommen, so dass der zentrale Schwerpunkt wieder u. a. die *Gleichberechtigung von Muslimen und Nichtmuslimen* war. So berücksichtigte der Erlass eine *uneingeschränkte Religionsfreiheit* und für alle einen gleichwertigen Zugang zu allen zivilen Ämtern, eine starke Reformierung der Verwaltungsstrukturen für eine Teilhabe von Menschen aller Glaubensrichtungen sowie die Renovierung und den Neubau von nichtmuslimischen Sakralbauten.

Die letztgenannte Veränderung kann als eine Reaktion von bereits existierenden Verhältnissen auf dem Balkan im Sinne einer rechtlichen Regelung betrachtet werden, da hier von nichtmuslimischen Gemeinden Gotteshäuser der dort lebenden Glaubensrichtungen gebaut wurden.[677] In dem Erlass wurden neben Rechten auch Pflichten für alle formuliert, mit denen auch Nichtmuslime zum Dienst im Militär verpflichtet wurden.

Als die bedeutendste Veränderung durch diesen Erlass kann die *Auflösung des Millet-Systems* genannt werden. Die vorgesehenen Reformen führten 1868 zu einer *fast vollkommenen Säkularisierung insbesondere des Bildungswesens*. Diese Entwicklungen betrafen allerdings, wie auch bei allen bis zu diesem Zeitpunkt das Bildungssystem strukturierenden Regeln, nur eine Minderheit der osmanischen Bevölkerung, denen der Zugang zur Bildung gewährt war. Eine große Mehrheit der osmanischen Bevölkerung hatte keinen Zugang zur Bildung und wurde auch bei dieser Regelung nicht berücksichtigt. Die meisten Menschen, die im Osmanischen Reich lebten, insbesondere in ländlichen Gebieten, waren Analphabeten.[678]

---

676   Kreiser, K. (2008).
677   Jakob, J. (2014).
678   Günay, C. (2012).

6 das Osmanische Reich als historischer Gegenstand

Die Reformen der Tanzimat-Phase nach westlichem Vorbild stießen allerdings in *konservativen muslimischen Kreisen auf Ablehnung*[679], wodurch die innere Ordnung des Osmanischen Reichs, die bereits durch verschiedene innen- und außerpolitische Bedingungen geschwächt war, weiter entkräftet wurde.[680]

Die Reformen wurden im Laufe des 19. Jahrhundert durchgesetzt; sie begannen mit Militärreformen und endeten in Staatsreformen, durch welche sich die staatlichen Strukturen des Osmanischen Reichs vollständig veränderten.[681]

Die Großwesire[682] *Mustafa Reşid Pascha* (sechs Amtszeiten) und später *Ali Pascha* (fünf Amtszeiten) und *Fuad Pascha* (zwei Amtszeiten) werden als die *Hauptakteure bei der Durchsetzung der Reformen* angesehen.[683] Alle drei Großwesire waren *Kenner Europas* und konnten insbesondere mit guten Französischkenntnissen zentrale Kontakte zu ausländischen Gesandten pflegen. Der innerosmanische Einfluss der Großwesire spielte für die Umsetzung der Reformen auch eine Rolle. Insbesondere der starke Einfluss Ali Paschas auf den osmanischen Sultan Abdülazîz war besonders stark.

An die Erlasse aus den Jahren 1839 und 1856 schloss die *erste osmanische Verfassung an, die 1876* verabschiedet und nach Ausbruch des Russisch-Osmanischen Kriegs (1877-1878) von Abdülhamid II. *wieder abgesetzt wurde*.[684] Mit dieser ersten schriftlich fixierten Verfassung war die *Einführung eines Zweikammernparlaments* und damit der Weg zu einer *konstitutionellen Monarchie* möglich. Jedoch wurde *1878 das Parlament geschlossen* und Sultan Abdülhamid II. herrschte bis 1908 als absoluter Monarch. Allerdings blieb die Verfassung von 1876 in Kraft und wurde weitegehend angewendet, obwohl das Parlament nicht mehr einberufen wurde. Erst *1908 wurde die Gültigkeit dieser Verfassung wieder erklärt* und der Weg zu einer parlamentarischen Monarchie geebnet.[685]

Diese insbesondere von den Großwesiren Mustafa Reşid Pascha, Ali Pascha und Fuad Pascha in ihren Amtszeiten geförderten Reformen der Tanzimat-Zeit,

---

679 Aydin, H./Goldberg, A./Öksüz, N./Özbek, Y. (2000): Zur türkischen Gesellschaft, Kultur und Identität. Ein Literaturbericht zum Thema „Soziologische Länderkunde: Türkei" des Zentrums für Türkeistudien (Sozialwissenschaftliche Beiträge zur europäischen Integration, Bd. 2). Frankfurt a. M.: IKO – Verlag für Interkulturelle Kommunikation. S. 14.
680 Kreiser, K. (2008).
681 Vgl. Günay, C. (2012), S. 67ff.
682 Großwesire waren im Osmanischen Reich Beamten, die direkt dem Sultan unterstanden.
683 An dem Titel Pascha wird die Relevanz der Personen deutlich, die auch für Großwesire gilt. Der Titel Pascha wurde bei höchsten Beamten dem Namen nachgestellt.
684 Kreiser, K./Neumann, C. K. (2009), S. 339ff.
685 Kreiser, K. (2008).

die als eine *defensive Modernisierung* des Osmanischen Reichs betrachtet werden können, führten zur Gründung vieler neuer Institutionen, durch die im Bereich Staat und Verwaltung wesentliche neue Prinzipien festgelegt wurde. Diese bildeten zum Teil die *Grundlage für die spätere Republik Türkei* und somit auch die erste *Grundlage für spätere säkular orientierte Verfassungsstrukturen*.

6.6 Die Entwicklung eines nationalen Bewusstseins unter der Herrschaft der Jungtürken und die daraus resultierenden gesellschaftlichen Entwicklungen am Ende des Osmanischen Reichs

Mit den Tanzimat-Reformen (Kap. 6.5) und den Reformen im Verwaltungswesen wurden die *zentrale Bürokratie und damit verbunden die Großwesire der Hohen Pforte*[686] gestärkt.[687] Unter diesen Großwesiren vertraten insbesondere Ali Pascha und Fuad Pascha eine *autoritäre politische* Richtung und versuchten die Entstehung einer oppositionellen Bewegung zu unterbinden. Eine solch starke Vertretung der Reformen durch Personen, die durch ihre Nähe zum Palast des Sultans nicht die Interessen der Bevölkerung, wie es in den Erlassen von 1839 und 1856 proklamiert wurde, sondern eine in der Forschungsliteratur häufig als *despotisch* bezeichnete Politik[688] vertraten, führte zur *Kritik innerhalb der Vertreter der Tanzimat-Reformen*. Bei diesen Vertretern handelte es sich vor allem um diejenigen, die in den „Machtzirkel"[689] der Palast-Bürokratie nicht aufgenommen wurden, da ihnen dieser Zugang verwehrt wurde.

Die *Umsetzung der Reformen*, die auf der einen Seite für das Osmanische Reich *starke Veränderungen* bedeutete, zeigte allerdings auf der anderen Seite, dass die besagte und versprochene Gleichberechtigung für alle auf dem Gebiet des Osmanischen Reichs lebenden Menschen ihre *Grenzen* hatte und von den Großwesiren kontrolliert wurde. Diese Ambivalenz zwischen dem Versprechen der Gleichstellung aller Menschen und der autoritären Kontrolle der Reformen verdeutlicht das Aufoktroyieren dieser Reformen durch die Hohe Pforte. Die politische Führung der Tanzimat-Reformer löste eine *Gegenbewegung* aus, die sich die bürgerliche Revolution in Europa von 1848 als Vorbild nahm. In Anlehnung

---

686 Die Bezeichnung Hohe Pforte steht synonym für den Sultanspalast.
687 Günay, C. (2012).
688 Günay (2012) oder auch Matuz (2010) sprechen von einem Despotismus der Tanzimat-Reformer. Siehe dazu Günay, C. (2012), S. 73ff. und Matuz, J. (2010), S. 249ff.
689 Vgl. Günay, C. (2012), S. 74.

an diese Vorstellung entstand die *Bewegung der* sogenannten *Jungosmanen*, aus denen sich die *Bewegung der Jungtürken* formierte.

6.6.1 Die Bewegung der Jungosmanen

Innerhalb der Bewegung der Jungosmanen befanden sich erfahrene Politiker, die bei einer möglichen Machtübernahme zentrale Posten übernehmen sollten. Günay (2012) beschreibt die *Jungosmanen* nicht als einheitliche Gruppe, sondern als Einzelpersonen, die sich in dem Gedanken der Opposition vereinten:

> „Die Jungosmanen waren keine homogene, bzw. organisierte Bewegung, vielmehr handelte es sich um eine lose Vereinigung junger Intellektueller unterschiedlichster Herkunft und Ansicht. Was sie vereinte war die Opposition gegen den Despotismus und Nepotismus des *Tanzimat*-Regimes und die Forderung nach einer Verfassung und einem Parlament."[690]

Mit dieser gemeinsamen ideologischen Ausrichtung, die im Vergleich zu der von den Großwesiren und dem Sultan verfolgten Ausrichtung als *ein liberaler Ansatz* verstanden werden kann, war ihr Ziel die *Rettung des Osmanischen Reichs vor dem Zerfall*. Die Jungosmanen waren dabei nicht gegen die Reformen, sahen diese für eine Neuausrichtung des Reiches sogar als notwendig an. Jedoch bewerteten sie die Schwerpunkte der umgesetzten Reformen als gehaltlos, die sich aus ihrer Sicht an den europäischen Reformen und damit an den europäischen Werten der Aufklärung orientieren mussten.[691] Für die Jungosmanen musste sich das Osmanische Reich an den *Ursprüngen des Islams orientieren*, wonach eine für das Reich notwendige Renaissancebewegung eingeleitet werden sollte. Sie verstanden sich nicht als Religionsgelehrte, sondern als liberale Bewegung, die den *Nationalismus als Gefahr* ansah.[692] Eine nationalorientierte Bewegung im Osmanischen Reich konnte aus Sicht der Jungosmanen den Vielvölkerstaat in Gefahr bringen.

Es ist davon auszugehen, dass auch diese Vorstellung *keine vollständige und gleichberechtigte Inkludierung* aller im Osmanischen Reich lebenden Menschen beinhaltete, da über die Vorstellung der Jungosmanen von einer islamischen osmanischen Nation allen Nichtmuslimen ein konstitutiver Beitrag abgesprochen wurde.[693]

---

690 Vgl. ebd., S. 74. [Rechtschreibung im Original].
691 Mardin, Ş. (2000): The Genesis of Young Ottoman Thought: A Study in the Modernization of Turkish Political Ideas. Princeton: Syracuse University Press.
692 Günay, C. (2012).
693 Für eine ausführliche Darstellung zur Ideologie der Jungosmanen siehe ebd. S. 73ff.

Die Jungosmanen verbreiteten ihre *Vorstellungen über verschiedene Veröffentlichungen*, die zum Teil im Untergrund entstanden. Als ein zentrales Medium dieser Bewegung kann die *Zeitung Tasvir-i Efkar* (dt. Darstellung der Meinung) genannt werden, deren Leitung Namık Kemal[694] übernommen hatte. Die Verbreitung der jungosmanischen Ideologie wurde von der Hohen Pforte als Gefahr angesehen und sollte gestoppt werden. Der wachsende politische Druck zwang viele Jungosmanen, das Reich zu verlassen.[695] Einige Jungosmanen kamen mit dem Tod des Großwesirs Ali Pascha wieder in das Osmanische Reich zurück und gewannen wieder an Macht. Auch Ereignisse innerhalb (Dürre und Hungersnöte) und außerhalb (Finanzkrise und bulgarischer Aufstand) des Reiches beeinflussten die osmanische Politik negativ. Die Gesamtsituation führte zu einem Putsch, durch welchen der regierende Sultan abgesetzt werden konnte.[696]

Mit dem neuen Sultan, Sultan Abdülhamid II.[697], wurde *1876 die erste konstitutionelle Periode* der osmanischen[698] Geschichte eingeleitet und die Verfassung von 1876 eingeführt. Die Einführung der Verfassung führte zur Gründung eines Parlaments, das allerdings nur eingeschränkte Handlungsmöglichkeiten hatte. Der Sultan hielt den Handlungsspielraum des Parlaments gering und setzte es bei der ersten Gelegenheit ab, da ein parlamentarisches System seine Autorität einschränkte. Den russisch-türkischen Krieg nahm er zum Anlass und erklärte das Parlament für ungültig. Damit begann die *Ära des Sultans Abdülhamid*, die über 30 Jahre (1878 bis 1908) anhielt und in der Literatur auch als *hamidische Ära bzw. als hamidisches System* bezeichnet wird.[699] In dieser Phase fanden staatsbildende Prozesse statt, die auch Einfluss auf die spätere Gründung der Republik Türkei hatten. Sultan Abdülhamid II. verfolgte in dieser Zeit eine Politik, mit der er „die *islamische Religion als Ideologie, Traditionalisten als Verbündete und*

---

[694] Der Dichter und Schriftsteller Namik Kemal war ein bedeutender Name für die jungosmanische und später jungtürkische Bewegung, der im Exil viele europäische Werke (z. B. von Victor Hugo oder Jean-Jacques Rousseau) ins Türkische übersetzte und zeitweise die Zeitung Hürriyet herausgab. Seine patriotische Ideologie prägten seine Arbeiten. Siehe dazu u. a. Menemencioğlu, N. (1967): Namık Kemal Abroad: A Centenary. In: Middle Eastern Studies, Bd. 4, Nr. 1. S. 29–49.

[695] Viele der Jungosmanen gingen ins Exil nach Frankreich, da bereits dort Vertreter der Bewegung lebten. Siehe dazu Günay, C. (2012).

[696] Ebd.

[697] Sultan Abdülhamid II. wurde in Europa auch als der „kranke Mann von Bosporus" bezeichnet. Siehe dazu beispielsweise Herm, G. (1993), S. 278.

[698] Die osmanische Geschichte schließt in diesem Zusammenhang auch die Geschichte der Republik Türkei ein, so dass an dieser Stelle in der Literatur auch oft die Rede von der türkischen Geschichte ist. Z.B. in Günay, C. (2012), S. 81.

[699] Siehe dazu u. a. ebd. (2012), S. 83 oder Kreiser, K. (2008), S. 45.

6 das Osmanische Reich als historischer Gegenstand

einen absolutistischen Zentralismus als System"[700] etablierte. Dem von den Jungosmanen vertretenen osmanischen Patriotismus begegnete Abdülhamid mit dem *Panislamismus* und der Lenkung der Führung durch den Palast.

Durch *Kriege und daraus resultierende Gebietsverluste* reduzierte sich die Zahl der auf dem osmanischen Gebiet lebenden Christen bzw. Nicht-Muslimen. Die Unterstützung der Balkan-Christen insbesondere durch Russland sorgte für *Nationalbestrebungen* bei vielen auf dem osmanischen Territorium lebenden Menschen und führte dazu, dass beispielsweise die Armenier politische Forderungen für eine nationale Besserstellung im Osmanischen Reich äußerten. Bedingt durch seine politische Linie, die von einem *panislamistischen Absolutismus* geprägt war, wurden die Interessen der Armenier nicht berücksichtigt.[701]

Die Ära Abdülhamids war auch durch ein in der Bevölkerung des Osmanischen Reichs immer größer werdendes *Misstrauen* geprägt, welches durch die *Überwachungspolitik* forciert wurde:

> „Ein dichtes Netz an Geheimagenten und Polizisten kontrollierten Schulen, Militär und Verwaltung und zensurierte die Presse. Es galt, jegliche Opposition zu unterdrücken, dazu zählten Konstitutionalisten ebenso wie z. B. armenische Nationalisten."[702]

Die *Paradoxie der hamidischen Ära* liegt insbesondere darin, dass in dieser Zeit die osmanische Bevölkerung *extremen Kontrollmechanismen* ausgesetzt war, die durch eine absolute Herrschaft gelenkt wurde, die Zeit aber auch durch *viele Modernisierungsprozesse* geprägt war. Unter der Herrschaft von Abdülhamid wurden beispielsweise die Bereiche Bildung, Kommunikation und Verkehr stark ausgebaut. Diesen Widerspruch beschreibt Mardin (1994) damit, dass die „Technologie des Westens [von den Osmanen übernommen], aber seine Moral"[703] abgelehnt wurde. Auch in dieser Phase handelte es sich bei den Reformen und Veränderungen um oktroyierte Entscheidungen, die sich auch nicht aus den Idealen der 1848er in Europa ableiten ließen.

---

700 Vgl. Günay, C. (2012), S. 84. [Hervorhebung T. A.]
701 Ebd.
702 Vgl. ebd., S. 86.
703 Vgl. Mardin, Ş. (2000): The Genesis of Young Ottoman Thought: A Study in the Modernization of Turkish Political Ideas. Princeton: Syracuse University Press. S. 163.

6.6.2 Die Bewegung der Jungtürken

Besonders durch die Reformen im Bildungswesen entstanden u. a. *akademische Bildungseinrichtungen*, in denen angehende Offiziere und Beamte für den Staatsdienst ausgebildet wurden. Innerhalb dieser Gruppen entwickelten sich *oppositionelle Studentengruppen* als Reaktion auf die strengen Kontrollen von Seiten der staatlichen Agenten, die keinen radikalen Revolutionsgedanken verfolgten, wie es im Europa des 19. Jahrhunderts zu beobachten war. Vielmehr ging es in Anlehnung an die Ideen der Jungosmanen um eine Rettung des Osmanischen Reiches, die aus ihrer Sicht mit der Wiedereröffnung des Parlaments und der aktiven Umsetzung der Verfassung von 1876 möglich war. Ein weiteres zentrales Ziel war die *Unabhängigkeit des Osmanischen Reiches von europäischen Kräften*. In ihrer ideologischen Ausrichtung unterschieden sie sich von den Jungosmanen wie folgt:

> „Im Gegensatz zu ihren politischen Vorgängern waren sie [die Jungtürken] allerdings naturwissenschaftlich orientiert. Insbesondere die Ideen des *französischen Positivismus* sollten einen großen Einfluss ausüben."[704]

Diese Oppositionellen gründeten die erste Gruppe, die sich *İttihad-i Osmancı Cemiyeti* (dt. Komitee für osmanische Einheit) nannte und sich für die Verfassung und das Parlament von 1876 einsetzte, weshalb sie vom Sultan stark unter Druck gesetzt wurde. Durch den *wachsenden politischen Druck* verließen einige Anhänger dieser Opposition das Land und verbündeten sich in Paris mit sich bereits in Frankreich befindenden Oppositionellen. Aus diesem Zusammenschluss entstand die *Gruppe der Jungtürken*, die sich *İttihad ve Terakki Cemiyeti* (dt. Komitee für Einheit und Fortschritt) nannte. Die *Begriffe Einheit und Fortschritt* bestimmten sich über einen *osmanischen Patriotismus*, der eine *positivistische Bewegung* anstrebte. Diese Exiloppositionellen führten auch die Selbstbezeichnung *Jeunes Turcs* (dt. die Jungtürken) ein, welche unter den im Osmanischen Reich sich der Gruppe zugehörig fühlenden Oppositionellen verwendet wurde. Durch die Jungtürken, die im Osmanischen Reich lebten, kam es im Jahre *1896 zu einem Putschversuch*, der scheiterte. Trotz großer Verhaftungswellen schaffte es die Gruppe innerhalb ihrer Territorien die *Schriften der Jungtürken* so zu verteilen, dass das Stoppen dieser politischen Bewegung kaum noch möglich war.[705]

Die Bewegung der Jungtürken kann, wie auch die jungosmanische Bewegung, als eine *Elitebewegung* bezeichnet werden, deren Ziel nicht die Verbesserung der Bedingungen des gesamten Volkes war, sondern „eine Modernisie-

---

704 Vgl. Günay, C. (2012), S. 90. [Hervorhebung T. A.].
705 Ebd.

rung von oben herab"[706]. Jedoch unterschieden sich die Jungtürken von ihren Vorgängern durch ihre europäisch geprägte Expertise, durch welche sie viele Sprachen beherrschten und sich stärker an europäischen Diskursen orientierten. Insbesondere aus ihrer Orientierung an den Naturwissenschaften resultierte ihre kritische Haltung der Religion gegenüber, wodurch sie sich von den Jungosmanen ebenfalls unterschieden.[707] In dieser Position der Jungtürken sind die ersten Entwicklungen zu einem *laizistischen Reich* zu erkennen, welches für die spätere Republik Türkei in ihrer politischen Ausrichtung eine zentrale Säule ausmachte.

Die innen- und außerpolitischen Entwicklungen führten zur *Formation im Untergrund* der Jungtürken, die in Saloniki/Mazedonien stattfand und der viele „Offiziere, Offiziersanwärter, Kadetten und Beamte"[708] beitraten.[709] Anschließend entschloss sich die Bewegung im Mai 1908 für eine öffentliche Positionierung, indem sie einen *Aufstand in Mazedonien* anführte – unter ihnen war auch *Mustafa Kemal*, der spätere Begründer der Republik Türkei – und den Sultan anschließend dazu zwang, die *Verfassung wieder anzuerkennen und das Parlament wieder einzuführen*, so dass am 23. Juli 1908 der Sultan die Gültigkeit der Verfassung von 1876 und des Parlaments erklärte.[710]

Dieser Schritt ermöglichte den Jungtürken den Zugang zur Macht, damit verbunden offiziell als *Komitee für Einheit und Fortschritt* die Entscheidungsbefugnis zu haben. Dies konnte allerdings nicht umgesetzt werden, so dass ihre *Mitglieder keine Regierungsämter* besetzten. Es ist zu vermuten, dass dies mit der Konstitution der Komitee-Mitglieder im Hinblick auf akzeptierte und autorisierte gesellschaftliche Positionen zusammenhängt. Danach waren Alter (je älter, desto akzeptierter) und Rang des politischen Amtes für die Akzeptanz einer Person im osmanischen Gesellschaftssystem von Bedeutung.

Das Parlament, das am *17. Dezember 1908* seine Arbeit wieder aufnahm, setzte sich aus mehrheitlich sunnitisch-türkischen Abgeordneten zusammen, die Mitglieder des Komitees waren. Allerdings wurde der Status der Minister, die der jungtürkischen Bewegung angehörten, erschwert, da sie sich nicht in Form einer politischen Partei zusammenfinden konnten, sondern als *Einzelpersonen* agierten. Der Eintritt in das Parlament und in ihm die Handlungsweisen der Einzelpersonen verdeutlichten die doch divergierenden Interessen der Jungtür-

---

706 Vgl. ebd., S. 92.
707 Ebd.
708 Vgl. ebd., S. 94.
709 Zur genauen Entwicklung der jungtürkischen Formation in Mazedonien siehe ebd., S. 93f.
710 Kreiser, K./Neumann, C. K. (2009).

ken.[711] Währenddessen wurde der *Unmut innerhalb der Gesellschaft* gegen die Jungtürken immer größer, insbesondere geprägt durch eine immer *schlechter werdende wirtschaftliche Situation* für viele im Reich. Diese Situation mündete in einem *Aufstand am 31. März 1909* durch viele verschiedene Personen, deren gemeinsamer Wunsch die Rückkehr zu der alten Ordnung war, die sie als fairer einstuften. Der Aufstand wurde von den Kräften der Jungtürken niedergeschlagen und mündete in *erheblichen Veränderungen der Verfassung*. Zentrale Veränderungen waren die Eingrenzung der politischen Handlungsfähigkeit des Sultans und die Stärkung des Parlaments.[712]

Die *zweite Verfassungsperiode seit Dezember 1908* war geprägt durch die *Gründung vieler politischer Parteien sowie von Organisationen und Interessenvertretungen*. Die *Stärkung des Militärs* kann als eine weitere zentrale Entwicklung dieser Periode angesehen werden, so dass das Militär in dieser Phase so stark wurde, dass es Einfluss auf politische Entscheidungen im Parlament hatte. Diese ganzen Bedingungen sorgten für eine *angespannte Situation zwischen den Jungtürken und ihren Gegnern* im Parlament und mündeten in der Gründung einer *Einheitsregierung*.[713] Neben den innenpolitischen Bedingungen führten auch die außenpolitischen Bedingungen das Osmanisches Reich unter den Jungtürken immer mehr in die Krise.

6.6.3 Der Nationalismus der Jungtürken

Die *Balkan-Kriege* und die damit verbundene *Entstehung von Nationalstaaten* war für das Osmanische Reich mit immer größeren Gebietsverlusten verbunden. Diese Entwicklungen führten zu einer immer rigoroseren Politik der Jungtürken, deren Hauptakteure gegen Ende des Reiches durch die als *Triumvirat bezeichnete Dreierkonstellation von Paşas* und ihre autoritäre und zentralistische Politik geprägt waren. Dieses Triumvirat bestand aus *Talat Paşa*, der die Funktion des Innministers übernahm, *Enver Paşa* als Kriegsminister und *Cemal Paşa*, der als Marineminister agierte.[714] Sie stellten den radikalen Flügel der jungtürkischen Bewegung dar und forcierten immer stärker einen säkularen türkischen Nationalismus.[715]

---

711 Zürcher, E. J. (2004): Turkey. A Modern History. New York: I. B. Tauris.
712 Günay, C. (2012).
713 Matuz, J. (2006).
714 Günay, C. (2012).
715 Die ideologische Ausrichtung dieses Triumvirates bildete die Basis des späteren Kemalismus unter Mustafa Kemal Atatürk. Siehe dazu Adanır, F. (2009), S. 60.

Das Triumvirat wie auch andere aus der jungtürkischen Bewegung sahen in der politischen Richtung des sogenannten *Panturkismus* bzw. *Pantürkismus*[716] die Rettung des Reiches, welche ihre Wurzeln im *Turanismus* hatte. Das *Kernziel* des Panturkismus verfolgt die weltweite Vereinigung alle Turkvölker, welche den Wunsch der jungtürkischen Elite darstellte. Diese politische Linie wird in der Forschungsliteratur häufig mit dem Namen *Ziya Gökalp* verbunden, der im 19. und 20. Jahrhundert durch seine Schriften als zentraler Vertreter dieser Ideologie galt.[717] Die von den Jungtürken angestrebten zentralen Ziele, die aus dem Panturkismus abgeleitet wurden, waren die „Verbreitung […] [türkisch-]nationalistischen Gedankenguts[…]"[718] sowie die „Vereinigung sämtlicher Türkvölker"[719], mit denen sie das Reich als türkisches Reich stabilisieren wollten. Aus diesen Zielen folgte eine Fokussierung auf das Türkische. Nach Günay (2012) „hatten die nicht-türkischen Elemente im Reich kaum mehr Bedeutung"[720], wie auch die ursprüngliche Idee des Osmanismus. Diese unterschied zwar auch in muslimisch und nichtmuslimisch, jedoch verfolgte sie keinen solch kompromisslosen Nationalgedanken, wie es die jungtürkische Bewegung tat.

6.6.4 Entstehung von Unruhen und die daraus resultierenden gesellschaftlichen Veränderungen im Osmanischen Reich

Die nationalistische Perspektive der Jungtürken im Reich beeinflusste auch außenpolitische Entscheidungen. So führte die *politische Richtung der Jungtürken* zu *innen- und außenpolitischen Entwicklungen* im Osmanischen Reich. Eine wichtige außenpolitische Entwicklumg war, dass das Osmanische Reich auf der Seite des Deutschen Reiches in den *Ersten Weltkrieg* einzog.[721] Diese Entscheidung war im Besonderen durch Enver Paşa, der an einen deutschen Sieg über die Mittelmeermächte (England-Frankreich-Russisches Reich) glaubte, sowie durch Cemal Paşa, dessen Frankreichmission im Jahre 1914 scheiterte, durch-

---

716 Für die vorliegende Arbeit wird die Bezeichnung Panturkismus gewählt.
717 Mehmed Ziya (1875/76-1924) war ab 1911 unter seinem Schriftstellernamen Ziya Gökalp bekannt. Als politischer Schriftsteller und Mitbegründer der Soziologie im Osmanischen Reich prägte er den türkischen Nationalismus, der bei der Gründung der Republik Türkei (ab 1923) die politische Ausrichtung stark beeinflusste. Siehe dazu nationalismhttps://web.archive.org/web/20050419040557/http://www.encislam.brill.nl/data/EncIslam/S4/SIM-2534.html, [eingesehen am 20.07.2018].
718 Vgl. Matuz, J. (2006), S. 258.
719 Vgl. ebd., S. 258.
720 Vgl. Günay, C. (2012), S. 107.
721 Kreiser, K. (2008).

gesetzt worden, obwohl dieser Kriegseintritt des Osmanischen Reiches nicht vollständigen Zuspruch in der osmanischen Bevölkerung erhielt[722] und führte zu innenpolitischen Unruhen.

Diese Unruhen werden sowohl im zeitgenössischen als auch im gegenwärtigen Forschungsdiskurs zumeist über die ‚Konflikte' zwischen den Jungtürken und der armenischen Bevölkerung verdeutlicht. Dabei wird das Verhältnis als ein bereits Ende des 19. Jahrhunderts angeschlagenes beschrieben, aus dem die Jungtürken am Anfang des 20. Jahrhunderts eine Umsiedlungspolitik[723] ableiteten.

Bei der Darstellung dieser politischen Verhältnisse sind im Forschungsdiskurs zwei konträre Perspektiven zu finden. Diese gegensätzlich laufenden Diskurse argumentieren bis in die Gegenwart hinein über unterschiedliche Interpretationen des historischen Kontextes ihren Standpunkt zu diesem ‚Konflikt' und beurteilen diesen aus ihrer Position heraus. Auf der einen Seite wird die sogenannte *Umsiedlungspolitik* des Osmanischen Reichs als eine in dieser Zeit notwendige politische Handlung interpretiert, die durch die Angriffe der Kriegsgegner zum Schutz der armenischen Bevölkerung des Osmanischen Reichs notwendig gewesen sei. Der diesem Interpretationsansatz entgegengesetzte Diskurs rekonstruiert die *historischen Ereignisse als ein Massaker*, viele Autoren dieses Diskurses sprechen auch von einem *Völkermord oder Genozid*[724] an der armenischen Bevölkerung im damaligen Osmanischen Reich. Diese gegensätzlichen Diskurse entstanden bereits während der Zeit der sogenannten Umsiedlungspolitik und halten in ihrer Gegensätzlichkeit im Sinne einer Akzeptanz bzw.

---

722 Ebd.
723 Die Umsiedlungspolitik wird von Jacob (2017) als ein „gewaltvolle[r] Ausschließungsprozess" von Armeniern, Aramäern und anderen Nichtmuslimen aus dem Osmanischen Reich beschrieben, die „unter der Herrschaft der Jungtürken" entstanden war. Vgl. Jacob, D. (2017): Minderheitenrecht in der Türkei. Recht auf eigene Existenz, Religion und Sprache nichtnationaler Gemeinschaften in der türkischen Verfassung und im Lausamer Vertrag (Jus Internationale et Europaeum, Bd. 127). Tübingen: Mohr Siebeck Verlag. S. 8f.
724 Auf den Diskurs zum Begriff Genozid und die damit verbundene Genozidforschung, mit der sich viele Fachdisziplinen beschäftigen, kann in der vorliegenden Untersuchung nicht eingegangen werden. An Universitäten, beispielsweise das Institut für Diaspora- und Genozidforschung an der Ruhr Universität Bochum, forschen Wissenschaftler zu diesem Forschungsdiskurs. Als einschlägige wissenschaftliche Veröffentlichung kann die Zeitschrift für Genozidforschung. Zeitschrift des Instituts für Diaspora- und Genozidforschung an der Ruhr-Universität Bochum (Veröffentlichung seit 1999) genannt werden.

Ablehnung der historischen Ereignisse als Völkermord bzw. Genozid auch gegenwärtig an.[725]

Der diskursive Umgang bei der Kategorisierung dieses historischen Ereignisses und die damit verbundenen Perspektiven (Genozid vs. Umsiedlungspolitik) stellen einen relevanten Themenbereich bei der Behandlung des Osmanischen Reiches dar. Jedoch ist hervorzuheben, dass der Diskurs zu ‚Akzeptanz bzw. Ablehnung' von genozidalen Akten über das in der vorliegenden Arbeit thematisierte historische Ereignis hinausgeht und viele andere Staatsgebilde der Welt betrifft. Auf Grundlage des existierenden internationalen wissenschaftlichen Diskurses zu genozidalen Akten kann von einer generelle Akzeptanz genozidalen Gewalt ausgegangen werden.[726]

Um die *Diskrepanz* in der Forschung zu historischen Ereignissen um 1915 im Osmanischen Reich *zu diskutieren*, wird im Folgenden die Rolle der Jungtürken in Bezug zur sogenannten Umsiedlungspolitik unter Rückgriff auf *verschiedene Rekonstruktionen* in der Forschungsliteratur dargestellt.

In historischen Abhandlungen zum Osmanischen Reich wird die Rolle der Jungtürken im Hinblick auf die Umsiedlungspolitik in den Kontext des politischen Verhältnisses des Osmanischen Reichs zum Russischen Reich und ihre Beziehungen zu der armenischen Bevölkerung eingebettet. Dabei finden sich ähnliche historische Rekonstruktionen, die sich sowohl auf die Innen- als auch auf die Außenpolitik des Osmanischen Reich beziehen.

Im Folgenden wird anhand der Darstellung von Günay (2012) exemplarisch dargestellt, wie in gegenwärtiger Forschungsliteratur das *Verhältnis der Jungtürken zu den Minderheiten und im Konkreten zur armenischen Bevölkerung rekonstruiert* werden kann. Die ausgewählten Textstellen zeigen eine *historische Rekonstruktion des Wissenschaftlers Günay, bei der er die sogenannte Umsiedlungspolitik der Jungtürken sowohl aus der osmanischen als auch aus der armenischen bzw. russischen Perspektive analysiert.* Dazu werden die folgenden Textstellen zur Diskussion gestellt:

---

725 Zu gegenwärtigen Diskursen siehe u. a. die Reaktion des Botschafters der Republik Türkei auf eine Veröffentlichung der Zeitschrift GEO EPOCHE Nr. 56 mit dem Titel „Das Osmanische Reich". Verfügbar unter: https://www.geo.de/magazine/geo-epoche/3082-rtkl-osmanisches-reich-mord-den-armeniern-kein-genozid [eingesehen am 20.7.2018].

726 Siehe dazu beispielsweise die Veröffentlichungen des Instituts für Diaspora- und Genozidforschung, verfügbar unter: http://www.idg.ruhr-uni-bochum.de/, [eingesehen am 20.08.2019] die Veröffentlichungen von Leyla Neyzi, z. B. https://research.sabanciuniv.edu/16024/1/neyzi2010.ENG.pdf [eingesehen am 20.08.2019].

Textstelle 1:
„Der Zentralismus und die Türkifizierungspolitik der Jungtürken gaben auch nationalistischen Bewegungen unter den Angehörigen der Minderheiten, die sich immer mehr bedroht fühlten, Auftrieb. Vor allem ein aufkommender armenischer Nationalismus, der immer offenere Forderungen nach einem unabhängigen armenischen Staat artikulierte, stellte aus Sicht der Jungtürken eine besondere Bedrohung für die territoriale Einheit des Staates dar."[727]

Textstelle 2:
„Russland sah sich zunehmend auch als Vertreter der armenischen Interessen. Immer wieder sollte Russland Reformen und Verbesserungen für die Lage der Armenier einfordern und mit Krieg drohen. Die jungtürkische Regierung setzte diese äußerst unwillig um, bzw. tat alles, um diese zu verschleppen. Die Interventionen Russlands bewirkten, dass das Misstrauen der Jungtürken gegenüber den Armeniern weiter wuchs."[728]

Textstelle 3:
„Das Massaker von Adana, das in Folge der Gegenrevolution im Jahr 1909 stattfand, gilt als erstes blutiges Anzeichen des tiefen Misstrauens, das sich unter der wirtschaftlich muslimischen Bevölkerung gegen die Angehörigen der armenischen Minderheit aufgestaut hatte. […] Das Massaker von Adana sollte den Auftakt für eine radikale Politik gegenüber der armenischen Bevölkerung darstellen, die in Vertreibungen, Zwangsumsiedlungen, Massakern und gezielten Morden gipfelte und die Existenz der armenischen Bevölkerung in Anatolien fast vollständig auslöschen sollte."[729]

Textstelle 4:
„Als einen wichtigen Faktor in der Entwicklung eines gewalttätigen nationalistischen Gedankenguts, wie es sich in der Politik gegen die Armenier niederschlug, sieht Akçam in der Angst um Verlust von Hegemonie und Status."[730]

Günay verdeutlicht die *außenpolitischen Ereignisse* zwischen dem Osmanischen Reich und Russischen Reich vor der sogenannten Umsiedlungspolitik und leitet daraus das gebrochene Verhältnis der Reiche zueinander ab, die er durch verlorene Kriege und Gebietsabtretungen des Osmanischen Reichs an das Russische Reich insbesondere am Ende des 20. Jahrhunderts begründet. Die auf dem osmanischen Gebiet lebende armenische Bevölkerung wird in der Rekonstruktion dieser politischen Beziehung zwischen den beiden Reichen verortet.

Dem Osmanischen Reich wird eine *Türkifizierungspolitik* (diese leitet der Autor aus dem Panturkismus ab) zugesprochen, deren politischer Einfluss schon länger bei nichttürkischen Bevölkerungsgruppen zu Nationalstaatbestrebungen

---

727 Vgl. Günay, C. (2012), S. 110.
728 Vgl. ebd., S. 111.
729 Vgl. ebd., S. 111f.
730 Vgl. ebd., S. 112.

führte. Dies spricht Günay auch den auf dem Gebiet des Osmanischen Reichs lebenden Armeniern zu. Den russischen Schutz, der den Armeniern gewährt wurde, rekonstruiert der Wissenschaftler als *Eingriff in innerpolitische Verhältnisse* der Jungtürken, die zu Unruhen und Angriffen der armenischen Bevölkerung gegenüber führten.

Die Verwendung des Begriffs ‚Massaker' wie auch das Rekurrieren auf den Autor und Wissenschaftler Taner Akçam[731] für die Beschreibung der Umsiedlungspolitik („gewalttätigen nationalistischen Gedankenguts") verdeutlicht, dass der Wissenschaftler die Ereignisse der sogenannten Umsiedlungspolitik der Jungtürken als Vernichtung der im Osmanischen Reich lebenden armenischen Bevölkerung interpretiert.

Diese Rekonstruktion, die die Ereignisse im Jahre 1915/16 in der dreier Akteurskonstellation ‚*Osmanisches Reich*' – *auf dem osmanischen Gebiet lebende armenische Bevölkerung*' – ‚*Russisches Reich*' produziert, findet sich bei vielen historisch-wissenschaftlichen Abhandlungen wieder.[732] Die Diskurse unterscheiden sich in erster Linie durch ihre *Perspektivierung*. Auch in der gegenwärtigen Forschung findet sich die Perspektive, die durch die sogenannte Umsiedlungspolitik ausgelösten Ereignisse nicht als Genozid anzunehmen, wie auch die, die die Ereignisse als Genozid anzuerkennen.

Die Durchführung der Umsiedlungen und die damit verbundenen Ermordungen insbesondere der Armenier, die in den östlichen Gebieten des Osmanischen Reich lebten, arbeitete Kévorkians (2006) in seiner ausführlichen Untersuchung heraus.[733] Solche und andere dezidierten Untersuchungen und existierende „zeitgenössische Berichte von europäischen sowie nordamerikanischen Augenzeugen sowie von überlebenden Opfern"[734] lassen die Tat an dem armenischen Volk als nicht leugbare Tatsache erkennen.

---

731 Taner Akçam ist Historiker, Soziologe und Autor, der in dem türkischsprachigen Diskurs als einer der ersten Wissenschaftler, der die sogenannte Umsiedlungspolitik von 1915/16 des Osmanischen Reichs als Genozid an den Armeniern bezeichnete.
732 Siehe dazu beispielsweise Kreiser, K. (2008), Kreiser, K./Neumann, C. K. (2009) oder Matuz, J. (2010).
733 Kévorkians, R. (2006): Le Génocide des Arméniens. Paris: Odile Jacob.
734 Vgl. Koutcharian, G. (2007): Der Völkermord an den Armeniern (1915-1917). S. 64. In: Hoffmann, T. (Hrsg.): Verfolgung, Vertreibung und Vernichtung der Christen im Osmanischen Reich 1912–1922. Mit einem Geleitwort von Bischof Dr. Wolfgang Huber (Studien zur Orientalischen Kirchengeschichte, Bd. 32). 2. Aufl. Berlin: LIT Verlag.

Die *fachwissenschaftliche Auseinandersetzung* mit der sogenannten *Umsiedlungspolitik der Jungtürken* verlangt im Besonderen eine dezidierte Auseinandersetzung mit der politischen Haltung der Jungtürken, die seit der Machtübernahme im Jahre 1908 ein türkisch-nationalistisches Konzept für das Osmanische Reich verfolgten, um so eine *homogene türkische Nation* zu schaffen. Um eine multiperspektivische historische Rekonstruktion zu ermöglichen, müssten historische Abhandlungen bei der Behandlung der Umsiedlungspolitik der Osmanen in den Jahren 1915/16 auch die Motive und Ziele aller anderen Akteure analysieren. Neben den Armeniern als die Betroffenen der sogenannten Umsiedlungspolitik sind weitere zu untersuchende Akteure das *Russische Reich wie auch das Deutsche Reich*.[735] Dieses Akteursverhältnis wird in den meisten historischen Abhandlungen behandelt, jedoch wird „die *deutsche Mitverantwortung* und teilweise auch *unmittelbare Mitschuld*"[736] an der sogenannten Umsiedlungspolitik nicht genügend rekonstruiert, um die *historische Dimension und daraus resultierend die aktuelle politische Dimension der Begriffe Genozid, Völkermord und Massaker für das kollektive Geschichtsbewusstsein* reflektiert aufzuarbeiten.

6.7 Die Entstehung eines Nationenverständnisses am Ende des Osmanischen Reiches und ihre Bedeutung für die Gegenwart

Im 19. Jahrhundert entwickelte sich in Europa der *Nationengedanke*, mit dem die Emanzipation des Volkes verbunden war. Entstanden war dieser Gedanke aus den Ideen der Französischen Revolution, die auf ein revolutionäres und gleichberechtigtes Prinzip abzielten, durch welches der bis dahin existierenden feudalabsolutistischen Privilegienordnung und dem damit verbundenen Ständestaat ein Ende gesetzt werden sollte. Mit dem Nationenkonzept sollte demnach eine vollständige Veränderung der gesellschaftlichen und politischen Strukturen

---

735 Der Rechtswissenschaftler Otto Luchterhandt geht in seiner Untersuchung „Der türkisch-armenische Konflikt, die Deutschen und Europa" (2003) dieser Akteurskonstellation nach und untersucht die Rolle und Mitverantwortung der Deutschen im ‚Völkermord' an den Armeniern aus historischer, politischer und rechtlicher Perspektive. Siehe dazu Luchterhandt, O. (2003): Der türkisch-armenische Konflikt, die Deutschen und Europa (Hamburger Beiträge zur Friedensforschung, Heft 132). Hamburg: Institut für Friedensforschung und Sicherheitspolitik an der Universität Hamburg.

736 Vgl. ebd., S. 13. [Hervorhebung T. A.]

geschaffen werden.[737] Wie sich dieses Verständnis von Nation im Osmanischen Reich entwickelte, wird in diesem Teilkapitel skizziert.

Das Osmanische Reich verfolgte eine *unitaristische Reichspolitik*, mit der das Reich bis in das 19. Jahrhundert hinein seine *hierarchisch-feudalen Strukturen* beibehalten konnte.[738] Diese waren zum einen durch das *Timar-System* geprägt, mit dem eine Form der Abgabenerhebung für kultivierbares Land möglich war und von Seiten der Bauern gezahlt werden musste. Dieses System schaffte eine *Abhängigkeit der Bauern* (muslimische reaya) von dem Osmanischen Reich. Eine *weitere Abhängigkeit* schaffte das Osmanische Reich für die *christliche und jüdische Bevölkerung*, die sogenannten millet, des Reiches durch die *gizya*, die im Sinne einer Kopfsteuer für das Recht, religiösen Pflichten nachgehen zu können, entrichtet werden musste (Kap. 6.2).

Die Entwicklungen des 19. Jahrhunderts in Europa hatten auch das Osmanische Reich beeinflusst. Insbesondere das Aufkommen *nationaler Unabhängigkeitsbestrebungen innerhalb und außerhalb des Reiches* sowie die *militärischen Niederlagen und Gebietsverluste* insbesondere in den beiden Balkankriegen im Jahre 1912/13 führten zur *Entstehung von Bewegungen*, die sich als Opposition zur Führung des Osmanischen Reiches verstanden. Als eine erste für die Entwicklung des Nationalismus relevante Bewegung kann die der *Jungosmanen* genannt werden, die die muslimische Ausrichtung des Reiches als das zentrale Ziel ansah. Diese sich als Geheimorganisation formierende Bewegung war von einem Konzept der osmanischen Staatsnation geprägt, der eine „islamische[...] Theorie der Volkssouveränität"[739] zugrunde lag, durch welche eine Umgestaltung der Gewaltenteilung und die Einführung einer parlamentarischen Reichspolitik eingefordert wurde. Diese politische Idee der osmanischen Nation wurde im Besonderen durch die Schriften von Namık Kemal beeinflusst. Adanır (1997) verdeutlicht, dass die für das damalige Europa eminenten Grundwerte *Gerechtigkeit, Freiheit* oder *Humanität* „als die ureigensten islamischen Konzepte und Ideale"[740]

---

737 Die Begriffe „Freiheit, Gleichheit und Brüderlichkeit (fr. Liberté, Égalité, Fraternité), die von Fénelon Ende des 17. Jahrhunderts in Verbindung gebracht wurden, bildeten das Motto der Französischen Revolution. Siehe dazu u. a. Greive, A. (1996): Die Entstehung der Französischen Revolutionsparole Liberté, Egalité, Fraternité. In: Deutsche Vierteljahrsschrift für Literaturwissenschaft und Geistesgeschichte. Band 43. S. 726–751.
738 Kreiser, K. (2008).
739 Vgl. Adanır, F. (1997): Der Zerfall des Osmanischen Reichs. S. 123. In: Demandt, Alexander (Hrsg.): Das Ende der Weltreiche. Von Persien bis zur Sowjetunion. München: Verlag C.H. Beck. S. 108–128.
740 Vgl. ebd., S. 123.

und darüber die islamische Ausrichtung der Bewegung begründet wurden. Die Bewegung der Jungosmanen legte somit einen klaren Fokus auf eine islamisch orientierte Politik, die eines religiösen Patriotismusses, durch welchen sich wiederum eine islamische Nation entwickeln sollte. Durch ihre Forderung nach einem osmanisch-islamisch gelenkten Reich, in dem der Bevölkerung über eine Volkssouveränität die Mitentscheidung über den herrschenden Sultan gegeben werden sollte, wurde ein Reichsbild konzipiert, das von Nationalismus wie auch Liberalismus geprägt war.

Die Ideen der jungosmanischen Bewegung wurden als Gefahr für das Reich und die Macht des Sultans angesehen und sollten unterdrückt werden. Führende Personen der Bewegung flohen 1867 ins europäische Exil und arbeiteten dort weiter an ihren Ideen. Der Aufenthalt in Europa formte die Ideen der Bewegung weiter, so dass aus dieser im Exil die *Bewegung der Jungtürken* entstand. Diese Weiterführung der jungosmanischen Bewegung verfolgte auch die Idee des *Konstitutionalismus*, durch welchen die Macht des Sultans über eine Verfassung geregelt werden sollte. Allerdings proklamierte die Bewegung der Jungtürken eine *ethnisch-nationale Ausrichtung des Osmanischen Reiches*, mit der das Reich sich gegenüber europäischen Großmächten positionieren sollte. Die in dem Komitee für Einheit und Fortschritt entwickelte politische Vorstellungen einer *türkisch-nationalen Vorstellung* wurde im Laufe der Jahre immer stärker fokussiert. Die Bewegung verfolgte demnach *ein türkisch-nationalistisches Reichkonzept*, das die *Gründung eines großtürkischen Reiches* verfolgte. Die in Ansätzen pluralistischen Vorstellungen der Jungosmanen wurden in den Anfängen der Bewegung mitgedacht, fanden in der *immer radikaler werdenden politischen Vorstellung der Jungtürken* de facto keine Berücksichtigung mehr. Die ursprüngliche Kernidee der Gleichstellung aller im Osmanischen Reich lebenden Menschen fanden in der jungtürkischen Ära auch keine Berücksichtigung.

Das *Nationenkonzept des Osmanischen Reichs*, das in vielen Punkten die politische Grundlage für die *gesellschaftliche Konstitution der späteren Türkei* bildete, war nach einem klaren Ordnungsprinzip des ‚Wir' und ‚Nicht-Wir' strukturiert. Über *festgelegte Differenzkriterien wie Sprache, Religion und Ethnie* – für die Jungtürken meinten diese Kriterien die türkische Sprache, die sunnitisch-islamische Zugehörigkeit und die türkische Ethnie – wurde eine Nation konstruiert, die auch der gegenwärtigen Republik Türkei zugrunde liegt. Diesen Ansatz der Nationenkonstruktion beschreibt Weichlein (2006) als einen *Ansatz des Nationalismus*, der das Nationenkonstrukt „als Identitätsformel"[741] nutzt. Diese, mit

---

741 Weichlein, S. (2006): Nationalbewegung und Nationalismus in Europa. Darmstadt: Wissenschaftliche Buchgesellschaft.

Anderson (1983) formuliert, „*imagined communities*"[742] als vorgestelltes oder konstruiertes Gebilde, führte zu einem *türkischen Nationalismus*. Das *türkische Nationenkonstrukt kann im Vergleich zu den in Europa entstandenen Nationenkonzepten* als junges Phänomen bezeichnet werden. Es unterscheidet sich insbesondere durch seinen *Formierungsprozess* von denen in Europa. Die Vorstellung einer türkischen Nation entstand im Osmanischen Reich unter den *osmanischen Eliten*, die die politischen Bedingungen unter dem Sultan kritisierten. Eine Revolution aus der Bevölkerung heraus (wie z. B. in Frankreich) hat es im Osmanischen Reich nie gegeben, da der schon immer existierende Bruch zwischen der osmanischen Bevölkerung und der osmanischen Elite dies hinderte.

Nach dem Ende des Ersten Weltkriegs wurde im *Friedensvertrag von Sèvres im Jahre 1920* zwischen den Siegermächten und dem Osmanischen Reich ein sogenannter *Diktatfrieden*[743] abgeschlossen, mit dem das Osmanische Reich einen Großteil seines Gebietes abtreten sollte. Das Kernland des Osmanischen Reichs wurde an verschiedene Staaten übergeben: Die Westküste der heutigen Türkei erhielt Griechenland, im Osten des Landes sollten langfristig neue Staaten für die kurdische und armenische Minderheit auf osmanischem Territorium entstehen. Der Vertrag von Sèvres, der 1920 durch den Sultan unterzeichnet wurde, stellte die Existenz einer autonomen türkischen Republik in Frage.[744]

Die Entscheidungen des Vertrages hinsichtlich der Aufteilung des osmanischen Kerngebiets führte zu einer *neuen Bewegung in Zentralanatolien unter der Leitung von Mustafa Kemal*, die gegen die Besatzungsmächte kämpfte. Im *Unabhängigkeitskrieg von 1919 bis 1922* eroberte die bewaffnete Gruppe, die sich *Kuvâyi Milliye* (dt. Nationaler Widerstand) nannten, die Gebiete in Thrakien und Kleinasien.[745] Der Sieg über Griechenland (1922) mündete für die Kuvâyi Milliye in dem *Vertrag von Lausanne von 1923*, mit dem der Vertrag von Sèvres revidiert und die Gebiete an der Westküste der heutigen Türkei und Teile im heutigen Osten der Türkei dem ab diesem Zeitpunkt als die Republik Türkei handelnden Akteur übergeben. Nach Kreiser (2008) war die jetzige Republik

---

742 Anderson, B. (1983): Imagined Communities. Reflections on the Origin and Spread of Nationalism. London: Verso. [Hervorhebung T. A.].
743 Eine spätere Ratifizierung des Friedensvertrags kam nicht zu Stande, da das Osmanische Reich vorher schon zerfiel.
744 Kallis, I. (1999): Griechenlands Weg nach Europa: das Ringen um demokratische Strukturen im 20. Jahrhundert. Theophano-Verlag.
745 748. Steinbach, U. (2010): Geschichte der Türkei (Beck'sche Reihe, Bd. 2143). 5. Aufl. München: Verlag C. H. Beck.

Türkei nicht mehr der Verlierer des Ersten Weltkriegs, sondern der Sieger des nationalen Befreiungskampfes.[746]

Der Vertrag beinhaltete weitere Punkte, die auf die nationalistisch orientierte Politik der Republik Türkei hinweisen. So wurde eine *international legitimierte Umsiedlungspolitik* durchgeführt, die zu einer *Zwangsumsiedlung* von etwa 1,2 Millionen auf dem Gebiet der Türkei lebenden Griech*innen nach Griechenland und ca. 400 000 in Griechenland lebenden Muslim*innen in die Türkei führte. Diese Umsiedlungspolitik zwischen Griechenland und der Türkei bestätigt die türkisch-nationalistisch orientierte Politik, die Mustafa Kemal führte. Mustafa Kemal, später fast ausschließlich Atatürk (dt. Vater der Türken) genannt, proklamierte am 29. Oktober 1923 in Ankara die Republik Türkei und wurde ihr erster Staatspräsident.

Mit dem Vertrag von Sèvres wird seit der Gründung der Republik Türkei bis in die Gegenwart das sogenannte *Sèvres-Syndrom* diskutiert, dem die Annahme zugrunde liegt, ausländische Kräfte würden die Türkei vernichten wollen. Yılmaz (2007) verdeutlicht die *gegenwärtige Relevanz dieses Syndroms* innerhalb des kollektiven Narratives und ihre Macht nationalistische Vorstellungen aus der Vergangenheit heraus in der Gegenwart zu produzieren. Demnach bezieht sich das Sèvres-Syndrom

> „[…] auf eine *bestimmte Art der Wahrnehmung und sich daraus ergebende Reaktionsmuster*, […] die in einer traumatischen Vergangenheitserfahrung mit dem Westen verwurzelt sind und die später nicht revidiert wurden, unabhängig davon, wie sich die tatsächlichen Beziehungen mit dem Westen im Laufe der Jahre verändert haben."[747]

Mit der Interpretation des Sèvres-Syndroms von Yılmaz wird deutlich, dass der türkische Nationalismus in der Republik Türkei mit der „tief verwurzelte Erinnerung und die damit verbundene ebenso tief verwurzelte Politik der türkischen nationalistischen Eliten gegenüber dem Westen und seinen inländischen Verbündeten"[748] zusammenhängt und aus diesem Muster heraus der Nationalismus produziert wird.

Die Republik Türkei verfolgte mit ihrer Gründung im Jahre 1923 einen *rigiden Nationalismus*, der sich in vielen Veränderungen des gesellschaftlichen

---

746 Kreiser, K. (2008).
747 Vgl. Yilmaz, H. (2006): Euroskeptizismus in der Türkei. Parteien, Eliten und öffentliche Meinung, 1995–2006. S. 236. Clemens, G. (Hrsg.): Die Türkei und Europa (Studien zur neueren europäischen Geschichte, Bd. 1). Hamburg/Münster: LIT Verlag. S. 215–244. [Hervorhebung T. A.].
748 Vgl. ebd. S. 236.

6 das Osmanische Reich als historischer Gegenstand

Lebens zeigte. So kam es u. a. zu folgenden gesellschaftlich-politischen Veränderungen, die mit den sogenannten kemalistischen Reformen begründet wurden:

„Türkisierung von Dörfern der in der Türkei lebenden ethnischen Minderheiten, die Einführung der lateinischen Schrift, die Einführung des Familiennamen-Gesetzes mit Erhalt ausschließlich türkischer Namen u. a. Die Republik Türkei wurde außerdem in einen laizistischen Nationalstaat umgewandelt. Es sollte eine *homogene türkische Nation* geschaffen werden, vor allem auf Kosten von ethnischen und religiösen Minderheiten."[749]

Den kemalistischen Reformen lagen als politische Grundlage sogenannte Kemalistischen Prinzipien[750] zugrunde, mit denen eine türkische Identität gebildet werden sollte.

Mit diesem letzten Großkapitel des theoretischen Teils wurde der zentrale Inhalt, das Osmanische Reich, der vorliegenden Arbeit diskutiert. Dazu wurden ausgewählte Themenbereiche durchleuchtet, die das Osmanische Reich mit Blick auf das historische Lernen im Geschichtsunterricht thematisieren. Die ausgewählten Themenbereiche wurden dazu aus zwei Perspektiven (diskursiv-vergleichend und historisch-deskriptiv) betrachtet, mit denen diskursiv-historische Konstruktionen analysiert werden konnten, die sich an einem identitären ‚Wir' orientieren und Elemente einer ‚nationalen' Identität enthalten. Für den Diskurs zum Osmanischen Reich kristallisierte sich demzufolge eine als ‚europäisch' und ‚orientalisch' zu kategorisierende Auseinandersetzung mit den Themenbereichen heraus.

Inwiefern die ausgewählten Themenbereiche auch in den Schülervorstellungen zum Osmanischen Reich spielen und aus welchen Perspektiven diese Themenberiche von den Schüler*innen diskutiert werden, wird im empirischen Teil der vorliegenden Arbeit zu untersuchen sein. Dabei werden die eruierten Schülervorstellungen aus der Perspektive der Geschichtsdidaktik-, Bildungs- und Migrationsforschung zu betrachten sein, um Schlüssen für einen migrationssensiblen Geschichtsunterricht ableiten zu können.

Der theoretische Teil der vorliegenden Untersuchung (Kapitel 2 bis 6) diskutierte gezielt jene zentralen Themen, durch die der interdisziplinär angelegte Zu-

---

749 Vgl. Altun, T./Bernhardt, M: (2016): Vom Osmanischen Reich zur Republik Türkei. Moderner Staat oder türkischer Nationalismus? S. 42. In: Geschichte lernen, 169. Nation und Nationalismus. Seelze: Friedrich Verlag. S. 40–49. [Hervorhebung T. A.].

750 Die kemalistischen Prinzipien bestehen aus Republikanismus (tr. Cumhuriyetçilik), Populismus (tr. Halkçılık), Etatismus (tr. Devletçilik), Revolutionismus (tr. Urspr. İnkilapçılık, heute Devrimcilik), Laizismus (tr. Laiklik), Nationalismus (tr. Milliyetçilik).

gang zu den Forschungsgegenständen *Schülervorstellungen*, *Geschichtslehrwerke* und *Kernlehrpläne Geschichte Sekundarstufe I und II NRW* in den Kapiteln 7 bis 9 ermöglicht werden soll.

Empirische Studie

Dieser Teil der vorliegenden Untersuchung knüpft an die theoretischen Ausführungen (Theoretischer Hintergrund) an. Er besteht aus drei Teilstudien: Teilstudie A (Prästudie, Kap. 7), Teilstudie B und Teilstudie C (beides Hauptstudien, Kap. 8 und 9). Auf Grundlage des theoretischen Hintergrunds und einer je Teilstudie spezifischen methodologischen Herangehensweise wird die Analyse des Datenmaterials (Kapitel 8 und 9) erfolgen. Die nachfolgende Abbildung veranschaulicht das Vorgehen in den Teilstudien A, B und C sowie deren Zusammenhang:

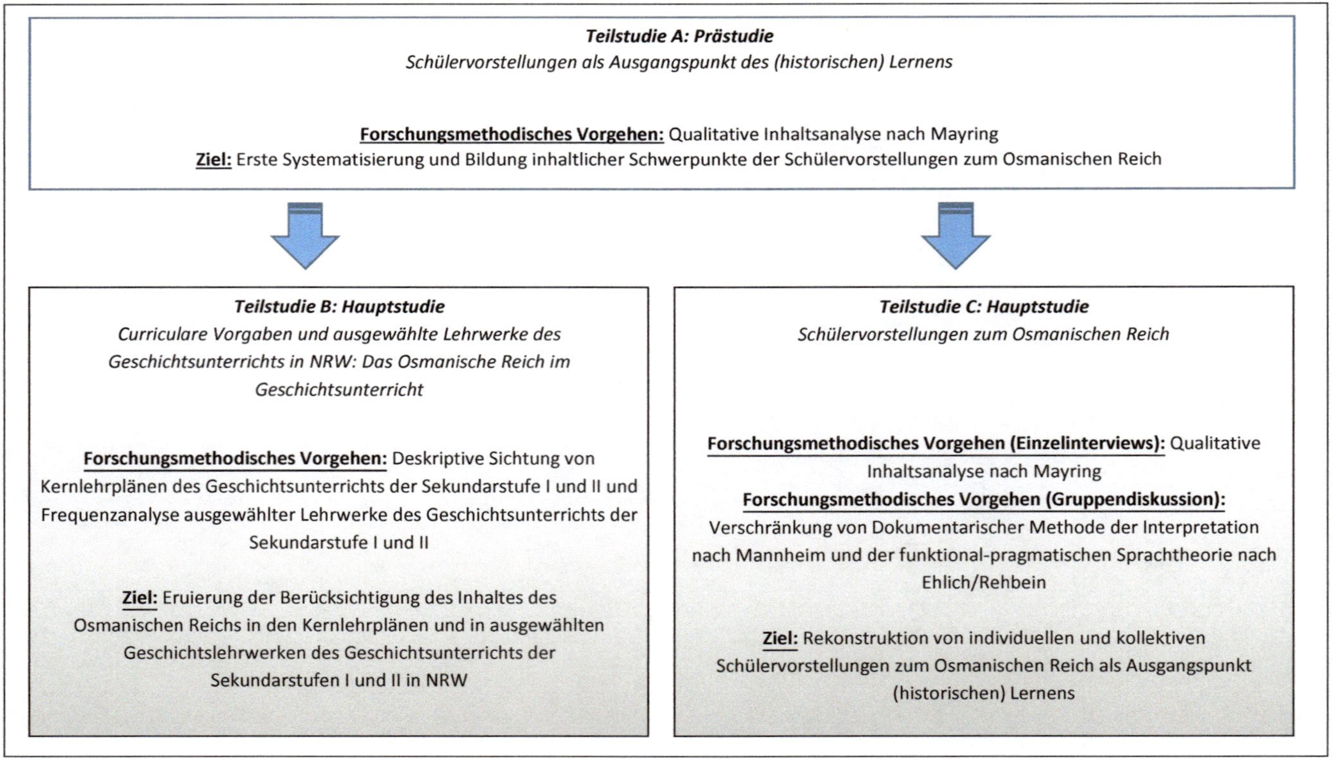

Teilstudie A: Prästudie

Schülervorstellungen als Ausgangspunkt des (historischen) Lernens

Forschungsmethodisches Vorgehen: Qualitative Inhaltsanalyse nach Mayring

Ziel: Erste Systematisierung und Bildung inhaltlicher Schwerpunkte der Schülervorstellungen zum Osmanischen Reich

Teilstudie B: Hauptstudie

Curriculare Vorgaben und ausgewählte Lehrwerke des Geschichtsunterrichts in NRW: Das Osmanische Reich im Geschichtsunterricht

Forschungsmethodisches Vorgehen: Deskriptive Sichtung von Kernlehrplänen des Geschichtsunterrichts der Sekundarstufe I und II und Frequenzanalyse ausgewählter Lehrwerke des Geschichtsunterrichts der Sekundarstufe I und II

Ziel: Eruierung der Berücksichtigung des Inhaltes des Osmanischen Reichs in den Kernlehrplänen und in ausgewählten Geschichtslehrwerken des Geschichtsunterrichts der Sekundarstufen I und II in NRW

Teilstudie C: Hauptstudie

Schülervorstellungen zum Osmanischen Reich

Forschungsmethodisches Vorgehen (Einzelinterviews): Qualitative Inhaltsanalyse nach Mayring

Forschungsmethodisches Vorgehen (Gruppendiskussion): Verschränkung von Dokumentarischer Methode der Interpretation nach Mannheim und der funktional-pragmatischen Sprachtheorie nach Ehlich/Rehbein

Ziel: Rekonstruktion von individuellen und kollektiven Schülervorstellungen zum Osmanischen Reich als Ausgangspunkt (historischen) Lernens

Abb. 5: Übersicht empirische Studie

Teilstudie A

7 Prästudie: Schülervorstellungen als Ausgangspunkt des (historischen) Lernens

Im theoretischen Teil der vorliegenden Untersuchung wurde insbesondere der Diskurs zu Schülervorstellungen als Ausgangspunkt für das historische Lernen im Geschichtsunterricht unter den Bedingungen der Migrationsgesellschaft diskutiert und reflektiert. Daran knüpft in diesem Kapitel die empirische Erschließung des Forschungsfelds an. Dazu werden in Kapitel 7.1 das forschungsmethodische Vorgehen der Prästudie erläutert und in Kapitel 7.2 die Ergebnisse der Prästudie präsentiert, die im Rahmen der vorliegenden Untersuchung durchgeführt wurde.

Für diese Prästudie wurden mit sechs Schüler*innen der Sekundarstufe I und II qualitative leitfadengestützte Interviews durchgeführt. Die transkribierten Interviews wurden mittels qualitativer Inhaltsanalyse nach Mayring (2002) zusammengefasst. Die qualitative Zusammenfassung ermöglichte die Generierung von Kategorien für die Forschungsfragen: Welche Vorstellungen konstruieren die Schüler*innen zum Inhalt Osmanisches Reich? Verorten die Schüler*innen den Inhalt Osmanisches Reich innerhalb des Geschichtsunterrichts? Wenn ja, welche Relevanz sprechen die Schüler*innen dem Inhalt Osmanisches Reich für das historische Lernen im Geschichtsunterricht zu?

Unter Bezugnahme der Untersuchungsergebnisse der Prästudie sowie der in den vorherigen Kapiteln ermittelten Forschungsdesiderata zu Schülervorstellungen unter den Bedingungen der Migrationsgesellschaft als Zugang zum historischen Lernen im Geschichtsunterricht werden im Kapitel 7.3 Forschungsfragen für die Hauptstudie generiert, die das Forschungsfeld der vorliegenden Untersuchung abbilden.

7.1 Forschungsmethodisches Vorgehen in der Prästudie

Zu Schülervorstellungen zum Osmanischen Reich, die unter den Bedingungen der Migrationsgesellschaft entstehen, sind innerhalb der geschichtsdidaktischen Forschung keine Studien bekannt, auf die im Rahmen der vorliegenden Untersuchung Bezug genommen werden kann. Aus diesem Grund wurde als Vorbereitung auf die Hauptuntersuchung zunächst eine Prästudie durchgeführt, in der

Schülervorstellungen zum Osmanischen Reich exemplarisch eruiert wurden. Für die Interviews wurde basierend auf theoretischen Vorüberlegungen sowie eigenen Felderfahrungen[751] für die qualitativen leitfadengestützten Interviews[752] der Prästudie ein Leitfaden entwickelt, mit dem die subjektiven Vorstellungen der Schüler*innen zum Osmanischen Reich elizitiert wurden. Ziel des Leitfadens war es, durch offene Fragen die Vorstellungen der Interviewten zum Osmanischen Reich in narrativer Form zu eruieren und Nachfragen von Seiten des Interviewenden zu ermöglichen.

Um die qualitativen leitfadengestützten Interviews analysieren zu können, wurde das Datenmaterial[753] vollständig unter Beibehaltung sprachlicher Besonderheiten transkribiert. Durch die transkribierten leitfadengestützten Interviews konnte somit ein anonymisierter Korpus an schriftlichen Daten erstellt werden, welcher einen ersten wissenschaftlichen Zugang zum Forschungsfeld ermöglichte.

Ziel war es, die Schülervorstellungen zum Osmanischen Reich zu rekonstruieren und die persönliche Verortung des Inhaltes Osmanisches Reich im Geschichtsunterricht von Seiten der Schüler*innen zu identifizieren, um daraus Kategorien für die Haupterhebung zu generieren.

7.1.1 Teilnehmende der Prästudie

An den Einzelinterviews nahmen Schüler*innen aus dem Projekt *Förderunterricht für Kinder und Jugendliche mit Migrationshintergrund*[754] der Universität

---

751 Die eigene Felderfahrung bezieht sich insbesondere auf langjährige Praxiserfahrung der Autorin im schulischen Kontext, genauer im Kontext des Geschichtsunterrichts der Sekundarstufe I und II.

752 Leitfadengestützte Interviews sind narrativ fundierte Interviews, die über eine halbstrukturierte Gesprächsführung die Probanden zu einer gewissen Problemstellung möglichst frei zu Wort kommen lassen wollen. Siehe dazu Nohl, A.-M. (2017): Interview und Dokumentarische Methode. Anleitungen für die Forschungspraxis. 5., akt. u. erw. Aufl. Wiesbaden: Springer.

753 Bei dem Datenmaterial handelt es sich um Audioaufnahmen, die anhand eines Aufnahmegerätes festgehalten wurden.

754 Der Förderunterricht für Kinder und Jugendliche mit Migrationshintergrund ist ein an der Fakultät für Geisteswissenschaften im Institut für Zweit- und Fremdsprache an der Universität Duisburg- Essen am Campus Essen angesiedeltes Projekt. Seit 1974 erhalten Schüler*innen aller Schulformen und den Bildungsetappen Sekundarstufe I und II von Studierenden sprachbildenden, fachlich adäquaten Förderunterricht in allen Fächern. Für eine ausführliche Darstellung des Förderunterrichts siehe Mavruk, G. (2018): Microteaching in der universitären Lehrerausbildung. Rekonstruktionen studentischer Erfahrungsräume im Berufsfeldprak-

Duisburg-Essen teil. Über eine Vorauswahl wurden Schüler*innen kontaktiert, die in der Schule das Fach Geschichte in der Sekundarstufe I und II besuchen. Es wurden 9 Schüler*innen kontaktiert, von denen 6 für eine Teilnahme zusagten. Nach der Vereinbarung von Einzelterminen führte die Forscherin mit allen 6 Schüler*innen in den Räumlichkeiten der Universität die Einzelinterviews durch. Die Universität als Bildungsraum ist den Schüler*innen bekannt, so dass die Interviews in einem für die Schüler*innen bekannten und gewohnten Umfeld stattfinden konnten. Alle Schüler*innen besuchten zum Zeitpunkt der Interviewdurchführung eine allgemeinbildende weiterführende Schule in Essen (NRW) und den Geschichtsunterricht in der Jahrgangsstufe 10 der Sekundarstufe I bzw. die Jahrgangsstufe 12 und 13 der gymnasialen Oberstufe. Gemeinsam ist auch allen Schüler*innen, dass sie zum Zeitpunkt der Prästudie Förderschüler*innen im oben genannten Projekt sind.

7.1.2 Design der Prästudie

Um die Prästudie durchführen zu können, wurde der *Forschungsprozess in verschiedene Arbeitsschritte* unterteilt, die im Folgenden dargestellt werden:

Phase 1
- Vorbereitung (Februar - August 2016)
- Entwicklung eines Leitfadens
- Auswahl und Herantreten an die Interviewpersonen aus dem Projekt *Förderunterricht* der Universität Duisburg-Essen
- Einholung des Einverständnisses der Erziehungsberechtigten

Phase 2
- Durchführung (Mitte Oktober - Mitte Dezember 2016)
- Interviewdurchführung mit sechs Schüler*innen

Phase 3
- Auswertung (Januar - August 2017)
- Transkription der Interviews und Codierung der Interviews
- Systematisierung der Daten
- Zusammenfassung der Ergebnisse und Rückschlüsse für die Hauptstudie

Abb. 6: Arbeitsschritte Prästudie

Wie der Darstellung zu entnehmen ist, wurde zu Beginn des Forschungsprozesses ein *Leitfaden* (Anhang, Kap. 11.6) mit folgenden zentralen *Impulsen* entwickelt:

---

tikum im Bereich Deutsch als Zweitsprache. Münster, New York: Waxmann. Im Folgenden wird das Projekt als Förderunterricht bezeichnet.

„Was kannst du mir über das Osmanische Reich erzählen?",

„Welche Rolle spielt oder spielte das Osmanische Reich in deinem Geschichtsunterricht?"

sowie

„Welche Bedeutung hat das Osmanische Reich für dich?"

Diese Impulse ermöglichten sowohl die Eruierung der subjektiven Schülervorstellungen zum Osmanischen Reich als auch die Erhebung der subjektiven Einschätzungen zur Bedeutung des Inhalts Osmanisches Reich im Geschichtsunterricht und ihrer historisch-epochalen Zuordnung.

Die Impulse wurden im Leitfaden durch Fragen zur Aufrechterhaltung des Gesprächs und für mögliche Nachfragen ergänzt, so dass bei Bedarf an entsprechenden Stellen des Interviews von Seiten des Interviewers die Narrationen der Schüler*innen vertieft werden konnten.

Nach der Bereitschaftsbekundung der *Schüler*innen*[755] wurde das *Einverständnis der Erziehungsberechtigten* der Schüler*innen eingeholt, mit welcher sie auch gleichzeitig über das geplante Forschungsvorhaben informiert wurden. In einem Zeitraum von zwei Monaten wurden die *Interviews durchgeführt* und transkribiert.

Das *Datenmaterial* wurde nach der Methode der qualitativen Inhaltsanalyse[756] nach Mayring[757] systematisiert, so dass die Bildung von *inhaltlichen Schwerpunkten* möglich wurde, die wiederum als Forschungsgrundlage für die Hauptstudie dienten. Ziel der strukturierenden Inhaltsanalyse ist die Systematisierung

---

[755] Im Projekt Förderunterricht des Instituts Deutsch als Zweit- und Fremdsprache der Universität Duisburg-Essen konnten freiwillige Schüler*innen gewonnen werden, die an den Interviews teilnahmen.

[756] Mit der qualitativen Inhaltsanalyse nach Mayring konnte das vorliegende Material „systematisch, intersubjektiv überprüfbar, gleichzeitig aber der Komplexität, der Bedeutungsfülle, der >>Interpretationsbedürftigkeit<< sprachlichen Materials angemessen" ausgewertet werden. Vgl. Mayring, P. (2010): Qualitative Inhaltsanalyse. Grundlagen und Techniken. 11., akt. u. überarb. Aufl. Weinheim, Basel: Beltz. S. 10.

[757] Die qualitative Inhaltsanalyse wird in der methodischen Forschungsliteratur häufig auf Mayring zurückgeführt. Jedoch finden sich in diesem Forschungsdiskurs auch andere namhafte Forscher wie Udo Kuckartz (2012) oder Margrit Schreier (2012), deren Ausführungen zur qualitative Inhaltsanalyse (Content Analysis) zu beachten sind. Siehe dazu Kuckartz, U. (2012): Qualitative Inhaltsanalyse. Methoden, Praxis, Computerunterstützung. Weinheim/Basel: Beltz Juventa und Schreier, M. (2012): Qualitative Content Analysis in Practice. Los Angeles: SAGE Publications.

7 Schülervorstellungen als Ausgangspunkt des (historischen) Lernens 233

von Datenmaterial, indem ein *Kategoriensystem* entwickelt wird und somit zentrale Forschungsschwerpunkte herauskristallisiert werden.[758] Mit der qualitativen Inhaltsanalyse war demnach eine inhaltsanalytische Zusammenfassung des Datenmaterials möglich, indem „die wesentlichen Inhalte erhalten bleiben, [aber] durch Abstraktion ein überschaubares Corpus [geschaffen wird], das noch Abbild des Grundmaterials ist."[759] Aus dieser qualitativ ausgerichteten Zusammenfassung konnten Kategorien zu der Frage erarbeitet werden, welche subjektiven Vorstellungen zum Osmanischen Reich die Schüler*innen narrativieren und wie und in welchem historischen Kontext sie den Inhalt Osmanischen Reichs innerhalb des bzw. ihres einen Geschichtsunterrichts verorten.

Anhand der Impulsfragen aus dem Leitfaden konnte das inhaltsanalytische *Ablaufmodell der Analyse* festgelegt werden. Dabei wurden anhand der Zusammenfassung die Analyseschritte (1) Paraphrasierung, (2) Generalisierung und (3) erste Reduktion festgelegt. Eine zweite Reduktion wurde nicht angewendet, da das Abstraktionsniveau der ersten Reduktion ausreichte. Mit der ersten Reduktion war es möglich, allgemeine, zugleich fallspezifischen Aussagen über die subjektiven Schülervorstellungen zum Osmanischen Reich sowie zur subjektiven Einordnung des Inhalts Osmanisches Reich als Thema im Geschichtsunterricht zusammenzufassen. Die qualitative Inhaltsanalyse wird dabei als Prästudie des gesamten Forschungsdesigns verstanden, um durch eine erste Analyse des Forschungsfeldes die Forschungsfrage der Hauptstudie zu konkretisieren und zu validieren.

Die folgende Darstellung zeigt die *inhaltsanalytische Zusammenfassung*, die dadurch entstanden ist, indem Textpassagen paraphrasiert und abstrahiert und anschließend materialbasierten Kategorien zugeordnet wurden. Die Kategorien wurden aufgrund der Daten gebildet, so dass es sich um eine induktive Kategorienbildung handelt. Mayring spricht bei diesem Schritt von der zusammenfassenden Inhaltsanalyse.[760]

In den Tabellen 2, 3 und 4 werden die Äußerungen der Schüler*innen anhand der inhaltsanalytischen Herangehensweise zusammengefasst.

7.2 Zusammenfassung der Ergebnisse aus der Prästudie

Mit der zusammenfassenden qualitativen Inhaltsanalyse der Schüler*inneninterviews war es möglich, die Schüler*innenäußerungen zum Inhalt Osmanisches

---

758 Mayring, P. (2002, 2010).
759 Vgl. ebd., S. 115.
760 Mayring, P. (2010), S. 66ff.

Tab. 2: Qualitative Zusammenfassung I

Thema	Paraphrase	Generalisierung	Reduktion	Kategorie
Wissen zum Osmanischen Reich (OR)	• Das OR war groß • Das OR war sehr groß als Staat, von der Türkei bis Österreich und Schweiz • Das OR liegt im Nahen Osten und besteht aus mehreren Ländern, sie stellen eine große Nation dar • Früher stand das OR auf Landkarten • Das OR war eine Länderzusammenschließung im Nahen Osten • Konstantinopel gehörte zum OR • Griechenland gehörte zum OR	• OR als großes bis sehr großes Reich • Territoriale Zuordnung im Westen bis Österreich und Schweiz und im Osten bis zum Nahen Osten	• OR war ein großes Reich, das sich über mehrere Kontinente hinweg erstreckte.	• K1: Geographische Zuordnung des OR
	• Die Osmanen sind die heutigen Türken • Die Osmanen hatten Sultane • Im OR gab es viele Feldherren • Die Sultane/Kaiser wurden von der Bevölkerung besiegt	• Die Herrschaft des OR ist strukturiert über Sultane • Es gibt Feldherren im OR • OR mündete in der heutigen Türkei	• Die Herrschaftsstruktur der Osmanen funktionierte über Sultane und Feldherren • Die heutige Türkei ist auf dem Territorium des OR	• K2: Politische Ordnung des OR

7 Schülervorstellungen als Ausgangspunkt des (historischen) Lernens

Thema	Paraphrase	Generalisierung	Reduktion	Kategorie
	• Die Osmanen waren stark • Die Osmanen hatten ein weitreichendes Wissen für Fortschritt im Vergleich zu anderen Nationen • Die Osmanen sind bei ihrer Eroberung der Gebiete taktisch klug vorgegangen und konnten viele Gebiete erobern, da das Erobern von Gebieten nicht einfach ist • Das OR war in der Physik und der Chemie fortschrittlicher, als die anderen Länder	• Osmanen waren als Bevölkerung stark und strategisch/taktisch • Die Osmanen konnten durch ihre Taktik viele Gebiete erobern	• Osmanen waren stark und hatten ein weitreichendes Wissen, das sie bei der Eroberung von Gebieten einsetzten.	• K3: Taktisches und fortschrittliches Vorgehen der Osmanen beim Erobern von Gebieten
	• Die heutige Flagge der Türkei enthält Symbole der osmanischen Flagge • Stadtkern der Stadt Erbil im Irak wurde von den Osmanen gebaut • Das OR gibt es nicht mehr	• Türkische Flagge, Stadt Erbil: gegenwärtig noch zu erkennen als Nachlass des OR	• Heute sind Einzelheiten des OR in verschiedenen Gegenden wie im Irak und Gegenständen wie in der Flagge der Türkei wiederzuerkennen	• K4: Gegenwartsbezug zum OR über Realien

Tab. 3: Qualitative Zusammenfassung II

Thema	Paraphrase	Generalisierung	Reduktion	Kategorie
Behandlung OR im Geschichtsunterricht	• Das OR wird im Geschichtsunterricht nicht thematisiert, obwohl es Themen gibt, innerhalb derer es möglich ist • Das OR wurde nicht behandelt, obwohl der Erste Weltkrieg und der Zweite Weltkrieg behandelt wurden	• OR als Thema des Geschichtsunterrichts wird nicht behandelt, auch nicht bei der Thematisierung der Weltkriege	• Das OR Reich kommt weder in Geschichtsunterricht noch in Geschichtslehrwerken vor.	• K1: Keine Thematisierung des Inhalts OR im Geschichtsunterricht und seiner Medien.
	• Bisher hat das OR im GU keine Rolle gespielt • Die Bücher sprechen nur von der Geschichte, die mit Deutschland zu tun hat; wir Türken werden nicht eingebunden • Meine Lehrerin weiß nichts über das OR	• In den Büchern des Geschichtsunterrichts kommt das OR nicht vor • Geschichtslehrkräfte wissen nichts über das OR	• Geschichtslehrkräfte bringen kein Wissen zum OR mit.	
	• Es gab keine Möglichkeit, um das eigene Wissen zum OR in der Schule einzubringen • Ich konnte das Wissen zum OR bezüglich des Zentrums in Erbil, das den Osmanen gehörte, nicht so richtig erwähnen, welches der Lehrerin nicht bekannt war	• Einbindung des individuellen Wissens zum OR als Schüler im Geschichtsunterricht nicht möglich	• Einbindung des individuellen Schülerwissens im Geschichtsunterricht nicht möglich	• K2: Den subjektiven Schülervorstellungen und dem subjektiven Wissen zum Osmanischen Reich wird im Geschichtsunterricht kein Platz eingeräumt.

7 Schülervorstellungen als Ausgangspunkt des (historischen) Lernens

Thema	Paraphrase	Generalisierung	Reduktion	Kategorie
	• Das OR war ein sehr großes Land über das man sprechen sollte • Der Geschichtsunterricht sollte chronologisch vorgehen und dabei auch das OR berücksichtigen • Bis zur Französischen Revolution wurde alles behandelt, den Ersten Weltkrieg übersprungen und weiter mit dem Zweiten Weltkrieg gemacht. Das ist nicht gut • In der Chronologie den Ersten Weltkrieg zu überspringen, ist nicht gut • OR sollte nicht so ausführlich wie die deutsche Geschichte behandelt werden, aber sollte eingebunden werden. Schließlich wird auch über Amerika oder Japan gesprochen • Im Rahmen der Unterrichtsreihe zum Ersten Weltkrieg sollte das OR auch behandelt werden; kurz, aber sollte behandelt werden, halt nur nebenbei • OR könnte größeres Thema in der Schule werden; hat mit damals zu tun. Mitschüler dachten, dass, außer der TR, vom OR nichts übriggeblieben ist. Ich habe aufgeklärt.	• Das OR ist ein wichtiges Thema für den Geschichtsunterricht und sollte in der Chronologie der Themen behandelt werden • Wenn im Geschichtsunterricht der Erste Weltkrieg behandelt wird, kann auch das OR innerhalb dieses Inhaltes thematisiert werden. • Durch die Behandlung des Inhalts OR innerhalb des Inhalts Erster Weltkrieg haben alle Schüler*innen die Möglichkeit, mehr über das OR zu erfahren	• Das OR sollte in der Chronologie der Themen des Geschichtsunterrichts besprochen werden. • Innerhalb des Inhalts Erster Weltkrieg kann und sollte auch das OR behandelt werden.	• K3: Der Inhalt OR sollte im Geschichtsunterricht innerhalb des Inhalts Erster Weltkrieg behandelt und für alle Schüler*innen zugänglich gemacht werden.

Tab. 4: Qualitative Zusammenfassung III

Thema	Paraphrase	Generalisierung	Reduktion	Kategorie
Relevanz OR allgemein und für den Interviewten	• Die Thematisierung des OR ist sehr wichtig, weil die Vergangenheit nicht vergessen werden sollte und es wichtig ist zu wissen, dass die Osmanen sehr viel geschafft haben • Alle jüngeren Kinder sollten wissen, was ihre Vorfahren erreicht haben; das kann man im Geschichtsunterricht besprechen. Dann haben auch alle anderen etwas davon • OR spielt keine Rolle, aber sollte nicht vergessen werden • OR als Thema sollte allen Kindern erzählt werden • OR als Thema sollte nicht unter den Teppich gekehrt werden • OR hat als Allgemeinwissen Bedeutung für jeden, besonders dann, wenn Migrationshintergrund vorhanden ist.	• OR als Wissen ist ein für alle Menschen wichtiges Thema • Inhalte des OR sind als Allgemeinwissen einstufen und alle Heranwachsenden mitgeben • Das Thema OR ist insbesondere für Menschen mit Migrationshintergrund wichtig	• Das Wissen zum OR ist für jeden Menschen relevant und sollte jedem bekannt sein.	• K1: Das Wissen zum OR ist für jeden Menschen relevant

7 Schülervorstellungen als Ausgangspunkt des (historischen) Lernens

Reich zu kategorisieren (siehe Tabelle 2-4). Im Anschluss an diese zusammenfassende Inhaltsanalyse folgt eine *Kommentierung der Ergebnisse* unter Berücksichtigung exemplarischer Interviewpassagen.

Mittels qualitativer Zusammenfassung der Interviews konnten aus den Aussagen der Schüler*innen im Hinblick auf folgende Themen der Interviews entsprechende Kategorien gebildet werden:

- Subjektive Vorstellungen zum Osmanischen Reich
- Rolle des Osmanischen Reichs als Thema im Geschichtsunterricht
- Relevanz, die dem Osmanischen Reich zugesprochen wird

Diese Themen lassen sich aus den zentralen Impulsen generieren, mit denen die Schüler*innen im Laufe des Interviews zum Narrativieren ihrer Vorstellungen angeregt wurden:

„Was kannst du mir über das Osmanische Reich erzählen?",

„Welche Rolle spielt oder spielte das Osmanische Reich in deinem Geschichtsunterricht?"
und

„Welche Bedeutung hat das Osmanische Reich für dich?"

Die Tabellen verdeutlichen die Schritte der qualitativen Zusammenfassung, mit denen die Schüler*innenäußerungen paraphrasiert, auf das Abstraktionsniveau hin generalisiert und anschließend reduziert wurden, um daraus Kategorien[761] zu generieren. Für die Sichtung des vorliegenden Datenmaterials wurden mehrere Analyseschritte zusammengeführt, indem sich ähnelnde Schüler*innenaussagen aus den Interviews zu bereits generalisierten Paraphrasen ergänzt wurden.[762] Die Auslassung der zweiten Reduktion wurde dadurch ermöglicht, dass bedeutungsgleiche Paraphrasen gestrichen, inhaltstragende Paraphrasen selektiert und bedeutungsähnliche Paraphrasen zu Kategorien zusammengefasst wurden.[763]

Aus den Schüler*innenaussagen konnten zu den oben genannten Themen folgende Kategorien (K) generiert werden:

---

[761] Bei den Kategorien handelt es sich um inhaltliche Kategorien, mit denen eine Kategorie einen Inhalt oder ein Argument zum Osmanischen Reich bezeichnet. Kuckartz (2012) verdeutlicht die Differenz des Kategorienbegriffs, indem er die unterschiedlichen Kategorienarten beschreibt. Dabei unterscheidet er in Fakten-Kategorien, inhaltliche Kategorien, analytische Kategorien, natürliche Kategorien, evaluative Kategorein und formale Kategorien. Für eine ausführliche Bestimmung der einzelnen Kategorien sieh Kuckartz, U. (2012), S. 43f.

[762] Mayring, P. (2010), S. 69.

[763] Ebd., S. 68ff.

Zum Thema 1: Subjektive Vorstellungen zum Osmanischen Reich:
- K1: geographische Zuordnung des Osmanisches Reich
- K2: politische Ordnung des Osmanisches Reich
- K3: taktisches und fortschrittliches Vorgehen der Osmanen beim Erobern von Gebieten
- K4: Gegenwartsbezug zum Osmanisches Reich über Realien

Zum Thema 2: Rolle des Osmanischen Reichs als Thema im Geschichtsunterricht:
- K1: keine Thematisierung des Inhalts Osmanisches Reich im Geschichtsunterricht und seiner Medien.
- K2: Den subjektiven Schülervorstellungen und dem subjektiven Wissen zum Osmanischen Reich wird im Geschichtsunterricht kein Platz eingeräumt.
- K3: Der Inhalt Osmanisches Reich sollte im Geschichtsunterricht innerhalb des Inhalts Erster Weltkrieg behandelt und für alle Schüler*innen zugänglich gemacht werden.

Zum Thema 3: Relevanz, die dem Osmanischen Reich zugesprochen wird:
- K1: Das Wissen zum Osmanischen Reich ist für jeden Menschen relevant.

Die Kategorisierung der Schülerinterviews verdeutlicht, dass der Inhalt Osmanisches Reich bei fast allen Schüler*innen ähnliche Vorstellungen und Relevanzzuschreibungen hervorruft. Auf die Frage *„Was kannst du mir über das Osmanische Reich erzählen?"* konstruierten die Schüler*innen Narrative, durch welche sie das Osmanische Reich (1.) territorial verorten, (2.) auf politische Strukturen eingehen, (3.) dem Osmanischen Reich über verschiedene Attribuierungen Strategiebewusstsein im Umgang mit zu erobernden Gebieten zusprechen und (4.) über gegenwärtige Gegenstände oder Orte den Gegenwartsbezug zum Osmanischen Reich herstellen. Im Folgenden werden die Schüler*innenaussagen näher betrachtet.

Narrationen zum Osmanischen Reich: territoriale Dimension, geographische Zuordnung und Eroberungsstrategien

Diese Strukturierung wird im Folgenden exemplarisch über Originalaussagen der Schüler*innen dargestellt.

Bei der Narration zum Osmanischen Reich beschreibt ein Schüler direkt zu Beginn des Interviews die *territoriale Dimension* des Osmanischen Reich wie folgt:

7 Schülervorstellungen als Ausgangspunkt des (historischen) Lernens

Okay also, ich weiß, das Osmanische Reich war von Türkei aus bis Österreich und Schweiz groß, also ziemlich große Nation.[764]

Ein weiterer Schüler beginnt seine Erzählung, indem er Folgendes verbalisiert:

Das Osmanische Reich war zu seiner Zeit sehr sehr groß als Staat, hat viele Länder erobert.[765]

Das in diesen beiden Beispielen erkennbare *Strukturierungssystem* der subjektiven Narration findet sich auch in allen anderen Schüler*inneninterviews. Diese Strukturierungsform kann darauf zurückgeführt werden, dass die Betrachtung und Darstellung der Inhalte des Geschichtsunterrichts insbesondere in der Sekundarstufe I meistens über eine genetisch-chronologische Herangehensweise[766] bearbeitet werden.[767] Dabei werden historische Ereignisse in einer aufeinanderfolgenden Struktur betrachtet und realisiert, damit Schüler*innen in chronologischer Reihenfolge verschiedene Fakten aus dem behandelten historischen Kontext heraus erlernen können. Das im geschichtsdidaktischen Kontext als genetisch-chronologisches Darstellungskonzept bezeichnete Verfahren zur Konstruktion historische Ereignisse bzw. Gegenstände ist in der Praxis des Geschichtsunterrichts die vorherrschende Form, über die Geschichte konstruiert wird.[768] Die Strukturierung der Narration durch die *geographische Zuordnung* wird auf inhaltlicher Ebene ebenfalls von allen Schüler*innen ähnlich attribuiert, indem das Osmanische Reich als *groß, sehr groß* oder *ziemlich groß* beschrieben wird. Durch diese sprachliche Verbalisierung wird die geographische Zuordnung des Osmanischen Reichs charakterisiert, indem auf die geographische

---

764 SchülerIn 1, Z. 36–37.
765 SchülerIn 4, Z. 43–44.
766 Die genetisch-chronologische Erzählstrukturierung ist eines von mehreren Strukturierungselementen des Geschichtsunterrichts. Die Chronologie meint dabei die zeitliche Strukturierung historischer Elemente, das genetische Prinzip die Verbindung der Themen zur Herstellung eines kausalen Zusammenhanges. Siehe dazu z. B. Peters, J. (2014): Geschichtsstunden planen. St. Ingbert: Röhrig Universitätsverlag. S. 83ff.
767 Die Darstellung von historischen Ereignissen im Geschichtsunterricht können nach unterschiedlichen thematischen Darstellungskonzepte strukturiert werden: genetisch-chronologisch, Längsschnitt, Querschnitt, Fallanalyse, Konstellationsanalyse und biographische Verfahren. Zur ausführlichen Darstellung der Darstellungsformen im Geschichtsunterricht siehe Barricelli, M. (2017b): Darstellungskonzepte von Geschichte im Unterricht. In: ders./Lücke, Martin (Hrsg.): Handbuch Praxis des Geschichtsunterrichts 2. Schwalbach/Ts.: Wochenschau. S. 202–223.
768 Ebd., S. 203ff.

Ausdehnung hingewiesen wird. Die verwendeten Adjektive implizieren einen Gegensatz, der von keinem Schüler/keiner Schülerin explizit genannt wird. Mit der Narration „*Das Osmanische Reich war zu seiner Zeit sehr sehr groß [...]*" wird das Osmanische Reich mit einer Eigenschaft beschrieben, die anderen Reichen nicht zugesprochen wird, ohne diese Bedeutungsbeziehung des Gegensatzes zu explizieren. An diese Narration der Schüler*innen schließt in den meisten Interviews die Darstellung des *Vorgehens beim Erobern* von Gebieten an, womit das Osmanische Reich als *klug, fortschrittlich* oder *strategisch klug* beschrieben wird. Damit wird von den Schüler*innen eine Spezifizierung des Osmanischen Reichs ausgedrückt.

Narrationen zum Osmanischen Reich: Nationenkonzept

Die meisten interviewten Schüler*innen verwenden bei ihrer Narration zum Osmanischen Reich den Begriff *Nation*. Dabei ist davon auszugehen, dass die Schüler*innen auf *zwei verschiedene Zugänge* zurückgreifen, um das Nationenkonzept mit Blick auf das Osmanische Reich zu konstruieren. Der *erste Zugang* kann ein *historisch-schulischer* sein, den die Schüler*innen im Geschichtsunterricht mit Blick auf die deutsche bzw. europäische Nationenbildung gelernt haben, welchen sie auf das Osmanische Reich übertragen. Ein *zweiter Zugang* wäre *ein über individuelle Einflüsse* geprägter Zugang, der subjektiv konstruiert und auf das Osmanische Reich bezogen verwendet wird. Die Sichtung aller Schüler*innenäußerungen zeigt, dass die Schüler*innen bei der Konstruktion des Nationenkonzepts insbesondere auf subjektives Konzeptwissen zurückgreifen. Durch die Verwendung ihres subjektiven Konzeptwissens bei der Konstruktion des Nationenkonzeptes wird das Osmanische Reich somit nicht aus dem historischen Kontext heraus betrachtet, sondern über ihr *Alltagskonzept von Nation* in Bezug auf das Osmanische Reich bearbeitet:

> *[...] also ziemlich große Nation(.) und das die (.) verloren haben (.) da, weil die, (.) wie soll ich sagen, weil die nicht klug genug waren. Aber obwohl die vermutlich mit ihrem Wissen sehr fortschrittlich waren *als die anderen Nationen.*[769]

Die im Besonderen für das Osmanische Reich geltende Verortung als ‚Vielvölkerstaat' bis in das späte 19. Jahrhundert wird von den Schüler*innen nicht berücksichtigt. Die Übertragung eines solchen Nationenkonzepts auf das Osmanische Reich verdeutlicht weiterhin, dass die Schüler*innen keine zeitliche Differenz bei der Konstruktion ihres Nationenkonzepts erkennen, so dass sie ihr Konzept zu Nation aus ihrer Gegenwart in die Vergangenheit übertragen. Eine Orientie-

---

769 SchülerIn 1, Z. 37–39.

rung in der Zeit, wie es über die historisch-reflexiven Auseinandersetzung mit Inhalten im Geschichtsunterricht verfolgt wird, ist demzufolge nicht gegeben, weshalb von einem „undifferenzierten Gegenwartsbezug"[770] gesprochen werden kann.

Narrationen zum Osmanischen Reich: subjektiver Gegenwartsbezug

Den ersten Teil ihrer Erzählung zum Osmanischen Reich schließen die meisten Schüler*innen mit einem Hinweis auf die *gegenwärtige Relevanz* ab, der sich auf einen Ort bzw. einen Gegenstand bezieht. Die folgenden zwei Auszüge aus unterschiedlichen Interviews verdeutlichen diese Narration:

> *Aber die, was schön ist, ist das die auch ein Teil, also von der türkischen Flagge auf ihrem Wappen haben, also Halbmond mit dem Stern. Das finde ich halt toll vom Osmanischen Reich.*[771]

> *[…] in der Stadt im Irak, Erbil heißt die, wo die wo diese Metropole noch steht und das ist halt ein kreisförmiges Gebiet, mitten in der Stadt, im Zentrum und da sind immer noch alte Häuser, alte so heutzutage so Kiosk und so Geschäfte noch. Das haben die Osmanen damals gebaut. Das kann man immer noch besichtigen.*[772]

In beiden Narrationen wird auf eine Art Nachlass des Osmanischen Reichs hingewiesen und darüber die Relevanz des Inhalts Osmanisches Reich für die eigene Gegenwart legitimiert. Die Narration wird dabei an einen subjektiven und historisch unreflektierten Gegenwartsbezug gebunden, durch welchen die Relevanz des Inhalts Osmanisches Reichs untermauert wird. Dieser Gegenwartbezug unterscheidet sich durch seine Subjektivität von dem Gegenwartsbezug, der über ein Werturteil im Geschichtsunterricht gefördert wird. Die Förderung des Werturteils verlangt im Geschichtsunterricht, dass historische Ereignisse aus dem historischen Kontext heraus analysiert werden, um ein historisches Sachurteil zu fällen, um anschließend durch das Urteil zum historischen Ereignis ein Urteil für gegenwärtige und zukünftige Ereignisse fällen zu können. Diese Prozesse des historischen Lernens und Denkens durchlaufen im geschichtsunterrichtlichen Kontext eine analytische und reflexiv-urteilende Prozesshaftigkeit, so dass den Schüler*innen ein reflektierter Umgang mit historischen Ereignissen und Gegenständen ermöglicht wird.[773] Im Gegensatz zur prozesshaft-reflexiven Konstruktion historischer Ereignisse zeigen die Narrationen der Schüler*innen

---
770 Vgl. Günther-Arndt, H. (2014), S. 30.
771 SchülerIn 1, Z. 66–68.
772 SchülerIn 4, Z. 177–180.
773 Zur Prozesshaftigkeit des historischen Lernens siehe u. a. Gautschi, P. (2011).

zum Osmanischen Reich, dass sie nicht die Prozesse des historischen Erzählens durchlaufen, sondern subjektiv-relevante Konzepte zum Osmanischen Reich aus der Gegenwart heraus generieren. Daraus resultiert für ihre Narration zum Osmanischen Reich eine Darstellung von Geschichte, die sie ausschließlich aus ihrem hier und jetzt heraus konstruieren. Aus dieser subjektiv-unreflektierten Konstruktion von Geschichte ergibt sich wiederum die Festigung von alltäglichen Konzepten wie das subjektive Nationenkonzept. Es ist zu vermuten, dass die Schüler*innen immer das gleiche subjektive Konzeptwissen für unterschiedliche Ausschnitte aus dem Universum des Historischen[774] heranziehen, ohne den historischen Kontext zu reflektieren.

Narrationen zum Osmanischen Reich: Verortung in das Inhaltsfeld ‚Erster Weltkrieg' und persönliche und kollektive Relevanz

Bei der Zusammenfassung der Schüler*innenaussagen des Themas 2 konnten ebenfalls ähnliche Strukturen der Schüler*innennarrationen festgestellt werden. So sagen alle Schüler*innen aus, dass dem Inhalt Osmanisches Reich im Geschichtsunterricht kein Platz eingeräumt wird und sie ihr subjektives Wissen zum Osmanischen Reich in ihrem Geschichtsunterricht nicht nutzbar machen können.

In allen Interviews weisen die Schüler*innen auch darauf hin, dass im Geschichtsunterricht das Thema Osmanisches Reich dann thematisiert werden könnte, wenn über den *Ersten Weltkrieg* gesprochen wird. Die Verortung des Inhalts Osmanisches Reich in das *Inhaltsfeld Erster Weltkrieg* findet sich in allen Schüler*innennarrationen. So sagt ein Schüler beispielsweise Folgendes:

> *Also ein bisschen lerne ich in der Schule natürlich, aber wir hatten noch nie das Osmanische Reich in der Schule aufgegriffen und deswegen auch beim Hören, also beim Zuhören von anderen, greift man das auch auf. Ja. Aber wenn wir über den Ersten Weltkrieg sprechen, gesprochen haben, könnte man auch über Osmanisches Reich sprechen. Das hat mein Lehrer aber nicht gemacht.*[775]

Wie in diesem Beispiel wird der Inhalt Osmanisches Reich von allen Schüler*innen innerhalb des Geschichtsunterrichts dem *Inhaltsfeld Erster Weltkrieg* zugeordnet.[776]

---

774 Ebd.
775 SchülerIn 1, Z. 41–45.
776 Weshalb die Schüler*innen das Osmanische Reich in das Inhaltsfeld Erster Weltkrieg verorten, müsste weiter erforscht werden und stellt ein anschließendes Desiderat dar.

7 Schülervorstellungen als Ausgangspunkt des (historischen) Lernens

Auf die Interviewfrage „*Welche Bedeutung hat das Osmanische Reich für dich?*" formulieren die Schüler*innen zum einen, entsprechend durch die Impulsfrage initiiert, die Relevanz des Inhalts Osmanisches Reich für sich *persönlich*, zum anderen skizzieren sie eine *kollektive Bedeutung* des Inhalts, indem sie diesem eine *Allgemeingültigkeit* zusprechen. So verbalisiert ein Schüler die Relevanz des Inhalts Osmanisches Reich wie folgt:

> *[…] ich finde es halt wichtig für mich, dass man, dass man das nicht so vergessen sollte das Osmanische Reich. Also man sollte es auch den ganzen Kindern erzählen und was halt früher geschah. Man sollte es nicht unter den Teppich kehren oder so.*[777]

Die Relevanz des Inhalts Osmanisches Reich bestärkt dieser Schüler ganz besonders, indem er auf den Phraseologismus ‚unter den Teppich kehren' zurückgreift. Er positioniert den Inhalt als ein fortwährend für jede Person relevanten Inhalt, der nicht verborgen oder verheimlicht werden dürfe.

In der zusammenfassenden Inhaltsanalyse der subjektiven Schüler*innenäußerungen zeigt sich, dass alle Schüler*innen ein subjektives Wissen zum Inhalt Osmanisches Reich verbalisieren können. Keiner der Schüler*innen begegnet der Impulsfrage „*Was kannst du mir über das Osmanische Reich erzählen?*" mit einer negativen, d.h. unwissenden Reaktion. Allen Schüler*innen ist weiterhin gemeinsam, dass sie subjektives Wissen zum Osmanischen Reich verbalisieren und dieses Wissen in ähnlichen Strukturen konstruieren, obwohl alle darauf hinweisen, dass in ihrem Geschichtsunterricht der Inhalt Osmanisches Reich nicht thematisiert wurde. Demzufolge ist davon auszugehen, dass bei keinem/keiner der Schüler*innen ein unterrichtlich-historischer Lernprozess zur Thematisierung des Osmanischen Reiches stattgefunden hat, obwohl eine ähnliche Strukturierung bei der Konstruktion der Schülervorstellungen feststellbar ist. Die Narrationen der Schüler*innen beziehen sich auf ein subjektives Wissen, das in außerunterrichtlich bzw. privaten Kontexten erschlossen worden sein muss. Es ist zu vermuten, dass im Geschichtsunterricht erworbene Meta-Strukturen, mit denen historische Erzählungen konstruiert werden, auf diese außerunterrichtlich erworbenen Wissensstrukturen zum Osmanischen Reich übertragen werden. Dies wird im Besonderen durch die Kategorisierung des Themas 1 verdeutlicht. Auch wenn die sprachlichen Verbalisierungen des subjektiven Wissens Unterschiede aufweisen, kann durch die Reduktion verdeutlicht werden, dass die Schüler*innen ähnliche Vorstellungen zum Osmanischen Reich konstruieren und ihre Narrationen anhand vergleichbarer Strukturierungsmuster aufbauen, obwohl der Frageimpuls „*Was kannst du mir über das Osmanische Reich erzählen?*" offengehalten ist und keine Narrationsstruktur vorgibt. Die

---

[777] SchülerIn 1, Z. 102–104.

Schüler*innen generieren ihre Konzepte aus ihrer lebensweltlichen Gegenwart heraus, setzen – wie beim schulisch-historischen Erzählen – distinktive Ereignisse aus der Vergangenheit hinsichtlich ihres Erscheinens trotzdem in eine Reihenfolge, um ihre Erzählungen sinnbindend zu gestalten.

Die zusammenfassende Inhaltsanalyse der Schüler*inneninterviews bietet einen ersten Zugang zur Eruierung von Schülervorstellungen zum Inhalt Osmanisches Reich. Über die Schüler*inneninterviews war es möglich, Vorstellungen zum Osmanischen Reich zu erheben, aus denen Kategorien zum subjektiven Schüler*innenwissen und zur subjektiven Relevanzzuschreibung des Inhaltes generiert werden konnten.

Durch die Auswertung der Transkripttexte der Schüler*inneninterviews im Rahmen der Prästudie konnte gezeigt werden, dass die Schüler*innen ähnliche Vorstellungen und Bedeutungszuschreibungen zum Osmanischen Reich produzieren. Weiterhin konnte durch die Eruierung der Schülervorstellungen zum Osmanischen Reich verdeutlicht werden, dass sich die Inhalte des Geschichtsunterrichts nicht immer an den Interessen und dem subjektiven Wissen der Schüler*innen orientieren.

Aus den Ergebnissen der Prästudie lassen sich erste Rückschlüsse für den Geschichtsunterricht ziehen. Dass die Berücksichtigung von Schülervorstellungen für den historischen Lernprozess im Geschichtsunterricht eine zentrale Rolle einnimmt, wurde im Kapitel 5 verdeutlicht. Auch wurde in Kapitel 4 gezeigt, dass der Geschichtsunterricht mit seinen strukturellen Vorgaben an Inhalte gebunden ist und institutionell festgelegte Ziele verfolgt, um historisches Lernen und Erzählen im Geschichtsunterricht zu fördern. Jedoch zeigen die Schüler*innennarrative, dass sich der geschichtsdidaktische Diskurs stärker mit dem Zusammenhang *Schülervorstellungen und historisches Lernen und Denken* auseinandersetzen und diesen unter Berücksichtigung der Lebens- und Lernbedingungen der Migrationsgesellschaft reflektieren muss.

Neben den Ergebnissen aus den Schüler*inneninterviews müssen auch die Grenzen der Prästudie erkannt und berücksichtigt werden. Die Prästudie kann ausschließlich beispielhaft und auszugsweise Schülervorstellungen zum Inhalt Osmanisches Reich erheben. Aus diesem Grund versteht sich die Prästudie als ein erster Eruierungsversuch zu Schülervorstellungen zum Osmanischen Reich; diese Herangehensweise ist jedoch unerlässlich, um die Forschungsschwerpunkte für die Hauptstudien (Teilstudien B und C) explorativ zu erkunden, worauf nachfolgend eingegangen wird.

7.3 Generierung der Forschungsschwerpunkte für die Teilstudien B und C

Die Inhaltsanalyse der Transkriptionstexte der Schüler*inneninterviews leistet einen grundlegenden Beitrag für die Erhebung von Schülervorstellungen zum Osmanischen Reich. Durch umfangreiche Schüler*innenerzählungen war es im Rahmen der Prästudie möglich, Kategorien über Schülervorstellungen und ihre Verortung des Osmanischen Reichs als Inhalt im Geschichtsunterricht sowie die Relevanz, die sie dem Osmanischen Reich für sich selbst sowie die Gesellschaft zusprechen, zu ermitteln. Dabei stand die induktive Erfassung von Schülervorstellungen hinsichtlich ihres subjektiven Wissens zum Osmanischen Reich im Vordergrund der Prästudie. Durch die zentralen Ergebnisse war es somit möglich, wichtige Ansatzpunkte für weitere Forschungsschritte festzulegen. Im Hinblick auf die Weiterentwicklung der Forschungsergebnisse wurde im Anschluss an die Prästudie anhand des Kategoriensystems das Forschungsdesign der vorliegenden Untersuchung entwickelt. Demzufolge kristallisieren sich folgende Themenbereiche heraus, die für die Haupterhebung bedeutend sind und zur Entwicklung des Leitfadens der Interviews und der Gruppendiskussion dienen:

- Subjektives Wissen zum Osmanischen Reich
- Rolle des Inhalts Osmanisches Reich im Geschichtsunterricht
- Thematisierung des Osmanischen Reichs innerhalb des Inhaltsfelds Erster Weltkrieg
- Bedeutung Osmanisches Reich für die einzelne Schülerin/den einzelnen Schüler (individuelle Bedeutung)
- Bedeutung Osmanisches Reich für die Gesellschaft (kollektiv-gesellschaftliche Bedeutung)

Im Prozess der Sichtung, Paraphrasierung und Generalisierung sowie aus der oben dargestellten Themenaufstellung ergibt sich für die vorliegende Untersuchung die zweiteilige empirische Erhebung, bei der in der Teilstudie B institutionelle Vorgaben untersucht werden, und zwar in Form von Kernlehrplänen und Lehrwerken des Faches Geschichte. In der anschließenden Teilstudie C werden Schüler*innen in Einzelinterviews zu ihren Schülervorstellungen zum Osmanischen Reich interviewt und anschließend im Rahmen einer Gruppendiskussion (mit allen interviewten Schüler*innen) anhand ausgewählter Impulse zum Osmanischen Reich zur Diskussion gebeten. Über die erhobenen Daten werden Schülervorstellungen zum Osmanischen Reich eruiert, um über eine sprachliche Mikroanalyse ihre Verbalisierung zu rekonstruieren.

Teilstudie B

8 Hauptstudie: institutionelle Vorgaben und ausgewählte Lehrwerke des Geschichtsunterrichts in NRW – das Osmanische Reich im Geschichtsunterricht

Um die Inhalte des Geschichtsunterrichts näher zu untersuchen, kann eine analytische Sichtung der unterrichtlichen Planungsgrundlagen vorgenommen werden. Als relevante Planungsgrundlagen können die Kernlehrpläne, die Schulbücher des Faches und die schulinternen Lehrpläne[778] genannt werden, die Schulen zum Aufbau und Ablauf von Unterrichtseinheiten dienen.

In diesem Kapitel werden die *Kernlehrpläne* (NRW) des Unterrichtsfaches Geschichte in der Sekundarstufe I und II sowie eine Auswahl in NRW zugelassener *Geschichtsschulbücher* untersucht. Kernlehrpläne sind für die entsprechenden Bildungsetappen und Schulformen als bildungspolitische Vorgaben zu verstehen, an denen sich Schulbücher orientieren. Auf der Grundlage von Kernlehrplänen sind Geschichtsschulbücher so konzipiert, dass sie entsprechend ihrer Bildungsetappen- und Schulformspezifik in den jeweiligen Schulformen in NRW eingesetzt werden können.

Im Zentrum dieses Kapitels steht die Frage, ob und in welcher Form der Inhalt Osmanisches Reich in Kernlehrplänen des Unterrichtsfaches Geschichte und in dem als kernlehrplankonformen zentralen Medium, dem Geschichtsschulbuch, Berücksichtigung findet. Anhand einer deskriptiven Sichtung der Kernlehrpläne wird im ersten Schritt herausgearbeitet, ob und in welchem Kontext das Osmanische Reich als Inhalt in den Kernlehrplänen der Sekundarstufe I und II vorkommt, um ausgehend von dieser Bestandsaufnahme mögliche Vorschläge zur Thematisierung ableiten zu können. Im Anschluss an die Analyse der Kernlehrpläne werden über einen quantitativen Forschungszugang ausgewählte gängige Geschichtsschulbücher, die in NRW zugelassen sind und in der Sekundarstufe I und II eingesetzt werden, einer Frequenzanalyse unterzogen.[779] Die Ergebnisse

---

778 Auf schulinterne Lehrpläne wird im Rahmen der vorliegenden Untersuchung nicht eingegangen, da die lokale Planungsebene einzelner Schulen nicht berücksichtigt wird.

779 Bei der Auswahl der Gesellschaftslehre- und Geschichtsschulbücher wurden alle gängigen Schulbuchverlage berücksichtigt.

beider Analyseperspektiven (deskriptive Sichtung Kernlehrpläne und Frequenzanalyse ausgewählter Geschichtsschulbücher) werden in den Kapiteln 8.2.3 und 8.3.1.5 unter Berücksichtigung der Ausgangsfrage zusammengefasst.

8.1 Kernlehrpläne als institutionelle Vorgabe für den Geschichtsunterricht

Kernlehrpläne bilden für Geschichtslehrkräfte die *Orientierung für administratives und pädagogisches Handeln* in der Schule, da sie die Gestaltung von Lehr- und Lernprozessen im Geschichtsunterricht beeinflussen und bestimmen. Nach Scholl (2009) stehen die administrative und pädagogische Orientierung in einem Wechselverhältnis zueinander und dienen bei der Planung und Reflexion von Unterricht für Lehrkräfte als Hilfe. Für das Handeln von Lehrkräften zeigen die beiden Orientierungen unterschiedliche Perspektiven auf den Unterricht auf, nach denen das Handeln von Lehrkräften entsprechend verschieden zu legitimieren ist.[780] Scholl bestimmt diese Orientierungen wie folgt:

„Die administrative Orientierung leistet die institutionell-organisatorische und politisch-rechtliche Legitimation, indem sie politisch-rechtliche Rahmenbedingungen auf der einen Seite und institutionell-organisatorische Rahmenbedingungen auf der anderen Seite absteckt. Die pädagogische Orientierung sichert dagegen die bildungstheoretische Legitimation, indem sie das Handeln von Lehrern einerseits strukturtheoretisch, andererseits handlungstheoretisch absichert."[781]

Kernlehrpläne werden in diesem Funktionszusammenhang als „ein wesentliches Element eines zeitgemäßen umfassenden Gesamtkonzepts für die Entwicklung und Sicherung der Qualität schulischer Arbeit"[782] verstanden, womit sie die Steuerung von kompetenz- und standardorientierter Unterrichtsentwicklung gewährleisten sollen. Sie bilden als Konzeptpapier die Legitimationsgrundlage für schulinterne Lehrpläne von Schulen sowie den Orientierungsrahmen für Lehrwerke. Kernlehrpläne legen keine zu vermittelnden Unterrichtsthemen fest, formulieren zu erreichende Kompetenzen in den jeweiligen Fächern, Jahrgängen und Schulformen bzw. Bildungsetappen.

---

780 Scholl, D. (2009): Sind die traditionellen Lehrpläne überflüssig? Zur lehrplantheoretischen Problematik von Bildungsstandards und Kernlehrplänen. Wiesbaden: VS Verlag für Sozialwissenschaften.
781 Vgl. ebd., S. 51.
782 Vgl. https://www.schulentwicklung.nrw.de/lehrplaene/, [eingesehen am 20.7.2018, Hervorhebung im Original].

Für die vorliegende Untersuchung wird bei der Untersuchung der Kernlehrpläne der Analysefokus auf die *pädagogische Orientierungsfunktion* von Kernlehrplänen gelegt, da Lehrkräfte ausgehend von dieser Funktion die Schüler*innen als Akteure des Geschichtsunterrichts immer mitdenken müssen. Unter anderem muss die Komplementarität zwischen Schülervorstellungen und institutionell legitimierten Inhalten berücksichtigt werden, um auf der Grundlage der individuellen Schülervorstellungen historisches Lernen im Geschichtsunterricht zu ermöglichen. Die Berücksichtigung der Schülervorstellungen, das hat das Kapitel 5 gezeigt, bedarf einer Berücksichtigung der Lebenswirklichkeit der Schüler*innen. Ein zentrales Ergebnis aus der Prästudie (Kap. 7) verdeutlicht jedoch, dass aus Sicht der Schüler*innen der Inhalt Osmanisches Reich als bedeutender historischer Inhalt für den Geschichtsunterricht kategorisiert wird, allerding im unterrichtlichen Kontext nicht ausreichend bis gar nicht Berücksichtigung findet, somit die Lebenswirklichkeit der Schüler*innen auch nicht in Gänze berücksichtigt wird. Bei ihren Aussagen beziehen sich die Schüler*innen vor allem auf die Inhalte in Geschichtsschulbüchern, die im ihrem Unterricht Einsatz fanden. Da die Themen in Geschichtsschulbüchern über die Inhaltsfelder des Kernlehrplans legitimiert werden, wird die Sichtung der Kernlehrpläne auch für die Diskussion um bildungspolitische Entscheidungen von Bedeutung sein.

Ausgehend von dieser zweiteiligen Analyseperspektive, aus der die Geschichtslehrkraft als Adressat des Kernlehrplans und die Schüler*innen als Akteure bei der Konzeption des Kernlehrplans berücksichtigt wird, werden im Folgenden die Kernlehrpläne des Unterrichtsfaches Geschichte der Sekundarstufe I und II sowie das Teilfach des Unterrichtsfach Gesellschaftslehre[783] der Sekundarstufe I deskriptiv gesichtet.[784] Der Sichtung der Kernlehrpläne werden zwei Fragen zugrundegelegt:

1. Wird der Inhalt Osmanisches Reich in den Inhaltsfeldern der Kernlehrpläne der Sekundarstufe I und II berücksichtigt? Wenn ja, in welchem Inhaltsfeld?
2. Im Rahmen welcher Inhaltsfelder des Kernlehrplans könnte der Inhalt Osmanisches Reich berücksichtigt werden?

Die deskriptive Sichtung der Kernlehrpläne wird anschließend diskutiert und zusammengefasst.

---

783   Das Unterrichtsfach Gesellschaftslehre ist ein Konglomeratsfach, das aus den Unterrichtsfächern Geschichte, Erdkunde und Politik besteht. Für die vorliegende Untersuchung wird ausschließlich die Teildisziplin Geschichte berücksichtigt.
784   Die Kernlehrplansichtung bezieht sich auf die Kernlehrpläne der Schulformen Hauptschule, Realschule, Gesamtschule, Gymnasium in NRW.

8.2 Forschungsmethodisches Vorgehen: deskriptive Sichtung von Kernlehrplänen des Geschichtsunterrichts der Sekundarstufe I und II

In der vorliegenden Untersuchung wird durch ihre Anlage kein direkter empirischer Zugriff auf den Geschichtsunterricht beabsichtigt, sondern die Analyse von Passungen und Divergenzen zwischen rekonstruierten Schülervorstellungen und den Inhalten des Geschichtsunterrichts fokussiert. Aus diesem Grund wird im Folgenden eine *Kernlehrplananalyse* für die Kernlehrpläne der Sekundarstufe I und II in NRW durchgeführt, die über einen deskriptiven Zugang die Berücksichtigung bzw. Nichtberücksichtigung des Inhalts Osmanisches Reich herausarbeiten soll. Im Anschluss an diese Sichtung werden auf der Grundlage der Ergebnisse der Kernlehrplansichtung normativ orientierte Vorschläge zur Thematisierung des Inhaltes Osmanisches Reich formuliert, die durch ihre inhaltliche Konstitution eine Berücksichtigung des Inhaltes ermöglichen.

Für die Sekundarstufe I wurden entsprechend der Kompetenzerweiterung im Jahre 2007 die Kernlehrpläne für das Unterrichtsfach Geschichte und Gesellschaftslehre in NRW eingeführt. Auch der Kernlehrplan der Sekundarstufe II für das Unterrichtsfach Geschichte in NRW wurde im Jahre 2014 kompetenzorientiert überarbeitet und in Kraft gesetzt. Dadurch veränderten sich die Darstellungskonzepte, mit denen vorwiegend themenorientierte, diachrone Zugänge zur Geschichte ermöglicht und darüber Kausalitäten und Beziehungen forciert werden sollen.

Den Kernlehrplänen der Sekundarstufe I wie auch dem der Sekundarstufe II liegt ein Kompetenzmodell zugrunde, das den Gesellschaftswissenschaften zuzuordnen ist. Dabei orientieren sich die Kernlehrpläne an den Kompetenzen *Sachkompetenz, Methodenkompetenz, Urteilskompetenz* und *Handlungskompetenz*, welche unter politikdidaktischer Domäne entstanden sind und sich von genuin geschichtsdidaktischen Kompetenzmodellen unterscheiden. Der Vergleich der Kernlehrpläne des Gesellschaftslehre- und Geschichtsunterrichts in NRW mit den in der Geschichtsdidaktik entstandenen Kompetenzmodellen zeigt, dass die Kernlehrpläne in Ansätzen Ähnlichkeiten zum FUER-Modell von Schreiber et al. aufweisen.[785]

---

[785] Dabei geht es insbesondere um die Operationalisierung historischen Denkens als Rekonstruktion von Vergangenheit und Dekonstruktion von Geschichte. Siehe dazu Kernlehrplan NRW für Geschichte Sekundarstufe II, https://www.schulentwicklung.nrw.de/lehrplaene/upload/klp_SII/ge/KLP_GOSt_Geschichte.pdf, [eingesehen am 15.07.2018].

Tab. 5: Übersicht Inhaltsfelder Kernlehrplan Geschichte der Sekundarstufe I in NRW

IF Geschichte Gymnasium	IF Geschichte Realschule	IF Abschnitt C: Geschichte Gesamtschule	IF Abschnitt B: Geschichte/Poitik Hauptschule
• IF 1: Frühe Kulturen und erste Hochkulturen	• IF 1: Frühe Kulturen und erste Hochkulturen	• IF 1: Frühe Kulturen und erste Hochkulturen	• IF 1: Identität und Lebensgestaltung
• IF 2: Antike Lebenswelten: Griechische Poleis und Imperium Romanum	• IF 2: Antike Lebenswelten: Griechisches Poleis und Imperium Romanum	• IF 2: Antike Lebenswelten - Griechische Poleis und Imperium Romanum	• IF 2: Frühe Kulturen und erste Hochkulturen
• IF 3: Was Menschen im Altertum voneinander wussten	• IF 3: Europa im Mittelalter	• IF 3: Was Menschen im Altertum voneinander wussten	• IF 3: Antike Wurzeln europäischer Kultur - Griechen und Römer
• IF 4: Europa im Mittelalter	• IF 4: Neue Welten und neue Horizonte	• IF 4: Europa im Mittelalter	• IF 4: Europa im Mittelalter - Weltsichten und Herrschaftsstrukturen
• IF 5: Was Menschen im Mittelalter voneinander wussten	• IF 5: Die Welt wandelt sich politisch und wirtschaftlich	• IF 5: Was Menschen im Mittelalter voneinander wussten	• IF 5: Neue Welten und neue Horizonte
• IF 6: Neue Welten und neue Horizonte	• IF 6: Imperialismus und Erster Weltkrieg	• IF 6: Neue Welten und neue Horizonte	• IF 6: Menschenrechte, Partizipation und Demokratie - politische Umbrüche seit dem 18. Jahrhundert
• IF 7: Europa wandelt sich	• IF 7: Die Weimarer Republik	• IF 7: Europa wandelt sich	• IF 7: Innovation, Technisierung, Modernisierung - Umbrüche in der Arbeitswelt seit dem 19. Jahrhundert
• IF 8: Imperialismus und Erster Weltkrieg	• IF 8: Nationalsozialismus und Zweiter Weltkrieg	• IF 8: Imperialismus und Erster Weltkrieg	• IF 8: Imperialismus und Erster Weltkrieg
• IF 9: Neue weltpolitische Koordinaten	• IF 9: Neuordnungen der Welt und Situation Deutschland	• IF 9: Neue weltpolitische Koordinaten	• IF 9: Die Weimarer Republik
• IF 10: Nationalsozialismus und Zweiter Weltkrieg		• IF 10: Weimarer Republik	• IF 10: Nationalsozialismus und Zweiter Weltkrieg
• IF 11: Neuordnung der Welt und Situation Deutschland		• IF 11: Nationalsozialismus und Zweiter Weltkrieg	• IF 11: Deutsche Nachkriegsgeschichte und politisches System der Bundesrepublik Deutschland
• IF 12: Was Menschen früher voneinander wussten und heute voneinander wissen		• IF 12: Neuordnung der Welt und Situaiton Deutschland	• IF 12: Europäische und internationale Politik im Zeitalter der Globalisierung
		• IF 13: Was Menschen früher voneinander wussten und heute voneinander wissen	

Tab. 6: Übersicht Inhaltsfelder Kernlehrplan Geschichte der Sekundarstufe II in NRW

IF Geschichte Geymnasiale Oberstufe der Gymnasien und Gesamtschulen
• IF 1: Erfahrungen mit Fremdsein in weltgeschichtlicher Perspektive • IF 2: Islamische Welt - christliche Welt: Begegnung zweier Kulturen in Mittelalter und früher Neuzeit • IF 3: Die Menschenrecht in historischer Perspektive • IF 4: Die moderne Industriegesellschaft zwichen Fortschritt und Krise • IF 5: Die Zeit des Nationalsozialismus - Voraussetzungen, Herrschaftsstrukturen, Nachwirkungen und Deutungen • IF 6: Nationalismus, Nationalstaat und deutsche Identität im 19. und 20. Jahrhundert • IF 7: Friedensschlüsse und Ordnungen des Friedens in der Moderne

Im Folgenden werden die Inhaltfelder (IF) der Kernlehrpläne des Unterrichtsfaches Geschichte und Gesellschaftslehre der Sekundarstufe I sowie der Kernlehrplan des Unterrichtsfaches Geschichte der Sekundarstufe II in NRW umrissen, um diese anschließend im Hinblick auf die Berücksichtigung des Inhaltes Osmanisches Reich zu kommentieren.

Tabelle 6 zeigt die IF des Unterrichtsfaches Geschichte und Gesellschaftslehre (mit dem Schwerpunkt Geschichte bzw. Geschichte/Politik) der unterschiedlichen Schulformen (Gymnasium, Realschule, Gesamtschule und Hauptschule[786]) in der Sekundastufe I in NRW.

Tabelle 7 zeigt die Inhaltsfelder des Unterrichtsfaches Geschichte in der Sekundastufe II in NRW.

---

786 Neben den vier bestehenden Schulformen ist die Sekundarschule eine weitere Schulform, die als ein integriertes Schulsystem seit Oktober 2011 in NRW existiert. Für diese Schulform gelten für die Jahrgangsstufen 5 und 6 die Kernlehrpläne der Gesamtschule; für die integrierten und teilintegrierten Formen gelten auch die Kernlehrpläne der Gesamtschule für die Klassen 7–10, für die kooperativen Formen die Kernlehrpläne der Hauptschule, Realschule und des Gymnasiums. 2013 wurde angekündigt, dass mit dem Beginn des Schuljahr 2018/19 eigene Richtlinien und Kernlehrpläne verabschiedet werden sollen. Siehe dazu Erlass vom 22.03.2013 NRW, https://bass.schul-welt.de/pdf/17865.pdf?20190801075018, [eingesehen am 13.07.2018].Kenlehrple der Gesamtschule für die Klassen 7–10, für die koperativen Formen die Kernlehrpläne der uptschule, Realschule und des Gymnasiums. 2013 wurde angekündigt, dass mit dem Beginn des Schuljahr 2018/19 eigene Richtlinien und Kernlehrpläne verabschiedet werden sollen. Siehe dazu Erlass vom 22.03.2013 NRW, https://bass.schul-welt.de/pdf/17865.pdf?20190801075018 [eingesehen am 13.07.2018].

8.3 Ergebnisse aus der deskriptiven Sichtung der Kernlehrpläne

8.3.1 Strukturelle Vorgaben der Kernlehrpläne

Die tabellarische Darstellung der Inhaltsfelder der Kernlehrpläne des Geschichts- und Gesellschaftslehreunterrichts der Sekundarstufe I und II in NRW ermöglicht eine Analyse auf struktureller und inhaltlicher Ebene. Im Folgenden wird zunächst die strukturelle Ebene der Kernlehrpläne, anschließend die inhaltliche Ebene analysiert. Die Analyse auf der inhaltlichen Ebene fokussiert die Berücksichtigung des Inhaltes Osmanisches Reich und, bei Nichtberücksichtigung, mögliche Spielräume für eine Behandlung des Inhaltes im Geschichtsunterricht.

Die *Analyse der strukturellen Ebene* der Kernlehrpläne macht deutlich, dass es einen Unterschied hinsichtlich der Ordnungsprinzipien bei der Erschließung von Geschichte zwischen den Bildungsetappen Sekundarstufe I und II gibt. Die IF der Kernlehrpläne der Sekundarstufe I strukturieren die Inhalte mehrheitlich nach einem chronologischen Strukturierungsprinzip, das „in der Regel mit der Menschwerdung einsetzt und bis in die Gegenwart führt."[787] Dieser chronologische Zugang zur Geschichte bringt für den Geschichtsunterricht nach Sauer (2011) Vor- und Nachteile mit sich, welche innerhalb der Geschichtsdidaktik häufig diskutiert werden. Als Vorteil nennt Sauer die Bedeutung der chronologischen Erschließung von historischen Inhalten, die den Verlauf von Geschichte nachvollziehbar macht. Sauer hebt hervor, dass insbesondere für jüngere Schüler*innen dieses Strukturierungsprinzip von Bedeutung ist, weshalb auch die Inhaltsfelder der Sekundarstufe I ein chronologisches Ordnungsprinzip zur Erschließung historischer Inhalte notwendig macht. Als Nachteil nennt Sauer zwei wesentliche Punkte, die durch einen chronologischen Zugang das Erschließen historischer Inhalte erschweren kann. Er weist als erstes auf die feste „Zuordnung von Themen und Klassenstufen"[788] hin, die insbesondere Schüler*innen in unteren Jahrgängen der Sekundarstufe I überfordern kann. Die Festlegung, dass „für die Beschäftigung mit der Antike sei das fünfte, sechste oder siebte Schuljahr, für die mit der Geschichte der Bundesrepublik das neunte oder zehnte besonders geeignet"[789] sei, beurteilt Sauer als ein Fehlurteil, was dazu führe, „dass manche Themen aus der älteren Geschichte geradezu verschenkt werden."[790] Somit ist der Geschichtsunterricht mit

---

[787] Vgl. Sauer, M. (2011): Geschichte unterrichten – Eine Einführung in die Didaktik und Methodik. Seelze: Klett, Kallmeyer. S. 48.
[788] Vgl. ebd., S. 49.
[789] Vgl. ebd., S. 49.
[790] Vgl. ebd., S. 49.

8 Vorgaben und ausgewählte Lehrwerke des Geschichtsunterrichts

seinen Inhalten nicht an der kognitiven Entwicklung der Schüler*innen orientiert, woraus Sauer ein zweites Problem ableitet. Demnach verdeutlicht die Orientierung der Inhaltsfelder in den Kernlehrplänen der Sekundarstufe I das „klassische Modell der Groß- und Einzelepochen"[791], wodurch nur eine marginale Berücksichtigung von historischen Inhalten aus globalgeschichtlicher Perspektive möglich wird. Schüler*innen erfahren historische Ereignisse ausschließlich innerhalb des Ausschnittes der behandelten Epoche und können Veränderungen in der Zeit nicht epochenüberreifend erschließen, womit eine kategoriale Herangehensweise an Geschichte kaum möglich werde.

Der Kernlehrplan der Sekundartstufe II löst sich weitestgehend vom chronologisch strukturierten Ordnungsprinzip und betrachtet historische Zusammenhänge verstärkt in diachronen Längsschnitten. Bei diesem Orientierungsprinzip „wird die Vergangenheit über einen längeren historischen Zeitraum hinweg im Fokus eines ausgewählten Aspekts"[792] thematisiert. Jedoch kann auch die ausschließliche Fokussierung dieses Orientierungsprinzips die Konstruktion von Geschichte einschränken. So kann der Fokus auf ein spezielles Ereignis in der Geschichte zu einem eingeschränkten Zugang führen, mit dem historische Ereignisse „im Längsschnitt oft nur andeutungshaft behandelt werden (…)."[793] Aus diesem Grund können nach Sauer Längsschnitte im Geschichtsunterricht nur eine von vielen Perspektiven darstellen und müssen immer durch weitere ergänzt werden, da sie eine monoperspektivische Suggestion monokausal historischer Entwicklungen nur bedingt ausgleichen können.

Auch wenn der Kernlehrplan der gymnasialen Oberstufen die Auseinandersetzung mit historischen Inhalten über diachrone Längsschnitte strukturiert, ist davon auszugehen, dass auch Schüler*innen der Sekundarstufe II ein zusammenhängendes, chronologisches Verständnis von Geschichte benötigen, um historische Ereignisse und Veränderungen in bestimmten Bereichen einordnen zu können. Ohne dieses zusammenhängende Verständnis von Geschichte kann der Aufbau neuer bzw. die Potenzierung subjektiver stereotyper Urteile zu historischen Ereignissen unabsichtlich gefördert werden.[794]

Für die Analyse der inhaltlichen Ebene der Kernlehrpläne werden die in Kap. 8.1 genannten Fragen berücksichtigt. Dabei wird im ersten Schritt untersucht, welche Inhaltsfelder in den Kernlehrplänen des Unterrichtsfaches

---

791 Vgl. ebd., S. 49.
792 Vgl. ebd., S. 50.
793 Vgl. ebd., S. 59.
794 Wie diese Vorgaben in die Praxis umgesetzt werden, könnte über einen Vergleich der Kernlehrpläne mit den schulinternen Lehrplänen überprüft werden, was im Rahmen der Studie nicht geleistet werden kann und somit ein Desiderat darstellt.

Geschichte der Sekundarstufe I und II berücksichtigt werden. Anschließend werden die Inhaltsfelder der Kernlehrpläne dahingehend untersucht, welche Inhaltsfelder die Behandlung des Inhaltes Osmanisches Reich ermöglichen könnten, um sie als normativ angelegte Vorschläge zu formulieren.

8.3.2 Inhaltliche Vorgaben der Kernlehrpläne

Für die Analyse der Kernlehrpläne des Geschichtsunterrichts der Sekundarstufe I und II wurden alle Inhaltsfelder sowie die den Inhaltsfeldern zugeordneten Schwerpunktbereiche und die daraus abgeleiteten *inhaltlichen Schwerpunkte* gesichtet. Dabei zeigt sich, dass das Osmanische Reich als Inhalt ausschließlich im Inhaltsfeld 2 ‚Islamische Welt – christliche Welt: Begegnungen zweier Kulturen in Mittelalter und Frühe Neuzeit' des Kernlehrplans der Sekundarstufe II berücksichtigt wird.[795] Die Kernlehrpläne der Sekundarstufe I berücksichtigen das Osmanische Reich in keinem Inhaltsfeld.

Die Inhaltsfelder der Kernlehrpläne bestimmen die historischen Gegenstände des Geschichtsunterrichts und bilden die Grundlage für die Konzeption von Geschichtsschulbüchern und die Erstellung von schulinternen Lehrplänen. Aus der Verknüpfung der Inhaltsfelder mit den Kompetenzbereichen des Geschichtsunterrichts werden die Kompetenzerwartungen abgeleitet. Vor dem Hintergrund dieses zentralen Zusammenhanges für den Geschichtsunterricht wurden neben den Inhaltsfeldern auch die Schwerpunktbereiche und die daraus operationalisierten inhaltlichen Schwerpunkte der einzelnen Inhaltsfelder gesichtet. Auch die Untersuchung der Schwerpunktbereiche und der inhaltlichen Schwerpunkte, die in Form von Stichpunkten die Inhaltsfelder und damit die Kompetenzerwartungen der Kompetenzbereiche in den Kernlehrplänen operationalisieren, zeigt, dass ausschließlich ein inhaltlicher Schwerpunkt des Inhaltsfeldes 2 ‚Islamische Welt – christliche Welt: Begegnungen zweier Kulturen in Mittelalter und Frühe Neuzeit' des Kernlehrplans der Sekundarstufe II den Inhalt Osmanisches Reich berücksichtigt. Über dieses Inhaltsfeld soll eine „historische Auseinandersetzung mit den verschiedenen Ausprägungen von Islam und Christentum, ihren verschiedenen in der Geschichte entwickelten

---

795 Siehe dazu Ministerium für Schule und Weiterbildung des Landes Nordrhein-Westfalen (2014) (Hrsg.): Kernlehrplan für das Gymnasium – Sekundarstufe I (G8) in Nordrhein-Westfalen. Geschichte. Düsseldorf. https://www.schulentwicklung.nrw.de/lehrplaene/lehrplan/157/KLP_GOSt_Geschichte.pdf [eingesehen am 02.06.2018].

8 Vorgaben und ausgewählte Lehrwerke des Geschichtsunterrichts 257

Verständnissen von Religion und Staat und ihrer kulturellen Leistung [...]"⁷⁹⁶ ermöglicht werden.

Durch die *Kontextualisierung des Osmanischen Reichs* innerhalb des Inhaltsfeldes ‚Islamische Welt–christliche Welt: Begegnung zweier Kulturen in Mittelalter und früher Neuzeit' wird ein in erster Linie *religiös markiertes Bild vom Osmanischen Reich konstruiert*, das durch die Verwendung der Konzepte ‚Kreuzzüge' oder ‚Religion' forciert wird. Der als historisch umrissene Inhalt konstruiert das Osmanische Reich in diesem Kontext als muslimisch-religiöse Bedrohung für das europäische Christentum. Diese Perspektivierung erscheint vor dem Hintergrund der Geschichte des Osmanischen Reiches als verkürzte und reduzierte Darstellung, die von sogenannten religiösen Konflikten zwischen Christen und Muslimen ausgeht. Die Auseinandersetzung mit dem Osmanischen Reich innerhalb dieses Inhaltsfeldes birgt aus einer *geschichtsdidaktischen Perspektive* die Gefahr, dass zwischen dem Osmanischen Reich als expandierendes Reich, dem Islam und Muslimen kaum unterschieden wird, so dass Fachkonzepte von Schüler*innen nicht entsprechend des historischen Kontextes unterschieden werden können. Aus einer m*igrationspädagogisch-geschichtsdidaktischen Perspektive* ist auch die Konstruktion der sich als gegnerisch dargestellten Gruppen zu reflektieren, die in Bezug auf das Werturteil, das Schüler*innen über die Beschäftigung mit historischen Inhalten fällen sollen, zu Otheringmechanismen führen kann. Die Werturteilskompetenz wird insbesondere über die Konzepte ‚Religion' und ‚Kultur' operationalisiert. Durch diese Vorgaben hebt der Kernlehrplan einen Diskurs hervor, in dem ein *Machtverhältnis zwischen dem Christentum und dem Islam* erzeugt wird. Schüler*innen sollen beispielsweise „Erklärungsmodelle für die Entwicklungsdifferenzen zwischen islamischen und christlich geprägten Regionen [erörtern]"⁷⁹⁷ und weiter „an einem Fallbeispiel die Bedeutung, die eine Kulturbegegnung bzw. ein Kulturkonflikt für beide Seiten haben kann [, erörtern]"⁷⁹⁸. Formulierungen wie „[...] Entwicklungsdifferenz zwischen islamischen und christlich geprägten Regionen [...]" und „[...] eine Kulturbegegnung bzw. ein Kulturkonflikt für beide Seiten [...]" verdeutlichen, dass in diesem Inhaltsfeld ein Diskurs geführt wird, der Machtverhältnisse produziert. Der Islam und das Christentum werden als sich gegenüberstehende Positionen dargestellt. Gestützt wird diese gegnerische Platzierung der beiden Glaubensrichtungen durch eine Verortung des Islams und des Christentums innerhalb eines ‚Kulturkonflikts', mit welchem die Zuordnung in ein ‚Wir' (hier das Christentum) und ein ‚Nicht-Wir' (hier der Islam) forciert wird. Die Konzepte

---

796   Vgl. ebd., S. 18, [eingesehen am 02.06.2018].
797   Vgl. ebd., S. 25, [eingesehen am 02.06.2018].
798   Vgl. ebd., S. 25, [eingesehen am 02.06.2018].

,Religion' und ,Kultur' produzieren damit natio-ethno-kulturelle Zugehörigkeitsordnungen"[799]. Aus diesem Grund müssten im Rahmen dieses Inhaltsfeldes die Konzepte ,Religion', ,Islam' und ,Kultur' diskutiert und auf ihre lebensweltliche Bedeutung hin machtkritisch reflektiert werden. Die Bestimmung und Verwendung dieser Begriffe konstruieren im gegenwärtigen Alltagsverständnis häufig „diffuse[...] und mehrwertige[...] Zuschreibungsregister"[800], durch welche „symbolische und materielle Grenzen"[801] für die Gesellschaft, somit auch für die Schüler*innen produziert werden.

Wenn das historische Lernen und Denken im Geschichtsunterricht immer auch zu einem reflektierten Urteil der historischen Ereignisse und einer daraus zu schließenden Orientierung des Individuums in der Zeit führen soll, müssten Kernlehrplaninhalte bei der Thematisierung von Konzepten wie ,Religion' und ,Kultur' immer auch berücksichtigen, dass diese natio-ethno-kulturelle kodierte Zugehörigkeitsordnungen produzieren. Solche Zugehörigkeitsordnungen kennzeichnen im System Schule den Zusammenhang zwischen einem Schüler/einer Schülerin bzw. Schüler*innengruppen und dem unterrichtlichen Kontext, in dem Praxen und Konzepte der *Differenz von zugehörig und nichtzugehörig* konstitutiv sind. Im Falle der Vorgaben des Inhaltsfeldes 2 kann ein unreflektierter Umgang der Begriffe *Islam* und *Kultur* hinsichtlich ihrer Bedeutung für die Gegenwart dazu führen, dass einzelne Schüler*innen oder Schüler*innengruppen ihre Position im geschichtsunterrichtlichen Zusammenhang über eine ,religiöse' und/oder ,kulturelle' Zugehörigkeit erfahren.

Für die Frage nach der Relevanz der *Lebenswirklichkeit der Schüler*innen* kann folgende Textstelle im Kernlehrplan herangezogen werden:

> „Schulinterne Lehrpläne konkretisieren die Kernlehrplanvorgaben und berücksichtigen dabei die konkreten Lernbedingungen in den jeweiligen Schulen. Sie sind eine wichtige Voraussetzung dafür, dass die Schülerinnen und Schüler die angestrebten Kompetenzen erreichen und sich ihnen verbesserte Lebenschancen eröffnen."[802]

Schulen sollen bei der Umsetzung institutioneller Vorgaben die ,Lernbedingungen' der jeweiligen Schule berücksichtigen. Ob damit auf die Berücksichtigung der migrationsgesellschaftlichen Lebens- und somit auch ,Lernbedingungen' Bezug genommen wird, kann nicht beantwortet werden. Ein die ,Lernbedingungen' berücksichtigender Geschichtsunterricht kann im Kontext der vorliegenden

---

799 Mecheril, P. (2003).
800 Vgl. ebd., S. 16.
801 Vgl. ebd., S. 12.
802 Vgl. https://www.schulentwicklung.nrw.de/lehrplaene/upload/klp_SII/ge/KLP_GOSt_Geschichte.pdf [eingesehen am 02.06.2018].

Untersuchung als ein Geschichtsunterricht beschrieben werden, der historische Inhalte migrationssensibel und unter Berücksichtigung der individuellen Interessen an und, damit verbundenen Vorstellungen der Schüler*innen, zu historischen Ereignissen begegnet. Diese Ausrichtung des Geschichtsunterrichts müsste dazu führen, dass Kernlehrpläne und Schulbücher des Geschichts- und Gesellschaftslehreunterrichts auf diese Bedingungen hin zu untersuchen und in letzter Konsequenz neu zu konzipieren sind. Da migrationsbedingte Lebens- und Lernbedingungen in den Kernlehrplänen des Geschichtsunterrichts in NRW keine Berücksichtigung finden, braucht es vor dem Hintergrund der vorliegenden Untersuchungsperspektive eine Auseinandersetzung mit den Inhaltsfeldern und einen reflexiven Umgang mit den darin enthaltenen Fachkonzepten.

Im Folgenden werden die Kernlehrpläne unter Berücksichtigung einer migrationssensiblen (theoriebasierten) und schülerorientierten Ausrichtung der Inhaltsfelder untersucht, um für *ausgewählte Inhaltsfelder ergänzende Kompetenzerwartungen vorzuschlagen*, mit denen der Inhalt Osmanisches Reich im Geschichtsunterricht behandelt werden kann. Somit wird im Folgenden der Frage nachgegangen, welche der in den einzelnen Kernlehrplänen als obligatorisch vorgegebenen Inhaltsfelder den Inhalt Osmanisches Reich berücksichtigen *könnten*. Es werden dabei nicht alle Inhaltsfelder berücksichtigt, sondern ausschließlich die, bei denen eine Berücksichtigung des Inhalts Osmanisches Reich als sinnvoll erachtet wird. Dieser Zugang versteht sich als Vorschlag, der keinen Anspruch auf Vollständigkeit hat, somit ein erstes Ergebnis bzw. eine erste Überlegung aus der vorliegenden empirischen Studie darstellt.

Die Formulierungen von Kompetenzerwartungen als Ergänzung zu den Inhaltsfeldern zur Berücksichtigung des Inhaltes Osmanisches Reich im Geschichtsunterricht werden auf die geschichtswissenschaftlichen Bereiche *Politikgeschichte*, *Sozialgeschichte* und *Kulturgeschichte* bezogen. Eine solche Differenzierung ermöglicht die historische Auseinandersetzung mit dem Osmanischen Reich aus verschiedenen Perspektiven, um der Anbahnung einer Werturteilsbildung mehrperspektivisch zu begegnen.

Tab. 7: Berücksichtigung des Inhaltes Osmanisches Reich in den Inhaltsfeldern des Kernlehrplanes Geschichte der Sekundarstufe II (gymnasiale Oberstufe)

Inhaltsfelder (IF)	Politikgeschichte	Sozialgeschichte	Kulturgeschichte
IF 1-Erfahrungen mit Fremdsein in weltgeschichtlicher Perspektive	Formen politischer Teilhabe und das Osmanische Reich	Fremdheit als konstruierte Kategorie und die europäische Perspektive auf das Osmanische Reich	Expliziter Vergleich Europa und Osmanisches Reich bei der Beurteilung von Weltbildern früher und heute im Hinblick beispielsweise wissenschaftlicher Entwicklungen
IF 2-Islamische Welt	Vergleich von Regierungsformen zwischen dem Osmanischen Reich und anderen Reichen oder Staaten	Gesellschaftliche Entwicklung in Europa und im Osmanischen Reich im Vergleich	– Die Bedeutung des Islams in der und für die Osmanische Bevölkerung – Islambild in Europa und die Auslegung des Islams im Osmanischen Reichs im Vergleich – Die Kreuzzüge aus europäischer und osmanischer Perspektive im Vergleich
IF 4-Die moderne Industriegesellschaft zwischen Fortschritt und Krise	Das Osmanische Reich und seine politische Position im Ersten Weltkrieg.	Vergleich Europa und Osmanisches Reich hinsichtlich industrieller Einflüsse auf Lebensbedingungen von Menschen	Migration aus Europa in das Osmanische Reich während des Ersten Weltkriegs und verschiedene Perspektiven auf Migration während des Ersten Weltkriegs
IF 5-Die Zeit des Nationalsozialismus – Voraussetzungen, Herrschaftsstrukturen, Nachwirkungen und Deutungen	Politische Auseinandersetzungen mit genozidalen Akten – Vergleich Genozid an den Juden im Nationalsozialismus mit beispielsweise dem Genozid an den Armeniern im Osmanischen Reich	Vergleich Herrschaftsstrukturen im Nationalsozialismus mit Herrschaftsstrukturen im Osmanischen Reich gegenüber Minderheiten.	Europäische Migration in das Osmanische Reich
IF 6-Nationalismus, Nationalstaat und deutsche Identität im 19- und 20. Jahrhundert	Konzepte *Volk* und *Nation* im Osmanischen Reich im Vergleich zum Kaiserreich oder zum Nationalsozialismus	Frage und Umgang mit nationaler Identität im Übergang Osmanisches Reich-Republik Türkei	Frage und Umgang mit ethnischen und religiösen Minderheiten im Übergang Osmanisches Reich-Republik Türkei

8 Vorgaben und ausgewählte Lehrwerke des Geschichtsunterrichts   261

Tab. 8: Berücksichtigung des Inhaltes Osmanisches Reich in den Inhaltsfeldern des Kernlehrplanes Geschichte Sekundarstufe I (Gymnasium)

Inhaltsfeld			
Mittelalter	Osmanische Reich – Formen politischer Teilhabe und das Osmanische Reich im Mittelalter	Perspektive: Vergleich Europa und Osmanisches Reich – Mit außereuropäischer Perspektive: Der Blick auf die Anfänge des Osmanischen Reichs	Europa und im Osmanischen Reich
IF 5-Was Menschen im Mittelalter voneinander wussten	Vergleich von Regierungsformen in Europa mit der im Osmanischen Reich	– Weltvorstellungen in Europa und dem Osmanischen Reich. – Formen kulturellen Austausches Europa und dem Osmanischen Reich im Vergleich.	Mit außereuropäischer Perspektive: Vergleich Europa und Osmanisches Reich hinsichtlich ausgewählter Aspekte wie Sprache, Religion oder Wissenschaft in einem ausgewählten historischen Kontext, z.B. im 19. Jahrhundert
IF 6-Neue Welten und neue Horizonte	Politische Prozesse im Vergleich: Das Osmanische Reich und andere Reiche bzw. Staaten und der Einfluss von Entdeckungen	Renaissance und Humanismus in Europa und im Osmanischen Reich im Vergleich	Renaissance und Humanismus in Europa und im Osmanischen Reich im Vergleich
IF 8-Imperialismus und Erster Weltkrieg	– Die Rolle des Osmanischen Reich als Kolonialherrscher im Imperialismus – Die Rolle des Osmanischen Reichs im Ersten Weltkrieg	Die Bedeutung des Ersten Weltkriegs für die Bevölkerung im Osmanische Reich	Der Erste Weltkrieg als Auslöser von ,Türkisierungsprozessen' im Osmanischen Reich – Konstruktion einer türkischen Nation am Ende des Osmanischen Reichs
IF 9-Neue weltpolitische Koordinaten	Politische Position des Osmanischen Reichs im Vergleich zu anderen Reichen bzw. Staaten in der Welt	Weltpolitische Veränderungen und der Einfluss auf die osmanische Bevölkerung auf dem Balkan	Die vielfältige Bevölkerung der Republik Türkei im Schatten einer konstruierten Nation
IF 11-Neuordnungen der Welt und Situation Deutschland	Mit außereuropäischer Perspektive der Blick auf die Entwicklungen in der Republik Türkei	Minderheiten in der Republik Türkei	Europäischer Einfluss auf das ,kulturelle' Leben der Republik Türkei
IF 12-Was Menschen früher voneinander wussten und heute voneinander wissen	Revolutionäre Entdeckungen und der Einfluss auf das osmanische Reichssystem	Mit außereuropäischer Perspektive: Der Vergleich des Lebens im Osmanischen Reich und in der Republik Türkei	Mit außereuropäischer Perspektive: Vergleich Europa und Osmanisches Reich hinsichtlich ausgewählter Aspekte wie Sprache, Religion oder Wissenschaft historisch und gegenwärtig

Tab. 9: Berücksichtigung des Inhaltes Osmanisches Reich in den Inhaltsfeldern des Kernlehrplans Gesellschaftslehre Sekundarstufe I (Gesamtschule)

Inhaltsfelder (IF)	Politikgeschichte	Sozialgeschichte	Kulturgeschichte
IF 3 - Europa im Mittelalter	Grundherrschaft und Ständegesellschaft in Europa und im Osmanischen Reich im Vergleich	Vergleich der Lebensweisen in Europa und im Osmanischen Reich	Das Geschichtsbild zum Harem in Europa (Spätmittelalter) (insbesondere in historischen Darstellungen aus Frankreich) und die Bedeutung des Harems in historischen Quellen des Osmanischen Reichs im Vergleich
IF 4- Neue Welten und neue Horizonte	– Eroberungen und Entdeckungen in Europa und im Osmanischen Reich – Osmanisch-Polnischer Krieg 1620-1621 und der Dreißigjähriger Krieg	Renaissance in Europa und im Osmanischen Reich – Wandel und Kontinuitäten	– Humanismus und sein Einfluss auf Europa und das Osmanische Reich im Vergleich – Der europäische Humanismus und die Entwicklung der Sichtweise in Europa auf das Osmanische Reich (z.B. die Entstehung der orientalischen Wissenschaft in Europa)
IF 5-Die Welt wandelt sich politisch und wirtschaftlich	– Auswirkungen der Französischen Revolutionen auf das Osmanische Reich – Napoleons Überfall 1798 auf das osmanische Ägypten und Kündigung der jahrhundertelangen Zusammenarbeit	Die Entstehung der Bewegung der Jungtürken und die Veränderungen der Rolle der Minderheiten (ethnische und religiöse) im Osmanischen Reich	Die Entstehung der Bewegung der Jungtürken und ihr Einfluss auf das gesellschaftliche Leben im Osmanischen Reich
IF 6-Imperialismus und Erster Weltkrieg	Rolle des Osmanischen Reichs im Ersten Weltkrieg und politische Prozesse im Osmanischen Reich	– Die Bedeutung des Ersten Weltkriegs für die Bevölkerung im Osmanischen Reich – Migration aus Europa in das Osmanische Reich	Vertreibung von Minderheiten im Osmanischen Reich und ihre Auswirkungen auf die osmanische Bevölkerung
IF 7-Die Weimarer Republik	Vergleich „Die erste deutsche Demokratie" und Gründung Republik Türkei und ihre Beziehungen zueinander	Veränderungen der Lebensbedingungen im Übergang vom Zerfall Osmanisches Reich und Gründung Republik Türkei	Gesellschaftliche Veränderungen durch die Gründung der Republiken Weimarer Republik und Türkische Republik im Vergleich

8 Vorgaben und ausgewählte Lehrwerke des Geschichtsunterrichts

Tab. 10: Berücksichtigung des Inhaltes Osmanisches Reich in den Inhaltsfeldern des Kernlehrplans Geschichte Sekundarstufe I (Realschule)

Inhaltsfelder (IF)	Politikgeschichte	Sozialgeschichte	Kulturgeschichte
IF 4 - Europa im Mittelalter	Vergleich politischer Prozesse im mittelalterlichen Europa und im Osmanischen Reich	„Lebenswelten in der Ständegesellschaft": Vergleich der Gesellschaftsstrukturen Europa und Osmanisches Reich	Geschichtsvorstellungen zum Harem in Europa (Spätmittelalter) (insbesondere in historischen Darstellungen aus Frankreich) und die Bedeutung des Harems in historischen Quellen des Osmanischen Reichs im Vergleich
IF 5- Was Menschen im Mittelalter voneinander wussten	Politische Partizipation von Menschen im Heiligen Römischen Reich und im Osmanischen Reich im Vergleich	Weltvorstellungen in Europa und dem Osmanischen Reich	Lebensformen am Ende des mittelalterlichen Europas und im Osmanischen Reich im Vergleich
IF 6- Neue Welten und neue Horizonte	– Eroberungen und Entdeckungen in Europa und im Osmanischen Reich – Osmanisch-Polnischer Krieg 1620-1621 und der Dreißigjähriger Krieg	Renaissance in Europa und im Osmanischen Reich – Wandel und Kontinuitäten	Der europäische Humanismus und die Entwicklung der Sichtweise in Europa auf das Osmanische Reich (z.B. die Entstehung der orientalischen Wissenschaft in Europa)
IF 7- Europa wandelt sich	Auswirkungen der Französischen Revolutionen auf das Osmanische Reich	Revolution in Europa und ihr Einfluss auf das Osmanische Reich	Die Industrielle Revolution und ihre Bedeutung für die Gesellschaften in Europa und im Osmanischen Reich
IF 8- Imperialismus und Erster Weltkrieg	– Rolle des Osmanischen Reichs im Ersten Weltkrieg – Politische Prozesse im Osmanischen Reich	– Die Bedeutung des Ersten Weltkriegs für die Bevölkerung im Osmanischen Reich – Migration aus Europa in das Osmanische Reich	Vertreibung von Minderheiten im Osmanischen Reich und ihre Auswirkungen auf die osmanische Bevölkerung
IF 9- Neue weltpolitische Koordinaten	Politische Veränderungen in der Welt im Vergleich zum Osmanischen Reich unter Berücksichtigung der Bewegung der Jungtürken	Entstehung von Großmächten (USA und UdSSR) und die Veränderungen auf dem Gebiet des Osmanischen Reichs.	Entstehung von Nationalstaaten auf dem Balkan, dem ehemaligen Osmanischen Reich und ihre Bedeutung für die Bevölkerung des Balkans
IF 10- Weimarer Republik	– Vergleich Gründung Weimarer Republik und Gründung der Republik Türkei – Konzept von Demokratie in der Weimarer Republik im Vergleich zum Demokratiekonzept in der Republik Türkei	Veränderungen der Lebensbedingungen im Übergang vom Zerfall Osmanisches Reich zur Gründung Republik Türkei	Gesellschaftliche Veränderungen durch die Gründung der Republiken Weimarer Republik und Türkische Republik im Vergleich

Tab. 11: Berücksichtigung des Inhaltes Osmanisches Reich in den Inhaltsfeldern des Kernlehrplanes Geschichte/Politik Sekundarstufe I (Hauptschule)

Inhaltsfelder (IF)	Politikgeschichte	Sozialgeschichte	Kulturgeschichte
IF 4-Europa im Mittelalter – Weltsichten und Herrschaftsstrukturen	Ständegesellschaft – demokratische Gesellschaftsordnung: Europa und Osmanisches Reich im Vergleich	Vergleich gesellschaftlicher Strukturen in Europa und im Osmanischen Reich	Begegnungen zwischen Europa und Osmanisches Reich
IF 5- Neue Welten und neue Horizonte	Dreißigjähriger Krieg und der Osmanisch-Polnische Krieg 1620-1621	Renaissance in Europa und im Osmanischen Reich – Wandel und Kontinuitäten	Der europäische Humanismus und die Entwicklung der Sichtweise in Europa auf das Osmanische Reich (z.B. die Entstehung der orientalischen Wissenschaft in Europa)
IF 6-Menschenrechte, Partizipation und Demokratie – politische Umbrüche seit dem 18. Jahrhundert	Entwicklung des heutigen Demokratieverständnisses: Auswirkungen der Französischen Revolutionen auf das Osmanische Reich	Revolution in Europa und ihr Einfluss auf das Osmanische Reich	Die Rolle der Frau in der Französischen Revolution im Vergleich zu der Rolle der Frau im Osmanischen Reich
IF 7-Innovation, Technisierung, Modernisierung – Umbrüche in der Arbeitswelt seit dem 19. Jahrhundert	Politische Prozesse im Vergleich: Das Osmanische Reich und andere Reiche bzw. Staaten und der Einfluss von Entdeckungen	Modernisierungsprozesse in der Welt unter Berücksichtigung des Osmanischen Reichs	Vergleich der Industrialisierung in Europa und im Osmanischen Reich und ihre Bedeutung für wissenschaftliche Entwicklungen
IF 8- Imperialismus und Erster Weltkrieg	– Entwicklung des Nationalismus am Ende des Osmanischen Reiches – Rolle des Osmanischen Reichs im Ersten Weltkrieg	– Die Bedeutung des Ersten Weltkriegs für die Bevölkerung im Osmanischen Reich – Migration aus Europa in das Osmanische Reich	Vertreibung von Minderheiten im Osmanischen Reich und ihre Auswirkungen auf die osmanische Bevölkerung
IF 9-Die Weimarer Republik	Vergleich Gründung Weimarer Republik und Gründung der Republik Türkei	Veränderungen der Lebensbedingungen im Übergang vom Zerfall Osmanisches Reich zur Gründung Republik Türkei	Gesellschaftliche Veränderungen durch die Gründung der Republiken Weimarer Republik und Türkische Republik im Vergleich

8.4 Zusammenfassung der Ergebnisse: Schlussfolgerung aus der Sichtung der Kernlehrpläne

In den Tabellen 8–12 wurden zu bestimmten Inhaltsfeldern ergänzende Kompetenzerwartungen formuliert, mit denen mögliche normativ gesetzte Empfehlungen zur Thematisierung des Inhaltes aufgezeigt wurden.[803] Dabei zeigt sich, dass sowohl Inhaltsfelder der Kernlehrpläne der Sekundarstufe I wie auch der des Kernlehrplans der Sekundarstufe II ausreichend *Anlässe zur Berücksichtigung des Inhaltes Osmanischen Reich* bieten.[804]

Die Ergebnisse der Prästudie (Kap. 7) haben gezeigt, dass die Schüler*innen Interesse am Inhalt Osmanisches Reich zeigen und subjektive Vorstellungen zu diesem Inhalt konstruieren. Dies kann sowohl für die Schüler*innen konstatiert werden, die während der Erhebung den Geschichts- bzw. Gesellschaftslehreunterricht der Sekundarstufe I als auch für diejenigen, die den Geschichtsunterricht der Sekundarstufe II besuchten. Die interviewten Schüler*innen verbalisieren in diesem Kontext subjektives historisches Wissen zum Osmanischen Reich und formulieren eine allgemeingültige Relevanz des Inhaltes, wodurch sie diesem einen Platz im Geschichtsunterricht zusprechen.

Vergleicht man dieses Ergebnis aus der Prästudie mit den Ergebnissen aus der Kernlehrplananalyse, ist ein salientes Ergebnis, dass diesem von den Schüler*innen als zentral eingestuften Inhalt in den Kernlehrplänen kaum Platz eingeräumt wird. Aus diesem Ergebnis ergibt sich eine Diskrepanz für die Relevanz des Zusammenhangs zwischen der Berücksichtigung von Schülervorstellungen und dem historischen Lernprozess. Die theoretischen Ausführungen in Kapitel 5 haben gezeigt, dass für die Förderung des historischen Lernens im Geschichtsunterricht die Anknüpfung an die Vorstellungen der Schüler*innen von zentraler Bedeutung ist. Die Untersuchung der Kernlehrpläne am Exempel des Osmanischen Reichs zeigte allerdings, dass zwischen den normativen Vorgaben des Lehrplans und den Themen, welche die Schüler*innen als bedeutsam erachten, deutliche Unterschiede bestehen und folglich strikt zu unterscheiden ist.

Es ist davon auszugehen, dass im Geschichtsunterricht Schülervorstellungen zwar aktiviert werden, allerdings ausschließlich zu den Inhalten, die institutio-

---

803 Angesichts der normativen Setzung müssten diese Empfehlungen (Kompetenzerwartungen) im Rahmen von empirischer Unterrichtsforschung überprüft werden.
804 Bei der Analyse der Kernlehrpläne wurden Vorschläge formuliert, die eine Thematisierung des Inhalts Osmanisches Reich aus politikgeschichtlicher, sozialgeschichtlicher und kulturgeschichtlicher Perspektive ermöglicht. Diese Anknüpfungsmöglichkeiten verstehen sich nicht als lückenlos, sie können auf weitere historische Perspektiven hin ergänzt werden.

nell vorgegeben werden. Demzufolge stellt sich die Frage, welche Möglichkeiten die Inhaltsfelder der entsprechenden Schulformen und Bildungsetappen zur Berücksichtigung von Schülervorstellungen generell und im Konkreten zum Osmanischen Reich bieten. Jenisch (2004) plädiert für eine Öffnung institutioneller Strukturen, so dass Lehrkräfte Schülervorstellungen ausreichend bei der Planung und Durchführung von Geschichtsunterricht berücksichtigen können, um „auf Besonderheiten der jeweiligen Lerngruppe"[805] eingehen zu können.

Kapitel 8.2.1 hat gezeigt, dass die Kernlehrpläne der Sekundarstufe I chronologisch strukturiert sind, aus diesem Grund eine Öffnung der Inhalte kaum ermöglichen. Für den Kernlehrplan der Sekundarstufe II ist festzuhalten, dass dieser über einen diachronen Zugang die Inhaltsfelder des Geschichtsunterrichts strukturiert, jedoch auch hier eine Themenorientierung zugrunde liegt. Festzuhalten ist, dass bei einer Öffnung der Kernlehrpläne Schülervorstellungen und -interessen zu historischen Ereignissen berücksichtigt werden könnten, weshalb dieses zentrale Ergebnis in der Lehrplankonzeption zu berücksichtigen ist.

Eine weitere Frage, die sich aus dem Ansatz der vorliegenden Untersuchung für die Kernlehrpläne ergibt, ist, ob durch einen ‚offenen Kernlehrplan' auch Bedingungen der Migrationsgesellschaft berücksichtigt werden können. Dieser Frage wird exemplarisch anhand des Inhaltsfeldes 2 im Kernlehrplan der Sekundarstufe II (NRW) nachgegangen, da ausschließlich in diesem Inhaltsfeld das Osmanische Reich berücksichtigt wird.

Die genaue Betrachtung des Inhaltsfeldes des Kernlehrplans der Sekundarstufe II, in dem das Osmanische Reich als im Geschichtsunterricht zu behandelnder Inhalt genannt wird, gibt eine sich an den Konzepten ‚Kultur', ‚Religion' und ‚Krieg' orientierende Behandlung des Inhaltes vor. Die in diesem Kontext vorgegebene Berücksichtigung des Osmanischen Reichs soll dazu dienen, dass Schüler*innen das *Fremde verstehen* und einen *Perspektivwechsel vornehmen*.[806] Dieses Inhaltsfeld kann in seiner Gesamtheit mit den Konzepten *Religion, Islam, Muslime, Krieg, Kultur* und *Fremdheit* einen Diskurs der Differenzierung vor

---

805   Vgl. Jenisch, A. (2004): Erhebung von Schülervorstellungen zum historischen Wandel und curriculare Konsequenzen. S. 275. In: Handro, S./Schönemann, B. (Hrsg.): Geschichtsdidaktische Lehrplanforschung. Methoden – Analysen – Perspektiven. Münster: LIT. S. 265–276.

806   Ministerium für Schule und Weiterbildung des Landes Nordrhein-Westfalen (2014) (Hrsg.): Kernlehrplan für das Gymnasium – Sekundarstufe II (G8) in Nordrhein-Westfalen. Geschichte. Düsseldorf. S. 18. Siehe dazu https://www.schulentwicklung.nrw.de/lehrplaene/upload/klp_SII/ge/KLP_GOSt_Geschichte.pdf [eingesehen am 02.06.2018].

allem in *Muslime* und *Christen* produzieren, wenn bei der Behandlung dieser Konzepte eine differenz- und machtkritische Perspektive ausgeschlossen wird. Die Konzepte sollen in erster Linie im historischen Kontext thematisiert werden, sie sind aber auch für die gegenwärtige gesellschaftliche Ordnung von Bedeutung und spiegeln zentrale Diskurse der Öffentlichkeit wider. Diese Differenz mag für den historischen Kontext legitim und für den historischen Lernprozess wichtig sein, ihre Relevanz soll dem Inhaltsfeld nicht abgesprochen werden. Wenn allerdings die drei Ebenen des Geschichtsbewusstseins (Sachanalyse – Sachurteil – Werturteil) berücksichtigt werden (Kap. 3), sollten die Schüler*innen auch über das Inhaltsfeld ‚Islamische Welt – christliche Welt: Begegnungen zweier Kulturen in Mittelalter und Frühe Neuzeit' zu einer eigenen reflektierten Position der behandelten historischen Geschehnisse geführt werden, um die historischen Ereignisse und die damit verbundenen historischen Konzepte in Beziehung zu ihrer eigenen Gegenwart setzen zu können (Werturteil). In dieser Phase des historischen Denkens müssen Konzepte wie ‚Kultur' oder ‚Religion' unter Berücksichtigung ihrer Bedeutung für die gegenwärtige gesellschaftliche Realität reflektiert werden. Ein solcher Zugang könnte im Geschichtsunterricht gesellschaftliche Merkmale wie ‚Kultur' und ‚Religion' und, im Besonderen für den gegenwärtigen Diskurs, ihre Wirkmacht hinsichtlich der Erzeugung von Zugehörigkeitsordnungen reflektieren. Des Weiteren würde ein solcher Ansatz den Geschichtsunterricht zu einem sozialen Raum der Reflexion gestalten, der historische Inhalte zur Reflexion gesellschaftlicher Zugehörigkeitsverhältnisse in der Gegenwart nutzbar macht. Dadurch würde der Geschichtsunterricht allen Schüler*innen die Chance bieten, diese Schemata und Praxen im Kontext von Schule und Unterricht, aber auch für gesellschaftliche Zusammenhänge zu reflektieren und über Alternativen nachzudenken, *ohne* dabei notwendigerweise in ‚Fremdes' versus ‚Vertrautes' trennen zu müssen.

Aus den oben formulierten Vorschlägen für die Behandlung des Inhaltes Osmanisches Reich innerhalb der Inhaltsfelder der Kernlehrpläne der Unterrichtsfächer Geschichte und Gesellschaftslehre der Sekundarstufe I und II in NRW können folgende zentrale Ergebnisse zusammengefasst werden:

- Viele der Inhaltsfelder bieten vielfältige Perspektiven, das Osmanische Reich als historischen Inhalt im Geschichtsunterricht zu behandeln; z. B. das Inhaltsfeld zum Ersten Weltkrieg, in welches die Schüler*innen in der Prästudie einheitlich den Inhalt Osmanisches Reich verorten.
- Die Berücksichtigung des Inhaltes Osmanisches Reich sollte Konzepte wie ‚Identität', ‚Religion', ‚Kultur' und ‚Krieg' sowohl aus dem historischen Kontext als auch aus dem gegenwärtigen Diskurs heraus reflektieren.

- Es sollten insbesondere die Konzepte, die sich auf den gegenwärtigen Diskurs beziehen, aus einer migrationssensiblen Perspektive analysiert werden, um gesellschaftliche Zugehörigkeitsverhältnisse in der gegenwärtigen Gesellschaft macht- und differenzkritisch zu reflektieren.
- Das Konzept des Begriffs ‚Minderheit' sollte bereits in der Sekundarstufe I behandelt werden, da sich Schüler*innen aus ihren subjektiven Vorstellungen heraus intensiv mit diesem Konzept auseinandersetzen. Dies zeigt sich auch in den Ergebnissen der Prästudie (Kap. 7).
- Die Förderung eines reflektierten Geschichtsbewusstseins braucht eine Analyse der Lebens- und Lernvoraussetzungen von Schüler*innen, bei der die Bedingungen der Migrationsgesellschaft und die gesellschaftliche Wirklichkeit forciert werden müssen.

Aus diesen Punkten ergeben sich Desiderata für eine migrationssensible Lehrplanforschung innerhalb der Geschichtsdidaktik, die die inhaltliche Beschaffenheit der (Kern-)Lehrpläne infolge der migrationsbedingten gesellschaftlichen Bedingungen und ihres Einflusses auf die Institution Schule differenziert betrachten. Womöglich ergibt sich auch durch die kritische Betrachtung der Inhaltsfelder, die eine national- und eurozentrierte Ausrichtung aufweisen, eine über Kategorien wie ‚Ethnie' oder ‚Nation' hinausgehende, Differenzmechanismen betrachtende Förderung des reflektierten und reflektierenden Geschichtsbewusstseins.

8.5 Ausgewählte in NRW zugelassene Geschichtslehrwerke[807]

In Kap. 7.1 und 7.2 wurden die Kernlehrpläne des Geschichts- und Gesellschaftslehreunterrichts der Sekundarstufe I und II in NRW hinsichtlich ihrer Berücksichtigung des Inhaltes Osmanisches Reich gesichtet, um anschließend exemplarische Vorschläge für eine mögliche Berücksichtigung des Inhalts zu formulieren.[808] Die Sichtung der Kernlehrpläne hat gezeigt, dass ausschließlich

---

807 In diesem und dem folgenden Kapitel werden die Begriffe Lehrwerk und Schulbuch synonym verwendet. Beide Begriffe beziehen sich auf die Bücher, die der vorliegenden Untersuchung zugrunde liegen.

808 Mit dem Schuljahr 2019/20 wurde den Gymnasien in NRW die Option geboten von G8 zu G9 zurückzukehren, so dass es seitdem für die Gymnasien, die sich für eine Verlängerung des gymnasialen Bildungsgangs entschieden, einen neuen Kernlehrplan und neue Geschichtslehrwerke gibt. Auf diese Veränderung in NRW kann im Rahmen der vorliegenden Arbeit nicht eingegangen werden.

in einem Inhaltsfeld des Kernlehrplans der Sekundarstufe II das Osmanische Reich als im Geschichtsunterricht zu thematisierender Inhalt vorkommt. Mit den Vorschlägen zur Berücksichtigung des Inhaltes Osmanisches Reich wurde aus einer migrationssensiblen Perspektive aufgezeigt, wie dieser Inhalt sowohl in der Sekundarstufe I als auch in der Sekundarstufe II thematisiert werden kann.

Im Anschluss an die Sichtung und Analyse institutioneller Vorgaben für den Geschichtsunterricht werden nun ausgewählte Gesellschaftslehre- und Geschichtsschulbücher für NRW einer Frequenzanalyse unterzogen. Auch für die Analyse der Lehrwerke werden die eingangs formulierten Fragen gestellt, die der Berücksichtigung des Inhaltes Osmanisches Reich nachgehen.

8.6 Forschungsmethodisches Vorgehen: Frequenzanalyse ausgewählter Lehrwerke des Geschichtsunterrichts in NRW

Für die *Analyse von Geschichtslehrwerken (n = 26)* wurden mittels Frequenzanalyse in NRW zugelassene Geschichtsschulbücher ausgewählt. Die Frequenzanalyse, auch Häufigkeitsanalyse genannt, wird als die Grundtechnik inhaltsanalytischer Verfahren betrachtet.[809] Dieses Verfahren beschreibt Mayring (2010) wie folgt: „Die einfachste Art inhaltsanalytischen Arbeitens besteht darin, bestimmte Elemente des Materials auszuzählen und in ihrer Häufigkeit mit dem Auftreten anderer Elemente zu vergleichen."[810] Auch Pingel (2010) hebt die Relevanz von Frequenzanalysen hervor, die er als Gewinn für die Schulbuchforschung beschreibt: „A simple frequency analysis, however, can tell us a lot, for example, about the room for manoeuvre that authors have to design their textbooks."[811] Aus geschichtsdidaktischer Perspektive wird die Frequenzanalyse zur Analyse von Lehrwerken als ein verfeinerter Zugang zur Raumanalyse eingeordnet.[812]

Auch wenn die Frequenzanalyse wegen eines fragmentarischen Zugangs kritisiert werden kann, ermöglicht sie für die vorliegende Untersuchung die Verwendung ausgewählter Begriffe in einem von den Schüler*innen als relevant be-

---

809 Mayring, P. (2010). Zum genauen Ablauf einer Frequenzanalyse ebd., S. 15.
810 Vgl. ebd., S. 13.
811 Vgl. Pingel, F. (2010): UNESCO Guidebook on Text-book Research and Textbook Revision. 2. überarb. Auflage. Paris/Braunschweig. S. 67. Verfügbar unter: http://unesdoc.unesco.org/images/0011/001171/117188e.pdf [eingesehen am 10.09.2017].
812 Siehe dazu Scholle, D. (1997): Schulbuchanalyse. In: Bergmann, K./Fröhlich, K./Kuhn, A./Rüsen, J./Schneider, G. (Hrsg.): Handbuch der Geschichtsdidaktik. 5. überarb. Aufl. Seelze-Velber: Kallmeyer. S. 369–375.

zeichneten Inhaltsfeld (Erster Weltkrieg, siehe dazu Kap. 7) zu untersuchen. Mit Bubenhofer et al. (2015) gesprochen kann vor dem Hintergrund des folgenden Vorteils auch die Wahl des frequenzorientierten Zugangs als geeignet begründet werden:

> „Gleichwohl haben frequenzorientierte Ansätze den Vorteil, dass sie überhaupt eine empirische Grundlage haben, ihre Ergebnisse folglich reproduzierbar sein müssen und somit die Möglichkeit eröffnen, intersubjektiv nachvollziehbare Maßstäbe in die Lehrwerkerstellung einzubringen."[813]

Unter Berücksichtigung dieser Möglichkeit durch den frequenzanalytischen Zugang wurden *ab 2008 zugelassene Sekundarstufen-I-Lehrwerke (n = 21)* und *in 2015 zugelassene Geschichtsschulbücher der Sekundarstufe II (n = 5)* der Analyse unterzogen. Die Auswahl der Geschichtslehrwerke orientiert sich an der Kompetenzorientierung im Fach Geschichte in NRW. Von den insgesamt 21 Geschichtsschulbüchern der Sekundarstufe I sind 16 dem Unterrichtsfach Geschichte und 5 dem Unterrichtsfach Gesellschaftslehre zuzuordnen. Weitere fünf Geschichtsschulbücher der Stichprobe sind der Qualifizierungsphase der Sekundarstufe II zuzuordnen.

Zunächst werden allgemeine Daten der ausgezählten Geschichtslehrwerke vorgestellt, die auch zentrale Rahmenbedingungen von Schulbüchern darstellen. Diese Darstellung wird kenntlich machen, welches Kapitel in welchem Lehrwerk für die Auszählung berücksichtigt wird. Die Entscheidung für das zu untersuchende Kapitel geht insbesondere auf ein zentrales Ergebnis der Prästudie zurück. Die Schüler*innen sprechen in der Prästudie dem Osmanischen Reich als Thema im Geschichtsunterricht eine wichtige Bedeutung zu und verorten es in das Inhaltsfeld ‚Erster Weltkrieg'. In diesem Zusammenhang verbalisieren sie ihre subjektiven Vorstellungen zum Osmanischen Reich insbesondere dahingehend einheitlich, als sie das Osmanische Reich als *Nation* konstruieren. In diesem Zusammenhang verwenden sie neben der Reichsbezeichnung *Osmanisches Reich* auch den Ausdruck *Türkei*, der synonym verwendet wird. Für dieses Nationenkonstrukt greifen die Schüler*innen auf weitere Begriffe wie Nationalstaat oder Nationalität zurück, mit denen sie ihre Vorstellungen zum Osmanischen Reich als Nation konstruieren.

---

813   Vgl. Bubenhofer, N./Lange, W./Okamura, S./Scharloth, J. (2015): Wortschätze in Lehrbüchern für Deutsch als Fremdsprache – Möglichkeiten und Grenzen frequenzorientierter Ansätze. S. 86. In: Ott, C./Kiesendahl, J. (Hrsg.): Linguistik und Schulbuchforschung: Gegenstände – Methoden – Perspektiven. Göttingen: V&R unipress. S. 85–107.

Diese zentralen Ergebnisse der Prästudie ermöglichten die Generierung *zweier Kategorien*, die der Frequenzanalyse zugrunde liegen. Auf Grundlage dieser beiden Kategorien wird im Anschluss an die Darstellung der Rahmenbedingungen die Häufigkeit der Begriffsgruppen *Nation, Nationalstaat, Nationalität* sowie *Osmanisches Reich, Türkei* in den Texten[814] des Schulbuchkapitels Imperialismus/Erster Weltkrieg der ausgewählten Lehrwerke ausgezählt. Für eine systematische Vorgehensweise der Analyse der Ergebnisse wird die Begriffsgruppe *Nation, Nationalstaat, Nationalität* als *Kategorie 1* und die Begriffsgruppe *Osmanisches Reich, Türkei* als *Kategorie 2* bestimmt.

Abschließend werden die Ergebnisse der Frequenzanalyse zusammengeführt, um die Relevanz des Inhaltes Osmanisches Reich im Kapitel Imperialismus/Erster Weltkrieg in den unterschiedlichen Bildungsetappen vergleichen zu können und unter Berücksichtigung der Ergebnisse der deskriptiven Sichtung der Kernlehrpläne die Bedeutung des Inhalts Osmanisches Reich für den Geschichtsunterricht herausstellen zu können.

8.7 Ergebnisse der Frequenzanalyse ausgewählter Geschichtslehrwerke

8.7.1 Allgemeine Daten der ausgezählten Geschichtslehrwerke

Für die Frequenzanalyse wurden Geschichts- und Gesellschaftslehrebücher der Sekundarstufe I und II ausgewählt, die entsprechend der Bedingungen in NRW nach dem Gutachterverfahren[815] zugelassen sind. Nach welchen Kriterien Gutachter für das Gutachterverfahren ausgewählt werden, ist nur schwer zu erschließen. Das Ministerium für Schule und Bildung (MSB) in NRW regelt alle Zulassungsverfahren für alle Lehrmittel mit dem Erlass zur Zulassung von

---

814 Es wurden alle kontinuierlichen und diskontinuierlichen Texte des entsprechenden Kapitels ausgezählt. Ausgeschlossen wurden Aufgabenstellungen als Textsorte.

815 Neben dem Gutachterverfahren können in NRW Schulbücher entweder pauschal oder in einem vereinfachten Verfahren zugelassen werden. Die Zulassungsverfahren sind jeweils für ein Fach einer Schulform und/oder Bildungsetappe vom Ministerium für Schule und Bildung (MSB) NRW festgelegt. Für eine detaillierte Darstellung und Zuordnung der Fächer zu den Zulassungsverfahren siehe https://www.schulministerium.nrw.de/docs/Schulsystem/Medien/Lernmittel/Kontext/Zuordnung/index.html [eingesehen am 13.5.2018].

Lehrmitteln vom 03.12.2003.[816] Als einzige Information bezüglich der Gutachter ist folgender Hinweis zu finden:

> „Nur Lehrerinnen und Lehrer im aktiven Schuldienst können sich an der Erstellung von Gutachten beteiligen. Sie dürfen nicht gleichzeitig einer Tätigkeit als Schulbuchautor nachgehen."[817]

Diese Auskunft des MSB sagt noch nichts über die konkrete Zusammenstellung der Kommission aus. Ähnlich unklar bleibt es auch bei den Kriterien der Begutachtung der Schulbücher:

> „Dabei nutzen sie die ihnen zur Verfügung gestellten lehrplanbezogenen Prüfformulare. Die Kriterien der Prüfformulare beziehen sich insbesondere auf die in den Kernlehrplänen dargestellten Kompetenzen und Inhaltsfelder. Zudem werden weitere Kriterien wie etwa die Berücksichtigung der individuellen Förderung zu Grunde gelegt."[818]

Weiterführende Hinweise zu den sogenannten Prüfformularen sind nicht einsehbar, so dass es kaum Transparenz hinsichtlich der Rahmenbedingungen bezüglich der Zulassungsbedingungen der in NRW zugelassenen Geschichtsschulbücher gibt.[819] Die im Rahmen der vorliegenden Untersuchung zu analysierenden Schulbücher sind unter diesen in NRW existierenden Zulassungsverfahren zugelassen.

Um einen Überblick über die für die Frequenzanalyse ausgewählten Geschichts- und Gesellschaftslehrebücher zu erhalten, wurden die Lehrwerke anhand folgender Punkte zusammengestellt:

- Titel des ausgewählten Schulbuches mit Erscheinungsjahr
- Zuordnung des ausgewählten Schulbuches nach Bildungsetappe und Unterrichtsfach
- Titel des ausgewählten Kapitels
- Umfang des ausgewählten Kapitels

---

816   Siehe dazu https://www.schulministerium.nrw.de/docs/Schulsystem/Medien/Lernmittel/Kontext/Zulassung.pdf, [eingesehen am 13.05.2018].
817   Vgl. http://www.medienberatung.schulministerium.nrw.de/Medienberatung/Lernmittel/Qualit%C3%A4tssicherung-von-Lernmitteln/ [eingesehen am 13.05.2018].
818   Vgl. ebd. [eingesehen am 13.05.2018].
819   Entsprechend schwierig gestaltet sich auch die Auseinandersetzung der Zulassungsbedingungen im geschichtsdidaktischen Forschungsdiskurs. Dem Autor der vorliegenden Untersuchung ist keine Studie bekannt, die den Zusammenhang zwischen Zulassungskriterien des MSB und zugelassenen Geschichtsschulbüchern in NRW untersucht.

8 Vorgaben und ausgewählte Lehrwerke des Geschichtsunterrichts

Die Liste dieser Zusammenstellung dient der Untersuchung der ausgewählten Geschichts- und Gesellschaftslehrebücher aus den Bildungsetappen der Sekundarstufe I und II.

8.7.2 Ergebnisse der Geschichts- und Gesellschaftslehrebücher der Sekundarstufe I

Für die Zählung der Lehrwerke werden ausschließlich die Kapitel untersucht, die entsprechend des Kernlehrplans NRW dem Inhaltsfeld ‚*Imperialismus und Erster Weltkrieg*' zuzuordnen sind. Die Sichtung der ausgewählten Lehrwerke zeigt, dass die didaktische Operationalisierung der Kapitel zu diesem Inhaltsfeld keine einheitliche Vorgehensweise aufweisen. In 14 von 16 Schulbüchern des Unterrichtsfaches Geschichte und in vier von fünf Schulbüchern des Unterrichtsfaches Gesellschaftslehre der Sekundarstufe I wird das Inhaltsfeld im Lehrwerk als zusammengefasstes Kapitel behandelt. Alle anderen (zwei Geschichtsschulbücher, ein Gesellschaftslehreschulbuch) Schulbücher widmen den Inhalten ‚*Imperialismus*' und ‚*Erster Weltkrieg*' getrennte Kapitel, indem bei der Thematisierung der Kapitel eine genetisch-chronologische Darstellungsform[820] herangezogen wird. Dabei wird zuerst der Inhalt ‚Imperialismus' als eigenständiges Kapitel, anschließend der Inhalt ‚Erster Weltkrieg' ebenfalls als eigenständiges Kapitel thematisiert. Diese Strukturierungsunterschiede können auf einen Individualstil der Lehrwerke zurückgeführt werden. Im Folgenden werden diese Darstellungsformen bei gemeinsamer Behandlung der Inhalte als *Strukturierungsform A* und bei getrennter Behandlung der Inhalte als *Strukturierungsform B* bezeichnet.

Unter Berücksichtigung der Ergebnisse der Prästuidie wird für die vorliegende Frequenzanalyse die Strukturierungsform A vollständig und die Strukturierungsform B mit ausschließlich dem Kapitel zum Inhalt Erster Weltkrieg berücksichtigt.[821]

Im Folgenden werden die Ergebnisse der Auszählung analysiert, die die Häufigkeit der den Kategorien zugeordneten Begriffe darstellen.

Als erstes Ergebnis ist festzuhalten, dass die Begriffe der Kategorie 1 in allen der Stichprobe zugeordneten Kapiteln der Schulbücher vorkommen, was folgendes Diagramm (Abb. 7) verdeutlicht.[822]

---

820 Zur genetisch-chronologischen Darstellungsform siehe Barricelli, M. (2017).
821 Für die Strukturierungsform A wird eine Teilung des Kapitels nicht vorgesehen, um die Chronologie des Kapitels mit berücksichtigen zu können. Diese Vorgehensweise wird auch bei der Analyse der Lehrwerke der Sekundarstufe II berücksichtigt.
822 Die Sortierung der Nennungen wird in allen Diagrammen nach Häufigkeit sortiert.

Nation, Nationalstaat, Nationalität (K 1) in Lehrwerken der Sek. I

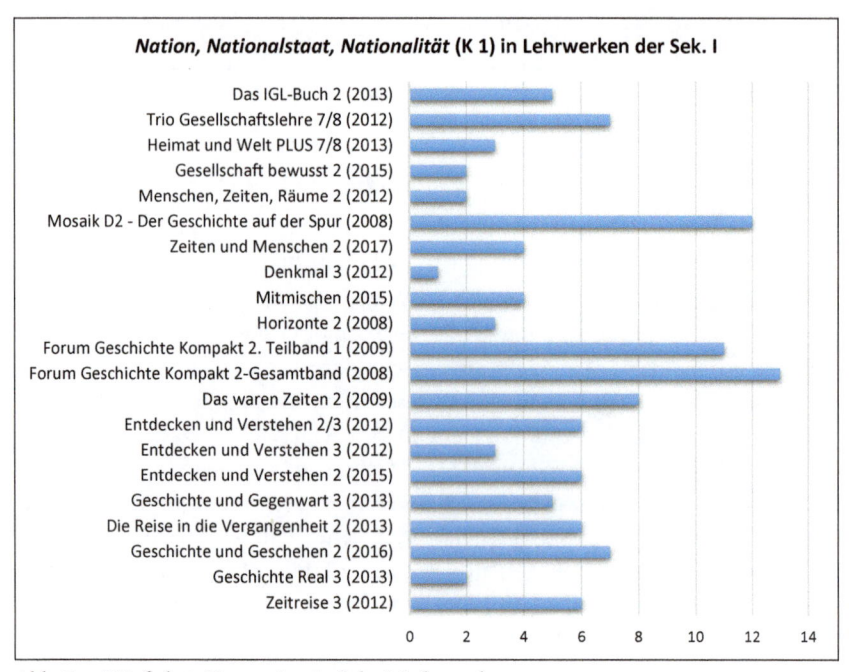

Lehrwerk	Nennungen
Das IGL-Buch 2 (2013)	5
Trio Gesellschaftslehre 7/8 (2012)	7
Heimat und Welt PLUS 7/8 (2013)	5
Gesellschaft bewusst 2 (2015)	2
Menschen, Zeiten, Räume 2 (2012)	2
Mosaik D2 – Der Geschichte auf der Spur (2008)	12
Zeiten und Menschen 2 (2017)	4
Denkmal 3 (2012)	1
Mitmischen (2015)	4
Horizonte 2 (2008)	3
Forum Geschichte Kompakt 2. Teilband 1 (2009)	11
Forum Geschichte Kompakt 2-Gesamtband (2008)	13
Das waren Zeiten 2 (2009)	8
Entdecken und Verstehen 2/3 (2012)	6
Entdecken und Verstehen 3 (2012)	3
Entdecken und Verstehen 2 (2015)	6
Geschichte und Gegenwart 3 (2013)	5
Die Reise in die Vergangenheit 2 (2013)	3
Geschichte und Geschehen 2 (2016)	6
Geschichte Real 3 (2013)	2
Zeitreise 3 (2012)	6

Abb. 7: Häufigkeit Kategorie 1 in Sek.-I-Lehrwerken

Die Darstellung zeigt, dass die Schulbücher im Hinblick auf die Häufigkeit der Nennungen eine minimale Nennung von *einer* Nennung und eine maximale Nennung von 13 Nennungen in dem ausgewählten Kapitel erreichen.[823] Das Geschichtsschulbuch *Denkmal 3* ist dabei das Lehrwerk, das die geringste Nennung aufweist, obwohl es hinsichtlich der inhaltlichen Strukturierung der Strukturierungsform A zuzuordnen ist und somit sowohl den Inhalt ‚Imperialismus' als auch den Inhalt ‚Erster Weltkrieg' in einem Kapitel behandelt. Das Geschichtsschulbuch *Forum Geschichte Kompakt 2-Gesamtband* verwendet die Begriffe der Kategorie 1 mit 13 Nennungen am häufigsten.

Hervorzuheben sind die Lehrwerke, die nach dem Strukturierungsprinzip B die Inhalte ‚Imperialismus' und ‚Erster Weltkrieg' in getrennten Kapiteln behandeln. Unter den Lehrwerken der Sekundarstufe I strukturieren die Geschichtsschulbücher *Geschichte Real 3* (2 Nennungen), *Entdecken und Verstehen 2* (6 Nennungen) und die Gesellschaftslehrebücher *Menschen, Zeiten, Räume 2* (2 Nennungen) die Inhalte ‚Imperialismus' und ‚Erster Weltkrieg' als eigenständiges Kapitel. Dabei fällt auf, dass das Geschichtsbuch *Entdecken und Verstehen 2*

---

823 Mit ‚minimaler Nennung' und ‚maximaler Nennung' wird bestimmt, in welchen Lehrwerken die in Kategorie 1 und 2 genannten Begriffe wie häufig vorkommen.

mit 6 Nennungen eine größere Häufigkeit der Begriffe Nation, Nationalstaat und Nationalität aufzeigt als 29% aller Schulbücher, die die Inhalte nach dem Strukturierungsprinzip A behandeln.

Die Analyse der Auszählung der Kategorie 2 zeigt, dass ausschließlich ein Lehrwerk keine Nennung enthält.

Osmanisches Reich, Türkei in Lehrwerken der Sek. I

Lehrwerk	Nennungen
Trio Gesellschaftslehre 7/8 (2012)	
Heimat und Welt PLUS 7/8 (2013)	
Gesellschaft bewusst 2 (2015)	
Horizonte 2 (2008)	
Geschichte Real 3 (2013)	
Mitmischen (2015)	
Forum Geschichte Kompakt 2. Teilband 1 (2009)	
Forum Geschichte Kompakt 2-Gesamtband (2008)	
Entdecken und Verstehen 2 (2015)	
Entdecken und Verstehen 2/3 (2012)	
Die Reise in die Vergangenheit 2 (2013)	
Das IGL-Buch 2 (2013)	
Menschen, Zeiten, Räume 2 (2012)	
Geschichte und Gegenwart 3 (2013)	
Denkmal 3 (2012)	
Das waren Zeiten 2 (2009)	
Entdecken und Verstehen 3 (2012)	
Zeitreise 3 (2012)	
Mosaik D2 - Der Geschichte auf der Spur (2008)	
Geschichte und Geschehen 2 (2016)	
Zeiten und Menschen 2 (2017)	

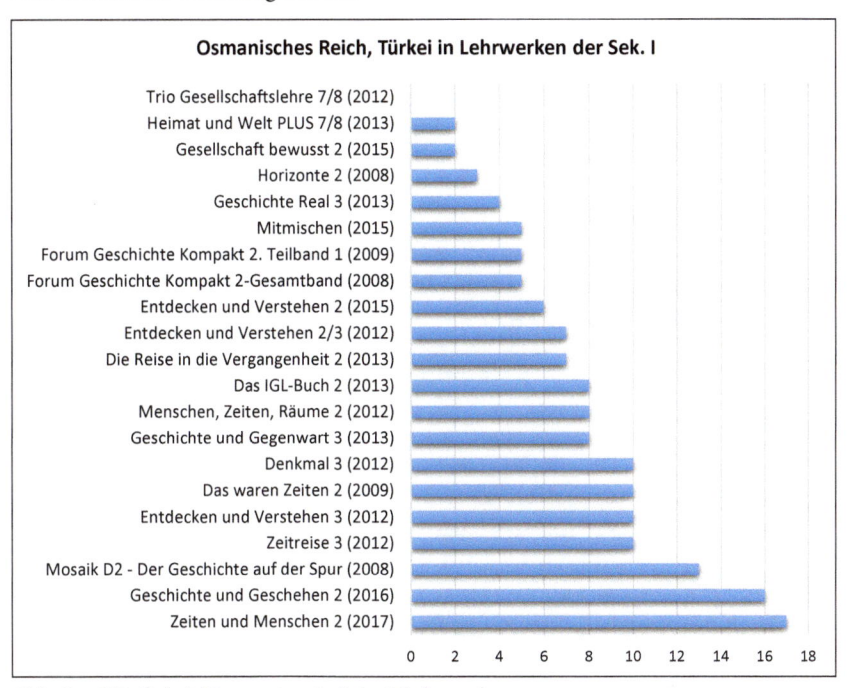

Abb. 8: Häufigkeit Kategorie 2 in Sek.-I-Lehrwerken

Die Darstellung verdeutlicht, dass die Lehrwerke hinsichtlich der Kategorie 2 eine minimale Nennung von *zwei* und eine maximale Nennung von *17* aufweisen. Die minimale Nennung mit *zwei* Nennungen ist dem Gesellschaftslehrebuch *Gesellschaft bewusst 2*, die maximale Nennung mit 17 Nennungen dem Geschichtsbuch *Zeiten und Menschen 2* zuzuordnen. Gemeinsam ist beiden Lehrwerken, dass sie nach dem Strukturierungsprinzip A die Inhalte ‚Imperialismus' und ‚Erster Weltkrieg' in jeweils einem separaten Kapitel thematisieren.

Bei der Betrachtung der Lehrwerke, die die Inhalte nach dem Strukturierungsprinzip B behandeln, zeigt sich, dass die Lehrwerke unterschiedlich mit den Begriffen aus Kategorie 2 umgehen. Während bei dem Lehrwerk *Geschichte Real 3* mit 4 Nennungen die Gesamtnennung der Begriffe aus Kategorie 2 als gering einzustufen ist, zeigt sich in den Lehrwerken *Entdecken und Verstehen 2* mit

6 Nennungen und in *Menschen, Zeiten, Räume 2* mit *8* Nennungen eine stärkere Verwendung der Begriffe. Es fällt auf, dass das Lehrwerk *Menschen, Zeiten, Räume 2* im Vergleich zu den anderen Lehrwerken eine Häufigkeit von 64% aufweist.

Werden die Häufigkeiten der Kategorien 1 und 2 miteinander verglichen, fallen einige Aspekte bei der Nennung beider Kategorien innerhalb der Schulbuchkapitel auf.[824] Das folgende Diagramm verdeutlicht, in welcher Häufigkeit die Begriffe aus Kategorie 1 und 2 in den ausgewählten Kapiteln vorkommen:

Nation, Nationalstaat, Nationalität & Osmanisches Reich, Türkei in Lehrwerken der Sek. I

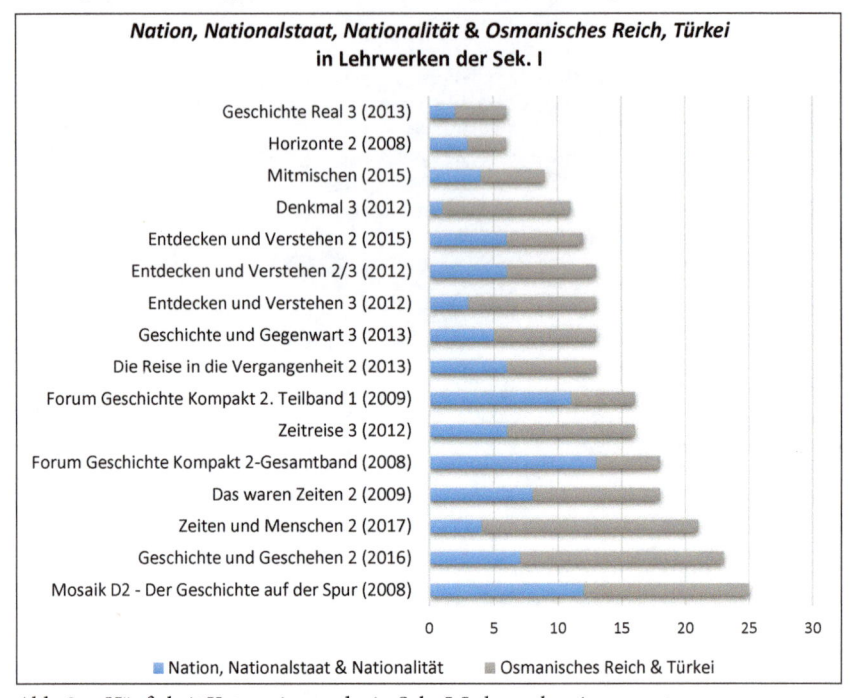

Lehrwerk	Nation, Nationalstaat & Nationalität	Osmanisches Reich & Türkei
Geschichte Real 3 (2013)	1	3
Horizonte 2 (2008)	2	4
Mitmischen (2015)	3	6
Denkmal 3 (2012)	1	10
Entdecken und Verstehen 2 (2015)	4	8
Entdecken und Verstehen 2/3 (2012)	5	8
Entdecken und Verstehen 3 (2012)	5	9
Geschichte und Gegenwart 3 (2013)	4	10
Die Reise in die Vergangenheit 2 (2013)	5	10
Forum Geschichte Kompakt 2. Teilband 1 (2009)	11	5
Zeitreise 3 (2012)	6	11
Forum Geschichte Kompakt 2-Gesamtband (2008)	8	10
Das waren Zeiten 2 (2009)	5	13
Zeiten und Menschen 2 (2017)	6	15
Geschichte und Geschehen 2 (2016)	7	16
Mosaik D2 - Der Geschichte auf der Spur (2008)	12	13

Abb. 9: Häufigkeit Kategorie 1 und 2 in Sek.-I-Lehrwerken insgesamt

Der Vergleich der Kategorien 1 und 2 hinsichtlich der Häufigkeit zeigt einige Aspekte bei der Nennung beider Kategorien innerhalb der Schulbuchkapitel auf.[825]

Um die Ergebnisse der vergleichenden Kategorienanalyse systematisieren zu können, werden die Ergebnisse im ersten Schritt in ,*keine Nennung*', ,*Minimalnennung*' und ,*Maximalnennung*' eingeordnet und analysiert. Die drei Einheiten orientieren sich dabei an den Nennungen der ausgezählten Kapitel des jeweili-

---

824 Die Nennungen der Kategorien 1 und 2 werden an dieser Stelle ausschließlich mit Blick auf ihre quantitative Ausprägung hin verglichen.
825 Die Nennungen der Kategorien 1 und 2 werden an dieser Stelle ausschließlich mit Blick auf ihre quantitative Ausprägung hin verglichen.

gen Lehrwerkes und beziehen sich auf das gesamte Kapitel. Die Einheit ‚Minimalnennung' meint dabei die geringste Nennung und die ‚Maximalnennung' die höchste Nennung der Begriffe in dem entsprechenden Kapitel der ausgewählten Geschichtslehrwerke.

Werden die Kategorien 1 und 2 hinsichtlich ihrer Häufigkeit miteinander verglichen, so fällt für ‚keine Nennung' auf, dass alle zugelassenen Lehrwerke für den Geschichts- bzw. Gesellschaftslehreunterricht in dem Kapitel ‚Erster Weltkrieg' die Begriffe aus Kategorie 1 verwenden. Demgegenüber fällt für die Kategorie 2 auf, dass das Lehrwerk *Trio Gesellschaftslehre 7/8* die Einheit ‚keine Nennung' aufweist, wohingegen die Kategorie 1 im gleichen Lehrwerk mit 7 Nennungen vorkommt.

Auffälligkeiten bei der Einheit ‚Minimalnennung' sind ganz besonders für ein Lehrwerk festzuhalten. Das Schulbuch *Denkmal 3* verwendet die Kategorie 1 mit *einer* Nennung, während die Kategorie 2 mit *10* Nennungen vorkommt. Für die Kategorie 2 sind hinsichtlich der ‚Minimalnennung' die Lehrwerke *Gesellschaft bewusst 2* und *Heimat und Welt PLUS 7/8* zu nennen, die beide eine Häufigkeit von 2 Nennungen aufweisen. Beide Lehrwerke weisen in der Kategorie 1 mit Kategorie 2 vergleichbare Häufigkeiten auf; *Gesellschaft bewusst 2* mit 2 Nennungen und *Heimat und Welt PLUS 7/8* mit 3 Nennungen.

Hinsichtlich der ‚Maximalnennung' fallen im Vergleich der Kategorien 1 und 2 zwei Lehrwerke auf. Im Geschichtsschulbuch *Forum Geschichte Kompakt 2* werden Begriffe aus Kategorie 1 mit *13* Nennungen verwendet, wohingegen das gleiche Schulbuch aus Kategorie 2 mit *5* Nennungen arbeitet. Noch auffälliger ist die Häufigkeit der Nennung der Kategorien 1 und 2 in dem Lehrwerk *Zeiten und Menschen 2*. Die Auswertung dieses Schulbuches zeigt, dass die Begriffe der Kategorie 2 insgesamt *17* Nennungen aufweisen, die Häufigkeit der Begriffe aus Kategorie 1 mit nur *4* Nennungen vorkommen.

Neun der Sekundarstufen-I-Lehrwerke weisen innerhalb der Kapitel eine ähnliche Häufigkeit der in den Kategorien 1 und 2 vorkommenden Begriffe auf.

K1 und K2 in Lehrwerke der Sek. I im Vergleich

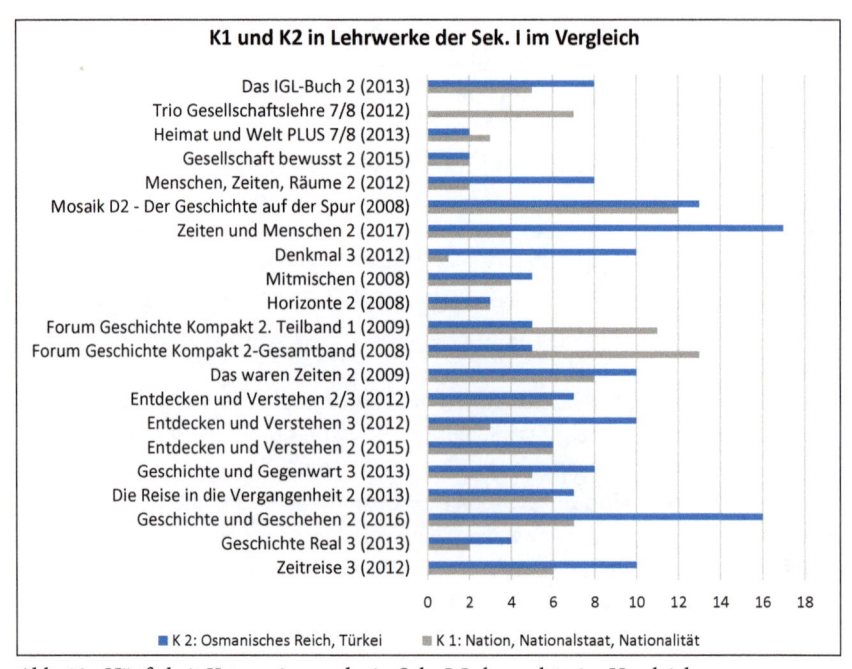

Abb. 10: Häufigkeit Kategorie 1 und 2 in Sek.-I-Lehrwerken im Vergleich

Das Schaubild zeigt, dass bei drei Lehrwerken die Häufigkeit der Nennungen von Begriffen aus Kategorie 1 und 2 übereinstimmen, bei fünf Lehrwerken zwischen den Kategorien 1 und 2 eine Abweichung von *einer* Nennung und bei einem Lehrwerk eine Abweichung von *zwei* Nennungen zu konstatieren ist.

8.7.3 Ergebnisse der Geschichtslehrwerke der Sekundarstufe II

Alle ausgewählten Geschichtslehrwerke (n = 5) der Sekundarstufe II sind ebenfalls in der Liste der in NRW zugelassenen Lehrwerkliste aufgeführt. Aus dieser Auswahl von Lehrwerken wird ausschließlich das Kapitel untersucht, das im Kernlehrplan NRW dem Inhaltsfeld ‚Die moderne Industriegesellschaft zwischen Fortschritt und Krise' zuzuordnen ist.

In Geschichtsschulbüchern der Sekundarstufe II finden sich ebenfalls beide Vorgehensweisen der Strukturierung der Inhalte *Imperialismus* und *Erster Weltkrieg*, wie sie auch in den Geschichtslehrwerken der Sekundarstufe I konstatiert wurden. Von den fünf ausgewählten Schulbüchern behandeln drei die Inhalte ‚Imperialismus' und ‚Erster Weltkrieg' in einem eigenständigen Kapitel, zwei in aufeinander aufbauenden Einzelkapiteln. Die Lehrwerke, die die Inhalte in separaten Kapiteln behandeln, verfolgen innerhalb der Kapitel einen genetisch-chronologischen Aufbau der Inhalte, so dass erst das Kapitel zum Imperialismus, anschließend das Kapitel zum Ersten Weltkrieg dargestellt wird. Diese chronologische Strukturierung von historischen Inhalten in Geschichtsschulbüchern bezeichnen Schönemann und Thünemann (2010) als das grundlegende Strukturierungsprinzip in Geschichtsschulbüchern, was sich insbesondere für die Sekundarstufe I auch für die Struktur des Kernlehrplans und damit in den Schulbüchern zeigt.[826] Auch wenn der Kernlehrplan der Sekundarstufe II die Inhalte in diachroner Strukturierung vorgibt, findet sich in allen ausgewählten Geschichtslehrwerken ein genetisch-chronologischen Ordnungsprinzip der Inhalte ‚Imperialismus' und ‚Erster Weltkrieg'. Somit kann für die im Rahmen der vorliegenden Untersuchung analysierten Lehrwerke festgehalten werden, dass die Kapitel zum Inhalt ‚Imperialismus/Erster Weltkrieg' für Schüler*innen eine historische Erschließung der Inhalte anhand einer Längsschnittperspektive nicht ermöglicht.

Für die Strukturierungsformen der Lehrwerke der Sekundarstufe II wird wie bei den Schulbüchern der Sekundarstufe I die Unterscheidung in Strukturierungsform A und Strukturierungsform B gewählt.

Im Folgenden werden die anhand der beiden Kategorien ermittelten Ergebnisse der Auszählung analysiert. Dabei werden im ersten Schritt die Auswertungsergebnisse zu Kategorie 1, anschließend zu Kategorie 2 präsentiert und analysiert, um im nächsten Schritt die Auszählungsergebnisse beider Kategorien im Vergleich auszuwerten.

Die Auszählung der Kapitel zeigte, dass die Begriffe aus der Kategorie 1 in allen ausgezählten Kapiteln vorkommen.

Nation, Nationalstaat, Nationalität in Lehrwerken der Sek. II

Lehrwerk	Häufigkeit
Buchners Geschichte Oberstufe (2015)	14
Kursbuch Geschichte (2015)	15
Zeiten und Menschen (2015)	15
Geschichte und Geschehen (2015)	20
Horizonte Geschichte (2015)	23

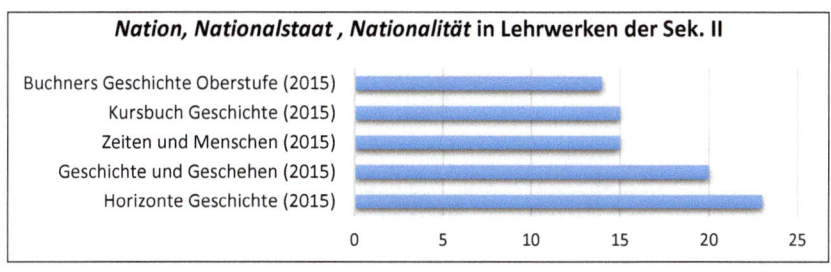

Abb. 11: Häufigkeit Kategorie 1 in Sek.-II-Lehrwerken

Die Darstellung verdeutlicht, dass die Lehrwerke im Hinblick auf die Häufigkeit der Nennungen aus Kategorie 1 eine minimale Nennung von *14* und eine maximale Nennung von *23* Nennungen in den untersuchten Kapiteln erreichen.

---

826 Schönemann, B./Thünemann, H. (2010): Schulbucharbeit. Das Geschichtslehrbuch in der Unterrichtspraxis. Schwalbach/Ts.: Wochenschau Verlag. S. 124.

Das Geschichtsschulbuch *Buchners Geschichte* ist dabei das Lehrwerk, das die geringste Nennung aufweist, obwohl es hinsichtlich der inhaltlichen Strukturierung der Strukturierungsform A zuzuordnen ist und demzufolge sowohl den Inhalt ‚Imperialismus' als auch den Inhalt ‚Erster Weltkrieg' in einem Kapitel thematisiert. In dem Geschichtsschulbuch *Horizonte Geschichte* werden die Begriffe der Kategorie 1 mit 23 Nennungen am häufigsten verwendet. Obwohl dieses Geschichtsschulbuch hinsichtlich seiner inhaltlichen Strukturierung der Strukturierungsform B zuzuordnen ist, weist es die Maximalnennung bezüglich der Kategorie 1 auf.

Die Analyse zeigt, dass neben dem Lehrwerk *Horizonte Geschichte* ein weiteres Lehrwerk, das Lehrwerk *Zeiten und Menschen*, die thematische Darstellung der Inhalte ‚Imperialismus' und ‚Erster Weltkrieg' nach dem Strukturierungsprinzip B anordnet. Auch für dieses Lehrwerk ist mit 15 Nennungen eine Nennung über der Minimalnennung (14 Nennungen in *Buchners Geschichte*) im Hinblick auf die Begriffe, die im Rahmen Kategorie 1 ausgezählt wurden.

Der Auswertung der Häufigkeit der Begriffe kann entnommen werden, dass in allen Lehrwerken der Sekundarstufe II die Begriffe aus Kategorie 2 in unterschiedlicher Ausprägung vorkommen:

Osmanisches Reich, Türkei in Lehrwerken der Sek. II

Lehrwerk	Nennungen
Kursbuch Geschichte (2015)	2
Horizonte Geschichte (2015)	8
Geschichte und Geschehen (2015)	9
Buchners Geschichte Oberstufe (2015)	14
Zeiten und Menschen (2015)	18

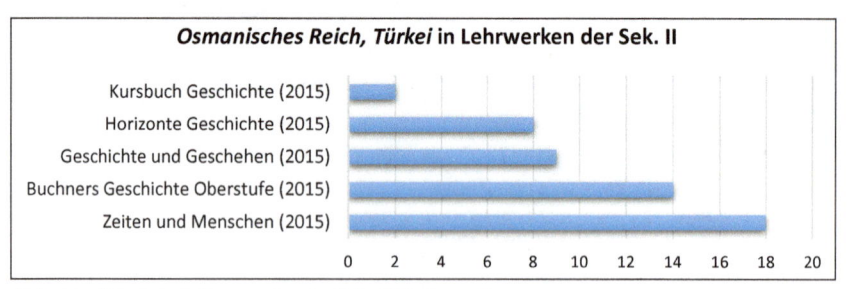

Abb. 12: Häufigkeit Kategorie 2 in Sek.-II-Lehrwerken

Der Darstellung ist zu entnehmen, dass die ausgewählten Kapitel der Geschichtslehrwerke der Sekundarstufe II eine minimale Nennung von 2 Nennungen und eine maximale Nennung von 18 Nennungen aufweisen. Das Kapitel mit der minimalen Nennung ist dem Geschichtsschulbuch *Kursbuch Geschichte*, das Kapitel mit der maximalen Nennung dem Geschichtslehrwerk *Zeiten und Menschen* zuzuordnen.

Interessant ist, dass das Lehrwerk *Zeiten und Menschen* die Maximalnennung in der Kategorie 2 aufweist, obwohl es dem Strukturierungsprinzip B zuzuordnen ist und diesem Kapitel eine geringere Seitenanzahl zur Behandlung des Inhalts zugeordnet werden kann (29 Seiten). Demnach würden Schüler*innen, in deren Geschichtsunterricht der gymnasialen Oberstufe das Lehrwerk *Zeiten und*

Menschen verwendet wird, im Durchschnitt auf jeder zweiten Seite einmal mit dem Begriff *Osmanisches Reich* oder *Türkei* konfrontiert werden. Demgegenüber weist das Geschichtsschulbuch *Kursbuch Geschichte*, das dem Strukturierungsprinzip A zugeordnet werden kann, 2 Nennungen auf 45 Seiten auf, so dass die Rezipienten dieses Schulbuches durchschnittlich auf jeder 22,5ten Seite mit einem der Begriffe Osmanisches Reich und Türkei konfrontiert werden. Dieser Unterschied (jede zweite Seite zu jede 22,5te Seite) zeigt in der Verwendung der Kategorie 2 deutliche Unterschiede zwischen den Schulbüchern des Geschichtsunterrichts der Sekundarstufe II. Auch dieser Umgang mit den Begriffen der Kategorie 2 kann auf einen individuellen Schulbuchstil zurückgeführt werden. Besonders ein solch diverser Umgang mit Begriffen, mit denen historische Konzepte vermittelt werden, müssten näher untersucht werden. Auch ist für die Analyse eines solchen Umgangs interessant, Einblick in die Prüfungskriterien bei der Zulassung von Geschichtsschulbüchern in NRW zu erhalten.

Beim Vergleich der beiden Kategorien zeigen sich demzufolge folgende Ergebnisse:

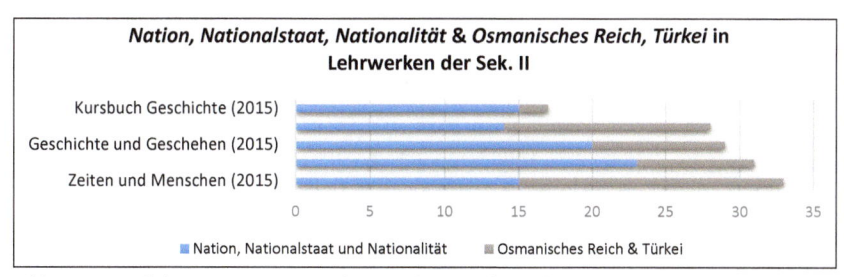

Abb. 13: Häufigkeit Kategorie 1 und 2 in Sek.-II-Lehrwerken insgesamt

Werden die Ergebnisse zu den Kategorien 1 und 2 miteinander verglichen, so bestätigt sich die Vermutung des individuellen Schulbuchstils im Hinblick auf die Verwendung in den jeweiligen Kapiteln. Hervorzuheben sind die Ergebnisse der Zählung des Kapitels zum Ersten Weltkrieg im Geschichtsschulbuch *Kursbuch Geschichte*. Während dieses Lehrwerk in Kategorie 1 eine Nennung von *15* Nennungen aufweist, kommen die Begriffe aus Kategorie 2 mit *zwei* Nennungen vor.

Weiterhin fallen die Ergebnisse des Lehrwerks *Zeiten und Menschen* auf, in dem eine höhere Nennung in der Kategorie 2 mit *18* Nennungen festzustellen ist als in der Kategorie 1 mit *15* Nennungen. Ausschließlich im Geschichtsbuch *Buchners Geschichte Oberstufe* ist die Häufigkeit der Begriffe aus den Kategorien 1 und 2 identisch, in beiden Kategorien sind *14* Nennungen zu finden.

8.7.4 Vergleich der Ergebnisse beider Bildungsetappen

Den Einzelanalysen der Ergebnisse aus den Lehrwerken des Geschichts- und Gesellschaftslehreunterrichts der Sekundarstufe I und des Geschichtsunterrichts der Sekundarstufe II folgt an dieser Stelle der Vergleich zentraler Ergebnisse der Schulbücher aus beiden Bildungsetappen. Diese vergleichende Analyse wird einen Gesamtüberblick über alle Ergebnisse bieten sowie den unterschiedlichen Umgang mit den Begriffen aus Kategorie 1 (*Nation, Nationalstaat, Nationalität*) und Kategorie 2 (*Osmanisches Reich, Türkei*) der Schulbücher in Bildungsetappenvergleich verdeutlichen.

Über die Berechnung der relativen Häufigkeit (rH) der Begriffe aus den Kategorien 1 und 2 innerhalb der ausgewählten Kapitel der Sekundarstufe-I und II-Lehrwerke wird eine Vergleichbarkeit der Lehrwerke hinsichtlich ihrer Zuordnung der Bildungsetappen ermöglicht. Dabei wurde danach geschaut, in welchen Lehrwerken die Begriffe aus Kategorie 1 und 2 am häufigsten und am geringsten genannt werden, welche der Lehrwerke die Begriffe aus beiden Kategorien in gleicher Häufigkeit nennen und welchen Bildungsetappen diese Lehrwerke zuzuordnen sind. Für diese Berechnung wurden die Anzahl der Texte in einem Kapitel als n^{827}, die Häufigkeit der Begriffe aus den Kategorie 1 als A1 und Kategorie 2 als $A2^{828}$ definiert.

Für die Darstellung der Ergebnisse wurde danach geschaut, in welcher Kategorie welche Lehrwerke eine höhere rH aufzeigen. Dabei werden die Lehrwerke nicht als Einzellehrwerke, sondern entsprechend der Bildungsetappen analysiert. Demzufolge sind für die vergleichende Analyse der Ergebnisse folgende Kriterien relevant:

- Bildungsetappe der Lehrwerke (Sekundarstufe I oder II),
- Anzahl der Texte in einem Kapitel sowie
- Anzahl der Nennungen entsprechend der Kategorien (Kategorie 1 als A1, Kategorie 2 als A2).

Anhand dieser Kriterien wurden alle Schulbücher ausgewertet und die Ergebnisse in einer Tabelle festgehalten.

---

827 N meint die zugrundeliegende Menge der kontinuierlichen und diskontinuierlichen Texte in einem Kapitel.
828 Der Buchstabe A meint die absolute Häufigkeit der in den jeweiligen Kapiteln entsprechend der Kategorie 1 oder 2 genannten Begriffe. Demnach meint A1 die absolute Häufigkeit der Begriffe, die der Kategorie 1 und A2 die absolute Häufigkeit, die der Kategorie 2 zuzuordnen sind.

Die Berechnung der rH zeigt, dass die Lehrwerke der Sekundarstufe II in Kategorie 1 eine höhere Häufigkeit aufweisen als die Lehrwerke der Sekundarstufe I. In drei der fünf ausgewählten Lehrwerke der Sekundarstufe II ist eine höhere Nennung der Begriffe aus der Kategorie 1 festzustellen, wohingegen in den Lehrwerken der Sekundarstufe I vier der 21 ausgewählten Lehrwerke der Sekundarstufe I eine höhere Nennung aufweisen.

Bei den Begriffen der Kategorie 2 zeichnet sich ein anderes Bild ab. In 14 der 21 Lehrwerke der Sekundarstufe I zeigt sich, dass die Nennung der Begriffe aus Kategorie 2 höher ist als die der Kategorie 1. Für die Lehrwerke der Sekundarstufe II zeigt sich hingegen, dass in einem der fünf Lehrwerke eine höhere Nennung der Begriffe aus Kategorie 2 festzustellen ist.

Es ist in den Lehrwerken weiterhin feststellbar, dass in drei von 21 Lehrwerken der Sekundarstufe I und in einem von fünf Lehrwerken der Sekundarstufe II Begriffe aus Kategorie 1 und 2 gleich oft vorkommen.

Die Auswertung der Ergebnisse hinsichtlich der rH der Begriffe aus den Kategorien 1 und 2 zeigt, dass in beiden Bildungsetappen das Verhältnis zwischen der Nennung der Begriffe aus Kategorie 1 und 2 nicht ausgeglichen ist. Während in den Lehrwerken der Sekundarstufe II die Begriffe aus der Kategorie 1 mit 60% häufiger vorkommen als die Begriffe aus Kategorie 2 mit 20%, ist diese Verhältnis bei den Lehrwerken der Sekundarstufe I mit vergleichbaren Werten in umgekehrter Form aufzufinden. So findet sich in den Lehrwerken der Sekundarstufe I eine Nennung von 19,05% für die Begriffe aus Kategorie 1, wohingegen die Begriffe aus Kategorie 2 in denselben Lehrwerken mit einer Nennung von 66,67% deutlich häufiger vorkommen. Es ist zu vermuten, dass die Lehrwerke bei der Thematisierung der Inhalte ‚Imperialismus' und ‚Erster Weltkrieg' die beiden Kategorien in keinem gleichwertigen Nennungsverhältnis verwenden.

Bezogen auf den Vergleich der Lehrwerke im Hinblick auf die Bildungsetappen zeigt sich, dass in den Lehrwerken der Sekundartsufe I eine erkennbar höhere Verwendung der Begriffe ‚Osmanisches Reich' und ‚Türkei' (Kategorie 2) aufzufinden ist. Demnach werden Schüler*innen der Sekundarstufe I häufiger mit diesen Begriffen konfrontiert, wenn das Kapitel zu den Inhalten ‚Imperialismus' und/oder ‚Erster Weltkrieg' im Geschichts- oder Gesellschaftslehreunterricht thematisiert wird. Im Vergleich zu der Häufigkeit der Begriffe aus Kategorie 2 schafft der Einsatz dieses Kapitels im Geschichts- oder Gesellschaftslehreunterricht für die Begriffe der Kategorie 1 und damit für das Fachkonzept *Nation* wenig Anlässe, diese zu thematisieren.

Als einen möglichen Grund für die geringe Nennung der Begriffe aus Kategorie 1 können die institutionellen Vorgaben genannt werden. Die explizite Behandlung des Fachkonzeptes *Nation* ist im Kernlehrplan des Geschichtsunterrichts der Sekundarstufe II im Inhaltsfeld „Nation und Nationalismus" verortet.[829] Eine Behandlung des Fachkonzepts *Nation* ist in expliziter Form für den Geschichtsunterricht der Sekundarstufe I jedoch nicht vorgesehen. Für die Inhalte ‚Osmanisches Reich' und ‚Türkei' findet sich in den Kernlehrplänen der Sekundarstufe I keine explizite Nennung hinsichtlich der Berücksichtigung der Inhalte im Geschichts- oder Gesellschaftslehreunterricht. Im Kernlehrplan der Sekundarstufe II findet sich ausschließlich in dem Inhaltsfeld 2^{830} eine Nennung des Inhalts Osmanisches Reich (Kap. 8.3.2). Trotz dieser Vorgaben weisen einige Sekundarstufen-I-und-II-Lehrwerke eine große Häufigkeit der Begriffe auf. Zu nennen wären an dieser Stelle die höchste Nennung: unter den Sekundarstufen I-Lehrwerken das Lehrwerk *Geschichte und Geschehen 2* mit einer rH der Begriffe Osmanisches Reich und Türkei von 15,69% und unter den Sekundarstufen-II-Lehrwerken das Lehrwerk *Zeiten und Menschen. Geschichte Qualifikationsphase Oberstufe* mit einer rH dieser Begriffe von 22,22%.

Was aus den Ergebnissen der mittels Frequenzanalyse ausgewerteten Kapitel abgeleitet werden kann, wird im Folgenden in einer Zusammenfassung der Ergebnisse der Analyse der ausgewählten Lehrwerke aus beiden Bildungsetappen dargestellt.

8.8 Zusammenfassung der Ergebnisse

Die Frequenzanalyse der ausgewählten Geschichts- und Gesellschaftslehrebücher der Sekundarstufe I und II hat gezeigt, dass die Begriffe aus beiden Kategorien bei der Behandlung des Inhalts ‚Erster Weltkrieg' verwendet werden. Demzufolge kann festgehalten werden, dass Geschichts- und Gesellschaftslehrebücher, quantitativ betrachtet, Anlässe der Rezeption dieser Begriffe im Kapitel zum Inhalt ‚Erster Weltkrieg' ermöglichen. Dieser Befund kann als eine Begründung für die Verortung des Inhaltes Osmanisches Reich in das Kapitel zum In-

---

829 Ministerium für Schule und Weiterbildung des Landes Nordrhein-Westfalen (2014) (Hrsg.): Kernlehrplan für das Gymnasium – Sekundarstufe I (G8) in Nordrhein-Westfalen. Geschichte. Düsseldorf. Siehe dazu https://www.schulentwicklung.nrw.de/lehrplaene/upload/klp_SII/ge/KLP_GOSt_Geschichte.pdf [eingesehen am 02.06.2018].

830 Ministerium für Schule und Weiterbildung des Landes Nordrhein-Westfalen (2014) (Hrsg.): Kernlehrplan für das Gymnasium – Sekundarstufe I (G8) in Nordrhein-Westfalen. Geschichte. Düsseldorf. Siehe dazu https://www.schulentwicklung.nrw.de/lehrplaene/upload/klp_SII/ge/KLP_GOSt_Geschichte.pdf [eingesehen am 02.06.2018].

halt ‚Erster Weltkrieg' von Seiten der Schüler*innen angenommen werden, die im Rahmen der Prästudie interviewt wurden.

Aus der vorliegenden Frequenzanalyse können weiterführende Aussagen für die geschichtsdidaktische Schulbuchforschung und -entwicklung gezogen werden. Demnach braucht die Konzeption und Entwicklung von Geschichts- und Gesellschaftslehrebücher eine stärkere Berücksichtigung der Fachkonzepte, die in den Kapiteln der Schulbücher insbesondere implizit vorkommen; für das in dieser Untersuchung analysierte Kapitel wäre ein zentrales Konzept das *Nationen*konzept. Mit der Stärkung der Vermittlung von Fachkonzepten geht die Eruierung von subjektiven Konzepten und individuellen Vorstellungen von Schüler*innen[831] einher, um eine an Schülervorstellungen orientierte multiperspektivische Vermittlung von historischen Inhalten und Fachkonzepten zu ermöglichen.

Ob die Nennungen aus Kategorie 1 mit den Nennungen aus Kategorie 2 in einem historisch relevanten Zusammenhang verwendet werden, ist anhand der im Rahmen der vorliegenden Frequenzanalyse erhobenen Ergebnisse nicht ableitbar. Die Frequenzanalyse will ausschließlich aus quantitativer Perspektive die Häufigkeit der Begriffe in den für die Stichprobe der Auszählung aufgenommenen Kapiteln überprüfen.

So stellt sich in Anlehnung an die Ergebnisse der Frequenzanalyse die Frage, ob das Kapitel zum Ersten Weltkrieg in Geschichtsschulbüchern einen Zusammenhang zwischen dem Inhalt Osmanisches Reich und dem Fachkonzept *Nation* herstellen können. Die Antwort auf diese Frage stellt ebenfalls bislang ein Desiderat dar.

---

831 Neben der Erhebung subjektiver Schülerkonzepte müssten auch Fachkonzepte von Lehrkräfte erhoben werden.

Teilstudie C

9 Hauptstudie: das Osmanischen Reich in Schülervorstellungen

Dieses Großkapitel befasst sich mit der *Rekonstruktion von Schülervorstellungen zum Osmanischen Reich*. Dabei wird zunächst die *methodologische Herangehensweise* zur Rekonstruktion von Schülervorstellungen zum Osmanischen Reich beschrieben. Im Mittelpunkt steht hierbei die Rekonstruktion individueller und kollektiver Vorstellungen zum Inhalt Osmanisches Reich von Schüler*innen, die die gymnasiale Oberstufe verschiedener Schulen in Essen (NRW) besuchen. Beginnend mit der Eruierung individueller Schülervorstellungen mittels Einzelinterviews sollen *anschließend kollektive Vorstellungen* und Haltungen mittel Gruppendiskussion rekonstruiert werden, die die gesellschaftlichen Diskurse zum Inhalt Osmanisches Reich prägen.

Um sowohl individuelle als auch kollektive Vorstellungen über ihr sprachliches Handeln zu erfassen, kommen somit zwei methodische Instrumente zum Einsatz: einerseits Einzelinterviews, andererseits eine Gruppendiskussion. Die Verbindung beider Instrumente dient dazu, das Aufrechterhalten oder die Modifikation bestimmter Vorstellungen zum Osmanischen Reich je nach Erhebungsinstrument und seiner Dynamik zu erfassen.[832] Insgesamt verfolgt dieser Analyseaufbau das Ziel, Schülervorstellungen als individuelles sprachliches und als kollektives diskursives Handeln zu betrachten und seine Bedeutung für die Konstruktion von kollektiven Vorstellungen genauer zu verstehen.

Die Verknüpfung der methodischen Zugänge und ihre theoretische Fundierung sowie die Analyseschritte der vorliegenden Untersuchung werden im Folgenden detailliert dargestellt.

---

832 Flick, U. (2017): Qualitative Sozialforschung: eine Einführung. 6. Aufl. Reinbek b. Hamburg: Rowohlt Verlag. S. 250.

9.1 Forschungsmethodisches Vorgehen

9.1.1 Der Zusammenhang von Sprache und Wissen bei der Konstruktion von Vorstellungen

Wie oben verdeutlicht, wird in der vorliegenden Untersuchung die Rekonstruktion von Schülervorstellungen zum Osmanischen Reich über die Verzahnung zweier methodischer Instrumente verfolgt. Dies bedingt zugleich eine Verzahnung zweier theoretischer Zugänge: Das ist erstens die Dokumentarische Methode nach Ralf Bohnsack unter Bezugnahme auf die Wissenssoziologie von Karl Mannheim, und zweitens der sprachtheoretische Ansatz der Funktionalen Pragmatik[833] nach Ehlich und Rehbein.[834] Das Ziel ist ein zweifaches, nämlich die Analyse des Zusammenhangs von subjektiven Vorstellungen und sprachlichem Handeln sowie als umfassender Rahmen die theoretische und methodologische Fundierung der Rekonstruktion von individuellen und kollektiven Schülervorstellungen zum Osmanischen Reich.

Die folgenden Teilkapitel widmen sich zunächst der Dokumentarischen Methode (Kap. 9.1.2 bis 9.1.4). Ihr Ziel für die vorliegende Untersuchung ist das Erfassen des Zusammenhangs zwischen sprachlichem Handeln, individuelle Vorstellungen, kollektiven Vorstellungen und den gesellschaftlichen Erfahrungsräumen[835], in denen sich Individuen bewegen. Abbildung 14 soll diesen Zusammenhang verdeutlichen.

---

833 Siehe dazu u. a. Ehlich, K. (2007): Sprache und sprachliches Handeln. Bd. 1–3. Berlin, New York: Walter de Gruyter oder Rehbein, J./Kameyama, S. (2004): Pragmatik/Pragmatics. In: Ammon, N. et al. (Hrsg.): Sociolinguistics: an international handbook of the science of language and society. 1 Berlin, New York: Walter de Gruyter. S. 556–589.

834 Eine solche methodische Verschränkung findet sich auch in der Dissertation von Mavruk (2018), mit der sie der Frage nachgeht, ob sich kollektive Wissensstrukturen zu migrationsbedingter Heterogenität von Studierenden verändern, wenn sie in einer universitären Praxisphase ein Microteaching-Konzept im Bereich Deutsch als Zweitsprache durchlaufen. Mit ihrem interdisziplinär angelegten Zugang stellt Mavruk fest, dass das Durchlaufen dieser Praxisphase zu einer Modifikation und Reorganisation kollektiven Wissens und der Einstellungen der angehenden Lehrkräfte in Bezug auf den Umgang mit Migration führt. Siehe dazu Mavruk, G. (2018).

835 Die Bezeichnung ‚gesellschaftlicher Erfahrungsraum' wird in Anlehnung an den Begriff ‚konjunktiver Erfahrungsraum' nach Bohnsack verwendet und meint einen sozialen Raum, in dem ihre Akteure gemeinsames implizites und eher atheoretisches Wissen generieren. Der Begriff nach Bohnsack wird im späteren Verlauf des Kapitels erläutert. Siehe dazu z. B. Bohnsack, R. (2007): Dokumentarische Methode und

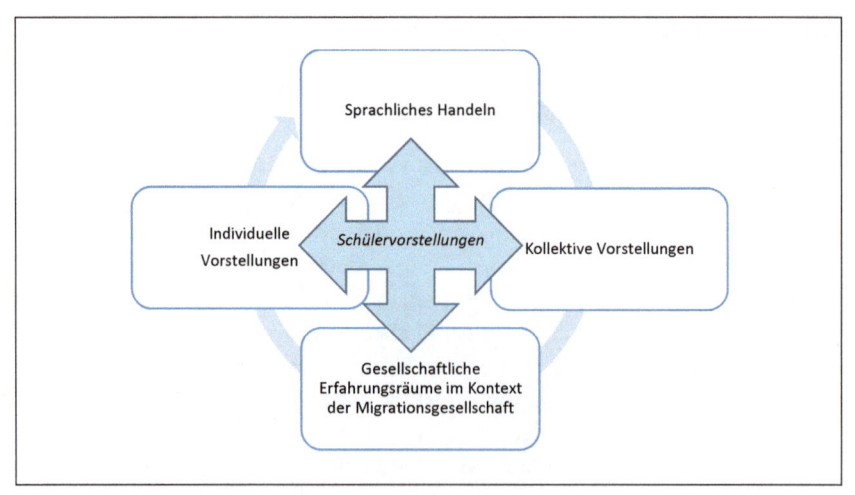

Abb. 14: Zusammenhang von Sprache und Wissen, eigene Darstellung, in Anlehnung an den theoretischen Zugängen Dokumentarische Methode und Funktionale Pragmatik

Die vier Aspekte in obenstehender Darstellung (Abb. 14), die Einfluss auf Schülervorstellungen haben, können als die bei der Konstruktion von Schülervorstellungen relevanten Faktoren betrachtet werden, die in einem wechselseitigen Einfluss zueinander stehen. Aus diesem Grund werden im Rahmen der vorliegenden Untersuchung diese vier Faktoren bei der Analyse von Schülervorstellungen zu berücksichtigen sein. Die Dokumentarische Methode der Interpretation ermöglicht die Berücksichtigung dieser Bedingungen bei der Analyse von Schülervorstellungen, weshalb sie für die vorliegende Untersuchung herangezogen wird. Denzufolge wird für die vorliegende Untersuchung die These aufgestellt, dass Schülervorstellungen zum Osmanischen Reich nur angemessen rekonstruiert werden können, wenn der wissenssoziologische und der funktionalpragmatische Ansatz verknüpft werden. Eine solche Verknüpfung bzw. methodologische Zusammenführung ermöglicht die Analyse von Schülervorstellungen über einen interdisziplinär angelegten soziolinguistischen Ansatz.

Im Folgenden wird die durch Bohnsack weiterentwickelte Dokumentarischen Methode[836] erläutert, die die Grundlage der vorliegenden methodologischen

---

praxeologische Wissenssoziologie. In: Schützeichel, R. (Hrsg.): Handbuch Wissenssoziologie und Wissensforschung. Konstanz: UVK Verlagsgesellschaft. S. 180–190.

836 Bohnsack, R./Nentwig-Gesemann, I./Nohl, A-M. (2013): Die Dokumentarische Methode und ihre Forschungspraxis. Grundlagen qualitativer Sozialforschung. 3. Aufl. Wiesbaden: Springer.

Auseinandersetzung und methodischen Vorgehensweise bei der Rekonstruktion der Schülervorstellungen bildet. Bohnsack entwickelte die Dokumentarische Methode in Anlehnung an die Wissenssoziologie von Mannheim[837] weiter zu einer praxeologischen Wissenssoziologie, wodurch sie zu einer gängigen sozialwissenschaftlichen Forschungsmethode wurde. Die Dokumentarische Methode wird als theoretisch-methodischer Zugang insbesondere bei der Rekonstruktion von Gruppendiskussionen eingesetzt und etablierte sich als geeignete Methode bei rekonstruktiven Forschungszugängen insbesondere innerhalb der qualitativ-empirischen Bildungsforschung und Sozialforschung.[838]

Durch die Erweiterung der dokumentarischen Forschungsmethode um den handlungstheoretischen Ansatz der Funktionalen Pragmatik können die Interaktionsprozesse der Schüler*innen auch auf das sprachliche Handeln hin untersucht werden, welches im Sinne des funktionalpragmatischen Ansatzes immer mit gesellschaftlichem Handeln zusammenhängt, da Handlungen im Wesentlichen durch Interaktion gekennzeichnet sind.[839] Sprache wird dabei als Form des sozialen und gesellschaftlichen Handelns verstanden; sprachliche Handlungen sind nach Redder (2008) durch gesellschaftliche und historische Einflüsse geprägt und besitzen somit „historisch-gesellschaftliche Qualität, d.h. beides, Gesellschaftlichkeit und Historizität, sind Wesensmerkmale von Sprache bzw. sprachlichem Handeln."[840]

Im Folgenden sollen nun die metologischen Grundlagen der beiden theoretischen Zugänge (Dokumentarische Methode und Funktionale Pragmatik) erläutert werden.

---

837 Im Kapitel 5 wurde die Wissenssoziologie nach Mannheim im Hinblick auf den Forschungsfokus der Schülervorstellungen näher erläutert, so dass an dieser Stelle der theoretische Ansatz von Mannheim nicht weiter ausgeführt wird.

838 Bohnsack, R. (1983): Alltagsinterpretation und soziolinguistische Rekonstruktion. Opladen: Westdt. Verlag.

839 Ehlich, K. (1999b): Vom Nutzen der ‚Funktionalen Pragmatik' für die angewandte Linguistik. In: Becker-Mrotzek, M. et al. (Hrsg.): Medium Sprache im Beruf. Tübingen: Narr. S. 23–36.

840 Vgl. Redder, A. (2008): Grammatik und sprachliches Handeln in der Funktionalen Pragmatik. Grundlagen und Vermittlungsziele. S. 10. In: Japanische Gesellschaft für Germanistik (Hrsg.): Grammatik und sprachliches Handeln. Akten des 36. Linguisten-Seminars, Hayama. München: iudicum. S. 9–26. Zum Zusammenhang von Gesellschaft und sprachliches Handeln des Individuums siehe auch Grießhaber, W. (2001): Verfahren und Tendenzen der funktional-pragmatischen Diskursanalyse. Vom Speiserestaurant zum Cybercafé. In: Ivanyi, Z./Kertész, A. (Hrsg.): Gesprächsforschung: Tendenzen und Perspektiven. Frankfurt a. M.: Lang. S. 75–95.

9.1.2 Die Dokumentarische Methode der Interpretation nach Mannheim

Die Dokumentarische Methode als sozialwissenschaftliche Forschungsmethode ist aus der Wissenssoziologie von Karl Mannheim abzuleiten.[841] Dem theoretischen Ausgangspunkt dieser Methode liegt die Annahme zugrunde, dass die Wirklichkeit in sozialen und gesellschaftlichen Interaktionsprozessen hergestellt wird, indem Bedeutungszusammenhänge generiert werden. Dabei liegt das Forschungsinteresse der Wissenssoziologie auf dem *Herstellungsprozess der Wirklichkeit*. Was genau als soziale und gesellschaftliche Wirklichkeit erscheint, ist nicht das Erkenntnisinteresse der Wissenssoziologie. Mit der Dokumentarischen Methode richtet sich das Forschungsinteresse auf das *Verstehen der Herstellungspraxis sozialer und gesellschaftlicher Erscheinungen*. Die Grundannahme dieses erkenntnistheoretischen Zuganges geht davon aus, dass in alltagsweltlichen Deutungs- und Handlungsprozessen latente Sinnzusammenhänge verfügbar sind, die sich aus der Vergangenheit generieren lassen. Mannheim spricht von einer „historischen Wirklichkeit"[842], die sich „aus historisch gewordenen Erfahrungszusammenhängen"[843] ergeben, in einer vergangenen Zeit entstanden sind und von Individuen als ihre Wirklichkeit angenommen werden.

Der Ansatz der Dokumentarischen Methode geht demnach davon aus, dass *bestimmte Deutungs-, Denk- und Handlungsmuster von Individuen in sozialen Räumen* angeeignet werden, in denen sie sich befinden. In diesen Räumen befinden sich bereits vor Eintritt eines Individuums diese *Muster, die als gesellschaftlich-historische Vorgaben akzeptiert* werden und einem spezifischen Erfahrungsraum entstammen. Bohnsack hebt den kollektiven Charakter dieser Erfahrungsräume hervor und verdeutlicht, dass in diesen Räumen Orientierungswissen erzeugt und reproduziert wird.[844] Dem von Bohnsack als Orientierungswissen bezeichneten Wissen liegen somit die Deutungs-, Denk- und Handlungsmuster zugrunde, durch die alle einem Erfahrungsraum zugehörigen Individuen ihre Handlungspraxis strukturieren. In diesem Sinne ermöglicht der

---

841 Siehe auch z. B. Garfinkel, H. (1986): Ethnomethodological Studies of Work. London/New York: Routledge & Kegan Paul und die Forschungsrichtung der Chicagoer Schule in z. B. Schubert, H.-J. (2007): The Chicago School of Sociology. Theorie, Empirie und Methode. In: Klingemann, C. (Hrsg.): Jahrbuch für Soziologiegeschichte Wiesbaden: VS Verlag.
842 Vgl. Mannheim, K. (1964), S. 409.
843 Vgl. ebd., S. 409.
844 Bohnsack, R. (1989): Generation, Milieu und Geschlecht. Ergebnisse aus Gruppendiskussionen mit Jugendlichen. Opladen: Leske + Budrich.

Zugang zum Erfahrungswissen auch den Zugang zu der damit verbundenen Erfahrungspraxis.[845]

Die Dokumentarische Methode geht davon aus, dass die Wissensbestände in den kollektiven Erfahrungsräumen in *zwei Bedeutungsdimensionen* zu unterscheiden sind: die *konjunktiv-atheoretischen* und *kommunikativ-reflexiven* Wissensbestände. Hinter dieser Bedeutungsunterscheidung der Wissensbestände steht nach der Dokumentarischen Methode die Annahme, dass es eine „Doppelstruktur des alltäglichen Wissens"[846] gibt, wobei das Wissen auf unterschiedlichen Ebenen angesiedelt ist. Die *konjunktiven Wissensbestände* entstehen in konjunktiven Erfahrungsräumen, die eine spezifische Zugehörigkeit aufweisen. Diese Spezifik kann sich auf die gemeinsame Generation, das gleiche Geschlecht oder auch auf das gemeinsame Milieu der Individuen beziehen. Die *kommunikativen Wissensbestände* hingegen werden auch in öffentlich-gesellschaftlichen Räumen generiert. Das Wissen dieses Bestandes kann als ein explizites Wissen betrachtet werden, das externen Personen, die nicht dem gemeinsamen Raum (beispielsweise der ‚gleichen Generation') angehören, reflexiv zugänglich ist.[847]

Diesen Ausführungen Mannheims zur Dokumentarischen Methode liegt die Kernannahme zugrunde, dass es „konjunktive Erfahrungsgemeinschaften"[848] gibt, deren Wissensbestände mit Hilfe der Dokumentarischen Methode übersetzt werden können. Hierbei spricht Mannheim von der „Übersetzbarkeit des Atheoretischen ins Theoretische"[849], um außenstehenden Personen durch Rekonstruktion des „Ursprungs der in einem System erhaltenen Motive"[850] zugänglich zu machen.[851]

9.1.3 Methodologische Überlegungen zur Dokumentarischen Methode

Die methodologischen Überlegungen Mannheims zur Rekonstruktion von Weltanschauungen ermöglichen den *empirischen Zugang zur Rekonstruktion des Dokumentsinns*. Diesem Rekonstruktionsprozess nach Mannheim liegen zwei charakteristische Operationen zugrunde: die der „*Funktionalisierung*" und der „*Einklammerung des Geltungscharakters*".[852] Die methodologische Überlegung

---

845 Mannheim, K. (1980).
846 Ebd.
847 Ebd.
848 Vgl. ebd., S. 219.
849 Vgl. ebd., S. 99.
850 Vgl. ebd., S. 86.
851 Ebd., S. 99ff.
852 Vgl. ebd., S. 79f. [Hervorhebung T. A.].

der Funktionalisierung ermöglicht eine sinngenetische Interpretation[853] der konjunktiven Erfahrungsräume. Mit diesem methodischen Schritt können „objektive Ideengehalte als Funktionen von Lebenslagen und Erlebniszusammenhängen"[854] interpretiert werden. Dabei geht es um kollektive Funktionalitätsbestimmungen von Kulturobjekten, die sich in gesellschaftlichen Erlebniszusammenhängen konstituieren.[855]

Für eine *methodologische Erfassung der Funktionalität von Kulturobjekten* richtet sich die Interpretationsperspektive von einer *immanenten zu einer genetischen Betrachtungsweise*. Mit diesem Perspektivwechsel geht die „*Einklammerung des Geltungscharakters*"[856] einher, die neben der Operation der Funktionalität ein weiteres Prinzip der Dokumentarischen Methode der Interpretation darstellt. Dabei geht Mannheim davon aus, dass bei einem „objektiv verstehbaren Gebilde"[857] die Möglichkeit besteht, „dieses als Funktionalität eines Erlebniszusammenhanges zu sehen"[858]. Demnach können Kulturobjekte im Hinblick auf ihren Entstehungs- sowie Erlebniszusammenhang hin erkannt und interpretiert werden. Für das Erkennen und Interpretieren braucht es nach Mannheim einen Vergleich der Sinngehalte im Prozess der sinngenetischen Interpretation.[859]

Die aus den theoretischen Grundannahmen Mannheims zur Rekonstruktion von Weltanschauungen entwickelte Dokumentarische Methode nach Ralf Bohnsack (1983) stellt einen zentralen Zugang der rekonstruktiven Sozialforschung dar. Das folgende Schaubild verdeutlicht die Kernpunkte der Dokumentarischen Methode:

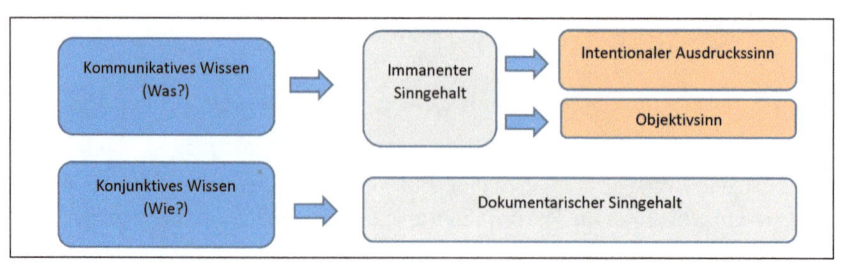

Abb. 15: Kernpunkte der Dokumentarischen Methode, eigene Darstellung, in Anlehnung an Mannheim (1980)

---

853 Im Gegensatz zu Mannheim stehen bei Bourdieu und Weber die kausal-genetischen Handlungszusammenhänge im Zentrum der Interpretation.
854 Mannheim, K. (1980), S. 79.
855 Ebd., S. 80.
856 Vgl. ebd., S. 88.
857 Vgl. ebd., S. 78.
858 Vgl. ebd., S. 91.
859 Ebd., S. 91.

Die Dokumentarische Methode ermöglicht es, *kollektive Prozesse der Konstruktion* von theoretischem und handlungspraktischem Wissen in Gruppen und Organisationen bzw. Institutionen zu rekonstruieren und muss dabei den „Wechsel von der Frage, *was* die gesellschaftliche Realität in der Perspektive der Akteure ist, zur Frage danach, *wie* diese in der Praxis *hergestellt* wird"[860], vornehmen. Für die vorliegende Untersuchung ermöglicht dieser Zugang die Analyse der Vorstellungen der Schüler*innen, die sie zum Inhalt Osmanisches Reich als ihr handlungsleitendes Wissen konstruieren.

Nach dieser methodologischen Begründung der Dokumentarischen Methode der Interpretation werden im Folgenden die Forschungspraxis der Dokumentarischen Methode als sozialwissenschaftlicher Forschungszugang erläutert, um anschließend die beiden Instrumente als Interaktionsverfahren (Interviews[861] und Gruppendiskussion[862]) vorzustellen. Anhand dieser beiden Instrumente soll in der vorliegenden Untersuchung die Interpretation der sozialen Wirklichkeit rekonstruiert werden, die sich in konjunktiven Erfahrungsräumen der Schüler*innen manifestiert.

9.1.4 Die Dokumentarische Methode als gegenwärtiger sozialwissenschaftlicher Forschungszugang

Die Dokumentarische Methode findet in sozial-, bildungs- und erziehungswissenschaftlicher Forschung als ein *rekonstruktiver Forschungszugang* ein vielfältiges Anwendungsgebiet. Ralf Bohnsack (1983) entwickelt an der Dokumentarischen Methode in der Auseinandersetzung mit der *Gruppendiskussion* weiter, weshalb sich die Methode im Besonderen für Daten aus Gruppendiskussionen eignet. Die ersten Untersuchungen Bohnsacks zeigen weiterhin, dass sich über eine Methodentriangulation von teilnehmender Beobachtung, biographischem Interview und Gruppendiskussionsverfahren die Dokumentarische Methode auch für andere Diskurskonstellationen eignet.[863] Demzufolge wird diese Methode durch die Weiterentwicklung bei der Analyse unterschiedlicher Gesprächsformen genutzt, um die „von handelnden Subjekten sinnhaft konstruierte und

---

860 Bohnsack, R./Nentwig-Gesemann, I./Nohl, A.-M. (2013), S. 13. [Hervorhebung im Original].

861 Zur Auswertung von Interviews mit der Dokumentarischen Methode siehe u. a. Nohl, A.-M. (2017): Interview und Dokumentarische Methode. 5. Aufl. Wiesbaden: Springer.

862 Zur Auswertung von Gruppendiskussionen mit der Dokumentarischen Methode siehe u. a. Bohnsack, R. (2014): Rekonstruktive Sozialforschung. Einführung in die qualitativen Methoden. 9. Aufl. Opladen, Toronto: UTB.

863 Bohnsack, R. (1989).

intersubjektiv vermittelte [...] Wirklichkeit"[864] rekonstruieren und interpretieren zu können. Das dem methodologischen Ansatz der Dokumentarischen Methode zugrundeliegende Paradigma ermöglicht somit die Eruierung individueller, kollektiver, gruppendynamischer Einstellungen und Haltungen.[865]

9.1.4.1 Interpretationsschritte der Dokumentarischen Methode

Die Dokumentarische Methode nach Bohnsack umfasst *folgende Schritte der Interpretation*[866], mit denen „ein Zugang nicht nur zum reflexiven, sondern auch zum handlungsleitenden Wissen der Akteure und damit zur Handlungspraxis"[867] eröffnet werden kann.[868]

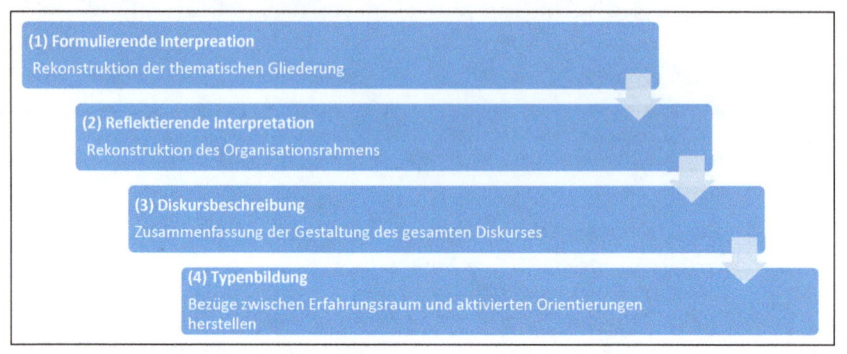

- (1) Formulierende Interpreation
  Rekonstruktion der thematischen Gliederung
- (2) Reflektierende Interpretation
  Rekonstruktion des Organisationsrahmens
- (3) Diskursbeschreibung
  Zusammenfassung der Gestaltung des gesamten Diskurses
- (4) Typenbildung
  Bezüge zwischen Erfahrungsraum und aktivierten Orientierungen herstellen

Abb. 16: Interpretationsschritte der Dokumentarischen Methode, eigene Darstellung, in Anlehnung an Bohnsack (2014)

Mit der *formulierenden Interpretation* wird eine zusammenfassende (Re-)Formulierung des immanenten, kommunikativ-generalisierten Sinngehalts durchgeführt. Dieser Interpretationsschritt versucht dabei, die Frage ‚*Was wird gesagt?*'

---

864 Vgl. Jakob, G./Weniserski, H.-J: (1997): Rekonstruktive Sozialpädagogik. Konzepte und Methoden sozialpädagogischen Verstehens in Forschung und Praxis. Weinheim: Juventa. S. 9.
865 Bohnsack, R. (2014).
866 Der Interpretation mit der Dokumentarischen Methode sind die Schritte (1) Vorbereitende Schritte und (2) Transkription vorgeschaltet, mit denen die Interpretation vorbereitet wird.
867 Vgl. Bohnsack, R./Nentwig-Gesemann, I./Nohl, A.-M. (2013), S. 9.
868 Die vorliegende Untersuchung berücksichtigt in Anlehnung an Bohnsack die ersten drei Interpretationsschritte der Dokumentarischen Methode. Durch die interdisziplinär angelegte Diskursbeschreibung wird auf den Auswertungsschritt ‚Typenbildung' verzichtet.

zu beantworten. Mit der Frage nach dem *Was* wird der Inhalt paraphrasiert, um thematische Strukturen und die Gliederung des Textes skizzieren zu können. Über diesen Schritt der formulierenden Interpretation werden zum einen eine intersubjektive Überprüfbarkeit, zum anderen eine thematische Gliederung des Textes möglich. Um die formulierende Interpretation durchzuführen, werden (1.) die Themen der Textpassagen festgelegt. Für diese Festlegung stellt sich (2.) die Frage, was sich als übergreifendes Thema ermitteln lässt. Die ermittelten Themen werden (3.) in Oberthema (OT) und Unterthema (UT) eingeteilt, so dass der Inhalt der Gespräche konzise dargestellt werden kann.[869]

Nach der formulierenden Interpretation folgt der zweite Interpretationsschritt der Dokumentarischen Methode, die *reflektierende Interpretation*. Dieser Schritt verlangt vom Forschenden einen *Wechsel der Untersuchungsperspektive*, indem er von der immanenten Sinnebene zur dokumentarischen Sinnebene wechselt, die nach der Art und Weise der Behandlung von Themen fragt. Nach Bohnsack handelt es sich um „[d]ie Frage nach dem Wie [...,] die Frage nach dem Modus Operandi, nach dem der Praxis zugrunde liegenden Habitus."[870] Durch diesen Perspektivenwechsel wird mit dem Schritt der reflektierenden Interpretation eine Rekonstruktion und Explikation des thematischen Rahmens vollzogen.[871] Es werden *Handlungsorientierungen und Habitusformen rekonstruiert*, um die zugrunde liegenden Orientierungs- und Sinnmuster zu emergieren. Bei der Rekonstruktion der Orientierungsrahmen hebt Bohnsack hervor, dass ein Orientierungsrahmen durch seine homologen Prozessstrukturen, die in unterschiedlichen Handlungen vorkommen, relevant wird.[872] Es geht demnach um die Rekonstruktion von regelhaften Orientierungsmustern in den Handlungen.

Bei der Rekonstruktion von Orientierungen schließt Bohnsack an die Schütz'sche Differenzierung in *Um-Zu-Motive und Weil-Motive* an. Mit *Um-Zu-Motiven* werden idealtypischen Konstruktionen von Handlungen im Sinne eines Konzeptes konstruiert, demgegenüber werden in *Weil-Motiven* das Vergangene verdeutlicht, in denen sich persönliche Merkmale des Einzelnen widerspiegeln und sein Handeln bestimmen. In diesem Verhältnis beschreibt Bohnsack das Weil-Motiv als „die Konstituierung des Um-Zu-Motivs"[873], so dass Weil-Motive dem Handlungsentwurf vorausgehen.

---

869 Bohnsack, R. (2014).
870 Vgl. Bohnsack, R./Nentwig-Gesemann, L./Nohl, A.-M. (2013), S. 13.
871 Ebd.
872 Przyborski, A./Wohlrab-Sahr, M. (2004): Qualitative Sozialforschung ein Arbeitsbuch. München: Oldenbourg Wissenschaftsverlag. S. 55.
873 Vgl. Bohnsack, R. (1997): „Orientierungsmuster": Ein Grundbegriff qualitativer Sozialforschung. S. 52. In: Schmidt, F. (Hrsg.): Methodische Probleme der empirischen Erziehungswissenschaft. Baltmannsweiler: Schneider Verlag. S. 49–61.

Für die Rekonstruktion von Orientierungsrahmen weist Bohnsack darauf hin, dass durch die Identifikation von „*positiven Horizonten*" und „*negativen Horizonten*" sowie der Möglichkeit ihrer Umsetzung im „*Enaktierungspotential*" konjunktive Erfahrungsräume besser erschlossen werden können.[874] Die Erschließung des Enaktierungspotentials ist als Folgeschritt nach der Erschließung der positiven und negativen Horizonte zu verstehen, die „die Möglichkeiten der Umsetzung der biografischen Orientierung"[875] meint, mit der die Einschätzung der Realisierungsmöglichkeit der aus der Sicht der Diskursbeteiligten dargestellt wird.

Positive Horizonte zeichnen sich dadurch aus, dass durch ihre Verwendung das Erreichen eines bestimmten Ideals konstruiert wird, das auf das „Wollen gerichtet"[876] ist, also auf das Ideal, das als sinnvoll und erstrebenswert erscheint.[877] In einem *negativen Horizont* hingegen wird ein bestimmtes Ideal eingeschränkt bzw. als unerreichbar dargestellt. Negative Horizonte sind „alle diejenigen Positionierungen […], mit denen man sich in mehr oder weniger expliziter Form von anderen Positionen, Handlungen, Personen, Haltungen etc. abgrenzt."[878]

Im Laufe des Diskurses werden die aufeinander aufbauenden positiven und negativen Horizonte als positive oder negative Gegenhorizonte bezeichnet. Mit dem Präfix ‚*Gegen-*' wird entsprechend der Horizontausrichtung auf den Anschluss oder die Abgrenzung des Vorhergehenden hingewiesen. Demnach schließt sich eine als positiver Gegenhorizont eingestufte Diskurspassage an das Vorhergehende an, ein negativer Gegenhorizont hingegen grenzt sich ab. Wenn sich nur einander ausgrenzende Gegenhorizonte rekonstruieren lassen, dann wird von ‚*Orientierungsdilemmata*' gesprochen.[879] Diese Orientierungen werden innerhalb der reflektierenden Interpretation rekonstruiert.

Die Berücksichtigung dieser Strukturmerkmale ermöglicht eine Rekonstruktion von kollektiven Orientierungen über die *Sinnmuster*, die durch verschiedene Handlungen strukturiert und hervorgebracht werden. Welche Bedeutung die Untersuchung von Sinnmustern in diesem Interpretationsschritt für die Rekonstruktion von Orientierungen hat, verdeutlichen Przyborski/Wohlrab-Sahr wie folgt:

---

874 Vgl. Bohnsack, R. (2014), S. 138.
875 Vgl. Bohnsack, R. (1989), S. 26.
876 Vgl. Kleemann, F./Krähnke, U./Matuschek, I. (2009): Interpretative Sozialforschung. Eine praxisorientierte Einführung. Wiesbaden: VS Verlag für Sozialwissenschaften. S. 161.
877 Vgl. Przyborski, A./Wohlrab-Sahr, M. (2004), S. 296.
878 Vgl. Kleemann, F./Krähnke, U./Matuschek, I. (2009), S. 161.
879 Vgl. Przyborski, A./Wohlrab-Sahr, M. (2004), S. 296.

„Diese Sinnmuster sind in die Handlungen eingelassen und begrifflich – theoretisch nicht gefasst. Sind z. B. in der Metaphorik von Erzählungen und Beschreibungen und performatorischen Inszenierungen, z. B. der Art und Weise, wie miteinander und mit den Untersuchenden umgegangen wird, gegeben. Diejenigen, denen Orientierungen, auf der Grundlage des Erfahrungsraumes gemeinsam sind, beziehen sich unmittelbar und selbstverständlich darauf, sie verstehen einander ohne einander zu interpretieren. Die Grundlage dieses Verständnisses wird in diesem Interpretationsschritt geleistet."[880]

Um diese Sinnmuster zu rekonstruieren, bedarf es eines Begriffsinventars, mit dem der Zugang zu den Orientierungsrahmen erleichtert wird. Die vorliegende Untersuchung bedient sich einem Inventar, das sich im Laufe der Zeit als ertragreich bewiesen hat und immer weiter erweitert wurde. Im Folgenden sollen die Begriffe vorgestellt werden, die bei Analyse des Datenmaterials der vorliegenden Untersuchung verwendet werden.

9.1.4.2 Begriffsinventar zur Diskursorganisation

Die Rekonstruktion des Datenmaterials bedarf einer Diskursorganisation anhand eines *Begriffsinventars*, mit dem ein empirisch-rekonstruktiver Zugang zu konjunktiven Erfahrungsräumen der Schüler*innen ermöglicht und die Art und Weise der Orientierungsrahmen im Diskurs zum Osmanischen Reich sowie ihre formalen Prinzipien rekonstruiert werden können. Der Zugang zu den „formalen Prinzipien der Gestaltung"[881] ermöglicht damit auch Kenntnis über die Artikulation der Orientierungen in Gesprächen, denen eine *formale Pragmatik* zugrunde liegt.[882] Dabei bezieht sich die formale Pragmatik auf die *Rekonstruktion der konjunktiven Diskursstruktur*, die eine implizite Verständigung voraussetzt. Dies ist immer dann gegeben, wenn Personen den gleichen Orientierungsraum teilen. Diese implizite Diskursverständigung ermöglicht den Teilnehmer*innen eine *metaphorische und performatorische Diskursführung*. Ein metaphorisch geprägter Diskurs meint nach Przyborski/Wohlrab-Sahr (2014) die Bildhaftigkeit des Diskurses, ein performativ geprägter Diskurs eine ‚wechselseitige Bezugnahme' der Teilnehmer*innen aufeinander. Demnach liegen der verwendeten Sprache von Teilnehmenden eines gleichen Orientierungsraumes ein gemeinsames Sinngebilde zugrunde, das Przyborski/Wohlrab-Sahr in Anlehnung an Mannheim als funktional bezeichnen.[883]

---

880 Vgl. ebd., S. 55.
881 Vgl. Przyborski, A./Wohlrab-Sahr, M. (2014): Qualitative Sozialforschung: Ein Arbeitsbuch. 4. erw. Aufl. München: Oldenbourg Wissenschaftsverlag. S. 23.
882 Ebd., S. 23.
883 Ebd., S. 27f.

Aus diesen Ausführungen leiten Przyborski/Wohlrab-Sahr ein *Begriffsinventar zur Analyse der Diskursorganisation* ab, das im Folgenden vorgestellt werden soll. In Anlehnung an Przyborski/Wohlrab-Sahr (2004) wird der Diskurs in die Sinneinheiten *Beginn, Weiterführung* und *Schluss* unterteilt, die über bestimmte Diskursbewegungen den Diskurs strukturieren. Die Sinneinheit *Beginn* enthält eine Proposition, mit der ein neues Thema eröffnet und kurz dargestellt wird. Propositionen beinhalten einen Orientierungsgehalt und prägen zumeist den weiteren Verlauf des Gesprächs nachhaltig. In der Sinneinheit *Weiterführung* wird der in den Diskurs eingeführte propositionale Gehalt weiterentwickelt. Dafür gibt es verschiedene Formen der Weiterführung: Der Sprecher kann mit einer Elaboration reagieren, indem die eingeführte Proposition ergänzt wird. Durch die Validierung und Ratifizierung können Aussagen bestätigt werden. Als Reaktion auf eine Aussage kann eine Antithese in Form eines negativen Gegenhorizonts formuliert werden. Wenn es in einem nächsten Diskursschritt zu einer Einigung kommt, kann von einer Synthese gesprochen werden. Der *Schluss* erfolgt durch eine thematische Konklusion, mit der die abschließende Diskursbewegung vollzogen wird. Auf dieser Sinnebene steht der Zusammenhang zwischen dem formalen Bezug und des semantischen Gehalts im Zentrum der Interpretation.[884]

Über Diskursbewegungen werden demnach die Diskurseinheiten Eröffnung, Weiterführung, Schluss und damit der vollständige Diskurs organisiert. Die oben genannten Diskursbewegungen, die den Diskurseinheiten zuzuordnen sind, werden in der folgenden Tabelle überblicksartig dargestellt. Dabei werden die Diskursbewegungen entsprechend der Strukturmerkmale negativer Gegenhorizont, positiver Gegenhorizont und Enaktierungspotential den Sinneinheiten zugeordnet.

Tab. 12: Kategorien der Diskursorganisation orientiert an den Sinneinheiten, eigene Darstellung, in Anlehnung an Przyborski/Wohlrab (2004)

Eröffnung	Proposition	
Weiterführung	***Positiver Gegenhorizont*** Elaboration Synthese Validierung	***Negativer Gegenhorizont*** Antithese
Schluss	***Enaktierungspotential*** Konklusion • Echte Konklusion • Rituelle Konklusion (Einleitung eines Themenwechsels)	

---

884 Vgl. Przyborski, A./Wohlrab-Sahr, M. (2004).

9 Hauptstudie: das Osmanischen Reich in Schülervorstellungen 299

Für die Rekonstruktion der Orientierungsrahmen haben *Fokussierungsmetaphern* eine besondere Bedeutung. Sie können für die Diskursauswertung als *Schlüsselstellen* betrachtet werden, da sie durch ihre metaphorische Dichte die kollektiven Orientierungen prägnant zum Ausdruck bringen können.[885] Fokussierungsmetaphern sind im Diskursverlauf neben ihrer interaktiven Dichte und ihres metaphorischen Inhaltes auch daran zu identifizieren, dass sie sich „formal augenfällig vom Rest des Diskurses unterscheiden."[886] Sie verweisen zumeist „auf aktuelle Handlungs- und Orientierungsprobleme der Gruppe [...], die – weil noch nicht ‚gelöst' – nicht auf einen eindeutigen Begriff gebracht werden können"[887]. Immer dann, wenn Fokussierungsmetaphern im Diskurs verwendet werden, sind sie in ihrer Realisierung etwa durch längere Pausen, durch einen Textsortenwechsel wie vom Erzählen zum Begründen, die durch die Ebene der formalen Interpretation der Dokumentarischen Methode ersichtlich werden, „oder durch die besonders lange und ausführliche Behandlung eines Themas"[888] markiert und verdeutlichen Schnittstellen für die Rekonstruktion von kollektiven Orientierungsrahmen.

Bei der methodischen *Systematisierung der Diskursorganisation* beinhaltet das Begriffsinventar neben den oben erläuterten Begriffen auch weitere Begriffe, die eine strukturierte Rekonstruktion des Diskurses und die Ermittlung der Orientierungsrahmen anhand der Dokumentarischen Methode ermöglichen. Dabei können diese Begriffe in ihrer diskursiven *Größe* als Diskursteile bezeichnet werden und sind wie folgt darstellbar:

- *Passagen* sind die kleinsten Einheiten der Interpretation, die ein Thema behandeln.
- *Diskursbewegungen* sind unterschiedliche Diskursformen, durch welche die Beschreibung einer gemeinsamen Orientierung anhand eines konjunktiven Erfahrungsraumes möglich wird.
- *Diskurseinheiten* bestehen aus drei Diskursbewegungen, aus denen ein Orientierungsrahmen ermittelt wird.[889]

Die vorliegende Untersuchung wird bei der Datenauswertung den oben dargestellten Merkmalen und Schritten der Dokumentarischen Methode folgen.

---

885 Vgl. Przyborski, A./Wohlrab-Sahr, M. (2010): Qualitative Sozialforschung: ein Arbeitsbuch. 3., korr. Aufl. München: Oldenbourg Wissenschaftsverlag. S. 105.
886 Vgl. ebd., S. 287.
887 Vgl. Loos, P./Schäffer, B. (2001): Das Gruppendiskussionsverfahren. Theoretische Grundlagen und empirische Anwendung. Wiesbaden: Springer Verlag. S. 70.
888 Vgl. Przyborski, A./Wohlrab-Sahr, M. (2010), S. 287.
889 Przyborski, A./Wohlrab-Sahr, M. (2004).

9.1.4.3 Auswahl zweier Verfahren: das leitfadengestützte Interview und die Gruppendiskussion

Für die vorliegende Untersuchung werden *zwei rekonstruktive Forschungszugänge* gewählt, durch welche die „Konstitution von Meinungen, Orientierungs- und Bedeutungsmustern"[890] ermöglicht wird. Dabei handelt es sich um das *leitfadengestützte Interview* und die *Gruppendiskussion*, die beide zur Eruierung kollektiver Einstellungen und Haltungen genutzt werden sollen.

Im Folgenden werden beide Verfahren vorgestellt, um anschließend insbesondere ihre Gemeinsamkeiten hervorzuheben. Aus den Gemeinsamkeiten ergibt sich die Begründung der Wahl dieser beiden Zugänge für die vorliegende Untersuchung, die abschließend dargestellt wird.

9.1.4.3.1 Das leitfadengestützte Interview

In der rekonstruktiven Sozialforschung kommen unterschiedliche Interviewvarianten zum Einsatz, denen die „Offenheit der Kommunikation"[891] als gemeinsame Eigenschaft zugrunde liegt.[892] Durch ihre qualitativ ausgerichteten methodologischen Ansätze ermöglichen sie beispielsweise die „Ermittlung von Expertenwissen über das jeweilige Forschungsfeld, [die] Erfassung und Analyse der subjektiven Perspektive[n] der Beobachteten oder Erhebungen zu ihre[n] Biographie[n] [...]."[893] Kernanliegen qualitativer Interviews ist demnach das Verstehen des Sinnzusammenhanges, dem subjektive und kollektive Handlungen zugrunde liegen.[894] Für die vorliegende Untersuchung sollen die zentralen Aspekte eines *leitfadengestützten Interviews* dargestellt werden, das von Nohl

---

890 Vgl. Bohnsack, R. (2014), S. 107.
891 Vgl. Nohl, A.-M. (2017), S. 15.
892 Auf die in der rekonstruktiven Sozialforschung verwendeten Interviewverfahren soll an dieser Stelle nicht eingegangen werden. Siehe dazu u. a. Flick, U. (2007): Qualitative Sozialforschung – Eine Einführung: Reinbek b. Hamburg: Rowohlt. S. 194ff. oder Hopf, C. (2009): Qualitative Interviews. Ein Überblick. In: Flick, U./v. Kardorff, E./Steinke, I. (Hrsg.): Qualitative Forschung. Ein Handbuch (rororo/Rowohlts Enzyklopädie, Bd. 55628). 7. Aufl. Reinbek b. Hamburg: Rowohlt Taschenbuch Verlag. S. 349–359.
893 Vgl. Hopf, C. (2009), S. 350.
894 Die qualitative Interviewforschung steht durch ihre handlungstheoretische Konzeption u. a. in der theoretischen Tradition der verstehenden Soziologie von Max Weber wie auch dem symbolischen Interaktionismus nach Herbert Blumer (auf Grundlage des theoretischen Ansatzes nach George Herbert Mead).

(2017) in die Kategorie der *narrativ fundierten Interviews* eingeordnet wird.[895] Zu narrativ orientierten Interviews können biographisch angelegte oder leitfadenbasierte Interviews gezählt werden. Leitfadengestützte Interviews zeichnen sich dadurch aus, dass das Interview durch einen vom Forscher entwickelten *Leitfaden* geführt wird, in dem „nacheinander mehrere Themen"[896] vorgegeben werden, somit die interviewten Personen „sich an den Vorgaben und artikulierten Untersuchungsinteressen der Forschenden orientieren müssen."[897] Für die Interviewführung bei leitfadengestützten Interviews ist von zentraler Bedeutung, dass den interviewten Personen ausreichend Zeit und Freiraum für die Diskursgestaltung gegeben wird.

Der *Nutzung eines Leitfadens* werden in der Forschungsliteratur mehrere Vorteile zugesprochen. Nach Meuser/Nagel (2009) kann der Leitfaden für das einzelne Interview die interviewten Personen zu den zentralen Themen hinleiten und darüber ein Gespräch auf Augenhöhe, er kann aber auch interviewübergreifend eine „Vergleichbarkeit der Interviewtexte"[898] ermöglichen. Vor dem Hintergrund dieser Merkmale eines Leitfadens konstatieren die Autoren für ihren Einsatz folgende Rahmenbedingungen:

„Der Leitfaden wird flexibel und nicht im Sinne eines standardisierten Ablaufschemas gehandhabt, um unerwartete Themendimensionierungen durch den Experten nicht zu unterbinden. Diesem wird Gelegenheit gegeben, zu berichten wie er Entscheidungen trifft anhand von Beispielen zu erläutern, wie er in bestimmten Situationen vorgeht, zu extemporieren usw."[899]

Somit zeigt sich, dass insbesondere den narrativen Diskurspassagen in der Auswertung des Interviews besonders Beachtung geschenkt wird.[900] Nach Witzel (1982) stellt der Leitfaden bei der Durchführung eines Interviews eine Art „Gedächtnisstütze für den Interviewer"[901] dar, womit Witzel die Offenheit des Leit-

---

895 Nohl, A.-M. (2017), S. 15ff.
896 Vgl. ebd., S. 16.
897 Vgl. ebd., S. 16.
898 Meuser, M./Nagel, U. (2009): Das Experteninterview – konzeptionelle Grundlagen und methodische Anlage. In: Pickel, S. et al. (Hrsg.): Methoden der vergleichenden Politik- und Sozialwissenschaft. Neue Entwicklungen und Anwendungen. Wiesbaden: Verlag für Sozialwissenschaften. S. 465–479.
899 Vgl. Meuser, M. Nagel, U. (2003): Experteninterview. S. 58. In: Bohnsack, R. et al. (Hrsg.): Hauptbegriffe Qualitativer Sozialforschung. Opladen: UTB. S. 57–58.
900 Meuser, M./Nagel, U. (1994): Expertenwissen und Experteninterview. In: Hitzler, R. (Hrsg.): Expertenwissen. Opladen: Westdeutscher Verlag. S. 180–192.
901 Vgl. Witzel, A. (1982): Verfahren der qualitativen Sozialforschung – Überblick und Alternativen. Frankfurt a. M:, New York: Campus-Verlag.

fadens hervorhebt und ihn durch diese Eigenschaft von standardisierten Interviewstrukturen abgrenzt. In dieser Funktion beschreibt Nohl den Leitfaden als „das Instrument für die Ausgestaltung von Interviews"[902], woraus er wiederum die erzählgenerierende Funktion des leitfadengestützten Interviews ableitet.

Die *Konstruktion eines Leitfadens* sollte nach Nohl spezifische Regeln der Fragenformulierung und Interviewführung berücksichtigen. Als eine zentrale Regel seien dabei Fragen zu berücksichtigen, die angesprochene Themen wieder aufgreifen bzw. vertiefen. Er spricht bei diesen Frageformen von *immanenten Nachfragen*, mit denen die narrativen Erzählungen der Interviewten generiert werden können.[903] Insbesondere durch Aufrechterhaltungsfragen und Fragen, die die Narrativität des Interviewten vertiefen, können durch das leitfadengestützte Interview Einblicke in das atheoretische Wissen des Interviewten erhalten werden. Mit dieser Form des Leitfadens kann der Interviewende konkrete Fragen stellen, durch die Offenheit der Antwortmöglichkeit kann der Interviewte wiederum narrativ antworten und möglicherweise auch auf neue Gesichtspunkte hinweisen, die die Forschungsfrage des Forschers ergänzen und somit weitere Perspektiven auf das Erkenntnisinteresse werfen können.

Die Vorgehensweise des leitfadengestützten Interviews ist weniger strikt als andere Interviewformen der Sozialforschung. Die Reihenfolge des Leitfadens muss nicht zwingend eingehalten werden, so dass der Forscher im Prozess des Interviews entsprechend der Entwicklung im Interview bestimmte Fragen des Leitfadens vor- oder nachstellen kann. Somit sind für die Konstruktion des Leitfadens die Fragen das *Herzstück* des Interviews. Denn nur erzählgenerierende Fragen ermöglichen im leitfadengestützten Interview den Zugang zum atheoretischen Wissen von Personen, das sich in der Handlungspraxis emergiert.

Der im Rahmen der vorliegenden Untersuchung *entwickelte Leitfaden* orientiert sich an den oben dargestellten Fragestrukturen, so dass *über erzählgenerierende Fragen die Schüler*innen zur Konstruktion ihrer Vorstellungen zum Osmanischen Reich* animiert werden konnten. Mit dem leitfadengestützten Interview sollen demnach subjektive Vorstellungen und Einstellungen eruiert werden, die sich in biographischen Sinnzusammenhängen und Handlungspraxen konstituieren.

Die *Vorstellungen der Schüler*innen in den Einzelinterviews* werden in zwei Schritten rekonstruiert. Im *ersten Schritt* wird eine Systematisierung aller Schüler*innenaussagen in den Einzelinterviews anhand der im Leitfaden *grob festgelegten Themenschwerpunkten* geordnet. Mit diesem Schritt wird ein Überblick über alle Einzelinterviews hinweg geschaffen. Dabei orientiert

---

902 Vgl. Nohl, A.-M. (2017), S. 18.
903 Vgl. ebd., S. 19.

sich diese Systematisierung an den Originalaussagen der Schüler*innen, indem zu jedem Themenschwerpunkt aus dem Interviewleitfaden Zitate aus den Schüler*inneninterviews zusammengetragen werden. Um die Schüler*innenaussagen entsprechend der Themenschwerpunkte des Leitfadens weiter differenzieren zu können, wurde in einem *zweiten Schritt mittels qualitativer Inhaltsanalyse* eine *zusammenfassende Klassifikation* durchgeführt, durch welche Kategorien generiert wurden. Die Kategorienbildung ermöglicht eine Zusammenfassung aller sechs Einzelinterviews, ohne ihren inhaltlichen Kern zu verfälschen.[904] Dieser Abstraktionsschritt schafft weiterhin einen überschaubaren Korpus, welcher immer noch ein Abbild des Grundmaterials darstellt.

Mit diesem Analyseschritt können die Schüler*innenaussagen in den Einzelinterviews inhaltsanalytisch untersucht und als Ergänzung zu den Schülervorstellungen in der Gruppendiskussion herangezogen werden. Die über die Einzelinterviews rekonstruierten Schülervorstellungen werden anschließend mit den Schülervorstellungen verglichen, die über die Gruppendiskussion rekonstruiert werden konnten. Dabei liegt der Analysefokus auf *kollektiven Orientierungsmuster*, die die Schüler*innen in den Einzelinterviews wie auch innerhalb der Gruppendiskussion produzieren. Ein besonderes Augenmerk wird dabei auf dem Einfluss der Dynamik der Gruppendiskussion liegen, durch welche die zuvor im Einzelinterview konstruierten Vorstellungen zum Osmanischen Reich revidiert oder erweitert oder auch gefestigt werden können. Im Folgenden wird aus diesem Grund die Methode der Gruppendiskussion näher erläutert, die den methodischen Hauptzugang zu den Schülervorstellungen zum Osmanischen Reich ermöglicht.

9.1.4.3.2 Das Gruppendiskussionsverfahren

Die *Ursprünge des Gruppendiskussionsverfahren* lassen sich in die 1930er Jahre zurückverfolgen. Im Rahmen seiner sozialpsychologischen Studien entwickelte *Kurt Lewin* in den USA die Gruppendiskussion als Verfahren zur Untersuchung des Zusammenhangs zwischen Gruppenprozessen und dem Verhalten des Einzelnen.[905] Eine erstmalige Rezeption des Gruppendiskussionsverfahren im deutschsprachigen Raum findet sich in den 1950er Jahren bei *Friedrich Pollock*, bei der die Herausbildung einer nicht-öffentlichen Meinung als zentrales Ziel

---

904 Mayring, P. (2010), S. 65f.
905 Lamnek, S. (1998): Gruppendiskussion. Theorie und Praxis. Weinheim: Beltz. S. 409.

fokussiert wird.[906] Mit *Werner Mangold* (1960) kann dann von einem *Paradigmenwechsel* im methodologischen Diskurs für das Gruppendiskussionsverfahren gesprochen werden, mit dem sich das Erkenntnisinteresse von der Erhebung individueller Meinungen hin zur Erforschung kollektiv verankerter Orientierungen veränderte. Es ging somit darum, informelle *Gruppenmeinungen* zu rekonstruieren, innerhalb dieser das Individuum nicht als Meinungsträger angesehen wird. Gruppenmeinungen sind das Produkt gemeinsamer Erfahrungen und kollektiver Interaktionen, die bereits vor der Gruppendiskussion immanent existieren und mit der Gruppendiskussion aktualisiert, jedoch nicht expliziert werden.[907]

Ausgehend von Mangolds Konzept nimmt *Ralf Bohnsack* eine methodologische Modifikation des Gruppendiskussionsverfahren vor, wodurch in Anlehnung an Mannheims Wissenssoziologie ein Modell zur *Erschließung von kollektiven Orientierungsmustern* entsteht. Bohnsack geht im Vergleich zu Mangolds Gruppenbegriff von kollektiven Erfahrungsräumen aus, in denen sich Gruppenmitglieder bewegen. Diesen kollektiven Erfahrungsräumen liegt zugrunde, dass ihre Mitglieder durch gemeinsame Erlebnisse geprägt sind, so dass hinter individuell-prozesshaften Sinnzuschreibungen kollektiv-strukturelle Sinnmuster erkennbar werden. Aus diesem Grund geht Bohnsack davon aus, dass kollektive Phänomene in Gruppenkontexten rekonstruierbar werden. Sinnbildungen und Orientierungen bilden Individuen in gemeinsamen Erfahrungsräumen, in denen sich Menschen gleicher oder ähnlicher Erfahrung befinden.[908] Nach Bohnsack ist die Gruppendiskussion ein methodologisches Verfahren, mit dem subjektive Vorstellungen eruiert werden können, die in soziale Erfahrungsräume eingebettet sind.[909]

Bei der *Durchführung und Auswertung von Gruppendiskussionen* setzt sich der Forscher mit *zwei verschiedenen Diskursen* auseinander. Der *eine Diskurs* bezieht sich auf das Verhältnis zwischen Forscher und Untersuchte, der *zweite Diskurs* auf die Diskussionsteilnehmer*innen untereinander.[910] Die Diskurse stehen in einem Wechselverhältnis zueinander und bedingen sich gegenseitig. Um dieses Verhältnis aufrechtzuerhalten, verwendet die Diskussionsleitung der Gruppendiskussion verschiedene Moderationstechniken und -strategien, mit

---

906 Bohnsack, R. (2000): Gruppendiskussion. In: Flick, U./Kardorff, E. v./Steinke, I. (Hrsg.): Qualitative Forschung. Ein Handbuch. Reinbek b. Hamburg. S. 370.
907 Bohnsack, R. (2000), S. 370.
908 Ebd., S. 370ff.
909 Vgl. Bohnsack, R. (2014), S. 108ff.
910 Przyborski, A./Wohlrab-Sahr, M. (2004), S. 96.

denen die Diskussion zwischen den Teilnehmenden in Gang gebracht und am Laufen gehalten werden kann.[911]

Um Einblick in die sozialen Aushandlungsprozesse von Diskutanten in einer Gruppendiskussion zu erhalten, spielt die *Ausdrucksart des Gesprächsleitenden* eine bedeutende Rolle. Dabei kann der Gesprächsleitende eine *direktive bzw. non-direktive Gesprächshaltung* einnehmen. Diese Entscheidung steht in Abhängigkeit zu der Forschungsfrage. Die direktive Gesprächsführung verlangt eine höhere inhaltliche Kompetenz von der Gesprächsleitung, als es bei einer non-direktiven Gesprächsleitung der Fall ist.[912] Jedoch wird für eine subjektive Relevanzsetzung der Themen durch die Diskutanten der non-direktiven Gesprächsführung eine höhere Bedeutung zugesprochen.[913] Vor allem für den direktiven Gesprächsführungsstil nimmt die *inhaltliche Sachkompetenz der Diskussionsleitung* eine wesentliche Rolle ein, die in der Literatur zur Durchführung von Gruppendiskussionen als bedeutend beschrieben wird. Lamnek (2010) weist darauf hin, dass die Bedeutung der inhaltlichen Kompetenz des Diskursleiters während der Durchführung der Gruppendiskussion im Forschungsdiskurs aus *zwei konträren Perspektiven* diskutiert wird. Zum einen nennt er die Position, in der die Diskussionsleitung inhaltlich und sachkompetent die Diskursführung unterstützt, und die, mit der die inhaltliche Sachkompetenz der Diskussionsleitenden im Gegensatz zur erst genannten Perspektive als Hindernis für die Diskursführung betrachtet wird.[914] Trotz der gegensätzlichen Positionen zur inhaltlichen Kompetenz der Diskussionsleitung findet sich im Forschungsdiskurs Konsens darüber, dass die inhaltliche Sachkompetenz die teilnehmenden Personen im Diskussionsverlauf nicht beeinflussen oder einschränken sollte.

Der *Beginn eines Gespräches* wird zumeist mit einem von der Diskussionsleitung eingesetzen Reiz bzw. Stimulus wie einem provozierenden Argument, einer expliziten Frage oder einer ambivalenten Aussage eingeleitet. Die Gruppenteilnehmenden erhalten diesen Stimulus und werden gebeten, dazu Stellung zu nehmen. In manchen Fällen muss die Diskussionsleitung entsprechend der Situation bestimmte Strategien einsetzen, um den Verlauf der Diskussion zu sichern und aufrechtzuerhalten. Dies kann durch Paraphrasen, Nachfragen, Rekapitulation, vergleichende Aussagen oder auch durch eigene Analysen ermöglicht

---

911 Lamnek, S. (2010): Qualitative Sozialforschung: Lehrbuch. 5. überarb. Aufl. Weinheim: Beltz. S. 400.
912 Ebd., S. 404.
913 Loos, P./Schäffer, B. (2001), S 48ff.
914 Lamnek, S. (2010), S. 400.

werden. Gleichzeitig bieten solche Aufrechterhaltungsstrategien dem Forschenden die Möglichkeit, sein Forschungsinteresse zu forcieren.[915]

Für den *Verlauf der Gruppendiskussion* ist es weiterhin wichtig, dass die Diskussionsleitung zu Beginn ein Gemeinschaftsgefühl schafft, mit dem alle Teilnehmenden zur aktiven Teilnahme animiert werden. Dieses kann durch das Hervorheben von Gemeinsamkeiten der Teilnehmenden ermöglicht werden. Beispielsweise kann im Hinblick auf die Forschungsfrage das mögliche gemeinsame Interesse der Teilnehmenden formuliert werden, um sie für die Diskussion zu motivieren.[916] Przyborski/Wohlrab-Sahr (2014) weisen darauf hin, dass auch das Richten von Einwänden u. Ä. an alle eine mögliche Strategie der Schaffung eines Zugehörigkeitsgefühls darstellen kann. Dabei können auch nonverbale Interventionen eine zentrale Bedeutung für die Schaffung eines Zugehörigkeitsgefühls leisten.[917]

Die Gruppendiskussion wird im Forschungsdiskurs unterschiedlich *phasiert*. Dabei liegt der zentrale Unterschied darin, ob eine *Gruppe künstlich oder natürlich zusammengestellt* wird. Gruppenteilnehmenden in künstlichen Gruppenkonstellationen kennen sich nicht außerhalb der Diskussionssituation, Teilnehmende einer natürlichen Gruppe hingegen kennen einander auch außerhalb der Diskussionssituation. Mayring (2002) nennt für in natürlicher Form entstandene Gruppen eine Phasierung für Gruppendiskussionen mit den folgenden Phasen: (1.) Formulierung der Fragestellung, (2.) Ableitung von Grundreizen und Reizargumenten, (3.) Gruppenbildung, (4.) Darbietung des Grundreizes, (5.) freie Diskussion, (6.) Einführung weiterer Reizargumente, (7.) Metadiskussion zur Bewertung der Diskussion.[918]

Die vorliegende Untersuchung orientiert sich an diesen Phasen der Gruppendiskussion nach Mayring.

9.1.4.3.3 Gemeinsamkeiten der methodischen Instrumente Interview und Gruppendiskussion bei der Rekonstruktion von Schülervorstellungen

Das leitfadengestützte Einzelinterview und die Gruppendiskussion sind geeignete methodische Instrumente, wenn kollektive Handlungspraxen mittels dokumentarischer Methode rekonstruiert werden. Über die beiden Instrumente wird im Rahmen der vorliegenden Untersuchung die Rekonstruktion von Schülervorstellungen zum Osmanischen Reich ermöglicht.

---

915 Ebd., S. 404ff.
916 Ebd., S. 400.
917 Przyborski, A./Wohlrab-Sahr, M. (2004), S. 97.
918 Mayring, P. (2002), S. 78.

Beide Instrumente ermöglichen es, „Abläufe von Interaktionen, Erzählungen und Diskurse einer Struktur sichtbar"[919] zu machen. Sie eröffnen einen Blick in die „Prozessstrukturen des Lebenslaufs [...] und kollektive[r] Orientierungsmuster"[920] von Individuen, die einen gemeinsamen Erfahrungsraum teilen. So können durch die Auswahl dieser beiden Instrumente individuelle und kollektive Vorstellungen zugänglich gemacht werden, die sich in der verwendeten Alltagskommunikation manifestieren und einen Orientierungsrahmen für diejenigen bilden, die einen gemeinsamen Erfahrungsraum teilen und in Handlungen als handlungspraktische Erfahrungen zu Geltung kommen.[921]

Die Rekonstruktion von Schülervorstellungen zum Osmanischen Reich mittels dokumentarischer Methode wird im Rahmen der vorliegenden Untersuchung um einen weiteren theoretisch-methodischen Zugang ergänzt, um die zu rekonstruierenden Schülervorstellungen diskursanalytisch vertiefen zu können. Für diesen sprachlich-feinanalytischen Zugang wird eine Verschränkung hinsichtlich der theoretisch-methodischen Zugänge vorgenommen, womit die sprachlichen Äußerungen der Schüler*innen auch über den Zugang der Funktionalen Pragmatik nach Ehlich/Rehbein (1986) analysiert werden. Der Zugang der Funktionalen Pragmatik wird im Folgenden erläutert, um anschließend den Mehrwert der Verschränkung beider theoretisch-methodischen Zugänge für die vorliegende Untersuchung zu verdeutlichen.

9.1.5 Die Funktionale Pragmatik als linguistische Vertiefung in Anlehnung an den gesprächsanalytischen Ansatz der Dokumentarischen Methode

Die Konstruktion von Vorstellungen ist ein mentaler Prozess, der sich auf gesellschaftliches Handeln bezieht und in geteilten Lebens-, Handlungs- und Wissensformen von Menschen innerhalb eines gleichen Milieus inkorporiert wird. Die Analyse solcher Vorstellungen können neben der oben vorgestellten Methode der Dokumentarischen Methode auch aus sprachsoziologischer Perspektive untersucht werden. Eine solche Perspektive zur Analyse von Vorstellungen bietet die *Funktionale Pragmatik* nach Ehlich/Rehbein (1986), die im Rahmen der vorliegenden Untersuchung zur linguistischen Analyse der Schülervorstellungen zum Osmanischen Reich herangezogen wird. Mit dem sprachtheoretischen Ansatz der Funktionalen Pragmatik gehen Ehlich/Rehbein davon aus,

---

919 Vgl. Bohnsack, R. (2014), S. 112.
920 Vgl. ebd., S. 112.
921 Nohl, A.-M. (2017).

dass Sprache als besondere Form menschlichen Handelns zu analysieren ist und dieses sprachliche Handeln zweckgebunden, genauer als gesellschaftliches und gesellschaftlich determiniertes Handeln verstanden wird.[922] In ihrem Verständnis, dass sprachliches Handeln im Besonderen durch ihre Zweckgebundenheit geprägt ist, entwickelte sich die Funktionale Pragmatik aus einer Kombination verschiedener Forschungsansätze weiter, mit dem Anspruch einer gesellschaftskritischen Sprachtheorie.[923] Sprachliches Handeln wird demzufolge mit dem Ansatz der Funktionalen Pragmatik als gesellschaftliche Totalität kategorisiert und analysiert.[924]

Die sprachsoziologische Verortung der Funktionalen Pragmatik ermöglicht mit der Fokussierung des Zusammenhangs von Sprache und Gesellschaft bei der Analyse von sprachlichen Handlungen für die vorliegende Analyse eine Erweiterung des Analysezugangs. Diese Erweiterung ist aus Sicht der Forschungsfrage deshalb durchführbar, weil in beiden Ansätzen – Wissenssoziologie der Dokumentarischen Methode und funktional-pragmatische Diskursanalyse – sprachliche Interaktionen aus dem gesellschaftlichen Kontext heraus analysiert werden können. Vor dem Hintergrund dieses gemeinsamen Zugangs zur Sprache und sprachlichen Handlungen ermöglicht die Verschränkung dieser beiden Forschungsansätze die *Analyse von Schülervorstellungen* sowohl auf performativer als auch auf *linguistischer Ebene*.

Um eine solche Verschränkung der beiden Ansätze zu konkretisieren, werden nachfolgend *zentrale Konzepte und Kategorien* des sprachtheoretischen

---

[922] Für einen Überblick über die Theorie und Analysemethode der Funktionalen Pragmatik siehe Brünner/Graefen (1994), Ehlich (2000), Rehbein (2001), Rehbein/Kameyama (2006), Hoffmann/Graefen (2010).

[923] Die Funktionale Pragmatik wurde aus dem Ansatz der Sprachakttheorie Austins und Searles, der Sprachtheorie Bühlers und der Handlungstheorie (Soziologie) weiterentwickelt, um Sprache aus ihrer gesellschaftlichen Zweckgebundenheit heraus zu analysieren.

[924] Die Funktionale Pragmatik hat zu Beginn ihrer Entwicklung einen engeren Bezug zum Marxismus bewahrt. Siehe dazu Ehlich, K./Rehbein, J. (1972): Zur Konstruktion pragmatischer Einheiten in einer Institution: Das Speiserestaurant. In: Wunderlich, D. (Hrsg.): Linguistische Pragmatik. Frankfurt a.M.: Akademische Verlagsgesellschaft Athenaion. S. 209–254. Die Weiterentwicklung und damit verbundene theoretische Ausdifferenzierung führte zwar zu einer Abmilderung des marxistischen Stils. Jedoch wurde zu keiner Zeit auf den kritischen, materialistisch angelegten und auf die Totalität fokussierten Ansatz verzichtet. Siehe dazu Januschek, F./Redder, A./Reisigl, M. (2012): Funktionale Pragmatik und Kritische Diskursanalyse. Osnabrücker Beiträge zur Sprachtheorie (OBST), 82. Duisburg: Universitätsverlag Rhein-Ruhr.

Ansatzes der Funktionalen Pragmatik dargelegt, die im Rahmen dieser Untersuchung die Möglichkeit einer *sprachlichen Feinanalyse der Schülervorstellungen zum Osmanischen Reich* bietet.

Der Ansatz der Funktionalen Pragmatik geht von der Grundannahme aus, dass es eine „Vorgeformtheit des sprachlichen Handelns durch *gesellschaftliche Zwecke* und institutionelle Bedingungen"[925] gibt, durch welche Sprache als eine durch Muster strukturierte Form sozialer Interaktion funktioniert.[926] In diesem Zusammenhang sind Handlungen an Zwecke gebunden. Die Zwecke wiederum ergeben sich durch wiederkehrende Strukturen in der Realität und der damit verbundenen Bedürfnisse der Individuen. Mit dem Zweck ist somit für das Individuum ein zu erreichendes Ziel verbunden, für dessen Realisierung es nicht jedes Mal neue Handlungsmöglichkeiten entwickelt. Dem Individuum stehen präorganisierte Strukturen zur Verfügung, die als ‚Potentiale' bezeichnet werden und die Bearbeitung von ‚Standardkonstellationen'[927] ermöglichen.[928] Diese gesellschaftlichen Strukturen bezeichnen Ehlich/Rehbein als *Handlungsmuster*, die von Personen einer gleichen Sprachgemeinschaft entsprechend der Sprech-*Konstellation*[929] verwendet werden:

> „Die Konstellation wird also in einer systematischen Bindung an Muster gesehen, und zwar einerseits als ein Potential für den Ansatzpunkt alternativer Muster, andererseits als Ergebnis der durch den Handlungsprozess erzeugten Veränderung der gesellschaftlichen Wirklichkeit durch die Muster."[930]

---

925 Vgl. Brünner, G./Graefen, G. (1994): Zur Konzeption der Funktionalen Pragmatik (Einleitung). S. 13. In: ders. (Hrsg.): Texte und Diskurse. Methoden und Forschungsergebnisse der Funktionalen Pragmatik. Opladen: Westdeutscher Verlag. S. 7-21.

926 Grießhaber, W. (2001).

927 Konstellationen zeichnen sich durch äußere und situative Situationen, über das Verhältnis, in dem die Interaktanten stehen, sowie mentale Strukturen aus. Siehe dazu Rehbein, J. (1977), S. 265ff.

928 Ehlich, K./Rehbein, J. (1979): Sprachliche Handlungsmuster. S. 245ff. In: Soeffner, H.-G. (Hrsg.): Interpretative Verfahren in den Sozial- und Textwissenschaften. Stuttgart: Metzler. S. 343-274.

929 Im Gegensatz zum Konstellationsbegriff der funktionalen Pragmatik verwendet die Konversationsanalyse den Begriff des Kontexts, der „individuell, lokalistisch und ad hoc vom einzelnen Akteure her in die Interaktion hineinkonstruiert" wird. Vgl. Rehbein, J./Kameyama, S. (2004): Pragmatik/Pragmatics. S. 561. In: Ammon, U./Dittmar, N./Mattheier, K. J. (Hrsg.): Sociolinguistics: an international handbook of the science of language and society 1. Berlin: de Gruyter. S. 556-589.

930 Vgl. Rehbein, J./Kameyama, (2004), S. 561.

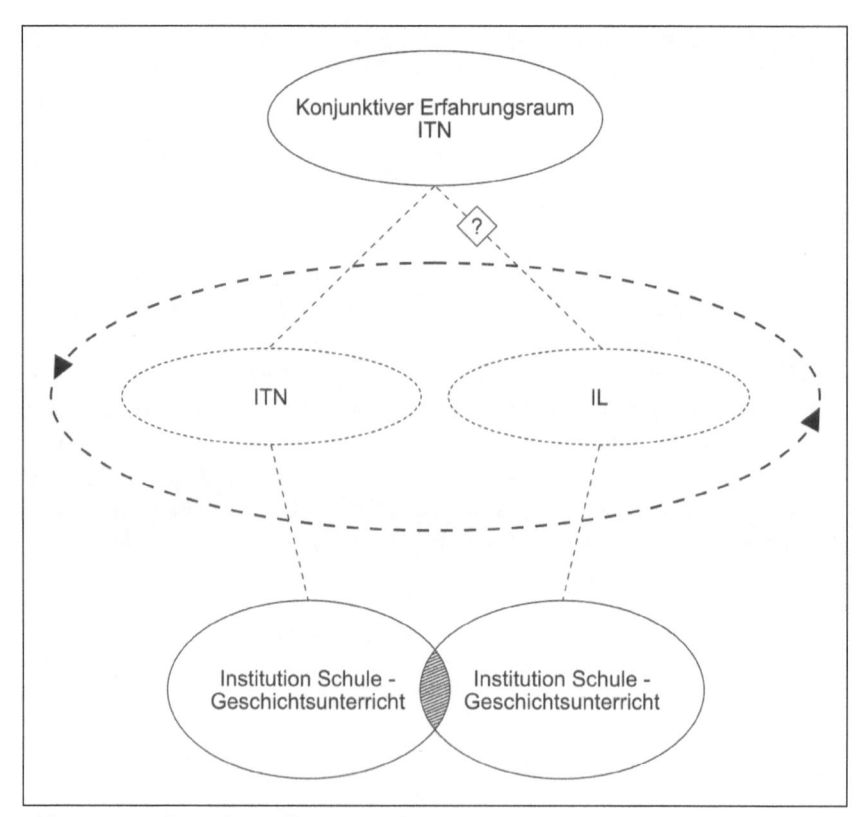

Abb. 17: Interaktionskonstellation Einzelinterview

Der Konstellationsbegriff nimmt für die Analyse der Schülervorstellungen eine bedeutende Rolle ein. Denn die Schüler*innen begeben sich in zwei verschiedene Konstellationen, in denen sie individuelle und kollektive Vorstellungen zum Osmanischen Reich konstruieren: im Einzelinterview und in der Gruppendiskussion. Ausgehend von dem *Konstellationsbegriff* der Funktionalen Pragmatik und unter Rückgriff der methodologischen Merkmale der Dokumentarischen Methode werden die spezifischen Konstellationen der vorliegenden Untersuchung mit den folgenden beiden Darstellungen erläutert. Dabei wird zuerst die Konstellation im Einzelinterview, anschließend die in der Gruppendiskussion vorgestellt:

Beim *Einzelinterview* handelt es sich um ein Gespräch zwischen dem Interviewten und dem Interviewleitenden.[931] Die Konstellation zeichnet sich durch die *kopräsente Interaktion zwischen Sprecher und Hörer* aus, in der die Beteiligten

---

931 Siehe dazu auch Roll, H. (2003).

9 Hauptstudie: das Osmanischen Reich in Schülervorstellungen 311

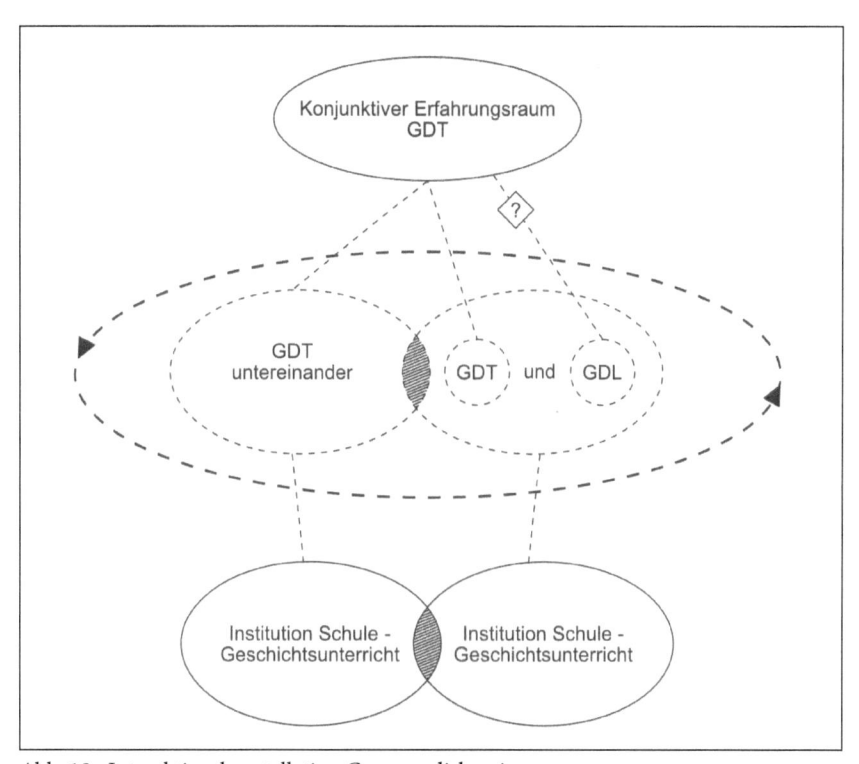

Abb. 18: Interaktionskonstellation Gruppendiskussion

des Diskurses kooperativ sprachlich und nichtsprachlich handeln können. Konstitutiv für diese Interaktionskonstellation ist die systematische Unterscheidung von Sprecher (S) und Hörer (H), in der sich das sprachliche Handeln von S in einzelnen sprachlichen Handlungen für H entfaltet. S und H stehen demnach in einer interaktiven Handlungskonstellation zueinander.[932] Der konjunktive Erfahrungsraum der Interviewteilnehmenden (ITN) ist der Interviewleiterin (IL) während des Interviews nicht zugänglich.

Der ITN befindet sich im konjunktiven Erfahrungsraum der Institution Schule. Allen ITN ist gemeinsam, dass sie sich am Ende ihrer schulischen Laufbahn, genauer, in der Prüfungsphase zur Erlangung der allgemeinen Hochschulreife an Essener Schulen befinden. Die IL ist abgeordnete Lehrerin am Institut für Deutsch als Zweit- und Fremdsprache der Universität Duisburg-Essen und Verfasserin der vorliegenden Arbeit. Als Lehrerin für die Fächer Deutsch und Geschichte ist sie mit den schulischen Strukturen des Geschichtsunterrichts und

---

932 Diese Konstitution gilt auch für die Konstellation der Gruppendiskussion.

seinen Inhaltsfeldern vertraut, nicht aber mit den subjektiven Vorstellungen der Schüler*innen zum Osmanischen Reich, die durch ihre konjunktiven Erfahrungsräume geprägt sind.[933]

Im Vergleich zum Einzelinterview zeichnet sich die *Gruppendiskussion* durch einen *zweifachen Diskurs* aus. Innerhalb der Gruppendiskussionskonstellation findet zum einen ein Diskurs der Gruppendiskussionsteilnehmenden (GDT) untereinander statt, der Diskurs A genannt werden soll, zum anderen ein Diskurs zwischen den GDT und der Gruppendiskussionsleitung (GDL), der Diskurs B genannt werden soll.[934] Auch in der Gruppendiskussionskonstellation ist die Kopräsenz von S und H kennzeichnend, die in den Diskursen kooperativ sprachlich und nichtsprachlich handeln können.

In der Gruppendiskussion befinden sich die Teilnehmenden ebenfalls im gemeinsamen Erfahrungsraum der Institution Schule, ihr konjunktiver Erfahrungsraum ist während der Gruppendiskussion der GDL nicht zugänglich.

Aus diesen oben dargestellten Konstellationen ergeben sich unterschiedliche Wissensvoraussetzungen und Vorstellungen zwischen Interview- bzw. Gruppendiskussionsleitung und Interview- bzw. Gruppendiskussionsteilnehmenden. Das *Wissensmodell* nach Ehlich/Rehbein kann verdeutlichen, *wie sich das Wissen von S und H in Diskursen verhält*. Dieses Wissensmodell ermöglicht einen Zugang zu den Wissensstrukturen der Schüler*innen zum Osmanischen Reich, weshalb im Folgenden das handlungstheoretischen Wissensmodell nach Ehlich/Rehbein (1986/2000) vorgestellt werden soll (siehe Abb. 19).[935]

Im handlungstheoretischen Wissensmodell von Ehlich/Rehbein werden *drei Dimensionen der Wirklichkeit* unterschieden: (1.) die Wirklichkeit (P), die die Konstellation zwischen Sprecher (S) und Hörer (H) bestimmt, (2.) das mentale Wissen (Π), das das unterschiedliche Wissen von S (Π^S) und H (Π^H) bestimmt und (3.) die sprachliche Wirklichkeit (p), die den propositionalen Gehalt der sprachlichen Handlung von S bezeichnet.[936] Für die funktional-pragmatische Analyse von sprachlichen Handlungen spielen die im Π-Bereich verankerten

---

933 Die Gemeinsamkeiten des schulisch-institutionellen Erfahrungsraumes und die Unterschiede des konjunktiven Erfahrungsraumes gelten auch für die Konstellation der Gruppendiskussion.
934 Przyborski, A./Wohlrab-Sahr, M. (2014), S. 96.
935 Das handlungstheoretische Wissensmodell wurde von Rehbein (2000) um die sprecher- und hörerseitigen Komponenten erweitert.
936 Redder, A. (2010): Functional Pragmatics. S. 136. In: Antos, G./Ventola, E. (Hrsg.): Handbook of Interpersonal Communication. New York: Mouton de Gruyter. S. 133–178.

9 Hauptstudie: das Osmanischen Reich in Schülervorstellungen 313

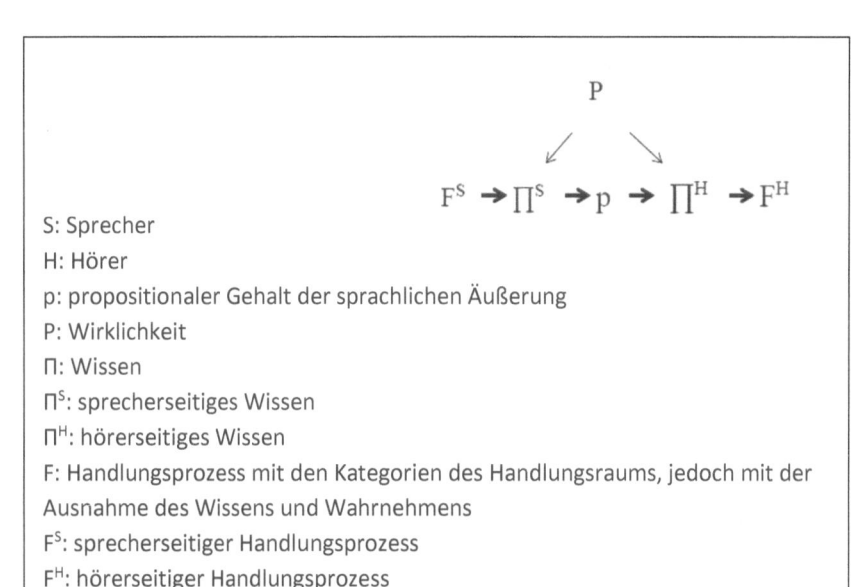

$$F^S \rightarrow \prod^S \rightarrow p \rightarrow \prod^H \rightarrow F^H$$

$$P \nearrow \quad \searrow$$

S: Sprecher
H: Hörer
p: propositionaler Gehalt der sprachlichen Äußerung
P: Wirklichkeit
Π: Wissen
$Π^S$: sprecherseitiges Wissen
$Π^H$: hörerseitiges Wissen
F: Handlungsprozess mit den Kategorien des Handlungsraums, jedoch mit der Ausnahme des Wissens und Wahrnehmens
F^S: sprecherseitiger Handlungsprozess
F^H: hörerseitiger Handlungsprozess

Abb. 19: Erweitertes handlungstheoretisches Wissensmodell nach Ehlich/Rehbein (1986), Erweiterung nach Rehbein (1999)[937]

mentalen Prozesse und Wissensstrukturen, die zur Entstehung von p führen, eine zentraler Rolle.[938]

Wenn dieses Wissensmodell auf die oben dargestellten Konstellationen übertragen wird, ergibt sich für die Analyse der Schülervorstellungen zum Osmanischen Reich folgender Zusammenhang zwischen Wissen und Sprache unter den Bedingungen der Migrationsgesellschaft:

Dem sprachtheoretischen Ansatz der Funktionalen Pragmatik folgend, wonach Wissen eine systembildende Struktur zugrunde liegt und dieses Wissen über pragmatische Quantifizierungen differenzierbar ist, unterscheiden Ehlich/Rehbein folgende Wissensstrukturtypen:

- (0): partikulares Erlebniswissen
- (1): Einschätzung
- (2): Bild
- (3): Sentenz

---

937 Die Erweiterung des handlungstheoretischen Wissensmodells nach Rehbein (1999) berücksichtigt die Handlung F, im Rahmen derer die sprachliche Äußerung des Sprechers zu sehen ist.
938 Ehlich, K./Rehbein, J. (1986): Muster und Institutionen. Untersuchungen zur schulischen Kommunikation. Tübingen: Narr Verlag. S. 97.

```
┌─────────────────────────────────────────────────────────────────┐
│                      Gesellschaftliche                          │
│                      Erfahrungsräume im                         │
│                      Kontext der                                │
│                      Migrationsgesellschaft:                    │
│                      Wirklichkeit                               │
│                             P                                   │
│                            ╱ ╲                                  │
│                           ╱   ╲                                 │
│  Individuelle und kollektive              Individuelle und kollektive │
│  Vorstellungen zum    Π^S ──→ P ──→ Π^H   Vorstellungen zum     │
│  Osmanischen Reich:                       Osmanischen Reich:    │
│  sprecherseitiges Wissen   Sprachliche    hörerseitiges Wissen  │
│                            Verbalisierung der                   │
│                            Vorstellung zum                      │
│                            Osmanischen Reich:                   │
│                            propositionaler Gehalt               │
│                            der sprachlichen                     │
│                            Äußerung                             │
└─────────────────────────────────────────────────────────────────┘
```

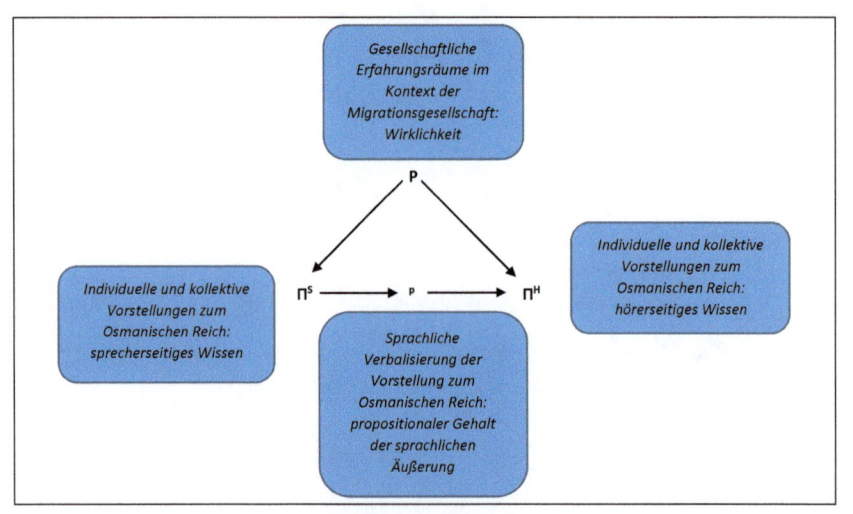

Abb. 20: Handlungstheoretischer Zugang zum Zusammenhang von Sprache und Wissen bei der Konstruktion von Schülervorstellungen zum Osmanischen Reich

- (4): Maxime
- (5): Musterwissen
- (6): Routinewissen.[939]

Im Folgenden wird insbesondere auf die Wissensstrukturtypen eingegangen, mit denen eine Differenzierung des Wissensbereichs Π bei der Analyse der Schülervorstellungen zum Osmanischen Reich in den Einzelinterviews und der Gruppendiskussion ermöglicht wird. Insbesondere für die *Zusammenfassung rekonstruierter Schülervorstellungen* zum Osmanischen Reich in Kapitel 9.3.3.1.4, 9.3.3.2.4 und 9.3.3.3.4 sollen die Wissensstrukturtypen genutzt werden, um die rekonstruierten Schülervorstellungen und die damit verbundenen Wissensstrukturen in Bezug auf ihre Qualität und ihren Stellenwert im kollektiven System des Wissens der Schüler*innen zu verstehen. Da es sich bei den Schüler*innenäußerungen um Vorstellungen handelt, sind vor allem die Strukturtypen (0) bis (3) von Interesse:

---

939 Siehe dazu Ehlich, K./Rehbein, J. (1977): Wissen, kommunikatives Handeln und die Schule. S. 44. In: Goeppert, H. C. (Hrsg.): Sprachverhalten im Unterricht. Zur Kommunikation von Lehrer und Schüler in der Unterrichtssituation (UTB, Bd. 642). München: Wilhelm Fink Verlag/UTB. S. 36–114.

(0): Partikulares Erlebniswissen
Das partikulare Erlebniswissen ist dasjenige individuelle Wissen, das sich auf ein partikulares Erlebnis aus der vergangenen Wirklichkeit des Individuums bezieht und als „wissensmäßige Repräsentation des *nur Zufälligen*"[940] verstanden wird. Das Wissen des partikularen Erlebnisses wird nicht systematisiert oder kritisch verarbeitet. Über das Erinnern entsteht partikulares Erlebniswissen und bleibt weitgehend isoliert, kann aber in neue Erlebnisse integriert bzw. mit neuen Erlebnissen ‚verschmolzen' werden.[941]

Typ 1: Einschätzung
Mit dem Strukturtyp der Einschätzung wird eine systematisierende Synthese eines Wissenden auf der Grundlage mehrerer übereinstimmender Wissenselemente aus dem partikularen Erlebniswissen geleistet. Dieses Wissen wird über eine individuelle Interpretation produziert, die als schwach einzustufen ist. Somit ist die Einschätzung zukunftsorientiert, ermöglicht allerdings nur eine geringe Einschätzung zukünftiger Ereignisse und Sachverhalte. Für die Verbalisierung von Einschätzungen werden „pragmatische Quantoren"[942] verwendet, die in lokale Quantoren (z. B. *hier und dort, da und dort*), temporale/okkasionelle Quantoren (z. B. *öfter, ab und zu, manchmal, einige Mal, ein paar Mal*) und personale Quantoren (*einige, jene, mehrere, etliche, viele, der eine oder andere*) unterschieden werden.

Typ 2: Bild
Ein Bild entsteht dann, wenn mehrere Einschätzungen systematisch zusammengeführt werden. In Bildern wird aus Wirklichkeitsinterpretationen gefestigtes Wissen gewonnen, das sich am Wissensgegenstand orientiert. Bilder sind eine Art Raster der Interpretation und können kaum modifiziert werden. Sie können, wenn sie mehreren Wissenden zugänglich sind, zu Images werden und zu einer Verallgemeinerung des Bildes führen.[943]

Die Strukturtypen (3) und (4) unterscheiden sich, wie auch die Strukturtypen (5) bis (6), von den bisher beschriebenen Strukturtypen, da sie im Besonderen das außersprachliche Handeln betreffen. Da davon auszugehen ist, dass diese Typen möglicherweise bei der Wissensverarbeitung in der Konstellation der Gruppendiskussion vorkommen, werden diese auch näher beschrieben.

---

940 Vgl. ebd., S. 47 [Hervorhebung im Original].
941 Vgl. ebd., S. 48.
942 Vgl. ebd., S. 50ff.
943 Ebd., S. 50.

Typ 3: Sentenz
Mit der Sentenz wird ein Strukturtyp beschrieben, der ein verallgemeinertes Wissen über Sachverhalte stellt. Durch die Sentenzen wird eine uneingeschränkte Gültigkeit im Hinblick auf das Gewusste über das Thema des Wissens und eine Gültigkeit für alle Wissenden beansprucht. Allerdings können sich zum gleichen Thema verschiedene Sentenzen etablieren, die sogar im Widerspruch zueinander stehen.[944] Sentenzen werden meist in „kollektiven Merksätzen"[945] verbalisiert, womit sie für die Konstruktion gemeinsamer Erfahrungen, die sich im konjunktiven Erfahrungsraum ergeben, zentral werden. Ehlich nennt Sprichwörter als Unterkategorie von Sentenzen, mit denen innerhalb des alltäglichen wie auch des institutionellen Handelns die umzusetzenden „Backings"[946] gestärkt werden können. Auch können sie ideologische Wissensbestände beinhalten, die funktional auf die Etablierung von bestimmten Handlungspraxen ausgerichtet sind. Durch ihre Stärke und Unantastbarkeit können Sentenzen bestimmtes Wissen immunisieren und eine Überprüfbarkeit und Reflexion dieses manifesten Wissens verhindern. Die Stärke von Sentenzen und ihre mögliche Unüberprüfbarkeit beschreiben Ehlich/Rehbein wie folgt:

> „Die Allgemeinheit der Sentenzen diskreditiert [...] individuelle Erfahrungen, die in den Strukturen (0) bis (2) wissensmäßig organisiert sind, als bloß individuell und bedeutungslos. Gerade als Repräsentationen des allgemeinen Wissens stellen sie ein System von letzten Gründen dar, gegen die kein argumentativer Widerspruch eingelegt werden kann."[947]

Typ 4: Maxime
Maximen können mit Ehlich/Rehbein als handlungsleitende Destilate beschrieben werden.[948] Das bedeutet, dass Maximen als leitendes Wissen dem Aktanten die Möglichkeit der Orientierung in neuen Erfahrungskontexten bietet. In diesem Sinne beschreiben Ehlich/Rehbein, dass Maximen zwei Perspektiven haben: Sie orientieren sich als Destillate an der Verganghnheit und ermöglichen die Erschließung und Verorttung von neuen Handlungen in der Zukunft. Damit wird in der FP diesem Strukturtyp ein Handlungserzeugendes Potential zuge-

---

944   Ebd., S. 54ff.
945   Ebd., S. 57.
946   Ehlich/Rehbein verwenden unter Rückgriff auf Toulmin (1975) den Begriff Backing im Sinne von Unterstützung von Handlungsentscheidungen. Siehe dazu ebd., S. 57.
947   Ehlich, K./Rehbein. J. (1977), S. 57.
948   Ebd., S. 61.

sprochen, mit dem in Situationen Handlungen kalssifiziert, interpretiert und beurteilt werden.[949] Für historische Kontexte können Maximen immer dann bedeutend sein, wenn unter Rückgriff auf vergangene historische Ereignisse gegenwärtige bzw. zuküftige Handlungen beurteilt werden.

Für das sprachliche Handeln von Aktanten bestimmen Ehlich/Rehbein neben den Wissensstrukturtypen weiterhin aufeinander aufbauende *Wissenskategorien, die gesellschaftlichen Diskursen* zugrunde liegen und somit für die im Rahmen der vorliegenden Untersuchung zu analysierenden Diskurse auch von Bedeutung sind.[950] Um die Wissenskategorien zu bestimmen, differenzieren die Autoren die Diskurse, in denen sich Aktanten entsprechend des Handlungszieles und des damit verbundenen Zweckes befinden, in einen *institutionellen* und *homileïschen Diskurs*. Homileïsche Diskurse verfolgen gegenüber institutionellen Diskursen dysfunktionale Zwecke und enthalten keine Verteilung des Rederechts, wie es in institutionellen Diskursen ist. Somit sind die Interaktionspartner des homileïschen Diskurses potentiell gleichberechtigt.[951] Die Diskurse unterscheiden sich durch jeweils spezifische Handlungsmuster. Werden Handlungsmuster des Alltags, die dem homileïschen Diskurs zuzuordnen sind, in einen institutionellen Diskurs übertragen, finden spezifische Veränderungen statt bzw. werden Veränderungen notwendig.[952]

Die Diskurse der vorliegenden Untersuchung enthalten Handlungsmuster beider Diskurstypen. Durch die Erzählgenerierung in den Einzelinterviews verwenden die Schüler*innen sprachliche Handlungsmuster, die dem homileïschen Diskurs zuzuordnen sind, auch wenn sie sich durch die thematische Strukturierung des Interviews Elementen institutioneller Diskurse bedienen. Innerhalb dieser Konstellationen konstituieren Schüler*innen Handlungswissen, welches sie durch sprachliche Handlungen verbalisieren. Diese verwendeten sprachlichen Handlungen, die sich an gesellschaftlichen Zwecken orientieren, werden von Ehlich/Rehbein *Prozeduren* genannt und sind als die kleinste Einheit sprachlichen Handelns zu bestimmen. Sie werden verschiedenen *Handlungsfeldern* und entsprechenden *Handlungszwecken* zugeordnet, die für die Analyse der Schülervorstellungen von Bedeutung sind und im Folgenden vorgestellt werden sollen:

---

949 Ebd.
950 Ebd., S. 36ff. und Ehlich, K. (2007b), S. 21.
951 Ehlich, K./Rehbein. J. (1980): Sprache in Institutionen. In: Althaus, P. (Hrsg.): Lexikon der germanistischen Linguistik. Tübingen: Max Niemeyer Verlag. S. 338.347.
952 Ebd.

Überblick Handlungsfelder Funktionale Pragmatik nach Ehlich/Rehbein (1986)

Malfeld (expressive Prozeduren)
Prozeduren des Malfeldes drücken affektive Einstellungen und Nuancierungen aus, um eine Atmosphäre zu erzeugen bzw. eine Stimmung zu schaffen. Mit Prozeduren des Malfeldes können Individuen Ein- und Vorstellungen zum propositionalen Gehalt einer Äußerung markieren. Dies kann unter anderem durch ausdrucksstarke, also expressive Intonation ausgedrückt werden.[953]

Lenkfeld (expeditive Prozeduren)
Mit Prozeduren des Lenkfeldes kann eine unmittelbare Handlungsbeeinflussung des Hörers erreicht werden, indem beispielsweise auf Interjektionen wie Ausrufe, auf Imperativformen oder auf eine direkte Anrede zurückgegriffen wird. Mit diesen expeditiv orientierten Prozeduren wird eine Form der Kontaktierung des Hörers angestrebt.[954]

Zeigfeld (deiktische Prozeduren)
Prozeduren des Zeigfeldes sind deiktischen Charakters. Mit der Verwendung von deiktischen Prozeduren kann der Sprecher die Aufmerksamkeit des Hörers bzw. der Hörer über eine „Neufokussierung" auf einen gemeinsamen Verweisraum lenken.[955] Deiktische Mittel können sich auf verschiedene Verweisräume beziehen, in denen sie mit unterschiedlichen Funktionen und Zwecken verwendet werden. Ehlich differenziert deiktische Mittel nach ihren Verweisräumen in Personaldeixis (ich, du, ihr), Temporaldeixis (morgen, jetzt), Lokaldeixis (dort, da, hier) und Objektdeixis (dieser, jeder, jene). Deiktische Prozeduren können auch innerhalb der jeweiligen Verweisräume eine Differenzierung in Nah- und Fernbereich ermöglichen.[956] So können beispielsweise auf der temporalen Ebene mit den deiktischen Mitteln *früher* im Sinne von vergangen ein deiktischer Fernbereich und *jetzt* im Sinne von gegenwärtig ein deiktischer Nahbereich gezeigt werden.

---

953 Redder, A. (1994): „Bergungsunternehmen" – Prozeduren des Malfelds beim Erzählen. In: Brünner, G./Graefen, G. (Hrsg.): Texte und Diskurse. Methoden und Forschungsergebnisse der Funktionalen Pragmatik. Opladen: Westdeutscher Verlag. S. 238–264.
954 Rehbein, J./Kameyama, S. (2004).
955 Ehlich, K. (2007b).
956 Ebd., S. 20.

Symbolfeld (nennende Prozeduren)
Prozeduren des Symbolfelds übernehmen eine nennende Funktion. Der Sprecher aktiviert beim Hörer Wissenselemente, indem er Elemente der Wirklichkeit verbalisiert. Rehbein/Kameyama weisen darauf hin, dass diese Verbalisierung von Wissen über die Prozeduren des Symbolfeldes das Rezipieren sprachlicher Verbalisierungen von Wirklichkeitselementen ermöglicht.[957]

Operationsfeld (operative Prozeduren)
Mit operativen Prozeduren wird sprachliches Handlungswissen weiterverarbeitet, so dass eine Wissensumstrukturierung initiiert, auf bestehende Gemeinsamkeiten Bezug genommen oder auch neues Wissen in die Interaktion eingebunden werden kann.[958] Diese Zwecke können mit sprachlichen Mitteln wie Konjunktionen, Anaphern, Artikeln, Adverbien oder Negationen realisiert werden.

In Interaktionsprozessen werden sprachliche Prozeduren zumeist in größeren Handlungseinheiten realisiert und weisen in ihrer ‚prozeduralen Qualität' eine Funktionalität, damit verbunden, einen Zweck auf.[959] Die durch die funktionale Pragmatik gebotene Perspektive aus Sprache wird im Rahmen der vorliegenden Untersuchung zur Feinanalyse der konstruierten Schülervorstellungen zum Osmanischen Reich verwendet.

9.1.6 Schülervorstellungen zum Osmanischen Reich: Rekonstruktion von Wissensstrukturen

In den durchgeführten Einzelinterviews und der Gruppendiskussion konstruieren die Schüler*innen ihre Vorstellungen zum Osmanischen Reich. In diesen Diskursräumen teilen sie einen *gemeinsamen konjunktiven Erfahrungsraum* hinsichtlich ihrer Rolle als Schülerin/Schüler im Geschichtsunterricht der gymnasialen Oberstufe und damit verbunden der meisten historischen Themen und Diskurse, die im Geschichtsunterricht behandelt werden.

Die beiden diskursiven Konstellationen (Einzelinterview und Gruppendiskussion) zu den Erfahrungsräumen der Schüler*innen ermöglichen somit für die vorliegende Untersuchung die Rekonstruktion ihrer Vorstellungen zum Osmanischen Reich, die sich in ihren Wissensstrukturen absetzen.

---

957   Rehbein, J./Kameyama, S. (2004), S. 566.
958   Ehlich, K. (2007b).
959   Rehbein, J./Kameyama, S. (2004).

Durch die performative Perspektive der Dokumentarischen Methode der Interpretation, die eine formal-pragmatische Diskursanalyse zugrunde legt, können Orientierungsrahmen und konjunktive Wissensbestände der Schüler*innen rekonstruiert werden. Dieser Zugang wird durch den linguistischen Zugang der funktionalen Pragmatik ergänzt, um Orientierungsrahmen der Schüler*innen hinsichtlich ihrer verbalisierten Prozeduren auch aus linguistischer Perspektive analysieren zu können. Durch diese Verschränkung der beiden Zugänge wird die Rekonstruktion von Schülervorstellungen zum Osmanischen Reich und damit der Zugang zu konjunktivem Wissen aus performativer und linguistischer Sicht ermöglicht. Beiden Ansätzen liegt die Kernannahme zugrunde, dass Wissen in konjunktiven Erfahrungsräumen gebildet wird und durch die gesellschaftliche Wirklichkeit der Individuen geprägt ist. Diese Grundannahme ermöglicht die Analyse des konjunktiven Wissens zum Osmanischen Reich, das im Sinne der funktionalen Pragmatik im Π-Bereich verortet ist.

9.1.7   Betrachtung der Fallstudie als übergreifende Forschungsstrategie

In diesem Teilkapitel werden die Schritte bei der Betrachtung der Fallanalyse dargestellt. Dabei werden die in Kapitel 9.1.1 bis 9.1.6 erarbeiteten methodologischen Grundlagen und methodischen Entscheidungen für die Analyse von Schülervorstellungen zum Osmanischen Reich im Einzelinterview und in der Gruppendiskussion berücksichtigt. In diesem Sinne versteht sich dieses Teilkapitel als eine Skizzierung der Forschungsstrategie, die der Datenanalyse zugrunde liegt. Die Skizzierung der Forschungsstrategie kann als der erste Schritt der Fallkonstruktion verstanden werden und stellt zunächst die Entstehung des Forschungsdesigns dar, aus dem sich die Forschungsfragen ergaben und als Ausgangspunkt der Fallstudie verstanden werden. Anschließend werden die Rolle der Forscherin im Forschungsfeld und der Forschungsprozess diskutiert und reflektiert, um daran anknüpfend die Zusammenstellung des Samplings zu beschreiben. Bei der Beschreibung des Samplingverfahrens orientiert sich die Samplingstratgie an den Forschungsfragen der vorliegenden Untersuchung.

9.1.7.1   Entstehung des Forschungsdesigns

Grundlage der vorliegenden Untersuchung ist eine inhaltliche und methodische Triangulation, mit der Schülervorstellungen zum Osmanischen Reich untersucht werden. Im Folgenden wird das *Forschungsdesign* vorgestellt, das auf der Grundlage der bisher dargestellten theoretischen und methodischen Schwerpunkte der vorliegenden Untersuchung entstanden ist.

9 Hauptstudie: das Osmanischen Reich in Schülervorstellungen 321

Vor Beginn des Forschungsprozesses konnte die Forscherin in ihrer Rolle als Lehrerin für die Unterrichtsfächer Deutsch und Geschichte einer weiterführenden Schule in NRW im Geschichtsunterricht einige *Beobachtungen* machen. An dieser Stelle werden prägnante Beobachtungen beschrieben, aus denen die Motivation zu der vorliegenden Forschungsarbeit entstand. In verschiedenen Situationen des Geschichtsunterrichts vebalisierten einige Schüler*innen ihre Vorstellungen zum Osmanischen Reich, obwohl die Inhalte des Geschichtsunterrichts dies nicht initiierten. Mit der Frage danach, warum das Osmanische Reich nicht Thema des Geschichtsunterrichts sei, hinterfragten die Schüler*innen die Diskrepanz zwischen den historischen Inhalten, die sie subjektiv als relevant für den Geschichtsunterricht erachteten, und den Inhalten, die institutionell für ihren Geschichtsunterricht vorgeschrieben sind. Aus diesen Beobachtungen der Forscherin in ihrer aktiven Rolle als Geschichtslehrerin konnte die Leitfrage der vorliegenden Untersuchung entstehen und danach gefragt werden, welche Vorstellungen Schüler*innen zum Inhalt Osmanisches Reich in den Geschichtsunterricht mitbringen und welche Relevanz dieser Inhalt für den Geschichtsunterricht hat.

Die erste Beschäftigung mit der Forschungsliteratur zur Eruierung von Schülervorstellungen zum Osmanischen Reich zeigte, dass keine explizite Beschäftigung im Forschungsdiskurs existiert und eine genauere Annäherung an das Forschungsfeld notwendig ist. Daraus ergab sich die Planung und Durchführung einer Prästudie (Kap. 7), mit der die erste Annäherung an das Forschungsfeld der vorliegenden Untersuchung ermöglicht wurde. Zur genaueren Felderschließung wurden in Anlehnung an die Ergebnisse der Prästudie eine Forschung der institutionellen Vorgaben des Geschichtsunterrichts (Kernlehrpläne) und ausgewählter in NRW zugelassener Geschichtsschulbücher der Sekundarstufe I und II konzipiert und durchgeführt, die die Ergebnisse der Hauptstudie ergänzen sollen (Kap. 8). Die Analyse von Kernlehrplänen und ausgewählter Geschichtsschulbücher ermöglichte die Überprüfung der in der Prästudie konstruierten Vorstellungen der Schüler*innen zum Umgang mit dem Osmanischen Reich in Geschichtsschulbüchern. Aus den Ergebnissen der Prästudie wurde ein Korpus zentraler Begriffe erstellt, durch welchen 26 Geschichts- und Gesellschaftslehrebücher einer Frequenzanalyse unterzogen wurden. Das Korpus wurde anhand der Interviews der Prästudie bestimmt.[960]

Die Hauptstudie beschäftigt sich mit der komplexen Planung und Durchführung zweier rekonstruktiver Instrumente der Sozialforschung, mit denen Schülervorstellungen zum Osmanischen Reich eruiert werden. Im Sinne der Methodentriangulation wurden Einzelinterviews und eine Gruppendiskussion

---

960 Es wurden dabei alle zentralen Schulbuchverlage berücksichtigt.

durchgeführt.[961] Ziel der Hauptstudie ist die Rekonstruktion von subjektiven und konjunktiven Wissensstrukturen zum Osmanischen Reich aus Einzelinterviews und aus einer Gruppendiskussion.[962]

Die Ergebnisse der Untersuchungszugänge (Sichtung der Kernlehrpläne NRW, quantitative Frequenzanalyse von in NRW zugelassener Geschichtsschulbücher der Sekundarstufe I und II, Rekonstruktion von Schülervorstellungen zum Osmanischen Reich mittels Einzelinterview und Gruppendiskussion) werden am Ende der vorliegenden Arbeit zusammengeführt.

9.1.7.2 Forschungskontext, Forschungsinteresse und Forschungsfragen

Im theoretischen Hintergrund der vorliegenden Untersuchung (Kap. 2 bis 6) wurde der Forschungskontext der empirischen Studie detailliert dargestellt. Bei diesem handelt es sich um den Geschichtsunterricht und die Bedeutung von mitgebrachten Schülervorstellungen zum Osmanischen Reich sowie um den schulisch-institutionellen Umgang mit dem Inhalt Osmanisches Reich im Kontext der Migrationsgesellschaft. In dieser theoretischen Auseinandersetzung spielte das Begriffspaar Passung und Divergenz eine relevante Rolle, woraus sich Leitfragen ergaben, die wiederum zu den methodischen Überlegungen in Kapitel 9 führten.

Dieser Forschungskontext und das daraus sich ergebende Forschungsinteresse ermöglichten die Generierung folgender Forschungsfragen, die für die Datenanalyse zentral waren:

- Welche Orientierungsrahmen werden von den Schüler*innen verwendet, um ihre Vorstellungen zum Osmanischen Reich zu konstruieren?
- Welche sprachlichen Prozeduren und Wissensstrukturtypen werden von den Schüler*innen bei der Konstruktion ihrer Vorstellungen zum Osmanischen Reich verbalisiert?
- Lassen die verbalisierten sprachlichen Handlungen in den Einzelinterviews und der Gruppendiskussion Rückschlüsse auf die Verarbeitung der Wirklichkeit der Schüler*innen zu?

Die theoretischen Vorüberlegungen wie auch die Antworten auf die oben gestellten Fragen können am Ende der vorliegenden Untersuchung dazu führen, dass Ideen für einen Geschichtsunterricht generiert werden, der Passungen zwischen

---

961 Flick, U. (2011): Triangulation. Eine Einführung. 3., akt. Auf. Wiesbaden: VS Verlag.
962 Przyborski, A./Wohlrab-Sahr, M. (2014), S. 278.

mitgebrachten Schülervorstellungen und institutionellen Inhalten stärkt und Divergenzen reflektiert. Dabei wird der Fokus insbesondere auf der Berücksichtigung der Lebens- und Lernbedingungen in der Migrationsgesellschaft liegen, da diesen, das hat der theoretische Teil der vorliegenden Untersuchung gezeigt, im geschichtsdidaktischen Diskurs keine Aufmerksamkeit geschenkt wird.

9.1.7.3 Forscherrolle im Feld und der Umgang mit Forscher-Reflexivität

Beim Eintritt in das Untersuchungsfeld nimmt der Forschende durch seinen Kontakt zu den Feldteilnehmenden eine soziale Rolle ein, in der der Forschende zum Teil des Feldes und damit auch Teil des Untersuchungsgegenstandes wird. Der Forschende „kann gegenüber dem Feld keine antiseptische Distanz bewahren: [er] nimmt teil, auch wenn [er] nur beobachtet."[963] Damit begibt sich der Forschende in eine Kommunikationskonstellation, in die er mit persönlichen Merkmalen wie „Geschlecht, […] soziale Bindungen, individuelle Eigenschaften, theoretische[s] Vorwissen, soziale Ressource usw."[964] eintritt. Diese Merkmale können bei Eintritt in die Kommunikationskonstellation nicht abgelegt werden und beeinflussen die Kommunikation mit. Aus diesem Grund ist ein reflexiver Umgang des Forschenden mit seiner Rolle in der Kommunikationskonstellation zentral.[965] In dieser Konstellation ist die Forschung im Feld ein interaktiver und -aktionaler Prozess, der zu Aktionen und Reaktionen, aber auch Gegenreaktionen aller Beteiligten führen kann.

Für die vorliegende Forschung kann festgehalten werden, dass durch die Berücksichtigung der oben dargestellten Bedingungen (für die Eruierung von Schülervorstellungen zum Osmanischen Reich als Ausgangspunkt für das historische Lernen im Geschichtsunterricht unter den Bedingungen der Migrationsgesellschaft) vorab ein geeigneter Rahmen geschaffen werden musste. Es konnte durch die freiwillige Teilnahme und transparente Information zum Forschungsvorhaben ein erstes Vertrauensverhältnis aufgebaut werden. Die Stärkung der Vertrauensbasis konnte weiterhin durch den für die Schüler*innen bekannten *Raum Universität* geleistet werden, da sie alle mehrmals in der Woche hier das Projekt ‚Förderunterricht' besuchen.[966] Aufgrund der Tatsache, dass zwischen den Schüler*innen und der Forscherin keine Beziehung existiert, das in einem schulischen Wirkungsverhältnis (Bewertung, Vergabe von Schulnoten) steht, waren die Schüler*innen zu einer authentischen Verbalisierung ihrer Wissens-

---

963 Vgl. Przyborski, A./Wohlrab-Sahr, M. (2014), S. 44.
964 Vgl. ebd., S. 44.
965 Ebd., S. 44.
966 Zum Projekt ‚Förderunterricht' siehe Kap. 7.

strukturen bereit. Die Forscherin fungierte in den Einzelinterviews und in der Gruppendiskussion somit als Diskursleiterin und konnte durch eine non-direktive Gesprächsführung und Gesprächssteuerung, die sich an den Forschungsfrage orientierten, einen Diskurs sicherstellen, der die Schüler*innen zur Konstruktion ihrer Vorstellungen zum Osmanischen Reich animierte und der Forscherin dabei die notwendige Distanz zum Diskurs ermöglichte.[967]

In der Gruppendiskussion wurde weitestgehend auf die Teilnehmer*innenrolle verzichtet, in den Einzelinterviews wurden die Interviewten durch erzählgenerierende Impulse zur inhaltliche Diskursentwicklung initiiert. In beiden Diskursformen konnte die Forscherin durch eine intensive Beobachtung des Diskursverlaufes geeignete Impulse zur natürlichen Diskursteilnahme verwenden, wodurch die Verbalisierung von konjunktiven Erfahrungsräumen und damit verbunden die Konstruktion von Vorstellungen zum Osmanischen Reich elizitiert werden konnte. Für den Einsatz der Impulse im Einzelinterview orientierte sich die Forscherin am Leitfaden[968]. Die Impulse der Gruppendiskussion enthielten sowohl schriftliche Impulse[969], die durch die Forscherin verbalisiert wurden, als auch Impulse in Form von textuellen und visuellen Darstellungen, die die Schüler*innen im Laufe des Gespräches als Grundlage für die Diskussion erhielten. Durch die Impulse konnte der thematische Rahmen der Diskussion gezeichnet werden. Die Beobachtung und Reflexion des Diskurses geht einher mit der Reflexion der Rolle der Forscherin.

Zur Forscher-Reflexivität gehört es auch, dass im Vorfeld die Diskursimpulse vor dem Hintergrund möglicher sozial erwünschter Antworttendenzen reflektiert werden. Dabei ist das Gruppendiskussionsverfahren ein geeignetes Instrument, da die Schüler*innen untereinander über spezifische Themen diskutierten und die Berücksichtigung von sozialer Erwünschtheit nicht zentral war. Die Tendenz zu sozial erwünschten und verträglichen Antworten ist in Einzelinterviews eher vorhanden, so dass die Forscherin vor der Durchführung der Interviews die Fragen des Leitfadens in Gesprächen mit anderen Forschern diskutierte, die nicht in das Feld involviert waren. Es entstand ein Leitfaden, der durch persönliche Fokussierung und direkte Ansprache der Schüler*innen zu erzählgenerierenden Verbalisierungen zum Inhalt Osmanisches Reich führte, welche somit der Forscherin die Rekonstruktion konjunktiver Erfahrungsräume und Wissensstrukturen ermöglicht.

Das große Interesse der Schüler*innen daran, über das Osmanische Reich zu sprechen und ihre subjektiven Vorstellungen dazu verbalisieren zu dürfen,

---

967   Zu Merkmalen der Diskursführung siehe Kap. 9.1.4.
968   Siehe Anhang Nr. 11.10.
969   Für die Impulse der Gruppendiskussion siehe Anhang Nr. 11.13.1-11.13.3.

kann als einer der wichtigsten Faktoren dafür genannt werden, dass sowohl in der Gruppendiskussion als auch in den Einzelinterviews sozial erwünschte Antworten von der Forscherin nicht explizit beobachtet werden konnten. Im Besonderen konnte eine positive Wahrnehmung des Diskursraumes in der Gruppendiskussion beobachtet werden. Die Schüler*innen teilten ihre Vorstellungen wie auch ihre Einstellungen und Haltungen, indem sie Wissensstrukturen mit allen Teilnehmenden der Gruppendiskussion kommunizierten, an manchen Stellen auch durch die dynamische Struktur der Gruppendiskussion im Laufe der Diskussion modifizierten.

Sowohl nach den Einzelinterviews als auch nach der Gruppendiskussion teilten die meisten Schüler*innen der Forscherin mit, dass ihre Vorstellungen zum Osmanischen Reich insbesondere im institutionellen Kontext (Schule) bisher auf kein Interesse gestoßen seien, aus diesem Grund die Rekonstruktion von Schülervorstellung und damit die Auseinandersetzung mit dem Inhalt Osmanisches Reich als Thema im schulischen Geschichtsunterricht zu einem schülernahen Geschichtsunterricht führen könne. Die wissenschaftliche Auseinandersetzung mit Schülervorstellungen zum Osmanischen Reich und das Gefühl, das durch die Einbindung der Schüler*innen in das Forschungsvorhaben, ihrer Bedeutsamkeit für den Forschungsprozess, unterstützte die Rekonstruktion der Schülervorstellungen zum Osmanischen Reich.

9.1.7.4 Die Beschreibung der Probanden

Im Rahmen der Hauptstudie wurden für die Teilnahme an den Einzelinterviews und der Gruppendiskussion Schüler*innen akquiriert, die als Förderschüler*innen den ‚Förderunterricht' besuchen. Es wurden über eine Vorauswahl Schüler*innen kontaktiert[970], die in der Schule das Unterrichtsfach Geschichte als Leistungskursfach (LK) oder Grundkursfach (GK) besuchen.[971] In diesem Prozess wurden insgesamt 15 Schüler*innen angesprochen, von denen 10 einer Teilnahme an dem Einzelinterview und an der Gruppendiskussion zusagten. Nach der Vereinbarung von Einzelterminen führte die Forscherin mit allen 10

---

970 Für die Unterstützung bei der Kontaktierung der Schüler*innen, die am Förderunterricht teilnehmen, möchte ich mich an dieser Stelle bei den Kolleg*innen des Projektes bedanken.
971 Die Unterscheidung in Leistungskursfach (LK) und Grundkursfach (GK) bezieht sich auf die Differenzierung des Unterrichtsfaches Geschichte in der gymnasialen Oberstufe. Die Entscheidung der Schüler*innen Geschichte als LK oder GK zu wählen, bestimmt den Umfang des Geschichtsunterrichts und somit auch den Umfang der Inhalte, die gelernt werden.

Schüler*innen in den Räumlichkeiten der Universität die Einzelinterviews durch. Im Anschluss an die Einzelinterviews wurden die gleichen Schüler*innen, die an den Einzelinterviews teilnahmen, auch für die Teilnahme an einer Gruppendiskussion angesprochen. 5 der 10 Schüler*innen erklärten sich bereit, so dass an einem separaten Termin mit diesen 5 Schüler*innen eine Gruppendiskussion abgehalten wurde. Für die Rekonstruktion der Schülervorstellungen entschied sich die Forscherin dafür, dass ausschließlich die Interviews der Schüler*innen berücksichtigt werden, die auch an der Gruppendiskussion teilgenommen haben. Auch für die Gruppendiskussion wurden die Räumlichkeiten der Universität verwendet. Die Universität als Bildungsraum ist den Schüler*innen bekannt, so dass auch die Gruppendiskussion in einem für die Schüler*innen bekannten und gewohnten Umfeld stattfinden konnte.

Als geeignete *Gruppengröße* für Gruppendiskussionen finden sich in der Forschungsliteratur verschiedene Angaben.[972] In Anlehnung an Mangold (1973), der eine Gruppengröße von 5 bis 10 Personen vorschlägt, befindet sich die Gruppengröße der Gruppendiskussion im Rahmen der vorliegenden Untersuchung mit einer Teilnehmer*innenzahl von 5 Personen innerhalb dieser Vorgabe.[973] Durch die Art der Akquise entstand eine *Gruppenkonstellation*, die in Anlehnung an die Unterscheidung der Gruppenkonstellationen im Forschungsdiskurs als ‚teilsnatürliche' und ‚teils-künstliche' Gruppezusammenstellung bestimmt werden kann.[974] Ein Teil der Gruppe kennt sich aus dem Kontext des Förderunterrichts. Manche besuchen im Förderunterricht gleiche Kurse oder auch außerhalb des Förderunterrichts die gleiche Schule. Von den 5 Schüler*innen kennen sich durch den Förderunterricht oder aus der Schule vier, zwei der Schüler*innen kennen einzelne Schüler oder Schülerinnen. Jedoch gibt es keinen Schüler/keine Schülerin, dem/der alle Personen der Gruppe unbekannt sind. Mit dem Kriterium der Vorauswahl würde die Gruppenkonstellation einer ‚künstlichen' Gruppen entsprechen. Durch die außerhalb der Gruppendiskussion existierenden realweltlichen unterschiedlichen Gruppen, in denen sich die Schüler*innen zum Teil befinden, erhält die Gruppendiskussion allerdings auch eine ‚natürliche' Gruppenkonstellation. Die Durchführung der Gruppendiskussion zeigte, dass

---

972 Siehe dazu u.a. Pollock, F. (1955): Gruppenexperiment. Ein Studienbericht. Frankfurt a.M.: Europäische Verlagsanstalt oder Lamnek (1998).
973 Mangold, W. (1973): Gruppendiskussionen. In: König, R. (Hrsg.): Handbuch der empirischen Sozialforschung. Bd. 2. 2. Aufl. Stuttgart: Ferdinand Enke Verlag. S. 228–259.
974 Zur Unterscheidung der Gruppenkonstellationen im Forschungsdiskurs in ‚künstlich' und ‚natürlich' siehe u.a. Lamnek (2010) oder Mayring (2002). In Kap. 9.4.3.2 wird auf diese Unterscheidung eingegangen.

sich die Schüler*innen in ihren unterschiedlichen realweltlichen Gruppenzugehörigkeiten bewegten, die sie zu einigen der Teilnehmer*innen der Gruppendiskussion haben.

Zu Beginn des Einzelinterviews wurden die Schüler*innen zu den Kategorien Sprachverwendung, Schulform und Differenzierungsart des Geschichtskurses in der Schule erfragt. Diese Fragen wurden gestellt, um nähere Informationen zum Profil der Schülergruppe zu erhalten, da die Forscherin die Schüler*innen vor den Einzelinterviews nicht kannte. Die Ergebnisse der Befragung werden in der folgenden Tabelle zusammentragen.[975]

Tab. 13: Teilnehmer*innenliste Schüler*innen Einzelinterview

Name (Geschlecht m/w)	Sprachen (sprechen/schreiben)	Geschichte als Unterrichtsfach: GK/LK
BAR (m)	Türkisch, Deutsch, Englisch	GK
DAS (m)	Kurdisch, Deutsch, Englisch	LK
ER (m)	Türkisch, Deutsch	GK
HAS (m)	Paschtu, Dari, Deutsch, Englisch	LK
MIL (w)	Deutsch, Griechisch, Englisch	GK
MUH (m)	Türkisch, Deutsch, Englisch	GK
NER (w)	Deutsch, Türkisch, Englisch	GK
RUK (w)	Kurdisch, Türkisch, Deutsch, Englisch	GK
SME (w)	Aramäisch, Arabisch, Englisch, Deutsch	LK
ZEL (w)	Kurdisch, Türkisch, Deutsch, Englisch	LK

Anhand der Informationen zu den Schüler*innen war es der Forscherin möglich, über Nachfragen herauszufinden, ob die Schüler*innen ihre Vorstellungen zum Osmanischen Reich aus verschiedenen Erfahrungsräumen generieren, in denen sie sich bewegen. Beispielsweise ermöglichte die Information zu der Kategorie Sprachen der Schüler*innen Nachfragen dazu zu stellen, in welchen Diskursen sie sich mit dem Osmanischen Reich beschäftigen und welche Sprache

---

975 Die Akronyme der Schüler*innennamen sind zur Wahrung der Anonymität frei erfunden und werden zur besseren Lesbarkeit durch die ganze Arbeit hinweg in Großbuchstaben dargestellt. Dies gilt auch für die Transkripte im Anhang.

in diesen Diskursräumen verwendet werden.[976] In den Interviews verbalisieren die Schüler*innen ihre Vorstellungen zum Osmanischen Reich auf Deutsch.[977]

An der Gruppendiskussion nahmen nicht alle Schüler*innen teil, die auch an den Einzelinterviews teilnahmen. Die Schüler*innen, die an den Einzelinterviews teilnahmen und auch einer Teilnahme an einer Gruppendiskussion zusagten, sind der folgenden Liste zu entnehmen:

Tab. 14: Teilnehmer*innenliste Schüler*innen Gruppendiskussion

Name (Geschlecht m/w)	Sprachen (sprechen/schreiben)
BAR (m)	Türkisch, Deutsch, Englisch
ER (m)	Türkisch, Deutsch
NER (w)	Deutsch, Türkisch, Englisch
RUK (w)	Kurdisch, Türkisch, Deutsch, Englisch
ZEL (w)	Kurdisch, Türkisch, Deutsch, Englisch

In Anlehnung an die oben dargestellte Forschungskonstellation wird nun die Analyse der Daten aus den Einzelinterviews und der Gruppendiskussion durchgeführt. Der Analyse liegen die Ausführungen der theoretischen Grundannahmen der Dokumentarischen Methode der Interpretation und des sprachtheoretischen Ansatzes der Funktionalen Pragmatik sowie ihre methodische Vorgehensweise bei Untersuchung von Diskursen zugrunde.

9.2 Ergebnisse der Einzelinterviews: Rekonstruktion von Schülervorstellungen zum Osmanischen Reich

Für die Rekonstruktionen der Schülervorstellungen zum Osmanischen Reich wird die Gruppendiskussion als zentrales Dokument der Analyse verstanden. Die erhobenen Schülervorstellungen in den Einzelinterviews werden bei der Analyse des Datenmaterials der Gruppendiskussion für die Zusammenfassung

---

976 In diesem Zusammenhang ist die Kategorisierung in Erst- und Zweitsprache nicht relevant für die vorliegende Untersuchung.

977 Besonders bei der Konstruktion von Vorstellungen, die Schüler*innen den Erfahrungsräumen zuordnen, in denen ihre Auseinandersetzung und Beschäftigung mit dem Osmanischen Reich in einer anderen Sprache als Deutsch stattfindet, wird die Verbalisierung von sprachlichen Handlungen, aber auch das Konstruieren von Konzepten genauer zu betrachten sein. Dies kann aber die vorliegende Untersuchung nicht leisten, so dass dies ein Desiderat für weiterführende Untersuchungen darstellt.

der rekonstruierten Schülervorstellungen ergänzend hinzugezogen. Über die Datenzugänge (Einzelinterview und Gruppendiskussion) wird das Wechselverhältnis der Selbstaussage im Einzelinterview der Schüler*innen zum Osmanischen Reich und der kollektiven Dimension in der Gruppendiskussion bei der Konstruktion von Vorstellungen zum Osmanischen Reich herauszustellen sein. Dieser Rekonstruktion liegen Tondokumente in Form von fünf Einzelinterviews und einer Gruppendiskussion zugrunde.

Für die Analyse der Einzelinterviews wurden die Daten im *ersten Schritt* thematisch systematisiert, zu den ermittelten Themen wurden aus allen Einzelinterviews ausgewählte Schüler*innenaussagen in Form von Zitaten zusammengetragen. Im *zweiten Schritt* wurden die Einzelinterviews mittels qualitativer Inhaltsanalyse zusammengefasst, um daraus Kategorien zu generieren. Mit den ermittelten Kategorien wird ein erster Zugang zum Erfahrungswissen sowie den narrativen Strukturierungsprinzipien der Schüler*innen ermöglicht. Die Kategorien leisten wertvolle Beiträge in Bezug auf die Schülervorstellungen zum Osmanischen Reich, lassen jedoch die Dynamik bei der Konstruktion von Vorstellungen in Gruppendiskussionskonstellationen unberücksichtigt. Sie verbleiben auf der Ebene des kommunikativen Wissens.

9.2.1 Kategorien des Erfahrungswissens von Schüler*innen zum Osmanischen Reich in den Einzelinterviews

Um *Kategorien*[978] *des Erfahrungswissen* aus den Einzelinterviews (n= 5) generieren zu können, wurden in einem ersten Schritt die Schülervorstellungen zum Osmanischen Reich systematisiert und zusammengefasst. Über die thematische Systematisierung wurden die Transkripte der fünf Einzelinterviews unter Rückgriff auf die Originalaussagen der Schüler*innen tabellarisch zusammengefasst. Dieser Schritt wurde für jedes Interview einzeln durchgeführt. Ausgehend von diesen Einzelanalysen der Interviews wurden in einem zweiten Schritt mittels qualitativer Inhaltsanalyse alle Interviews zusammenfassend kategorisiert, um so *kollektive Strukturierungsprinzipien* bei der Konstruktion von Schüler*innenwissen zum Osmanischen Reich zu eruieren.

Für die Kategorisierung der Schülervorstellungen wurden die im Leitfaden grob festgelegten Themenbereiche als Orientierung herangezogen. Dabei handelt es sich um die folgenden *fünf Themenbereiche (T)*, die sich auf den Inhalt Osmanisches Reich beziehen:

---

978 Zum Kategorienbegriff siehe Kap. 7.

- T 1: Schüler*innenwissen zum Osmanischen Reich (OR)
- T 2: erste Auseinandersetzung mit dem OR
- T 3: OR im Freundes- und Bekanntenkreis: Umgang und Position
- T 4: Bedeutung des OR für die eigene Gegenwart
- T 5: OR in der Schule: Relevanz und Behandlung

Aus diesen Themenbereichen konnten *Kategorien* generiert werden, die das Erfahrungswissen der Schüler*innen zum Osmanischen Reich über alle Einzelinterviews hinweg zusammenführen und somit einen Zugang zu Schülervorstellungen zum Osmanischen Reich bieten. Gleichzeitig ermöglichen die Kategorien einen Einblick in die kollektiven Strukturierungsprinzipien der Schüler*innen. Im Folgenden werden die generierten Kategorien unter Rückgriff auf saliente Schüler*innenäußerungen analysiert. Dabei werden zunächst die Kategorien vorgestellt, anschließend unter Rückgriff auf die Originalaussagen der Schüler*innen die Narrationen zu den jeweiligen Kategorien analysiert. Die Kategorien werden demzufolge als kollektive Strukturierungsprinzipien verstanden, die den konstruierten Narrationen der Schüler*innen zugrunde liegen.

9.2.2   Schülerwissen zum OR

Das *Schüler*innenwissen zum OR (T1)* wurde über die erzählgenerierende Einstiegsfrage „*Was kannst du über das Osmanische Reich erzählen?*" elizitiert, so dass die Schüler*innen ihre individuellen Vorstellungen zum Osmanischen Reich verbalisieren konnten. Die qualitative Zusammenfassung der Schülervorstellungen zu T1 führten zur Generierung folgender Kategorien (K), die zugleich die kollektiven Strukturierungsprinzipien zu T1 verdeutlichen:

- K1: geopolitische Dimensionen und Bedeutung des Islams im Osmanischen Reich
- K 2: Harem im OR
- K 3: gesellschaftliche, politische und wirtschaftliche Besonderheiten des OR

Narrationen zu K 1: geopolitische Dimensionen und Bedeutung des Islams im Osmanischen Reich

Fast alle (n=4) Schüler*innen beginnen ihre Narration mit einer ähnlichen Strukturierung. In vier von fünf *Interviews* reagieren die Schüler*innen auf den Einstiegsimpuls mit der Narration, die sich auf die *geopolitischen Dimensionen und Bedeutung des Islams im Osmanischen Reich* bezieht und somit ähnliche Narrationsstrukturen aufweist. Dabei werden die Größe und die Macht des Os-

9 Hauptstudie: das Osmanischen Reich in Schülervorstellungen   331

manischen Reichs in einem zum Teil impliziten und teilweise expliziten Vergleich zu anderen Reichen als imperiale Stärke und Vormachtstellung in der Welt dargestellt. Die folgenden Aussagen der Schüler*innen sollen die Narrationsstruktur verdeutlichen, mit denen die Schüler*innen unter Rückgriff auf Vergleichsstrukturen ihre Vorstellungen vom Osmanischen Reich verbalisieren.

Die Schülerin *RUK* beginnt ihre Narration mit der Hervorhebung der *Macht des Osmanischen Reichs*:

> „damals war das schon ein sehr mächtiges Reich. Das bestand aus mehreren, jetzt kann man sagen Länder, aber damals waren das auch so, ich glaub Saudi-Arabien war dabei, Irak, Iran. Alles, alle diese asiatischen Länder, Gebiete kann man sagen. Türkei war auch damals dabei. Ja und wir wissen ja Kurdistan ist, gibts, gibts zwar nicht, aber das war ist das kurdische Reich glaub ich auch" (*RUK*/Tr. 2, Z. 32–36)

Es fällt auf, dass die Schülerin *RUK* ein historisches Konzept von *Reich* und *Land* konstruiert, dieses allerdings nicht vollständig explizieren kann. Durch die Verwendung der Attribuierung ‚mächtig' greift sie auf einen impliziten Vergleich zurück, mit dem sie die Schwäche anderer Reiche bzw. Länder voraussetzt und in diesem Zusammenhang die Macht des Osmanischen Reichs hervorhebt. In ihrer Äußerung bezieht sie sich auch auf ein kurdisches Reich, dessen Existenz sie in den historischen Kontext einbettet, welches in der Gegenwart allerdings nicht mehr existiert. Für *RUK* nimmt das Kurdischsein bzw. die politische und gesellschaftliche Auseinandersetzung mit dem Kurdischsein im Interview eine bedeutende Rolle ein, so dass sie im Laufe des Interviews immer wieder darauf eingeht.

Die Narration der Schülerin *ZEL* verdeutlicht ebenfalls eine Strukturierung, mit der sie auf die Entwicklung, die Eroberungen sowie die Macht des Osmanischen Reichs eingeht:

> „in Bursa glaub ich haben die angefangen son Regie, was heißt Regierungssitz angefangen, so das die Keimzelle von denen. Die haben halt dort angefangen ihre Sache zu verbreiten, ihre Ideologie. Und die Osmanen haben sich dann halt Schritt für Schritt vergrößert" (…) „Und dann haben die halt vierzehnhundertdreiundfünfzig glaube ich Istanbul erobert und das war damals halt Hauptsitz der Byzantiner und die haben halt mehrmals versucht Istanbul zu erobern, haben das aber nicht geschafft, aber dann mit Mehmet, also ich weiß jetzt nicht genau, welcher Sultan das war, hat es halt geschafft, Istanbul zu erobern." (…) „bis wir dann daraus neunzehnhundertdreiundzwanzig eine, eine Republik geschafft haben" (*ZEL*/Tr 1, Z. 58–85)

ZEL systematisiert ihre Narration nach den Schwerpunkten *Entwicklung, Expansion und Macht des Osmanischen Reichs*. Dabei expliziert sie nicht alle Schwerpunkte, wie es beispielsweise die Schülerin *RUK* in ihrer Narration zur Macht des Osmanischen Reichs verbalisiert: „war das schon ein sehr mächtiges Reich" (*RUK*/Tr. 2, Z. 32). *ZEL* konstruiert ihre Narration zum Osmanischen Reich, indem sie ausgewählte historische Ereignisse zum Osmanischen Reich zeitlich ordnet, diese in eine Beziehung zueinander setzt und damit eine narrative Kohärenz schafft. Sie greift für ihre Narration auf einige historisch belegte Fakten wie die Jahreszahlen der Eroberung Konstantinopels durch die Osmanen im Jahre 1453 sowie die Gründung der Republik Türkei im Jahre 1923 zurück, womit sie ihre Narration zeitlich einordnet und damit ein Merkmal des historischen Erzählens, die *Temporalität*, erfüllt. Auch das Merkmal *Selektivität* des historischen Erzählens ist bei der Schülerin gegeben, da ihre Erzählung individuellen Auswahlkriterien unterliegt, die sie aus ihrer subjektiven Perspektive heraus konstruiert. Durch die zeitliche und räumliche Begrenzung der historischen Narration stellt sie, mit Gautschi gesprochen, einen Ausschnitt aus dem Universum des Historischen dar, wodurch die Partialität der Schülerinkonstruktion verdeutlicht wird.[979] Interessant erscheint bei dieser Narration von *ZEL*, dass sie am Ende ihrer Aussage eine Kollektivmarkierung vornimmt. In ihrer Äußerung „bis wir dann daraus neunzehnhundertdreiundzwanzig eine, eine Republik geschafft haben" (*ZEL*/Tr 1, Z. 84–85) verwendet sie die Kollektivdeixis *wir*, mit der sie den historischen Prozess der Republikgründung als kollektives Ereignis konstruiert. Über diese *wir*-Konstruktion produziert die Schülerin eine persönliche Zugehörigkeit zu der Republik Türkei und impliziert mit dem ‚Wir' auch ein ‚Nicht-Wir', wobei sie letzteres nicht expliziert. Interessant erscheint ebenfalls, dass bei der Konstruktion ihrer Vorstellungen zum Osmanischen Reich eine subjektive Zuordnung nicht festzustellen ist.

Die Analyse der Narration von *NER* zeigt, dass auch sie ihre Vorstellungen zum Osmanischen Reich nach ähnlichen Strukturierungsprinzipien verbalisiert, so dass auch sie sich auf die Konzepte Macht und Expansion bezieht:

> „Ich weiß, dass das Osmanische Reich früher sehr stark war." (…) „sich das halt auch über halb Europa quasi ausgebreitet hat und dass das halt nicht nur die Türken, also nicht nur die Türkei, sondern sehr viele muslimische Länder, also die hätten sich dann halt irgendwie verbündet zu der Zeit." (*NER*/Tr 3, Z. 38–42)

Sie hebt die Macht des Osmanischen Reichs hervor, indem sie ihr subjektives Wissen zur Stärke des Osmanischen Reiches verbalisiert. Durch die Betonung „ich weiß, dass (…)" legitimiert sie ihre Aussage zum Osmanischen Reich als wahre Information. Die Macht, die sie dem Osmanischen Reich zuspricht, verstärkt sie durch die Verwendung des Intensitätspartikels *sehr*. Damit impliziert sie einen Vergleich, in dem das Osmanische Reich ‚stärker' als andere Reiche

---

[979] Siehe dazu Gautschi, P. (2009).

konstruiert wird. An die Narration zur Macht des Osmanischen Reichs schließt die Schülerin ihre Vorstellung zur Expansion des Osmanischen Reichs an. Mit der Formulierung „über halb Europa quasi ausgebreitet" (NER/Tr 3, Z. 40) verdeutlicht sie die geopolitische Dimension der Expansion und schafft einen kohärenten Zusammenhang zwischen ‚Stärke' und ‚Expansion' des Osmanischen Reichs, wodurch die Größe des Reiches als besonders groß hervorgehoben wird.

Als letztes Beispiel zu K1 soll die Aussage des Schülers *ER* rekonstruiert werden, die ebenfalls ähnliche Strukturierungsprinzipien aufzeigt:

> „Also die Kraft von das Osmanischen Reichs im Sinne von, wenn man zum Beispiel sich anschaut, das sind sechshundert Jahre oder so wie, wie das war, also das Osmanische halt war sechshundert Jahre lang. Und was sie alles zum Beispiel erobert wurde und welche Kraft da war." (Er/Tr 6, Z. 72-74)

ER spricht von der ‚Kraft' des Osmanischen Reichs, die er anhand der Herrschaftsdauer und der Expansionserfolge des Osmanischen Reichs legitimiert. Die Aussage des Schülers *ER* zeigt, dass auch er auf den Einstiegsimpuls des Interviews mit der Konstruktion seiner Vorstellungen zur Expansion und zur Macht im Osmanischen Reich einsteigt, womit er seine Narration im Kontext der geopolitischen Dimension verbalisiert.

Die ausgewählten Passagen aus den Einzelinterviews zeigen, dass die Schüler*innen bei der Narration ihrer Vorstellungen zum Osmanischen Reich ähnliche inhaltliche Strukturierungsprinzipien verwenden. Zwar konstruieren nicht alle Schüler*innen in ihren Narrationen die inhaltlichen Schwerpunkte in gleicher Intensität, jedoch strukturieren sie ihre Vorstellungen zum Osmanischen Reich im Kontext der geopolitischen Dimensionen und gehen dabei auf die Entstehung, die geographische Größe und Macht des Osmanischen Reichs ein.

Vergleicht man die Vorstellungen der Schüler*innen zum ersten Impuls, fällt in Bezug auf das historische Erzählen auf, dass ausschließlich bei der Schülerin *ZEL* Merkmale des schulisch geförderten historischen Erzählens erkennbar sind, da sie insbesondere durch genau benannte Jahreszahlen ihre Narration zeitlich ordnet (Temporalität) und somit eine narrative Kohärenz ihrer Vorstellungen zum Osmanischen Reich schafft. Alle anderen Schüler*innen konstruieren subjektive Vorstellungen, die auch bestimmte Merkmale der historischen Narration beinhalten, jedoch keine sachanalytische Orientierung der Narrationen erkennbar machen.

Beim Vergleich aller Schüler*innennarrationen zum Einstiegsimpuls fällt der Schüler *BAR* mit seiner abweichenden Narration auf. Im Vergleich zu den anderen Schüler*innen konstruiert *BAR* seine Vorstellungen zum Osmanischen Reich über die Verknüpfung mit dem *Islam*:

> „Also wenn ich den Begriff Osmanisches äh Reich hör, assoziier ich im Prinzip nur äh den Islam damit." (*BAR*/Tr. 5, Z. 28)

Seine Aussage begründet der Schüler direkt im Anschluss wie folgt:

> „Weil vor, in der Zeit, als das Osmanische Reich ja noch aktiv war und als das Osmanische Reich und die Scharia in der Türkei noch geherrscht hat, da waren ja überwiegend fünfundneunzig Prozent der Muslime wirklich streng gläubig praktizierende Muslime, die ihre fünfmaligen Gebete gebetet haben, wo es auch noch nicht kulturell geprägt war, der Mann hat diese Position, die Frau diese, sondern wo die Frau wirklich gleichberechtigt mit dem Mann war, äh weil halt überwiegend der Islam geherrscht hat mit einem Sultan, mit einem Kalifat." (*BAR*/Tr. 5, Z. 30–35)

BAR konstruiert das Osmanische Reich als ein islamisches Reich, dem die Scharia als islamische Rechtsgrundlage zugrunde lag. In Anlehnung an diese Rechtsgrundlage konnten die meisten Menschen im Osmanischen Reich, die muslimisch waren, ihren Glauben entsprechend der Regeln ‚praktizieren'. Durch die Aussage ‚wirklich streng gläubig praktizierende Muslime' konstruiert er über die Intensitätspartikel *streng* eine Narration von den im Osmanischen Reich lebenden Menschen, durch welche er die Mehrheit der Menschen im Osmanischen Reich als Muslime markiert. Seine Narration zum Islam im Osmanischen Reich hebt er durch ein subjektives Geschlechterkonzept positiv hervor. Über den adversativen Konjunktor[980] *sondern*, den er in seine Aussage „der Mann hat diese Position, die Frau diese, sondern wo die Frau wirklich gleichberechtigt mit dem Mann war" einbettet, konstruiert er seine Sicht auf das Geschlechterkonzept im Osmanischen Reich, das er in einem impliziten Vergleich als gleichberechtigt hervorhebt. In dieser Aussage des Schülers befinden sich zwei Konstrukte, die seine subjektiven Vorstellungen zum Osmanischen Reich verdeutlichen: Zum einen spricht *BAR* dem Islam im Osmanischen Reich eine gleichberechtigte Geschlechterrollenverteilung in der osmanischen Gesellschaft zu, nach der Männer und Frauen gleichberechtigt waren. Zum anderen produziert er einen impliziten Vergleich zum Islam, der gegenwärtig existiert und seiner Ansicht nach im Vergleich zum Islam in Zeiten des Osmanischen Reichs keine Gleichberechtigung zwischen Mann und Frau ermöglicht.

---

980 Zur genauen Ausführung von adversativen Konjunktoren siehe Hoffmann, L. (2013): Deutsche Grammatik. Grundlagen für Lehrerausbildung, Schule, Deutsch als Zweitsprache und Deutsch als Fremdsprache. Berlin: Erich Schmidt Verlag. S. 427ff.

Auf den *Zusammenhang zwischen Islam und Osmanisches Reich*, auf den der Schüler *BAR* bereits zu Beginn des Interviews eingeht, wird in fast allen Einzelinterviews im Laufe der Interviews immer wieder eingegangen. Dabei wird der Islam in den meisten Fällen als positiver Einfluss für das Bestehen des Osmanischen Reiches und die Entwicklungen in ihm konstruiert. So beschreibt *ZEL* den Islam im Osmanischen Reich als ein nationenübergreifendes Gemeinschaftsgefühl, durch welches viele ‚Völker' zusammengehalten haben:

> „Ich find das immer noch so schön, die Osmanen sind so die Einigung, wo jetzt ganz viele distanziert sind. Da waren ja Kurden, Araber, das ist ja nicht nur nen türkisches Volk, also waren ja nicht nur die Türken, sondern fast alles, Iraner, Perser. Und das finde ich noch so schön, wenn man so guckt, wir hatten so eine, wir gehören eigentlich zu, wir sind alle zusammen und damals noch zusammen gekämpft und das einzige was wir hatten, war unsere Religion." (ZEL/Tr 1, Z. 103–108)

ZEL konstruiert in ihrer Narration die Osmanen als eine ‚Einigung' des Islams und vergleicht diese explizit mit den gegenwärtigen Beziehungen der ‚Völker'. Daraus resultiert sie, dass die Beziehungen der ‚Völker' untereinander für die gegenwärtige Zeit als ‚distanziert' beschrieben werden können. Gleichzeitig verdeutlicht ihr Vergleich, dass sie bestimmte ‚Völker' wie die Kurden, Araber, Türken oder Iraner unhinterfragt als muslimisch markiert. Bezüglich ihrer Vorstellung zum *Volksbegriff* ist davon auszugehen, dass *ZELs* Konzept von Volk an die Bestimmung anknüpft, die den Begriff im Forschungsdiskurs als „historisch entstandene stabile Gemeinschaft von Menschen, deren Zusammengehörigkeit sich letztlich in einem spezifischen Bewußtsein, verbunden mit einem gemeinsamen Namen, manifestiert"[981], konstruiert.

Narrationen zu K 2: Harem im OR

Über die Einstiegsfrage „*Was kannst du über das Osmanische Reich erzählen?*" konstruieren die Schüler*innen auch Vorstellungen zum Harem im Osmanischen Reich. Bei dieser Haremsvorstellung handelt es sich ausschließlich um den imperialen Harem[982], der immer das Verhältnis des Sultans zu den im Harem lebenden Frauen konstruiert. Bei der Analyse dieser Schülervorstellungen lassen sich zwei Positionen festhalten, die sich gegenseitig ausschließen und diametral gegenüberstehen: Zum einem wird der Harem als sexualisierter Raum konstruiert, mit dem auch die Sexualisierung der Frau einhergeht. Dem Sultan

---

981 Vgl. Lötzsch, R. (1999): Was ist ein Volk und was eine Nation? S. 16. In: Utopie kreativ. H. 103/104 (Mai/Juni). S. 15–30.

982 Zum ‚imperialen Harem' siehe Kap. 6.4.

wird in dieser Konstruktion häufig eine über alle Frauen herrschende Rolle zugesprochen. Diese Schülervorstellungen können als Negativkonstruktionen des Harems im Osmanischen Reich bezeichnet werden.

Die Schülerin ZEL beispielsweise narrativiert ihre Vorstellungen zum Harem aus dieser negativen Position heraus und verbalisiert ihre Vorstellungen wie folgt:

> „Und die hatten halt einen Harem, also ganz viele Frauen zur Verfügung, weil man gesagt hat, dass halt die Ideologie des Sultans, die Ideologie des Islams entspricht und man hat den halt so als Anführer des Kalifats angesehen und er hat halt ganz viele Frauen zur Verfügung." (ZEL/Tr 1, Z. 76–79)

ZEL konstruiert ein Bild des Harems im Osmanischen Reich, in dem sich viele Frauen und der Sultan befinden. Das Verhältnis des Sultans zu den Frauen im Harem wird von der Schülerin über die sogenannte Ideologie des Islams begründet. Der Sultan ist in diesem Verhältnis der Vertreter dieser Ideologie und damit der „Anführer des Kalifats". Über diese Machtposition des Sultans legitimiert die Schülerin die Befugnis bzw. das Recht des Sultans, über die Frauen im Harem zu verfügen. Die Vorstellungen der Schülerin ZEL repräsentieren Bilder, die den westlichen Darstellungstraditionen zum Haremsmotiv entsprechen.[983]

Neben dieser Konstruktion des Harems im Osmanischen Reich findet sich in den Schüler*inneninterviews zum anderen ein weiteres Narrativ, mit dem die oben dargestellte Negativkonstruktion des Harems kritisch hinterfragt und ein als Positivkonstrukt zu bezeichnendes Bild des Harems produziert wird. Die Passage aus dem Interview mit dem Schüler ER soll diese Konstruktion verdeutlichen:

> „Ich habe gemerkt Muhteşem Yüzyıl war so eine, die das Osmanische Reich wieder schlecht darstellt. So der, den Harem zum Beispiel, was man kennt, immer so als Sexding, weiß ich nicht also negativ einfach. Weiß ich nicht, Sultane haben jede Frau ausgenutzt und was weiß ich. So gabs einmal die eine Sichtweise und dann gabs Payitaht zum Beispiel. Ich weiß jetzt nicht, ob das stimmt aber man hört, dass das schon der Wahrheit so gesagt entsprechen soll. Aber das muss ich natürlich nochmal richtig recherchieren, sag ich mal. Da hört man so zum Beispiel so sieht man so positive Sachen sagen wir mal." (Er/Tr 6, Z. 1052–1058)

Im Zentrum der Haremsvorstellung von ER steht die Kritik an der gesellschaftlich mehrheitlichen Haremskonstruktion, die über die Medien transportiert wird. ER erwähnt dabei eine türkische Serie (Muhteşem Yüzyıl, dt. Das prächtige Jahrhundert), in der der negative Diskurs aufgenommen und der Harem als Ort

---

983 Zu Haremsvorstellungen siehe Kap. 6.4.

sexueller Phantasien beschrieben werde. Den Frauen und dem Sultan werden unterschiedliche Rollen innerhalb dieser sexuellen Beziehung zugeschrieben: Der Sultan, der die Frauen für seine Gelüste ‚ausnutzt', und die Frauen, die von dem Sultan ‚ausgenutzt' werden.

Als Beispiel zur positiven Darstellung des Harems nennt ER eine weitere türkische Serie (*Payitaht Abdülhamid*, dt. Hauptstadt bzw. Herrschaftssitz Abdülhamids), in der die ‚Wahrheit' dargestellt werden würde. Diese Äußerung von ER expliziert nicht, was genau aus seiner Sicht die Wahrheit darstellt. Jedoch wird durch die Gegenüberstellung deutlich, dass er der Konstruktion zum Harem über „immer so als Sex-ding" widerspricht.

Vergleicht man die beiden Perspektiven zum Harem, die durch die Schüler*innen eingenommen werden, wird in beiden Perspektiven ein *Rollenverhältnis von Frau und Mann* konstruiert, das der islamischen Gesellschaft zugesprochen wird. Mit dem Rollenverständnis konstruieren die Schüler*innen eine Machtstruktur, nach der die islamische Gesellschaft im Osmanischen Reich als männlich dominiert beschreiben wird und der Mann somit aus beiden Konstruktionsperspektiven heraus über die Frau ‚herrscht' und Entscheidungen trifft, denen sich die Frau fügt. Die Schüler*innen konstruieren somit eine patriarchalische Gesellschaft, die von dem Schüler *BAR* beispielsweise als eine positive Gesellschaftsstruktur, von der Schülerin *ZEL* als ein negatives Kriterium der osmanischen Gesellschaft konstruiert wird.

Narrationen zu K 3: gesellschaftliche, politische und wirtschaftliche Besonderheiten des OR

Die Einstiegsfrage „*Was kannst du über das Osmanische Reich erzählen?*" löst bei den Schüler*innen auch Vorstellungen zu den gesellschaftlichen, politischen und wirtschaftlichen Besonderheiten des Osmanischen Reichs aus. Auch hier zeigt sich, dass sich die Schüler*innen in ihren Vorstellungen auf ihr subjektives Islamkonzept beziehen. So konstruiert der Schüler *BAR* über das Anführen des Wissens seiner Freunde sein eigenes Wissen:

> „Also sie wissen, dass das Osmanische Reich existiert, und das auch oder existiert hat und, dass auch ein Kalifat bestehend war und die Regierungsform des Osmanischen Reiches gewesen ist. Aber mehr wissen die auch nicht. Sprich die wissen nicht, wie die Menschen Osmanischen Reich gelebt haben. Dass die Frau wirklich gleichberechtigt mit dem Mann war, dass zum Beispiel, wenn es Obdachlose oder Menschen, die kein Geld hatten, in jedes Restaurant gehen konnten und umsonst essen konnten, bis die satt waren. Das sind Schätze, historische Schätze, aber die gehen einfach verloren und das sehe ich in meinem Umfeld. Ich weiß einfach nur, ich bin stolz, dass also ich zitiert: „Ich bin stolz, dass meine Vorfahren die Osmanen waren", aber im Prinzip wissen die gar

nicht, warum sie stolz sind, oder was die Osmanen gemacht haben. Die wissen, dass die Osmanen expandiert sind, aber warum sind die Osmanen expandiert? Was waren ihre Beweggründe? Also der Islam, das wissen die einfach nicht." (*BAR*/Tr 5, Z. 101–111)

Mit der Formulierung „sie wissen" rekurriert der Schüler durch die Anapher *sie* auf seine Freunde und ihr Wissen bzw. ihre Unkenntnis und teilt seine Narration in zwei Teile: Im ersten Teil benennt er Aspekte des politischen Systems im Osmanischen Reich, welche seinen Freunden bekannt sind. Dabei nennt er das Kalifat als Regierungsform, die er dem Osmanischen Reich als die richtige Regierungsform zuordnet. Diese Herrschaftsform zeichnet sich dadurch aus, dass sie mit einem Kalifen an der Spitze regiert wurde, der religiöser und geistlicher Führer war. Im Osmanischen Reich wurde das Reich jedoch nicht von einem Kalifen, sondern von dem sogenannten Sultan regiert. Dieser war für die Osmanen wichtiger als ein Kalif und übernahm in seiner Funktion als Sultan auch die Macht und Autorität des Kalifen. Somit war der Kalifentitel im Sultanstitel inkludiert.[984] Im zweiten Teil seiner Narration konstruiert er weitere Aspekte, die seinen Freunden als Wissen nicht zur Verfügung stehen, so dass er über die Unkenntnis seiner Freunde seine subjektiven Vorstellungen zur gesellschaftlichen Konstitution des Osmanischen Reichs konstruiert. Dabei spricht er von einem gleichberechtigten Verhältnis zwischen Frauen und Männern sowie von guten sozialen Beziehungen innerhalb der Gesellschaft (arme und obdachlose Menschen erhielten kostenloses Essen in Restaurants). Seine eigenen Vorstellungen dienen gewissermaßen als Folie, die zur Begutachtung des Wissens seiner Freunde verwendet wird.

Auch am Beispiel der Narration der Schülerin ZEL sieht man, dass sie Vorstellungen zum politischen System des Osmanischen Reichs konstruiert:

„Und es gab halt einen Sultan und das war halt sowas hypokritisches, also man hat das immer weitergegeben" (*ZEL*/Tr 1, Z. 73–74)

Die Schülerin erzählt, dass es im Osmanischen Reichen ‚einen Sultan' gab. Dabei konstruiert sie durch ihre Formulierung „also man hat das immer weiter gegeben" den Sultan nicht als eine konkrete Person, sondern als ein Amt, das in Form einer Abfolge weitergegeben wurde. ZEL verwendet bei ihrer Erklärung des Amtes Sultan das Wort „hypokritisch" (Bedeutung: scheinheilig, heuchlerisch), welches als falsch verwendet zu betrachten ist, da sie sich innerhalb ihres Konstruktionskontext auf die dynastische Herrschaftsordnung („man hat das immer weiter gegeben") bezieht. Aus diesem Grund ist zu vermuten, dass sie an dieser Stelle das Herrschaftssystem der Osmanen mit *dynastisch* attribuieren

---

984 Zur Rolle des Sultans im Osmanischen Reich siehe Kap. 6.2.

wollte, um zu verdeutlichen, dass die Sultane als Herrscher des Osmanischen Reichs aus einer Familie hervorgegangen sind. Die Verwendung des Wortes „hypokritisch" verdeutlicht auf diskursiver Ebene, dass der Schülerin die Differenz und damit verbundenen Erwartungen zwischen institutionellen und homileïschen Diskursen kennt und diesen versucht gerecht zu werden. Sie stuft das Interview als einen institutionellen Diskurs ein und versucht durch die Verwendung vermeintlicher ‚Fachbegriffe' den Anforderungen eines schulisch-institutionellen Diskurses gerecht zu werden. Die Verwendung des Begriffes „hypokritisch" anstatt ‚dynastisch' zeigt weiterhin, dass die Verbalisierung der Inhalte an dieser Stelle des Gespräches die Schülerin vor Herausforderungen stellt, sie die sprachliche Herausforderung durch die Verwendung eines von ihr vermutlich als synonym zu kategorisierenden Wortes (möglicherweise durch phonologische Ähnlichkeit der Wörter) kompensiert. Diese Vorgehensweise der Schülerin kann als eine mögliche *Kompensationsstrategie* betrachtet werden, auf die sie in alltäglichen Konstellationen durch die Kontextualisierung des Gesagten zurückgreifen kann und der H durch die Einbettung in den Gesamtkontext das Gemeinte dem Gesagten zuordnen kann. Sobald die Schülerin jedoch institutionell-sprachlichen Anforderungen gerecht werden muss, kann sie ihre Kompensationsstrategie nicht mehr erfolgreich verwenden.

9.2.3 Erste Auseinandersetzung mit dem OR

Nach dem Einstiegsimpuls „*Was kannst du über das Osmanische Reich erzählen?*", durch welchen die Schüler*innen anhand ihrer selbstgesteuerten Strukturierungsleistungen ihre Vorstellungen zum Osmanischen Reich produziert haben, wurden sie nach der ersten Auseinandersetzung mit dem Osmanischen Reich gefragt. Um auch bei diesem Themenschwerpunkt das Prinzip der Offenheit zu gewährleisten, wurde anhand des Impulses „*Kannst du mir erzählen, wann du dich das erste Mal mit dem Osmanischen Reich auseinandergesetzt hast?*" eine erzählgenerierende Konstellation geschaffen, mit der die Schüler*innen entsprechend ihrer subjektiven Relevanzsysteme und Sichtweisen ihre erste Auseinandersetzung mit dem Osmanischen Reich konstruierten.[985] Die Schülervorstellungen, die zu diesem Themenschwerpunkt rekonstruiert wurden, können in folgenden drei Kategorien zusammengefasst werden:

---

985 Bohnsack, R. (2010): Rekonstruktive Sozialforschung: Einführung in qualitative Methoden (8. Aufl.). Opladen und Farmington Hills: Barbara Budrich.

- K 1: schulischer Zugang zum OR
- K 2: familialer Zugang zum OR
- K 3: weitere Zugänge zum OR

Die aus T 2 generierten Kategorien verdeutlichen, dass die erste Auseinandersetzung der Schüler*innen mit dem Osmanischen Reich in unterschiedlichen Kontexten und in unterschiedlicher Intensität stattgefunden hat. Die Schüler*innen nennen verschiedene Zugänge, über die sie erstmalig mit dem Inhalt Osmanisches Reich konfrontiert wurden. Als Erstzugänge nennen alle Schüler*innen (n=5) die Institution Schule als Raum des Austausches zwischen Schüler*innen außerhalb des Unterrichts, die eigene Familie und weitere Zugänge (n=3) wie die Moschee (n=2). Die Schülernarrative zu den Erstzugängen der Schüler*innen werden im Folgenden vorgestellt.

Narrationen zu K 1: schulischer Zugang zum OR

Die Vorstellungen der Schüler*innen zum Osmanischen Reich entstehen in verschiedenen Zusammenhängen: in der *Schule*, in der *Familie* und in *anderen Kontexten*. Je nach Kontext befinden sich die Schüler*innen in verschiedenen Konstellationen, durch welche ihre Vorstellungen unterschiedlich geprägt und beeinflusst werden. Dies zeigte sich bereits in den Ergebnissen der Prästudie. Die Probanden der Prästudie sagten alle aus, dass das Osmanische Reich in ihrem Geschichtsunterricht nicht thematisiert wird, woraus sie alle folgern, dass der Geschichtsunterricht den Inhalt Osmanisches Reich behandeln sollte. Für die Behandlung im Geschichtsunterricht verorten die Schüler*innen diesen Inhalt im Inhaltsfeld Erster Weltkrieg.[986]

Da die Schüler*innen zum Inhalt Omanisches Reich subjektive Vorstellungen konstruieren, die sie außerhalb des Unterrichts entwickelt haben, wurden die spezifischen Erstzugänge der Schüler*innen zum Osmanischen Reich in der Hauptstudie explizit eruiert. Um alle Zugänge zu erheben, über die die Schüler*innen ihre Vorstellungen zum Osmanischen Reich entwickeln, wurde nach der ersten Auseinandersetzung mit dem Osmanischen Reich gefragt.

Dabei zeigt sich, dass alle Schüler*innen die Schule als sozialen Raum benennen, in dem auch über den Inhalt Osmanisches Reich gesprochen wird, allerdings hervorheben, dass eine Auseinandersetzung mit dem Osmanischen Reich im Geschichtsunterricht nicht stattfand, wodurch eine Unterscheidung zwischen Schule und Unterricht produziert wird. Die Schüler*innen berichten von Situationen, in denen sie durch Gespräche mit Mitschülern bzw. Freunden erstmals

---

986 Siehe Kap. 7.

mit dem Inhalt Osmanischen Reich in Berührung gekommen sind. Eine solche Situation soll im Folgenden am Beispiel der Aussage von ZEL dargestellt werden:

„Das war in der Sekundarstufe I, da war, hatte ich halt nen Türken bei mir in der Klasse, son, also das war ein sehr nationalistischer, sehr, sehr nationalistischer und der hat das, er hat halt die Osmanen so geredet, als wär es halt seine Stammesfamilie. Er hatte auch mal das Symbol der Osmanen ständig auf seinen Heften, seinen Heften und so. Und ich hatte auch damals Türkischunterricht und nicht, dass es jetzt die Geschichte der Türkei ist, die Osmanen, aber dann habe ich meine Lehrerin gefragt, ich so „Öğretmenim?" Was heißt, was ist denn das Osmanische Reich?" Ich weiß zwar Reich und im Geschichtsunterricht vor allem, als wir Gesellschaftslehre hatten, guckt man ja auch auf die Karten, da stand da ganz groß Osmanische Reichs, ganz große Übersetzungen. Haben mich ja schon interessiert, aber ich, da war ich noch vierzehn, fünfzehn verstehe ich ja nicht so von (unverständlich) also diesen Texten, die waren mir bisschen zu schwer." (ZEL/Tr 1, Z. 133–143)

Um ihren ersten Zugang zum Inhalt Osmanisches Reich zu konstruieren, berichtet die Schülerin von einem Mitschüler in der Sekundarstufe I, durch dessen Erzählungen zum Osmanischen Reich sie auf das Osmanische Reich aufmerksam wurde. ZEL markiert zu Beginn ihren Mitschüler als ‚Türken' und als „sehr, sehr nationalistisch", woraus sie seine Haltung zum Osmanischen Reich begründet. Ihrer Begründung liegt die Aussage „er hat halt die Osmanen so geredet, als wär es halt seine Stammesfamilie" zugrunde, die sich auf die Erzählung des Mitschülers bezieht und ihre Unangemessenheit hervorhebt. Über die Formulierung „als wär es" wird die Position des Mitschülers in Frage gestellt bzw. sogar als nicht haltbar identifiziert. Die Erzählungen des Mitschülers führen bei ZEL dazu, dass sie im Anschluss an die beschriebene Situation eine Lehrkraft des Sprachunterrichts Türkisch nach der Bedeutung des Osmanische Reich fragt. Die Entscheidung, bei einem historischen Thema die Türkischlehrkraft zu fragen, kann auf Zels persönliche Einordnung des Inhaltes Osmanisches Reich zurückgeführt werden. Sie weist darauf hin, dass auf manchen Karten, die im Gesellschaftslehreunterricht eingesetzt wurden, die Bezeichnung Osmanisches Reich zu lesen war: „als wir Gesellschaftslehre hatten, guckt man ja auch auf die Karten, da stand da ganz groß Osmanische Reichs". Jedoch fragt sie nicht die Lehrkraft des Geschichtsunterrichts, sondern die des Unterrichtsfaches Türkisch: „Öğretmenim[987]? Was heißt, was ist denn das Osmanische Reich?" Die Entscheidung, die ZEL bei der Wahl der Lehrkraft trifft, verdeutlich auch ihr Nationenkonzept. Trotz ihrer Kenntnis darüber, dass auf Karten (vermutlich sind

---

987 Im Türkischen wird die Lehrperson nicht mit ihrem Namen, sondern mit dem Wort öğretmenim (dt. mein Lehrer/meine Lehrerin) angesprochen, womit die Rolle der Lehrkraft als Erziehungs- und Respektperson konstruiert wird.

hier historische Karten gemeint), die im Gesellschaftslehreunterricht eingesetzt bzw. gelesen werden, das Osmanische Reich stehen kann, führt sie nicht zu der Handlung, ihre Lehrkraft des Geschichtsunterrichts um Auskunft über das Osmanische Reich zu bitten. Sie verbindet die ‚Geschichte der Osmanen' mit der Türkischlehrerin, die eigentlich die Sprachlehrerin ist. Dem Türkischunterricht und damit der Lehrkraft des Türkischunterrichts liegt eine Konzeptualisierung von Sprache (‚Türkisch') und Nation (vermutlich ‚Türkei') zugrunde. ZEL konstruiert ein nationalgebundenes Sprachenkonzept, nach welchem die Lehrkraft für den Türkischunterricht sowohl für die türkische Sprache als auch für die Geschichte der ‚Türken' verantwortlich ist. Auch die Verwendung der Anrede der Türkischlehrkraft („öğretmenim") verdeutlicht ihr Wissen darüber, dass die ‚türkische' Lehrperson nicht mit dem Namen, sondern mit „öğretmenim" anzusprechen ist und sich somit von der Anrede der Lehrpersonen im deutschsprachigen Unterrichtskontext unterscheidet. Für die Interviewkonstellation zeigt sich durch die Verwendung der Anrede „öğretmenim" weiterhin, dass die die Schülerin einen gemeinsamen Orientierungsrahmen voraussetzt, den die Schülerin und die Interviewleiterin teilen. In der Verbalisierung des Wortes „öğretmenim" kommt im Sinne der Dokumentarischen Methode demnach „jene Orientierung zu Tage […], die die Erfahrung [der Schülerin und der Lehrkraft] strukturiert"[988] und dadurch das Verhältnis von Schüler/Schülerin und Lehrperson im schulischen Kontext regelt.

Auch die Narration von NER zeigt, dass der Inhalt Osmanisches Reich die Schüler*innen untereinander, also außerhalb des (Geschichts-)Unterrichtsgeschehens, beschäftigt:

> „Ja, und zwar das war meine ich in der achten oder neunten Klasse, im WP-Fach Türkisch. Da hatte ich halt das auch Osmanische Reich zum ersten Mal gehört." (...) Da haben halt Klassenkameraden darüber halt gesprochen und ich hab halt gefragt „Worum gehts?" und danach meinten die „Ja es betrifft Türkei und die ganzen muslimischen Länder" die hätten wohl zu Kriegszeit fast die ganze Welt beherrscht. Ne also im übertriebenen Sinne und ja dann ist es mir dann auch erst bekannt geworden." (NER/Tr. 3, Z. 66-72)

Ihre erste Auseinandersetzung mit dem Osmanischen Reich verortet NER in den Raum Schule, allerdings in eine kommunikative Konstellation, die außerhalb des Unterrichts stattfindet. Auch in der Situation, die NER als Erstzugang zum Osmanischen Reich konstruiert, sprechen die Schüler*innen untereinander über das Osmanische Reich. Innerhalb dieser Interaktion, die im Sprachunterricht

---

988 Vgl. Nohl, A. (2006): Interview und Dokumentarische Methode. Anleitungen für die Forschungspraxis. Wiesbaden: VS Verlag für Sozialwissenschaften. S. 11.

Türkisch als Wahlpflichtfach stattfindet, erfährt die Schülerin durch das Gespräch ihrer Mitschüler*innen erstmals etwas über das Osmanische Reich. Die Geltungsrelevanz der Äußerung ihrer Mitschüler*innen, dass das Osmanische Reich „zu Kriegszeit fast die ganze Welt beherrscht" hätte, bezweifelt sie durch die Verwendung der Abtönungspartikel *wohl* und distanziert sich von diesen Vorstellungen.

In den meisten Interviews verbalisieren die Schüler*innen, dass sie sich zum ersten Mal mit dem Osmanischen Reich in der Schule auseinandergesetzt haben, meinen damit allerdings nicht die unterrichtliche Auseinandersetzung. Die Schüler*innen erzählen von Momenten mit Mitschüler*innen bzw. Freunden, in denen sie sich zum ersten Mal mit dem Osmanischen Reich auseinandersetzten. Die Aussagen der Schüler*innen verdeutlichen, dass die Schule für den Austausch über das Osmanische Reich den Schüler*innen einen relevanten Ort bietet, dieser Austausch allerdings immer außerhalb des Unterrichts stattfindet.

Narrationen zu K 2: familialer Zugang zum OR

Neben dem schulischen Zugang zum Osmanischen Reich nennen einige der Schüler*innen auch die Familie als einen Zugang zum Inhalt Osmanisches Reich. Der Schüler *ER* beschreibt, dass das Osmanische Reich in seiner Familie immer eine bedeutende Rolle einnahm. Dabei hebt er hervor, dass seine Großväter immer wieder allen anderen Familienmitgliedern vom Osmanischen Reich erzählten. So berichtet der Schüler, dass er bereits im Kleinkindesalter einen Zugang zum Osmanischen Reich hatte, indem innerhalb der Familie „kleine Sachen" zum Osmanischen Reich erzählt wurden:

> „Also ich sag mal so, in meiner Familie, wir sind zum Beispiel, in meiner Familie, wir sind wie zum Beispiel ich habe ein Opa, der hat sehr viel Ahnung über das Osmanische Reich. Auch weil er damals, als er vielleicht jung war, viel gelesen hat. (…) Also unsere Familie zum Beispiel setzt sich hin und wir hören ihm zu, dann sind dann wir immer so erstaunt. (…) Ja! Weil ich sag mal so, schon. Also ich hab zwei Opas zum Beispiel und mit beiden ist es das Selbe. Zum Beispiel man kommt zusammen, erst redet man vielleicht über Schule oder was weiß ich, danach geht sofort die Richtung schon dahin. Weil das macht einfach wie soll ich sagen, das ist so ne Sache, man ist richtig froh darüber. (…) Boah das ist wahrscheinlich schon sehr lange her, weil schon als ich so klein war, hat man uns immer damals immer so kleine Sachen erzählt. (…) Damals war das Osmanische Reich wie für mich, wie soll ich sagen? So eine Sache, also über die ich sehr wenig Wissen hatte, war halt da." (Er/Tr 6, Z. 319–386)

ER weist auf ein durch die Familie tradiertes Wissen zum Osmanischen Reich, das er im Laufe des Einzelinterviews immer wieder konstruiert. Den familialen Zugang bestimmt der Schüler als seinen ersten Zugang zum Osmanischen Reich, welchen er mit der Formulierung „als ich so klein war" in seine Kindheit verortet. Mit seinem Hinweis darauf, dass ihm „damals immer so kleine Sachen erzählt" wurden und der Aussage, dass er als Kleinkind zum Osmanische Reich „sehr wenig Wissen" verfügte, verweist er auf eine kontinuierliche Wissensveränderung seines ursprünglich familiär tradierten Wissens. Dass das Osmanische Reich für die ganze Familie eine bedeutende Rolle einnimmt, konstruiert er durch die deiktischen Ausdrücke *unsere* und *wir*, womit er auf das kollektive Familienwissen zum Osmanischen Reich hinweist. Mit der Aussage „man kommt zusammen, erst redet man vielleicht über Schule oder was weiß ich, danach geht sofort die Richtung schon dahin" schreibt er dem Inhalt Osmanisches Reich eine Allgemeingültigkeit und eine Kontinuität für die Thematisierung innerhalb seiner Familie zu.

Auch die Schülerin ZEL verdeutlicht, dass das Osmanische Reich als Thema in ihrer Familie eine bedeutende Rolle spielt. Dabei hebt sie im Besonderen ihren Vater als Interessierten an der osmanischen Geschichte sowie die Religiosität ihrer ganzen Familien hervor:

> „Mein Papa liebt die Geschichte sehr und der kann sich auch mit der Geschichte der Türkei, also nicht der Türkei, sondern der Osmanen sehr gut aus. Weil mein Opa war halt, also Ur-, Ur-, Uropa war auch bei denen. (…) Also er hat auch, also was heißt mitgekämpft, war auch in, bei den, war auch ein Osmane sozusagen. (…) und dann redet man halt darüber. Er erzählte auch, also wir sind halt ne religiöse Familie und das ist dann für uns wenn einer halt die Ideologie hat halt die Religion weiter zu führen, den Islam zu verbreiten, wie es auch bei uns im Koran so ist, also das ist was Gutes." (ZEL/ Tr. 1, Z. 115–125)

Das Wissen ihres Vaters begründet *ZEL* über ihren „Ur-, Ur- Uropa", den sie als Osmanen markiert und somit einen impliziten Zugang zum Osmanischen Reich für ihren Vater und damit auch für sich selbst schafft. An der Narration der Schülerin wird deutlich, dass das Osmanische Reich für sie in einem direkten Zusammenhang mit dem Islam und damit verbunden auch im Kontext ihrer Familie steht, die sie damit als ‚muslimisch' markiert. Dieser Zusammenhang zeigt sich bei der Schülerin immer wieder im Laufe des Einzelinterviews.

Die Schüler*innen nennen neben dem schulischen und familialen Zugang zum Osmanischen Reich auch weitere Zugänge, die als komplementäre Zugänge beschrieben werden können. Dabei wird digitalen Medien von den meisten Schüler*innen eine besondere Bedeutung beigemessen.

Narrationen zu K 3: weitere Zugänge zum OR

Die Schüler*innenaussagen zeigen auf, dass sich alle Schüler*innen über verschiedene Kanäle eigeninitiativ über das Osmanische Reich informieren. Sie lesen Bücher, besuchen Seminare in der Moschee, schauen sich Serien und Filme an und informieren sich im Internet darüber. Den Zugang über *Bücher* zum Osmanischen Reich beschreibt der Schüler *BAR* wie folgt:

> „Also intensiv mit dem Osmanischen Reich habe ich mich nie auseinandergesetzt. Ich habe sehr viel Islambücher gelesen, in denen das Osmanische Reich immer wieder erwähnt wurde und in denen man immer wieder nennenswerte Sachen über das Osmanische Reich genannt hatte, sprich ob das jetzt türkische Autoren oder arabische oder marokkanische Autoren waren, alle haben immer wieder osmanische auf die Osmanen sind auf, die osmanischen Wurzeln eingegangen oder haben darauf zugegriffen. Und das fand ich dann sehr, sehr interessant und das hat auch in mir so eine kleine Blume geöffnet, weil ich dachte das sind so meine Vorfahren, ne? Und ja." (*BAR*/Tr. 5, Z. 80–87)

Der Schüler verdeutlicht, dass er durch die Auseinandersetzung mit dem Islam auch einen Zugang zum Osmanischen Reich erhielt. Mit dieser Konstruktion schafft er eine Dichotomie zwischen dem Islam und dem Osmanischen Reich, aus der er heraus auch die Relevanz des Osmanischen Reiches für sein eigenes Leben begründet. Die Erkenntnis über diesen Zusammenhang verbalisiert er über einen metaphorischen Zugang. Er beschreibt, dass die Erkenntnis über den Zusammenhang zwischen dem Islam und dem Osmanischen Reich in ihm „eine kleine Blume geöffnet" habe. Über diese metaphorische Darstellung einer sich öffnenden Blume konstruiert der Schüler durch die blühende und ihre Blätter öffnende Blume die Entfaltung seines Lebens. Die Blume ist gewissermaßen Sinnbild der eigenen Horizonterweiterung und steht damit in der Narration des Schülers für Wachstum und mentale Schönheit, die zur Veränderung des Daseins führt. Er beschreibt seinen subjektiven Zugang als einen Erkenntnisgewinn und konstruiert daraus wiederum eine identitätsbildende Relevanz des Themas für seine eigene Person, indem er ‚die Osmanen' als seine Vorfahren kategorisiert.

Als ein weiterer Zugang zum Osmanischen Reich werden in den Narrationen der Schüler*innen die *Moscheen als Ort des sozialen Austausches* genannt. Am Beispiel einer Schülernarration soll verdeutlicht werden, welche Bedeutung der Moschee als Ort der Wissenserweiterung beigemessen wird:

> „Zum einen, zum Beispiel ist in unserer, in der Nähe von mir eine Moschee. (…) In dieser Moschee gibt es so gesagt eine Jugendabteilung, die zum Beispiel so Organisation für Jugendliche macht. (…) Also weiß ich nicht, sei es Fußball zum Beispiel. So dass halt, die Idee ist einfach, dass auch Jugendliche sich auch in der Moschee zum Beispiel aktiv sind,

weil ja so aktiv sind halt. Und da sind zum Beispiel dann so manchmal Veranstaltungen, wo zum Beispiel es gab immer Seminare. Jeden Monat ein Seminar und in diesen Seminaren hat, war freiwillig. Jeder also wer will, konnte hingehen, wer nicht. Dann saß man da, danach zum Beispiel große PowerPoint-Präsentation von zum Beispiel Menschen, die jetzt Theologie, islamische Theologie studiert haben. Gabs dann so halt PowerPoint-Präsentation, wo man auch noch seine Geschichte gelernt hat." (Er, Tr. 5, Z. 1026–1038)

Der Schüler ER konstruiert die Moschee als eine Art erzieherische Institution, in der für Jugendliche vielfältige Angebote geschaffen werden. Neben sozialen Aktivitäten wie Fußball werden auch Seminare angeboten, die die Jugendlichen freiwillig besuchen können. In diesen Veranstaltungen bzw. Seminaren, die von islamischen Theologen abgehalten werden, werden die Jugendlichen zu verschiedenen Inhalten informiert. In diesem Zusammenhang weist der Schüler darauf hin, dass „man auch noch seine Geschichte gelernt hat". Besonders mit dem Indefinitpronomen *man* konstruiert er eine Gruppe und generalisiert seine Aussage für alle dieser Gruppe zugehörigen Personen.

Als einen weiteren zentralen Zugang nennen die Schüler*innen den Zugang zum Osmanischen Reich über *digitale Medien*. Sie nennen Serien und Filme, das Videoportal *YouTube* und das soziale Netzwerk *Instagram*. Mit welcher Motivation die Schüler*innen diese Zugänge wählen und wie sie ihre durch diese Zugänge geprägten Vorstellungen konstruieren, soll im Folgenden exemplarisch dargestellt werden.

Der Schüler *ER* nennt zwei Serien, von denen er eine kritisiert und damit auch seine subjektiven Vorstellungen zum Osmanischen Reich konstruiert:

> „Aber was ich auch tue, ist Filme. Jetzt ist natürlich Filme, es gibt zum Beispiel Serien, die das Osmanische Reich sogar spielen. Da ist aber immer do, so eine Sache, es gibt zum Beispiel sagen wir mal, zwei Serien über das Osmanische Reich. (…) Also es gab zum Beispiel, ich sag mal (unverständlich), nein drei, es gab zum Beispiel so eine türkische Serie, die heißt Muhteşem Yüzyıl. (…) Dann gabs eine Serie, dessen Namen ich jetzt leider vergessen hab. Dann gabs noch Payitaht, das ist so ne, so neue. (…) Ich habe gemerkt Muhteşem Yüzyıl war so eine, die das Osmanische Reich wieder schlecht darstellt. (Er/Tr5, Z. 1041–1053)

ER weist darauf hin, dass manche Serien aus seiner Sicht das Osmanische Reich „schlecht" konstruieren. Dabei legt er dieser Kritik seine subjektiven Vorstellungen zugrunde. Er nennt explizit die Serie Muhteşem Yüzyıl (dt. Das prächtige Jahrhundert), die aus Sicht des Schülers „das Osmanische Reich wieder schlecht darstellt". Durch seine kritische Sicht verdeutlicht der Schüler, dass über Serien oder Filme in erster Linie die eigenen Vorstellungen überprüft und gefestigt werden können.

9 Hauptstudie: das Osmanischen Reich in Schülervorstellungen 347

Im Vergleich zu Serien und Filmen beurteilen die Schüler*innen „Videos auf YouTube" als wissenserweiternden und sprachlich verständlichen Zugang:

> „Also ich bevorzuge immer so Bücher. Also hier kann man ja auch Bücher ausleihen und ich hab, die Expansion hat mich sehr interessiert damals des, der Osmanen, weil ich hab mir das nicht vorstellen können. Also man hatte früher eine kleine Stadt in der Türkei und hat man sich so großartig vergrößert die Fläche und das ist nicht einfach, weil das ist schon überkontinental gewesen. Die sind ja von Asien über Europa und das hat, weil, fand ich sehr faszinierend, weil, so das ist nicht einfach zu der Zeit vor allem mit den Mitteln. Und die waren ja auch mit der Infrastruktur nicht so weit, wie wir heute sind. Und das hat mich sehr interessiert, da hab ich mir ein Buch ausgeliehen aus der Bibliothek hier unten über die Expansion. (…) Das interessier mich. Ich gucke auch sehr viele Videos auf YouTube, weil ich so diese Sprache leichter finde zu verstehen, als das, was ich lese." (ZEL/Tr. 1, Z. 262–273)

Auch wenn die Schülerin ZEL Bücher als ihren bevorzugten Zugang zum Osmanischen Reich nennt, hebt sie den leichteren sprachlichen Zugang zum Osmanischen Reich über Videos auf den Videoportal *YouTube* hervor, welches sie „sehr viel" nutzt.

Es zeigt sich, dass der schulische Raum als sozialer Ort für die Interaktion über das Osmanische Reich von den Schüler*innen am häufigsten genutzt wird. Allerdings findet diese Interaktion ausschließlich unter den Schüler*innen und außerhalb des Geschichtsunterrichts statt. Auch zeigt sich, dass das Sprachenfach Türkisch als Raum für die Diskussion über das Osmanische Reich kategorisiert wird, was eine Konstruktion von historischen Inhalten und Sprache verdeutlicht. Der Sprachunterricht wird somit als Raum des nationalorientierten Diskurses produziert.

9.2.4 OR im Freundes- und Bekanntenkreis: Umgang und Position

Das Osmanische Reich spielt in den Freundes- und Bekanntenkreisen aller Schüler*innen in unterschiedlicher Intensität eine Rolle. Dabei benennen selbst die Schüler*innen bestimmte Situationen, in denen das Osmanische Reich in ihrem Freundes- bzw. Bekanntenkreis eine besondere Rolle spielten, die für sich selbst einen eher geringen Bezug zum Osmanischen Reich aussagen.[989] Ob dem Inhalt eine Relevanz beigemessen wird oder nicht, machen die Schüler*innen an religiösen und ethnischen Merkmalen fest, die sie ihren Freunden und Bekannten zuschreiben.

---

989 Sowohl in den Einzelinterviews der Prästudie als auch in den Einzelinterviews, die im Rahmen der Hauptstudien durchgeführt wurden, konnten alle Schüler*innen zum Inhalt ‚Osmanisches Reich' Vorstellungen konstruieren.

Aus den Schüler*innenaussagen zum Umgang mit dem Osmanischen Reich im Freundes- und Bekanntenkreis konnte folgende Kategorie generiert werden, die die Intensität der Relevanzzuschreibung und die damit verbundene Position zum Osmanischen Reich verdeutlicht:

- K: Relevanz des OR im Freundes- und Bekanntenkreis

Die Narrationen der Schüler*innen verdeutlichen unterschiedliche Positionierungen im Freundes- und Bekanntenkreis zum Inhalt Osmanisches Reich. Diese Positionen werden von den Schüler*innen begründend dargestellt. Dabei konstruieren die Schüler*innen auch ihre eigene Positionierung zum Osmanischen Reich, welche im Folgenden exemplarisch rekonstruiert werden soll.

Narrationen zu K: Relevanz des OR im Freundes- und Bekanntenkreis

Die Schüler*innen verbalisieren den Umgang mit dem Inhalt Osmanisches Reich in ihrem Freundes- und Bekanntenkreis sehr unterschiedlich. Einige gehen ausschließlich auf einen Umgang ein, der sich aus einer positiven Positionierung zum Osmanischen Reich heraus ergibt und gleichzeitig ihre eigene Positionierung zum Osmanischen Reich konstruiert. Andere wiederum stellen die Vielfalt der verschiedenen Positionen in ihrem Freundes- und Bekanntenkreis dar. Beiden Narrationsperspektiven ist gemeinsam, dass der Inhalt Osmanisches Reich in den Freundes- und Bekanntenkreisen aller Schüler*innen eine Rolle spielt. Die Darstellung der verschiedenen Perspektiven in den Freundes- und Bekanntenkreisen der Schüler*innen wird im Folgenden exemplarisch analysiert.

Der Schüler *ER* konstruiert durch seine Narration einen positiven Umgang mit dem Osmanischen Reich, über den er gleichzeitig seine eigene Position und seinen eigenen Umgang darstellt:

„[…] also zum Beispiel in meinem Freundeskreis redet man manchmal auch darüber. (…) Danach fällt einem vielleicht ne Geschichte ein und danach sagt er die, dann lernt jeder seine Lektion, sag ich mal. (…) Oder zum Beispiel man macht auch manchmal Witze, „Ah da kommt dann wie ein Osmane dahin", weil man kennt ja die Osmanen, sag ich mal, als Menschen zum Beispiel ähm fand ich das immer lustig, als mein Onkel mal erzählt hat, er sagte er ist Türke in Spanien, aber Türken in Spanien kann, kannte man halt das Osmanisch nur. (…) Hat der Spanier so gesagt, hat wohl gesagt, also war wohl erstaunt darüber. Dann hat er wohl mit seinen Händen auf seinen Schnauzer gesagt. Weil man kennt zum Beispiel im Osmanischen Reich so Bilder, wo die ganz langen Schnauzer ist. (…) Und danach so große Menschen, so. Wirklich sehr breite Menschen so. Danach, also kennt man das, so ist das auch bisschen irgendwie eingespeichert. Ob das stimmt, weiß ich natürlich nicht. Zum Beispiel so in meinem Freundeskreis, Witze wird so gemacht, zum Beispiel „Oh da kommt er, wie ein Osmane dahin, so ein breiter.", solche Sachen. Aber ansonsten ehrlich gesagt, ist das vielleicht also ein normaler, was heißt Normale. Vielleicht wird nicht so oft in Freundeskreisen, anderen so darüber gesprochen, aber ich glaub bei mir ist das jetzt so ein spezielles Thema. Weil zum Beispiel, ich habe einen sehr guten Freund, Mohamed heißt er, mit dem ich sehr oft abhängt. Zum Beispiel mit uns, mit ihm rede ich auch sehr oft darüber." (Er/Tr. 6, Z. 416–439)

ER erzählt davon, dass in seinem Freundeskreis über das Osmanische Reich immer wieder gesprochen wird. Die Gespräche beschreibt er als „Geschichten", welche er als Lektionen für das Leben kategorisiert. Seine Kategorisierung verdeutlicht die Bedeutung, die dem Osmanischen Reich mit und den sogenannten Geschichten für das eigene Leben beigemessen wird. In seiner Narration kann die Funktion der Lektion als eindringliche und im Hinblick auf ein Fehlverhalten wirksame Belehrung bestimmt werden, welche häufig auch im Sinne eines Tadels verstanden wird. Der Schüler konstruiert einen Zugang zum Osmanischen Reich, der für sein gegenwärtiges Leben immer wieder als Orientierungsrahmen dient und eine Art Richtmaß für das Verhalten im alltäglichen Leben darstellt. Dem Osmanischen Reich wird demzufolge eine prägende und lenkende Bedeutung für das eigene Leben zugesprochen. In seiner Narration zur Bedeutung des Osmanischen Reichs im Freundeskreis erwähnt der Schüler weiterhin, dass er und seine Freunde Witze wie „Ah da kommt dann wie ein Osmane dahin" über das Osmanische Reich machen. Die Art dieser Narration verdeutlicht allerdings, dass es sich dabei nicht um einen Witz im engeren Sinne handelt. Denn mit einem Witz werden andere Menschen durch eine fiktive Erzählung, in der eine unerwartete Handlung vorkommt, zum Lachen angeregt. Auch wenn die Art der „Geschichten" als witzig wahrgenommen wird, verdeutlicht die Narration des Schülers, dass er in Form einer Anekdote, also über zufällig erworbene Einzelfakten, seine Vorstellungen zum Osmanischen Reich konstruiert. Anhand der Einzelfakten wie ‚die Osmanen trugen Schnäuzer' und ‚die Osmanen waren alle große Menschen', verbalisiert er seine Vorstellung von den Osmanen, die auch in seinem Freundeskreis produziert wird. Besonders durch das Bild der ‚großen Osmanen', über die die ‚Spanier' „wohl erstaunt" waren, konstruiert der Schüler die Überlegenheit und die Macht der Osmanen. Seine Narration schließt er mit der Hervorhebung ab, dass in seinem Freundeskreis besonders oft, im Vergleich zu anderen Freundeskreisen, über das Osmanische Reich gesprochen wird. In diesem Zusammenhang nennt er explizit „einen sehr guten Freund", mit dem er häufig über das Osmanische Reich spricht.

Den Umgang mit dem Osmanischen Reich im Freundes- und Bekanntenkreis beschreiben machen Schüler*innen auch als einen negativen Umgang. Die folgende Narration der Schülerin *NER* soll diese Annäherung an den Inhalt beispielhaft verdeutlichen:

„Ja, es gibt Situationen, wenn wir halt über Geschichte über die, ja über (…) Geschichte sprechen. Vor allem über die türkische Geschichte. Das ist irgendwie immer im Zusammenhang mit der Türkei. Ja dann wird halt irgendwie so Sachen gesagt, wie „Ja die Türken sind sehr stark und die haben auch damals den Osmanischen Reich geleitet" also das, so denken meine Freunde, oder halt Bekannte oder irgendwelche Mitschüler. Die gehen halt auch davon aus, dass wenn das in der heutigen Zeit wieder so wär, würden, würden, würde das Osmanische Reich wieder fast ganz Europa regieren und, ja also die halten, ein Teil von meiner Freunde finden den Osmanischen Reich, das Osmanische Reich super. (…) Die sind auch sehr dafür. Auch wenn sie halt sprechen, die Aus- die Wortwahl und alles. Du erkennst einfach, die sind dafür. Dann hab ich ein paar Freunde die sagen „Ja ne, deswegen gabs Atatürk. Der hat, der war halt voll gegen das Osmanische Reich und ist auch gut so. Irgendwie halt das variiert immer." (*NER*/Tr. 3, Z. 82–95)

Die Narration der Schülerin *NER* zeigt, dass das Osmanische Reich auch in ihrem Freundes- und Bekanntenkreis eine Rolle spielt. Sie stellt den Kontext beim Umgang mit dem Osmanischen Reich über die „türkische Geschichte" her. Das bedeutet, dass immer dann, wenn in ihrem Freundes- und Bekanntenkreis über Geschichten und konkret über die türkische Geschichte bzw. die Türkei gesprochen wird, steht dies auch immer im Zusammenhang zum Osmanischen Reich. Mit der Aussage „Ja die Türken sind sehr stark und die haben auch damals den Osmanischen Reich geleitet", die sie als typische Aussage für Gespräche über das Osmanische Reich in ihrem Freundes- und Bekanntenkreis bewertet, beurteilt sie die Positionierung ihrer Freunde und Bekannten, die aus Sicht von *NER* positive Vorstellungen zum Osmanischen Reich konstruieren. Sie bestärkt diese Positionierung, indem sie die gegenwärtige Erwartung ihrer Freunde und Bekannten konstruiert, nämlich „Die gehen halt auch davon aus, dass wenn das in der heutigen Zeit wieder so wär, würden, würden, würde das Osmanische Reich wieder fast ganz Europa regieren". Sie selbst distanziert sich mit der Formulierung „Die gehen halt davon aus" von dieser Erwartung und weist darauf hin, dass bereits am verwendeten Wortschatz dieser Freunde und Bekannten ihre Positionierung zum Osmanischen Reich ersichtlich ist. Diesem dem Osmanischen Reich zugewandten Freundes- und Bekanntenkreis stellt sie einen zweiten Freundes- und Bekanntenkreis gegenüber, den sie durch seine Nähe zu Atatürk[990] bestimmt. Auch hier greift sie auf das stilistische Element der wörtlichen Rede zurück, womit sie die Position ihres zweiten Freundes- und Bekanntenkreises zum Osmanischen Reich verdeutlicht. Aus dieser komparativen Betrachtung der Positionen ihrer Freunde und Bekannte konstruiert sie verschiedene Vorstellungen zum Osmanischen Reich, denen sie sich nicht explizit

---

990 Mustafa Kemal Atatürk, Gründer der Republik Türkei, wird von den meisten Schüler*innen als Gegner des Islams und damit auch als Gegner des Osmanischen Reichs konstruiert.

zuordnet. *NER* macht in ihrer Narration deutlich, dass in ihrem Freundes- und Bekanntenkreis die Positionierung zum Osmanischen Reich immer aus einer subjektiven Meinung heraus produziert wird und sich die Positionen ‚für das Osmanische Reich und gegen Atatürk' bzw. ‚für Atatürk und gegen das Osmanische Reich' gegenüberstehen.

Die exemplarische Analyse der Kategorie ‚Relevanz des OR im Freundes- und Bekanntenkreis' verdeutlicht, dass die Schüler*innen insbesondere auf *religiöse* und *ethnische* Kategorien zurückgreifen, um den Umgang ihrer Freunde und Bekannten mit dem Osmanischen Reich zu konstruieren. So begründen sie das Interesse einer Person am Inhalt Osmanisches Reich darüber, dass sie *muslimisch* und/oder *türkisch* sind. Aus dieser Konstruktion leiten sie auch ab, dass *Nichtmuslime* und/oder *Deutsche* kein Interesse am Inhalt Osmanisches Reich aufzeigen.

9.2.5 Bedeutung des OR für die eigene Gegenwart

Bei der Frage nach der Bedeutung des Osmanischen Reichs für die eigene Gegenwart sprechen nicht alle Schüler*innen dem Inhalt die gleiche Bedeutung zu. Jedoch verbalisieren alle Schüler*innen eine verallgemeinernde Relevanz des Inhaltes Osmanisches Reich für die Gesellschaft, in der sie leben. Aus den Schüler*innenaussagen konnten folgende Kategorien generiert werden:

- K 1: der Einfluss des OR auf das heutige Leben
- K 2: Negativdarstellung des Islams und damit des OR in den Medien

Narrationen zu K 1: der Einfluss des OR auf das heutige Leben

Der Einfluss des Osmanischen Reichs auf das gegenwärtige Leben der Schüler*innen wird von ihnen unterschiedlich beurteilt. Dabei wird das Osmanische Reich in Zusammenhang mit dem Islam und den eigenen Vorfahren gebracht, woraus die Relevanz des Inhaltes für das eigene Leben konstruiert wird. Allen Schüler*innenaussagen liegt die Kernannahme zugrunde, dass aus der Vergangenheit Schlüsse für das gegenwärtige Leben gezogen werden können. Mit dieser Annahme wird ein Zusammenhang zwischen Gegenwart und Zukunft geschaffen und aus den Einblicken in die Vergangenheit werden Schlüsse für die Gegenwart und Zukunft gezogen. Die Narrationen der Schüler*innen lassen Rückschlüsse auf ihr Geschichtsbewusstsein zu, welchem wiederum das

Verständnis zugrunde liegt, dass das Bewusstsein von historischer Bedingtheit menschlicher Existenz abhängt.[991]

Im Folgenden werden ausgewählte Schüler*innennarrationen zur Relevanz des Inhaltes Osmanisches Reich für das Leben der Schüler*innen rekonstruiert.

Der Schüler *BAR* verdeutlicht die Relevanz des Inhaltes Osmanisches Reich für sein Leben, indem er auf sein subjektives Islamkonzept rekurriert. Dabei konstruiert er seine Relevanzzuschreibung über die Kritik an denjenigen, deren Umgang mit dem Osmanischen Reich er als „nationalistisch" bezeichnet. Demnach konstruiert er durch die Abgrenzung zu dieser als „nationalistisch" markierten Gruppe die Bedeutung des Osmanischen Reichs für sein eigenes Leben und seine Position innerhalb der Bedeutungszuschreibung:

> „Das Osmanische Reich in meinem Leben? Also viele unserer Landsmänner, sprich die Türken oder Türkinnen sind sehr nationalistisch geprägt und sehr stolz auf die Türkei, sehr stolz auf die türkische Geschichte. Sprich Werdegang von dem Osmanischen Reich, wie das Osmanische Reich expandiert ist, bis nach Spanien hin, wo auch viele Spanier wirklich Muslime geworden sind und danach wirklich eine Koexistenz zwischen den drei großen Weltreligionen Judentum, Christentum und Islam geherrscht hat. Also das zeigt schon, wie weit das Osmanische Reich expandiert ist. Dann bis hin zu Atatürk, wo Atatürk halt, ich sag mal ganz leicht die Türkei wieder aufgebaut hat, reformiert hat und auf diesen Werdegang sind sehr, sehr viele Türken sehr stolz, sie sind stolz türkisch zu sein. (…) Das ist in meinen Augen ziemlich nationalistisch. Ich bin auch sehr gerne Türke, ich liebe das auch Türke zu sein oder türkische Sprache zu sprechen, in der türkischen Kultur zu leben, aber ich wär genauso stolz Deutscher oder Italiener oder so zu sein, sprich ich bin nicht also weißt du worauf ich hinaus möchte? (…) Also ich find es sehr interessant, wie meine Vorfahren auch bezüglich des Islams agiert haben, wie sie gehandelt haben. Ich bin traurig, dass das nicht mehr so ist. So stehe ich halt zum Osmanischen Reich." (*BAR*/Tr. 5, Z. 46–77)

BAR konstruiert seine Narration zur Relevanz des Osmanischen Reichs für sein eigenes Leben zu Beginn über den Umgang seiner „Landsmänner, sprich die Türken oder Türkinnen". Dabei ordnet er sich selbst über die Personaldeixis „unsere"[992] zwar in diese *ethnisch* konstruierte Gruppe, distanziert sich allerdings im Umgang mit dem Osmanischen Reich von dieser Gruppe. Der Schüler schafft somit eine ethnische Kategorie der ‚*Türken*' und differenziert den Umgang mit dem Osmanischen Reich innerhalb dieser Gruppe. Dabei produziert er die Dif-

---

991 Siehe dazu das Kapitel 3.3 Geschichtsbewusstsein als zentrale Dimension des Geschichtsunterrichts.

992 Es ist zu vermuten, dass auch die Forscherin an dieser Stelle der von dem Schüler konstruierten Gruppe zugeordnet wird, da er das possessive Determinativ ‚unser' verwendet und darüber eine Relationierung zur Forscherin aufbaut.

9 Hauptstudie: das Osmanischen Reich in Schülervorstellungen

ferenzierung über die Kategorie „nationalistisch". Die Konstruktion der Gruppe der „Landsmänner" wird über die Positionierung zum Inhalt Osmanisches Reich realisiert. Er beschreibt die Position seiner „Landsmänner" mit „stolz auf die türkische Geschichte". Diese Beschreibung führt er weiter aus, indem er durch die Formulierung „sprich" die Attribuierung „stolz" operationalisiert. Er zählt historische Begebenheiten auf, die dieses Stolz-Sein verdeutlichen sollen:

- Expansion der Osmanen bis nach Spanien,
- Konversion der Spanier vom Christentum zum Islam,
- „Koexistenz zwischen den drei großen Weltreligionen Judentum, Christentum und Islam" sowie die Reformierung und Entwicklung der Republik Türkei unter Atatürk.

Betrachtet man diese Passage aus dem Interview mit *BAR* im Gesamtzusammenhang, sind die historischen Ereignisse, die der Schüler zur Begründung seiner Kritik zum *nationalistischen* Umgang seiner „Landsmänner" nennt, nicht alle als kritische Begründung zu verstehen. Seine Position zum Osmanischen Reich begründet *BAR* immer wieder über sein subjektives Islamkonzept, so dass die Formulierung „Koexistenz zwischen den drei großen Weltreligionen Judentum, Christentum und Islam" nicht als Kritik, sondern als Anerkennung betrachtet werden kann. Demnach besteht die tatsächliche Kritik des Schülers darin, dass sich seine „Landsmänner" mit der Reformierung und den Entwicklungen ab der Republik Türkei unter Atatürk identifizieren und darauf stolz sind. Dass für *BAR* der Islam sein Kerninteresse im Hinblick auf das Osmanische Reich bildet, beschreibt er am Ende der Passage genauer, indem er die gegenwärtige Ausübung des islamischen Glaubens im Vergleich zur Praktizierung früher emotional kritisiert: „Ich bin traurig, dass das nicht mehr so ist." Die Fokussierung auf den Islam verdeutlicht der Schüler auch durch seine Abwertung eines Nationenverständnisses, mit dem Menschen kategorisiert werden. Mit der Narration „ich wär genauso stolz Deutscher oder Italiener oder so zu sein" entkräftet er das Nationenkonzept, das er seinen „Landsmännern" zuspricht, und bekräftigt im Umkehrschluss die Relevanz seines subjektiven Islamkonzepts.

Das Konzept *Vorfahren*, auf das der Schüler *BAR* im Hinblick auf sein Islamkonzept immer wieder eingeht, greift auch die Schülerin *NER* auf. Allerdings bezieht sie dieses Konzept nicht auf sich persönlich, sondern auf Menschen in ihrer Umgebung:

„Also für mich jetzt keine große Rolle, weil ich keine direkte Verbindung dazu hab. (...) Oder auch, es hat, keine Ahnung das Osmanische Reich hat meiner Meinung nach, vielleicht hat es ja Auswirkungen auf mein jetziges Leben, vielleicht nicht, ich kanns ja halt nicht beurteilen. Wie gesagt, also für mich hat es jetzt keine große Bedeutung, weil ich mich nicht damit auseinandergesetzt hab. Ich weiß nicht, ob es gute Seiten hat, ob es schlechte Seiten hatte. Aber dann vielleicht auf Familie bezogen, es gibt ja sehr viele ja die gehen halt davon aus, dass es einfach unsere Vorfahren sind, und für die spielt das dann halt ne große Rolle, weil sie sagen „Ja das waren halt unsere Vorfahren, dank denen sind wir heute da" und ja irgendwie so, so. (*NER*/Tr. 3, Z. 122–131)

NER erzählt, dass das Osmanische Reich in ihrem Leben keine zentrale Rolle einnimmt. Dies begründet sie darüber, dass sie „keine direkte Verbindung" zum Osmanischen Reich hat. Wird diese Aussagen im Gesamtzusammenhang der Passage untersucht, kann ihre Aussage auf das Vorfahren-Konzept zurückgeführt werden. Im Vergleich zu sich selbst erzählt sie von „sehr vielen", die die Osmanen aus ihrem subjektiven Familien-Konzept heraus als ihre Vorfahren betrachten. In ihrer Erzählung konstruiert sie zwei sich unterscheidende Familien-Konzepte: das Familien-Konzept, das im Zusammenhang zum Osmanischen Reich steht, und das, das „keine direkte Verbindung" zum Osmanischen Reich aufweist.

Der Rolle des Osmanischen Reiches für das gegenwärtige Leben messen die Schüler*innen eine unterschiedlich hohe Relevanz bei. Was allen Schüler*innenäußerungen gemeinsam ist, ist das Bewusstsein für die Bedeutung von historischen Ereignissen generell für das Leben von jedem Menschen. Demzufolge setzen alle Schüler*innen die Reflexion von historischen Ereignissen in Relation zur Entwicklung des eigenen Geschichtsbewusstseins, so dass im Sinne des geschichtsdidaktischen Diskurses allen Schüler*innen die Kompetenz der Orientierung in der Zeit zugesprochen werden kann, ihre Vorstellungen zum Osmanischen Reich jedoch zumeist trotzdem aus ihren Alltagskonzepten heraus konstruiert werden.

Narrationen zu K 2: Negativdarstellung des Islams und damit des OR in den Medien

In den Narrationen der Schüler*innen findet sich auch der Diskurs zum Umgang der Medien und der Öffentlichkeit mit dem Inhalt Osmanisches Reich. Dabei konstruieren alle Schüler*innen einen negativen Diskurs, in dem das Osmanische Reich und der Islam schlecht präsentiert werden. Die Vorstellungen der Schüler*innen zum Bild des Osmanischen Reichs und des Islams in den Medien und der Öffentlichkeit wird am Beispiel der Äußerung der Schülerin *ZEL* verdeutlicht:

> „Ja also in den Medien sehe ich ja sehr viel noch darüber, dass man versucht die Türkei heute mit dem, mit den Osmanen damals zu vergleichen, weil halt manche Ideologien des Präsidenten, nicht nur des Präsidenten, sondern des Staates halt noch mit der des

9 Hauptstudie: das Osmanischen Reich in Schülervorstellungen 355

Osmanischen Reiches, also die finden Parallelen dazwischen und das ist glaub ich beängstigend für viele Europäer. Nicht nur für die, sondern auch für die ganze Welt, weil die halt dieses kämpferische Bild von den Osmanen haben, was durchaus nicht die einzige Seite von denen war." (ZEL/Tr. 1, Z. 92–99)

In ihrer Narration geht die Schülerin auf den Umgang der Medien mit dem Osmanischen Reichen ein. Dabei erzählt sie davon, dass das Osmanische Reich in den Medien mit der gegenwärtigen Türkei verglichen wird. Als Grund dafür nennt sie „manche Ideologien des Präsidenten, nicht nur des Präsidenten, sondern des Staates". Mit dem Verweis auf Präsident und Staat rekurriert sie implizit auf die Politik des Präsidenten der Türkei[993] sowie auf die der Republik Türkei und konstruiert eine Ideologie des Präsidenten, die sie mit der der Republik Türkei gleichsetzt und die Ideologie des Osmanischen Reiches zum Teil widerspiegelt. Aus diesem resultiert aus Sicht der Schülerin ein „kämpferisches Bild" der Osmanen, das ihrer Meinung nach nicht den Islam repräsentiert. Sie stellt die Vermutung an, dass dieses Bild von der Türkei, das in Anlehnung an die Osmanen entsteht und über die Medien transportiert wird, den Europäern Angst bereitet.

Aus dieser Narration ergeben sich folgende Vorstellungen der Schülerin: Zum einen konstruiert sie ihre Vorstellung zur Politik der Türkei, die sie durch die politische Richtung des Präsidenten und der Republik Türkei zum Teil in Verbindung mit dem Osmanischen Reich bringt. Sie spricht von „manchen Ideologien", womit sie sich auf bestimmte Aspekte der politischen Ideologie des Präsidenten und der Republik Türkei bezieht. Unter Berücksichtigung des Gesamtinterviews kann der Begriff Ideologie vor dem Hintergrund des Osmanischen Reichs als *islamische* Ideologie rekonstruiert werden. In diesem Sinne konstruiert die Schülerin den Begriff Ideologie im Zusammenhang zu ihren Vorstellungen zur Republik Türkei und ihrem Präsidenten und deren politische Ausrichtung unter Berücksichtigung des Islams. Zum anderen konstruiert sie das Bild der Europäer von der Türkei, das durch diesen medialen Vergleich (Ideologie der Republik Türkei und ihres Präsidenten) mit dem Osmanischen Reich für viele Europäer ein beängstigendes Bild entstehen lässt.[994]

Eine weitere Positionierung zur Negativdarstellung des Islams in den Medien ist in den Äußerungen des Schülers *ER* zu finden. Er konstruiert über die

---

993 Mit ‚Präsident' bezieht sich die Schülerin auf Recep Tayyip Erdoğan, der seine erste Amtszeit als Präsident (tr. Cumhurbaşkanı) der Republik Türkei am 28.08.2014 antrat.

994 Auch wenn die Schülerin den Namen des Präsidenten nicht explizit, ist zu vermuten, dass sie sich auf Recep Tayyip Erdoğan bezieht, der seit 2014 der Präsident der Republik Türkei ist.

Beschreibung seiner eigenen Reaktion auf den Umgang mit dem Islam in der Öffentlichkeit seine Vorstellungen zum Umgang der Medien und der Öffentlichkeit zum Islam, den er mit dem Osmanischen Reich in Verbindung setzt:

> „Und da hab ich versucht gleich Informationen so zu sammeln, dass ich diese Vorurteile, die man ja damals hat, weil das war auch so eine Zeit, wo man unter Dschihad direkt Bomben im Kopf hatte oder weiß ich jetzt nicht. Weil zum Beispiel leider sehe ich das oft, also beobachte ich sehr, wenn es zum Beispiel um Islam geht, wenn man mit einem vielleicht der hier aufgewachsen ist, vielleicht über Islam redet, aber leider sieht man das ja auch so in den Medien. Also ich glaub deshalb ist das so eine Sache. Also zum Beispiel, wenn ich jetzt „Dschihad" sagen würde, denkt man sofort negativ." (*ER*/Tr. 6, Z. 830–836)

Der Schüler beschreibt eine aus seiner Sicht häufig erlebte Reaktion auf den Islam in der Öffentlichkeit, auf die er selbst in seiner Schulzeit, die Zeit markiert er über das Zeitadverb *damals*, reagierte, indem er Recherchen zum Thema Islam betrieb. *ER* konkretisiert das Bild, indem er den Begriff Dschihad einführt, den er komplementär zum Begriff Islam verwendet. Der Schüler erklärt, dass der Begriff seiner Erfahrung nach mit dem Begriff „Bomben" assoziiert wird, was er als häufig erlebtes Ereignis beschreibt. Er konstruiert zwei Gruppen, die sich in diesen Ereignissen gegenüberstehen: Der *Muslim*, den er über seine eigene Person darstellt, und der *Nicht-Muslim*, der als jemand beschrieben wird, „der hier aufgewachsen ist" und nicht als Muslim kategorisiert wird. Im Vergleich zu demjenigen, „der hier aufgewachsen ist", spricht er dem *Muslim* einen differenzierteren Umgang mit dem Islam und den Begriffen zum Islam in den Medien zu. Diese Konstellation beschreibt er als eine typische in der Auseinandersetzung mit dem Islam auftretende. Dem Umgang mit dem Islam in den Medien schreibt der Schüler die gleiche Perspektive zu, die diejenigen einnehmen, die er als die „hier" aufgewachsenen Personen konstruiert.

9.2.6 OR in der Schule: Relevanz und Behandlung

Als letzter Themenschwerpunkt wurde in den Einzelinterviews auf die Relevanz und Behandlung des Inhaltes Osmanisches Reich im Geschichtsunterricht der Schüler*innen eingegangen. Dabei zeigt sich, dass nach Aussage aller Schüler*innen der Inhalt im Geschichtsunterricht nicht behandelt wird bzw. wurde. Auch bei diesem Themenschwerpunkt lässt sich festhalten, dass die Themen außerhalb des Unterrichts unter den Schüler*innen durchaus thematisiert werden und an manchen Stellen auch Konfliktpotential beinhalten.

Die Schüler*innenaussagen ermöglichen die Generierung folgender Kategorien, mit denen die Schüler*innennarrative strukturiert werden:

9 Hauptstudie: das Osmanischen Reich in Schülervorstellungen

- K 1: Behandlung des OR im Geschichtsunterricht
- K 2: Umgang bei der Behandlung des OR im Geschichtsunterricht

Alle Schüler*innen äußern, dass der Inhalt Osmanisches Reich im Geschichtsunterricht berücksichtigt werden muss. Dabei gehen sie auf unterschiedliche Motive ein, die die Schüler*innen aus ihren subjektiven Positionen und Erfahrungen mit dem Thema heraus als wichtig erachten.

Narrationen zu K 1: Behandlung des OR im Geschichtsunterricht

Bei den Aussagen der Schüler*innen zur Behandlung des Inhaltes Osmanisches Reich im Geschichtsunterricht ist ein einheitliches Bild zu konstatieren. Alle Schüler*innen stellen fest, dass das Osmanische Reich als Thema in ihrem Geschichtsunterricht nicht behandelt wurde. Die folgenden Aussagen der Schüler*innen verdeutlichen diese Feststellung.

Der Schüler *BAR* begründet die Nichtbehandlung des Osmanischen Reichs als Thema im Geschichtsunterricht über die Schulform, die er besuchte:

„In der Sek I da hatte ich zwar Geschichte, aber wir haben nie über das Osmanische Reich geredet, sondern wirklich, weil ich ja auf einer Hauptschule gewesen bin in der Sek I, haben die nur über die Weltkriege geredet. Ansonsten (…) Genau deutsche Geschichte, ansonsten gar nicht." (*BAR*/Tr. 5, Z. 366–370)

Seine Erzählung zur Nichtbehandlung des Osmanischen Reichs konstruiert der Schüler über seine Vorstellung zum Schulsystem, innerhalb dessen er die Hauptschule als niedrigste Schulform einordnet. Diese Einordnung lässt sich aus seiner Narration rekonstruieren, da der Hauptschule die Behandlung des Inhaltes Osmanisches Reich nicht zugesprochen wird. Diese Einstellung zur Schulform Hauptschule bildet sich auch an anderen Stellen des Interviews ab.

Die Nichtberücksichtigung des Osmanischen Reichs im Geschichtsunterricht erwähnen auch andere Schüler*innen. Die Schülerin *RUK* formuliert die Nichtberücksichtigung des Osmanischen Reichs mit einem Ausdruck des Bedauerns, indem sie ihre Aussage mit dem Modalverb *leider* einleitet. Sie begründet:

„Leider nicht, nein. (…) Hätte ich gerne gemacht, ja. Ich hätte auch gern also ich bin ja Kurdin." (*RUK*/Tr. 2, Z. 306–308)

Ihr Bedauern begründet sie über die ethnische Selbstzuschreibung „Kurdin". Diese Selbstzuschreibung verwendet die Schülerin im Laufe des Interviews immer wieder, indem sie das Kurdisch-Sein als subjektiven Bezugshorizont für das Osmanische Reich konstruiert.

Zur Nichtbehandlung des Osmanischen Reichs im Geschichtsunterricht reagieren die Schüler*innen aus unterschiedlichen Motiven heraus. Es zeigt sich bei einigen Schüler*innen weiterhin, dass manche Schüler*innen ihre subjektiven Meinungen in Bezug auf die Nichtbehandlung des Osmanischen Reiches im Geschichtsunterricht verbalisieren. Diese sollen im Folgenden exemplarisch vorgestellt werden. Die Schülerin ZEL weist darauf hin, dass das Osmanische Reich als Thema in ihrem Geschichtsunterricht nicht berücksichtigt wurde. In der folgenden Passage erzählt sie von ihrer Reaktion auf diese Nichtberücksichtigung:

> „Also bei uns hat es, kam es, wurde es gar nicht aufgegriffen und im Zusatzkurs Geschichte in der Oberstufe hab ich und ein paar andere Schüler aus Interesse halt gesagt „Warum machen wir das denn nicht?"(…) Weil wir eigentlich Nationalsozialismus schon durch hatten, das war ja unnötig das wieder zu machen. (…) Da haben wir ganz viel dafür gemacht, damit wir das machen können. Haben uns um Bücher gekümmert, um Quellen, haben gesagt wir wollen das und meine Lehrerin war auch eine Türkischlehrerin, das heißt sie kannte sich auch in dem Gebiet sehr gut aus, muss sich nicht so viel reinlesen. Und deswegen hat sie das auf unsern Wunsch basierend eingeführt. Sonst habe ich, klar in der Sekundarstufe I wusste ich, dass das Osmanische Reich gibt, aber ich wusste jetzt nicht was das für ein Reich ist oder inwieweit die Expansion stattfand oder inwieweit, es war eine Weltmacht zu der Zeit, wie heute Amerika und Russland ist." (ZEL/Tr. 1, Z. 304–321)

Die Schülerin ZEL verdeutlicht beispielsweise, dass das Osmanische Reich in ihrem Geschichtsunterricht nicht behandelt wurde. Damit bezieht sich die Schülerin auf die offizielle Berücksichtigung von Themen im Geschichtsunterricht und zeigt durch ihre Narration auf, wie der Inhalt Osmanisches Reich trotzdem zum Thema des Geschichtsunterrichts werden konnte. Im Zusatzkurs Geschichte der Sekundarstufe II wurde aus der Initiative der Schülerin ZEL heraus das Thema Osmanisches Reich behandelt, indem sie erst die Mitschüler*innen über die Relevanz der Behandlung, anschließend gemeinsam mit den Mitschüler*innen die Lehrkraft überzeugte. Ferner beschreibt die Schülerin ZEL die damit verbundenen Aktivitäten, womit die Erhöhung der intrinsischen Motivation der Schüler*innen verdeutlicht wird. Die Notwendigkeit der Behandlung konstruiert die Schülerin über einen Vergleich des Osmanischen Reichs als Weltmacht zu anderen aus ihrer Sicht gegenwärtigen Weltmächten wie „Amerika und Russland".

9 Hauptstudie: das Osmanischen Reich in Schülervorstellungen

Narrationen zu K 2: Umgang bei der Behandlung des OR im Geschichtsunterricht
Die Schüler*innen sprechen dem Osmanischen Reich als Thema des Geschichtsunterrichts eine Bedeutung zu, die sie aus ihrer subjektiven Motivation heraus begründen. Wie die Schüler*innen ihre subjektiven Motive konstruieren, soll im Folgenden exemplarisch dargestellt werden. Die Schülerin *RUK* weist auf die Relevanz der Schule als Institution für das Erschließen des Inhaltes Osmanisches Reich hin:

> „Ich find man könnte irgendwie so mit ner Weltkarte irgendwie anfangen und sagen „Guckt euch mal erstmal an, was, also wie groß das, die Welt ist." und dann Europa erstmal ausgrenzen. Könnte man zwar mit sehen, aber ich find man sollte sich mehr die arabischen Staaten angucken und mal diese, damit die Schüler selber sich ein Bild von den Menschen, von den Ländern, machen und nicht von den Eltern. Man hat ja Einflüss, flüsse von überall, von Freunden, von Eltern, von der Schule, von im Beruf. Und gerade wenn man selber lernt, die, die bestehen ja darauf „Ja das hab ich in der Oberstufe gelernt", die bestehen ja richtig darauf, dass man seine Meinung äußert." (*RUK*/Tr. 2, Z. 249–256)

Für *RUK* ist die Institution Schule der Ort, an dem historische Ereignisse betrachtet und analysiert werden sollten. Die schulische Erschließung setzt sie außerschulischen Einflüssen gegenüber, die den Schüler/die Schülerin beim Lernen von schulischen Inhalten beeinflussen. Sie expliziert weiter, dass sich Schüler*innen das Wissen zu den „arabischen Staaten" in der Schule und nicht „von den Eltern" erschließen sollten. In dieser Gegenüberstellung konstruiert sie ihre Vorstellung zum schulischen vs. außerschulischen Lernen in Bezug auf das Osmanische Reich. Der Schule spricht sie bei der Behandlung des Osmanischen Reichs als Thema des Geschichtsunterrichts einen objektiven Zugang zu, wohingegen sie die außerschulische Erschließung als „Einfluss" beschreibt. Sie verwendet in diesem Zusammenhang den Begriff ‚Einfluss' als einen negativen Zugang, der die ‚Wahrheit' verschleiern und die Schüler*innen negativ beeinflussen kann. Dies verdeutlicht die Relevanz eines reflexiven Raums, in dem anhand fachspezifischer Methoden (für den Geschichtsunterricht Methoden des historischen Lernens und Denkens) Inhalte wie das Osmanische Reich erschlossen werden sollen, um Schlüsse für die eigene Gegenwart und Zukunft ziehen zu können. Am Beispiel des Osmanischen Reichs verdeutlicht sie die Bedeutung der Entwicklung eines (selbst-)reflexiven Geschichtsbewusstseins. Für die Thematisierung des Inhaltes Osmanisches Reich macht sie konkrete Vorschläge, wie dies geschehen kann. Dazu schlägt die Schülerin die Arbeit an einer Weltkarte vor. Diesem Vorschlag liegt die Erschließung der Expansion des Osmanischen Reiches zugrunde und spiegelt die Vorstellung der Schülerin *RUK* zum Osmanischen Reich wider.

Auch die Schülerin *NER* hebt den Zugang zum Osmanischen Reich über die Schule hervor und begründet ihre Aussage über den breiteren Zugang zu Quellen, die die Erschließung des Inhaltes Osmanisches Reich ermöglichen:

> „die Sache ist, wenn man eigenständig recherchiert, dann findet man ja auch nicht wirklich super Quellen. Und ich find in der Schule läuft das ja dann immer komplett anders ab, da kommt man ja auch mit Fakten und Quellenangaben und dann ist es ja auch alles ja sehr super, also (…) Genau viel sicherer und auch offensichtlicher, so dass auch später nicht zu Konflikten kommt, oder zu Meinungsäußerungen. Und deswegen fänd ichs eigentlich voll gut, wenn man das auch jetzt noch einbauen könnte." (*NER*/Tr. 3, Z. 299–308)

NER weist darauf hin, dass der subjektive Zugang zum Osmanischen Reich schwieriger ist als der schulische Zugang. Diesen Unterschied begründet sie über die zur Verfügung stehenden Quellen, die im schulischen Kontext eine breitere Erschließung des Osmanischen Reiches ermöglichen und einen analytischen Zugang zum historischen Inhalt ermöglichen (Sachanalyse – Sachurteil – Werturteil) würden. Eine stärkere Berücksichtigung des Osmanischen Reiches im Unterricht konstruiert sie als eine Art Präventionsmaßnahme für das Verhindern von Konflikten in der Gesellschaft.

Für die Behandlung des Inhaltes Osmanisches Reich werden von den Schüler*innen neben der Objektivität, der breiteren Quellenerschließung auch eine soziale Bedeutung beigegemessen:

> „Ich glaub, dass das schon die Klasse (unverständlich), jetzt zwar nicht so arg, aber es wird die Klasse halt prägen. Wenn man das halt wirklich als Klassengemeinde so intensiv behandelt, sprich wenn man in verschiedenen Gruppen Referate macht und ein Gruppenpuzzle macht und die sich gegenseitig erklärt, dass man halt wirklich nicht versucht, ich sag erstmal nicht in Klammern und sehr vorsichtig, nicht versucht den Islam näher zu bringen, sondern das Benehmen und Verhalten der Menschen und wie die Menschen es mit solch einem Benehmen, so weit bringen konnten." (*BAR*/Tr. 5, Z. 554–559)

Der Schüler *BAR* führt somit ein weiteres Motiv für die Behandlung des Inhaltes Osmanisches Reich im Geschichtsunterricht auf. Er nennt die soziale Bedeutung des Inhaltes für die Klassengemeinschaft und misst dem Inhalt Osmanisches Reich für das Leben des Einzelnen eine „präge[nde]" Rolle zu. Der Schüler hebt dabei den sensiblen Zugang zum Islam hervor, der für *BAR* immer in Verbindung mit dem Osmanischen Reich steht. Diese Zusammenführung von Islam und Osmanisches Reich findet sich bei dem Interview mit dem Schüler *BAR* durch das ganze Interview hindurch.

9.2.7 Zusammenfassung der Einzelinterviews

Mit der Analyse der Einzelinterviews konnten mittels qualitativer Inhaltsanalysen aus den Schüler*innenaussagen zum Inhalt Osmanisches Reich Kategorien generiert und unter Berücksichtigung salienter Interviewpassagen ausgewertet werden. Durch diese Kategorisierung wurde eine erste Erfassung und Analyse von Schülervorstellungen ermöglicht, die sie zum Inhalt Osmanisches Reich in Einzelinterviews als Erfahrungswissen konstruieren. Somit konnte der Frage nachgegangen werden, welche Vorstellungen Schüler*innen zum Osmanischen Reich haben und wie diese Vorstellungen kategorisiert werden können.

Die Schülervorstellungen wurden durch qualitative, leitfadengestützte Einzelinterviews erhoben, für das fünf Themenbereiche festgelegt wurden. Alle Themenbereiche wurden mit einem erzählgenerierenden Impuls (*„Kannst du mir ... erzählen?"*) eingeleitet, der die Schüler*innen in der Regel zur Operation des *Erzählens* aufforderte. Diese Handlung initiierte zur subjektiven Narrationen, deren Sichtung und Zusammenfassung zu folgenden Kategorien führte:

Tab. 15: Übersicht Themen und generierte Kategorien

T1: Schüler*innenwissen zum OR
- K1: geopolitische Dimensionen und Bedeutung des Islams im OR
- K 2: Harem im OR
- K 3: gesellschaftliche, politische und wirtschaftliche Besonderheiten des OR

T 2: Erste Auseinandersetzung mit dem OR
- K 1: schulischer Zugang zum OR
- K 2: familialer Zugang zum OR
- K 3: weitere Zugänge zum OR

T 3: OR im Freundes- und Bekanntenkreis: Umgang und Position
- K: Relevanz des OR im Freundes- und Bekanntenkreis

T 4: Bedeutung des OR für die eigene Gegenwart
- K 1: der Einfluss des OR auf das heutige Leben
- K 2: Negativdarstellung des Islams und damit des OR in den Medien

T 5: OR in der Schule: Relevanz und Behandlung
- K 1: Behandlung des OR im Geschichtsunterricht
- K 2: Umgang bei der Behandlung des OR im Geschichtsunterricht

Die Auflistung der Kategorien verdeutlicht auf den ersten Blick, dass das *Konzept Islam* bei der Konstruktion von Vorstellungen zum Osmanischen Reich für die Schüler*innen eine wichtige Rolle einnimmt. Fast alle Schüler*innen konstruieren ihre Vorstellungen zum Osmanischen Reich bezugnehmend auf ihr subjektives Islam-Konzept. Gemeinsam ist den Schülervorstellungen über alle Einzelinterviews hinweg, dass die Schüler*innen anhand eines Islam-Konzepts bestimmte Strukturen, Gegebenheiten des und Entwicklungen im Osmanischen Reich begründen. Die Aussage des Schülers ER verdeutlicht seine Relevanzzuschreibung in der Auseinandersetzung mit dem Osmanischen Reich besonders:

> „Ich finde, dass das Osmanische Reich vielleicht in/interessant für heute, • • ein gutes Beispiel isch/ist, dafür dass • eben zum Beispiel Islam • • politisches Islam also gesagt, also Islam und Politik das für/(unverständlich) kommt." (Er/Tr 6, Z. 134–136)

Der Schüler spricht dem Islam im Osmanischen Reich eine beispielhafte Bedeutung für die politische Gestaltung des Osmanischen Reiches zu. Dabei hebt er hervor, dass die politischen Verhältnisse in dem Reich ein gut funktionierendes islamisches Gemeinwesen ermöglichten. Durch den anschließenden Vergleich des negativen Umgangs mit dem Islam in der Gegenwart stärkt er seine Position für ein politisches System, das unter Rückgriff auf islamische Regeln gut funktionieren kann, so dass das politische System des Osmanischen Reichs als Beispiel für die Gegenwart einzustufen ist:

> „Heutzutage, wenn man sagt Islam und Politik, denkt man vielleicht sehr schnell an Terroristen, beziehungsweise an radikale Sachen. Auch uns wurde in der Schule zum Beispiel beigebracht, Islam und Politik geht nicht. Aber der Grund dafür, ist nicht weil es schlecht ist, sondern weil also zum Beispiel Menschen, die behauptet haben, dass sie Islam und Politik machen, einfach schlecht dagestanden haben. Ich finde zum Beispiel, dass das Osmanische Reich ein gutes Beispiel ist". (Er/Tr 6, Z. 136–141)

Die negative Assoziation mit dem Begriff *Islam* begründet er über die negative Darstellung des Islams im öffentlichen Raum (auch in der Schule), wo er häufig als „Terrorismus, beziehungsweise radikalen Sachen" konstruiert wird. Der Schüler kritisiert durch seine Aussage die Säkularisierung als politisches Modell für Gesellschaften. Diese Kritik findet sich auch in anderen Einzelinterviews wieder. In ihren Redebeiträgen weisen die Schüler*innen auf die Macht diskursiver Praktiken hin, die durch die Kategorie *Islam* über unterschiedliche Kanäle „auf Individuen einwirken und ihnen ein Bild ihrer selbst, ein Bild der anderen und der Welt nahelegen."[995]

Diesen von den Schüler*innen konstruierten Zusammenhang führen die Autoren Mecheril/Olalde (2018) auf ein religiöses Othering zurück, einer Art *„Religionisierung der Anderen"*[996], das auf der einen Seite zu einer Abgrenzung

---

995 Vgl. Mecheril, P./Olalde, O. T. (2018), S. 181.
996 Vgl. ebd. S. 193.

(*Muslime*) und auf anderen Seite ein Gemeinschaftsgefühl innerhalb dieser Gruppe entstehen lässt. Eine solche Aus- bzw. Abgrenzung geht zumeist einher mit negativen Zuschreibungen dieser Religion gegenüber („Terrorismus, beziehungsweise radikalen Sachen", Er/Tr 6, Z. 136–141). Der Redebeitrag des Schülers *ER* verdeutlicht die Entstehung eines solchen religiösen Otherings.

Dem subjektiven Islam-Konzept der Schüler*innen wird von vielen ein subjektives *Nationen-Konzept* gegenübergestellt. Dabei wird das Nationen-Konzept als Gemeinschaften separierendes Konzept kritisch hinterfragt und als „nationalistisch" beurteilt, wie es beispielsweise der Schüler *BAR* konstruiert:

> „Also äh viele unserer Landsmänner, sprich die Türken oder Türkinnen sind sehr nationalistisch geprägt und ähm sehr stolz auf die Türkei, sehr stolz auf die türkische Geschichte. • • Äääh sprich äh • • Werdegang vom/von dem Osmanischen Reich, wie das Osmanische Reich expandiert ist, bis nach äh Spanien hin, wo auch viele Spanier wirklich • äh Muslime geworden sind und danach wirklich eine Koexistenz zwischen den drei äh • • äh großen Weltreligionen Judentum, Christentum und Islam geherrscht hat. (…) das ist in meinen Augen ziemlich nationalistisch." (*BAR*/Tr X, Z. 46–56)

Mit Bezug auf die „Türken oder Türkinnen" kritisiert der Schüler die „nationalistisch(e)" Haltung, seiner „Landsmänner", die er dem Muslimisch-Sein gegenüberstellt. Aus dieser Gegenüberstellung seiner Konzepte resultiert ein Islam-Konzept, dass alle Muslime, unabhängig ihrer Ethnie – der Schüler spricht von Nation – einbezieht. Das Islam-Konzept konstruiert der Schüler *BAR* als eine alle Muslime in eine Gesellschaft einschließende Kategorie. Diese Perspektive, die der Schüler konstruiert und einnimmt, nehmen die meisten Schüler*innen in den Einzelinterviews ein.

In dem Prozess der Datensichtung fällt neben der Konstruktion der beiden Konzepte Islam und Nation weiterhin auf, dass die Schüler*innen den Umgang mit dem Osmanischen Reich und Islam im Geschichtsunterricht und der *Institution Schule als System* diskutieren. Die Konstruktionen der Schüler*innen verdeutlichen eine dichotome Rollenkonstellation, in der sie zum einen die ethnisch-kulturell-religiös kodierte Zuschreibung, die durch das System Schule produziert wird, annehmen. Zum anderen produzieren sie selbst diese Differenzkategorien, indem sie sich selbst als „Kurdin", „afghanisch" oder „Moslem"[997] kategorisieren. Aus der Selbstzuschreibung heraus argumentieren manche der Schüler*innen, dass „unsere" Geschichte im Geschichtsunterricht keine Berücksichtigung findet.

---

997 Die Schüler*innen verwenden den Begriff „Moslem" – anstatt die aus dem arabischen abzuleitende Bezeichnung ‚Muslim' – der auf die englische Bezeichnung ‚moslem' zurückzuführen ist und in öffentlichen Diskursen Anwendung findet.

Aus migrationspädagogischer Sicht kann resultiert werden, dass hier eine doppelte Ausschließung und damit eine Form der Diskriminierung stattfindet: Zum einen werden diesen Schüler*innen Kategorien zugeschrieben, mit denen sie im Sinne eines Otherings zu den anderen werden. Zum anderen werden sie in ihrer vorgegebenen Position als der *Türke*, der *Muslim* usw. nicht mit „ihrer" Geschichte berücksichtigt.

Die Eruierung der Schülervorstellungen zum Osmanischen Reich verdeutlicht demnach zum einen die hegemonial geprägten Beziehungen zwischen Schüler*innen und den Lehrkräften, zum anderen auch die Zuschreibungsmechanismen produzierenden Beziehungskontexte zwischen den Schüler*innen. Der Inhalt Osmanisches Reich scheint innerhalb der Schülerdiskurse stark durch einen Zuordnungsdrang geprägt zu sein, durch welchen Schüler*innen untereinander sich einer bestimmten Position zuordnen. Das Beispiel der Schülerin *RUK* verdeutlicht im Einzelinterview genau diesen Positionierungsdruck: „ich hab jetzt nichts gegen Türken (…) meistens denken ja Türken dass das Osmanische Reich nur auf die Türken bezogen" (*RUK*/Tr 2, Z. 72–76). Mit dieser Aussage grenzt sie sich von „den Türken" ab und schreibt sich selbst durch die Abgrenzung zu „den Türken" im weiteren Verlauf des Interviews einer ethnischen Kategorie zu: „also ich bin ja Kurdin" (*RUK*/Tr 2, Z. 308), die während des ganzen Interviews eine bedeutende Rolle für die Schülerin spielt. An dieser Stelle kann möglicherweise auch von einer *dreifachen Zuschreibung* gesprochen werden, die auf drei Ebenen stattfindet: Die Schülerin wird von dem System Schule als die „Türkin/Kurdin/Muslime" markiert, von „den türkischen" Mitschülern wird sie als die „Kurdin" markiert und sie markiert sich selbst als die „kurdische Schülerin", deren Geschichte im Geschichtsunterricht keine Rolle spielt.

Die Erzählungen der Schüler*innen zu ihrem Geschichtsunterricht verdeutlichen, dass das System Schule ausgrenzende Mechanismen produziert, wodurch Schüler*innen vom System aber auch durch sich selbst als ‚die Anderen' markiert und ausgegrenzt werden. Besonders die ‚Selbstausgrenzung' könnte als ein ‚subjektives Othering' bezeichnet werden. Die Schüler*innen berichten beispielsweise, dass „türkischstämmige […] die Geschichte ihrer Kultur kennen" (*ER*/Tr6, Z. 50–51) sollten. Dies kann als ein Resultat der auch von den Schüler*innen verbalisierten hegemonialen Strukturen des Geschichtsunterrichts betrachtet werden. Diese hegemoniale Struktur wird in der folgenden Aussage des Schülers *BAR* besonders deutlich: „wir generell die Menschen aus den orientalischen Ländern, die werden auch abgestempelt, das sind Kanacken, gut ist. Und so auch deren Geschichte" (*BAR*/Tr. 5, Z. 577–578). Er positioniert sich mit dem Personalpronomen „wir" in eine Gruppe von Schüler*innen, die er als die „Kanacken" bezeichnet. Diese Bezeichnung wird als eine von der Mehrheitsgesellschaft für diese Schüler*innengruppe verwendete Zuschreibung von *BAR* wiederholt. Neben seiner Eigenpositionierung formuliert er eine Fremdpositionierung, die er als etwas Negatives beschreibt, indem er die Beurteilung ‚als Kanacken abgestempelt werden' verwendet.

Die Äußerung des Schülers macht deutlich, dass er keinen Einfluss auf diese von außen produzierte Position hat und er sie als eine negativ konnotierte *Außenseiterposition* wahrnimmt. Aus dieser Positionierung für die ‚Kanacken' resultiert er das Desinteresse für die ‚Geschichte der Kanacken'. Auch in diesem Resultat stecke eine doppelte Markierung, die zum einen die Macht des Systems in Hinblick auf eine Relevanzzuschreibung und damit verbundene Position im Geschichtsunterricht verdeutlichen lässt, zum anderen aber auch die Akzeptanz bzw. Annahme des Schülers dieser vom System produzierten Rolle und die damit verbundene Geschichte für ihn, die sich von der Mehrheitsgesellschaft unterscheidet.

9.3 Ergebnisse der Gruppendiskussion: Rekonstruktion von Schülervorstellungen zum Osmanischen Reich

9.3.1 Auswahl des Analysematerials für die Gruppendiskussion

Nachdem im Teilkapitel 9.2 die Datenkommentierung der Einzelinterviews dargelegt wurde, wird im folgenden Teilkapitel die Datenanalyse der Gruppendiskussion dargestellt. Dabei werden zunächst die Kriterien vorgestellt, nach denen die Auswahl und Auswertung des Materials erfolgt ist. Anschließend wird die Detailanalyse der ausgewählten Passagen aus der Gruppendiskussion durchgeführt. Dabei wird vorab eine Zusammenfassung der Gruppendiskussion in tabellarischer Form präsentiert (Kap. 9.3.2). Die tabellarische Darstellung ermöglicht einen Überblick über die eingesetzten Impulse und die thematischen Schwerpunkte, zu denen die Schüler*innen anhand der Impulse initiiert wurden. Zu den thematischen Schwerpunkten der Gruppendiskussion wurden exemplarisch verbalisierte Originalaussagen der Schüler*innen ausgewählt, die einen diskursnahen Eindruck der thematischen Schwerpunkte bieten. An die tabellarische Zusammenfassung der Gruppendiskussion schließt in Kapitel 9.3.3 die Rekonstruktion der ausgewählten Passagen an, die sich an den entsprechenden Impulsen orientiert. Im Anschluss an die exemplarischen Rekonstruktionen zu den jeweiligen Impulsen folgt eine Zusammenfassung der rekonstruierten Schülervorstellungen, für die auch die Ergebnisse der Einzelinterviews herangezogen werden.

Die folgende Tabelle gibt einen Überblick über die zu untersuchenden Daten:

Tab. 16: Angaben Analysematerial

Datenform	Anzahl der Datenform	Kapazität in h/min/sek. (Audiodateien)	Kapazität in Seiten (transkribierte Dateien)
Gruppendiskussion	1	2:38:51	328 Seiten (Partiturschreibweise) 83 Seiten (Zeilenschreibweise)
Einzelinterview	5	3:12:38	362 Seiten (Partiturschreibweise) 73 Seiten (Zeilenschreibweise)

Beachtet man die Vorgehensweise, die in der Forschungsliteratur für die Analyse von Dokumenten mit der Dokumentarischen Methode empfohlen wird, würden das Material vor der Transkription thematisch systematisiert und entsprechende Passagen aus dem Dokument ausgewählt werden, um eine Dokumentensichtung zu gewährleisten.[998] Die vorliegende Untersuchung wählt einen umgekehrten Weg, so dass zuerst alle Tondokumente transkribiert, im Anschluss die Schritte „Systematisierung des thematischen Verlaufs" und „Auswahl der zu untersuchenden Passagen" vollzogen wurden.

Diese Vorgehensweise ermöglicht einen Gesamtüberblick über alle Dokumente, um anschließend die Schüler*innenaussagen in der Zusammenfassung der Schülervorstellungen dezidiert zusammenführen zu können. Mit der Zusammenfassung der rekonstruierten Schülervorstellungen wird damit auf zentrale Passagen aus der Gruppendiskussion und den Einzelinterviews eingegangen. Die Passagen aus den Einzelinterviews werden dabei zum einem komplementär zu den ausgewählten Passungen aus der Gruppendiskussion, zum anderen im Vergleich dazu herangezogen, um im Sinne einer Datentriangulation[999] kollektive Orientierungen und Wissensstrukturen durch individuelle Orientierungen zusammenzuführen.

Der Zusammenfassung der rekonstruierten Schülervorstellungen wurde die Detailanalyse ausgewählter Passagen vorgeschaltet. Dazu wurden zu den eingesetzten drei Impulsen jeweils drei Themenschwerpunkte gewählt, die durch eine inhaltliche sowie sprachliche Kriterien berücksichtigende Feinanalyse untersucht wurden. Die Berücksichtigung inhaltlicher, formaler und sprachlicher Kriterien ermöglichte eine Ergänzung der Schritte der Dokumentarischen Methode um eine linguistische Mikroanalyse.

---

998 Zu den Analyseschritten der Dokumentarischen Methode siehe u. a. Bohnsack, R./ Nentwig-Gesemann, I./Nohl, A-M. (2013): Die Dokumentarische Methode und ihre Forschungspraxis. Grundlagen qualitativer Sozialforschung. 3. Aufl. Wiesbaden: Springer.

999 Siehe dazu Flick, U. (2014): An Introduction to qualitative Research. Qualitative Forschung. Los Angeles: Sage.

9.3.2 Zusammenfassung der Gruppendiskussion

Tab. 17: Zusammenfassung der Gruppendiskussion

Impulse der Gruppendiskussion	Themen, die zu den Impulsen konstruiert werden	Originalaussagen der Schüler*innen

Impuls 1: Karikatur aus Petit Journal vom 28.10.1908: „Drei Herrscher", entnommen aus: Geschichte konkret 3. Ein Lern- und Arbeitsbuch. Schroedel Verlag, S. 94 und Klappentext aus dem Buch Rasim Marz (2013): Das Osmanischen Reich auf dem Weg nach Europa. Neue osmanische Geschichtsschreibung. Ort: Books on Demand	• Zerfall des OR
	• Islam und das OR
	  – Kalifat und Islam
	  – Der Wertewandel im Islam veränderte das OR, was auch heute spürbar ist
	• Nationenkonzept (damals-heute)
	  – Nation vs. Islam
	  – Gegenwärtiger Diskurs: Nation oder Islam?
	• Forderungen zum Umgang mit dem OR, auch in der Schule
	  – Vermittlung von Inhalten zum OR: Toleranz des Islams und ihr Einfluss auf die Ausbreitung des OR
	  – Sach- und Werturteil und Reflexionskompetenz als Aufgabe des Geschichtsunterrichts
		„(E)ine Aufgabe der Muslime (ist es) ein Kalifat zu gründen"
		„Ich meine es gibt einen sehr starken Wertewandel, von dem, was aufgegriffen wird"
		„Nicht, weil ich Türke bin, sondern weil ich Muslim bin."
		„(I)m Osmanischen Reich wars ja eh voll untersagt, dich als Nation anzusehen"
		„(A)m Anfang des Osmanischen Reiches war das nicht so. Man hat toleriert!"
		„(W)as uns vielleicht noch bisschen vielleicht wütend macht, ist wenn in (…) so einem Geschichtsbuch oder so mit Pinzette nur die schlechten Sachen rausgenommen werden"
		„Weil das die Schwachstelle von jedem Menschen auf dieser Welt ist. Sag mir Religion und dann fangen die alle an sich zu hassen"
		„(W)enn du in der Schule nicht darauf ähm aufmerksam gemacht wirst, (…) dass deine Geschichte deine Zukunft auch ist, dann lernst du das auch nicht"
		„(D)ass der Schüler (…) also dazu kommt, so zu antworten wie das der Lehrer hören will. Das ist richtig falsch!"

Impulse der Gruppendiskussion	Themen, die zu den Impulsen konstruiert werden	Originalaussagen der Schüler*innen

Impuls 2: Kommentare aus einem digitalen Gästebuch (https://www.osmanischesreich.de/g%C3%A4stebuch/, eingesehen am 21.01.2017)	• Kontextualisierung Knabenlese über imperialen Harem
	• Rolle der Frau im Islam über Haremskonstruktion
	• Konstruktion von Knabenlese
	• Stärke/Macht der Muslime am Beispiel des OR
	• Umgang mit dem Islam im OR und heute im Vergleich
	• Schlüsse ziehen für den Umgang mit der Kategorie Islam
	  – Bildung als zentrale Kategorie bei der Positionierung und Darstellung des Islams (Bildungsniveau)
	  – Schlüsse aus der Vergangenheit ziehen, nicht wegen der Vergangenheit beschuldigen (Orientierung in der Zeit)
	  – Behandlung des Inhaltes OR im Geschichtsunterricht
	  – Umgang mit dem Islam durch Muslime selbst
		„(I)ch weiß so, dass die Sultane den Islam nun Mal wissen, kennen. Und ich kann mir nicht vorstellen, dass sie aus Lust einfach sowas machen"
		„(D)as kann ich mir nicht vorstellen, dass ein Mensch im Osmanischen Reich vergewaltigt ist, weil im Osmanischen Reich, das war ein islamisches Reich"
		„Man sagt ja, dass äh das Osmanische Reich unrecht getan hätte, warum spricht man in den Balkanstaaten nicht Türkisch?"
		„Das Osmanische Reich (hat) nun Mal nicht seine Sprache, seine Kultur den Menschen dort aufgezwungen."
		„Aber irgendwo sind wir Muslime auch selbst dran schuld."

9 Hauptstudie: das Osmanischen Reich in Schülervorstellungen

Impulse der Gruppendiskussion	Themen, die zu den Impulsen konstruiert werden	Originalaussagen der Schüler*innen
Impuls 3: Digitale Artikel gängiger Zeitungen (deutschlandfunk.de: http://www.deutschlandfunk.de/voelkermord-an-den-aramaeisch-sprachigen-christen-der.886.de.html?dram:article_id=324152 (01.07.2015), eingesehen am 21.01.2017, stern.de: http://www.stern.de/politik/ausland/voelkermord-an-armeniern--deutschland-erkennt-genozid-an--wie-reagiert-die-tuerkei-6217888.html (23. April 2015), eingesehen am 21.01.2017 und zeit.de: http://www.zeit.de/politik/ausland/2016-06/tuerkei-ruft-wegen-armenien-resolution-botschafter-zurueck (02.06.2016), eingesehen am 21.01.2017	• Persönliche und öffentliche Auseinandersetzung mit dem Thema Völkermord/Genozid – Persönlicher Zugang: Ereignis wird angezweifelt – Alle Staaten berücksichtigen, die damals zum OR gehörten – Umgang mit dem Thema ist notwendig • Motive zum Umgang und Thematisierung des Völkermordes/Genozids als historisches Ereignis • Persönlicher Zugang zum Thema Genozid/Völkermord • Mediale und gesellschaftliche Präsenz des Themas Völkermord/Genozid und damit verbunden mit dem Konzept Islam • Vorschläge zum Umgang mit dem Islam als ‚tolerante Religion'	„(J)edes Land hat seine Leichen im Keller" „Aber, dass man das aus dem Nichts hervorhebt und zum Teil gegen die Türkei ausnutzt, darum geht es" „(D)er kann nichts dafür, dass das damals passiert ist, aber der kann auch nicht das, was damals passiert ist, gut reden. Geht nicht." „(W)enn irgendein Politiker, den es eh nicht juckt, ob ich hier lebe oder nicht, • der auf meinem Rücken, auf unseren Rücken lebt, ne" „(W)enn auch Türken und Kurden nach den ganzen Streitereien noch so eng zusammen sind, das ist finde ich so ein(e) Faszination" „ISIS gleich Islam, ist so als wenn du sagst, Vergewaltigung gleich Liebe"

9.3.3 Exemplarische Rekonstruktionen und Zusammenfassung rekonstruierter Schülervorstellungen

Im Folgenden werden die ausgewählten Passagen aus der Gruppendiskussion im Hinblick auf inhaltliche, formale und sprachliche Kriterien analysiert. Dazu wurden zu jedem Impuls drei Transkriptpassagen ausgewählt, die einer Detailanalysen unterzogen wurden. Die Analyse der Passagen wird in folgende Schritte unterteilt: a) inhaltliche Kontextualisierung der zu analysierenden Textpassage, b) Auszug der Transkriptpassage, c) formulierende Interpretation, d) reflektierende Interpretation unter Berücksichtigung einer linguistischen Analyse. Nachdem die ausgewählten Textpassagen zu den jeweiligen Impulsen diskursanalytisch rekonstruiert wurden, folgt die Zusammenfassung der rekonstruierten Schülervorstellungen zu den jeweiligen Impulsen, bei der die Ergebnisse aus den analysierten Textpassagen mit den Ergebnissen aus den Einzelinterviews der Hauptstudie (Kap. 9.2) zusammengeführt werden, um in diesem Schritt das gesamte Datenmaterial vor dem Hintergrund inhaltlicher, formaler und sprachlicher Kriterien zu analysieren.

Die Impulse für die Gruppendiskussion wurden insbesondere unter Berücksichtigung des geschichtsdidaktischen Unterrichtsprinzips Multiperspektivität ausgewählt. Dies konnte gewährleisten, dass den Schüler*innen mindestens zwei Perspektiven auf die entsprechenden Themen der jeweiligen Impulse angeboten werden. Weiterhin konnten durch die multiperspektivischen Impulse kontroverse Diskussionen (Kontroversität als ein weiteres geschichtsdidaktisches Unterrichtsprinzip) elizitiert werden.[1000]

9.3.3.1 Impuls 1

Zu Beginn der Gruppendiskussion erhalten die Schüler*innen mit dem *Impuls 1* zwei Texte: eine *Karikatur* und ein *Klappentext*. Die Karikatur[1001] ist einem gängigen Geschichtslehrwerk entnommen. Das für den Doppeljahrgang 9/10 im Bundesland Rheinland-Pfalz zugelassene Lehrwerk *Geschichte konkret 3. Ein Lehr- und Arbeitsbuch* (2009) ist unter allen gesichteten Geschichtslehrwerken der Sekundarstufe I das einzige, das zum Inhalt Osmanisches Reich ein eigenständiges Kapitel

---

1000 Zu den Unterrichtsprinzipien des Geschichtsunterrichts siehe u.a. Bergmann, K. (2008): Multiperspektivität. Geschichte selber denken. 2. Aufl. Schwalbach/Ts.: Wochenschau Verlag oder Lücke, M. (2017): Multiperspektivität, Kontroversität, Pluralität. In: Barricelli, M./Lücke, M. (Hrsg.): Handbuch Praxis des Geschichtsunterrichts. Bd. 1. Schwalbach/Ts.: Wochenschau Verlag. S. 281–288.
1001 Karikatur aus Petit Journal vom 28.10.1908: „Drei Herrscher". S. 94. In: Pandel, H.-J. (2009) (Hrsg.): Geschichte konkret 3. Ein Lern- und Arbeitsbuch. Schroedel Verlag.

9 Hauptstudie: das Osmanischen Reich in Schülervorstellungen 371

mit dem Thema „Vom Osmanischen Reich zur modernen Türkei" im Umfang von 10 Seiten beinhaltet. Das Kapitel ist in fünf Doppelbuchseiten eingeteilt, die die folgenden Themen behandeln: (1.) „Vom Osmanischen Reich zur modernen Türkei", (2.) „Der Vielvölkerstaat gerät in die Krise", (3.) „Reformen sollen das Reich retten", (4.) „Der Völkermord an den Armeniern" und (5.) „Die moderne Türkei". Die Karikatur ist der Doppelseite entnommen, die das Thema „Der Vielvölkerstaat gerät in die Krise" behandelt.

Für den Impuls 1 wurde die Karikatur entsprechend der Darstellung des Geschichtslehrwerkes übernommen und mit folgenden Über- und Unterschriften ergänzt:

- Durch die Haupttitel „Das Osmanische Reich in Europa zu Beginn des 20. Jahrhunderts" wird die Karikatur in den historischen Kontext eingebettet (ergänzt durch Forscherin).
- Über die Impulsfrage (Untertitel) „Wer zieht hier wem den ‚Teppich unter den Füßen' weg?" wird eine Problemorientierung für die Konstruktion des historischen Kontextes initiiert (entnommen aus dem Schulbuch).
- Die Zwischentitel „Die Großmächte des 20. Jahrhunderts haben das Osmanische Reich kaputt gemacht!" dient als provokative fiktive Äußerung ebenfalls zur Problemorientierung und bezweckt sinnhafte, multiperspektive und kontroverse Schülervorstellungen zu evozieren (ergänzt durch die Forscherin).

Die Karikatur stammt im Original aus der französischen Zeitung ‚Le Petit Journal', die von 1863 bis 1944 täglich erschien. In einer der Ausgaben aus dem Jahre 1908 wird diese Karikatur veröffentlicht. Die Karikatur bildet den österreichischen Kaiser Franz Joseph I., den russischen Zaren Nikolaus I. und Sultan Abdülhamid II. ab, die zusammen auf einem Teppich stehen, auf dem Teile Europas abgebildet sind. Der österreichische Kaiser und der russische Zar ziehen am Teppich, der osmanische Sultan verharrt in einer gebeugten Haltung mit verschränkten Armen. In Abbildung 21 wird die Karikatur dargestellt.

> **Das Osmanische Reich in Europa zu Beginn des 20. Jahrhunderts**
> „Wer zieht hier wem den ‚Teppich unter den Füßen' weg?"
>
> Kaiser Franz Joseph I. — Zar Nikolaus II. — Sultan Abd ül-Hamid II.
>
> 94.1 „Drei Herrscher", Karikatur aus „Petit Journal" v. 28.10.1908.
>
> *„Die Großmächte des 20. Jahrhunderts haben das Osmanische Reich kaputt gemacht!"*

Abb. 21:   Impuls 1 Gruppendiskussion

Der Klappentext ist dem Buch *Rasim Marz (2013): Das Osmanische Reich auf dem Weg nach Europa. Neue osmanische Geschichtsschreibung* entnommen und bildet den Inhalt des Buches ab:

> „Das Osmanische Reich war das letzte islamische Großreich der Menschheitsgeschichte, das sich über 600 Jahre über drei Kontinente erstreckte und in dem hunderte Völker, Religionen und Kulturen beheimatet waren. Anfang des 18. Jahrhunderts setzte der langsame Niedergang dieser Weltmacht ein, der letztendlich zur Frage der Restauration oder Reform des Staates führte. Ein gigantisches Reformprogramm ermöglichte es die Lebenszeit des Reichs der Sultane bis ins frühe 20. Jahrhundert zu verlängern. Im Gegensatz zu den europäischen Monarchien überstand das osmanische Sultanat und Kalifat den Ersten Weltkrieg und übernahm eine Schlüsselrolle im Befreiungskampf gegen die Siegermächte."[1002]

Der Klappentext ist einem Buch entnommen, das, mit dem Worten des Autors des Buches beschrieben, „den Blick auf die osmanische Geschichte aus einer anderen Perspektive" ermöglichen will. Mit dem als populärwissenschaftlich zu kategorisierenden Buch versucht der Autor eine als pro-osmanisch zu beurteilende

---

1002   Vgl. Marz, R. (2013): Das Osmanische Reich auf dem Weg nach Europa. Neue osmanische Geschichtsschreibung. Norderstedt: Books on Demand. Klappentext.

9 Hauptstudie: das Osmanischen Reich in Schülervorstellungen

Perspektive auf die Geschichte des Osmanischen Reiches zu werfen, woraus sich seine Differenzierung der historischen Sichtweise auf die osmanische Geschichte in ‚pro' und ‚kontra' rekonstruieren lässt. Die Schüler*innen erhalten mit diesem Text, neben der Karikatur, eine weitere Perspektive auf das Osmanische Reich, wobei die Karikatur als zeithistorische und der Klappentext als historische Darstellung einzustufen ist.

Anhand dieser beiden textuellen Impulse werden die Schüler*innen mit dem Erzählimpuls „Was denkt ihr über das Arbeitsblatt?" in die Gruppendiskussion eingeführt.

Im Folgenden sollen drei ausgewählten Textpassagen zum Impuls 1 einer Detailanalyse unterzogen werden.

9.3.3.1.1 „Die Aufblühzeit der Osmanen war ja sehr stark, also die waren eine sehr lange Zeit sehr stark"

Die nachfolgende Passage aus der Gruppendiskussion verdeutlicht den konjunktiven Erfahrungsraum der Schüler*innen in Bezug auf das Osmanische Reich und seine Entwicklung. Die Passage knüpft an den ersten Impuls an, der von der Diskussionsleiterin verteilt wird. Dabei beziehen sich die Schüler*innen auf die Expansion und Macht des Osmanischen Reichs, den Islam im Osmanischen Reich und den Zerfall des Osmanischen Reichs.

Transkriptionspassage (TP 1) zum Impuls 1

```
45  dass da immer noch eine Meinung drin ist. • • Das sieht man daran, dass man halt/ wenn man halt guckt wie
46  dieser Sultan da steht, der ist ja nach vorne gebeugt. • • • Und das hat schon finde ich, eine Deutung • im Bild.
47  ((1,3s)) Und • • ich kann halt das Bild mit dem Klappentext gar nicht verbinden, • • • weil das Bild hat ne negative
48  Deutung • und das / • also das/ dieser Text da unten ist halt/ • • • wie sich halt das Osmanische Reich zurück
49  gezogen hat und trotz dieser/ dank dieser Reformprogramme, • • immer noch bestanden • • war und • • den
50  Ersten Weltkrieg überstanden hat und sogar noch dazu gesorgt/ dafür gesorgt hat, dass halt die /
51  Befreiungskämpfe stattgefunden haben, gegen diese Siegermächte. • • Und für mich sind diese zwei/ • • also
52  das Bild und dieser Text da unten, • • • verschieden. Das untere ist so was Positives schon ein bisschen, • • weil
53  die noch diesen Leuten geholfen haben im Befreiungskampf. Und da/ da oben ist so • • • die Expansion der
54  Osmanen und • die damit ((1,8s)) kommende Probleme, finde ich.
55  R: Ich find auch gerade • • dieser Zar und dieser Kaiser/ also die ziehen ja/ man sieht ja das war ein großer
56  Teppich, • • da wurden schon mehrere Stücke schon weggerissen. • • Und jetzt ist /Bosnien und Bulgarien dran?
57  • Und Türkei ist • • • riesig, wenn man das in den Vergleich zu den anderen • beiden Ländern guckt. Also das
58  ist so noch • • geblieben von dem/ also ich hab mir das so gedacht, das Osmanische Reich • damals und dann
59  später • • • das ist alleine dann nur noch also Türkei geblieben ist und dann hat sich ja/ • dann haben sich ja die
60  Länder • • selbstständig gemacht. ((2,8s)) Ja ((1,6s)) Türkei sieht da riesig aus, • • • wenn man so guckt. Was für
61  ne Macht, also man merkt auch, dass die so ne • • große Macht haben, weil die ((1s)) so ((1,6s)) ja weil die
62  einfach/ • • weil die einfach riesig sind.
63  Z: Und die Osmanen hatten ja auch • • die Balkanstaaten erobert. • • • Und dazu gehören ja halt • • • Bosnien
64  und Mazedonien und Bulga/ also das sind ja diese Balkanstatten. • • Und • man weiß ja auch aus der Geschichte,
65  dass diese • • • Expansion auch eingeschränkt wurde. • • Weil sie auch bei der Zweiten Wiener Belagerung
66  zurückgeführt worden sind und • das wird hier gezeigt. Erst haben sich diese halt • • ganz schnell verbreitet, haben
67  ganz viel Land erobert, haben sich auch über drei Kontinente verbreitet • • • und danach • haben halt die Europäer
68  gemerkt, dass der Islam sich sehr stark verbreitet und die sehr mächtig sind und sehr viele Anhänger gewinnen.
```

69 • • Dann haben halt • verschiedene auch • • • große Menschen, ein Zar oder so wie ein Kaiser • versucht halt
70 dagegen zu wirken und das haben die auch geschafft am Ende, bis sich halt • das Osmanische Reich ganz reduziert
71 hat.
72 E: • • • Ich versteh gar nicht, wo da jetzt die Meinung ist, • • • weil • • hier/ was ich hier lese, ist sowas/ • das
73 ist einfach Fakt • • • halt das der Zerfall des Osmanischen Reichs. ((1,8s)) Aber ich persönlich habe jetzt keine
74 Meinung erkannt. Die haben das Osmanische Reich kaputt gemacht. ((1s)) Ja insofern ((1,4s)) stimmt das ja, weil
75 zum Beispiel • • wenn man jetzt das Osmanische Reich erstmal anguckt, • • also zu seiner Großzei/ also zu seiner
76 Zeit, wo die Expansion groß war • • • und dann ein plötzlicher/ also innerhalb von paar Jahren • • • so viel Land
77 verloren ((1,3s)) und danach • aus diesen Ländern entstand dann halt • • ein eigene Staat oder unabhängiger
78 Staat. • • • Und das stimmt ja, die Großmächte ((1s)) haben ja nun Mal das Osmanische Reich so gesagt kaputt
79 gemacht. • • • Das ist ja nicht von selbst einfach zerfallen.
80 Z: Aber trotzdem finde ich • • • die aus/ also die Art wie man das Bild rüberbringt, oder auch mit so nem Satz
81 wie "kaputt gema/" oder mit so einem Wort "kaputt" ist da eine Wertung drin. • • • Und • • kaputt gemacht ist
82 ja/ also ich / bring das damit in Verbindung, • dass es halt so nen Imperium, was sehr stark ist, also hat sich sehr
83 hoch ge/ • hat sich sehr entwickelt • • und dann kommen halt die Siegermächte und schlagen mit nem Hammer
84 drauf oder wie. Und • das ist für mich • schon ne indirekte Wertung • und wenn ich das Bild lese, das Bild sehe
85 und die Unterschrift dazu lese, habe ich indirekt schon einen Einfluss auf meine Meinung. • • • Und das ist halt
86 • wegen diesen Wertungen, die es halt darin gibt. Also wenn das halt bisschen mehr • • • faktengerecht wäre,
87 dann würd da nicht 'kaputt gemacht' stehen, sondern • • meinetwegen äh ((1,4s)) • • • eingeschränkt, was auch
88 immer. Aber das Wort kaputt und • ich beziehe mich jetzt nur auf die Karikatur, weil das Bild sagt für mich mehr
89 aus, als die Unterschrift darunter • • soll ja halt einfach nur zeigen, dass die/ dass das Blatt sich halt gewendet
90 hat sozusagen. Dass dann diese Mächte in Europa sich dann • verbreitet haben und das Osmanische Reich zurück
91 gehen musste, aber • wie der Sultan da so steht, • das ist für mich noch mehr Wert, als diese ganzen • • Sachen
92 die darunter stehen. Weil diese Karikatur sagt meiner Meinung nach mehr aus als dieser Text und • • • die
93 Überschrift.
94 R: Was ich / was mir auch aufgefallen ist/ also ich hab ja gesagt, die waren ja groß, die haben ja/ du hast ja gesagt,
95 das stimmt ja, dass sie so viel ge/ erobert haben, • • • was / die hatten ja / früher/ du hast ja gesagt, die hatten
96 auch Angst, weil der/ weil die so viel Macht hatten und alles. • • • Ich hab auch gehört/ also jetzt nicht nicht von
97 • der Quelle, dass sie schon so/ die waren ja/ die haben sich ja bedroht gefühlt diese Großmächte, dann haben
98 die auch / jemanden dahin geschickt und haben geguckt, wo die / • • wo die Schwachstellen sind, damit die das
100 E: Ich find irgendwie jetzt/ jetzt guck ich mir das grad so bisschen besser an • • • irgendwie hat das schon nen
101 bisschen was. Ja da ist schon was dran, was ZEL gesagt hat. Also so auch • • • vielleicht sag ich das nochmal so mit
102 dem 'kaputt gemacht', hat sie nicht ganz so schon recht eigentlich, das hat so irgendwas. Obs jetzt positiv oder negativ ist,
103 kann ich jetzt nicht sagen. Vielleicht interpretiert der eine das so, das/ der andere so. Aber trotzdem also ((1,5s))
104 man sieht halt • die ((1,1s)) Kai/ der Kaiser, der Zar • versucht wegzuziehen, aber trotzdem Abdulhamid, • der
105 Sultan, der drückt ja gegen das Teppich, der lässt ja nicht einfach los. ((1,2s)) Ja und/ ((1,2s)) und wie gesagt auch,
106 das ist ja natürlich. Zum Beispiel es ist auch sehr, sehr wichtig, wer hat diese Karikatur erstellt. Wenn das jetzt
107 zum Beispiel die Mächte sind, die gegen das Osmanische Reich gekämpft haben, dann kann es ja auch
108 höchstwahrscheinlich sein, dass sie versuchen eine negative • Message da drin zu halten

Formulierende Interpretation

Thema der Passage: das Osmanische Reich und seine Entwicklung
Oberthema (OT): das Osmanische Reich und seine Entwicklung
Unterthema (UT): Expansion des Osmanischen Reichs
UT: die Macht des Osmanischen Reichs
UT: der Zerfall und die Gebietsverluste des Osmanischen Reichs

9 Hauptstudie: das Osmanischen Reich in Schülervorstellungen   375

Reflektierende Interpretation

Initiierung der Konstruktion der subjektiven Vorstellungen durch die Gruppendiskussionsleiterin
Die Gruppendiskussionsleiterin verteilt den ersten Impuls und stellt die Frage „Was denkt ihr über das Arbeitsblatt?". Dadurch initiiert sie die Auseinandersetzung der Schüler*innen mit dem ersten Impuls. Durch die Verwendung der Personaldeixis[1003] der Ferne *ihr* wissen die Schüler*innen, dass alle angesprochen sind und sie ihre subjektiven Orientierungsgehalte aufwerfen können. Die Frage der Gruppendiskussionsleiterin kann innerhalb der Konstellation als Aufforderung zur Erzählung verstanden werden und enthält somit auch keinen propositionalen Gehalt zum konkreten Impuls. Durch die Offenheit der Frage erhalten die Schüler*innen die Möglichkeit, ihre subjektiven Gedanken und Vorstellungen zum Impuls ohne Einschränkung zu verbalisieren.

Proposition durch ZEL unter Bezugnahme der Darstellung (Z. 43–54)
ZEL reagiert als erste auf die Frage und stuft die Karikatur als kreativ ein. Unter Rückgriff auf die Unterüberschrift „Wer zieht hier wem den Teppich unter den Füßen weg?" bewertet sie die Karikatur, indem sie dieser eine metaphorische Bearbeitung des Inhaltes zuspricht. Diese Bewertung konstruiert sie mit der Verwendung des Indefinitums[1004] *man* als eine für die Allgemeinheit erkennbare Proposition. Sie expliziert die metaphorische Darstellung und nimmt Bezug auf eine konkrete Stelle in der Überschrift: „Teppich unter den Füßen wegziehen". Durch die Verwendung des Abtönungspartikels[1005] *aber* verlagert sie ihren Fokus auf die Intention der Darstellung, die sie als „Meinung" beschreibt. Die zu Beginn der Äußerung der Schülerin positiv wirkende Formulierung „sehr kreativ gestaltet worden" wird revidiert, indem der Karikatur eine absichtliche Wirkung zugesprochen wird („Aber dann finde ich halt, dass da immer noch eine Meinung drin ist"). Ihre Aussage validiert sie durch die Analyse der Position einer Person, die auf der Karikatur abgebildet ist: „dieser Sultan da steht, der ist ja nach vorne gebeugt". Sie vergleicht das „Bild" mit dem Text unterhalb der Karikatur, deren „Deutungen" sie als gegensätzlich festhält: „weil das Bild hat ne negative Deutung". Über den Vergleich der Karikatur mit dem Text formuliert ZEL einen

---

1003 Zur Bestimmung der Funktion von Personaldeixeis siehe Hoffmann, L. (2014): Deutsche Grammatik. Grundlagen für Lehrerausbildung, Schule, Deutsch als Zweitsprache und Deutsch als Fremdsprache. 2. Aufl. Berlin: Erich Schmidt Verlag. S. 79ff.
1004 Zur Bestimmung der Funktion von Indefinitum siehe ebd., S. 179.
1005 Zur Bestimmung der Funktion von Abtönungspartikel siehe ebd., S. 410ff.

Gegensatz (positiv-negativ), mit dem sie die Intention des diskontinuierlichen und des kontinuierlichen Textes einstuft und ihre eigenen Vorstellungen positioniert („finde ich"). In Anlehnung an den kontinuierlichen Text konstruiert die Schülerin ihre subjektiven Vorstellungen zum Osmanischen Reich. Dabei geht sie auf die Gebietsverluste des Osmanischen Reiches und den Erhalt des Reiches durch Reformprogramme trotz des Ersten Weltkrieges ein. Sie bezieht sich auf den Sieg im Befreiungskampf gegen die Siegermächte. Anhand der Karikatur konstruiert sie ihre Vorstellung zur Expansion des Osmanischen Reichs. Interessant erscheint hier, dass ZEL, obwohl sie der Karikatur eine negative Deutung zuschreibt, mit der Karikatur die Expansion des Osmanischen Reiches verbindet, welche sie als einen Erfolg des Reiches darstellt. Jedoch leitet sie daraus einen negativen Horizont ab, mit dem sie die Expansion des Osmanischen Reiches mit „kommende[n] Probleme[n]" verbindet. Die Adjektivierung „kommende" weist darauf hin, dass die Schülerin auf die chronologischen Entwicklungen im Osmanischen Reich eingeht. Sie verwendet somit eine sprachliche Form, die der genetisch-chronologischen Erzählstruktur zuzuordnen ist. Auch wenn ihre Narration nicht jene sachanalytischen Elemente aufweist, die nach Gautschi (Kap. 3.3.2) zu einem Sachurteil führen, greift sie auf sprachliche Mittel zurück, mit denen sie die Entwicklungen im Osmanischen Reich zeitlich strukturiert und in einen historischen Zusammenhang setzt.

Über die Gegenüberstellung der aus ihrer Sicht als „Meinungen" der Geschichte des Osmanischen Reichs kategorisierten Perspektiven schafft ZEL mit ihrer Narration ein *Positiv-Negativ-Konzept*, das bei der Behandlung des Inhaltes Osmanisches Reich für sie eine bedeutende Rolle einnimmt.

Implizite Validierung der Proposition und Elaboration der Proposition durch RUK (Z. 55–62)
Durch die Formulierung „ich find auch" stimmt die Schülerin RUK der Äußerung von ZEL zu, indem sie durch die Sprecherdeixis *ich*[1006] und dem Verb *finden* ihre persönliche Einschätzung zur Proposition äußert, sich damit an den von ZEL konstruierten Orientierungsrahmen wie auch an den negativen Horizont anknüpft. Ihre Validierung führt RUK nicht weiter aus. Direkt im Anschluss an ihre Einschätzung bearbeitet sie den Redebeitrag von ZEL weiter, indem sie auf die Karikatur eingeht. Sie benennt die weiteren Personen auf der Karikatur mit ihren Funktionen im historischen Kontext durch die Verwendung des deikti-

---

1006 Die Sprecherdeixis ist in die Kategorie der Personaldeixis zu verorten. Zur Bestimmung der Funktion von Personaldeixis siehe ebd., S79ff.

schen Determinativs[1007] *dieser*: „dieser Zar und dieser Kaiser". Ob sie die jeweiligen Funktionen Zar und Kaiser als Konzepte aus dem historischen Kontext heraus beurteilen kann, wird in ihrem Redebeitrag nicht deutlich. Festzuhalten ist, dass sie bei der Bestimmung der Funktionen der abgebildeten Personen (Zar und Kaiser) auf Wissensstrukturen zurückgreift, die ihren bisherigen Präsuppositionen zu entsprechen scheinen. Es ist zu vermuten, dass dieses Wissen im Geschichtsunterricht erworben wurde. Ihre Beschreibung der Karikatur vermischt sich mit einer Deutung der Darstellung, die sie durch die Verwendung des Indefinitum *man* markiert, somit ihrer Deutung eine Allgemeingültigkeit zuspricht: „man sieht ja". Mit der operativen Abtönungspartikel *ja* wird ihre Aussage zusätzlich unterstützt und als nicht hinterfragbar konstruiert. Anknüpfend an den Zwischentitel der Karikatur „Wer zieht hier wem den Teppich unter den Füßen weg?" beschreibt sie den dargestellten Teppich durch die quantifizierte Formulierung *groß* und rekurriert auf die Größe des Osmanischen Reichs. *RUK* bleibt sprachlich immer wieder im metaphorischen Stil der Karikatur: „da wurden schon mehrere Stücke schon weggerissen". Auch mit dieser Formulierung nimmt sie Bezug auf die Größe des Osmanischen Reichs. Ihre Deutung des Wegreißens exemplifiziert sie, indem sie Ländernamen nennt, die sie dem Gebiet des Balkans zuordnet. Über einen Vergleich des Osmanischen Reichs, dem Gebietsteile „weggerissen" werden, konstruiert sie die eigentliche Schwäche: „wenn man das in den Vergleich zu den anderen • • beiden Ländern". Anhand der Karikatur resultiert sie den Zerfall des Osmanischen Reichs. Sie formuliert, dass „alleine dann nur noch also Türkei geblieben" ist.

Als ein weiteres Resultat aus dem Zerfall nennt sie die Nationalstaatenbildung auf dem Balkan, die sie wie folgt formuliert: „dann haben sich ja die Länder • • selbstständig gemacht". Mit der Formulierung „die Länder" rekurriert sie auf die zuvor genannten Länder „Bosnien und Bulgarien" und attribuiert den Prozess der Nationalstaatenbildung mit ‚sich selbstständig machen', womit sie die Unabhängigkeit dieser Länder von dem Osmanischen Reich konstruiert. Ihre Deutung schließt sie ab, indem sie dem Osmanischen Reich Größe („weil die einfach riesig sind") und Macht („Was für ne Macht, also man merkt auch, dass die so ne • • große Macht haben") zuspricht. Wie *ZEL* konstruiert auch die Schülerin *RUK* ihre Vorstellungen zur Expansion und zum Zerfall des Osmanischen Reichs. *RUK* elaboriert ihre Vorstellungen durch ihre Wissenselemente zum historischen Ereignis der Nationalstaatenbildung auf dem Balkan, das sie allerdings historisch nicht richtig verortet. Sie beschreibt, dass im Anschluss an die Gründung der Republik Türkei die Selbstständigkeit von Ländern auf dem

---

1007 Zur Bestimmung der Funktion von deiktischen Determinativen siehe ebd., S. 50 und 113ff.

Balkan entstanden ist („ist alleine dann nur noch also Türkei geblieben ist und dann hat sich ja/• dann haben sich ja die Länder •• selbstständig gemacht."). Die nationalen Bestrebungen auf dem Balkan fingen bereits am Ende des 19. Jahrhundert an, während die Gründung der Republik Türkei mit 1923 zu datieren ist.

Validierende Elaboration der Proposition durch ZEL (Z. 63–71)
ZEL schließt sich an die Äußerung von RUK an und elaboriert ihre eigene Proposition, indem sie die Eroberung der Balkanstaaten hervorhebt. Sie nimmt eine Art Konkretisierung der Aussage von RUK vor: „Und die Osmanen hatten ja auch äh •• die Balkanstaaten erobert". Allerdings berücksichtigt sie in dieser Konkretisierung nicht den Prozess der Nationalstaatenbildung. Ihre Vorstellung der Balkaneroberung des Osmanischen Reichs erweitert ZEL durch die Einschränkung der Expansion, die sie mit der Zweiten Wiener Belagerung begründet. Die Schülerin bezieht sich auf ein historisches Ereignis, das im Jahre 1683 stattfand. Dieses Ereignis stellt sie als Beginn des Gebietsverlustes dar und markiert es durch die Verwendung des Indefinitums *man* als ein allgemeingültiges historisches Wissen („man weiß ja auch aus der Geschichte"). Den Beginn des Rückgangs der Expansion, den sie durch die Zweite Wiener Belagerung begründet, bindet sie über die Formulierung „und • das wird hier gezeigt" in ihre Deutung der Karikatur ein und verdeutlicht dies über die lokale Deixis[1008] *hier*. Im Anschluss an diese Deutung konstruiert sie ihre Vorstellungen zum Osmanischen Reich in Form einer chronologischen Zusammenfassung: „Erst haben die sich halt •• ganz schnell verbreitet, haben ganz viel Land erobert, haben sich auch über drei Kontinente verbreitet". Durch die Temporaldeixis[1009] *erst* kategorisiert sie die Chronologie der historischen Ereignisse und stellt die schnelle Verbreitung des Osmanischen Reichs an den Anfang ihrer Narration zur Expansionsentwicklung im Osmanischen Reich. Im Anschluss daran konstruiert ZEL insbesondere mit der Temporaldeixis *danach* ihre Vorstellung der weiteren Expansionsentwicklungen des Osmanischen Reichs. Dabei führt sie einen neuen Grund für den Rückgang der Expansion im Osmanischen Reich ein: „danach • haben halt die Europäer gemerkt, dass der Islam sich sehr stark verbreitet und die sehr mächtig sind und sehr viele Anhänger gewinnen". ZEL konstruiert den Islam als ein zusammenhaltendes und stärkendes Element für das Osmanische Reich, das die Europäer erkannten und zur Schwächung des Osmanischen Reiches nutzten: „Dann haben halt • verschiedene auch ••• große Menschen, ein Zar oder so wie ein Kaiser • versucht halt dagegen zu wirken und das haben die

---
1008 Zur Bestimmung der Funktion von lokalen Deixeis siehe ebd., S. 192f.
1009 Zur Bestimmung der Funktion von Temporaldeixeis siehe ebd., S. 257ff.

auch geschafft am Ende, bis sich halt • das Osmanische Reich ganz reduziert hat". Mit der Hervorhebung der Relevanz des Islams für die Entwicklungen im Osmanischen Reich (insbesondere außenpolitisch) ergänzt ZEL ihren eingangs eingeführten propositionalen Gehalt zur Expansion und Größe des Osmanischen Reichs.

Antithese durch ER (Z. 72–79)
Der Schüler ER hinterfragt das durch ZEL aufgestellte Positiv-Negativ-Konzept, indem er sein Unverständnis („Ich versteh gar nicht") bezüglich der Bewertung, die Karikatur beinhalte eine Meinung, verbalisiert. Er deutet den Zerfall des Osmanischen Reiches, den er aus der Darstellung der Karikatur ableitet, als Fakt: „ist einfach Fakt • • • halt das der Zerfall des Osmanischen Reichs". Diesen faktischen Zugang fokussiert der Schüler durch die operative Abtönungspartikel *aber* und nimmt dadurch eine ablehnende Position zu der Proposition von ZEL ein, die er zusätzlich über die Formulierung „ich persönlich" hervorhebt. Mit dem konsekutiven Subjunktor[1010] *insofern* begründet er seine Position als Folge der historischen Ereignisse, die er anschließend als Vorstellungen zum Osmanischen Reich konstruiert. Dabei nennt er die Expansion und den als „plötzlich" bezeichneten Zerfall des Osmanischen Reichs und die daraus resultierende Nationalstaatenbildung sowie die Entstehung der Republik Türkei: „und danach • aus diesen Ländern entstand dann halt • • ein eigene Staat oder unabhängiger Staat". Aus dieser Entwicklung schließt er sich der Formulierung „kaputt gemacht" an, mit der er sich auf die Karikatur bezieht. Der Schüler hinterfragt mit seiner Äußerung den aus seiner Sicht subjektiven Umgang mit historischen Ereignissen in Bezug auf das Osmanische Reich und lenkt den Fokus seiner Äußerung auf die Relevanz von Faktizität beim Umgang mit historischen Ereignissen.

Elaboration im Modus einer Differenzierung der Proposition durch ZEL (Z. 80–93)
Mit der adversativen Abtönungspartikel *aber* greift die Schülerin ZEL die Antithese von ER auf und verweist auf die Wertung der Karikatur, indem sie den Satzteil „kaputt gemacht" aufgreift und daran die Wertung verdeutlicht. Aus der Formulierung „kaputt gemacht" leitet sie historische Entwicklungen ab und beurteilt diese als subjektive Meinungen. In Anlehnung an diese Wertung konstruiert sie ein Bild vom Osmanischen Reich, das sie aus ihrem Positiv-Negativ-Konzept und darüber das über die Karikatur konstruierte Negativbild des

---

1010 Zur Bestimmung der Funktion von konsekutiven Subjunktoren siehe ebd., S. 357.

Osmanischen Reichs ableitet. Über die Fokussierungsmetapher „schlagen mit nem Hammer drauf oder wie" verdichtet sie ihre Erzählung und das damit verbundene Negativbild vom Osmanischen Reich. Im Anschluss an diese Wertung macht sie einen Vorschlag dafür, wie ein Bild vom Osmanischen Reich „mehr • • • faktengerecht wäre", womit sie einen positiven Gegenhorizont einleitet. Der als negativ beurteilten Formulierung „kaputt gemacht" setzt sie die Formulierung „eingeschränkt" gegenüber, mit der sie das von ihr eingangs konstruierte Positiv-Negativ-Konzept hervorhebt und auf die antithetische Ausführung von *ER* reagiert. *ZEL* spricht der Karikatur mit ihrem Haupt- bzw. Untertitel eine defizitäre Konstruktion der osmanischen Geschichte zu, welche sie ebenfalls aus dem Positiv-Negativ-Konzept ableitet: „soll ja halt einfach nur zeigen, dass die/ dass das Blatt sich halt gewendet hat sozusagen". Mit der Formulierung „einfach nur" verweist sie auf die reduzierte und damit verbundene negative Darstellung des Osmanischen Reichs.

Elaboration im Modus einer Exemplifizierung durch RUK (Z. 94–99)
Mit der Formulierung „was mir auch aufgefallen ist" ergänzt *RUK* den von *ZEL* anfangs in die Diskussion eingeführten propositionalen Gehalt erneut und die bisher von den Schüler*innen konstruierten Vorstellungen zum Osmanischen Reich. Mit der operativen Gradpartikel[1011] *auch* wird hier verdeutlicht, dass *RUK* sich im gleichen Orientierungsrahmen bewegt und diesen durch eine Ergänzung erweitert. Dabei nimmt sie Bezug auf eine zuvor von ihr selbst und von *ZEL* geäußerten Aussage. Als erstes knüpft sie mit einem para-operativen[1012] *also* an ihren eigenen zuvor geäußerten Redebeitrag an und fokussiert erneut ihre Vorstellung von der Größe des Osmanischen Reichs, indem sie durch eine operative Abtönungspartikel[1013] *ja* ihre Meinung bestärkt und gleichzeitig eine allgemeine Gültigkeit impliziert („also ich hab ja gesagt, die waren ja groß"). Anschließend knüpft sie an einen von *ZEL* zuvor geäußerten Redebeitrag („Dann haben halt • verschiedene auch • • • große Menschen, ein Zar oder so wie ein Kaiser • versucht halt dagegen zu wirken"), wodurch sie die Expansion durch die Osmanen fokussiert. Auch diese Vorstellung zum Osmanischen Reich bestätigt sie durch eine operative Abtönungspartikel *ja* als für die Gruppe gültige und akzeptierte Vorstellung. Beide Aussagen verwendet sie als Begründung für die Angst der „Großmächte" vor dem Osmanischen Reich und expliziert innerhalb dieses Verhältnisses („Großmächte" vs. Osmanisches Reich) die Macht des Osmanischen

---

1011 Zur Bestimmung der Funktion von Gradpartikeln siehe ebd., S. 392ff.
1012 Zur Bestimmung der Prozedurkennzeichnung para-operativ siehe ebd., S. 41.
1013 Zur Bestimmung von Abtönungspartikel siehe ebd., S. 410ff.

Reiches: „weil die so viel Macht hatten". An die zuvor geäußerten und von *RUK* in ihrem Redebeitrag umformulierten Vorstellungen zum Osmanischen Reich knüpft die Schülerin eine weitere Vorstellung an, die sie durch die Sprecherdeixis *ich* einführt. Mit dem operativen Gradpartikel *auch* verdeutlicht sie, dass die zu äußernde Aussage eine Ergänzung ist, wodurch sie ihre Vorstellungen zum Osmanischen Reich erweitert. Durch ihren Hinweis, dass sie die folgende Information „gehört" hat, distanziert sie sich von dem vorliegenden Impuls, den sie als „Quelle" bestimmt. Mit der Formulierung „die haben sich ja bedroht gefühlt diese Großmächte" erklärt sie den Grund für die Angst der „Großmächte", den sie mit dem Gefühl der Bedrohung beschreibt. Dieser Aussage gibt sie durch die Verwendung der operativen Abtönungspartikel *ja* einen Gewissheitsstatus, dessen Gültigkeit somit für die ganze Gruppe geltend ist. *RUK* formuliert das gehörte Wissen und leitet aus der zuvor dargestellten Bedrohung eine Reaktion der „Großmächte" ab: „dann haben die auch/jemanden dahin geschickt und haben geguckt, wo die/• • wo die Schwachstellen sind". Das temporaldeiktische Mittel *dann* verdeutlicht dabei, dass die Bedrohung als abgeschlossenes Ereignis betrachtet und die Handlung als Reaktion der „Großmächte" markiert wird. Die Handlung der „Großmächte", jemanden als ‚Spion' in das Osmanische Reich zu senden, wird in dem von *RUK* konstruierten historischen Kontext durch die Verwendung des *dann* als Ereignisfolge dargestellt. An diese Ereignisfolge schließt sie mit dem Subjunktor *damit* einen Finalsatz an, durch welchen sie den Zweck bzw. das Ziel der Reaktion der „Großmächte" verdeutlicht: „damit die das Osmanische Reich fällen können." Die in das Osmanische Reich ‚geschickte Person' übernimmt in der Konstruktion von *RUK* eine Schlüsselfunktion, aus der sie heraus den Untergang des Osmanischen Reichs begründet.

Konklusion im Modus einer Validierung der Proposition durch ER (Z. 100–108)
Der Schüler *ER* reagiert auf den Redebeitrag von *ZEL*, indem er seinen zuvor geäußerten Redebeitrag revidiert. Diese Revision führt er durch die Kombination des Adverbs *irgendwie*, womit er eine Ungewissheit ausdrückt, und der Temporal*adverbien jetzt* und *grad* ein. Damit markiert er die Veränderung seiner Meinung und die damit verbundene Reorganisation seines Wissens. Er bezieht sich auf die Karikatur und spricht *ZEL* eine richtige Interpretation der Karikatur zu: „Ja da ist schon was dran, was ZEL gesagt hat." Damit schließt er sich auch an den negativen Horizont an, den *ZEL* zu Beginn der Diskussion beschreibt. *ER* leitet die Bestätigung der Aussage von *ZEL* mit einer operativen Abtönungspartikel *ja* ein und trägt damit dazu bei, dass der konjunktive Orientierungsrahmen der Gesprächsteilnehmer*innen bestätigt wird. Anschließend geht *ER* auf die Formulierung „kaputt gemacht" ein und schließt sich auch hier der Meinung

von *ZEL* an. Somit verdeutlicht er durch die Äußerung „es ist auch sehr, sehr wichtig, wer hat diese Karikatur erstellt", dass er mit dem Orientierungsgehalt der Gruppe propositional übereinstimmt. Dies elaboriert er zusätzlich über folgenden Zusammenhang: „Wenn das jetzt zum Beispiel die Mächte sind, die gegen das Osmanische Reich gekämpft haben, dann kann es ja auch höchstwahrscheinlich sein, dass sie versuchen eine negative • Message da drin zu halten." Über eine sprachliche Konditionalbeziehung durch *wenn-dann* stellt er eine aus seiner Sicht logische Folge auf, durch welche er den Akteuren der Karikatur bestimmte Positionen zuspricht: Auf der Karikatur sind neben dem Sultan „die Mächte" abgebildet, die die Gegner des Osmanischen Reichs darstellen. Über diese Akteurskonstellation schließt er auf den Zusammenhang, mit welchem er die durch die Karikatur entstehende „negative Message" begründet. Auch wenn er dabei auf die Quantifizierung *höchstwahrscheinlich* zurückgreift, schließt er sich trotzdem durch den *wenn*-Sachverhalt an den Orientierungsgehalt der Gruppe an, indem er eine Folge formuliert: „dann kann es ja auch höchstwahrscheinlich sein, dass sie versuchen eine negative • Message da drin zu halten."

9.3.3.1.2   „[E]ine Aufgabe der Muslime [war es] ein Kalifat zu gründen"

Die Interpretation der folgenden TP gibt Aufschluss darüber, welchen konjunktiven Erfahrungsraum die Schüler*innen in Bezug auf die Aufgaben eines Muslims teilen, die der Islam aus ihrer Sicht vorgibt. Die Passage knüpft an das Narrativ der Schüler*innen an, durch das die negative Darstellung des Sultans im Osmanischen Reich anhand des Impulses 1 kritisiert wird.

Transkriptionspassage (TP 2) zum Impuls 1

```
230  gemacht.
231  E: Leute, ihr seid jetzt Muslime, so viel ich sehe.• • Wenn ich jetzt das versucht hätte eine • • vielleicht Nicht-
232  Muslime • • zu erzählen, • dann/ • guck mal, es ist richtig wie du gesagt hast Kalifat und alles möglich da. • Aber
233  heute assoziiert man das mit etwas Anderem, mit etwas viel Negativerem.
234  Z: Klar, weil man ein schlechteres Beispiel hat. Man bringt das direkt mit dem IS in Verbindung. Es gibt/ man sieht
235  halt zwei mögliche Wege. Einmal • • wir reden von einer Zeit, vierzehnhundert noch was. • • Da wurd halt der
236  Kalifat • anders umgesetzt, aber heutzutage ist das nicht so was ich/ ich bin der Meinung, dass am Ende des
237  Osmanischen Reiches, was auch der Zerfall • war/ was halt ein Grund dafür ist, warum es zerfallen ist, ((1s)) dafür
238  war das irgendwann • Eigeninteressen und Machtgier in/ im Vordergrund stand. Und ich bin der Meinung, dass
239  halt dieser Islamische Staat von dem wir heute reden, der ständig • mit dem Osmanischen Reich verglichen wird,
240  was ich nicht verstehen kann. Ich bin der Meinung, dass • Machtgier und • • das ständige das, also irgendwann
241  auch dann Egoismus, • dass du dann ständig sagst, okay ich muss mich verbreiten, verbreiten, verbreiten. Und
242  wenn du dich verbreitest, gehts dir ja nicht schlecht • • • und das wird dann zur Routine und dann • hast du auch
243  irgendwann ((1,2s)) verloren, weil es dann irgendwo noch nach/ also für dich, du guckst nur wie es dir geht.
244  E: Hmhm. ((1s)) Zum Ende hin war das auf jeden Fall auch ein Grund. • • • ich weiß aber, dass es im Osmanische
245  Reich nicht einfach war Macht zu ergreifen. • • • Der • • in erster Linie hat das Osmanische Reich • • nun Mal
246  für Muslime gekämpft/ also für den Islam. • • zum Beispiel wie der Islam nach Balkan gekommen ist, • dafür dass
247  man Bosnien, • Albanien und andere Länder, gibts viele Muslime. Der Islam ist ja nicht einfach so dahin
248  gekommen, • • das hat ja auch schon nen Grund. Und • • insofern ((1,7s)) natürlich also • • • es ist auch wichtig,
```

```
249  von wem man diese Geschichten hört, • das ist richtig wichtig. • • • Weil es ist noch natürlich, stellt euch vor
250  zwei Länder • • • der • • sagen wir mal jetzt Deutschland, Frankreich sagen wir mal jetzt, die früher
251  gegeneinander gekämpft haben. • • Die sich • sagen wir mal früher, vielleicht sogar auch heute noch hassen,
252  wer weiß. • • Und wenn ich jetzt die deutsche Geschichte von den Franzosen hören würde, dann ist das ja normal,
253  dass ich eventuell vieles Negative höre. Also so, weil egal in welcher Quelle oder wenn es um die Geschichte
254  geht, sieht man immer etwas Meinung darin. Also das ist irgendwie nicht zu vermeiden. • • So ne richtig
255  übertrieben neutrale ist sehr, sehr schwer.
256  R: Das stimmt, genau.
257  B: Mhm ((1s)) um die Diskussion jetzt nochmal komplett auf den Kopf zu stellen, • • • ich hab mir das alles erstmal
258  jetzt ein paar Minuten angehört und ich würd gern auf das Bild zurückgreifen, oder generell auf das Arbeitsblatt.
259  • • Nachdem ich • • jetzt den oberen Teil des Arbeitsblatts mir angeschaut habe, hab ich mich nicht als Türke,
260  sondern als Muslim persönlich • • direkt angegriffen gefühlt. • • • Vor allem wegen ausschlaggebenden Worten
261  wie 'kaputt gemacht' und vor allem wegen der Karikatur, wie der Sultan da steht so versucht grad noch das
262  Osmanische Reich zu beschützen, zu halten aber sich leider selbst so schützen muss so. • • Also ich persönlich hab mich
263  als Muslim dadurch wirklich direkt angegriffen gefühlt, was mir einfach gezeigt hat, • vor allem durch die
264  provokante Frage "Wer zieht hier wem den Teppich unter den Füßen weg?". Ich mein, warum muss man das
265  denn bitte so provokant rüberbringen? Warum kann man nicht einfach sagen, was weiß ich ((1,1s)) im Lauf der
266  historischen Geschichte hat sich das Osmanische Reich einfach zurück entwickelt. So zum Beispiel, dass • ein
267  Muslim so wie ich, dem/ ich denke der Islam liegt uns allen sehr am Herzen, • • damit man sich nicht direkt
268  angegriffen fühlt, weil das ist ja jetzt aus einem Schulbuch • und in der Schule gibt es wirklich, vor allem im
269  Ruhregebiet ist die Mehrheit • • • der Schüler muslimisch. Und ich hab mich jetzt angegriffen gefühlt, was ich
270  nicht okay finde. Da bin ich/ ja oder nicht? • Habt ihr euch nicht angegriffen gefühlt?
271  R: Ja, ich auch.
272  Z: Ja, ich auch. Aber das Gute ist ja, du hast gesagt "Im Ruhrgebiet sind wir alle Muslime" und wir können noch
273  selber abwägen, was davon die Wahrheit und was nicht die Wahrheit ist. Erst kritisch wird es, wenn diese Quelle
274  • • in die Hand der Menschen gelangt, die halt wenig Ahnung davon haben. • Wie leicht ist es dann diese
275  Menschen davon zu überzeugen, dass das nicht stimmt, was da steht?
```

Formulierende Interpretation

Thema der Passage: die subjektiven Vorstellungen der Schüler*innen zum Islam im Osmanischen Reich und die Darstellung des Islams in der Gegenwart als Vergleich.

OT: Schülervorstellungen zur Umsetzung des Islams zur Zeiten des Osmanischen Reiches.

UT: Der Islam und der Koran stellen den Muslimen die Aufgabe, ein Kalifat zu gründen. Im Osmanischen Reich wurde dieser Auftrag des Islams erfüllt und ein Kalifat gegründet.

UT: Das Kalifat im Osmanischen Reich war anders strukturiert als die Vorstellung des Kalifats in der Gegenwart.

OT: Die Schüler*innen beurteilen die gegenwärtige Darstellung des Islams als ungerechtfertigt und negativ.

UT: Der Islam und die Idee des Kalifats wird gegenwärtig mit etwas Negativem verbunden, zumeist mit dem IS[1014] (Abkürzung für: Islamischer Staat).

1014 Die seit 2003 gegründete und als Terrormiliz eingestufte Organisation nennt sich seit der Ausrufung des Kalifates im Jahre 2014 Islamischer Staat. Im deutschsprachigen Raum ist die Organisation vor alles unter der Abkürzung IS bekannt;

UT: Der IS ist heute nicht mit dem Verständnis eines islamischen Staates im Osmanischen Reich zu vergleichen, da das Kalifat im Osmanischen Reich ohne „Machtgier" für den Islam existierte.
UT: Negative Darstellungen des Osmanischen Reiches sind gleichzeitig eine negative Darstellung des Islams.
UT: Der Islam ist „friedlich, liebevoll, tolerant" anderen Religionen gegenüber.

Reflektierende Interpretation

Antwort im Modus einer Differenzierung durch ER (Z. 224)
Auf die Frage der Schülerin NER „War er denn nicht so?", die sich auf die Diskussion um die negativen Eigenschaften des Sultans bezieht, antwortet der Schüler ER mit einer doppelten Negation: „Nein, auf keinen Fall" und verdeutlicht seine Position zum Status und zur Funktion des Sultans im Osmanischen Reich. Um seine Antwort auf die Frage von NER zu differenzieren, führt er eine Begründung seiner Position an. Er weist darauf hin, dass der Sultan in seiner Funktion „ja gleichzeitig • • • Kalifat gewesen", aus diesem Grund ein Fehlverhalten des Sultans auszuschließen ist. Durch die Verwendung des operativen Abtönungspartikels *ja* in Kombination mit dem paraoperativen Konnektivpartikel[1015] *gleichzeitig* verdeutlicht er, dass der Sultan ein Herrschaftssystem verkörpert. Er initiiert durch die Verbalisierung seines Wissens zum Status des Sultans im Osmanischen Reich eine Wissensverarbeitung bei den Hörern: Beide Rollen (Sultan und Kalifat) sind gleichwertig zu denken und kompatibel miteinander. Die Ausführungen, die ER zur Legitimation seiner Position konstruiert, verdeutlichen, dass der Schüler das „Kalifat" einer einzigen Person zuspricht und dadurch den Sultan institutionalisiert, wodurch diese als Person weniger angreifbar wird.

Ratifizierung im Modus einer Frage durch NER (Z. 225)
Mit der zweiteiligen Interjektion[1016] *Ach so* äußert NER eine Wissensveränderung, die durch die Ausführungen von ER ausgelöst wird. Die Verwendung der Interjektion markiert einen Verstehensprozess von NER, den sie allerdings wieder durch die folgende Entscheidungsfrage entkräftet: „(…) war das eigentlich

---

weitere Abkürzungen wie ISIS, ISIL oder Daesh werden auch verwendet. Die Schüler*innen verwenden während der Gruppendiskussion die Abkürzungen IS und ISIS.
1015 Zur Bestimmung der Funktion von Konnektivpartikel siehe Hoffmann, L. (2014), S. 427ff.
1016 Zur Bestimmung der Funktion von Interjektionen siehe ebd., S. 64.

so ne Art islamischer Staat/islamisches Staat oder?" Mit dem deiktischen Mittel *das* verweist sie auf das Kalifat, das von dem Schüler *ER* zuvor genannt wurde. *NER* nimmt demnach einen Sinngehalt wahr, auf den sie reagiert. Allerdings kann nicht eindeutig gesagt werden, ob die Schülerin den dokumentarischen Sinngehalt der Äußerung des Schülers *ER* entschlüsselt. Sie verbindet mit dem „Kalifat" den „Islamischen Staat" und äußert dies mit der Verwendung des Konjunktors[1017] *oder*.

Antwort im Modus einer Validierung durch ER (Z. 226–227)
Der Schüler *ER* antwortet auf die Entscheidungsfrage von *NER*, indem er den responsiven[1018] Antwortausdruck *ja* mit der Modalpartikel *natürlich* kombiniert. Durch diese Konstellation referiert der Schüler auf die Organisation „Islamischer Staat" und setzt mit *natürlich* voraus, dass dieser Sachverhalt wahr ist. Direkt an diese Antwort schließt er einen Vergleich zu heute an, indem er die Wahrnehmung des Wortes „Islamischer Staat" in der Gegenwart bestimmt: „Also heute kann ich • • islamischer Staat leider nicht mehr so sagen". Den Gegensatz beginnt der Schüler mit dem Adverb *also*, das wie eine Abtönungspartikel *aber* verwendet wird. Im Vergleich zum zuvor Gesagten konfrontiert *ER* die anderen mit etwas Unerwartetem: Während es bisher in seiner Aussage um das Osmanische Reich und die Bestimmung seine Herrschaftsform ging, liegt jetzt der Fokus auf der Wahrnehmung der Bezeichnung „Islamischer Staat" in der Gegenwart und beschreibt somit einen negativen Horizont zum gegenwärtigen Umgang mit dem Begriff „Islamischer Staat". Insbesondere durch die Verbalisierung von „also" und der Modalpartikel *leider* werden die Diskussionsteilnehmer*innen durch *ER* emotional in seine Feststellung involviert. An den Hauptsatz schließt *ER* mit dem Subjunktor[1019] *weil* einen Nebensatz an, mit dem er eine Ursache einführt. Die Ursache fungiert in dem Satz als Erklärung für den zuvor genannten Sachverhalt, dass die Verwendung „Islamischer Staat" in der Gegenwart negativ konnotiert ist: „weil man das sofort mit etwas Negativem". Sowohl der Sachverhalt als auch die Ursache werden von dem Schüler als wahr vorausgesetzt.

Ratifizierung im Modus einer immanenten Nachfrage der Validierung durch NER (Z. 228)
Auf die Aussage von *ER* reagiert *NER* mit einer Ratifizierung, die sie mit der operativen Abtönungspartikel *aber* einleitet, wodurch sie den Fokus erneut auf die

---

1017 Zur Bestimmung der Funktion von Konjunktoren siehe ebd., S. 436ff.
1018 Zur Bestimmung der Funktion von Responsiven siehe ebd., S. 55 und 59ff.
1019 Zur Bestimmung der Funktion von Subjunktoren siehe ebd., S. 355ff.

Vergangenheit und das bereits thematisierte Osmanische Reich und sein Herrschaftssystem umlenkt: „es war ein islamischer Staat". Dies geschieht dadurch, indem die Schülerin eine immanente Nachfrage stellt und damit gleichzeitig die bereits von Er geäußerte Aussage bestätigt und ratifiziert. Die Verwendung des Präteritums „(...) es war (...)" drückt somit eine deiktische Distanz bzw. Ferne aus, so dass den anderen Schüler*innen verdeutlicht wird, dass sich seine Äußerung auf den historischen Kontext des Osmanische Reichs bezieht.

Elaboration der Differenzierung durch ZEL (Z. 229-230)
Die von ER eingeführte Orientierung wird von ZEL weiterbearbeitet. Sie bezieht sich auf die Äußerung zum Kalifat und ergänzt, dass die Gründung eines Kalifats die Aufgabe aller Muslime ist: „eine Aufgabe der Muslime ein Kalifat zu gründen". Ihre Äußerung stützt sie dadurch, indem sie sich auf den Koran bezieht: „Es ist ja im Koran auch ein/• Dings". Durch die Kombination der Anapher *es*, der Abtönungspartikel *ja* sowie der operativen Gradpartikel *auch* versucht ZEL ihre Äußerung zu bestärken und gleichzeitig eine Form der allgemeinen Gültigkeit zu implizieren. Insbesondere durch den Verweis auf den Koran versucht sie einen Gültigkeitsanspruch aufzustellen, womit sie davon ausgeht, dass diese Aussage auch von den anderen Gruppenteilnehmer*innen geteilt wird. Diese Äußerung wird im Wissensstrukturtyp der Sentenz[1020] verbalisiert, mit dem eine pragmatische Quantifizierung für alle Schüler*innen gegeben ist. Die von ZEL verbalisierte Sentenz dient als Wissensverallgemeinerung und kollektive Orientierungsinstanz.[1021] In ihrer Äußerung spiegelt sie den Common sense der Schüler*innen in Bezug auf die Aufgaben eines Muslims/einer Muslima wider. ZEL schließt ihre Äußerung damit ab, indem sie am Beispiel des Osmanischen Reichs verdeutlicht, dass die durch den Koran an die Muslime gestellte Aufgabe der Kalifatsgründung von den Osmanen erfüllt wurde: „und die haben das gemacht" und impliziert, dass dies für die Gegenwart gelten müsste aber nicht gegeben ist.

Differenzierung durch ER (Z. 231-233)
ER bearbeitet den Orientierungsgehalt zum Kalifat bzw. Islamischen Staat weiter, indem er die Relevanz der gemeinsamen Orientierung einschränkt. Dabei unterscheidet er die Wahrnehmung von Muslimen und Nicht-Muslimen in Bezug auf die Begriffe Kalifat und Islamischer Staat. Er hebt hervor, dass „Nicht-Muslime" die Begriffe Kalifat und Islamischer Staat „mit etwas viel Negativerem"

1020 Zu den Wissensstrukturtypen siehe Kap. 9.1.5.
1021 Siehe dazu Ehlich, K./Rehbein, J. (1977), S. 58.

9 Hauptstudie: das Osmanischen Reich in Schülervorstellungen   387

in Verbindung bringen. Bevor er diese Unterscheidung vornimmt, nimmt er für die Gruppendiskussionsteilnehmenden eine Markierung vor, die er anhand optischer Kriterien festmacht: „ihr seid jetzt Muslime, so viel ich sehe". Diese Äußerung des Schülers beinhaltet zwei bedeutende Aspekte für die Diskussion und die damit verbundene Bildung eines gemeinsamen Orientierungsrahmens. *ER* aktiviert ein gemeinsames Orientierungswissen, nach dem Menschen nach optisch festgelegten Kriterien als ‚Muslime' oder ‚Nicht-Muslime' markiert und der entsprechenden Gruppe zugeordnet werden können. Diese Markierung kann sich zum einen auf *ER*s Wissen um die Selbstpositionierung der Schüler*innen beziehen. Es ist aber auch nicht auszuschließen, dass Er auf für ihn legitime optische Kriterien zurückgreift, um die Schüler*innen als Muslime zu markieren.

Aus der Akzeptanz einer solchen Markierung von Seiten der Schüler*innen ist zu vermuten, dass die Gruppe sich als Muslime von Nicht-Muslimen abgrenzt und sich als „muslimische" Gruppe ein gesellschaftliches Alltagswissen zuschreibt.

Elaboration der Differenzierung durch ZEL (Z. 234–243)

ZEL beginnt ihre Äußerung mit einer wissensverarbeitenden Aussage und bestätigt die Ausführungen von *ER*. Dazu verwendet sie das Adjektiv *klar*, mit dem sie sich dem Orientierungsgehalt anschließt und gleichzeitig der Äußerung von *ER* eine eindeutige Nachvollziehbarkeit zuspricht. Ihren Zuspruch begründet sie, indem sie mit dem Subjunktor *weil* eine Ursache für die negative Wahrnehmung für den Begriff ‚Islamischer Staat' in der Gegenwart aufführt. Dabei weist sie darauf hin, dass das „Beispiel" für die Gegenwart „ein schlechteres" ist. Sie expliziert zwar nicht, dass mit „ein schlechteres Beispiel" der Umgang mit dem Islam generell und im Konkreten die Wahrnehmung des Begriffes ‚Kalifat' und ‚Islamischer Staat' in der Gegenwart gemeint ist. Jedoch verdeutlicht *ZEL* durch die Verwendung des Adjektivs *klar*, dass sie sich im gleichen Orientierungsrahmen bewegt, den *ER* zum Umgang der Begriffe ‚Kalifat' und ‚Islamischer Staat' in der Gegenwart zuvor konstruiert hat, und bestätigt somit den negativen Horizont. Die verbalisierte Ursache exemplifiziert sie, indem sie die Wahrnehmung expliziert: „Man bringt das direkt mit dem IS in Verbindung." Für die Verbalisierung ihrer Erklärungen „weil man ein schlechteres Beispiel hat. Man bringt das direkt mit dem IS in Verbindung" verwendet die Schülerin zwei Mal das Indefinitum *man*, womit sie den Inhalt ihrer Aussage in einen kollektiven Modus rückt.

Ihre Position zur gegenwärtigen Wahrnehmung des Kalifats und dem islamischen Staat konkretisiert sie, indem sie den Vergleich weiter ausführt. Sie spricht von „zwei mögliche(n) Wege(n)" und konstruiert zwei verschiedene Perspektiven, durch die die Begriffe ‚Kalifat' und ‚Islamischer Staat' gegensätzlich interpretiert werden können. Ohne die Perspektiven weiter auszuführen, weist sie darauf hin, dass das Kalifat im 15. Jahrhundert „anders umgesetzt" wurde, somit mit dem Kalifat am Ende des Osmanischen Reiches nicht vergleichbar ist. Über eine ungefähre zeitliche Einbettung („wir reden von einer Zeit, vierzehnhundert noch was") verdeutlicht sie ihr Wissen über die verschiedenen Konzepte zu Kalifat, die sich aus den historischen Kontexten herausbilden. ZEL macht somit deutlich, dass der historische Kontext für die Konzeption des Begriffes ‚Kalifat' bedeutend ist, woraus sie wiederum die differenzierte Wahrnehmung von Kalifat früher und heute legitimiert.

Den Grund für den Zerfall des Osmanischen Reiches führt ZEL darauf zurück, dass das Kalifat am Ende des Osmanischen Reiches „anders umgesetzt" wurde. Sie ergänzt ihre Erläuterungen zum Kalifat als Herrschaftssystem zu Beginn des Osmanischen Reiches dadurch, indem sie die Verwendung und Bedeutung des Begriffs ‚Kalifat' in der Gegenwart heranzieht: „aber heutzutage ist das nicht so was". Mit dem Adverb „anders" konstruiert ZEL einen Vergleich der Umsetzung des Herrschaftssystems Kalifat im Osmanischen Reich und seiner Umsetzung bzw. Wahrnehmung in der Gegenwart. Über diesen Vergleich beurteilt sie, dass das Kalifat zu Zeiten des Osmanischen Reiches eine für diese Zeit geeignete Herrschaftsform war, die Umsetzung und Wahrnehmung in der Gegenwart jedoch davon abweicht. In ihrem Redebeitrag äußert sie weiterhin ihre Verwunderung und ihr Unverständnis darüber, dass das Osmanische Reich gegenwärtig „ständig" mit dem IS verglichen wird. Mit dieser Äußerung bekräftigt sie ihren zuvor aufgestellten Vergleich.

Am Ende ihres Redebeitrages nennt ZEL konkrete Gründe dafür, weshalb ihrer Meinung nach das Kalifat „irgendwann" nicht mehr in seiner ursprünglichen Form umgesetzt wurde: „Ich bin der Meinung, dass • Machtgier und • • das ständige das, also irgendwann auch dann Egoismus, • dass du dann ständig sagst, okay ich muss mich verbreiten, verbreiten, verbreiten. Und wenn du dich verbreitest, gehts dir ja nicht schlecht • • • und das wird dann zur Routine und dann • hast du auch irgendwann ((1,2s)) verloren, weil es dann irgendwo noch nach/also für dich, du guckst nur wie es dir geht." Sie hebt die Eigenschaften „Machtgier" und „Egoismus" hervor, die sie als konträre Eigenschaften zur Umsetzung eines Kalifats konstruiert. Sie schafft demnach ein subjektives Konzept des Begriffs ‚Kalifat', das im Umkehrschluss dieses als altruistisch und nicht machtgierig bestimmt. Aus dieser Bestimmung kann abgeleitet werden, dass ZEL das System *Kalifat* als ein geeignetes Herrschaftssystem ansieht.

Im Laufe der TP fällt auf, dass die Schüler*innen bei der Verwendung der Abkürzung ‚IS' (Abkürzung für „Islamischer Staat") negative Vorstellungen konstruieren, wohingegen die Verwendung des Begriffs ‚Islamischer Staat' insbesondere in Bezug zum Osmanischen Reich positive Vorstellungen hervorbringt. Die Konstruktion von ZEL verdeutlicht dies im Besonderen, da sie diesen beiden Begriffen unterschiedliche Bedeutungen und Konzepte beimisst. Die semantischen Elemente, die dem Begriff ‚IS' zugesprochen werden, konstruieren einen gemeinsamen Orientierungsrahmen, der eindeutig negativ konnotiert ist. Im Gegensatz dazu verwendet ZEL den Begriff ‚Islamischer Staat' im historischen Kontext Osmanisches Reich, womit dem Begriff ein positiv konnotiertes Konzept zugesprochen wird.

Differenzierung der Elaboration durch ER (Z. 244–255)
Auf den Redebeitrag von ZEL reagiert erneut *ER*, indem er erst auf den Teil der Äußerung eingeht, der sich auf die Expansionsbestrebungen und die damit verbundene Abwendung vom Kalifat als Herrschaftssystem zu Zeiten des Osmanischen Reichs bezieht. Dabei ratifiziert er erst die Aussage von ZEL, indem er sein Einverständnis über die Interjektion *hmhm* ausdrückt. Durch die Verwendung dieser Interjektion schließt sich *ER* an den von ZEL konstruierten Orientierungsrahmen an, differenziert seine Aussage allerdings, indem er die Äußerung von ZEL historisch eingrenzt: „Zum Ende hin war das auf jeden Fall auch ein Grund." Mit dem deiktischen Mittel *das* grenzt er seine Bewertung ein (das Kalifat wurde nicht mehr entsprechend seiner tatsächlichen Eigenschaften umgesetzt) und rekurriert gleichzeitig auf das Osmanische Reich als handelnder Akteur. Das Erzählmuster des Schülers verdeutlicht, dass das Osmanische Reich personifiziert und das Handeln von Personen nicht sichtbar gemacht wird. Das von *ER* verwendete Erzählmuster der Personifizierung wird mit dem in den 1970er Jahren eintretenden Paradigmenwechsel in der Geschichtswissenschaft als Prinzip eingeführt, um die Vorstellung des Historismus und der personalisierten Geschichtsdarstellung (große Männer hätten den Lauf der Geschichte bestimmt) abzuschaffen.[1022] Denn Personalisierung von Geschichte wurde als „die Deutung und Darstellung historischer Sachverhalte an großen Persönlichkeiten und der Sicht der großer Persönlichkeiten"[1023] kritisiert, da durch diese monoperspektive Geschichtsdarstellung den Schüler*innen ein einseitiges Geschichtskonstrukt vermittelt und die Komplexität von Geschichte mit ihren Strukturen und Prozessen nicht verdeutlicht wird. Wird die Narrati-

---

1022 Bergmann, K. (1972): Personalisierung im Geschichtsunterricht – Erziehung zur Demokratie? Stuttgart: Klett.
1023 Vgl. Bergmann, K. (1997): Personalisierung, Personifizierung. S. 298. In: Ders./ Fröhlich, K./Kuhn, A./Rüsen, J./Schneider, G: (Hrgs.): Handbuch der Geschichtsdidaktik. Seelze: Kallmeyer. S. 298–300.

on von *ER* mit Blick auf die beiden Konstruktionszugänge *Personalisierung* und *Personifizierung* analysiert, fällt auf, dass der Schüler eine kombinierte Form dieser beiden Prinzipien verwendet. Durch die personalisierte Personifizierung konstruiert *ER* das Osmanische Reich als handelnden Akteur, anstatt tatsächliche Handelnde zu nennen. Jedoch ist das Sichtbarmachen der Handelnden ein zentrales Prinzip der Geschichtsschreibung. Diese Art des Erzählmusters ist bei allen Schüler*innen feststellbar. Es ist zu vermuten, dass die Schüler*innen auf diese Muster zurückgreifen, da sie aus ihrem konjunktiven Erfahrungsraum heraus ihre Vorstellungen zum Osmanischen Reich konstruieren und sich somit in gesellschaftlich konformen Sprach- und Wissensstrukturen bewegen, die eine Strukturiertheit und Prozesshaftigkeit der historischen Ereignisse nicht fordert, was für das historische Erzählen im geschichtsunterrichtlichen Kontext verlangt wird.

An die Eingrenzung, die *ER* im Hinblick auf die Umsetzung der tatsächlichen Eigenschaften des Kalifats formuliert, schließt *ER* eine differenziertere Sichtweise unter Bezugnahme auf die Äußerung von *ZEL* zum Expansionsgedanken im Osmanischen Reich an. Seiner Differenzierung liegt eine antithetische Konstruktion zugrunde, mit der *ER* die Schwierigkeit bei der Eroberung von neuen Gebieten durch das Osmanische Reich und ihre Kernaufgabe verbalisiert: „ich weiß aber, dass es im Osmanische Reich nicht einfach war Macht zu ergreifen. • • • Der • • • in erster Linie hat das Osmanische Reich • • nun Mal für Muslime gekämpft/also für den Islam". Schaut man sich die Konstruktion der Vorstellungen des Schülers an, fallen zwei Punkte auf: Zum einen entkräftet *ER* die Aussage von *ZEL* mit der Formulierung „ich weiß aber, dass (…)", indem er durch der Abtönungspartikel *aber* die Konstruktion von *ZEL* differenziert. Zum anderen formuliert *ER* eine Aufgabe, die er quasi als zentralen Auftrag des Osmanischen Reich formuliert: „nun Mal für Muslime gekämpft/also für den Islam". Mit der Verwendung der Planungsdeixis[1024] *nun* in der Kombination mit der Abtönungspartikel *mal* verdeutlicht *ER* das kontinuierliche Ziel des Osmanischen Reiches: Der Kampf für Muslime und damit für den Islam. Über eine Exemplifizierung erläutert er diese Aufgabe des Osmanischen Reiches und greift auf eine Narration zurück, die sich auf die Expansion der Osmanen auf dem Balkan bezieht: „zum Beispiel wie der Islam nach Balkan gekommen ist, heute sieht man Bosnien, • Albanien und andere Länder, gibts viele Muslime. Der Islam ist ja nicht einfach so dahin gekommen, • • das hat ja auch schon nen Grund." Direkt im Anschluss an die Narration zum Zusammenhang *Expansion-Macht-Islam* äußert sich *ER* zur Wahrnehmung und Konstruktion der Geschichte von „Ländern (…), die

---

1024 Vgl. Ehlich, K. (2007c): Sprache und Sprachliches Handeln. Bd. 3. Berlin, New York: de Gruyter. S. 163.

früher gegeneinander gekämpft haben". Auch diesen Teil seines Redebeitrags konstruiert er über eine Exemplifizierung: „Weil es ist noch natürlich, stellt euch vor zwei Länder • • • der • • sagen wir mal jetzt Deutschland, Frankreich sagen wir mal jetzt, die früher gegeneinander gekämpft haben. • • Die sich • sagen wir mal früher, vielleicht sogar auch heute noch hassen, wer weiß. • • Und wenn ich jetzt die deutsche Geschichte von den Franzosen hören würde, dann ist das ja normal, dass ich eventuell vieles Negative höre." Aus diesem Fallbeispiel leitet er sein Urteil über die Konstruktion von Geschichte(n) ab, wonach er Geschichtserzählungen bzw. -konstruktionen immer auch eine Meinung einer Person/eines Landes zuspricht: „wenn es um die Geschichte geht, sieht man immer etwas Meinung darin. Also das ist irgendwie nicht zu vermeiden. • • So ne richtig übertrieben neutrale ist sehr, sehr schwer." Er weist darauf hin, dass die Narrativierung von historischen Ereignissen eines „Landes" immer durch die Perspektive – der Schüler spricht von Meinung – des „Landes" geprägt ist. Er spricht somit jedem „Land" eine historisch-politische Position zu, durch welche eine „neutrale" Perspektive auf historische Ereignisse kaum gegeben ist. Seine Bewertung zum Umgang von „Ländern" mit historischen Ereignissen generalisiert der Schüler, so dass seine Kritik eine Allgemeingültigkeit erhält, was sich zum einen in der Nennung verschiedener „Länder" (Deutschland, Frankreich), zum anderen in der Verwendung des Indefinitums *man* dokumentiert.

Elaboration im Modus einer Differenzierung durch BAR (Z. 257–270)
Mit seinem Einstieg in seinen Redebeitrag erweckt *BAR* durch die Formulierung „die Diskussion jetzt nochmal komplett auf den Kopf zu stellen" den Eindruck, als ob er eine neue vom bisher diskutierten Sinngehalt abweichende Proposition einführen würde. Dabei zeigt sich im Laufe seines Beitrags, dass er sich auch auf das Positiv-Negativ-Konzept bei der Darstellung des Osmanischen Reichs und seine Auswirkungen auf den Islam stützt. Mit der Äußerung „ich hab mir das alles erstmal jetzt ein paar Minuten angehört und ich würd gern auf das Bild zurückgreifen, oder generell auf das Arbeitsblatt" fokussiert er den Impuls 1. Dabei hebt er hervor, dass er sich „nicht als Türke, sondern als Muslim persönlich • • direkt angegriffen gefühlt" hat. Besonders auffällig ist hierbei, dass er seinen emotionalen Zustand („angegriffen gefühlt") bei der Wahrnehmung der Karikatur formuliert. Für diese Beschäftigung zitiert *BAR* Textstellen, die auf dem Arbeitsblatt (Impuls 1) abgedruckt sind, um seine emotionale Verfasstheit zu begründen. *BAR* wählt dazu die Formulierung „kaputt gemacht", die er der Unterüberschrift der Karikatur („*Die Großmächte des 20. Jahrhunderts haben das Osmanische Reich kaputt gemacht!*") entnimmt. Diese Formulierung hebt er als „ausschlaggebende Worte" hervor und begründet darüber die Wirkung der Karikatur auf ihn persönlich. Er wiederholt

seine persönliche Wahrnehmung („Also ich persönlich hab mich als Muslim dadurch wirklich direkt angegriffen gefühlt"), indem er durch die Verwendung der operativen Partikel *also* den Fokus seiner Äußerung auf seine emotionale Verfasstheit legt. Er unterstützt mit der Modalpartikel *wirklich* die Relevanz und Wahrheit der Tatsache erneut und fokussiert diese. Durch die Wiederholung der Überschrift „Wer zieht hier wem den Teppich unter den Füßen weg?" begründet er ein weiteres Mal seine Position zur Konstruktion des Osmanischen Reiches durch die Karikatur und den dazugehörigen Text. *BAR* kritisiert die Darstellung des Osmanischen Reiches und verwendet dazu das Frageadverb *warum*, mit dem er einen suggestiven Fragesatz einleitet und nach dem Grund der Geschichtsdarstellung durch die Karikatur fragt. Mit der Suggestivfrage schließt sich der Schüler dem von den anderen Gruppenmitgliedern konstruierten negativen Horizont an und bestätigt den Orientierungsrahmen zum negativen Umgang mit dem Osmanischen Reich.

Er schlägt direkt im Anschluss an diese Frage eine Alternativformulierung vor, die auch in Form einer Frage seinen Vorschlag einleitet: „Warum kann man nicht einfach sagen, was weiß ich ((1,1s)) im Lauf der historischen Geschichte hat sich das Osmanische Reich einfach zurück entwickelt." Sein Vorschlag für die Konstruktion der Geschichtsdarstellung zum Osmanischen Reich bildet einen positiven Gegenhorizont zu der durch den Impuls 1 dargestellten Konstruktion (provokant vs. umgänglich) und bietet einen aus Sicht des Schülers weniger „provokant[en]" Umgang mit dem Osmanischen Reich. Mit seinem Vorschlag geht die Zielsetzung für eine solche Formulierung einher, was *BAR* durch die Verwendung der Subjunktoren *dass* und *damit* verdeutlicht: dass „ein Muslim" sich „nicht direkt angegriffen fühlt". Diesen positiven Gegenhorizont begründet der Schüler mit der Konstruktion einer kollektiven Position innerhalb der Gruppe im Bezug zum Islam: „ich denke der Islam liegt uns allen sehr am Herzen". Durch diese Kollektivierung schließt er sich dem gemeinsamen Orientierungsrahmen an und inkludiert gleichzeitig alle anderen Gruppenteilnehmer*innen in diesen Orientierungsrahmen. Den konstruierten Orientierungsrahmen weitet *BAR* aus, indem er auf die Relevanz des nicht provozierenden Umgangs mit Quellen in Schulbüchern eingeht, die im Ruhrgebiet eingesetzt werden. Die Fokussierung des Ruhrgebiets als geographischen Raum begründet er darüber, dass „im Ruhregebiet […] die Mehrheit • • • der Schüler muslimisch" ist. Diese Feststellung des Schülers verdeutlicht eine Anspruchshaltung in Bezug auf die Schüler*innen, die er als muslimisch markiert. Er ordnet sich selbst auch dieser Gruppen von Schüler*innen zu, indem er erneut wiederholt, dass er sich „angegriffen gefühlt" hat und diesen Angriff als „nicht okay" bewertet. Um seine Position durch die Gruppenteilnehmer*innen bestätigen zu lassen, schließt *BAR* seinen Redebeitrag mit der Frage „Habt ihr euch nicht angegriffen gefühlt?" ab, um eine kollektive Bestätigung für seine emotionale Interpretation der Darstellung zu erhalten.

9 Hauptstudie: das Osmanischen Reich in Schülervorstellungen   393

Validierung durch RUK (Z. 256 und 271)
RUK bestätigt die Gültigkeit der bisherigen Ausführungen durch die doppelte Bestätigung „Das stimmt, genau". Dabei bestätigt sie durch die Verwendung des anadeiktischen *das* den Wahrheitsgehalt aller zuvor konstruierten Vorstellungen. Mit der Objektdeixis[1025] *das* zeigt *RUK* aus ihrer Perspektive heraus auf einen Verweisraum[1026] der Vorredner und schließt sich denen im Handlungsraum der Schüler*innen konstruierten Vorstellungen zum Osmanischen Reich und Islam in der Gegenwart an.

RUK bestätigt auch die Elaboration von *BAR*, indem sie sich durch die kombinierte Verwendung der operativen Abtönungspartikel *ja* und der operativen Gradpartikel *auch* an die Vorstellungen von *BAR* anschließt, und damit auch den negativen Gegenhorizont in seiner Gültigkeit bestätigt. Die Validierung von *RUK* wird performatorisch zum Ausdruck gebracht.

Validierung im Modus einer Differenzierung durch ZEL (Z. 272–275)
Auch *ZEL* bestätigt die Gültigkeit des Orientierungsrahmens und damit den negativen Gegenhorizont. Sie erweitert den Orientierungsrahmen um einen positiven Horizont, den sie wie folgt formuliert: „Aber das Gute ist ja, du hast gesagt „Im Ruhrgebiet sind wir alle Muslime" und wir können noch selber abwägen, was davon die Wahrheit und was nicht die Wahrheit ist". Mit der Abtönungspartikel *aber* leitet sie eine Fokusumlenkung ein und stellt dem von *BAR* konstruierten negativen Gegenhorizont einen positiven Horizont gegenüber. Mit diesem positiven Horizont konstruiert *ZEL* einen gemeinsamen Orientierungsrahmen, indem sie über die Personaldeixis *wir* auf eine gemeinsame Gruppe referiert und die Schüler*innen dieser Gruppe zuordnet. Diese Gruppe markiert sie als „Muslime" und spricht ihr die Kompetenz zu, zwischen der Wahrheit und der Unwahrheit in Bezug auf den öffentlichen Umgang mit dem Osmanischen Reich und Islam differenzieren zu können („abwägen, was davon die Wahrheit und was nicht die Wahrheit ist"). Mit der Konstruktion dieser Gruppe bestimmt sie eindeutig eine gesellschaftliche Gruppe, der sie ein gemeinsames Wissen zum Osmanischen Reich und zum Islam zuspricht. In dieser Konstruktion dokumentiert sich die Differenz zwischen „Muslime" und ‚Nicht'-„Muslimen". Sie akzentuiert in Anlehnung an die zuvor definierte Gruppe der Muslime die Diskrepanz zwischen dem „Wir" und denen, die die Schülerin auch nicht explizit benennt, sondern im Hinblick auf ihr Wissen über das Osmanische Reich und den Islam bestimmt: „die halt we-

---

1025 Zur Bestimmung der Funktion von Objektdeixeis siehe Hoffmann, L. (2014), S. 190f.
1026 Siehe dazu Ehlich, K. (2007b): Sprache und Sprachliches Handeln. Bd. 2. Berlin, New York: de Gruyter.

nig Ahnung davon haben". Sie schafft mit ihrer Konstruktion zwei gegensätzliche Gruppen, welche sie in Bezug auf den Umgang mit Quellen zum Osmanischen Reich definiert: ‚wir Muslime' und die ‚Nicht-Muslime'. Durch die Konstruktion dieser Gruppen schafft die Schülerin gleichzeitig verschiedene Perspektiven, aus denen heraus die Wahrnehmungen und Interpretationen von Quellen zum Osmanischen Reich und zum Islam differieren. Dies verdeutlicht sie durch ihre Formulierung „Erst kritisch wird es, wenn diese Quelle • • in die Hand der Menschen gelangt". Sie verwendet dabei die phraseologische Formulierung „in die Hand der Menschen gelangt" und will damit auf den ‚kritischen Umgang' mit bestimmten Quellen hinweisen. Schaut man sich die phraseologische Formulierung der Schülerin genauer an, ist die Verwendung des Verbs ‚gelangen' feststellbar. Der Phraseologismus, der von ZEL verwendet wird, wird in seiner richtigen Verwendung mit dem Verb ‚geraten' verbalisiert: ‚in falsche Hände geraten' (Bedeutung: von jemanden in Besitz genommen werden, der damit nicht umgehen kann/für den es nicht vorgesehen war/der damit etwas Schädliches anstellt). Die Verwendung des Verbs ‚gelangen' verdeutlicht, dass ZEL die Bedeutungsnuancen zwischen den Verben ‚gelangen' und ‚geraten' nicht unterscheidet. Das Verb ‚gelangen' kann eine zielorientierte Handlung forcieren, was bei dem Verb ‚geraten' nicht der Fall ist. Das Verb ‚geraten' hingegen wird in der Regel dann verwendet, wenn eine Handlung zu einer anderen, unbeabsichtigten Handlung führen und einen nicht richtigen Umgang verursachen kann. Durch den verbalisierten Kontext wird aber trotzdem deutlich, was die Schülerin mit ihrer Äußerung konstruiert: „Erst kritisch wird es, wenn diese Quelle • • in die Hand der Menschen gelangt, die halt wenig Ahnung davon haben. • Wie leicht ist es dann diese Menschen davon zu überzeugen, dass das nicht stimmt, was da steht?" Sie verdeutlicht aus ihrer Position (als „Moslem") heraus den Zusammenhang zwischen dem kritischen Umgang unwissender Menschen mit Quellen zum Osmanischen Reich und zum Islam (Ursache) und der Festigung von falschem Wissen zum Osmanischen Reich und zum Islam (Wirkung). Interessant erscheint dabei, dass sie über eine Suggestivfrage die Wirkung der Auseinandersetzung solcher Quellen formuliert: „Wie leicht ist es dann diese Menschen davon zu überzeugen, dass das nicht stimmt, was da steht?" Dass für die Schülerin die Antwort auf diese Frage eindeutig bekannt ist, verdeutlicht sie insbesondere über die Konstruktion der beiden Gruppen (Muslime vs. Nicht-Muslime) und die Kompetenzen der diesen beiden Gruppen zugeordneten Menschen.

9.3.3.1.3 „[I]m Osmanischen Reich wars ja eh voll untersagt, dich als Nation anzusehen"

Die Schüler*innen konstruieren in der folgenden TP ihre Vorstellungen zum Nationenkonzept und setzen dieses in Verhältnis zu ihren Vorstellungen zum

Islamkonzept im Osmanischen Reich. Aus diesem Konzeptvergleich leiten sie ab, dass die „Absicht der Religion" die Einheit von Muslimen ist und zugleich am Beispiel des Osmanischen Reiches den Gedanken des Kalifats widerspiegelt. Ausgehend von diesen gemeinsamen Vorstellungen beurteilen sie das Verhalten von „vielen Türken" in der Gegenwart als „nationalistisch geprägte Menschen". Die Schüler*innen einigen sich darauf, dass der Islam als Einheit bildendes Konzept auch für die gegenwärtige Gesellschaft von Bedeutung ist und solange zu Erfolg führen kann, solange die Menschen sich an den Islam halten und nicht den „Koran als Vorwand benutzt oder irgendwelche Schriften, • um [das eigene] Interesse durchzusetzen". Die Schüler*innen konstruieren einen gemeinsamen Orientierungsrahmen, der die Religion als Basis der erfolgreichen und altruistischen menschlichen Handlung ansieht, welche zum gemeinsamen Erfolg führt. Aus diesen Vorstellungen der Schüler*innen ist abzuleiten, dass sie ‚nationales' bzw. ‚nationalistisches' Verhalten von Menschen als Erfolg hinderndes und egoistisches Verhalten ansehen, worin sie auch das Scheitern des Osmanischen Reichs sehen.

Transkriptionspassage (TP 3) zum Impuls 1

689 E: Oder zum Beispiel auch Dings, dass ich noch • • • an/ hinzufügen möchte, das Osmanische Reich sollte man
690 nicht als türkisches Reich ansehen, auf keinen Fall. Weil dann würde es auch türkisches Reich heißen. • •
691 Heutzutage • sagt man ja ((1,3s)) die Türkei ist, ((1s)) was übrig geblieben ist vom Osmanische/ die Türkei ist was
692 ganz anderes. Ja so, solche Sachen.
693 B: Definitiv nicht.
694 Z: Ja. Ist ne Republik, das hat nichts damit zu tun.
695 E: Ja, das Osmanische Reich • • • ist nicht einfach nur Türkei, weil wenn man jetzt die Expansionsrate angucken
696 würde, • • wenn ich jetzt zum Beispiel auf irgendeiner Stelle des Osmanischen Reichs sein würde, sagen wir mal
697 Ägypten oder so, • da leben doch keine Türken oder so. • • • Türken leben wahrscheinlich/ also wenn man jetzt
698 • von der Dings, Türke redet • • • wenn man das so sagen dar, darf man eigentlich nicht, Rassetürke redet, dann
699 ist das vielleicht nur ein kleiner Teil in Anatolien. ((1,2s)) Insofern • • ich/ soviel ich weiß, bin ich selber nicht
700 Türke, weil es gibt • so ne Sache, also nen ((1s)) ich benutz das Wort ungern, aber Rasse so gesagt, die heißt Las,
701 • • lasisch. • Und die haben sogar eine eigene Sprache.
702 Z: Mhm. Ja, ich weiß. Mhm
703 N: Ich gehöre auch, Kafkas. Meine Vorfahren kommen aus Russland irgendwo.
704 R: Ja, das stimmt.
705 Z: Aber/ im Osmanischen Reich wars ja eh voll untersagt, • • dich als Nation anzusehen. Das durftest du ja auf
706 keinen Fall sagen, ich bin das, ich bin das. Sondern du warst nur als Muslim da.
707 N: Sonst Konflikte, ja. Voll cool. Das ist eigentlich etwas Positives.
708 Z: Ich sag ja, darüber wurde nicht berichtet.
709 E: Aber. Ne, was ich noch hinzufügen will, wenn eine Moslem jetzt den Nationalsozialismus macht, er soll mal
710 sagen was unser Prophet gesagt hat. Er hat den Nationalsozialismus verboten. Zum Beispiel • • zu Zeiten unseres
711 Propheten • • allein wie er gesagt hat, der erste der zum Gebet gerufen hat, • • er war ja kein Araber/ oder ich
712 hab noch nie gehört, • • • dass das zu den Geschichten des Propheten, dass man über Araber gesprochen hat
713 oder so. Ich hab nur gehört Muslime. Das ist so/ das ist so ne Sache, die leider heutzutage wirklich, wirklich nicht
714 da ist.
715 Z: Mhm mhm, stimmt.
716 B: Mhm, genau.
717 N: Heutzutage spricht man viel eher über Nationalitäten, als über die Religion.
718 E: Ja. Bist du Türke • oder bist du Kurde. Wofür?

Formulierende Interpretation

Thema der Passage: die Bewertung der Konzepte *Nation* und *Islam* im Osmanischen Reich als Beurteilungsgrundlage für die osmanische Gesellschaft.

OT: Schülervorstellungen zur geographischen Fläche des Osmanischen Reiches als Ausgangspunkt für die Bedeutung eines islamisch orientierten Kollektivs.

UT: Der Vergleich des Osmanischen Reichs mit der Republik Türkei wird von den Schüler*innen als ein falscher Vergleich beurteilt.

UT: Im Osmanischen Reich konstituierte sich die Gesellschaft über den Bezug zum Islam, so dass der osmanischen Gesellschaft ein Islamkonzept zugrunde lag.

UT: Gegenwärtig wird von einem Nationenkonzept ausgegangen, was allen Ländern zugrunde liegt.

UT: Die Differenzierung von Menschen auf der Grundlage eines Nationenkonzepts wird von den Schüler*innen als ein die Menschen separierendes Konzept bewertet.

Reflektierende Interpretation

Proposition im Modus einer Elaboration durch ER (Z. 689–692)
Anknüpfend an die Diskussion zu den Konzepten *Nation* und *Islam*, die die Schüler*innen bei der Konstruktion ihrer Vorstellungen zum Osmanischen Reich entwerfen, führt ER eine neue Proposition in die Diskussion ein: „Oder zum Beispiel auch Dings, dass ich noch • • • an/hinzufügen möchte, das Osmanische Reich sollte man nicht als türkisches Reich ansehen, auf keinen Fall". *ER* impliziert direkt zu Beginn seiner Äußerung durch die Kombination aus dem Konjunktor *oder*, dem Hinweis auf eine Exemplifizierung durch „zum Beispiel" und die Gradpartikel *auch*, dass die Auseinandersetzung mit dem Osmanischen Reich facettenreich ist, jedoch im gegenwärtigen Diskurs nicht alle Dimensionen richtig bekannt sind, so dass es zu einer falschen Darstellung der Türkei oder auch des Osmanischen Reichs kommt. Der Schüler bezieht sich in seinem Exempel auf die zum Teil synonym verwendeten Bezeichnungen „Türkei" und „Osmanisches Reich" und stützt diese falsche Darstellung durch den negationshaltigen Ausdruck „auf keinen Fall", um den Wahrheitsgehalt seiner Äußerung zu fokussieren. Seine Äußerung zum Unterschied zwischen dem Osmanischen Reich und der Türkei im Hinblick auf die Regierungsform erklärt er, indem er durch das Subjunktor *weil* seine Erklärung einführt: „Weil dann würde es auch türkisches Reich heißen". Damit stellt *ER* eine kausale Verbindung zu seiner zu-

vor getätigten Feststellung und führt damit eine Erklärung dafür ein, warum das Osmanische Reich nicht mit der „Türkei" gleichgesetzt werden kann.

Im weiteren Verlauf seines Redebeitrages erweitert er seine Äußerung, indem er auf die gegenwärtige Verwendung der Begriffe Osmanisches Reich und Türkei eingeht: „Heute • sagt man ja immer ((1,3s)) die Türkei ist, ((1s)) was übrig geblieben ist vom Osmanische/die Türkei ist was ganz anderes". Durch das Temporaladverb *heute* weist er darauf hin, dass sich seine Äußerung auf den gegenwärtigen Umgang mit den Begriffen ‚Osmanisches Reich' und ‚Türkei' bezieht, womit er gleichzeitig die Vermischung der beiden Regierungsformen kritisiert. In seinem Redebeitrag dokumentiert sich auch sein geographisches Verständnis vom Osmanischen Reich: „die Türkei ist, ((1s)) was übrig geblieben ist vom Osmanische". Der Schüler konstruiert durch seine Proposition einen an die zuvor diskutierten Konzepte Islam und Nation andockenden Unterschied zwischen der Republik Türkei und dem Osmanischen Reich, der sich auf die Konstitution der gesellschaftlichen Einheit bezieht: Der Türkei wird eine nationenorientierte Regierungsstruktur zugeordnet, die sich in erster Linie über das ‚Türkischsein' bestimmt, wohingegen als das Kernkonzept des Zusammenlebens im Osmanische Reich der Islam genannt wird. Durch die Kombination des Indefinitums *man*, der operativen Abtönungspartikel *ja* und der Quantifizierung *immer* impliziert ER zum einen, dass sein Wissensstatus von allen anderen Schüler*innen der Diskussion mit Gewissheit übernommen werden kann. Zum anderen verdeutlicht er durch diese Kombination die Allgemeingültigkeit seiner Äußerung. Um seine Feststellung zu stützen, schließt er seinen Redebeitrag mit der Äußerung ab, dass die Türkei „was ganz anderes" sei.

Validierung der Proposition durch BAR und Elaboration der Proposition durch ZEL (Z. 694-695)
Mit einer eindeutigen Validierung bestätigt *BAR* den propositionalen Gehalt der Aussage von *ER*, indem er sich durch die Negationspartikel[1027] *nicht* an die Feststellung, das Osmanische Reich nicht mit der Republik Türkei gleichzusetzten, anschließt.

Auch *ZEL* bestätigt die Proposition von *ER*. ZEL bearbeitet den propositionalen Gehalt weiter, indem sie die Regierungsform der Türkei mit der Nennung des Begriffs „Republik" explizert: „Ist ne Republik, das hat nichts damit zu tun". Durch das deiktische Mittel *das*, welches hier in Form eines definitiven Determinativs verwendet wird, verweist sie auf die falsche Verwendung der Re-

---

1027 Zur Bestimmung der Funktion von Negationspartikel siehe Hoffmann, L. (2014), S. 396ff.

gierungsformen des Osmanischen Reichs und der Republik Türkei, indem sie durch die Negationspartikel *nichts* und der Objektdeixis *damit* eine Analogie ausschließt („das hat nichts damit zu tun"). Der Wahrnehmungsraum, auf den sich ZEL durch *damit* bezieht, wird durch den Einstieg in ihre eigene Äußerung („Ist ne Republik") und durch den zuvor versprachlichten Redebeitrag von ER bestimmt.

Elaboration der Proposition im Modus einer Exemplifizierung durch ER (Z. 695–701)
ER greift im Anschluss an die Bestätigung der Proposition durch BAR und ZEL seine zuvor getätigte Äußerung zum unverhältnismäßigen Vergleich des Osmanischen Reichs mit der Republik Türkei in der Gegenwart erneut auf und vertieft diesen mit einem Beispiel zur Expansion des Osmanischen Reichs: „weil wenn man jetzt die Expansionsrate angucken würde, • • wenn ich jetzt zum Beispiel auf irgendeiner Stelle des Osmanischen Reichs sein würde, sagen wir mal Ägypten oder so, • da leben doch keine Türken." Mit dem Subjunktor *weil* in der Kombination mit *wenn* erklärt ER, dass auf dem Gebiet, das heute als Ägypten bezeichnet wird, und früher Teil des Osmanischen Reichs war, keine „Türken" leben. Dabei nennt er das Land Ägypten exemplarisch für die Gebiete („sagen wir mal Ägypten oder so"), die aus seiner Sicht zum Osmanischen Reich gehörten. Mit seiner Äußerung „da leben doch keine Türken" wird seine Vorstellung insbesondere durch die Verwendung der operativen Abtönungspartikel *doch* zu etwas grundsätzlich Bekanntem kategorisiert. Seine Äußerung macht deutlich, dass die von ER ausgeführte Proposition für ihn evident und für alle Beteiligten als selbstverständlich gilt.[1028] Seine Aussage kann gewissermaßen auch als Rechtfertigung seiner Position zum gegenwärtigen Vergleich des Osmanisches Reichs mit der Republik Türkei im öffentlichen Diskurs kategorisiert werden.

Im nächsten Schritt seines Redebeitrags bestimmt der Schüler den Lebensraum der „Türken". Dabei ergänzt er den Diskurs durch einen interessanten Nebendiskurs, in dem er auf den Begriff „Rasse" eingeht: „Türken leben wahrscheinlich/also wenn man jetzt • von der Dings, Türke redet • • • wenn man das so sagen, darf man eigentlich nicht, Rasse Türke redet, dann ist das vielleicht nur ein kleiner Teil in Anatolien." Die Äußerung von ER zeigt, dass er bei seiner Wortwahl unsicher ist, da er seine eigene Wortwahl im ersten Schritt hinterfragt und im zweiten Schritt eine Korrektur vornimmt. Dieser Prozess bezieht sich insbesondere auf die Verwendung des Wortes „Rasse", welches er in Kombination mit dem Wort „Türke" verwendet. Durch die Verwendung des Indefinitums

---

1028 Siehe dazu Ehlich, K. (2007b), S. 414.

man hinterfragt er die Nutzung des Begriffs für die Allgemeinheit und stellt fest, dass dieses Wort „eigentlich" nicht verwendet werden sollte. Vor dem Hintergrund seiner kritischen Begriffsbestimmung benennt er innerhalb der „Türkei" eine bestimmte Region, für die die Bezeichnung „Türke" gelten könne: „Anatolien[1029]".

Seinen Redebeitrag schließt der Schüler mit einer Exemplifizierung ab, mit der er über seine persönliche Biographie die Heterogenität der in der Türkei lebenden Bevölkerung konstruiert: „Insofern • • ich bin selbst nicht Türke, weil es gibt • so ne Sache, also nen ((1s)) ich benutz das Wort ungern, aber Rasse so gesagt, die heißt Laz, • • lazisch. • Und die haben sogar eine eigene Sprache."

Mit dem operativen Konjunktor *insofern* (konditionale Verwendung) stellt *ER* einen konditionalen Zusammenhang zwischen seiner Argumentation dazu, dass aus der Gegenwart heraus der Vergleich zwischen dem Osmanischen Reich und der Republik Türkei unzutreffend ist, und führt die Informationen zu seiner eigenen Person als Beleg für seine Argumentation an. Mit der Äußerung „ich bin selbst nicht Türke" führt er eine Form der Einschränkung ein, die seine zuvor hervorgehobene Argumentation zum Vergleich Osmanisches Reich und Republik Türkei stützt. An seine Assertion schließt er eine Erklärung an, mit der er das Wort „Rasse" aufwirft. Er hinterfragt und kritisiert die Verwendung des Wortes, ohne dafür Gründe zu nennen. Er benutzt das Wort „Rasse" in seinem Redebeitrag, um die Menschen, die in der Türkei leben bzw. entsprechend ihrer Familiengeschichte der Türkei als Herkunftsland (wie er selbst) zuordnen, einzuteilen. Gleichzeitig weist er darauf hin, dass er das Wort „ungern" verwendet: „ich benutz das Wort ungern". Aus dieser Äußerung ist zu schließen, dass das Wort für *ER* etwas Negatives hervorbringt, jedoch wird nicht expliziert, was diese ist. In Verbindung mit dem Wort „Rasse" nennt er eine unter anderem in der Türkei lebende ethnische Minderheit, die er im Zusammenhang mit seiner Äußerung als „Rasse" kategorisiert: „Rasse so gesagt, die heißt Las, • • lasisch". An die Attribuierung „lasisch" schließt er folgende Äußerung an: „Und die haben sogar eine eigene Sprache." *ER* nimmt eine Einstufung seiner Äußerung vor, indem er die Tatsache, dass die Lazen eine eigene Sprache besitzen, hervorhebt und damit etwas für andere Unerwartetes ausdrückt. Mit der Verwendung des deiktischen Mittels *die* distanziert er sich von der ethnischen Gruppe der Lazen, obwohl er zuvor erwähnt, dass er kein „Türke" ist.

Aus dem Redebeitrag des Schülers sind zwei zentrale Konzepte abzuleiten, die er über seine Vorstellungen zum Osmanischen Reich konstruiert:

1029 Als Anatolien wird gegenwärtig das Gebiet der Türkei bezeichnet, das für den asiatischen Teil der Türkei steht. Der europäische Teil der Türkei, auch Thrakien bezeichnet, wird nicht dazu gezählt.

- Das Konzept „Rasse", welches er zwar verwendet, jedoch auch kritisiert. Dieses verwendet der Schüler, um Menschen in ethnische Gruppen zu unterteilen.
- Das Konzept „Anatolien" als geographisches Gebiet, zu dem aus Sicht des Schülers die Schwarzmeerregion in der Türkei nicht gehört. Dies ist aus dem Zusammenhang abzuleiten, dass die Lazen, deren Siedlungsgebiet im Nordosten der Türkei liegt, als eigenen „Rasse" und somit nicht als „Türken" eingeordnet werden.

Validierung der Elaboration von ER durch ZEL und RUK und Elaboration der Proposition durch NER (Z. 702–704)
Der Redebeitrag von *ER* wird durch die Schülerinnen *ZEL* und *RUK* validiert, indem sie die von *ER* konstruierten Konzepte bestätigen. Die Schülerin *ZEL* verbalisiert ihre Bestätigung dabei durch eine Kombination aus Validierung („Ja, ich weiß") und Ratifizierung („Mhm mhm"), wohingegen die Schülerin *RUK* den konstruierten Orientierungsgehalt über eine Validierung („Ja, das stimmt") bestätigt.[1030]

Die Schülerin *NER* bestätigt auch den von *ER* konstruierten Orientierungsgehalt und die damit verbundenen Konzepte. Im Vergleich zu den beiden Schülerinnen *ZEL* und *RUK* ergänzt *NER* den Redebeitrag von *ER* durch ein Beispiel ihrer persönlichen Biographie: „Ich gehöre auch, Kafkas. Meine Vorfahren kommen aus Russland irgendwo". Dabei schätzt sie die Äußerung von *ER* durch die Verwendung der operativen Gradpartikel *auch* als für sie ebenfalls relevant ein und benutzt die türkische Bezeichnung für Kaukasisch (türkisch „Kafkas"). Damit bestätigt sie das Argument von *ER*, dass die Menschen, die in der Türkei leben bzw. entsprechend ihrer Familiengeschichte die Türkei als ihr Herkunftsland ansehen, nicht alle als „Türken" kategorisiert werden können. Die Bezeichnung „Kafkas" ergänzt sie über eine ungenaue geographische Verortung: „Meine Vorfahren kommen aus Russland irgendwo".

Die Verwendung der türkischen Bezeichnung „Kafkas" für Kaukasisch kann zwei Gründe haben: Entweder kennt die Schülerin nur die türkische Bezeichnung des Begriffs „Kafkas" oder sie konstruiert ihre Aussagen in einem von ihr vorausgesetzten kollektiven Erfahrungsraum, dem alle Schüler*innen angehören. Die Überprüfung beider möglichen Gründe erscheint eher schwierig, da

---

1030 Zum Unterschied zwischen Validierung und Ratifizierung siehe Przyborski, A. (2004): Gesprächsanalyse und Dokumentarische Methode (Lehrbuch). Qualitative Auswertung von Gesprächen, Gruppendiskussionen und anderen Diskursen. Wiesbaden: VS Verlag für Sozialwissenschaften. S. 70f.

beim ersten Grund *NER* nach ihrem Wissen befragt und beim zweiten Grund der konjunktive Erfahrungsraum zu einem spezifischen Wissen überprüft werden müsste. Dieses als deklaratives Wissen[1031] zu kategorisierende Wissenselement unterscheidet sich von konjunktivem Erfahrungswissen, so dass eine Rekonstruktion der Wissensstruktur nur durch interaktive Intervention möglich wäre. Die Forscherin hat sich im Rahmen der Gruppendiskussion ausschließlich als Leiterin der Diskussion verstanden und eine Intervention in solchen Kontexten ausgeschlossen. Somit ist die Verwendung des Begriffes „Kafkas" an dieser Stelle nicht exakt zu bestimmen.

Neben den genannten Gründen für die Verwendung des Begriffs „Kafkas" wird eine weitere Analyseperspektive herangezogen, mit der die Konstellation „gehöre auch, Kafkas" aus dem Ansatz der Funktionalen Pragmatik heraus mit dem von Rehbein (1982) verwendeten Konzept des Komplementär-Wissens analysiert werden kann.[1032] Mit ihrer Formulierung „gehöre auch, Kafkas" greift *NER* auf ein Wissenssystem zurück, mit dem sie ihre Vorstellungen zwar nicht mit der korrekten deutschen Bezeichnung, aber in Anlehnung an die Aussage von *ER* in einen Zusammenhang einordnen kann. Dieses Wissen von *NER* kann mit Rehbein als ‚Komplementär-Wissen' bezeichnet werden, durch welches *NER* der Anschluss an die Äußerung von *ER* und damit an den konjunktiven Orientierungsrahmen möglich wird. Rehbein beschreibt, dass „das Komplementär-Wissen [...] insbesondere jene Begriffsbildungen [steuert], die mit der Rahmensetzung verbunden sind."[1033] Nach Rehbein ermöglicht die Verbalisierung von Komplementärwissen „einen Einblick in Strukturverhältnisse von kulturellem Wissen"[1034], da es insbesondere aus den partikularen Erlebnissen heraus generiert wird. Die Verwendung des Begriffs „Kafkas" kann im Sinne des ‚Komplementär-Wissen' darauf zurückgeführt werden, dass *NER* die deutsche Bezeichnung nicht kennt und deshalb die türkische Bezeichnung verwendet.

1031 Günther-Arndt (2014) unterscheidet die verschiedenen Wissensformen (metakognitives, strategisches, domänenspezifisches, deklaratives und prozedurales Wissen) mit Blick auf den Zusammenhang zwischen Schülervorstellungen und historisches Lernen und Wissenserwerb im Geschichtsunterricht. Siehe dazu Günther-Arndt (2014), S. 39ff.
1032 Zum Wissensbegriff nach Rehbein siehe Kapitel 5.1.
1033 Vgl. Rehbein, J. (1982): Zu begrifflichen Prozeduren in der zweiten Sprache Deutsch. Die Wiedergabe eines Fernsehausschnitts bei türkischen und deutschen Kindern. S. 252. In: Bausch, K.-H. (Hrsg.): Mehrsprachigkeit in der Stadtregion. Jahrbuch 1981 des Instituts für deutsche Sprache. Düsseldorf: Pädagogischer Verlag Schwann-Bagel. S. 225–281.
1034 Vgl. ebd., S. 252.

Mit der Verwendung der türkischen Bezeichnung verzichtet sie auch auf die für die im Deutschen eine Zugehörigkeit markierende Endung -isch bei Adjektivierung von Nomen, wie beispielsweise bei ‚türk*isch*' oder ‚kaukas*isch*'. Trotz der Verwendung des Verbs ‚gehören', das Besitz anzeigt bzw. eine Zugehörigkeit markiert, verwendet sie nicht diese Adjektivierungsregel. Die Schülerin NER, der eine faktische Handlungskompetenz zugesprochen werden kann, scheint an dieser Stelle ihrer Äußerung auf ein Begriffsbildungswissen zurückzugreifen, das ihrem sprachlichen Wissen aus dem Türkischen zuzuordnen ist. Mit dem Konzept des Komplementär-Wissens nach Rehbein ist zu vermuten, dass die Schülerin an dieser Stelle zur Komplementierung ihrer Äußerung „das Musterwissen der sprachlich-kulturellen Minorität"[1035] verwendet.

Komplementär-Wissen kann insbesondere bei Schüler*innen eine Rolle spielen, die noch häufiger als beispielsweise NER dieses Wissen zur „Identifizierung von Genre, Aktanten und ihrer sozialen Verhältnisse und vor allem bei der Bestimmung von Handlungsmuster, in dem sich das Wiederzugebende abspielt"[1036], verwenden. Die Analyse von Schüler*innenäußerungen mit Blick auf die Verwendung von Komplementär-Wissen erscheint hinsichtlich der Verwendung und Reflexion von lexikalischem Strategiewissen von Interesse zu sein.

Elaboration der Proposition durch ZEL (Z. 705–706)
ZEL erweitert den von ER konstruierten Orientierungsgehalt, den sie zuvor bereits bestätigte. Dabei schließt sie an der Stelle des Orientierungsgehalts an, an der zuvor die Vorstellung zur Relevanz des Islams für die Einheit der Bevölkerung im Osmanischen Reich von den Schüler*innen konstruiert wurde. Diese Konstruktion produziert sie über einen divergenten Diskurs: „Im Osmanischen Reich wars ja eh voll untersagt, • • dich als Nation anzusehen". Durch die Kombination der operativen Abtönungspartikel *ja* und *eh* markiert ZEL den von ihr verbalisierten Sachverhalt als allgemein geltend und als einen, womit eine Auseinandersetzung nicht lohnend erscheint. Insbesondere durch die Verwendung der operativen Abtönungspartikel *eh* drückt ZEL die Allgemeingültigkeit und den unumstößlichen Wahrheitsanspruch ihrer Vorstellung aus. Die Schülerin formuliert ihre Vorstellung so stark, dass sie eine Art dogmatische Bedeutung erhält. ZEL greift auf den Begriff „Nation" zurück (im Vergleich zu ER, der von „Rasse" spricht), mit dem sie an den von ER konstruierten Orientierungsgehalt anschließt. Es ist davon auszugehen, dass ZEL und ER bei der Verwendung der Begriffe „Nation" bzw. „Rasse" aus dem interaktiven Kontext heraus auf ein

---

1035 Vgl. ebd., S. 252.
1036 Vgl. ebd., S. 252.

ähnliches Konzept zurückgreifen. Die Verwendung von zwei unterschiedlichen Begriffen unter Rückgriff auf ein ähnliches Konzept kann auf zwei mögliche Gründe zurückgeführt werden: Zum einen kann vermutet werden, dass beide Schüler*innen den Unterschied zwischen den Begriffen und die dahinterstehenden Konzepte (unter Berücksichtigung des historischen Kontextes) nicht explizieren können. Zum anderen kann im Umkehrschluss beiden Begriffen ein gleiches bzw. ähnliches Konzept zugrunde liegen. Innerhalb des Diskurses verdeutlicht die Dynamik zwischen *ER* und *ZEL*, dass sich ihre Redebeiträge aufeinander beziehen, indem *ZEL* an den Redebeitrag von *ER* und damit an den von ihm verwendeten „Rasse"-Begriff mit dem „Nationen"-Begriff anknüpft, diesen somit nicht kritisiert. Den Nationenbegriff verbindet *ZEL* mit einem Verbot, nach dem die Zugehörigkeit zu einer „Nation" „untersagt" war. Daraus resultiert sie, dass die Zugehörigkeit der Menschen innerhalb der osmanischen Bevölkerung über den Islam stattfand: „Das durftest du ja auf keinen Fall sagen, ich bin das, ich bin das." Durch die Kombination des Modalverbes *dürfen* und der Formulierung „auf keinen Fall", womit jede Möglichkeit einer bestimmten Handlung ausgeschlossen wird, verbalisiert *ZEL* ein Verbot für die Menschen im Osmanischen Reich. Sie schließt ihren Redebeitrag mit dem Resultat aus dem zuvor konstruierten Verbot: „Sondern du warst nur als Muslim da." Durch den operativen Konjunktor *sondern* nimmt die Schülerin eine Art der Korrektur des vorher Gesagten vor, indem sie ein Gebot formuliert, das die Existenz des Einzelnen im Osmanischen Reich ermöglichte.

Validierung der Elaboration durch NER (Z. 707)
NER stimmt dem Redebeitrag von *ZEL* zu, indem sie die von *ZEL* als Gebot konstruierte Bedingung der Zugehörigkeit zum Osmanischen Reich, sich über den Islam zu identifizieren, als positiv hervorhebt. Über ihre erste Reaktion formuliert sie eine mögliche Konsequenz bei Nichteinhaltung des Gebotes: „Sonst Konflikte." Damit veranschaulicht sie ihren positiven Zuspruch dieser Bedingung gegenüber. Ihren Zuspruch akzentuiert sie durch die affektiv formulierte Äußerung „Voll cool", mit der eine vollständige Zustimmung deutlich wird. Ihre Meinung verbalisiert die Schülerin durch die Kombination des Anglizismus *cool* (im Sinne von *gut* verwendet) und des Adjektivs *voll* (im Sinne von *absolut* oder *vollständig* verwendet), womit sie einen positiven Gegenhorizont beschreibt. Ihren Redebeitrag schließt sie mit der Äußerung „Das ist eigentlich etwas Positives" ab, mit der sie die Zustimmung der Gruppe für ihre Einschätzung erhalten möchte und gleichzeitig den Wahrheitsgehalt ihrer Äußerung hervorhebt. Insbesondere durch die Verwendung der operativen Abtönungspartikel *eigentlich* hebt sie die positive Bewertung und ihre Richtigkeit hervor.

Proposition durch ER (Z. 709–714)
ER weist zu Beginn seines Redebeitrages darauf hin, dass er etwas „hinzufügen" möchte, und erweitert seine eingangs eingeführte Proposition. Dabei setzt er das zuvor konstruierte Nationenkonzept mit dem Konzept des „Nationalsozialismus" gleich. Er verwendet das Wort „Nationalsozialismus" hier synonym zum zuvor verwendeten Nationenbegriff, so dass davon ausgegangen werden kann, dass er diese beiden Konzepte nicht differenzieren kann: „wenn ein Moslem jetzt den Nationalsozialismus macht, er soll mal sagen, was unser Prophet gesagt hat. Er hat den Nationalsozialismus verboten." Der Schüler konstruiert in seinem Redebeitrag zwei verschiedene historische Kontexte: die Zeit des Nationalsozialismus im 20. Jahrhundert in Deutschland, die Zeit des Propheten Mohammeds und die Entstehung des Islams im 7. Jahrhundert. *ER* verwendet den Begriff ‚Nationalsozialismus' nicht ausschließlich im historischen Kontext der nationalsozialistischen Zeit im 20. Jahrhundert, sondern überträgt ihn unreflektiert auf eine andere historische Epoche, da er die Zeitdifferenz zwischen den beiden historisch unterschiedlich verorteten Konzepten nicht differenziert. Der Begriff ‚Nationalsozialismus' steht für eine Ideologie der 1919 gegründeten deutschen Partei ‚Nationalsozialistische Deutsche Arbeiterpartei' (NSDAP), die auf der Grundlage einer sich gegen Ende des 19. Jahrhundert entwickelten Rassentheorie und Rassenhygiene bzw. Rassenpflege entstand. Mit der Ideologie des Nationalsozialismus wurde der Begriff ‚Rasse' mit dem Begriff ‚Volk' gleichgesetzt und das deutsche Volk als überlegene Rasse zum Vertreter der sogenannten arischen Rasse erklärt. Diesem stand die Vorstellung der unterlegenen Rasse gegenüber, die den Juden zugesprochen wurde. Aus den beiden Kategorien – Rassentheorie und Rassenpflege – konnten zwei Gruppen konstruiert werden: die deutsche Rasse, die geschützt werden musste, und die jüdische Rasse, die sich als Bedrohung für die deutsche Rasse darstellte. Das Konzept dieser Ideologie gründet auf antisemitischen, rassistischen und nationalistischen Vorstellungen, die *ER* in seiner Konstruktion auf den Islam bezieht und diese Ideologie als Verbot darstellt. Dabei überträgt der Schüler das Anfang des 20. Jahrhundert entstandene Konzept des Nationalsozialismus auf die Anfangszeit des Islams, indem er dieses Konzept als von dem Propheten für alle Muslime verbotene Ideologie formuliert. Da die Entstehung des Islams auf das 7. Jahrhundert zu datieren ist, wird mit der Verwendung des Konzeptes ‚Nationalsozialismus' durch *ER* eine falsche historische Kontextualisierung konstruiert.

Seine Argumentation zum Verbot des „Nationalsozialismus" im Islam exemplifiziert *ER*, indem er folgende Vorstellung konstruiert: „Zum Beispiel • • zu Zeiten unseres Propheten • • allein wie er gesagt hat, der erste, der zum Gebet gerufen hat, • • er war ja kein Araber". Seinen Beitrag bearbeitet er durch seine Exemplifizierung weiter, so dass er die Proposition differenzierend ausführt. Dabei bezieht er sich auf den Propheten Mohammed, indem er durch die Personaldeixis *unser* den Wissenszugang der Gruppe vereinheitlicht und als einen gemeinsamen Orientierungsgehalt konstruiert. Mit der operativen Gradpartikel *allein* hebt er in Form einer Einstufung die Handlung des Propheten als vorbildhaft hervor, die sich von anderen negativen Verhaltensweisen abgrenzt. Dabei geht er auf den ersten Vorbeter (Imam) im Islam ein, den er als „kein Araber" beschreibt.[1037] Diese Vorstellung impliziert das Wissen über die ethnische Zugehörigkeit des Propheten Mohammed, der als „Araber" kategorisiert wird. Das Wissen dazu wird von *ER* über die Verwendung der operativen Abtönungspartikel *ja* und der operativen Negationspartikel *kein* bei der Kategorisierung der Person, die zum ersten „Gebet gerufen hat", expliziert und seine Argumentation bestätigt: „er war ja kein Araber". Die Äußerung schließt an das konstruierte Nationenkonzept an, nach dem aus Sicht des Schülers Menschen entsprechend ihrer Ethnie – hier wird der Begriff Ethnie mit dem Begriff Nation gleichgesetzt – unterschieden werden. Bezogen auf den Propheten konstruiert er einen positiven Gegenhorizont, mit dem die Handlungsweise des Propheten als ‚eine Einheit zwischen den Muslimen schaffendes' Verhalten dargestellt wird. Über die Vorstellung zur Handlungsweise des Propheten Mohammed konstruiert er sein subjektives Konzept vom Islam, nach dem Menschen, im Vergleich zu Gesellschaften, die sich an einem Nationenkonzept orientieren und formieren, nicht nach ihren Nationenzugehörigkeiten ausgegrenzt werden.

Differenzkritisch betrachtet, führt diese Konstruktion des Schülers auch zu einer Form der Ausgrenzung, die über die Zugehörigkeit zu einer Religionsgemeinschaft produziert wird: zum Islam. Seine Darstellung des Propheten sichert er darüber ab, indem er sein eigenes Wissen als Beleg heranführt: „oder ich hab noch nie gehört, • • • dass das zu den Geschichten des Propheten, dass man über Araber gesprochen hat oder so". Auch mit dieser Äußerung hebt der Schüler

---

1037 Es ist zu vermuten, dass der Schüler *ER* sich hier auf Bilāl ibn Rabāh al-Habaschī (dt. Bilal-i Habesi) und ihn als den ersten Vorbeter im Islam markiert. Bilal-i Habesi wird als einer der Gefährten des Proheten Mohammed bezeichnet, der sich zum Islam bekannte und vermutlich ein aus Ostafrika stammender Sklave war. Er wurde nach Mohammeds Ausreise aus Medina zum Gebetsrufer der medinischen Gemeinde (in Medina). Bei der Eroberung Mekkas rief er im Auftrag von Mohammed zum Gebet. Siehe dazu Encyclopaedia of Islam. New Edition. Bd. I. 1215. Leiden: Brill. https://referenceworks.brillonline.com/entries/encyclopaedia-of-islam-2/bilal-b-rabah-SIM_1412?s.num=0&s.f.s2_parent=s.f.book.encyclopaedia-of-islam-2&s.q=Bilal+ibn+Rabah [eingesehen am 12.06.2018].

hervor, dass der Islam nicht zwischen arabischen und anderen Muslimen unterscheidet, sondern alle Muslime gleichermaßen betrachtet.

Der Position von *ER* liegt zugrunde, dass das Osmanische Reich ein an einem Nationenkonzept orientiertes Gesellschaftskonstrukt ablehnte, was er als geeignetes Gesellschaftsmodell für andere Gesellschaften konstruiert. Denn er resultiert, dass die Fokussierung von Nationen zu Rassismus führe, es aus diesem Grund für die Muslime eine Vereinigung über den Islam brauche.

Validierung der Proposition durch ZEL und BAR (Z. 708, 715 und 716)
ZEL und BAR bestätigen den Redebeitrag von *ER* und teilen somit den konstruierten Orientierungsrahmen und den positiven Horizont, indem sie mit den Interjektionen *mhm mhm* und *mhm* ihr Einverständnis für die von *ER* konstruierten Vorstellungen zum Zusammenhang Islam und „Nationalsozialismus" verdeutlichen. Daraus leitet sich aus Sicht der Schüler*innen die Ablehnung des „Nationalsozialismus" ab, was sie auf die Grundidee des Islams zurückführen. Beide Schüler*innen greifen auf performative Validierungen zurück. *ZEL* kombiniert dabei einen interjektiven Ausdruck mit einem Verb: „Mhm mhm, stimmt" und *BAR* mit einem Adjektiv („Mhm, genau.").

Validierung der Proposition durch NER (Z. 717)
Auch *NER* bestätigt den aufgeworfenen Orientierungsgehalt von *ER*. Im Vergleich zur Validierung von *ZEL* und *BAR* weist die Bestätigung von *NER* eine propositionale Validierung auf: „Heutzutage spricht man viel eher über Nationalitäten, als über die Religion." Mit dem Temporaladverb *heutzutage* bezieht sie ihre Äußerung auf die gegenwärtige Zeit und rückt sie durch die Verwendung des Indefinitums *man* in einen kollektiven und allgemeingültigen Modus. Ihre Äußerung zum Umgang und zur Auseinandersetzung mit „Nationalitäten" stuft sie mit der operativen Gradpartikel *viel* ein und setzt diesem die geringe Auseinandersetzung mit Religion gegenüber. Mit ihrem Redebeitrag schließt sie sich dem gemeinsamen Orientierungsrahmen an und bestätigt die zuvor konstruierten Konzepte zu Nation, Nationalsozialismus und Islam.

Abschlussproposition durch ER (Z. 718)
ER bestätigt die Gültigkeit der bisher konstruierten Konzepte und damit den gemeinsamen Orientierungsrahmen. Mit seiner Bestätigung geht einher, dass er die komparativen Auseinandersetzungen zum Islam vs. Nation bezüglich der Konstruktion von Gruppen und die darüber produzierte Ausgrenzung von be-

stimmten „Nationen" erneut bestätigt. Mit der Äußerung „Bist du Türke • oder bist du Kurde" weist er auf einen durch die am Nationenkonzept orientierte Differenzkategorie, die er mit der Suggestivfrage „Warum?" abschließt, da sie aus seiner Sicht keiner Antwort bedarf und für die Schüler als obsolet beurteilt wird.

9.3.3.1.4 Zusammenfassung rekonstruierter Schülervorstellungen zum Impuls 1 unter Berücksichtigung der Einzelinterviews

Die Zusammenfassung der rekonstruierten Schülervorstellungen zum Impuls 1 verdeutlicht, dass die Schüler*innen ihre Vorstellungen vorwiegend über die Beschreibung der *Entwicklung* im Osmanischen Reich einführen. Sie beziehen sich auf geopolitische Entwicklungen im Osmanischen Reich und konstruieren aus dem historischen Kontext des Osmanischen Reichs heraus, das nur in Ansätzen zeitlich markiert wird, ihre Vorstellung zur Expansion und Macht und zu den gesellschaftlichen Strukturen im Osmanischen Reich. Insbesondere in der Gruppendiskussion setzen die Schüler*innen diese Vorstellungen in einen besonderen Zusammenhang zum Islam. Der Islam wird für die beschriebenen Entwicklungen als *Fundament* entworfen, in dessen Umfang sowohl die Vorstellungen zum Osmanischen Reich im historischen Kontext als auch jene Vorstellungen zum Osmanischen Reich eingehen, die unmittelbar für die gegenwärtige Lebenswirklichkeit der Schüler*innen konstruiert werden. Als das Gemeinsame aller Vorstellungen kann demzufolge das *Islam-Konzept* der Schüler*innen betrachtet werden, das ihren gemeinsamen Orientierungsrahmen bildet. Durch die interaktive Formulierung zur Relevanz des Islams für die Entwicklungen im Kontext des Osmanischen Reiches wird deutlich, dass die Schüler*innen Sentenzen teilen, die von allen akzeptiert werden. Die Akzeptanz dieser Sentenzen wird in der Gruppendiskussion insbesondere durch die Verwendung des *Damals-Heute-Konzepts* begründet. Dabei wird über das Damals-Heute-Konzept eine *Positiv-Negativ-Darstellung* des Islams als geteilter Orientierungsrahmen konstruiert, mit dem die Schüler*innen auf den Topos „damals war alles besser" zugreifen. Dieser Aushandlungsprozess der Schüler*innen verweist auf ein subjektives Islam-Konzept, das sie sowohl in der Gruppendiskussion als auch in den Einzelinterviews als Bewertungskategorie bei der Konstruktion ihrer Vorstellungen zum Osmanischen Reich heranziehen.

Die Rekonstruktion der Vorstellung der Schüler*innen zeigt somit, dass sie ihre positiven Vorstellungen zum Osmanischen Reich der zeitlichen Kategorie *Damals* und ihre negativen Vorstellungen der zeitlichen Kategorie *Heute* zuordnen. Dabei werden die Vorstellungen zu *Damals* in Anlehnung an den Topos „damals war alles besser" mit den positiven Entwicklungen im Hinblick auf geopolitische und gesellschaftliche Entwicklungen im Osmanischen Reich in Verbindung gebracht, wobei eine korrekte Verortung der historischen Ereignisse nur bedingt zu erkennen ist. In den meisten Fällen wird das Osmanische Reich als übergeordnete Kategorie für das fast 600 Jahre existierende Reich konstruiert. Im gemeinsamen Orientierungsrahmen der Schüler*innen wird der Islam als ausschlaggebender Einflussfaktor für die positiven Entwicklungen im Osmanischen Reich konstruiert: Der Islam ermöglichte auf geopolitischer und gesellschaftlicher Ebene eine vorwärtsschreitende Entwicklung im Osmanischen Reich. Diesen Vorstellungen zu Damals setzten die Schüler*innen jene Vorstellungen gegenüber, die sich auf die zeitliche Dimension Heute bezieht. Ihre Vorstellungen zu *Heute* verbinden sie mit negativen Entwicklungen und Bedingungen im Hinblick auf den Islam. Dabei wird aus dem negativen Umgang mit dem Islam in der Gegenwart die negative Darstellung des Osmanischen Reichs in der Gegenwart abgeleitet. Mit dem *Damals-Heute-Konzept* und dem *Positiv-Negativ-Konzept* stellen die Schüler*innen die kollektive Sentenz auf, die den Zusammenhang zwischen dem Islam und der Darstellung des Osmanischen Reiches verdeutlicht. Die Konzepte treten als geteilter Orientierungsrahmen auf: bezogen auf die Vergangenheit, als positiver Horizont und darauf aufbauend, bezogen auf die Gegenwart, als negativen Gegenhorizont.

Der Zusammenhang zwischen der Entwicklung im Osmanischen Reich und der Relevanz des Islams für diese Entwicklung kann beispielsweise mit dem Konstruktionszugang der Schülerin ZEL verdeutlicht werden, mit dem sie den Machtverlust des Osmanischen Reiches über die Reaktion der „Europäer" auf die Stärke des Islams begründet:

> „Erst haben die sich halt • • ganz schnell verbreitet, haben ganz viel Land erobert, haben sich auch über drei Kontinente verbreitet • • und danach • haben halt die Europäer gemerkt, dass der Islam sich sehr stark verbreitet und die sehr mächtig sind und sehr viele Anhänger gewinnen."[1038]

Die Schülerin versucht eine Erklärung für den Rückgang der Entwicklung im Osmanischen Reich abzugeben, indem sie die als „Europäer" markierte Gruppe für die Schwächung des Islams beschuldigt und den gemeinsamen Orientierungsrahmen belegt, dass die Schwächung des Islams eine Negativdarstellung des Osmanischen Reiches bedeutet. Dieser Zugang zum Zusammenhang Osmanisches Reich und Islam findet sich auch in den Äußerungen der anderen Schüler*innen.

1038 Gruppendiskussion, ZEL, Z. 66–68.

Der gegenwärtige Umgang mit dem Islam und der damit verbundene Negativdiskurs zum Osmanischen Reich dokumentiert sich auch beispielsweise in der Äußerung des Schülers *ER*:

> „Aber heute assoziiert man das mit etwas Anderem, mit etwas Negativerem."[1039]

ER konkretisiert den Umgang mit dem Islam in der Gegenwart und markiert in Form einer verbalisierten Sentenz insbesondere durch die Verwendung des Indefinitums *man* die Allgemeingültigkeit des Wissens. Die interaktive Bezugnahme der Schüler*innen verdeutlicht, dass die Gruppenmitglieder die Sentenzen über verbalisierte Wirklichkeitsstrukturen teilen. Dies zeigt sich in einer weiteren Äußerung des Schülers *ER*, in der er die Relevanz des Islams für die Entwicklungen im Osmanischen Reich beurteilt:

> „Der • • • in erster Linie hat das Osmanische Reich • • nun Mal für Muslime gekämpft/ also für den Islam."[1040]

Dass der Islam bereits am Ende des Osmanischen Reichs als Gefahr betrachtet wurde, verdeutlicht *ZEL* über ihre Beurteilung des Impulses 1:

> „[…] dass das Blatt sich halt gewendet hat […]"[1041]

Mit der Fokussierungsmetapher[1042] stellt *ZEL* eine handlungsweisende Situation für den Zusammenhang zwischen dem Islam und der Entwicklung im Osmanischen Reich dar und bewertet die Veränderung der Machtverhältnisse am Ende des Osmanischen Reiches. Diese Bewertung wird von allen Schüler*innen als Maximenwissen geteilt.

Auch in den Einzelinterviews werden von den Schüler*innen ähnliche Vorstellungen wie in der Gruppendiskussion produziert. Gemeinsam ist den Konstruktionen, dass die Schüler*innen ihre Vorstellungen immer wieder in Verbindung zu ihrem Islam-Konzept bringen und die Expansion und die Macht des Osmanischen Reiches mit der Existenz des Islams als Glaubensgemeinschaft begründen. Im Vergleich zur Gruppendiskussion konstruieren die Schüler*innen in den Einzelinterviews jedoch ihre Vorstellungen ausschließlich aus der Zeitdimension Damals heraus. Dies zeigt vor allem, dass die Dynamik der Gruppen-

---

1039 Gruppendiskussion, *ER*, Z. 232–233.
1040 Gruppendiskussion, *ER*, Z. 245–246.
1041 Gruppendiskussion, *ZEL*, Z. 89–90.
1042 Bohnsack, R. (2006): Fokussierungsmetapher. In: Bohnsack, R./Marotzki, W./ Meuser, M. (Hrsg.): Hauptbegriffe qualitativer Sozialforschung. 2. Aufl. Opladen/ Farmington Hills: Verlag Barbara Budrich/UTB. S. 67.

diskussion dazu führt, dass die Schüler*innen die diskutierten Inhalte immer im Vergleich zwischen ihren subjektiven historischen Vorstellungen zum Osmanischen Reich und der Relevanz dieser Inhalte für ihre gegenwärtigen Lern- und Lebenswirklichkeit konstruieren.

Auch in den Einzelinterviews wird deutlich, dass die Schüler*innen Sentenzen formulieren, die sich auf die Entwicklung des Osmanischen Reichs beziehen und dabei den Islam als positiven Einflussfaktor konstruieren. Die Schülerin *NER* beschreibt im Einzelinterview die Bedeutung des Islams, die sie für das Osmanische Reich verbalisiert:

> „Ich weiß, dass das Osmanische Reich früher sehr stark war." (...) „sich das halt auch über halb Europa quasi ausgebreitet hat und dass das halt nicht nur die Türken, also nicht nur die Türkei, sondern sehr viele muslimische Länder, also die hätten sich dann halt irgendwie verbündet zu der Zeit."[1043]

Auch der Schüler *BAR* hebt die Bedeutung des Islams für die Entwicklung des Osmanischen Reiches hervor und bezieht sich explizit auf die aus seiner Sicht vorbildlichen gesellschaftlichen Strukturen unter dem Einfluss des Islams:

> „Weil vor, in der Zeit, als das Osmanische Reich ja noch aktiv war und als das Osmanische Reich und die Scharia in der Türkei noch geherrscht hat, da waren ja überwiegend fünfundneunzig Prozent der Muslime wirklich streng gläubig praktizierende Muslime, die ihre fünfmaligen Gebete gebetet haben, wo es auch noch nicht kulturell geprägt war, der Mann hat diese Position, die Frau diese, sondern wo die Frau wirklich gleichberechtigt mit dem Mann war, äh weil halt überwiegend der Islam geherrscht hat mit einem Sultan, mit einem Kalifat."[1044]

Den Schüler*innenäußerungen ist zu entnehmen, dass auch in den Einzelinterviews der Einfluss des Islam auf die Entwicklung im Osmanischen Reich als positiv angesehen und beurteilt wird. So verdeutlichte die Analyse dieser Schüler*innenaussagen, dass beispielsweise *NER* mit ihrer Aussage geopolitische Entwicklungen durch die Verbindung „muslimischer Länder" im Osmanischen Reich fokussiert. Durch ihren Einstieg in ihre Äußerung mit „ich weiß" rekurriert sie auf ein Wissen, das auch anderen zugänglich ist, weshalb kein argumentativer Widerspruch für dieses Wissen eingelegt werden kann. Ihr Wissen zum Osmanischen Reich formuliert sie als ein gesellschaftliches Alltagswissen, das für den kollektiven Orientierungsraum der Schülerin als gemeinsames Wissen akzeptiert ist und sich auch in den Äußerungen der anderen Schüler*innen wiederfindet.

1043 Einzelinterview *NER*, Z. 38–42.
1044 Einzelinterview *BAR*, Z. 30–35.

In der Äußerung des Schülers *BAR* dokumentiert sich wiederum explizit der positive Einfluss des Islams auf die gesellschaftlichen Bedingungen. *BAR* verstärkt insbesondere das Rollenverständnis von Mann und Frau im Osmanischen Reich, das er als „wirklich gleichberechtigt" beschreibt. Seiner Äußerung liegt zwar das *Damals-Heute-Konzept* und das *Positiv-Negativ-Konzept* zugrunde, ein expliziter Vergleich mit Heute wird nicht gezogen. Durch die Verwendung dieser Konzepte findet sich auch in der Äußerung von *BAR* der Topos „damals war alles besser" wieder, der indirekt die in der Gegenwart existierenden ungleichen gesellschaftlichen Bedingungen kritisiert.

Die Vorstellungen zur gesellschaftlichen oder zur geopolitischen Entwicklung im Osmanischen Reich werden in der Gruppendiskussion über die interaktive Bezugnahme der Schüler*innen aufeinander zusammengeführt, somit von allen Schüler*innen als kollektiv wahrgenommen und in Form von Sentenzen reproduziert. Die positiv konnotierten homologen Schülervorstellungen zur Entwicklung im Osmanischen Reich, dem ein subjektives Islam-Konzept zugrunde liegt, wird in der Gruppendiskussion mit einem subjektiven Nationenkonzept gleichgesetzt. Der Islam wird dabei als eine gemeinschaftsbildende Struktur beschrieben, die mit dem Nationenkonzept verglichen wird. Dabei wird der Islam als eine Art Entwicklungselement betrachtet, der Fortschrittlichkeit oder auch Rückschrittlichkeit auslösen kann. In Anlehnung an diese Vorstellungen zum Osmanischen Reich, konstruieren die Schüler*innen die Orientierung am Nationenkonzept in der Gegenwart als Negativbeispiel. Über diese Gegenüberstellung teilen sie einen kollektiven Orientierungsrahmen zum Islam als gemeinschaftsbildendes Element. Aus dieser Fokussierung wird von den Schüler*innen aus ihrer kollektiven Vorstellung zum Osmanischen Reich der Unterschied abgeleitet, dass die Funktion des Islams im Osmanischen Reich nicht mit der Funktion des Islams in der Republik Türkei gleichzusetzen sei. Aus dieser geteilten Vorstellung leiten die Schüler*innen eine *Maxime* ab:

„das Osmanische Reich sollte man nicht als türkisches Reich ansehen, auf keinen Fall."[1045]

Die Generierung dieser Maxime folgt aus der Bedeutung des Islams als Basiskategorie, die Schüler*innen bei der Konstruktion ihrer Vorstellungen zu den Entwicklungen im Osmanischen Reich verwenden.

1045 Gruppendiskussion, *ER*, Z. 689–690.

9.3.3.2 Impuls 2

Bei Impuls 2 handelt es sich um zwei Auszüge aus einem digitalen Gästebuch des Forums der Internetseite *www.osmanischesreich.de*, in dem Personen zu unterschiedlichen Themen rund um das Osmanische Reich ihre Meinung äußern können. Aus diesem Forum wurde jeweils ein Beitrag von zwei Personen ausgewählt, von denen sich eine (im Chat *Daniela* genannt) aus einer negativen Position und eine andere (im Chat *Türke* genannt) aus einer positiven Position heraus zum Osmanischen Reich äußern. *Daniela* geht in ihrem Beitrag auf die aus ihrer Sicht unberechtigte Positivdarstellung des Osmanischen Reichs ein und weist auf das historische Ereignis der Knabenlese hin, das ihrer Meinung nach im historischen Kontext Osmanisches Reich unberücksichtigt bleibt. Sie erklärt, welches Ziel aus ihrer Sicht dieses Ereignis hatte und beurteilt die Dimension des Ereignisses aus ihrer persönlichen Perspektive heraus. Sie ergänzt ihre Position damit, indem sie den Sultanen die Entjungferung von Mädchen im Osmanischen Reich vorwirft, aus der sie wiederum die Forderung nach einem Diskurs dazu aufstellt. Ihren Beitrag schließt sie mit einem Vergleich ab, in dem sie die Gesamtereignisse im Osmanischen Reich als schlimmer als die zu Zeiten des Nationalsozialismus beurteilt.

Der zweite Auszug stammt von der Person, die sich im Forum *Türke* nennt. Seinen Beitrag beginnt die Person mit der Positivattribuierung „*Frieden, Kultur, Respekt vor anderen Religionen*", mit der er sich auf das Osmanische Reich bezieht. Dem Osmanischen Reich wird in der Aussage von *Türke* Erfolg zugesprochen, was er damit begründet, dass das Osmanische Reich in die Regionen, die es erobert hat, die genannten Werte („*Frieden, Kultur, Respekt*") brachte. Neben diesen Werten spricht *Türke* dem Osmanischen Reich die Qualität zu, die eroberten Regionen zur Entwicklung verholfen zu haben. Dabei führt er nicht aus, auf welche konkreten Entwicklungen sich seine Ausführungen beziehen. Im letzten Teil seines Forumsbeitrags spricht er die direkt zuvor zu Wort gekommenen Personen an, dessen Kommentar er als negativ beurteilt. Er hebt erneut die Vielfalt der zuvor genannten Region hervor, exemplifiziert sie anhand der Balkanregion, auf der nicht ausschließlich Türkisch gesprochen wird, womit er sein Argument legitimiert: Den in den vom Osmanischen Reich eingenommenen Regionen lebenden Menschen wurde kein Unrecht getan. Beide Auszüge wurden den Schüler*innen während der Gruppendiskussion als zweiter Impuls zur Verfügung gestellt. Im Folgenden werden die beiden Textauszüge dargestellt.

Kommentar 1:
Daniela
(Mittwoch, 06. Januar 2016 20:34)
Unglaublich, das Osmanische Reich kommt hier ja super weg. Was ist mit der Knabenlese* die vom 14. bis 18. Jahrhundert von den Osmanen betrieben wurde????
Anfänglich wurden pro Jahr bis zu 5000 serbische Kinder in die Türkei entführt und dort zwangsislamisiert. Nach Jahren wurden sie als Soldaten zurück gebracht um Christen, darunter auch ihre eigenen Eltern zu töten.
Sultane haben Jahrhunderte lang Mädchen entjungfert. Das sollte hier auch Thema sein. Was die Osmanen auf dem Balkan angerichtet haben ist viel schlimmer als Hitler angerichtet hat.

Kommentar 2:
Türke
(Freitag, 04. März 2016 14:15)
Liebe Forumsmitglieder,
als das Osmanische Reich über Afrika, Europa, Arabien, Kaukasus, etc. geherrscht hat, gab es in diesen Regionen Frieden, Kultur, Respekt vor anderen Religionen. Erst nach dem Untergang des Osmanischen Reiches kam der Krieg in diese Gebiete zurück!
Diese Regionen wären viel entwickelter in jeder Hinsicht mit dem Osmanischen Reich als wie die aktuelle Lage ist.
Tun Sie nicht so, als ob das Osmanische Reich in diesen Regionen Unrecht getan hätte, jeder durfte frei seine Sprache, Religion, Kultur ausleben, andernfalls hätte doch der heutige Balkan ja nur türkisch gesprochen, oder? (...)[1046]

9.3.3.2.1 „[I]ch weiß so, dass die Sultane den Islam nun Mal wissen, kennen. Und ich kann mir nicht vorstellen, dass sie aus Lust einfach sowas machen"

In der nachfolgenden Passage setzen sich die Schüler*innen anhand des zweiten Impulses mit den Kommentaren der beiden Personen (*Daniela* und *Türke*, siehe oben) auseinander, indem sie zum einen die unterschiedlichen Sichtweisen auf die Themen *Knabenlese* und *Harem* kritisch beurteilen, zum anderen ihre subjektiven Vorstellungen dazu konstruieren. Der gemeinsame Orientierungsrahmen, den die Schüler*innen beschreiben, verdeutlicht ihre ablehnende Haltung

---

1046 Kommentare aus einem digitalen Gästebuch, siehe dazu https://www.osmanisches-reich.de/g%C3%A4stebuch/ [eingesehen am 21.01.2017].

zum Thema Knabenlese und zur Negativdarstellung des Harems und, damit verbunden, des Sultans im Osmanischen Reich.

Transkriptionspassage (TP 1) zum Impuls 2

1054 N: Ich würd gern was zu Daniela sagen. Und zwar • • das, was die halt davor • erzählt hat, darüber kann ich jetzt
1055 nicht viel sagen. Das mit der Knabenlese oder, dass fünftausende serbische Kinder entführt wurden, darüber
1056 kann ich jetzt nicht viel zu sagen. Aber in einer Hinsicht kann ich der wirklich Recht geben, das ist zwar sehr
1057 negativ gefasst, • • • Sultane haben Jahrhunderte lang Mädchen entjungfert. • • • Das stimmt so in der Sicht,
1058 natürlich hört sich das hier etwas • • schlecht an, aber es war ja wirklich so. • • Die hatten ja dieses Harem oder
1059 wie heißt das auf Deutsch? Harem, genau und • • ja die haben ja wirklich Stück für Stück Länder erobert. Und
1060 die Frauen und die Kinder haben die ja nicht umgebracht, die haben die ja zu sich genommen, soweit ich weiß.
1061 Und die Frauen • • • wurden ja halt zu deren Frauen und die wurden ja auch zum Teil alle wirklich dann
1062 entjungfert und waren halt auch die Gattinnen von den Sultanen.
1063 B: Aber die wurden zu deren Frauen?
1064 N: Ja, je nachdem die haben ja nicht mit jedem geheiratet, ne. Also es gab ja auch wirklich Fälle • • • da gings
1065 halt nur um Spaß bei denen. Ja gabs ja auch damals. Ist ja nicht so, dass die Männer damals anders waren, ne• •
1066 • und da kann ich ihr auf jeden Fall zustimmen. Bei dem Rest kann ich da nicht viel zu sagen, weil ich dazu halt
1067 nicht gelesen hab.
1068 E: ((1,2s)) Das hör ich leider oft. • Über Harem immer was Negatives.
1069 N: Ja ist das denn was Positives?
1070 E: Warte. Nein, wenn das so wäre, natürlich nicht. Aber guck mal, wie ich das von meinem Opa mal gehört hab,
1071 • ihr wisst ja im Türkischen und Arabischen ist/ sind die Wörter immer bisschen manchmal anders. Während im
1072 Arabischen die Wörter mehr mit a sind, sind die f/ im Türkischen immer mit e. • • Wa/ was weiß ich jetzt nicht
1073 was für ein Beispiel ich (unverständlich)...
1074 Z: Alhamdulillah oder Mahamed, Mohamad. Aber ist nur ein Ausdruck, ist ja nichts Anderes. Das ist ja derselbe.
1075 N: Das verändert ja nicht die Bedeutung.
1076 B: Das ist dasselbe.
1077 E: Genau, zum Beispiel Mohammad, heißt es. Und bei den Türken heißt es Muhammed. Ich wollte jetzt nur von
1078 dem Mund • Aussprache her sagen. • • Elhamdulillah, Alhamdulillah. • • • Harem, Haram. ((1,4s)) Haram, weil •
1079 • • Haram bedeutet verboten. • • • Harem, • so weiß ich das, ist das Haus, • wo es verboten für den Mann ist
1080 da einzutreten. Weil • • das ist ein Haus, • so gesagt ein Haus, • wo Mädchen erzogen werden. ((1,6s)) ich
1081 kann jetzt nicht beweisen, dass das hier nicht stimmt. • • • Aber ich vermute mal, dass das nicht stimmt, weil
1082 das irgendwie nicht sein kann ((1,5s)) also/ wie soll ich sagen, unter bestimmten Bedienungen darf ja der Sultan,
1083 • also was heißt der Sultan? • • • Ein Mensch, als Moslem darfst du, wenn du unter bestimmten Bedienungen, ich
1084 beton dieses unter bestimmten Bedienungen, • • mit • bis zu vier Frauen heiraten. • • Aber wirklich unter
1085 bestimmten Bedingungen, nicht einfach so. Und nicht einfach so ah ich hab jetzt Lust oder so, weil wir reden hier
1086 von einem Sultan, • er ist/ ((1,1s)) gleichzeitig auch im meisten Fall ein Kalifat ((1,3s)) Kalif. Und... genau und • •
1087 ich weiß so, dass die Sultane den Islam nun Mal wissen/ kennen. • • Und ich kann mir nicht vorstellen, dass sie
1088 aus Lust • • • einfach sowas machen.
1089 N: Aber so ist das ja auch/ also übertragen in die heutige Zeit bei den ganzen • • Arabern so, ne. Also • Saudi-
1090 Arabien, • • wenn wir mal dahingehen würden, ist es ja wirklich so. Die kennen sich ja auch angeblich mit dem
1091 Islam aus. • • Aber was die alles machen?
1092 B: Sorry aber nur weil die Araber sind, heißt das nicht, dass sie sich mit dem Islam auskennen.
1093 Z: Nein, nein, das Problem ist, das Wort Harem wird heute richtig negativ aufgegriffen. Das heißt das war für eine
1094 Frau damals ne Ehre da reinzukommen, weil du da geschützt worden bist. Das war ein/ ein Dings/ das war halt
1095 ein, du hast ein Schloss, ne. Dann gabs ein Bereich, das nennt man Harem. Komplett abgedeckt für Männer • und
1096 da waren auch richtige Wächter vor, da durfte halt kein Mann richtig rein. Und weil der Sultan halt sehr viel
1097 geleistet hat, er durfte halt rein. Aber er hatte auch bestimmte Frauen, die für ihn zur Verfügung standen. Der
1098 konnte jetzt nicht sagen "Ja du gefällst mir, komm". • • • Das war ja nicht so, dass du einfach mit jedem was
1099 hattest, das war ja nicht so. Nein es gab ja bestimmte Frauen, die für diesen Sultan zur Verfügung standen. Das
1100 war ja nicht so, dass du • jede hattest. Er hat ja auch meistens vier bestimmte Gefährtinnen. Also wirklich vier •
1101 bestimmten Frauen. Er kannte sie auch namentlich, also er kannte sie.
1102 N: Aha, das ist anders als bei den Arabern. Das ist wie im Islam vorgegeben.
1103 E: Jaaa genau. Das meinte ich auch.
1104 R: Die Sultane haben sich an die vier Frauen gehalten, und so auch an den Islam. Das war ja schon wichtig. Sie
1105 waren Vorbilder.
1106 E: Ganz genau.
1107 B: Richtig, das stimmt

9 Hauptstudie: das Osmanischen Reich in Schülervorstellungen   415

Formulierende Interpretation

Thema der Textpassage: Die Rolle eines Sultans im Osmanischen Reich und die daraus resultierende Begründung für die Falsifizierung des Ereignisses *Knabenlese*.

OT: Die Schüler*innen hinterfragen die Existenz des Ereignisses *Knabenlese*, indem sie die Rolle des Sultans und sein Verhältnis zum imperialen Harem konstruieren.
UT: kritisches Hinterfragen des historischen Ereignisses Knabenlese im Osmanischen Reich.
UT: Da es den Harem gab, kann es die Knabenlese auch gegeben haben. Denn die Sultane haben auch Frauen „entjungfert".
UT: Die Bedeutung des Wortes *Harem* wird falsch interpretiert, so auch die Rolle des Sultans falsch konstruiert. Dabei wussten Sultane, was das Wort Harem im Islam bedeutet und haben sich entsprechend verhalten.

Reflektierende Interpretation

Proposition durch NER (Z. 1054–1062)

Die Schülerin NER weist darauf hin, dass sie auf die Kommentare des Impulses 2 eingehen will. Dabei bezieht sie sich auf den Kommentar von *Daniela*, in dem auf das Ereignis Knabenlese Bezug genommen wird. Durch das Wiederholen eines ausgewählten Aspektes aus dem Kommentar, „dass fünftausende serbische Kinder entführt wurden", distanziert sie sich von dem Ereignis und positioniert sich als Unwissende dem Ereignis der Knabenlese gegenüber. Mit der operativen Abtönungspartikel *aber* verändert sie ihre Positionierung als Unwissende bezüglich der Knabenlese, indem sie den Harem im Osmanischen Reich fokussiert und dem Kommentar von *Daniela* einen potentiellen Wahrheitsgehalt zuspricht: „Sultane haben Jahrhunderte lang Mädchen entjungfert." Obwohl *Daniela* in ihrem Kommentar nicht auf den Harem eingeht, verbindet NER mit dieser Aussage den imperialen Harem. Sie stuft den Kommentar zwar als „etwas • • schlecht" ein, weist gleichzeitig durch die Kombination der operativen Abtönungspartikel *ju* und der operativen Gradpartikel *auch* darauf hin, dass der Kommentar etwas darstellt (den Harem), was tatsächlich stattgefunden hat und eine selbstverständliche Gültigkeit besitzt. Insbesondere durch die Verwendung der operativen Abtönungspartikel *ja* versucht sie die Gültigkeit ihrer Äußerung als eine mit Gewissheit von den Gruppendiskussionsteilnehmer*innen anzunehmende Tatsache darzustellen: „Die hatten ja dieses Harem oder wie heißt das auf Deutsch? Harem, genau und • • ja die haben ja wirklich Stück für Stück Länder erobert.

Und die Frauen und die Kinder haben die ja nicht umgebracht, die haben die ja zu sich genommen, soweit ich weiß. Und die Frauen • • • wurden ja halt zu deren Frauen und die wurden ja auch zum Teil alle wirklich dann entjungfert und waren halt auch die Gattinnen von den Sultanen." Sie schildert eine Geschichte, deren Einzelereignisse in einem Zusammenhang zueinanderstehen. Über ihre Schilderung zu diesem Zusammenhang lassen sich die Vorstellung von *NER* zur Rolle des Sultans insbesondere im Verhältnis zu den im Harem lebenden Frauen rekonstruieren, die in einem negativen Horizont münden. Es ist interessant, dass der Kommentar von *Daniela*, in dem sie unter anderem ihre Meinung zur Knabenlese verbalisiert, bei *NER* subjektive Vorstellungen zum imperialen Harem im Osmanischen Reich und der Beziehung des Sultans zum Harem auslösen. Die Vorstellungen von *NER* werden von den anderen Schüler*innen aufgegriffen, so dass im Laufe der Diskussion der Zusammenhang *imperialer Harem und die Rolle des Sultans innerhalb des Konstruktes Harem* diskutiert wird.

Immanente Nachfrage durch BAR (Z. 1063)
Der Redebeitrag von *BAR* besteht aus einer Frage, mit der er sich direkt auf die zuvor von der Schülerin *NER* konstruierten Vorstellung zum Verhältnis eines Sultans zum Harem bezieht: „Aber die wurden zu deren Frauen?". Seine Frage kann als immanente Nachfrage verstanden werden, mit der er durch die Verwendung der operativen Abtönungspartikel *aber* die Frauen, die in einem imperialen Harem im Osmanischen Reich lebten, und ihr Verhältnis zum Sultan fokussiert. Mit seiner Frage versucht der Schüler *BAR* den Vorwurf der Schülerin *NER* zu entkräften, dass Sultane Mädchen und Frauen „entjungferten", und bereitet somit einen impliziten positiven Gegenhorizont vor. Dies realisiert er, indem er seine Vorstellungen zu einem ehelichen Verhältnis konstruiert, in dem die Frauen und der Sultan stehen konnten. Die Frage des Schülers weist, auch unter Berücksichtigung des von *BAR* im Laufe der ganzen Gruppendiskussion verbalisierten Wissens, darauf hin, dass er die Antwort kennt, an dieser Stelle der Diskussion seine Nachfrage somit die Absicht einer Suggestivfrage hat.

Antwort und Elaboration durch NER (Z. 1064–1067)
Die Schülerin *NER* beginnt ihren Redebeitrag mit der operativen Partikel *ja* und kombiniert diesen mit der Äußerung „je nachdem", mit der sie eine responsive Antwort auf die Frage von *BAR* ausschließt. Mit „je nachdem" verdeutlicht sie, dass Sultane nicht jede Frau aus dem Harem heirateten: „Die haben ja nicht mit jedem geheiratet, ne." Mit dem deiktischen Determinativ *die* lokalisiert die

9 Hauptstudie: das Osmanischen Reich in Schülervorstellungen 417

Schülerin den gemeinsamen Wissensrahmen[1047] und greift zum einen auf die gemeinsamen Vorstellungen, zum anderen auf subjektive Wissensressourcen in Bezug auf den Zusammenhang Sultan und imperialer Harem im Osmanischen Reich zurück. *NER* hängt an ihre Äußerung die Interjektion *ne* an, mit der sie die anderen Gruppendiskussionsteilnehmer*innen zur Akzeptanz des Gesagten auffordert. Über die operative Partikel *also* hält sie ihre Ausführungen zum Verhältnis des Sultans zu den Frauen im imperialen Harem aufrecht und führt ihre Vorstellung dazu weiter aus: „Also es gab ja auch wirklich Fälle • • • da gings halt nur um Spaß bei denen". Mit der Anapher *es* in Kombination mit der operativen Abtönungspartikel *ja* und der operativen Gradpartikel *auch* versucht *NER* die Relevanz ihrer Äußerung zu bestärken. Die Stärkung ihrer Äußerung versetzt sie in die Situation, in der sie sich für ihre Position rechtfertigen muss. Aus dieser Rechtfertigungshaltung heraus stuft sie das Verhältnis des Sultans zu jenen Frauen im Harem genauer ein, zu denen er keine eheliche Beziehung hatte. Damit reagiert sie auf die Äußerung von *BAR*. *NER* markiert die Einstufung mit dem Faktor *Spaß*, worum es aus Sicht der Schülerin in dieser Beziehung ging. Durch die Verwendung der operativen Abtönungspartikel *halt* unterstreicht sie die Plausibilität ihrer subjektiven Feststellung zu diesem Verhältnis.

Aus ihrer Feststellung kann weiter abgeleitet werden, dass sie ein subjektives Männerbild konstruiert, das sie sowohl für die Männer im Osmanischen Reich als auch für die Männer in der Gegenwart geltend macht und diesem Männerbild eine Allgemeingültigkeit zuspricht: „doch also • Ja gabs ja auch damals. Ist ja nicht so, dass die Männer damals anders waren". *NER* expliziert zwar nicht ihr Bild von Männern in der Gegenwart. Jedoch wird durch die Verwendung der operativen Gradpartikel *auch* sowie der operativen Abtönungspartikel *ja* eine komparative Betrachtung der Männerrolle möglich. Dabei weist die Schülerin auf das unveränderte Männerverhalten hin, das sich auf den sexuellen Umgang mit Frauen bezieht. Die Kontinuität des Männerverhaltens von der Zeit im Osmanischen Reich bis heute und das damit verbundene Rollenbild der Schülerin von Männern begründet sie darüber, dass dieses Männerbild schon immer existierte. Mit dem Rückgriff auf den Kommentar beurteilt sie die Meinung von Daniela an diesem Punkt als kompatibel zu ihrer Meinung, indem sie „ihr auf jeden Fall zustimmen" kann. Anhand der Äußerung „Bei dem Rest kann ich da nicht viel zu sagen, weil ich dazu halt nicht gelesen hab" knüpft sie an den Kommentar von Daniela erneut an und weist darauf hin, dass sie sich zur Thematik Knaben-

---

1047 Im Sinne der funktionalen Pragmatik kann hier von dem gemeinsamen mentalen Wissen Π, das sich in der gemeinsamen Wirklichkeit P befindet, gesprochen werden. Siehe dazu Ehlich, K./Rehbein, J. (1986).

lese nicht äußern kann. Sie begründet über die Äußerung „weil ich dazu halt nicht gelesen hab" ihren Standpunkt zu der Thematik und distanziert sich davon.

Antithese im Modus einer Differenzierung durch ER (Z. 1068)
Der Schüler *ER* greift die Vorstellungen seiner Vorrednerin zum Harem auf und äußert seine Erfahrung zum Umgang mit dem Harem durch die Äußerung „Das hör ich leider oft • über Harem immer was Negatives." Dabei geht er auf den propositionalen Gehalt der Vorstellungen von *NER* ein, indem er die häufig eingenommene Position von anderen bewertet, aus der heraus „über Harem immer was Negatives" verbalisiert wird. Besonders mit der Verwendung der Modalpartikel *leider* positioniert sich *ER* zu dem propositionalen Gehalt der Äußerung von *NER*, wodurch er ihre Äußerung bewertet und sich selbst dieser entgegenstellt und darüber einen negativen Gegenhorizont beschreibt. Mit seiner Äußerung reagiert *ER* auf *NER*, kritisiert gleichzeitig auch den Kommentar von *Daniela*. Aus *ER*s Reaktion auf *NER* kann geschlossen werden, dass *ER* im Vergleich zu *NER* und *Daniela* keine negativ konnotierten Vorstellungen zum imperialen Harem im Osmanischen Reich und der Rolle des Sultans besitzt.

Immanente Nachfrage im Modus einer Suggestivfrage durch NER (Z. 1069)
NER reagiert auf den antithetischen Redebeitrag und den negativen Gegenhorizont des Schülers *ER*, indem sie eine immanente Nachfrage dazu stellt, deren Antwort sie in ihrem vorherigen Redebeitrag bereits konstruiert hatte: „Ja ist das denn was Positives?" Damit bekommt die Frage einen suggestiven Charakter, wodurch sich der Schüler *ER* zu einer Antwort bzw. einer Rechtfertigung seiner Äußerung verpflichtet fühlt. In diesem Teil der Gruppendiskussion werden die gegensätzlichen Vorstellungen der Schülerin *NER* und des Schülers *ER* besonders deutlich, die sie zum Zusammenhang Osmanisches Reich–Sultan–Harem konstruieren und damit gegensätzliche Positionen einnehmen.

Antwort im Modus einer Divergenz und Exemplifizierung durch ER (Z. 1070–1073)
Mit der Aufforderung „Warte" steigt der Schüler *ER* in seinen Redebeitrag ein, die als eine Antwort auf die Nachfrage im suggestiven Modus von *NER* einzustufen ist. Durch die Aufforderung wird vom Schüler *ER* neben dem befehlenden Modus auch der Modus des Aufklärers eingenommen, in dem er sowohl *NER* als auch allen anderen Gruppendiskussionsteilnehmer*innen das ‚Richtige' bzw. die ‚Wahrheit' zum Zusammenhang Osmanisches Reich–Sultan–Harem erklären

möchte. Mit dem responsiven Antwortausdruck *nein* reagiert *ER* auf die Frage der Schülerin *NER* und distanziert sich insbesondere von ihrer Perspektive zum imperialen Harem im Osmanischen Reich. Er unterstreicht seine Antwort mit einer weiteren Negation, so dass eine Doppeltnegation des zuvor von *NER* ausgeführten Orientierungsgehalt entsteht. Die Negation unterstützt *ER* weiterhin mit der Modalpartikel *natürlich*, mit der er den Wahrheitsgehalt der von *NER* konstruierten Vorstellung zurückweist.

Nachdem *ER* seine Position zum Zusammenhang Osmanisches Reich–Sultan–Harem erklärt, versucht er durch das Hinzuziehen eines Beispiels seinen Standpunkt zu begründen. Er greift auf ein Narrativ zurück, das er als von seinem Großvater übernommen markiert: „Guck mal zum Beispiel wie ich das von meinem Opa mal gehört hab, • ihr wisst ja im Türkischen und Arabischen sind die Wörter immer bisschen manchmal anders". Bei seiner Ausführung seines Beispiels, das er als Argument für die unbegründete Negativdarstellung des Harems im Osmanischen Reich verwendet, bezieht er sich auf die phonetische Differenz von Begriffen im Türkischen und im Arabischen: „Während im Arabischen die Wörter mehr mit a sind, sind die im Türkischen immer mit e". Diese Begründung wird von den anderen Gruppenteilnehmenden als nicht tragfähig und nicht triftig eingestuft, so dass die beiden Schülerinnen *ZEL* und *NER* sowie der Schüler *BAR* auf die Äußerung von *ER* reagieren.

Antithese durch ZEL, NER und BAR (Z. 1074, 1075, 1076)
Die Schülerinnen *ZEL* und *NER* und der Schüler *BAR* reagieren auf den Redebeitrag von *ER*, indem sie das von ihm herangezogene Argument zur falschen Darstellung des Harems im Osmanischen Reich als bedeutungslos erklären.

Die Schülerin *ZEL* wiederholt dazu erst die Begriffe „Alhamdulillah oder Mahamed, Mohamad", die der Schüler *ER* als Beispiel herangezogen hat. Anschließend fokussiert sie durch die operative Abtönungspartikel *aber* das Argument von *ER* und hebt hervor, dass es sich dabei um einen „Ausdruck" handelt. Eine inhaltliche Differenz der Begriffe ist jedoch nicht erkennbar. Sie führt weiter aus, dass es sich bei den Begriffen auf inhaltlicher Ebene um dieselbe Bedeutung handelt: „Das ist ja derselbe". Dabei verwendet sie die operative Abtönungspartikel *ja* und impliziert dadurch, dass ihr verbalisiertes Wissen mit Gewissheit von den anderen Gruppendiskussionsteilnehmenden übernommen werden kann.

Die Schülerin *NER* erklärt die Argumentation des Schülers *ER* ebenfalls als nichtig, indem sie auf die unveränderte Bedeutung der Begriffe hinweist. Wie auch die Schülerin *ZEL* impliziert die Schülerin *NER* durch die Verwendung der operativen Abtönungspartikel *ja* eine Allgemeingültigkeit ihrer Äußerung.

Dem Widerspruch hinsichtlich des Arguments des Schülers ER schließt sich auch der Schüler BAR an, indem er durch den deiktischen Determinativ *dasselbe* die identische Bedeutung der Wörter („Das ist dasselbe") im Türkischen und im Arabischen fokussiert.

Durch ihre Aussagen konstruieren ZEL, NER und BAR einen negativen Gegenhorizont zu der von ER konstruierten Exemplifizierung, so dass ERs Äußerung entkräftet wird und er durch einen weiteren Redebeitrag seine Position verteidigt.

Divergenz im Modus einer Rechtfertigung durch ER (Z. 1077–1088)
ER reagiert auf die Äußerungen von ZEL, NER und BAR, indem er seinen zuvor getätigten Redebeitrag (Z. 1070–1073) weiterführt. Dabei geht er erneut auf die Argumentation ein, dass bestimmte Wörter in bestimmten Sprachen zwar anders bzw. verschieden ausgesprochen werden, aber die gleiche Bedeutung haben. Er fokussiert das Wort Harem, was trotz unterschiedlicher Aussprachen sowohl im Türkischen als auch im Arabischen dieselbe Bedeutung hat. Dieses Wort bestimmt der Schüler wie folgt: „Haram bedeutet verboten." Er formuliert seine Begriffsbestimmung in Form einer Definition, die durch das Verb *bedeuten* eine Allgemeingültigkeit erhält. Seine als allgemeingültig geltend formulierte Definition ergänzt der Schüler durch eine weitere Eigenschaft des Wortes Harem: „Harem, • so weiß ich das, ist das Haus, • wo es verboten für den Mann ist • da einzutreten". Bei dieser Ergänzung fällt auf, dass der Schüler von der Allgemeingültigkeit seiner konstruierten Begriffsbestimmung abweicht und sein subjektives Wissen fokussiert. Über die deiktische Funktionalität der Begriffe *so* und *das* in seiner Formulierung („Harem, • so weiß ich das") bereitet er die Diskussionsteilnehmer*innen darauf vor, dass er für die Bestimmung des Begriffs Harem auf sein subjektives Wissen zurückgreifen wird. Dabei verwendet er den deiktischen Begriff *so* als Verknüpfungsmittel bei der Bestimmung der Funktion des Harems, das ein Haus ist, „wo Mädchen erzogen werden". Mit dem deiktischen Determinativ *das* hingegen verknüpft er sein Wissen (Π^S: „wo es verboten für den Mann ist • da einzutreten. Weil • • das ist ein Harem, ist so gesagt ein Haus, • • wo Mädchen erzogen werden.") mit dem Hörerwissen (Π^H), indem er den gemeinsamen Wissensrahmen (P: Wirklichkeit) fokussiert, der sich auf die Begriffsbestimmung des Wortes Harem bezieht. Mit seinen Ausführungen zum Harem reagiert ER gleichzeitig auf die Aussage von NER bzw. auf die in seinem eigenen Alltag häufig gehörte Äußerung zum Harem, die diesem aus seiner Sicht falsch bzw. negativ darstellen.

Mit Bezug auf den Impuls, im Besonderen auf den Kommentar von *Daniela*, merkt der Schüler an, dass er die Äußerung der Person aus dem Forum nicht beweisen kann, sich jedoch auch nicht vorstellen kann, dass im Osmanischen Reich die „Sultane (…) Jahrhunderte lang Mädchen entjungfert" haben. Seine Position begründet er, indem er die Regel des Islams ausführt, die aus seiner Sicht dem Mann eine Ehe mit bis zu vier Frauen ermöglicht. Dass die Regel unter „bestimmten Bedingungen" gültig ist, hebt er mit seiner Äußerung „ich beton dieses unter bestimmten Bedienungen mit • bis zu vier Frauen heiraten. •• Aber wirklich unter bestimmten Bedingungen, nicht einfach so" hervor und markiert einen positiven Gegenhorizont zu den Eheschließungsregeln im Islam und damit auch im Osmanischen Reich. Mit der Frage „[…] unter bestimmten Bedienungen darf ja der Sultan, also was heißt der Sultan?", die er selbst mit „Ein Mensch, als Moslem" beantwortet, hebt er die Relevanz dieser Regelung der Eheschließung für alle Muslime hervor. Interessant erscheint die Verwendung der Bezeichnung „ein Mensch", die synonym für „Mann" verwendet wird. Daraus ist abzuleiten, dass dem Schüler die Regeln der polygamen Ehe im Islam bekannt sind; sie gelten ausschließlich für den Mann.[1048] Diese Allgemeingültigkeit bezieht ER erneut auf den Sultan, dem er innerhalb des Osmanischen Reichs eine besondere Position zuspricht, durch welche der Sultan in seiner Funktion gleichzeitig mit der damaligen Regierungsform des Kalifats gleichgesetzt wird. Mit dieser Gleichsetzung spricht der Schüler dem Sultan ein fehlerfreies Verhalten zu. Obwohl der Schüler seine Aussagen eindeutig formuliert, äußert er am Ende seines Redebeitrags allerdings eine Form der Unsicherheit, die gleichzeitig verdeutlicht, dass es sich bei dem Redebeitrag um die subjektive Position des Schülers handelt: „Und ich kann mir nicht vorstellen, dass sie aus Lust ••• einfach sowas machen."

Divergenz im Modus einer Exemplifizierung durch NER (Z. 1089–1091)
NER greift die Äußerung von ER auf und lenkt durch die Verwendung der operativen Abtönungspartikel *aber* in Kombination mit der Aspektdeixis[1049] *so* den Fokus ihres Redebeitrages auf den Umgang mit der Regel zur polygamen Ehe im Islam in der Gegenwart, womit sie einen negativen Gegenhorizont dokumentiert. Dabei erwähnt sie den Sachverhalt nicht explizit, sondern lokalisiert durch den deiktischen Determinativ *das* einen gemeinsamen Wissensrahmen. Diesen Wissensrahmen nutzt die Schülerin, um durch ihre Wissensressourcen den gemeinsamen Orientierungsrahmen, in dem sich das aktuelle Wissen aller Gruppendiskussionsteilnehmer*innen befindet, weiter zu verarbeiten. Um die

---

1048 Zur Regelung der polygamen Ehe im Islam siehe Kap. 6.4.
1049 Aspektdeixis können als deiktische Averbien auftreten. Zur Bestimmung der Funktion von deiktischen Adverbien siehe Hoffmann, L. (2014), S. 338ff.

Allgemeingültigkeit ihrer Äußerung zu unterstreichen, greift sie auf die kombinierte Verwendung der operativen Abtönungspartikel *ja* und der operativen Gradpartikel *auch* zurück. Damit unterstreicht sie die Diskrepanz zwischen den durch den Islam vorgegebenen Regeln und der Umsetzung durch ‚Männer' in der Gegenwart. Den ‚islamischen Männern' – im Beispiel der Schülerin handelt es sich um „Arabern so, ne. Also • • Saudi-Arabien" – wird zugeschrieben, dass sie die islamische Regel zur Eheschließung für ihre männlichen Interessen ausnutzen: „Die kennen sich ja auch angeblich mit dem Islam aus. • • Aber was die alle machen?" Mit der Modalpartikel *angeblich* verdeutlicht *NER*, dass sie dem Wissen von „Arabern in Saudi-Arabien" zu den Regeln der Eheschließung im Islam nicht traut, wodurch sie die Relevanz ihrer eigenen Äußerung und damit ihre Meinung zum Verhalten von islamischen Männern in ‚Saudi-Arabien' kritisch hervorhebt.

Der Redebeitrag von *NER* gibt Aufschluss über ein weiteres subjektives Konzept der Schülerin, auf das sie bei der Konstruktion ihrer Vorstellung zum Zusammenhang ‚islamische Regeln' und der ‚Umgang mit ihnen' verbalisiert. *NER* spricht von den „Arabern", denen sie auf der einen Seite, weil sie „Araber" sind, das Muslimisch-Sein, auf der anderen Seite aber wiederum ein islamisches Fehlverhalten zuschreibt. In der Vorstellung der Schülerin scheint der Islam mit dem „Arabisch-Sein" und das Missachten von Regeln der islamischen Ehe mit ‚arabischen' Männern („Araber") zusammenzuhängen.

Differenzierung im Modus einer Divergenz durch BAR (Z. 1092)
Auf die Vorstellungen von *NER*, „Arabern" kein richtiges islamisches Verhalten zuschreiben zu können, reagiert *BAR* mit einer differenzierenden Gegenreaktion, mit der er die Vorstellung der Schülerin hinterfragt bzw. sogar versucht aufzubrechen und somit auf ihren negativen Gegenhorizont reagiert. Er steigt mit dem Anglizismus *sorry* in seinen Redebeitrag ein, mit dem er seine kritische Haltung der Aussage von *NER* gegenüber verdeutlichen möchte. Demzufolge wird der Begriff *sorry* nicht in seiner tatsächlichen Bedeutung als Entschuldigung eingesetzt, sondern aus einer emotionalen Reaktion heraus verwendet, womit auf eine suggerierende Art und Weise die Ablehnung der Vorstellung von *NER* eingeleitet wird. Mit der Verwendung der operativen Abtönungspartikel *aber* markiert er einen Gegensatz zu der Äußerung von *NER* und forciert seine eigene Vorstellung. *BAR* bezieht sich auf die implizit aufgestellte Relation zwischen dem „Arabisch-Sein" und „Islamisch-Sein" und hinterfragt diesen Zusammenhang: „nur weil die Araber sind, heißt das nicht, dass sie sich mit dem Islam auskennen." Der von *NER* aufgestellte Zusammenhang wird somit von *BAR* entkräftet. Interessant ist hierbei, dass *BAR* sich selbst als ‚Muslim' (Selbst-

zuschreibung) an dieser Stelle von den „Arabern" distanziert. Möglich ist, dass *BAR* an dieser Stelle auf ein Nationen-Konzept zurückgreift, das er zur Differenzierung von ‚Muslimen' verwendet.

Konklusion im Modus einer Synthese durch ZEL (Z. 1093–1101)
Auf den Widerspruch von *BAR* reagiert nicht *NER*, obwohl sich der Widerspruch auf ihre Aussage bezieht, sondern *ZEL*, die wieder auf die Bedeutung des Wortes Harem zurückkommt. Dabei vergleicht sie die Bedeutung mit der Wahrnehmung des Begriffs in der heutigen Zeit und der im Osmanischen Reich. Sie beschreibt die Wahrnehmung des Begriffs Harem in der Gegenwart als negativ und beurteilt diese Situation als Problem. Dem gegenüber beschreibt sie die Bedeutung des Harems für Frauen im Osmanischen Reich: „das war für eine Frau damals ne Ehre da reinzukommen, weil du da geschützt worden bist." Den Eintritt in den Harem bewertet die Schülerin mit dem Wort „Ehre" als eine Art Erfolgserlebnis, was für die Frauen mit Schutz ihrer Person verbunden wird. Sie setzt für ihr Konstrukt *Harem und Frau* die Begriffe *Stolz* und *Schutz* in einen für die Frau im Osmanischen Reich relevanten Zusammenhang. Folgt man den Vorstellungen von *ZEL* zu Frauen im Osmanischen Reich, waren diese schutzbedürftig. Der Harem wird innerhalb dieser Konstruktion als ein Ort bestimmt, der diesen Schutz bieten konnte, somit zu einem *ehrenhaften* Leben für die Frau führte: „Das war ein/das war halt ein, du hast ein Schloss, ne. Dann gabs ein Bereich, das nennt man Harem. Komplett abgedeckt für Männer • und da waren auch richtige Wächter vor, da durfte halt kein Mann richtig rein." Sie beschreibt den Begriff Harem als einen für Männer verbotenen Raum bzw. Ort. An der Bezeichnung „Schloss" ist zu erkennen, dass die Schülerin von einem imperialen Harem spricht, der sich im Palast des Sultans befand und von „Wächtern" bewacht wurde. Mit „Wächtern" geht sie auf die sogenannten Eunuchen ein, unter deren Aufsicht die Frauen im Harem des Sultans standen.[1050]

Im Anschluss an diese Darstellung zum Harem erklärt sie die Funktion des Sultans innerhalb eines solchen imperialen Harems, die sich von der Funktion anderer Männer unterschieden: „Und weil der Sultan halt sehr viel geleistet hat, er durfte halt rein." Mit dem Subjunktor *weil* leitet sie ihre Erklärung zur Sonderstellung des Sultans als Mann ein, die sie über seinen Status als Sultan legitimiert. Der Sachverhalt, dass der Sultan den Harem betreten durfte, steht in *ZEL*s Äußerung nach dem Nebensatz. Durch die operative Abtönungspartikel *halt* bestärkt sie die Selbstverständlichkeit der Sonderstellung des Sultans im Harem und damit die Geltung des Sachverhaltes aus ihrer subjektiven Sicht („weil der

---

1050 Zur Struktur im Harem und zur Rolle von Eunuchen siehe Kap. 6.4.

Sultan halt sehr viel geleistet hat"). Ihre Feststellung zum Sonderstatus des Sultans revidiert sie im Anschluss wieder, indem sie darauf hinweist, dass sich auch Sultane an Regeln im Umgang mit den Frauen im Harem halten mussten: „Aber er hatte auch bestimmte Frauen, die für ihn zur Verfügung standen. Der konnte jetzt nicht sagen „Ja du gefällst mir, komm". • • • Das war ja nicht so, dass du einfach mit jedem was hattest, das war ja nicht so. Nein es gab ja bestimmte Frauen, die für diesen Sultan zur Verfügung standen. Das war ja nicht so, dass du • jede hattest. Er hat ja auch meistens vier bestimmte Gefährtinnen. Also wirklich vier • bestimmte Frauen." In diesem Abschnitt ihrer Äußerung ist auch die Vorstellung von ZEL bezüglich ihres Männer- und Frauenbildes im Osmanischen Reich rekonstruierbar. Während auch Sultane bestimmte Regeln im Umgang mit den Frauen im Harem einhalten mussten, stellt sie mit der Formulierung „die für ihn zur Verfügung standen" die Abhängigkeit der Frauen zum Sultan dar. Mit „zur Verfügung stehen" wird der Frau eine Aufgabe zugesprochen, nach der sie in Form einer Dienstleistung dem Sultan dienen musste.

Am Ende ihres Redebeitrags expliziert sie ihre Vorstellung von den Regeln, die einem Sultan gestellt wurden. Sie nennt die zuvor von *ER* genannte Zahl „Vier" im Hinblick auf die legitime Häufigkeit der Eheschließung für den Mann im Islam, die nach islamischen Recht auch einem Sultan zusteht: „Er hat ja auch meistens vier bestimmte Gefährtinnen. Also wirklich vier • bestimmte Frauen. Er kannte sie auch namentlich, also er kannte sie." Durch die Verwendung der operativen Abtönungspartikel *ja* und der operativen Gradpartikel *auch* versucht *ZEL* ihre Vorstellung zum Sultan und zu den Regeln zu bestärken. Gleichzeitig impliziert sie eine Form von selbstverständlicher Gültigkeit ihrer Äußerung, die von den anderen Gruppendiskussionsteilnehmer*innen mit Gewissheit geteilt wird. Im Vergleich zu den bisherigen Schüleräußerungen zum Zusammenhang *Sultan-Frauen im Harem* bezeichnet *ZEL* die Frauen an der Seite des Sultans als „Gefährtinnen". Der Begriff ‚Gefährte' meint eine Person, die eine andere Person begleitet und unterstützt. In diesem Verhältnis stehen die beiden Personen auf Augenhöhe zueinander. *ZEL* spricht somit bestimmten Frauen aus dem imperialen Harem eine Partnerschaft mit dem Sultan auf Augenhöhe zu. Mit der Betonung, dass es vier Frauen aus dem Harem waren, die die „Gefährtinnen" des Sultans sein konnten, konstruiert sie auch ihre Vorstellung dazu, dass der Harem nach entsprechenden Hierarchien systematisiert war und nicht alle Frauen im Harem die gleiche Funktion und Stellung hatten.[1051]

1051 Zur Hierarchie im Harem siehe Kap. 6.4.

9 Hauptstudie: das Osmanischen Reich in Schülervorstellungen

Abschlusskonklusion durch NER in Kooperation mit ER, RUK und BAR (Z. 1102–1107)

Mit der Interjektion *aha*, die auf eine Problemlösung hinweist, bestätigt *NER* den Redebeitrag von *ZEL* und damit auch den gemeinsamen Orientierungsrahmen. Sie greift auf ihre eigene Äußerung zurück und revidiert ihren zuvor konstruierten Zusammenhang zwischen „Arabern" und „Moslems". Mit der Revision ihrer eigenen Aussagen über die Bestätigung des Redebeitrags der Schülerin *ZEL* orientiert sich *NER* am zuvor von *ER* konstruierten Wissensgehalt und nimmt diesen als gemeinsamen Orientierungsrahmen an.

Die Äußerung von *ZEL* wird auch von dem Schüler *ER* angenommen, indem er mit dem Responsiven *ja* in Kombination mit der operativen Abtönungspartikel *genau* den gemeinsamen Orientierungsrahmen bestätigt. Diesen ergänzt *ER*, indem er seine eigene Perspektive als mit der von *ZEL* übereinstimmend hervorhebt.

Die Schülerin *RUK* wiederholt die Aussagen der anderen Schüler*innen, womit sie ihre Wissenserweiterung hervorhebt und damit den Anschluss an den gemeinsamen Orientierungsrahmen verdeutlicht. Die Wiederholung von *RUK* wird von *ER* mit „Ganz genau." bestätigt. *ER* schließt alle Gruppendiskussionsteilnehmer*innen der Reihe nach in den gemeinsamen Orientierungsrahmen ein und bestätigt die innerhalb dieses Orientierungsrahmens konstruierten Vorstellungen zum Verhältnis *Sultan-Frauen im Harem*, so dass die anfänglich voneinander abweichenden Orientierungen der Schüler*innen durch den Einfluss der Wissensdynamik und -veränderung zu einem gemeinsamen Orientierungsrahmen einfließen. *BAR* bestätigt die vorherigen Aussagen ebenfalls durch die operative Gradpartikel *richtig* und stuft den gemeinsamen Orientierungsrahmen als im vollem Umfang für alle gültig ein.

9.3.3.2.2 „Das Osmanische Reich [hat] nun Mal nicht seine Sprache, seine Kultur den Menschen dort aufgezwungen."

Die Schüler*innen verhandeln in der nachfolgenden Passage ihre Vorstellungen zur gegenwärtigen öffentlichen Darstellung des Osmanischen Reichs und teilen zu diesem einen kollektiven Orientierungsrahmen, mit dem sie den Umgang als nicht wahrheitsgetreu kategorisieren. Ausgangspunkt der Diskussion der Schüler*innen sind die Foreneinträge (*Daniela* und *Türke*) aus dem Impuls 2.

Transkriptionspassage (TP 2) zum Impuls 2

1176 Z: Diese Frau • hat das mit dieser Knabenlese voll provoziert. Die ist voll dagegen und allein ihr Name sagt auch
1177 alles, Daniela so. Ist einfach so. So ne Daniela kann nur sowas sagen. Ich war richtig sauer, nicht, weil ich
1178 irgendwas vertrete, sondern, weil ich denke • in einem Forum neeee. Stellt euch mal bitte vor, da sind • • Leute/
1179 • • ne Leute • da ist eine Frau, • • • die hat ihr Auto geparkt, die kriegt nen Anruf, die muss raus. Und die kriegt
1180 nur ihren Beitrag mit und nicht wie das entkräftet wird, • • wie wird diese Frau darüber denken? Wenn die kein
1181 Wissen hat, wie will die darüber denken? Aber andere Leute, die darin sind und auch von diesem/ • egal vom
1182 Türken, Araber, Kurden, egal von einem anderen, der nicht diese Position vertritt, wenn er es entkräftet, dann
1183 machts Sinn. • • • Weil das, was die anspricht, wird von jedem anders aufgenommen • • werden andere Thesen
1184 aufgenommen, weißte? Und das ist, finde ich richtig kritisch, also allgemein, wenn man sowas sagt, • • • dann
1185 muss man auch sagen, warum und wie man auf so ne Aussage kommt. Und das ist, finde ich, das ist nur
1186 Provokation, das, was die Frau da äußert. Für mich ist da kein Fakt drin.
1187 E: Ja. Ach, wenn die kein Wissen hat. Mhm
1188 R: Typisch Deutsch.
1189 N: Ja ne, aber wirklich. Sofort Kritik.
1190 I: Was denkt ihr denn über die Aussage ähm der Person Türke? Was ist eure Meinung dazu?
1191 N: Warum heißt er überhaupt Türke?
1192 B: Das ist sein Name einfach, so hat er sich im Forum genannt.
1193 Z: Also ich find • • erstmal, also ich finde er hat null ((1s)) Aggression in seiner Rücksprache aufgenommen. Er
1194 war noch sehr ruhig und hat noch sehr faktengeziel gesprochen, was das Mädchen nicht gemacht hat. Und ich
1195 find das letzte perfekt, richtig gut und das zeigt eigentlich alles. Man sagt ja, dass das Osmanische Reich Unrecht
1196 getan hätte, warum spricht man in den Balkanstaaten nicht Türkisch? • • Und wenn man die Geschichte nicht
1197 kennt, dann sagt man okay, • Balkanländer alle müssen eigentlich Türken/ also Türkisch sprechen.
1198 E: Ganz kurz nur • •Griechenland • • • Ihr wisst ja, wo das liegt und so. Ich weiß, dass Griechenland • vierhundert
1199 Jahre lang unter osmanischer so gesagt Herrschaft war. • • Aber ich hab gelesen, dass die griechische Kultur • •
1200 nicht verloren gegangen ist. • • • Das ist vielleicht so ne positive Sache des Osmanischen Reiches, die man
1201 vielleicht den Schülern erklären könnte. Und zwar es gibt Länder, wie ihr wisst, den bestimmten Bereich • • •
1202 eingenommen haben • und ihre Kultur und ihre Sprache mit Zwang dort • • • also durchsetzen. ((1s)) Stellt euch
1203 vor ein Land, • das Land heißt/ • keine Ahnung A und spricht keine Ahnung irgendeine Sprache, die Sprache A.
1204 Und in dem Land, was sie jetzt unter/ also unter Herrschaft gezogen haben so gesagt, • • zwingen die • • diese
1205 Sprache zu sprechen und die Kultur zu leben.
1206 N: Aber da weiß ich was ganz anderes. Also, soweit ich weiß, können sich Türken und Griechen gar nicht
1207 verstehen, also • es wird halt so gesagt. Wir verstehen uns ja alle gut, aber • • • was halt auf die Geschichte
1208 zurückzuführen ist, • • weiß ich nicht, dass ((2,5s)), weil irgendwie Griechenland Türkei hätten sich damals wohl
1209 bekämpft • • und deswegen hätten die Griechen auch sehr vieles von den Türken geklaut, Baklava und alles
1210 kennt ihr doch diese Geschichte.
1211 Z: Doch, erst recht, weil die sich mögen, haben die das ja gemacht. Also ich kenn nur Griechen, die eigentlich die
1212 Türkei mögen und die kulturelle Türkei sehr hoch halten. Aber ich verstehe gar nicht, warum wir das so
1213 hochziehen. Heutzutage gibts ja auch Kolonien. • Das ist doch das gleiche, was die gemacht haben. Oder common
1214 world oder ganz Australien, ist ja ein unabhängiger Staat/ also ist ja ein Dings, aber trotzdem hat die Queen/ oder
1215 Indien heutzutage wegen common world noch, die Queen hat noch was zu sagen. • Aber darüber spricht man
1216 nicht, weißte. Das war auch genauso im Osmanischen Reich, • dort Länder • Wirtschaft hatten die auch ne
1217 eigene, nur ein Teil mussten die abgeben. Macht ja auch Sinn, weil ja von oben irgendwie • • gewirtschaftet
1218 werden muss. Und die waren ja nur unter dem Dach der Osmanen.
1219 B: Genau, hatte aber ihre eigene Religion, eigene Kultur, aber unter dem Schutz der Osmanen. Und das kann ich
1220 beweisen mit diesem Fakt, dass nun mal Griechenland vierhundert Jahre lang unter dem Osmanischen Reich war,
1221 aber die griechische Mythologie, die griechische Geschichte die kennt man heute richtig gut, weil man Quellen
1222 hat. • • Das zeigt einfach, dass das Osmanische Reich • • gut ist, was Schönes. Also es muss man auch positive
1223 Seiten angucken. Das Osmanische Reich nun Mal nicht • • seine Sprache/ seine Kultur den Menschen dort
1224 aufgezwungen hat. Ich versteh aber Danielas Aussage• • und zwar da mit den Mädchen entjungfern et cetera.
1225 • • Zum Beispiel in der schiitischen Religion da gibt es ja wirklich Häuser, wo Frauen drin sind, ein Mann reinkam,
1226 • • mit der Frau heiratet für was weiß ich zwei, drei Stunden, die Frau dann für diese Ehe bezahlt • • • und dann
1227 schlafen die miteinander. • Das ist im Prinzip Prostitution. Es ist Prostitution! So • und dann verstehe ich
1228 Menschen wie Daniela, weil/ nicht alle Schiiten, • aber wenn ein Großteil der Schiiten so agiert und dann einen
1229 Islam schlecht sieht, assoziiert muss das sofort mit dem Osmanischen Reich, was damals passiert ist und sagt
1230 "Boah guck mal, das ist so und so". Und man stellt das so dar, dass diese ganzen Länder nur Nachteile hatten. •
1231 Die Leute hatten Schutz Dank des Osmanischen Reiches, hatten • wirklich Anerkennung, Würde und • alles und
1233 haben ja so getan, als würde Bosnien damals, richtig so • mit Blut und Gewalt eingenommen, aber denen gehts
1234 richtig gut!
1235 N: Das stimmt wiederum, ja. Ist so. Natürlich.
1236 B: Ja. Auf jeden Fall.

9 Hauptstudie: das Osmanischen Reich in Schülervorstellungen

Formulierende Interpretation

Thema der Passage: Die Darstellung des Osmanischen Reichs in der Öffentlichkeit entspricht nicht den historischen Fakten.

OT: Umgang mit Kommentaren zum Osmanischen Reich in öffentlichen Foren.

UT: In öffentlichen Foren muss sensibel mit Themen wie dem Osmanischen Reich umgegangen werden.

UT: Nicknamen in Foren sagen schon viel über die Intention der Person aus.

OT: Im Vergleich zu anderen Reichen konnte im Osmanischen Reich jeder Mensch „seine Sprache, seine Kultur" frei leben. Aber das Osmanische Reich wird in der gegenwärtigen europäischen Öffentlichkeit als ‚Unterdrücker' konstruiert.

UT: Die Menschen aus den Balkanländern und aus Griechenland konnten unter der Herrschaft des Osmanischen Reiches „ihre eigene Religion, eigene Kultur" aufrechterhalten. Sie wurden zu nichts gezwungen. Dies sollte in der Schule als Thema vermittelt werden.

UT: Kolonien und „Common world"[1052] sind Beispiele für eine echte Unterdrückung, „aber darüber spricht man nicht".

UT: Europa konstruiert ein falsches und negatives Bild von den Osmanen und damit auch vom Islam.

Reflektierende Interpretation

Proposition durch ZEL (Z. 1176–1186)

Die Schülerin ZEL bezieht sich auf den Kommentar von Daniela und beurteilt ihre Äußerung zur Knabenlese als „provozierend" für bestimmte Menschen in der Gesellschaft. ZEL expliziert nicht, wer diese Menschen genau sind, konstruiert sie aber durch das deiktische Mittel *dagegen* als immanente Gruppe, die betroffen ist. Das Wort *dagegen* wird in diesem Zusammenhang von ZEL im Sinne eines Gegensatzes verwendet, wobei das Präfix *da-* auf die implizierte Gruppe der Muslime rekurriert und in der Kombination mit *-gegen* die Bewegungsausrichtung auf die ‚Muslime' als Gegner markiert. Sie unterstreicht das *Dagegensein* der Kommentierenden dadurch, indem sie es mit der operativen Gradpartikel *voll* kombiniert, mit dem sie den Kommentar von Daniela als eindeutig bzw. klar einstuft. Daran schließt sie als weitere unterstützende Argumentation eine

---

1052 Mit der Bezeichnung „Common world" ist im Kontext der Gruppendiskussion das Konzept zu Commonwealth gemeint.

Begründung an, die ihre subjektive Haltung zu dem Kommentar hervorhebt: „allein ihr Name sagt auch alles, Daniela so. Ist einfach so. So ne Daniela kann nur sowas sagen." Mit der operativen Gradpartikel *allein* stuft ZEL die Position von Daniela als gegnerisch ein, indem sie auf die Wahl des Namens hinweist: „ihr Name sagt auch alles". ZEL konstruiert mit ihren subjektiven Begründungen einen Orientierungsrahmen zu einer Person, die mit ihrem Namen als Prototyp für eine ganz bestimmte Person steht, die sich gegen den Islam positioniert, ohne sich über die Konsequenzen bewusst zu sein. Mit der Formulierung „so ne Daniela" erhält die Äußerung von ZEL insbesondere durch das Indefinitum *eine*, das hier entsprechend der mündlichen Umgangssprache abgekürzt als *ne* verwendet wird, ihre Allgemeingültigkeit und verliert ihre personalisierte Position, die ihr zuvor mit dem Kommentar zugesprochen wurde. Demzufolge kann an dieser Stelle von einer prototypischen Verwendung des Namens Daniela gesprochen werden. Dieser Person werden über einen gemeinsamen Orientierungsrahmen Stereotypen zugesprochen, die die Schülerin als etwas Typisches für ‚Nicht-Muslime' konstruiert und in den späteren Äußerungen der Schüler*innen auch als „typisch Deutsch" (z. B. Kommentar *RUK*, Z. 1188) bezeichnet werden. Mit dem Namen Daniela werden folgende Eigenschaften konstruiert:

- Gegner des Islam
- provokant und zu Unrecht kritisierend
- unwissend
- verantwortungslos

Diese Stereotype beziehen sich nicht ausschließlich auf den von ZEL konstruierten Orientierungsgehalt, sondern auch die Redebeiträge der anderen Schüler*innen, die auf die Äußerung von ZEL reagieren, ermöglichen die Rekonstruktion dieser Stereotype.

In ihrem Redebeitrag äußert ZEL ihre Emotionen zum Thema und positioniert sich entsprechend kritisch zu Danielas Position: „Ich war richtig sauer, nicht, weil ich irgendwas vertrete, sondern, weil ich denke • in einem Forum neeee". Die Stärke der Verletzung ihres Gefühlszustandes bekräftigt sie mit dem Adjektiv *richtig* und begründet diesen Zustand mit dem Verhalten Danielas im Forum. Sie unterstreicht ihre Begründung, indem sie darauf hinweist, dass sie sich zu der Thematik Knabenlese nicht inhaltlich positioniert. Ihre Kritik am Umgang mit Kommentaren in Foren konkretisiert sie über eine fiktive Situation, die sie konstruiert. Mit „Stellt euch mal vor" leitet sie folgende Beispielsituation ein: „da ist eine Frau, • • • die hat ihr Auto geparkt, die kriegt nen Anruf, die muss raus. Und die kriegt nur ihren Beitrag mit und nicht wie das entkräftet wird, • • wie wird diese Frau darüber denken? Wenn die kein Wissen hat, wie will die darüber denken? Aber andere Leute, die darin sind und auch von diesem/• egal vom Türken, Araber, Kurden, egal von einem anderen, der nicht diese Position vertritt, wenn er es entkräftet, dann machts Sinn." Mit der inszenierten Situation knüpft sie an den Kommentar von Daniela an und konstruiert mögliche Ursachen, die aus einem Verhalten wie das von Daniela resultieren können. Dabei fokussiert sie den Prozess der Wissensveränderung innerhalb einer Interaktion, der nur unter der Bedingung möglich ist, wenn alle Beteiligten während der ganzen Diskussion anwesend sind. Da das Forum als Interaktionsplattform jeder Zeit verlassen werden kann („die kriegt nen Anruf, die muss raus"), können die Reaktionen („wenn er es entkräftet") auf den Kommentar einer Person von dieser unberücksichtigt bleiben, so dass eine Revision des Kommentars für diese Person nicht möglich wird. So betont ZEL, dass Menschen in einer virtuellen Diskussion wie in einem Forum nicht wie in einer realen Diskussion aufeinander reagieren können. Dies könne zu einer Provokation führen. Nachdem sie über ihr fiktives Beispiel die Schwierigkeit an dem Diskurs in einem virtuellen Raum skizziert, greift sie erneut den Kommentar von Daniela auf und weist darauf hin, dass das Thema Knabenlese „von jedem anders aufgenommen" wird. Mit dieser Äußerung begründet sie, welche Herausforderungen ein virtueller Raum bei der Diskussion eines Themas wie der Knabenlese mit sich bringt. Ausgehend von dem Beispielthema Knabenlese verallgemeinert sie ihr Urteil zur Diskussion in Internetforen, aus dem sie wiederum Konsequenzen für eine Diskussion resultiert: „wenn man sowas sagt, • • • dann muss man auch sagen, warum und wie man auf so ne Aussage kommt." Die Allgemeingültigkeit ihrer Äußerung konstruiert sie durch die Verwendung des Indefinitums *man*. Sie stellt für die Diskussion in Internetforen die Regel auf, dass geäußerte Kommentare entsprechend ihres Grundes („warum") und ihrer Ursache („wie") verdeutlicht werden sollten.

Ihren Redebeitrag schließt ZEL mit der Beurteilung des Kommentars von Daniela ab, indem sie ihn als „Provokation" betrachtet und diesen als nicht objektiv beurteilt: „Für mich ist da kein Fakt drin." Betrachtet man den gesamten Redebetrag von ZEL, fallen die Gegensätze „Provokation" und „kein Fakt drin" auf. Demzufolge beurteilt die Schülerin den Kommentar als emotional und von persönlichen Interessen beeinflusst. Die Gruppendiskussionsteilnehmenden bestätigen diese Beurteilung von ZEL und bestätigen den negativen Horizont.

Validierung der Proposition durch ER und RUK (Z. 1187 und 1188)
Die Proposition und der damit verbunden beschriebene negative Horizont durch ZEL wird von ER direkt zu Beginn seines Redebeitrages bestätigt. ER schließt zwei Aspekte an den von ZEL konstruierten Orientierungsrahmen an,

aus denen ein gemeinsamer Orientierungsrahmen zu ‚die Deutschen und ihre Position zum Islam' entsteht, mit dem sich der Schüler *ER* an die Diskussion anschließt. Zum einen drückt er durch einen Wenn-Sachverhalt einen Zusammenhang zwischen der verbalisierten Position von *Daniela* und ihrem Unwissen aus. Diese Konditionalität führt *ER* durch die Interjektion *ach* ein, durch die ein Erwartungskontrast[1053] impliziert wird und der Gegensatz zwischen der negativen Position zum Islam und dem Unwissen von *Daniela* durch *ER* fokussiert wird. Zum anderen formuliert er eine Erwartungshaltung, die er mit dem Namen *Daniela* in Verbindung bringt: „Habe ich mir schon gedacht, als ich den Namen gelesen habe." Damit verdeutlicht er, dass er mit bestimmten Namen entsprechend bestimmte Haltungen verbindet, denen die interaktiv von den Schüler*innen konstruierten Stereotypen zugrunde liegen.

Auch die Schülerin *RUK* bestätigt den von *ZEL* konstruierten gemeinsamen Orientierungsrahmen und den negativen Horizont. Dabei fokussiert sie insbesondere die Vorstellung, dass es „typisch Deutsch" sei, „was gegen Muslime" zu haben, wodurch sie eine pauschalisierte Position gegenüber der als „typisch Deutsch" beurteilten Haltung konstruiert.

Ratifizierung der Validierung durch NER (Z. 1189)
NER schließt sich dem Redebeitrag des Schülers *ER* und der Schülerin *RUK* an und bestätigt darüber den von *ZEL* konstruierten gemeinsamen Orientierungsrahmen und den negativen Horizont im Hinblick auf die öffentliche Haltung (in Internetforen) dem Islam gegenüber. Die Schülerin bestätigt somit die von ihren Mitdiskutanten zuvor konstruierte „deutsche" Haltung, welche sie auch als „typisch" beschreibt: Es gibt die „Deutschen", die in öffentlichen Foren den Islam negativ darstellen und damit provozieren. Den Name *Daniela* deutet die Schülerin ebenfalls als einen prototypischen Namen innerhalb des gemeinsamen Orientierungsrahmens.

Die Gruppendiskussionsleiterin stellt die Frage nach der Meinung der Schüler*innen zum zweiten Kommentar von *Türke* des Impulses 2. Die Frage „Was denkt ihr denn über die Aussage der Person Türke? Was ist eure Meinung dazu?" (Z.1190) kann als erzählgenerierende Aufforderung verstanden werden. In der Frage dokumentiert sich eine Offenheit gegenüber den subjektiven Meinungen und damit verbundenen Vorstellungen der Schüler*innen. Weiterhin wird mit der Frage bewirkt, dass die Schüler*innen ihren Diskussionsfokus auch auf den Kommentar von *Türke* lenken, der in der bisherigen Diskussion nicht berücksichtigt wurde.

1053 Siehe dazu Hoffmann, L. (2013), S. 64.

9 Hauptstudie: das Osmanischen Reich in Schülervorstellungen   431

Antwort mit Modus einer Nachfrage durch NER (Z. 1191)
NER antwortet auf die Frage der Gruppendiskussionsleiterin mit einer Nachfrage, mit der sie den Grund der Namenswahl hinterfragt. Mit der Verwendung der Konnektivpartikel *überhaupt*, hier in einem Fragesatz, der im Sinne von *eigentlich* oder *denn* verwendet wird, verstärkt sie ihre Frage nach der Namenswahl.

Antwort durch BAR (Z. 1192)
BAR beantwortet die Frage mit einer die Frage entkräftenden Äußerung: „Das ist sein Name einfach". Insbesondere durch die Verwendung des Adjektivs *einfach* hebt er hervor, dass es einen trivialen Zusammenhang zwischen der Wahl des Namens und dem Aufenthalt der Person im Forum geben muss: „so hat er sich im Forum genannt." Dass BAR die Frage von NER zu entkräften versucht, verdeutlicht die kritische Haltung von NER dem Namen der Person *Türke* gegenüber.

Elaboration durch ZEL (Z. 1193–1197)
Auch ZEL greift die Frage der Gruppendiskussionsleiterin auf und leitet mit der operativen Partikel *also* ihre Äußerung zum Kommentar von *Türke* ein. Die Schülerin leitet ihre Äußerung mit einer Bewertung des Kommentars ein, die sie mit „erstmal" beginnt. Mit der Intensitätspartikel *null* weist ZEL darauf hin, dass die Person *Türke* mit seinem Kommentar keine Aggression auslöst. Mit der Bezeichnung „Rücksprache" kategorisiert sie den Kommentar als Reaktion auf die Äußerung von *Daniela*. Daran schließt sie einen expliziten Vergleich der beiden Kommentare an: „Er war noch sehr ruhig und hat noch sehr faktengezielt gesprochen, was das Mädchen nicht gemacht hat." Dabei wird der Person *Türke* eine Position zugesprochen, aus der heraus er „faktengezielt gesprochen" habe, wohingegen die Handlung der Person *Daniela* als nicht an Fakten orientiert konstruiert wird. Eine solche Beurteilung fällt die Schülerin bereits in einem ihrer vorherigen Redebeiträge. Nach diesem Vergleich geht sie konkret auf die Aussage der Person ein, indem sie den letzten Teil des Kommentars mit „perfekt, richtig gut" bewertet. Diese Bewertung bezieht sich inhaltlich auf die Stelle, mit sich der *Türke* auf die durch das Osmanische Reich eingenommenen Regionen bezieht. Dabei nennt ZEL konkret die „Balkanstaaten" und wiederholt in Form einer suggestiven Frage die These von *Türke*: „Man sagt ja, dass das Osmanische Reich Unrecht getan hätte, warum spricht man in den Balkanstaaten nicht Türkisch?" Mit dem Indefinitum *man* kritisiert sie eine gesellschaftlich etablierte Vorstellung, dass das Osmanische Reich die Menschen in den Regionen, die sie eingenommen haben, assimiliert und ihnen ihre Sprache aufgezwungen hat. Da-

durch wird das gerechte Verhalten der Osmanen als Herrscher allen Untertanen gegenüber als positiven Gegenhorizont dargestellt. Sie schließt ihren Redebeitrag, indem sie historisches Unwissen von Menschen als Ursache von falschen Aussagen bewertet: „Und wenn man die Geschichte nicht kennt, dann sagt man okay, • Balkanländer alle müssen eigentlich Türken/also Türkisch sprechen." Diese Bewertung von ZEL kann als eine Grundkritik der Schülerin dem Gesamtthema ‚Darstellung des Osmanischen Reichs in der Öffentlichkeit' bewertet werden.

Elaboration im Modus einer Exemplifizierung durch ER (Z. 1198–1205)
Mit dem Hinweis „Ganz kurz nur" bringt sich *ER* in die Gruppendiskussion ein und führt nach dem Beispiel von ZEL zum Umgang der Osmanen mit den „Balkanstaaten" ein weiteres Beispiel ein, mit dem der von ZEL aufgestellte positive Gegenhorizont bekräftigt wird. *ER* nennt Griechenland als ein weiteres Beispiel für den gerechten Umgang der Osmanen mit allen Menschen bei Annexionen. Er expliziert sein Wissen durch die Formulierung „Ich weiß" und führt dieses Wissen weiter aus. Dabei benennt er die „Herrschaft" der Osmanen über die Griechen, die er mit einer Dauer von „vierhundert Jahre" konkretisiert. Sein Wissen markiert er mit dem Konjunktor *aber* als Gegensatz, indem er, trotz „vierhundert Jahre unter osmanischer (...) Herrschaft", die Aufrechterhaltung der „griechischen Kultur" hervorhebt. Mit dieser Hervorhebung schließt er sich dem positiven Gegenhorizont von ZEL an. Um den Gegensatz zu bestärken, weist er darauf hin, dass er seinen subjektiven Zugang zu diesem Wissen über das Lesen aufgebaut hat. Damit dokumentiert er, dass sein Wissen kein biographisch-narratives Wissen ist, sondern über einen literalen Zugang aufgebaut wurde. Als interessanten Einschub spricht er für dieses individuelle Wissen eine Allgemeingültigkeit aus, indem er dieses Wissen als in der Schule zu vermittelndes Wissen kategorisiert: „Das ist vielleicht so ne positive Sache des Osmanischen Reiches, die man vielleicht den Schülern erklären könnte." Durch die Verwendung des Indefinitums *man* in Kombination mit dem Modalverb *können* verleiht er seiner Aussage die Funktion einer Empfehlung, die er allgemein für alle „Schüler" formuliert. Seine Empfehlung bezieht sich auf das Beispiel, das er zuvor verbalisiert, sowie auf die Äußerungen, die der Empfehlung noch folgen. Mit dem Vorschlag zur Thematisierung der von *ER* fokussierten „positive[n] Sache des Osmanischen Reiches" weist er auf Enaktierungsmöglichkeiten im System Schule hin, durch welche ein mögliches falsches Bild vom Osmanischen Reich in Bezug auf das Konzept *Herrschaft* bei Schüler*innen von Vornherein vermieden werden könne. Dabei konstruiert der Schüler das Konzept Herrschaft vor dem Hintergrund ungleicher Machtverhältnisse, in denen es ‚Starke' und

9 Hauptstudie: das Osmanischen Reich in Schülervorstellungen   433

‚Schwache' gibt. Das aus der Perspektive der ‚Starken' als negativ konnotiertes Konzept von Herrschaft erhält im Zusammenhang mit der Herrschaft des Osmanischen Reichs eine positive Markierung. Der positive Gegenhorizont dokumentiert sich dabei im Exempel „Griechenland", das „unter so gesagt osmanischer Herrschaft war", jedoch sich nicht vollständig aufgeben musste, somit die Herrschaft keine unterdrückende, vielmehr eine unterstützende hinsichtlich „Religion", „Kultur" und „Sprache" war.

Im weiteren Verlauf seines Redebeitrages führt er sein eingangs eingeführtes Beispiel weiter aus, welches er mit der Empfehlung durch die Formulierung „Und zwar" verknüpft. Dieses Verknüpfungselement sorgt bei den anderen Gruppendiskussionsteilnehmer*innen dafür, dass sie auf eine Weiterführung und -verarbeitung der Beispiele hingewiesen werden. Bei der Weiterführung seiner Vorstellung zum Umgang von Ländern bei der Annexion von Gebieten weist er darauf hin, dass die annektierende Kraft die Menschen auf dem Gebiet, das annektiert wurde, zur Übernahme von „Kultur" und „Sprache" zwang. Bei der Ausführung dieses Gedankens versucht er einen gemeinsamen Orientierungsrahmen zu schaffen, indem er auf die Formulierung „wie ihr wisst" zurückgreift. Anschließend führt er durch ein fiktives Beispiel seinen Gedanken weiter aus: „Stellt euch vor ein Land, • das Land heißt/• keine Ahnung A und spricht keine Ahnung irgendeine Sprache, die Sprache A. Und in dem Land, was sie jetzt unter/also unter Herrschaft gezogen haben so gesagt, • • zwingen die • • diese Sprache zu sprechen und die Kultur zu leben." Es ist auffällig, dass der Schüler bei der Exemplifizierung kein explizites Land nennt, sondern über eine formalisierende Bezeichnung auf einer Metaebene über den Zusammenhang von Annexion und Assimilation der auf dem annektierten Gebiet lebender Menschen spricht. Dazu verwendet *ER* die Formulierungen „Land A" und komplementär dazu „Sprache A". Diese Art der Formulierung kann aus einer Strategie heraus gewählt worden sein, durch die *ER* die explizite Nennung von bestimmten Ländern vermeiden möchte. Angesichts seiner Verbalisierungsstrategien über die ganze Gruppendiskussion hinweg – der Schüler formuliert seine Vorstellungen häufig mit Bedacht und wählt bei der Verbalisierung seiner Vorstellungen eher implizite Formulierungen – könnte dies eine mögliche Strategie sein.

Antithese im Modus einer Differenzierung durch NER (Z. 1206–1210)
Die Schülerin *NER* greift das durch *ER* ausgeführte Beispiel auf und initiiert durch den operativen Konjunktor *aber* eine Fokusumlenkung. Sie bezieht sich auf ihr subjektives Wissen, das von dem Wissen des Schülers *ER* abweicht: „Aber da weiß ich was ganz anderes". Die Abweichung der Wissensstrukturen zeigt sich in der Verwendung der Quantifizierung *ganz* und konstruiert damit einen

negativen Gegenhorizont zum zuvor von *ZEL* und *ER* eingeführten positiven Gegenhorizont. Ihren verbalisierten negativen Gegenhorizont bearbeitet sie weiter, indem sie mit der operativen Partikel *also* ihre Begründung gegen das Argument von *ER* einleitet. Die Begründung sichert sie mit der Formulierung „soweit ich weiß" ab und erwähnt die schlechte Beziehung zwischen „Türken und Griechen". Um ihre Äußerung zu bestärken, verwendet sie erneut das operative Partikel *also*, um dieses Wissen als allgemein bekannte Information zu kategorisieren. Bei diesem Einschub verwendet sie die Wörter *es* und *so*, durch welche sie ihre Begründung zur schlechten Beziehung zwischen „Türken und Griechen" in den Fokus ihrer Begründung rückt. Dabei hebt sie erneut die Allgemeingültigkeit ihrer Äußerung hervor, indem sie die operative Abtönungspartikel *halt* verwendet. Mit der Gültigkeit dieser Information dokumentiert sie auch, dass es sich bei ihrer Äußerung um eine gesellschaftlich etablierte Vorstellung im gesellschaftlichen Diskurs handelt: „also • es wird halt so gesagt". Die Evidenz ihrer Vorstellung begründet sie anschließend mit der „Geschichte", womit sie auf die historischen Ereignisse in der türkisch-griechischen Geschichte Bezug nimmt. Ihre als faktische Gegebenheiten eingestuften Vorstellungen leitet sie mit einer Kollektivierung und damit indirekten Distanzierung ihrer zuvor getätigten Begründung ein: „Wir verstehen uns ja alle gut". Mit dieser Äußerung schafft sie eine Distanz zwischen ihrer konstruierten Vorstellung und dem Kollektiv der Gruppe. Diese Distanzierung kann als Strategie interpretiert werden, durch welche *NER* eine mittelbare Betroffenheit der anderen Schüler*innen in Form eines sich angegriffen Fühlens ausschließen möchte. Sie schließt direkt an diese Formulierung durch den Konjunktor *aber* allerdings einen Gegensatz ein, mit dem sie wieder ihre Begründungsstruktur zur schlechten Beziehung zwischen „Türken und Griechen" unterstreicht und den eingangs aufgestellten negativen Gegenhorizont fokussiert. Ihr Wissen zu diesem Thema legitimiert sie, indem sie zuvor auf die Gültigkeit der historischen Ereignisse hinweist. Somit stuft sie mit der Formulierung „weiß ich, dass" ihr eigenes Wissen als historisch belegbares Wissen ein. Es fällt allerdings auf, dass sie Formulierungen wie „irgendwie" und „wohl" verwendet, womit sie wiederum ihre zuvor historisch legitimierten Äußerungen erneut entkräftet: „weil irgendwie Griechenland Türkei hätten sich damals wohl bekämpft • • und deswegen hätten die Griechen auch sehr vieles von den Türken geklaut, Baklava und alles kennt ihr doch diese Geschichte." Mit ihrer Äußerung „Griechenland Türkei hätten sich damals wohl bekämpft" begründet sie ihre Feststellung, dass die Griechen von den ‚Türken vieles geklaut hätten', woraus sie wiederum die aus ihrer Sicht eher schlechte Beziehung zwischen den „Griechen und Türken" zu erklären.

9 Hauptstudie: das Osmanischen Reich in Schülervorstellungen 435

Validierung im Modus einer Differenzierung durch ZEL (Z. 1211–1218)
Die Schülerin ZEL reagiert auf den Redebeitrag von NER, indem sie durch die operative Abtönungspartikel *doch* in Kombination mit der Formulierung „erst recht" eine Modifikation der Antithese von NER einführt. Dabei leitet sie durch das Subjunktor *weil* ihre Erklärung für die Übernahme von Lebensmitteln wie der Süßspeise „Baklava" durch die „Griechen" ein: „weil die sich mögen, haben die das ja gemacht". Durch die Verwendung der deiktischen Determinative *die* und *das* lokalisiert die Schülerin einen Wissensrahmen, der sich auf den Redebeitrag von NER bezieht. Dabei steht *die* für ‚die Griechen und Türken' und *das* für die Übernahme der zuvor von NER exemplarisch genannten Süßspeise „Baklava". ZEL entkräftet die Begründung von NER, dass die „Griechen auch sehr vieles von den Türken geklaut [haben], Baklava und alles". Anschließend bestärkt sie ihre Äußerung dadurch, indem sie ihre subjektive Wahrnehmung zum Verhältnis zwischen den „Türken und Griechen" verbalisiert: „Also ich kenn nur Griechen, die eigentlich die Türkei mögen und die kulturelle Türkei sehr hoch halten." Sie begründet ihre Argumentation durch die gute Beziehung der „Griechen" zu den „Türken" und durch die Wertschätzung der „Griechen" für die „kulturelle Türkei". Mit der Formulierung „kulturelle Türkei" bezieht sich die Schülerin auf ihr Konzept, mit dem sie positiv konnotierte und moralisch als erstrebenswert betrachtete Eigenschaften kennzeichnet, die sie der Türkei zuschreibt.

Um ihr Unverständnis über die Thematisierung des Osmanischen Reichs in Bezug auf den Zusammenhang ‚herrschende Macht und annektierte Gebiete' zu äußern, leitet sie durch den Konjunktor *aber* einen Gegensatz ein. Dabei bezieht sie sich auf Ereignisse in der Gegenwart und lenkt den Fokus vom Osmanischen Reich auf andere von ihr als ‚Mächte' konstruierte Länder. Sie verwendet den Begriff *Kolonie* und überträgt ein Konzept auf die Herrschaftsstruktur des Osmanischen Reiches. Aus ihren Beispielen ist abzuleiten, dass sie ein Kolonien-Konzept anwendet, das die Geschichtswissenschaft für die imperiale Zeit im Europa des 19. Jahrhundert verwendet.[1054] Diese Übertragung des Konzeptes kann darauf zurückgeführt werden, dass durch curriculare Vorgaben im Geschichtsunterricht insbesondere die Kolonialisierung des 19. Jahrhunderts aus der europäischen Perspektive heraus behandelt wird und die Schülerin dieses Konzept auf das Osmanische Reich überträgt. Die Verwendung des Kolonie-Konzeptes eröffnet aus wissenschaftlicher Perspektive einen weiteren Aspekt, der für Erschließung von Fachkonzepten im Geschichtsunterricht wichtig ist:

1054 Siehe dazu Reinkowski, M. (2016): Das Osmanische Reich – ein antikoloniales Imperium? In: Zeithistorische Forschungen/Studies in Contemporary History. H. 1. S. 34–54.

der Diskurs zu den Konzepten *Reich* und *Imperium*.[1055] Wenn diese Konzepte auf das Osmanische Reich übertragen werden, wird deutlich, dass das Osmanische Reich in seiner Organisationsform bis weit in das 19. Jahrhundert klare Strukturen eines *Reiches* aufweist. Reinkowski spricht bei dem Konzept *Reich* von einem „semikoloniale[n] Status"[1056]. Wenn vor dem Hintergrund dieses Status die Äußerung der Schülerin ZEL betrachtet wird, ist weiterhin zu erkennen, dass sie bei der Konstruktion ihrer Vorstellungen zum Osmanischen Reich keine Unterscheidung zwischen den Konzepten *Reich* und *Imperium* vornimmt und somit die Organisationsform der beiden Staatsformen nicht unterscheidet. Das Kolonie-Konzept der Schülerin wird somit historisch unreflektiert auf das Osmanische Reich übertragen. Ihr Vergleich von *Osmanisches Reich* und *Australien/"common world"*[1057] basiert nicht auf einem historisch reflektierten Wissen. In ihrer Äußerung bezieht sich ZEL unter anderem auf die Übernahmen bzw. Annexion von Gebieten außerhalb Europas durch die europäischen Mächte, wodurch ihnen (den Gebieten) jegliche politische und wirtschaftliche Macht entzogen wurde. Die Organisation der eroberten Gebiete im Osmanischen Reich hingegen – im Besonderen außerhalb des Kerngebiets[1058] – wurden gegen eine jährliche Pauschalzahlung weitgehend sich selbst überlassen.[1059] Das bedeutet, dass das Ziel von Übernahme bzw. Annexion von fremden Gebieten durch die Mächte, die als Imperialmächte eingestuft werden können, nicht mit denen des Osmanischen Reiches gleichgesetzt werden können.

Das Kerninteresse von ZEL ist allerdings zu verdeutlichen, dass der gesellschaftliche Diskurs eine ungleiche Auseinandersetzung mit den Geschichten der Länder unterstützt und dieser aus ihrer Sicht keinen fairen Diskurs darstellt. Nachdem sie den Vergleich von *Osmanisches Reich* und *Australien/"common world"* anführt, markiert sie mit der Äußerung „Aber darüber spricht man nicht." das Ungleichgewicht der öffentlichen Thematisierung. Durch die Verwendung des Indefinitums *man* konstruiert sie einen kollektiven Modus, aus dem sie sich selbst raushält. Damit schafft sie bei der Behandlung dieses Themas mindestens zwei Gruppen: diejenigen, die zur Negativdarstellung ausschließlich die Annexion durch das Osmanische Reich thematisieren, und diejenigen, die die ungleiche Thematisierung erkennen und sich von der ersten Gruppe kritisch distanzieren. Durch ihren Vergleich versucht sie Parallelen zur Gegenwart herzustellen und

---

1055 Siehe dazu Kap. 6.1.
1056 Vgl. Reinkowski, M. (2016), S. 40.
1057 Gemeint ist das Konzept zum Commonwealth.
1058 Reinkowski unterteilt das Gebiet des Osmanischen Reiches in vier verschiedene „Raumtypen". Siehe dazu Reinkowski, M. (2016), S. 44f.
1059 Siehe dazu Reinkowski, M. (2016).

das Konstrukt der ‚Kolonialisierung' als gängiges System von Großmächten in der Vergangenheit sowie in der Gegenwart darzustellen. Den Vergleich zieht die Schülerin, um ihre eingangs geäußerte Irritation zur besonderen Hervorhebung beim Umgang mit dem Osmanischen Reichs im öffentlichen Diskurs kenntlich zu machen.

Elaboration der Proposition im Modus einer Exemplifizierung durch BAR (Z. 1219–1234)
BAR äußert eine eindeutige Übereinstimmung mit dem von *ZEL* beschriebenen positiven Gegenhorizont zum Umgang des Osmanischen Reich mit annektierten Gebieten und bestätigt somit den Orientierungsgehalt der Schülerin, indem er seinen eigenen Redebeitrag durch das Adjektiv *genau* einleitet und die positiven Lebensbedingungen für die Menschen im Osmanischen Reich („eigene Religion, eigene Kultur") paraphrasierend fokussiert. Dies ergänzt er durch den Hinweis des Schutzes für die Menschen, die auf dem Gebiet des Osmanischen Reichs lebten. Um seine Argumentation zu „beweisen", greift er auf die zuvor von *ER* geäußerte Begründung zurück, die er als Fakt beurteilt: „Und das kann ich beweisen mit diesem Fakt, dass nun mal Griechenland vierhundert Jahre lang unter dem Osmanischen Reich war, aber die griechische Mythologie, die griechische Geschichte die kennt man heute richtig gut, weil man Quellen hat."
BAR formuliert eine konditionale Bedingung, mit der er die positiven Lebensbedingungen, unter denen die Menschen im Osmanischen Reich lebten, aus seiner Sicht als Wahrheit konstruiert. Dafür wird die Bedingung, dass „Griechenland vierhundert Jahre lang unter dem Osmanischen Reich war" und „die griechische Mythologie, die griechische Geschichte" auch gegenwärtig bekannt ist, als hinreichend für die positiven Lebensbedingungen für alle Menschen erklärt, die damals auf dem Gebiet des Osmanischen Reichs lebten. Er ergänzt die dargestellte Bedingung durch seine Erklärung für die gegenwärtige Kenntnis über die „griechische Mythologie, die griechische Geschichte, die griechische Geschichte": „die kennt man heute richtig gut, weil man Quellen hat." Seine Erklärung nutzt er anschließend als Beleg für seine Beurteilung zum Osmanischen Reich: „Das zeigt einfach, dass das Osmanische Reich •• schön ist, was Schönes." Die Attribuierung *schön*, die *BAR* für die Beurteilung des Osmanischen Reichs verwendet, verdeutlicht sein subjektives Empfinden. Er schließt an seine subjektive Empfindung zum Umgang des Osmanischen Reichs mit den Menschen eine Forderung an. Der zuvor von ihm konstruierte Zusammenhang zwischen den ‚positiven Lebensbedingungen für alle Menschen, die damals auf dem Gebiet des Osmanischen Reichs lebten' und ‚die griechische Mythologie, die griechische Geschichte, auch gegenwärtig bekannt ist', ist aus Sicht von *BAR* als Haltung des

Osmanischen Reiches anzuerkennen. Er kategorisiert somit seine Forderung als feststehende Wahrheit, die keines Beweises bedarf: „Also es muss man auch positive Seiten angucken. Das Osmanische Reich nun Mal nicht • • seine Sprache/ seine Kultur den Menschen dort aufgezwungen hat." Besonders durch die Verwendung des Indefinitums *man* bekräftigt *BAR* die Allgemeingültigkeit seiner Argumentation, womit sie den Charakter eines Axioms erhält. Das Wissen, das *BAR* in seiner Argumentation konstruiert, kann entsprechend der Wissensstrukturtypen nach Ehlich/Rehbein dem Strukturtyp *Maxime* zugeordnet werden, da *BAR* sein Wissen als „Richtsatz" formuliert, mit dem er eine Empfehlung für die Behandlung des Themas Osmanisches Reich ausspricht und den Fokus in der Entscheidungsfindung auf „fernerliegend auf Nützliche(s)" legt.[1060] Seine hier formulierte Maxime wird in diesem Zusammenhang als Enaktierungspotential formuliert, wodurch ein passenderer Umgang mit dem Osmanischen Reich in der gegenwärtigen Öffentlichkeit umgesetzt werden könnte.

Mit der operativen Abtönungspartikel *aber* leitet *BAR* anschließend eine Fokusumlenkung seiner Argumentation ein und bezieht sich auf den Kommentar von *Daniela*, indem er sein Verständnis für ihre Äußerung ausspricht. Sein Verständnis für *Danielas* Kommentar begründet er, indem er im Modus einer Exemplifizierung einen neuen Sachverhalt einführt: „Zum Beispiel in der schiitischen Religion da gibt es ja wirklich Häuser, wo Frauen drin sind, ein Mann reinkam, • • mit der Frau heiratet für was weiß ich zwei, drei Stunden, die Frau dann für diese Ehe bezahlt • • • und dann schlafen die miteinander." Mit seinem Beispiel erklärt der Schüler die Systematik der Zeitehe (arab. *mut'a*)[1061] im Schiitentum. Er bewertet diese Form der Ehe als Prostitution: „Das ist im Prinzip Prostitution. Es ist Prostitution!" *BAR* bewertet dabei in zwei Schritten, mit denen er seine Position stärker verdeutlicht: Im ersten Schritt setzt er die Zeitehe gleich mit Prostitution, indem er die aus seiner Sicht ‚tatsächliche Wirklichkeit' durch „im Prinzip" aufdeckt. Dabei wird „im Prinzip" im Sinne von *eigentlich* verwendet. Mit dieser Formulierung verdeutlicht *BAR* seine Position zur Zeitehe im Islam. Seine Position potenziert der Schüler, indem er durch die Verwendung des Verbs *ist* im zweiten Schritt seine Äußerung als Tatsache konstruiert: „Es ist Prostituti-

---

1060 Vgl. Ehlich, K./Rehbein, J. (1977), S. 62f.
1061 Die mut'a, neben der Dauerehe eine Form der Eheschließung im Islam, wird als Zeitehe oder auch Genussehe übersetzt und hat einen festgelegten Zeitraum, der zwischen einer Stunde und 99 Jahren betragen. Diese Form der Ehe ist für die Glaubensgemeinschaft der Schiiten (eine Glaubensrichtung des Islams) erlaubt, für die Sunniten hingegen verboten. Zur genauen Ausführung siehe Enzyklopädie des Islam unter http://www.eslam.de/begriffe/z/zeitehe.htm [eingesehen am 10.10.2018].

on!" Mit seinem Beispiel zur Zeitehe, die er als im Schiitentum ‚erlaubt' darstellt, weist er auf die Schwierigkeit der Wahrnehmung des Islams in der Öffentlichkeit hin, die wiederum Einfluss auf die Wahrnehmung des Osmanischen Reichs hat: „assoziiert man das sofort mit dem Osmanischen Reich, was damals passiert ist und sagt ‚Boah guck mal, das ist so und so'". Mit der Verwendung des Verbs *assoziieren* hebt er die negative Verknüpfung des von ihm genannten Beispiels zur Zeitehe zum Osmanischen Reich hervor. Neben seinem Unverständnis für das Verhalten von Personen wie *Daniela* äußert er auch sein Unverständnis für die von ihm als Schiiten markierte Gruppe. Auch wenn er entgegen einer Pauschalisierung seine Äußerung durch „nicht alle Schiiten, • aber wenn ein Großteil der Schiiten so agiert", korrigiert, markiert *BAR* als eine schuldige Gruppe für die negative Wahrnehmung des Islams und damit des Osmanischen Reichs die ‚Schiiten'.

Mit seinem Redebeitrag produziert der Schüler drei Gruppen, die er voneinander differenziert: Erst konstruiert er durch den Unterschied ‚Muslim' und ‚Nicht-Muslim' zwei Gruppen. Dabei ordnet er sich selbst der Gruppe der ‚Muslime', *Daniela* hingegen ordnet er der Gruppe der ‚Nicht-Muslime' zu. Anschließend konstruiert er eine weitere Gruppe von Menschen, die er als die ‚Schiiten' bestimmt und durch die Verwendung der Formulierung „in der schiitischen Religion" von den ersten beiden Gruppen und damit auch von sich selbst abgrenzt. Auch wenn *BAR* die Zeitehe als mögliche Ursache bei der negativen Wahrnehmung des Islams konstruiert, somit einen Zusammenhang zwischen dem Islam und den ‚Schiiten' herstellt, konstruiert er einen religiösen Unterschied zwischen seinem subjektiven Zugang zum Islam und dem der ‚Schiiten'. Mit Mecheril/Olalde gesprochen, kann hier von der Herstellung eines religiösen Otherings gesprochen werden, mit der *BAR* die Ausgrenzung der ‚Schiiten' vom Islam impliziert.[1062]

Konklusion im Modus einer Synthese durch NER und im Modus einer Validierung durch RUK (Z. 1235 und 1236)
Sowohl *NER* als auch *RUK* bestätigen die Aussagen von *ZEL* und *BAR* durch eine Validierung und fügen hinzu, dass sie der Kritik am öffentlichen Umgang mit dem Thema Osmanisches Reich zustimmen.

Am Redebeitrag von *NER* ist zu erkennen, dass sie ihre antithetische Orientierungskomponente auflöst und sich dem von den anderen Schüler*innen konstruierten gemeinsamen Orientierungsrahmen anschließt. Insbesondere durch die Verwendung der operativeren Partikel *wiederum* macht sie auf die Re-

---

1062 Mecheril, P./Olalde, O. T. (2018).

paratur bzw. Veränderung ihrer zuvor geäußerten Vorstellung aufmerksam. Dies unterstreicht sie weiterhin dadurch, indem sie *BAR* recht gibt: „Ja, hast recht." Durch die Kombination des responsiven Ausdrucks *ja* und der Formulierung „hast recht" expliziert sie ihre Wissensveränderung und somit den Anschluss an den gemeinsamen Orientierungsrahmen zur Kritik an der Negativdarstellung des Islams in der Öffentlichkeit durch Personen wie *Daniela* oder Menschen, die aus Sicht des Schülers *BAR* dem Schiitentum zuzuordnen sind.

RUK, die über die ganze Passage hinweg die Diskussion eher passiv begleitet, schließt sich am Ende der Diskussion an, indem sie zum einen die Äußerungen ihrer Vorredner*innen bestätigt, zum anderen sich durch die Formulierung „Auf jeden Fall, das kann ich voll nachvollziehen" dem gemeinsamen Orientierungsrahmen anschließt. Insbesondere durch die operativere Gradpartikel *voll* bewertet *RUK* die aus ihrer Sicht unverminderte Relevanz des Orientierungsrahmens und beendet den interaktiven Verhandlungsprozess des Orientierungsrahmens und der konstruierten Gegenhorizonte an dieser Stelle.

9.3.3.2.3 „Aber irgendwo sind wir Muslime auch selbst dran schuld."

In der nachfolgenden Passage der Gruppendiskussion diskutieren die Schüler*innen über die Verantwortlichen, die zur negativen Wahrnehmung des Islams im öffentlichen Raum beitragen. Den gemeinsamen Orientierungsrahmen bildet dabei der Orientierungsgehalt zur Mitschuld der Muslime selbst.

Transkriptionspassage (TP 3) zum Impuls 2

```
1562   Z: Ich finde, dass wir nicht ernst genommen werden. Und das liegt an unseren Leuten. Guck mal, ein gebildeter
1563   Mensch • • fängt anders an zu argumentieren und anders zu erzählen. Ein gebildeter Mensch • • ignoriert nicht
1564   das, was gesagt wird, sondern baut das, was er sagen will darauf auf und versucht das, was er sagt, • wirklich
1565   daran zu verknüpfen. Aber ungebildete Menschen werden nicht/ werden/ guck mal, ein Beispiel: Ich war hier in
1566   diesem Forum von Mouhanad Khorchide und da waren alles gebildete Menschen. Also die haben alle sich/ • •
1567   haben alles gelesen und waren wirklich dabei. Und das heißt nicht, dass ein weniger Moslem ist dieser Mouhanad
1568   Khorchide. • Aber er kann das entgegnen aber unserer muslimischen Länder/ • Länder diese "Ja okay, es gibt
1569   einen Gott, es gibt einen Weg, alles andere ist falsch", das ist falsch. • • Und das können die Europäer, alles was
1570   nicht muslimisch ist, ausnutzen. Weil wir uns nicht artikulieren können, wir können uns null ausdrücken, null!
1571   Und das schlimmste ist, du kannst nicht eine Geschichte nehmen, • um eine Religion heute schlecht darzustellen,
1572   kannst du nicht. Ich kann nicht heute die Nazis als Beispiel nehmen, um sagen "Okay, komplett Deutschland ist
1573   scheiße.", • • kann ich nicht nehmen, kann ich nicht machen. Das wäre von mir nicht korrekt, weil die Geschichte
1574   damals hat die Leute heute geprägt, aber sind nicht die Menschen. • • Und das Osmanische Reich hat sehr großen
1575   Einfluss auf uns heute, auf • den Islam, • aber nicht auf den Islam • komplett, verstehst du? Das darf man nicht
1576   vergleichen.
1577   B: Auf jeden Fall. Das geht nicht. Zum Beispiel hatte man im Osmanischen Reich damals • die Möglichkeit, es gibt
1578   ja verschiedene Gesellschaftsschichten. Du konntest von der untersten Schicht wirklich dich bis zur obersten
1579   Schicht aufarbeiten, sobald du Fleiß gezeigt hast, sobald du gezeigt hast "Ich hab diesen Willen", wurd dir auch
1580   von dem Staat geholfen. • • Aber diese Schicht jetzt in die obere/ gute gesellschaftliche Schicht zu kommen, das
1581   schafft niemand, man muss da reingeboren sein. Wie krank ist das, wir leben in zweitausendsiebzehn, man
1582   meckert, dass es Intoleranz gibt, aber die Menschen die meckern, dass es Intoleranz gibt, geben selbst keine
1583   Toleranz ab. Sorry, dann kannste nicht meckern. Dann kannste dir das, was du meckerst, in Hintern reinschieben.
1584   Du musst schon das erwarten, das, was du auch geben würdest. Und auch im Geschichtsunterricht in der
```

9 Hauptstudie: das Osmanischen Reich in Schülervorstellungen 441

```
1562   Z: Ich finde, dass wir nicht ernst genommen werden. Und das liegt an unseren Leuten. Guck mal, ein gebildeter
1563   Mensch • • fängt anders an zu argumentieren und anders zu erzählen. Ein gebildeter Mensch • • ignoriert nicht
1564   das, was gesagt wird, sondern baut das, was er sagen will darauf auf und versucht das, was er sagt, • wirklich
1565   daran zu verknüpfen. Aber ungebildete Menschen werden nicht/ werden/ guck mal, ein Beispiel: Ich war hier in
1566   diesem Forum von Mouhanad Khorchide und da waren alles gebildete Menschen. Also die haben alle sich/ • •
1567   haben alles gelesen und waren wirklich dabei. Und das heißt nicht, dass er weniger Moslem ist dieser Mouhanad
1568   Khorchide. • Aber er kann das entgegnen aber unserer muslimischen Länder/ • Länder diese "Ja okay, es gibt
1569   einen Gott, es gibt einen Weg, alles andere ist falsch", das ist falsch. • • Und das können die Europäer, alles was
1570   nicht muslimisch ist, ausnutzen. Weil wir uns nicht artikulieren können, wir können uns null ausdrücken, null!
1571   Und das schlimmste ist, du kannst nicht eine Geschichte nehmen, • um eine Religion heute schlecht darzustellen,
1572   kannst du nicht. Ich kann nicht heute die Nazis als Beispiel nehmen, um sagen "Okay, komplett Deutschland ist
1573   scheiße.", • • kann ich nicht nehmen, kann ich nicht machen. Das wäre von mir nicht korrekt, weil die Geschichte
1574   damals hat die Leute heute geprägt, aber sind nicht die Menschen. • • Und das Osmanische Reich hat sehr großen
1575   Einfluss auf uns heute, auf • den Islam, • aber nicht auf den Islam • komplett, verstehst du? Das darf man nicht
1576   vergleichen.
1577   B: Auf jeden Fall. Das geht nicht. Zum Beispiel hatte man im Osmanischen Reich damals • die Möglichkeit, es gibt
1578   ja verschiedene Gesellschaftsschichten. Du konntest von der untersten Schicht wirklich dich bis zur obersten
1579   Schicht aufarbeiten, sobald du Fleiß gezeigt hast, sobald du gezeigt hast "Ich hab diesen Willen", wurd dir auch
1618   Z: Ist einfach so. Aber Leute diese Daniela muss doch in der Lage sein zu trennen. Das ist ein Mensch, der sich
1619   dem Islam/ dazugehört, aber das ist nicht der Islam selber. Dann soll man lesen, aber nicht sagen, das und das
1620   und das... nein, nein, nein, nein, nein, nein.
1621   B: Aber ein Mensch ist dazu verpflichtet sich zu bilden Ner, ist so. Wenn du das siehst, dann musst du dich fragen.
1622   Guck mal, wenn du jetzt so ein Moslem siehst und Er daneben • • • dann muss man sich schon die Frage stellen,
1623   warum ist Er so anders als der Moslem, der so radikal denkt.
1624   N: Egal, wie sehr du dich bildest, du hast trotzdem immer deine eigene Meinung. Das ist einfach so.
```

Formulierende Interpretation

Thema der Passage: Bildung ist ein zentrales Ziel beim Abbau von Vorurteilen, die Muslime und Christen gegeneinander haben.

OT: Muslime sind beim Umgang mit dem Islam in gebildete und ungebildete Muslime zu unterscheiden.

UT: Nur gebildete Muslime können den Islam aus verschiedenen Perspektiven reflektieren.

UT: Die monoperspektivische Argumentationsstruktur ungebildeter Muslime führt dazu, dass „Europäer" den Islam negativ darstellen und historische Ereignisse unreflektiert gegen den Islam verwenden.

OT: Die NS-Zeit wird immer wieder in der Schule behandelt, damit Schüler*innen Schlüsse aus den historischen Ereignissen für die eigene Gegenwart ziehen können.

UT: Durch die Behandlung der NS-Zeit im Geschichtsunterricht werden Schüler*innen für Toleranz sensibilisiert.

UT: Auch die Vermittlung von Inhalten zum Osmanischen Reich kann Schüler*innen positiv beeinflussen.

OT: „Deutsch geprägte" Menschen haben Vorurteile Muslimen gegenüber.

UT: Bedingt durch das Verhalten mancher Muslime sind die Vorurteile von „deutsch geprägten" Menschen verständlich.

UT: Vorurteile gegen den Islam werden zum Teil auch durch das falsche Verhalten von Muslimen selbst verursacht.

Reflektierende Interpretation

Proposition durch ZEL (Z. 1562–1576)
Mit der Äußerung „Ich finde, dass wir nicht ernst genommen werden" führt ZEL eine neue Proposition in die Diskussion ein. Dabei konstruiert sie durch die Verwendung der Personaldeixis *wir* die Gruppe der ‚Muslime', der sie sich selbst, die Gruppendiskussionsteilnehmer*innen sowie alle anderen als muslimisch zu markierenden Menschen zuordnet. Über die Produktion der Gruppe der ‚Muslime' impliziert sie die Existenz einer anderen Gruppe; die der ‚Nicht-Muslime'. Mit dem propositionalen Gehalt ihrer Äußerung bearbeitet sie die fehlende Ernsthaftigkeit bei der Wahrnehmung der Gruppe der ‚Muslime' von Seiten der Gruppe der ‚Nicht-Muslime'.

In der Weiterführung ihrer Äußerung fokussiert sie die Gruppe der ‚Muslime', die sie als „eigene Leute" markiert. Sie formuliert eine Kollektivschuld („Und das liegt an unseren Leuten") in einem negativen Horizont, die sie in ihrem Redebeitrag auf das Bildungsniveau der ‚Muslime' zurückführt: „Guck mal, ein gebildeter Mensch • • fängt anders an zu argumentieren und anders zu erzählen. Ein gebildeter Mensch • • ignoriert nicht das, was gesagt wird, sondern baut das, was er sagen will darauf auf und versucht das, was er sagt, • wirklich daran zu verknüpfen. Aber ungebildete Menschen werden nicht/werden". Diese Begründung leitet sie mit der Formulierung „Guck mal" ein, wodurch sie die Aufmerksamkeit der Gruppenteilnehmer*innen auf ihre Begründung lenkt. Bei der Ausführung ihrer Begründung unterscheidet sie zwischen gebildeten und ungebildeten ‚Muslimen'. Als Beispiel für gebildete Muslime nennt sie eine Person („Mouhanad Khorchide[1063]"), die sie im Rahmen eines Vortrages in den Räumlichkeiten der Universität Duisburg-Essen gehört hat. Dass es sich um eine Veranstaltung in den Räumlichkeiten der Universität handelt, markiert sie durch die Lokaldeixis *hier*, durch die auch die Räumlichkeit, in der die Gruppendiskussion stattfindet, eingebunden wird. Die Menschen, die genauso wie sie an diesem Vortrag teilnahmen, ordnet sie auch der Gruppe der gebildeten ‚Muslime' zu. Dieser Gruppe stellt sie die Gruppe der ungebildeten ‚Muslime' gegenüber, die sie durch die Formulierung „muslimische Länder" als eine größere Gruppe

---

1063 Mouhanad Khorchide ist Professor für Islamische Religionspädagogik an der Universität Münster.

9 Hauptstudie: das Osmanischen Reich in Schülervorstellungen 443

gegenüber den gebildeten ‚Muslimen' quantifiziert. ZEL unterscheidet zwischen den beiden Gruppen im Umgang mit dem Islam, betrachtet sie allerdings übergeordnet als eine Gruppe, so dass sie von der Gruppe der ‚Muslime' ausgeht, diese anhand ihres subjektiven Statuskonzeptes in ‚gebildet' („Ein gebildeter Mensch • • ignoriert nicht das, was gesagt wird, sondern baut das, was er sagen will, darauf auf und versucht das, was er sagt, • wirklich daran zu verknüpfen") und ‚ungebildet' („Ja okay, es gibt einen Gott, es gibt einen Weg, alles andere ist falsch") bzw. ‚reflektiert' und ‚unreflektiert' unterteilt. Der Teilgruppe ‚ungebildete Muslime' stellt ZEL die Gruppe der „Europäer" gegenüber. In diesem von der Schülerin konstruierten Zusammenhang (‚ungebildete Muslime' versus ‚Europäer') spricht sie den ‚Muslimen' ein unreflektiertes Verhalten zu, woraus sich wiederum für „die Europäer" aus Sicht von ZEL eine Angriffsmöglichkeit ergibt: „Und das können die Europäer ausnutzen."

Auch wenn ZEL in ihrer Äußerung ihre Vorstellungen zum Modus „ausnutzen" nicht expliziert, konstruiert sie das unreflektierte Verhalten der „Europäer", das sie sich aus Sicht der Schülerin zur Diffamierung des Islams zunutze machen. Ihre Ablehnung für die als unberechtigt konstruierte Handlungsweise der „Europäer" unterstreicht sie mit einer Aufforderung, die sie durch die Verwendung des Indefinitums *man* generalisiert: „Und das schlimmste ist, man kann nicht eine Geschichte nehmen, • um eine Religion heute schlecht darzustellen, kann man nicht." Sie formuliert eine Art Verbot für das unreflektierte Übertragen von historischen Ereignissen auf die Gegenwart, wodurch Menschen degradiert werden können, die als Nachfahren einer bestimmten ‚Nation' oder ‚Religion' zugeordnet und darüber für dieses vergangene Ereignis in der Gegenwart verantwortlich gemacht werden. Das Verbot, das sie aufstellt und dem sie eine Allgemeingültigkeit zuspricht, leitet sie mit einer als emotional zu kategorisierenden Formulierung ein, die sie mit dem Superlativ „am schlimmsten" potenziert.

In der Proposition dokumentiert sich somit als negativen Horizont die Kritik an einem unreflektierten Umgang mit historischen Ereignissen, der zwischen verschiedenen Personen bzw. Gruppen zu Schuldzuweisungen und damit zur Diffamierung des Gegenübers führt.

Um die Implikationen des unreflektierten Übertragens von historischen Fakten zu verdeutlichen und somit die von ZEL aufgestellte Regel zu legitimieren, bedient sie sich am Beispiel der NS-Zeit: „Ich kann nicht die Nazis damals als Beispiel nehmen und sagen „Okay, komplett Deutschland ist scheiße.", • kann ich nicht machen. Das wäre von mir nicht korrekt." Mit den Temporaladverbien *damals* und *heute* markiert sie die Relevanz der Einordnung von historischen Kontexten, wenn historische Ereignisse betrachtet werden. Die Schülerin verweist an dieser Stelle auf ein Zeitbewusstsein im historischen Sinne und fordert eine reflexive Betrachtung der zeitlichen Dimensionen (im Sinne des historisch-reflektierten Denkens: *Vergangenheit, Gegenwart, Zukunft*). ZEL verstärkt den negativen Horizont durch die sprachliche Realisierung der Kritik, indem sie die Formulierung „kann ich nicht machen. Das wäre von mir nicht korrekt" verwendet. Ausgehend von ihrem Beispiel zur Geschichte der NS-Zeit leitet sie folgende Schlussfolgerung ab: „Die Geschichte damals hat die Leute heute geprägt, aber sie sind nicht die gleichen Menschen." Ihre Schlussfolgerung impliziert die Differenzierung der Konzepte *Schuld*, das sie der Vergangenheit zuordnet, und *Erkenntnis*, das aus dem historisch-reflexiven Urteil für ein Verständnis in der Gegenwart von tragender Bedeutung ist. Damit bildet sie einen positiven Gegenhorizont zum zuvor konstruierten negativen Horizont.

Sie schließt ihren Redebeitrag mit einem Rückbezug zur Geschichte des Osmanischen Reiches ab: „Und das Osmanische Reich hat sehr großen Einfluss auf uns heute, auf den Islam, aber nicht komplett auf den Islam." ZEL verwendet in ihrer Äußerung das kollektive Pronomen *uns* und macht auf den „sehr großen" Einfluss der osmanischen Geschichte auf die Schüler*innen der Gruppendiskussion und damit auf die Gruppe der ‚Muslime', aber auch auf den Islam, aufmerksam. Gleichzeitig macht sie deutlich, dass der Einfluss des Osmanischen Reichs auf den gegenwärtigen Islam und damit auf die ‚Muslime' von heute differenziert zu betrachten ist, da die Menschen im Osmanischen Reich nicht mit den Menschen von heute zu vergleichen sind. Mit der Formulierung „Das darf man nicht vergleichen" erinnert ZEL erneut an die Relevanz des reflexiven Umgangs mit historischen Ereignissen und Fakten und schließt ihren Redebeitrag damit ab.

Validierung und Elaboration im Modus einer Exemplifizierung der Proposition durch BAR (Z. 1577–1598)
Mit der absoluten Bestätigungsfloskel „Auf jeden Fall" validiert *BAR* die Proposition und schließt mit der Formulierung „Das geht nicht" seine subjektive Position zu der von ZEL kritisierten Verhaltensweise von Menschen und damit auch an den negativen Horizont an. Dabei geht es um das unreflektierte Übertragen von historischen Ereignissen auf Menschengruppen in der Gegenwart, wodurch es zu diffamierenden Pauschalisierungen kommen kann und Menschengruppen ausgegrenzt werden können. *BAR* verwendet die Negationspartikel *nicht*, um die Ablehnung von ZEL zu bestätigen.

Er erweitert den von ZEL aufgeworfenen positiven Gegenhorizont durch eine Exemplifizierung, die er eingangs mit „zum Beispiel" markiert, die sich in seiner Vorstellung zur gesellschaftlichen Sozialstruktur im Osmanischen Reich dokumentiert: „Du konntest von der untersten Schicht wirklich dich bis zur obersten Schicht aufarbeiten, sobald du Fleiß gezeigt hast, sobald du gezeigt hast

9 Hauptstudie: das Osmanischen Reich in Schülervorstellungen   445

„Ich hab diesen Willen", wurd dir auch von dem Staat geholfen." Auch wenn der Schüler die Personaldeixis *du* verwendet, spricht er nicht eine spezifische Person innerhalb der Gruppe an. Vielmehr verwendet er die Personaldeixis *du* an dieser Stelle in der Funktion eines Indefinitums, um eine Allgemeingültigkeit für seine Aussage zu schaffen. Mit seiner Erweiterung des positiven Horizonts konstruiert *BAR* für das Osmanische Reich ein soziales System, nach dem für jede Person, die auf dem Gebiet des Osmanischen Reiches lebte, der soziale und ökonomische Aufstieg möglich war. Als einziges Kriterium für diesen Aufstieg benennt er Eigenschaften, die als persönliche Eigenschaften einer Person betrachtet werden können: „Fleiß" und „Wille". Beiden Eigenschaften ist gemeinsam, dass sie eine soziale Funktion beinhalten und sich auf die praktische Bewältigung des individuellen Alltages einer Person ausrichten. Die Eigenschaften, die *BAR* nennt, können auch als Tugenden betrachtet werden, deren Existenz aus Sicht des Schülers *BAR* im sozialen Gesellschaftssystem des Osmanischen Reich für Menschen zum Aufbau und zur Sicherung der wirtschaftlichen Existenz führen konnte. Diesem positiven Beispiel für sozialen Aufstieg stellt *BAR* das soziale Gesellschaftssystem von „heute" gegenüber. Den Gegensatz leitet er mit dem Konjunktor *aber* ein und schließt einen sozialen Aufstieg für Individuen in der Gegenwart in jeglicher Form aus: „in die gute gesellschaftliche Schicht zu kommen, das schafft niemand, man muss da reingeboren sein." Bei der Gegenüberstellung wird deutlich, dass der Schüler dem heutigen Gesellschaftssystem kritisch gegenübersteht und im Vergleich diesem die Förderung von ungleichen Zugangschancen zuspricht. Während der Wechsel der sozialen Schicht im Osmanischen Reich über persönliche Eigenschaften wie „Fleiß" und Wille" ermöglicht wird, entscheidet gegenwärtig die Geburt in einen sozialen Stand über die soziale Existenz einer Person. Dass *BAR* sich auf die Gesellschaft bezieht, in der er selbst auch lebt (Gesellschaftsstrukturen in Deutschland), wird durch die Allgemeingültigkeit seiner Aussage deutlich. Mit „das schafft niemand" inkludiert er auch sich selbst in dieses gesellschaftlich ausgrenzende System. Auch in dieser Gegenüberstellung von früher und heute dokumentiert sich der Topos ‚Früher war alles besser'.

Im Anschluss an seine Gegenüberstellung kritisiert *BAR* das gegenwärtige System: „Wie krank ist das, wir leben in zweitausendsiebzehn, man meckert, dass es Intoleranz gibt, aber geben selbst keine Toleranz ab. Sorry, dann kannste nicht meckern. Du musst schon das erwarten, was du auch geben würdest." In seiner Kritik forciert er die Antonyme *Toleranz* und *Intoleranz*, die er für die Beschreibung der Beziehungen der Menschen zueinander in der Gegenwart verwendet. Dabei hebt er das Ungleichgewicht zwischen der geforderten Toleranz von bestimmten Menschen hervor, welche selbst intolerant sind und keine Toleranz anderen gegenüber zeigen. Aus dieser Ambivalenz folgert der Schüler eine Verhaltensregel: „Du musst schon das erwarten, was du auch geben würdest." Auch für diese Formulierung verwendet *BAR* die Personaldeixis *du*, durch die nicht eine konkrete Person angesprochen, sondern eine Allgemeingültigkeit der zuvor konstruierten Verhaltensregel für alle Menschen dokumentiert wird.

BAR bearbeitet seine Meinung zum Verhalten der Menschen zueinander weiter, indem er durch den Konjunktor *und* in Kombination mit der operativen Gradpartikel *auch* sich auf den „Geschichtsunterricht" und genereller auf die „Bildungseinrichtung" bezieht und somit einen konvergenten Zusammenhang impliziert. Mit dem Konjunktor *und* löst er bei den anderen Gruppendiskussionsmitgliedern eine Fortsetzungserwartung seiner bisher konstruierten Vorstellungen aus. Hoffmann spricht dabei von einer „szenischen Expansion", die das zuvor Gesagte und das Folgende zusammenführen soll.[1064] In seiner Äußerung fordert *BAR* die anderen Gruppendiskussionsteilnehmer*innen auf „mal nen bisschen tiefer nach[zu]denken". Im Anschluss an diese allgemein formulierte Aufforderung exemplifiziert er seine weiteren Äußerungen und bezieht sich auf die NS-Zeit: „Warum interessiert es diese Bildungseinrichtung, dass wir über die Nazis viel wissen? Warum?" Mit dieser Frage, die er im Anschluss selbst beantwortet, hält er seine eingeführte Meinung aufrecht und verbindet sie konkret mit der Aufgabe des Geschichtsunterrichts und der Schule als Bildungseinrichtung. Seine Antwort auf die Frage formuliert er wie folgt: „Damit wir das vermeiden können, damit wir nicht nationalistisch geprägt, sondern wirklich radikal dagegen werden. Das hat alles schon eine Aufgabe." Mit dem Subjunktor *damit* leitet er die Aufgabe des Geschichtsunterrichts ein und konkretisiert diese, indem er als Ziel des Geschichtsunterrichts die Förderung von Demokratiebewusstsein konstruiert, was an dieser Stelle als Enaktierung interpretiert werden kann. Dies konkretisiert er weiter über den Einschub „damit wir nicht nationalistisch geprägt, sondern wirklich radikal dagegen werden". Die Attribuierung „nationalistisch" setzt er in den historischen Kontext des Nationalsozialismus, die er somit als Gegensatz zu den Grundprinzipien des demokratischen Miteinanders konstruiert. Er unterstreicht seine Äußerung damit, indem er mit der Formulierung „radikal dagegen" für eine vollständige Ablehnung „nationalistisch geprägt[er]" Handlungsweisen in der Bildungseinrichtung Schule plädiert. *BAR* verwendet bei der Formulierung des Bildungsauftrages von Schule die kollektive Sprecherdeixis *wir* und verdeutlicht dementsprechend eine für alle Schüler*innen gültige Haltung dem Thema gegenüber.

Diese Äußerung des Schülers kann als eine der wenigen Stellen der gesamten Gruppendiskussion herausgehoben werden, bei der mit einem gesamtgesell-

---

1064 Siehe dazu Hoffmann, L. (2013), S. 441.

schaftlichen Blick, aus migrationspädagogischer Perspektive formuliert, eine differenz- und machtkritische Sichtweise auf das System Schule und auf den Geschichtsunterricht gerichtet wird. Der Schüler formuliert ein Enaktierungspotential, das er im Besonderen für alle Akteure von Schule formuliert. Seinen Redebeitrag erweitert *BAR* um einen weiteren Aspekt, der sich auf die Behandlung des Inhaltes Osmanisches Reich im Geschichtsunterricht bezieht: „Ich finde ich auch, das Osmanische Reich geht so zurück". Dabei verwendet er der operativen Abtönungspartikel *auch*, um die Weiterverarbeitung seines Redebeitrages zu verdeutlichen. Mit seiner Formulierung „geht so zurück" rekurriert er auf die Inhalte des Geschichtsunterrichts sowie auf das Wissen der Schüler*innen zum Osmanischen Reich. Aus dieser Feststellung resultiert er eine mögliche Lösung, die er als für alle Schüler*innen bedeutend konstruiert: „Wenn man uns einfach • • das Gute rausfiltern würde, was alles im Osmanischen Reich passiert ist • • und wenn man das auch richtig übermitteln würde, dann würd ein Mensch sich so arg ins Positive verändern." Mit dem konditionalen Zusammenhang verstärkt er die Enaktierungsmöglichkeiten durch die Thematisierung des Inhaltes Osmanisches Reich im Geschichtsunterricht. Dabei spricht er von einer Veränderung der „Menschen", die er mit „arg ins Positive" beschreibt. Dass diese Veränderung, die der Schüler durch die Thematisierung des Inhaltes prognostiziert, sich auf alle „Menschen" bezieht, hebt er durch folgende Ergänzung hervor: „Nicht nur, weil ein Mensch jetzt zum Islam konvertiert oder Moslem wird, nein, weil man kann sich diese Weltbilder, die im Osmanischen Reich damals gegeben hat, auch selbst zu Herzen nehmen, jetzt greife ich wieder darauf zurück, diese Toleranz, die es damals gab und alle Menschen tolerieren." Durch diesen positiven Gegenhorizont konstruiert er eine Wirkmacht des Inhaltes Osmanisches Reich, die bei der Thematisierung zu einem toleranteren „Weltbild" bei „Menschen" führen kann. Betrachtet man die beiden Quantifizierungen „über die Nazis so viel wissen" und „das Osmanische Reich geht so zurück", die der Schüler in seinem Redebeitrag verbalisiert, erkennt man seine subjektive Einschätzung zur Bedeutung des Inhaltes Osmanisches Reich im Geschichtsunterricht. Er spricht diesem Inhalt eine bildende Funktion zu, weshalb dieser aus Sicht von *BAR* im Geschichtsunterricht thematisiert werden sollte.

Proposition durch RUK (Z. 1599–1603)
RUK lenkt den von *BAR* thematisierten reflexiven Umgang mit historischen Ereignissen zum Osmanischen Reich im Geschichtsunterricht um, indem sie auf mögliche Reaktionen von „deutsch geprägt[en]" Menschen in der Öffentlichkeit eingeht. Sie konstruiert damit einen Gegensatz zum reflexiven Umgang und benennt gleichzeitig implizit einen Grund, der den reflexiven Umgang mit

dem Inhalt Osmanisches Reich in der Schule erforderlich macht. Sie konstruiert für ihre Argumentation eine fiktive Situation, in der sie „einer alten Oma in der Bahn begegne[t]" und von dieser „bisschen komisch" angeschaut wird. Sie beurteilt diese von ihr konstruierte Situation wie folgt: „Ich wär nicht angegriffen, • • ich würds verstehen und okay einsacken lassen, vorbei." Interessant erscheint, dass sie diese Situation nicht negativ einstuft, sondern der „alten Oma" gegenüber sogar Verständnis aufbringt. Ihr Verständnis formuliert sie mit „ich würds verstehen und okay einsacken lassen, vorbei." Besonders die Formulierung „einsacken lassen, vorbei" verdeutlicht, dass die Schülerin ein solches Verhalten einer alten „deutsch geprägt[en]" Person, trotz Abweichungen zu ihren subjektiven Vorstellungen, toleriert. Besonders die Formulierung „ich würds verstehen" verdeutlicht, dass ihre subjektive Perspektive mit der der Person, die sie konstruiert, nicht übereinstimmt, sie jedoch ‚Verständnis' für die Perspektive der Person aufbringen kann. Ihrem Verständnis für eine „deutsch geprägte" Person stellt sie das Verhalten einer Person gegenüber, das sie nicht toleriert. Diese Person markiert sie mit der Bezeichnung „Ausländer" und konstruiert dadurch zwei Gruppen, die aus ihrer Sicht im öffentlichen Raum aufeinandertreffen: die Gruppe der „deutsch geprägt[en]" und die Gruppe der „Ausländer". Diese Gegenüberstellung leitet sie mit dem Konjunktor *aber* ein und strukturiert ihre Äußerung in Form eines Wenn-dann-Komplexes, um ihre Meinung in einen kausalen Erklärungszusammenhang zu setzen. Der Erklärungszusammenhang von *RUK* verdeutlicht, dass sie Menschen in ihrem gesellschaftlichen Kontext unter Rückgriff auf die Differenzdimensionen *Ethnie* und *Religion* unterscheidet und diese Dimensionen als gegeben ansieht. Anhand der von ihr konstruierten Konstellationen (Konstellation 1: deutsch geprägte Oma und *RUK*, Konstellation 2: deutsch geprägte Oma und „Ausländer, der null Ahnung über die Sachen hat") wird deutlich, dass sie sich der gleichen Gruppe zuordnet, der sie auch den „Ausländer" zuordnet und sich somit als „Ausländer" markiert. Allerdings unterscheidet sie innerhalb dieser Gruppe zwischen „Ausländer[n]", die „null Ahnung über die Sachen" haben, und denen, die Situationen im öffentlichen Raum einschätzen und vorurteilsabbauend reagieren können. In Bezug auf das Abbauen von Vorurteilen bezieht sich die Schülerin auf die Vorurteile der „deutsch geprägt[en]" Menschen und konstruiert das Verhalten von sogenannten Ausländern im öffentlichen Raum als eine Art gesellschaftliche Verantwortung. *RUK*s Äußerung lässt ein Grundprinzip rekonstruieren, auf das die Schülerin die Beziehung der konstruierten Gruppen aufbaut: Es ist die Aufgabe des „Ausländers" durch sein ‚richtiges' Verhalten in der Öffentlichkeit die Vorurteile von „deutsch geprägt[en]" Menschen abzubauen. In dieser Konstruktion wird folgende gesellschaftliche Situation deutlich: ‚Deutsch geprägte Personen'

9 Hauptstudie: das Osmanischen Reich in Schülervorstellungen

haben Vorurteile ‚Ausländern' gegenüber, weil bestimmte ‚Ausländer' in der Öffentlichkeit „ausrasten", also sich entsprechend den Vorstellungen der ‚deutsch geprägten Gesellschaft' nicht gesellschaftskonform verhalten können. Dies führt dazu, dass ‚deutsch geprägte Personen' in ihren Vorurteilen – die Schülerin verwendet den Begriff „Klischee" – bestätigt werden. Aus Sicht der Schüler führt das dazu, dass ‚deutsch geprägte Personen' alle ‚Ausländer' als unter anderem „aggressiv" bewerten.

Innerhalb dieser Konstellation wird von *RUK* ausschließlich den Personen die Aufgabe des Abbaus von Vorurteilen zugesprochen, die sie als „Ausländer" markiert. Sie konstruiert eine gesellschaftliche Machtstruktur, in der der „Ausländer" der „deutsch geprägt[en]" Person untergeordnet und somit das Konzept des Mehr- und Minderheitenstatus herangezogen wird. Es scheint so, als ob der „Ausländer" der Schuldige und deshalb auch derjenige ist, der die Verantwortung für Schuld und, damit verbunden, für die Entstehung von Vorurteilen trägt.

Validierung der Proposition durch NER (Z. 1604)
Die Schülerin *NER* bestätigt die von *RUK* aufgeworfene Proposition zu den Vorurteilen von „deutsch geprägt[en]" Personen gegenüber sogenannten Ausländern, indem sie auf die von *RUK* konstruierte fiktive Situation mit Verständnis reagiert. Durch die Quantifizierung ‚voll' unterstreicht sie den Grad ihres Verständnisses für Personen, die sie „schief angucken". Dabei bezieht sich auch *NER* auf Personen, die die Schülerin *RUK* zuvor als „deutsch geprägt" beschreibt. Durch die Quantifizierung bestätigt *NER* ihre Zustimmung zum gesamten propositionalen Gehalt und verdeutlicht, dass sie die von *RUK* konstruierte fiktive Situation auch selbst schon erlebt hat.

Elaboration in Form einer Differenzierung durch BAR (Z. 1605–1611)
Nachdem *BAR* mit der operativen Abtönungspartikel *genau* die Explizitheit des propositionalen Gehaltes nachdrücklich bestätigt, modifiziert er die von *RUK* aufgeworfene Proposition. Die Modifikation beginnt er mit der Formulierung „Und das macht mich sauer", womit er seine emotionale Verfasstheit verbalisiert. Anschließend führt er die Äußerung von *RUK* weiter aus, indem er sie bearbeitet. Er bezieht sich auf seine Wut und nennt durch den Einschub von zwei Nebensätzen hintereinander den Grund für seine Wut: „dass die Menschen, die sagen ‚Ich bin Moslem' und den Islam so falsch interpretieren, dass es wirklich so weit gekommen ist und es Ehrenmorde gibt". Beide Einschübe leitet er mit dem Subjunktor *dass* ein, durch welchen in der Regel konsekutive Bedingungen eingeführt werden. *BAR* nutzt in dieser Situation das Subjunktor *dass*, um einen

kausalen Zusammenhang zwischen seiner Wut und der Ursache seiner Wut zu verdeutlichen. Der Grund, den der Schüler nennt, bezieht sich auf das Verhalten von manchen Menschen, die sich als „Moslem" bezeichnen, allerdings den Islam aus seiner Sicht falsch interpretieren und daraus ein fehlerhaftes Verhalten resultiert. Dabei ist die Nennung eines Tötungsdeliktes in Form eines Ehrenmordes auffällig, die *BAR* auf einen fehlerhaften interpretativen Zugang zum Islam von Seiten mancher Muslime zurückführt. Auch kritisiert er durch dieses Beispiel die aus seiner Sicht falsche Vorstellung zur Rolle von Mann und Frau im Islam. Er weist darauf hin, dass es eine falsche Vorstellung davon gibt, welche Position Frauen und Männer im Islam einnehmen. Diese Vorstellung stellt er als eine kollektiv existierende Vorstellung dar, indem er auf das Indefinitum *man* zurückgreift. Die Kollektivität und die damit verbundene Allgemeingültigkeit wird von *BAR* allerdings für die Gruppe der ‚Muslime' konstruiert, was an der Verwendung der als wörtlicher Rede formulierten Äußerung „Wo man sagt ‚Ja meine Schwester muss Jungfrau bleiben und ich nicht', ey wie ekelhaft ist das" deutlich wird. Mit dieser Äußerung knüpft er an eine kollektive Orientierung an, die die Jungfräulichkeit im Islam als religiöse Verordnung und als Moralkodex sowohl für Männer als auch für Frauen voraussetzt. Über die Kritik an männlichen Muslimen, die die voreheliche Jungfräulichkeit als gesellschaftliches Ordnungsprinzip ausschließlich für weibliche Muslime ansehen, distanziert er sich von dieser Vorstellung und verdeutlicht seine eigene Position, die einen gleichberechtigten Umgang mit den Geschlechtern im Islam berücksichtigt. Er expliziert, dass die aus seiner Sicht falschen Verhaltensweisen von männlichen Muslimen, bei ihm *Ekel* hervorruft, womit er seine vollkommene Ablehnung für den ungleichen Umgang mit der religiösen Vorschrift zur vorehelichen Jungfräulichkeit ausdrückt. Er ist der Meinung, dass diese islamisch-religiöse Vorschrift für alle Muslime gilt. Gleichzeitig wird deutlich, dass er die Vorschrift nicht ablehnt, ausschließlich den ungleichen Umgang mit ihr kritisiert. Seine Kritik belegt der Schüler über die Nennung der „Isra-Sure"[1065] im Koran. Aus dem 32ten Vers dieser Sure zitiert er den Satz „nähert euch nicht der Unzucht"[1066], mit dem er die Allgemeingültigkeit dieser islamischen Vorschrift für alle Muslime und das Fehlverhalten mancher männlicher Muslime belegt. Mit dem Einschub „und das

---

1065 Die von dem Schüler *BAR* als Isra-Sure bezeichnete Sure meint die 17. Sure des Korans, die al-Isra (dt. Die nächtliche Reise) und mit einer weiteren Bezeichnung auch Banī Isrā-īl (dt. Die Kinder Israels) genannt wird. Die Sure thematisiert u. a. die gesellschaftliche Ordnung, in der die vor- und außereheliche Beziehung zwischen Junge und Mädchen bzw. Mann und Frau als abscheuliche Tat beschrieben wird.
1066 Der Schüler *BAR* zitierte an diesen Stellen einen Satz aus der al-Isra Sure 32 (Koran).

9 Hauptstudie: das Osmanischen Reich in Schülervorstellungen   451

wurd im Osmanischen Reich richtig gut ausgelebt" weist er vergleichend darauf hin, dass diese Vorschrift zur Zeit des Osmanischen Reiches richtig umgesetzt wurde. Die Geltung der gänzlichen Umsetzung der islamischen Vorschriften für die osmanische Gesellschaft erklärt der Schüler darüber, dass sich die Menschen im Osmanischen Reich gefahrlos zu jeder Uhrzeit frei bewegen konnten. Dabei betont er, dass sich selbst Frauen zu jeder Uhrzeit unbedenklich und „ohne Angst zu haben", überall frei bewegen konnten. Die Lebensbedingungen im Osmanischen Reich vergleicht *BAR* mit seinem gegenwärtigen Leben in „Deutschland" und betont dabei, dass er sich „als Mann" nicht traut „um ein Uhr morgens draußen zu sein", da er befürchtet „von einer Gruppe angegriffen zu werden". Es ist zu vermuten, dass *BAR* mit dem Vergleich der Lebensbedingungen im Osmanischen Reich und in der Gegenwart auch seine Vorstellung eines Geschlechterrollenkonzepts konstruiert, nach dem die Frau physisch schwächer als der Mann ist, aus diesem Grund einer Frau in der Öffentlichkeit eher etwas passieren könne. Dies verbalisiert er durch die Verwendung der operativen Gradpartikel *sogar* und kategorisiert damit Männern und Frauen nach ihrer körperlichen Stärke und dem damit verbundenen Gefahrenpotenzial, angegriffen zu werden.

Differenzierung der Proposition durch NER (Z. 1612–1615)
Die Schülerin *NER* äußert nachträglich noch ihr Verständnis für die von *RUK* verbalisierten Äußerung zur Reaktion „deutsch geprägt[er]" Menschen „Ausländern" gegenüber und differenziert diesen propositionalen Gehalt, indem sie über die Verwendung der Abtönungspartikel *aber* einen Gegensatz fokussiert, auf den auch schon *RUK* in ihrer Äußerung eingegangen ist. Bei dieser Fokusumlenkung konstruiert sie die Gruppe der „Muslime", in die sie sich selbst und die Teilnehmer*innen der Gruppendiskussion inkludiert, der sie die Schuld für das negative Verhalten von „deutsch geprägt[en]" Personen zuschreibt. Mit der Kollektivdeixis *wir* betont sie, dass sie selbst und auch andere, die als „Muslime" zu markieren sind, sich „manchmal [...] nicht wirklich immer richtig • • verhalte[n]." Ihr Urteil für die Selbstschuld mancher „Muslime" verbalisiert sie über eine Konditionalbeziehung durch *wenn-dann* und stellt eine aus Sicht der Schülerin logisch erscheinende Schlussfolgerung auf, dass „so ne Daniela" vorurteilsbeladen auf „Muslime" reagiert. Den Namen ‚*Daniela*' verwendet sie hier prototypisch für all diejenigen, die sie als Nicht-Muslime markiert. Daniela übernimmt an dieser Stelle somit eine stellvertretende Funktion für alle, die zuvor von der Schülerin als „deutsch geprägt" markiert wurden. Abschließend begründet *NER* das Verhalten von *Daniela* in Form einer Verteidigung und rationalisiert ihr Verhalten: „Sie sichts ja nicht anders! Sie ist auch nur Opfer ihrer Triebe." Die Begründung von *NER* weist darauf hin, dass *Daniela* keine Chan-

ce hat bzw. hatte, ihre Vorstellungen und ihre Meinung zu revidieren, da sie in ihrem lebensweltlichen Kontext keinen Zugang zu anderem Wissen hat. Dass dieses Wissen allerdings ein subjektives Wissen ist, impliziert *NER* dadurch, dass sie die Formulierung „Sie ist auch nur Opfer ihrer Triebe" verwendet. Insbesondere durch die Verwendung der Kombination der operativen Gradpartikel *auch* und *nur* schränkt *NER* eine mögliche Anschuldigung von Daniela für ihren Kommentar im Forum ein.

Antithese der Proposition durch BAR (Z. 1616–1617)
Mit der operativen Abtönungspartikel *aber* leitet *BAR* seinen Einwand zu der Äußerung von *NER* ein, mit dem er darauf hinweist, dass für ihre Wut von ‚verletzten Muslimen' Verständnis aufgebracht werden sollte, wenn der Islam falsch interpretiert wird. Dabei bezieht er sich sowohl auf den Impuls 2 als auch auf die Äußerungen der Mitdiskutant*innen. Er fordert Verständnis von allen und insbesondere von denjenigen, die zuvor von *RUK* als „deutsch geprägt" beschrieben wurden. *BAR* bezieht sich somit auf die Personen, die von allen Schüler*innen einer Gruppe zugeordnet werden, die sie als ‚deutsch geprägt' oder auch ‚Nicht-Muslime' bestimmen.

Validierung der Proposition durch ZEL (Z. 1618–1620)
ZEL bestätigt die Äußerung von *BAR* mit der Formulierung „Ist einfach so" und äußert anschließend ihre Verwunderung über Danielas Kommentar. Ihre Verwunderung leitet sie mit der Abtönungspartikel *aber* ein. Dabei spricht sie die Schüler*innen mit dem Kollektivum „Leute" an und weist darauf hin, dass sie die ganze Gruppe anspricht. Den Begriff „Leute" verwendet die Schülerin dabei als eine unter Gleichaltrigen verwendete Anrede, mit der eine Gruppe von Menschen angesprochen wird, die meist unbestimmter, manchmal auch bestimmter Anzahl ist. Durch den deiktischen Determinativ *diese* fokussiert sie den Kommentar von Daniela aus dem Impuls 2 und engt mit dem Modalverb *müssen* den Handlungsraum von Daniela ein, den *ZEL* als verpflichtend konstruiert: „[…] diese Daniela muss doch in der Lage sein zu trennen." *ZEL* kritisiert mit ihrer Äußerung die Pauschalisierung in Danielas Kommentar und weist darauf hin, dass sie in der Lage sein muss zu trennen. Das Trennen bezieht sich hierbei auf eine differenzierte Perspektive in Bezug auf muslimische Menschen, die im Kommentar von Daniela als „Osmanen" bezeichnet werden. Auch mit der Äußerung „Das ist ein Mensch, der sich dem Islam/dazugehört, aber das ist nicht der Islam selber" kritisiert sie Danielas Kommentar und bezieht sich auf die Darstellung des Sultans im Osmanischen Reich. Sie weist darauf hin, dass ein Sultan im

Osmanischen Reich dem Islam zuzuordnen war, also „dazugehört[e]", allerdings „nicht der Islam selber" war. Aus dieser Differenzierung von ZEL ist auch ihr Islam-Konzept rekonstruierbar: ZEL unterscheidet zum einen zwischen der Position des Sultans, durch den er auch ein Vertreter des Islams war, und dem Islam als religiöse Gemeinschaft. Für ZEL liegt dieser Unterscheidung zugrunde, dass der Sultan im Osmanischen Reich ausschließlich ein Vertreter des Islams war, nicht der Islam selbst, so dass eine Gleichsetzung des Sultans mit dem Islam aus Sicht der Schülerin nicht legitim ist. Den Islam konstruiert sie mit Blick auf den Kommentar von Daniela als etwas Heiliges, der selbst von einem Sultan zu Zeiten des Osmanischen Reiches nicht vollkommen ausgelebt wurde. Den Kommentar von Daniela nimmt sie zum Anlass, um eine allgemeingültige Handlungsweise beim Umgang mit dem Islam vorzuschlagen bzw. zu empfehlen: „Dann soll man lesen". Mit der Kombination des Modalverbs *sollen* und dem Indefinitum *man* formuliert sie ein gültiges Ziel, wenn sich Menschen mit dem Islam auseinandersetzen bzw. sich dazu äußern. Durch die operative Abtönungspartikel *aber* konkretisiert sie abschließend das Ziel, indem sie eine deiktische floskelhafte Formulierung verwendet, mit der sie eine monoperspektivische Darstellung ablehnt. Ihre Äußerung schließt sie mit der Hervorhebung dieser Ablehnung, indem sie das operative Responsiv *nein* mit dreimaliger Wiederholung „nein, nein, nein" anführt. Durch die dreifache Nennung des Responsiv *nein* betont ZEL ihre Ablehnung gegenüber negativer Positionierung zum Islam, was gleichzeitig ein Zeichen für ihre emotionale Positionierung dem Thema Islam und Osmanisches Reich gegenüber darstellt.

Erweiterung der Antithese der Proposition durch BAR (Z. 1621–1623)
Der Schüler *BAR* erweitert seine zuvor verbalisierte antithetische Äußerung und reagiert erneut auf die Aussage von NER. Er leitet seine Erweiterung mit der operativen Abtönungspartikel *aber* ein und spricht mit seinem Gegenargument direkt NER an, indem er ihren Namen explizit: „Aber ein Mensch ist dazu verpflichtet sich zu bilden NER, ist so." Er formuliert eine Art Regel, die er als verpflichtend für jeden Menschen formuliert. Die Formulierung „ist so", die er an das Ende seiner ‚Regel' anhängt, verdeutlicht dabei, dass er seine Äußerung als den Tatsachen entsprechend beurteilt. Der Schüler bezieht sich erneut auf den Zusammenhang zwischen Bildung, mehrperspektivisches Denken und reflektiertem Verhalten. Um seine Position zu konkretisieren, verdeutlicht er durch eine Konditionalbeziehung (*wenn-dann*) insbesondere die Relevanz der Reflexionskompetenz von Menschen, die sich mit dem Islam und dem Osmanischen Reich auseinandersetzen. Daran schließt er interessanterweise ein Beispiel an, das sich auf einen Schüler bezieht, der auch an der Gruppendiskussion

teilnimmt: „Guck mal, wenn du jetzt so ein Moslem siehst und ER daneben • • • dann muss man sich schon die Frage stellen, warum ist ER so anders als der Moslem, der so radikal denkt." Um seine antithetische Argumentation zu konkretisieren, verwendet er zum einen die Formulierung „Guck mal", zum anderen exemplifiziert er seinen Vergleich über eine Person aus der Gruppendiskussion, die allen bekannt ist, was auch auf die Konstellation einer natürlichen Gruppe hinweist.[1067] Mit dem Vergleich stützt *BAR* seine Forderung nach einem reflexiven Blick, wenn sich Menschen mit dem Islam auseinandersetzen. *BAR* argumentiert demzufolge, dass zum einen nicht jeder „Moslem" gleich „radikal denkt", zum anderen Diskurse zum Islam immer multiperspektivische Perspektiven benötigen.

Oppositionelle Reaktion durch NER (Z. 1624)
NER reagiert auf die erweiterte Antithese von *BAR* und verdeutlicht, dass sie die Argumentation von *BAR* und damit auch seinen konstruierten Orientierungsrahmen nicht teilt. Dabei weist sie darauf hin, dass Menschen auch mit einer hohen Bildung immer auch eine subjektive Meinung haben, die sie vertreten. Auch *NER* verwendet eine Legitimationsstruktur für ihre Argumentation, indem sie ihre Äußerung mit der Formulierung „Ist einfach so" abschließt. Dadurch formuliert sie nachdrücklich, was für sie als evident und alle Beteiligten als Tatsache anzunehmen ist.

9.3.3.2.4 Zusammenfassung rekonstruierter Schülervorstellungen zum Impuls 2 unter Berücksichtigung der Einzelinterviews

Die Schüler*innen diskutieren in der Gruppendiskussion auch ihre Vorstellungen zum Harem und teilen den gemeinsamen Orientierungsrahmen zur Darstellung des *Harems* in der Gegenwart, der aus ihrer Sicht mit dem Islam verbunden und ausschließlich negativ konnotiert behandelt wird. Diese Negativdarstellung leiten sie unter anderem aus der falschen Begriffsbestimmung des Wortes Harem ab und konstruieren die aus ihrer Sicht richtige Bedeutung, die sie mit dem Islam begründen. Die kollektiv geteilte Begriffsbestimmung für Harem stellt *ER* wie folgt dar:

[1067] Zur Unterscheidung von natürlicher und künstlicher Gruppe bei der Auswahl von Teilnehmer*innen für Gruppendiskussionen siehe Kap. 9.4.3.2.

9 Hauptstudie: das Osmanischen Reich in Schülervorstellungen   455

> „Harem, • so weiß ich das, ist das Haus, • wo es verboten für den Mann ist • da einzutreten. Weil • • das ist ein Harem, ist so gesagt ein Haus, • • wo Mädchen erzogen werden"[1068]

Die Begriffserklärung wird von den Schüler*innen bestätigt und der Harem als eine Art schützende Institution für Mädchen und Frauen im Osmanischen Reich konstruiert. Diese von allen bestätigte Begriffsbestimmung wird immer wieder dazu genutzt, um das gesellschaftlich konstruierte Bild vom Harem in der Gegenwart zu kritisieren. Entgegen der negativen Darstellung des Harems und des Islams erklären die Schüler*innen aus ihrer Sicht den Zusammenhang zwischen dem Harem, seiner Bedeutung und dem Islam. Aus diesem Zusammenhang leiten sie Regeln ab, die sie zur Erklärung der Regel der *islamischen Eheschließung* heranführen. Die Regel exemplifizieren sie für die Sultane im Osmanischen Reich, welche durch die Verbalisierung einer Maxime als für alle ‚Muslime' eine orientierungsweisende Handlung identifiziert und bewertet wird. Dies dokumentiert sich insbesondere in der Äußerung von *ER*:

> „Ein Mensch, als Moslem darfst du, wenn du unter bestimmten Bedienungen, ich beton dieses unter bestimmten Bedienungen, • • mit • bis zu vier Frauen heiraten. • • Aber wirklich unter bestimmten Bedingungen, nicht einfach so. Und nicht einfach so ah ich hab jetzt Lust oder so, weil wir reden hier von einem Sultan, • er ist/((1,1s)) gleichzeitig auch im meisten Fall ein Kalifat ((1,3s)) Kalif."[1069]

Durch die Verwendung der Personaldeixis *du*, mit der der Schüler die gesamte Gruppe der ‚Muslime' anspricht, verdeutlicht er die negative Darstellung einer Regel aus dem Islam, die den Islam abwertet. Diesen Orientierungsrahmen teilen alle Schüler*innen der Gruppendiskussion und konstruieren eine kollektive Maxime zur Gültigkeit der Regel für alle ‚Muslime', die zu Zeiten des Osmanischen Reiches lebten, aber auch heute leben.

Auch in den Einzelinterviews konstruieren die Schüler*innen ihre Vorstellungen zum Harem, heben die negative Darstellung des Harems in der Gegenwart jedoch nicht so intensiv hervor wie in der Gruppendiskussion. Eine explizite Kritik an der gesellschaftlichen Darstellung des Harembildes wird von dem Schüler *ER* vorgenommen:

> „Ich habe gemerkt Muhteşem Yüzyıl war so eine, die das Osmanische Reich wieder schlecht darstellt. So der, den Harem zum Beispiel, was man kennt, immer so als Sexding, weiß ich nicht also negativ einfach. Weiß ich nicht, Sultane haben jede Frau ausgenutzt und was weiß ich. So gabs einmal die eine Sichtweise und dann gabs Payitaht zum Beispiel. Ich weiß jetzt nicht, ob das stimmt aber man hört, dass das schon der Wahrheit

---
1068 Gruppendiskussion, *ER*, Z. 1079–1080.
1069 Gruppendiskussion, *ER*, Z. 1083–1086.

so gesagt entsprechen soll. Aber das muss ich natürlich nochmal richtig recherchieren, sag ich mal. Da hört man so zum Beispiel so sieht man so positive Sachen sagen wir mal."[1070]

Der Schüler nennt zwei türkische Serien, die den Harem aus konträren Perspektiven konstruieren. Einer Serie spricht er eine Negativdarstellung zu, die „immer so als Sex-ding" konstruiert wird, somit die Frauen im Harem als sexualisierte Objekte konstruiert. Der anderen Serie spricht er eine Darstellung des Harems zu, die er als an der „Wahrheit" orientiert bewertet. Der Schüler kategorisiert den Diskurs zum Harem damit in zwei gegensätzlich argumentierende Diskurse. Sein Wissen verbalisiert er über den Wissensstrukturtyp Bild, indem er verschiedene Einschätzungen zum Harem im Osmanischen Reich zusammenfasst und dieses Bild zu seiner subjektiven Beurteilung verwendet. Sein Bild über die Negativdarstellung ist demzufolge gefestigt und kaum modifizierbar.

Die in den Einzelinterviews als Einschätzungen und Bilder im Hinblick auf den Harem im Osmanischen Reich reproduzierten Vorstellungen werden in der Gruppendiskussion durch die interaktive Bezugnahme aufeinander in Form einer Maxime reproduziert. Insbesondere durch die Erklärung der islamischen Rechtsauffassung zur Ehelichung eines Mannes von bis zu vier Frauen wird die Regelung der Eheschließung als orientierungsweisende Handlung im Islam von den Schüler*innen kollektiv identifiziert und bewertet. Mit der Erklärung dieser Regel kritisieren die Schüler*innen den negativen Diskurs zum Harem und verdeutlichen gleichzeitig die Legitimation der polygamen Ehe im Islam.

In beiden Interaktionskonstellationen (Einzelinterview und Gruppendiskussion) gehen die Schüler*innen von der Vorstellung eines imperialen Harems aus und stellen ihr Wissen zum Harem darüber dar. Jedoch zeigt sich, dass die Gruppendynamik zur Konstruktion von Vorstellungen zum Osmanischen Reich führt, die den Schüler*innen als handlungsleitendes Wissen dient. Ihre Vorstellungen zum Harem im Osmanischen Reich sind somit handlungsleitend für die aus ihrer Sicht falschen Auseinandersetzung mit dem Harem und dem Islam in der Gegenwart.

In der Gruppendiskussion kritisieren die Schüler*innen neben der negativen Haremsdarstellung auch die *negative Islamdarstellung in digitalen Foren*. Die als provokative Darstellung des Islams in digitalen Foren beschreiben die Schüler*innen über einen Vergleich der beiden Kommentare aus dem Impuls 2. Mit diesem Vergleich produzieren sie einen negativen Horizont, in dem sich die negative Darstellung des Islams und der Einfluss auf das Osmanische Reich dokumentiert. In den Äußerungen der Schüler*innen wird ein zentrales Kon-

---

1070 Einzelinterview, *ER*, Z. 1052–1058.

zept deutlich, mit dem sie ihre Vorstellungen konstruieren: ein subjektives *Herrschafts*konzept. Dieses Konzept wird in Bezug auf das Osmanischen Reich positiv markiert und als fortschrittliche politische und soziale Hierarchisierung für die osmanische Gesellschaft dargestellt. Dies exemplifizieren die Schüler*innen anhand der Balkanregion und des Landes Griechenland. Bezogen auf das Osmanische Reich weisen die Schüler*innen darauf hin, dass bei der Einnahme von Gebieten die Menschen auf diesen Gebieten die sie kennzeichnenden gesellschaftlichen Eigenschaften wie Religionszugehörigkeit oder Sprache beibehalten konnten. Die folgenden Äußerungen verdeutlichen das gemeinsame Herrschaftskonzept der Schüler*innen, welches ihrem gemeinsamen Orientierungsrahmen zugrunde liegt:

„Man sagt ja, dass das Osmanische Reich Unrecht getan hätte, warum spricht man in den Balkanstaaten nicht Türkisch? • • Und wenn man die Geschichte nicht kennt, dann sagt man okay, • Balkanländer alle müssen eigentlich Türken/also Türkisch sprechen."[1071]

„Ganz kurz nur • •Griechenland • • • Ihr wisst ja, wo das liegt und so. Ich weiß, dass Griechenland • vierhundert Jahre lang unter osmanischer so gesagt Herrschaft war. • • Aber ich hab gelesen, dass die griechische Kultur • • nicht verloren gegangen ist."[1072]

„Genau, hatte aber ihre eigene Religion, eigene Kultur, aber unter dem Schutz der Osmanen. Und das kann ich beweisen mit diesem Fakt, dass nun mal Griechenland vierhundert Jahre lang unter dem Osmanischen Reich war, aber die griechische Mythologie, die griechische Geschichte die kennt man heute richtig gut, weil man Quellen hat."[1073]

Mit ihren interaktiv verbalisierten Äußerungen konstruieren die Schüler*innen ihre Vorstellungen zum Herrschaftskonstrukt im Osmanischen Reich, mit welchen sie ihren gemeinsamen Orientierungsrahmen bilden und einen positiven Gegenhorizont beschreiben. Aus diesem Orientierungswissen kann im Umkehrschluss auch das Wissen über andere Herrschaftskonzepte rekonstruiert werden, das für die Schüler*innen dann gegeben ist, wenn Herrscher ihre Macht so umsetzten, dass auf eingenommenen Gebieten lebende Menschen sich den Eigenheiten (die Schüler*innen sprechen von Sprache und ‚Kultur') der Herrschermacht unterordnen und ihre eigenen Eigenheiten aufgeben müssen. Demnach unterscheiden die Schüler*innen ihr Konzept von Herrschaft in partizipierende und assimilierende Herrschaftsformen, die sie aus der Perspektive der Herrschenden heraus generieren.

1071 Gruppendiskussion, *ZEL*, Z. 1195–1197.
1072 Gruppendiskussion, *ER*, Z. 1198–1200.
1073 Gruppendiskussion, *BAR*, Z. 1219–1222.

Auch in den Einzelinterviews verbalisieren die Schüler*innen ihre Vorstellungen zum öffentlichen Diskurs über den Islam, der sich auf die Gegenwart und damit auf ihren subjektiv-lebensweltlichen Diskurs bezieht. Hier sprechen die Schüler*innen globaler von einer Auseinandersetzung mit dem Islam, der in den Medien stattfindet. Mit Medien sind alle öffentlichen Räume gemeint, die für die Gesellschaft zugänglich sind und zur Vermittlung von Informationen und Meinungen verwendet werden. So verbalisiert beispielsweise ER seine Beobachtungen zur Negativdarstellung des Islams in seinem Umfeld und in den Medien wie folgt:

> „[…] zum Beispiel leider sehe ich das oft, also beobachte ich sehr, wenn es zum Beispiel um Islam geht, wenn man mit einem vielleicht der hier aufgewachsen ist, vielleicht über Islam redet, aber leider sieht man das ja auch so in den Medien. Also ich glaub deshalb ist das so eine Sache. Also zum Beispiel, wenn ich jetzt „Dschihad" sagen würde, denkt man sofort negativ."[1074]

Durch die Verwendung des Indefinitums *man* verdeutlich ER, dass es sich bei seiner Erfahrung um eine häufig gemachte handelt. Die negativ konnotierte Vorstellung zum Islam in seinem Umfeld und in den Medien bewertet er mit dem Ausdruck des Bedauerns *leider* und distanziert sich damit von dieser Position zum Islam. Neben der Häufigkeit dieser Erfahrung dokumentiert sich in der Äußerung des Schülers auch die Allgemeingültigkeit seiner Aussage für seinen gesellschaftlichen Kontext, wodurch er zwei Gruppen konstruiert: die betroffenen ‚Muslime' und die nichtbetroffenen ‚Nicht-Muslime'.

Vergleicht man die beiden Kommunikationskonstellationen (Einzelinterview und Gruppendiskussion) miteinander, fällt auf, dass die Schüler*innen zur Negativdarstellung des Islams erst in den interaktiven Bezugnahmen aufeinander aus den negativen Horizonten positive Gegenhorizonte und daraus potentielle Enaktierungen ableiten. So leiten die Schüler*innen in der Gruppendiskussion aus dem positiven Gegenhorizont zum Umgang des Osmanischen Reiches mit Menschen eines Gebietes, das sie erobert haben, eine Enaktierungsmöglichkeit für den gegenwärtigen Geschichtsunterricht ab, das durch die Vermittlung von Inhalten zum Osmanischen Reich realisierbar ist. Dabei wird das Potential hervorgehoben, das über die Berücksichtigung des Inhaltes Osmanisches Reich das humane Herrschaftskonzept im Osmanischen Reich behandelt werden kann, was wiederum zur Vermeidung von negativen Vorstellungen zum Osmanischen Reich und damit auch zum Islam bei Schüler*innen führen kann.

Die Schüler*innen konstruieren immer wieder Gruppen, mit denen sie ihren Zugang zum Inhalt Osmanisches Reich erklären. Im Hinblick auf den Umgang

---

1074 Einzelinterview, *ER*, Z. 830–836.

9 Hauptstudie: das Osmanischen Reich in Schülervorstellungen

mit dem Islam in der Öffentlichkeit greifen die Schüler*innen insbesondere auf religiös kodierte Kategorien und konstruieren die Gruppen ‚Muslime' und ‚Nicht-Muslime'. Der Impuls 2 in der Gruppendiskussion führt unter anderem dazu, dass die Schüler*innen die Gruppe der ‚Muslime' weiter differenzieren, um ihre Argumentation zum gesellschaftlichen Umgang mit dem Islam in der Gegenwart zu erklären. Damit versuchen sie ihre Vorstellung des ‚ausgenutzt Werdens' der ‚Muslime' von Seiten der ‚Europäer' zu begründen. Sie sprechen von einer Unreflektiertheit vieler ‚Muslime', die in entsprechenden Situationen nicht auf ‚Argumente' zurückgreifen, mit denen gesellschaftlich-kritische Perspektiven aufgebrochen werden können und falschen Vorstellungen zum Osmanischen Reich und zum Islam entgegengewirkt werden kann. Den meisten „Muslimen" sprechen die Schüler*innen die Kompetenz des reflektierten Umgangs mit dem Islam ab, so dass sich daraus für ‚Europäer' Situationen ergeben, in denen sie ohne eine kritische Gegenperspektive den Islam negativ darstellen können. Der Redebeitrag der Schülerin ZEL, der im interaktiven Gruppendiskurs von den anderen Schüler*innen bestätigt wird, verdeutlicht diese Vorstellungen:

> „Ich finde, dass wir [Muslime] nicht ernst genommen werden. Und das liegt an unseren Leuten. Guck mal, ein gebildeter Mensch • • fängt anders an zu argumentieren und anders zu erzählen. Ein gebildeter Mensch • • ignoriert nicht das, was gesagt wird, sondern baut das, was er sagen will darauf auf und versucht das, was er sagt, • wirklich daran zu verknüpfen. Aber ungebildete Menschen werden nicht/werden/guck mal, ein Beispiel: Ich war hier in diesem Forum von Mouhanad Khorchide und da waren alles gebildete Menschen. Also die haben alle sich/• • haben alles gelesen und waren wirklich dabei. Und das heißt nicht, dass er weniger Moslem ist dieser Mouhanad Khorchide. • Aber er kann das entgegnen aber unserer muslimischen Länder/• Länder diese „Ja okay, es gibt einen Gott, es gibt einen Weg, alles andere ist falsch", das ist falsch. • • Und das können die Europäer, alles was nicht muslimisch ist, ausnutzen. Weil wir uns nicht artikulieren können, wir können uns null ausdrücken, null!"[1075]

Die Äußerung der Schülerin zeigt ihre kritische Perspektive auf die ‚eigenen Leute', denen sie einen unreflektierten Umgang mit dem Islam vorwirft. Durch diese Darstellung schafft ZEL eine Teilung der Gruppe der ‚Muslime' in ‚gebildete' und ‚ungebildete' und postuliert einen reflektierten Umgang mit dem Islam durch alle ‚Muslime'. Sie unterscheidet mit ihrem Redebeitrag auch zwischen dem Islam als Religion und den Muslimen, die sich dieser Religion zuordnen. Möglicherweise ist dies eine hörerseitige Strategie, da sie der Meinung ist, dass der Islam im öffentlichen Diskurs pauschal mit negativen Konnotationen versehen wird. Es ist zu vermuten, dass ZEL unreflektiert handelnde ‚Muslime' als

---

1075 Gruppendiskussion, ZEL, Z. 1562–1570.

potentielle ‚Schuldige' für die Negativdarstellung des Islams in der Öffentlichkeit markiert.

Diese Argumentationsstruktur weist in Anbetracht der Gesamtdiskussion darauf hin, dass die Schüler*innen zwar an vielen Stellen der Diskussion die negative Auseinandersetzung mit dem Islam in der Öffentlichkeit kritisieren, jedoch vor dem Hintergrund der machtstrukturellen Hierarchie sich als ‚Muslime' dem Diskurs unterordnen. Ihre Proposition zum unreflektierten Umgang mit dem Islam durch die ‚ungebildeten Muslime' wird von allen Schüler*innen geteilt, so dass dieser als kollektiver negativer Horizont geteilt wird. Gleichzeitig ist die Konstruktion der Gruppe der ‚ungebildeten Muslime' eine Distanzierung der Schüler*innen von dieser Gruppe, so dass sie sich implizit der Gruppe der ‚gebildeten Muslime' zuordnen.

Mit der Beschreibung der gesellschaftlichen Strukturen im Osmanischen Reich verdeutlichen die Schüler*innen die positiven Effekte des Islams, sofern dieser entsprechend seiner Regeln gelebt würde. Dabei bildet diese Darstellung zum einen die Bestätigung des negativen Horizonts, zum anderen die Beschreibung eines positiven Gegenhorizonts. In diesem positiven Gegenhorizont dokumentiert sich auch die Relevanz historischer Ereignisse für die Gegenwart:

> „Auf jeden Fall. Das geht nicht. Zum Beispiel hatte man im Osmanischen Reich damals
> • die Möglichkeit, es gibt ja verschiedene Gesellschaftsschichten. Du konntest von der
> untersten Schicht wirklich dich bis zur obersten Schicht aufarbeiten, sobald du Fleiß
> gezeigt hast, sobald du gezeigt hast „Ich hab diesen Willen", wurd dir auch von dem Staat
> geholfen."[1076]

Durch die Hervorhebung der positiven gesellschaftlichen Strukturen im Osmanischen Reich, die die Schüler*innen als kollektiven Orientierungsrahmen teilen, wird die Relevanz der Thematisierung des Osmanischen Reichs im Geschichtsunterricht hervorgehoben, woraus eine Enaktierungsmöglichkeit abgeleitet wird:

> „[…] dann würd ein Mensch sich so arg ins Positive verändern […] man kann sich
> diese Weltbilder, die im Osmanischen Reich damals gegeben hat, auch selbst zu Herzen
> nehmen."[1077]

Der Behandlung des Inhaltes Osmanisches Reich wird von den Schüler*innen eine bedeutende Rolle für die Entfaltung und Entwicklung der Persönlichkeit eines jeden Menschen zugesprochen. Es wirkt gerade so, als ob das Fehlen dieser Inhalte zu einem Defizit bei der Persönlichkeitsentwicklung der Menschen und

---

1076 Gruppendiskussion, *BAR*, Z. 1577–1580.
1077 Gruppendiskussion, *BAR*, Z. 1594–1597.

9 Hauptstudie: das Osmanischen Reich in Schülervorstellungen   461

damit der Gesellschaft führen könne. Zu diesem Orientierungswissen bilden die Schüler*innen Sentenzen, die in Form von „All-Aussagen"[1078] wie die Äußerung von *NER* mit „Das ist einfach so"[1079] verbalisiert werden.

Im Vergleich zur Gruppendiskussion finden sich in den Einzelinterviews Vorstellungen zur Schuldzuweisung bezüglich der Negativdarstellung des Islams von Seiten jener Gruppe, die als ‚Nicht-Muslime' markiert wird. Die Schüler*innen narrativieren ihre Vorstellungen und Positionen in Bezug auf den Umgang mit dem Islam, den sie der konstruierten Gruppe zusprechen, was sich beispielsweise in der Äußerung der Schülerin *ZEL* widerspiegelt:

> „[…] ich bin der Meinung, • dass Menschen sehr viele • • Gelegenheiten nutzen, um den Islam bisschen • schlechter darzustellen. Und das ist für mich so • • immer kritisch, wie • • wenn einer mit mir Fakt/über Fakten reden möchte, über geschichtlichen • • Ereignisse, dann klar ich bin für jede Kritik fähig und bin ja auch kein Mensch, der damals gelebt hat. Ich kann mich darüber äußern, darüber reden, Diskussion, von schlauer werden. Aber wenn ein Mensch damit der Absicht hat • • meine Religion, • • • die eigentlich für mich perfekt ist, aber nicht perfekt ausgelebt wird • • versuchen mit geschichtlichen Ereignissen zu vergleichen und daraus schlecht zu stellen, das ist sehr/das macht heutzutage machen viele, • • weil das so wie son Gesprächsstoff für die ist. Weil das passiert ist, dann • • ist das für mich schon • • schlimm. Das ist in der Schule sehr oft passiert, vor allem mit den I/mit dem IS, wo das jetzt bisschen schlimmer wurde, • • hat man ganz versucht • • Parallelen zwischen IS und den Osmanen zu ziehen, weil die auch ein Kalifat gründen wollen."[1080]

Für die Negativdarstellung des Islams in der Öffentlichkeit nutzt *ZEL* Argumentationsstrukturen, die auch bei der Verbalisierung der Vorstellungen zu erkennen sind, die die Schüler*innen in der interaktiven Konstellation der Gruppendiskussion konstruieren. *ZEL* markiert die Personen, die sie nicht explizit differenziert und als „Menschen" bezeichnet. Aus Sicht der Schülerin sorgen diese „Menschen" dafür, dass der Islam in „sehr viele[n] • • Gelegenheiten" negativ dargestellt wird. Sie fokussiert den sozialen Raum Schule als einen Ort, in dem sie persönlich oft mit Situationen konfrontiert wurde, in denen ‚andere' den IS (Islamischer Staat) mit dem Osmanischen Reich verglichen haben. Diesen Zugang zum Thema ‚Islam' kritisiert *ZEL*, indem sie auf die Relevanz des historischen Kontextes hinweist.

Die von den Schüler*innen als ein zentraler Punkt diskutierte ‚Schuld' der ‚ungebildeten Muslime' bezüglich der Negativdarstellung des Islams im öffentlichen Diskurs findet sich auch in den Einzelinterviews. Es wird auch in den

---
1078 Vgl. Ehlich, K./Rehbein, J. (1977), S. 56.
1079 Gruppendiskussion, TP 3, Impuls 2, *NER*, Z. 1624.
1080 Einzelinterview, *ZEL*. Z. 211–212.

Einzelinterviews eine Schuld in Bezug auf die Gruppe der ‚Muslime' konstruiert, die sich auf ein ‚muslimisches Verhalten' mancher ‚Muslime' bezieht, das die Schüler*innen als nicht religionskonform beurteilen. Auch aus dieser Schuld leiten die Schüler*innen Konsequenzen ab, die einen negativen Einfluss auf ihr Verhalten in der Öffentlichkeit hat. Dieses mit den tatsächlichen Regeln des Islams nicht übereinstimmende Verhalten führt der Schüler BAR in dem Einzelinterview auf den geringen Kenntnisstand der Muslime zurück.

> „Die sagen ich bin Moslem, Alhamdulillah[1081] aber das/das wars dann auch! Dann gehen die feiern, die gehen Alkohol trinken, die gehen • rauchen. ‿ Ich möchte die um Gottes willen nicht dafür verurteilen, • • aber, wenn du auf etwas stolz bist, dann solltest du auch wissen, warum du auf etwas stolz bist. Weil wenn ich hinterfrage, „Warum bist du stolz?" „Ja, das waren die Osmanen, ne" [...] Also die sagen Osmanen/das waren die Osmanen, das ist schon aus/ausschlaggebend für die. Und für mich ist das/sind das einfach nur drei leere Begriffe. Das waren die/also vier, fünf leere Begriffe, das waren die Osmanen, so halt!" (Einzelinterview BAR, Z. 140–147)

BAR hebt insbesondere zwei Handlungsweisen hervor, die er als Regelverstoß im Islam markiert. Diese sind das ‚Feierngehen' und das ‚Alkoholtrinken'. Auch wenn er direkt im Anschluss an die Nennung diese als Widrigkeit kategorisierten Verhaltensweisen hervorhebt, dass er niemanden für sein Verhalten verurteilen möchte, äußert er durch die Verwendung der arabischen Alltagsformel *Alhamdulillah* eine Kritik aus, die sich an ‚Muslime' richtet („Die sagen [...]", Z. 140).

Das Wort *Alhamdulillah*, das der Schüler verwendet, spielt eine zentrale Rolle im alltäglichen Leben von Muslimen und wird in vielfältigen Kontexten verwendet. Die Vorsilbe *Al-* weist dabei auf die im Islam verwendete Bezeichnung für den als einzig aufgefassten Gott und markiert somit bei der Verwendung des Begriffes die Person als muslimisch. Der Schüler BAR kritisiert an dieser Stelle, dass die Verwendung dieses Begriffes noch nicht ausreicht, um ein guter ‚Muslim' zu sein.

In beiden Interaktionskonstellationen finden sich die Kategorie Wissen bzw. Unwissen, mit denen in den Einzelinterviews das Fehlverhalten von ‚Muslimen' und der Gruppendiskussion die Legitimation der Selbstschuld der ‚Muslime' bezüglich der Negativdarstellung des Islams und des Osmanischen Reichs im gegenwärtigen öffentlichen Diskurs begründet wird. Demzufolge kann festgehalten werden, dass die kollektiven Erfahrungen der Schüler*innen durch eine Diskrepanz geprägt sind: Die Schüler*innen reproduzieren gesellschaftliche Diskurse, die von religiös kodierten Kategorien geprägt sind und zur Differenzierung von Menschen in ‚muslimisch' und ‚nichtmuslimisch' führen. Gleichzeitig kritisieren sie diesen differenz- und machtstrukturellen Diskurs, da sie

---

1081 Alhamdulillah (dt. Alles Lob gebührt Allah) ist eine arabische Formel, die im 2. Vers der 1. Sure des Koran vorkommt.

ihn aus ‚unfair' und ausgrenzend empfinden. Als eine interessante Auflösung dieser differenzbildenden Kategorien nennen die Schüler*innen sowohl in den Einzelinterviews als auch in der Gruppendiskussion die historisch-reflexive unterrichtliche Beschäftigung mit dem Osmanischen Reich und dem Islam.

9.3.3.3 Impuls 3

Für den dritten Impuls wurden Auszüge aus digitalen Nachrichtenformaten verwendet. Es wurden die Schlagzeilen bzw. Dachzeilen drei verschiedener digitaler Anbieter ausgewählt, die Beiträge bzw. Berichte zum Thema *100 Jahre Genozid und die Armenier bzw. Aramäer* veröffentlicht haben. Die Beiträge sind auf den Internetseiten des Hörfunksenders *Deutschlandfunk*, des Wochenmagazins *stern.de* und der Wochenzeitung *zeit.de* und in den Jahren 2015 und 2016 veröffentlicht worden. Die Artikel vom Deutschlandfunk und von stern.de diskutieren in ihrem Beitrag die historischen Ereignisse von 1915 und ihre Relevanz für die Gegenwart, der Beitrag von zeit.de berichtet von der Reaktion Bekir Bozdağs (bis 2017 als türkischer Justizminister tätig) auf die sogenannte Armenier-Resolution des Bundestages im Jahre 2016. Im Folgenden werden die Textauszüge des Impuls 3 dargestellt:

„Völkermord an den aramäisch-sprachigen Christen
Der unbekannte Genozid
Der Völkermord an den Aramäern vor 100 Jahren ist einer der wenig bekannten Genozide in der modernen Geschichte. Er wird überschattet vom Genozid an den Armeniern. Im damaligen Osmanischen Reich sollten aber auch die syrisch-orthodoxen oder aramäischsprachigen Christen vernichtet werden. Daran erinnerten zwei internationale Konferenzen in Berlin.
Von Matthias Bertsch[1082]

Deportiert und massakriert
Warum der Völkermord an den Armeniern uns alle angeht
Vor 100 Jahren wurden Armenier im Osmanischen Reich verschleppt und getötet. Auch das Deutsche Kaiserreich wusste davon – und verhinderte die Gräueltaten nicht. Warum das heute noch wichtig ist.
Von Lisa-Marie Eckardt[1083]

1082 Vgl. http://www.deutschlandfunk.de/voelkermord-an-den-aramaeisch-sprachigen-christen-der.886.de.html?dram:article_id=324152, (01.07.2015), [eingesehen am 21.01.2017].

1083 Vgl. http://www.stern.de/politik/ausland/voelkermord-an-armeniern-deutschland-erkennt-genozid-an-wie-reagiert-die-tuerkei-6217888.html, (23. April 2015), [eingesehen am 21.01.2017].

Armenien-Resolution*: „Kümmere dich um deine eigene Geschichte"
Der türkische Justizminister Bekir Bozdağ nennt die Armenien-Resolution eine Verleumdung. Er fordert, Deutschland solle sich stattdessen mit dem Holocaust beschäftigen.
Der türkische Justizminister Bekir Bozdağ hat die Armenien-Resolution des Bundestages deutlich kritisiert. „Erst verbrennst du die Juden im Ofen, dann stehst du auf und klagst das türkische Volk mit Genozidverleumdung an", sagte er.
Den Deutschen empfahl er: „Kümmere dich um deine eigene Geschichte." Dass in der Resolution von einem Genozid gesprochen werde, sei eine Verleumdung des Volkes, des Staates und der Geschichte der Türkei."
(Eigene Ergänzung: *Resolution: eine schriftliche Erklärung zu einem offiziellen Beschluss in der Politik)[1084]

9.3.3.3.1 „[J]edes Land hat seine Leichen im Keller"

Mit dem dritten Impuls, den die Diskussionsleiterin an die Schüler*innen verteilt, wird der Aushandlungsprozess der Schüler*innen zum Thema ‚Genozid an den Armeniern' deutlich. Die Schüler*innen konstruieren einen gemeinsamen Orientierungsrahmen, der Aufschluss über ihren kollektiven Erfahrungsraum in Bezug auf den Umgang mit den Begriffen ‚Völkermord' und ‚Vernichtung' gibt. Dabei greifen sie erneut auf das Positiv-Negativ-Konzept zurück, über das die Schüler*innen auch ihre Vorstellungen zu den Impulsen 1 und 2 konstruierten. Mit diesem Konzept produzieren die Schüler*innen Zugehörigkeitsordnungen und Ordnungswissen, denen die Unterscheidung der Gruppen ‚Muslime' und ‚Nicht-Muslime' zugrunde liegt. Anhand des Impuls 3 werden diese beiden Gruppen durch die Schüler*innen bestimmten Ländern zugeordnet, so dass das kollektive Zuordnungskonzept der Schüler*innen sowohl die Kategorie *Nation* als auch *Religion* enthält, zum Teil auch synonym verwendet wird.

Transkriptionspassage (TP 1) zum Impuls 3

```
1823  B: Stimmt das wirklich, dass das damals passiert ist im Osmanischen Reich? Ich weiß nicht, ob das passiert ist.
1824  Deshalb frage ich jetzt wirklich. Man kann sich das nicht so vorstellen, ne?
1825  N: Ja, die einen nehmen das an, die anderen lehnen das ab. Kann man eigentlich auch nicht wissen.
1826  E: Ich kann jetzt nicht sagen "Auf keinen Fall ist sowas passiert", kann ich nicht sagen. Aber ich kann auch nicht
1827  sagen "Auf jeden Fall ist sowas passiert." Ich persönlich kann mir das auch nicht vorstellen. • • Ich hab mal gehört,
1828  wie ein Politiker gesagt hat "Komm, wir öffnen die Archive und gucken nach, ob das wirklich stimmt". Aber was
1829  ich direkt ((1,3s)) • • sagen will über dieses/ • • sagen wir mal dieser Völkermord wird gezeigt ((1s)) und • dann,
1830  wenn man es jetzt / zum Beispiel Christen gezeigt wird/ dann denkt der • • Christ • über die Moslems 'Ah das
1831  heißt Muslime • • • machen Völkermord'. • • Selbst, wenn eine Gruppe von Muslimen • • unschuldige Christen
1832  • einfach so tötet. • • Kann man dadurch sagen, okay alle Muslime sind so? • Kann man das sagen?
1833  B: Sofort negativ, ne. Darf man nicht.
1834  Z: Das ist das perfekte Beispiel. • Ein Holocaust/ • • das nennt man nur so • lass mal das Wort weg und sag
1835  einfach nur Vernichtung • einer bestimmten Menschenrasse. Gibt es heute in Deutschland, gibt es auch in • • •
```

1084 Vgl. http://www.zeit.de/politik/ausland/2016-06/tuerkei-ruft-wegen-armenien-resolution-botschafter-zurueck, (02.06.2016), [eingesehen am 21.01.2017].

1836 Jordanien, Ägypten, in muslimischen Ländern ne? Wo wird das schlimmer gehalten, hier oder dort? Ganz klar.
1837 Warum? Weil das Muslime sind. • Und die Geschichte, die wir heute haben, oder • diese Geschichte der
1838 Vernichtung betrifft ja in dem Fall das Osmanische Reich, aber auch • • • die Deutschen. Warum zeigst du mit
1839 nem nackten Finger auf ein • Imperium, auf eine • • Menschengruppe, wenn du nicht besser bist? • Weißt du, •
1840 • • du bist nicht besser, dann red nicht darüber. Und wenn du • zu der Zeit • gelassen hast, also nicht geholfen
1841 hast, dann frage ich wie moralisch bist du, wie weit ist deine Moral, dass du nicht eingegriffen hast?
1842 E: Ja man, das geht nicht.
1843 B: Ja! Mhm • • Also ich weiß nicht, ob das wirklich im Osmanischen Reich passiert ist oder nicht. • • Und wenn es
1844 passiert ist: • jedes Land hat seine Leichen im Keller. Das ist einfach ein Fakt. • • Und zum Beispiel würde ich
1845 niemals Deutschland unterstellen, was die damals mit den Juden getan haben, weil die haben aus ihren Fehlern
1846 gelernt. Und man sieht auch, dass sie das • bereuen, was damals passiert ist. • • Wenn ein Land, das einen Fehler
1847 begangen hat, nicht möchte, dass auf diese Fehler zurückgegriffen wird, • aber auf ein anderes Land, das Fehler
1848 begangen hat, dann auf diese Fehler zurückgreift, das finde ich nicht okay. Genau das hat der Türke hier gesagt,
1849 du kannst nicht auf mich / auf uns unsere Kultur, oder unser damaliges Geschehen • zurückgreifen, wenn
1850 du das doch selbst irgendwie in irgendeiner Art und Weise gemacht hast.
1851 R: Genau. Und die Sache ist ja, das wird von jedem gemacht. • • • Also die Opfer sind in jedem Staat zweitrangig,
1852 also die Opfer gibt es immer. Auch wenn ich heute • Bundeskanzlerin werden will, wenn ich Kanzlerin bin, •
1853 müssen da drunter leiden, andere Leute. Im Kampf Trump gegen Clinton, Clinton hat gelitten. • Also musste
1854 leiden, damit Trump hochkommt, ist einfach so. Auf dem Weg zum Erfolg gibt es immer irgendwelche Opfer. Das
1855 wichtige ist, • • du musst gucken, inwiefern • wird dann das Ding benutzt, um irgendwas zu zeigen. Es gibt so
1856 viel, was auch versteckt ist, was einfach • • unterm Teppich einfach so, so nebenbei. Heute kann mir auch keiner
1857 sagen, dass es keinen • • Dings mehr gibt Mord vom Staat, gibts überall noch, nur wir wissen das nicht.
1858 B: Ja... hmhm. Auf jeden Fall.

Formulierende Interpretation

Thema der Passage: Die Vorstellungen der Schüler*innen zum öffentlichen Diskurs zum Thema *100 Jahre Genozid und die Armenier bzw. Aramäer*.

OT: Die Schüler*innen zweifeln die Berichte zum Genozid an den Armeniern an und begründen ihre Vermutungen anhand ihrer Präsuppositionen zum kollektiven Zugehörigkeitskonzept ‚Muslime' und ‚Nicht-Muslime'.

UT: Die Berichterstattung zum Genozid an den Armeniern wird hinterfragt.

UT: Mit dem Thema Genozid an den Armeniern wollen ‚Nicht-Muslime' die Osmanen bzw. die Türken negativ darstellen, weil sie Muslime sind.

UT: Die Schüler*innen sind sich einig, dass jedes Land in seiner Geschichte Fehler gemacht hat, so dass eine Fokussierung eines möglichen Genozids an den Armeniern unfair gegenüber den Türken wäre.

Reflektierende Interpretation

Immanente Frage zum Impuls 3 durch BAR (Z. 1823–1824)
Auf den von der Diskussionsleiterin eingereichten Impuls 3 reagiert *BAR* mit einer Frage, indem er nach der Authentizität des in den Berichten 1 und 2 dargestellten Ereignisses fragt. Dass es sich bei seiner Frage um eine echte Entscheidungsfrage handelt, mit der der Schüler eine Wissenserweiterung intendiert, unterstreicht er mit der Äußerung „Ich weiß nicht, ob das passiert ist. Deshalb frage ich jetzt wirklich." Im ersten Satz dieser Äußerung leitet er einen indirek-

ten Fragesatz ein, mit dem er seine Ungewissheit über das dargestellte Ereignis in den Berichten ausdrückt. Interessant erscheint allerdings seine anschließende Formulierung „Deshalb frage ich jetzt wirklich", mit der er ein weiteres Mal sein Unwissen betont. Dabei leistet er durch die Verwendung des Subjunktors *deshalb* in Supplementfunktion[1085] eine Anbindung an eine Erklärestruktur, so dass ein Zusammenhang zwischen seiner Frage und der Berichte aus dem Impuls 3 entsteht. Besonders auffällig ist in diesem Satz die Verwendung des Begriffes „wirklich". Mit dieser Modalpartikel unterstreicht er erneut die Position seiner Äußerung, dass sein Unwissen zu der Frage, ob es einen Genozid an den Armeniern und Aramäern gegeben hat, belegen soll. Diese doppelte Markierung zu diesem von den Schüler*innen als eher mit Distanz behandelten Thema lässt vermuten, dass *BAR* das Thema Genozid und Armenier und Aramäer ablehnt. Die Ablehnung impliziert er im abschließenden Satz seiner Äußerung: „Man kann sich das nicht so vorstellen, ne?" In Form einer Frage formuliert er die aus seiner Sicht Unwahrscheinlichkeit, dass es einen Genozid an den Armeniern und Aramäern gegeben haben kann. Mit der Verwendung der Interjektion *ne*, die er an seine Äußerung anhängt, fordert er von den anderen Schüler*innen seine Position zum Genozid zu akzeptieren und auf diese zu reagieren.

Antwort auf die immanente Frage durch NER (Z. 1825)
Auf die Frage von *BAR* reagiert *NER*, indem sie zwei Perspektiven aufzeigt, die es zu der Frage, ob es den Genozid gegeben hat, aus ihrer Sicht in der Gesellschaft geben kann. Dabei bleibt ihre Äußerung eher pauschal: „Ja, die einen nehmen das an, die anderen lehnen das ab." Sie konstruiert demzufolge zwei Gruppen, die sich mit ihren Positionen gegenüberstehen. Die eine Gruppe wird dabei als jene konstruiert, die von dem Genozid als stattgefundenes historisches Ereignis ausgeht, die andere wiederum dieses Ereignis ablehnt. Innerhalb dieser Gruppenkonstellation positioniert sich die Schülerin nicht explizit einer Gruppe zu, sondern distanziert sich von beiden Gruppen mit der Äußerung „Kann man eigentlich auch nicht wissen". Dabei konstruiert sie ihre Distanzierung zu den Positionen durch die Kombination der Abtönungspartikel *eigentlich* und der Gradpartikel *auch*.

Proposition im Modus einer Antwort auf die Frage durch ER (Z. 1826–1832)
ER antwortet ebenfalls auf die Frage von *BAR* und konstruiert auch zwei gegensätzliche Perspektiven auf die Frage, ob es einen Genozid an den Armeniern

---

1085 Zur Bestimmung der Suplementfunktion siehe Hoffmann, L. (2014), S. 322.

und Aramäern gab und dieser als historisches Ereignis angenommen werden kann: „Ich kann jetzt nicht sagen ‚Auf keinen Fall ist sowas passiert', kann ich nicht sagen. Aber ich kann auch nicht sagen ‚Auf jeden Fall ist sowas passiert'." Mit zwei gegensätzlichen Äußerungen verdeutlicht er, dass er sich beiden absoluten Äußerungen nicht zuordnen kann. Anschließend schränkt er seine zuvor geäußerte Aussage dadurch ein, indem er seine persönliche Einschätzung äußert: „Ich persönlich kann mir das auch nicht vorstellen." Mit dieser Äußerung distanziert er sich von der zuvor aufgestellten Äußerung „Auf keinen Fall ist sowas passiert" und ordnet sich eingeschränkt der Position zu, die er zuvor mit der Äußerung „Auf keinen Fall ist sowas passiert" dargestellt hat. Insbesondere durch die Verwendung der Gradpartikel *auch* schließt er sich der zuvor von *BAR* getätigten Einschätzung an, mit der er seine Position unterstreicht. Diese Positionierung führt er weiter aus, indem er auf ein „mal" gehörtes Ereignis eingeht: „Ich hab mal gehört, wie ein türkischer Politiker gesagt hat ‚Komm, wir öffnen die Archive und gucken nach, ob das wirklich stimmt'." Auch diese Äußerung verdeutlicht, dass *ER* tendenziell die Positionen aus den Berichten 1 und 2 des Impulses 3 ablehnt. Er spricht von einem Politiker, den er als „türkischer Politiker" markiert. Durch die Nennung „türkischer Politiker", dessen Position er in Form einer wörtlichen Rede wiedergibt, wird dieser von dem Schüler als Stellvertreter der Republik Türkei konstruiert, der die Öffnung des Ortes Archiv vorschlägt. In seiner Äußerung wird der Ort „Archiv" als Staatsarchiv entworfen, an dem wichtige staatsrelevante Unterlagen und Informationen aufbewahrt werden, die Aussagen zur Geschichte des Osmanischen hergeben. Das Archiv ist demnach ein Ort, an dem sich das staatliche Schriftgut (im Falle des Osmanischen Reiches ist von ‚Reichsschriftgut' zu sprechen) befindet, eine Öffnung dieses Ortes für die Öffentlichkeit somit von dem Schüler als Beweis für die Unschuld der ‚Republik Türkei' als Vertreter des Osmanischen Reiches konstruiert wird. Über die Kombination des Subjunktor *ob* und des Modalpartikel *wirklich* hinterfragt *ER* nicht nur den Wahrheitsgehalt der Berichte 1 und 2 des Impuls 3, sondern versucht auch die möglicherweise noch nicht getroffene Entscheidung der anderen Gruppenmitglieder zu beeinflussen.

Nachdem *ER* in Anlehnung an die Frage von *BAR* seine Vorstellung zum Genozid und seinen Standpunkt zu den ersten beiden Berichten aus dem Impuls 3 konstruiert, lenkt er den Fokus mit der operativen Abtönungspartikel *aber* um, indem er auf die Bedeutung der Berichte für die Auswirkungen auf das Verhältnis zwischen Christen und Muslimen eingeht. Dass die Thematisierung des Verhältnisses zwischen Christen und Muslimen für ihn persönlich bedeutend ist, zeigt sich durch die Verwendung des Adjektivs *direkt*, womit er die sofortige Verbalisierung seiner Vorstellung zum Thema ankündigt. Anschließend skizziert er eine fiktive Situation, die er mit „sagen wir mal" einleitet. Dabei bezieht er sich explizit auf den in den Berichten 1 und 2 des Impulses 3 genannten Völkermord, was er mit dem deiktischen Determinativ *dieser* verdeutlicht: „wenn man es jetzt/zum Beispiel Christen gezeigt wird/dann denkt der • • Christ • • über die Moslems ‚Ah, das heißt Muslime • • • machen Völkermord'." Mit dem wenn-Sachverhalt „wenn man es jetzt/zum Beispiel Christen gezeigt wird", konstruiert *ER* die Folge „dann denkt der • • Christ • • über die Moslems ‚Ah, das heißt Muslime • • • machen Völkermord'.", womit er einen aus seiner Sicht wirklichkeitsnahen konditionalen Zusammenhang herstellt. Er stellt einen die Beziehung zwischen Christen und Muslimen gefährdenden Zusammenhang her, bei dem die ‚Muslime' als die ‚Christen' ermordende Gruppe markiert und somit aus Sicht des Schülers zu Unrecht des Völkermordes beschuldigt werden. Seine Position zur Ablehnung der Aussagen aus den Berichten 1 und 2 aus dem Impuls 3 fokussiert *ER* weiter durch die Verwendung der operativen Gradpartikel *selbst*, indem er eine weitere fiktive Situation darstellt: „Selbst, wenn eine Gruppe von Muslimen • • • unschuldige Christen • einfach so tötet." Durch die Kombination der operativen Gradpartikel *selbst* und der Formulierung *einfach so* betont er die Unwahrscheinlichkeit dessen, dass „unschuldige Christen" von einer „Gruppe von Muslimen" ermordet werden könne.

In dieser Proposition dokumentiert sich in Form eines negativen Horizonts die Kritik einem öffentlich repräsentierten Verhältnis zwischen ‚Muslimen' und ‚Christen' gegenüber. Dieser negative Horizont wird durch die sprachliche Realisierung der Kritik verstärkt, indem *ER* zwei aufeinander folgende Suggestivfragen verwendet. Gleichzeitig nutzt er diese Äußerung dazu, um eine pauschale Haltung gegenüber ‚muslimischen' Menschen zu kritisieren: „Kann man dadurch sagen, okay alle Muslime sind so? • Kann man das sagen?" Die zwei Suggestivfragen, deren Aussageinhalt vorbestimmt ist, möchte *ER* auf das Handeln und Denken der Gruppenteilnehmer*innen Einfluss nehmen, um seine Vorstellung zur möglichen Existenz des Völkermordes an den Armeniern und Aramäern zu widerlegen. Seine Argumentation markiert er durch die Verwendung des Indefinitums *man* als kollektiv gültige, um dieser eine Allgemeingültigkeit zu geben.

Validierung der Proposition durch BAR (Z. 1833)
Der von *ER* beschriebene Orientierungsgehalt wird von *BAR* bestätigt, womit er an den konstruierten negativen Horizont anknüpft. Mit der operativen Partikel *sofort* in Kombination mit der operativen Partikel *negativ* drückt er aus, dass auch er eine schuldzuschreibende Haltung der Öffentlichkeit den ‚Türken' gegenüber kritisiert. Durch die Interjektion *ne*, die er seiner Kritik anhängt, bestätigt *BAR*, dass er dem gesamten propositionalen Gehalt zustimmt und seine eingangs ge-

stellte Frage als beantwortet ansieht. Seine Äußerung schließ *BAR* damit, indem er eine negative Haltung im Verhältnis zwischen ‚Muslimen' und ‚Christen' generell ablehnt. Dabei verwendet er das Indefinitum *man* und rückt seine Position in einen kollektiven Modus: „Darf man nicht." Mit dieser Äußerung klassifiziert er das zuvor kritisierte Verhalten als nicht hilfreich und inakzeptabel.

Argumentative Elaboration der Proposition durch ZEL (Z. 1834–1841)
ZEL schließt sich an die von ihren Vorredner*innen konstruierten und bestätigten Orientierungsrahmen an, indem sie im Besonderen das Beispiel von *BAR* als „das perfekte Beispiel" bewertet. Im Anschluss an diese Bewertung bearbeitet sie den gemeinsamen Orientierungsrahmen anhand einer Exemplifizierung weiter. Über die Begriffe „Holocaust" und „Vernichtung", die sie zueinander in Verhältnis setzt, definiert sie ihr Verständnis des Begriffs ‚Völkermord', der zuvor von den anderen Schüler*innen kritisiert wurde. Anschließend weist sie darauf hin, dass dieses ‚Ereignis' (damit rekurriert sie generell auf genozidale Akte) in vielen Ländern der Welt vorkommt, jedoch die öffentliche Zustimmung vom jeweiligen Land abhängt. Bei der Wahl der Länder, die die Schülerin für ihre Argumentation nennt, wird die Konstruktion der Gruppen ‚Christen-Muslime' deutlich. Sie nennt Deutschland, dem sie Jordanien und Ägypten gegenüberstellt. Dabei wird deutlich, dass sie Deutschland als christliches Land und Jordanien und Ägypten als muslimische Länder kategorisiert. Mit der von ihr in einer Frage-Antwort-Konstruktion verbalisierten Äußerung schließt sie sich dem von *ER* beschriebenen negativen Horizont an: „Wo wird das schlimmer gehalten, hier oder dort? Ganz klar. Warum? Weil das Muslime sind." *ZEL* formuliert eine Verbindung zwischen den negativen Berichten in der Öffentlichkeit über „Vernichtung • einer bestimmten Menschenrasse" und der religiösen Zugehörigkeit des Landes, in dem eine solche „Vernichtung" passiert. Für die Verbalisierung dieses Zusammenhanges verwendet sie das Subjunktor *weil*, mit dem sie ihre subjektive Erklärung für die negative Darstellung von Muslimen in öffentlichen Berichterstattungen legitimiert.

Im Gegensatz zu ihrer bisherigen Argumentation handelt sie im nächsten Schritt die Schuldfrage zum Völkermord aus, womit sie ihre zuvor verbalisiert vollständige Ablehnung des Ereignisses revidiert. Dabei weist sie darauf hin, dass neben dem Osmanischen Reich auch „die Deutschen" schuldig waren. Innerhalb dieser Argumentation expliziert *ZEL* nicht, ob sie von einer Mitschuld der „Deutschen" an einem Völkermord an den Armeniern und Aramäern spricht oder die Schuld der „Deutschen" am Holocaust meint. Ausgehend von ihrem zu Beginn der Äußerung getätigten Vergleich der Begriffe „Holocaust" und „Vernichtung" ist zu vermuten, dass sie sich auf zwei verschiedene historische Ereignisse bezieht: bezogen auf das Osmanische Reich meint sie den „Völkermord an den Armeniern" und „die Deutschen" den „Holocaust". Ihre Argumentation schließt sie mit einer Art Regel ab, die sie wie folgt formuliert: „Weißt du,• • • du bist nicht besser, dann red nicht darüber." Sie formuliert eine Art Verhaltenskodex, an den sich jedes Land zu halten hat, im Besonderen die Länder, die sich in ihrer Vergangenheit selber schuldig gemacht haben. Diese Verhaltensregel bereitet sie mit dem zuvor genannten Phraseologismus ‚mit dem nackten Finger auf jemanden zeigen' vor, den sie in ihren Argumentationskontext in Form einer Frage integriert: „Warum zeigst du mit nem nackten Finger auf ein • Imperium, auf eine • • Menschengruppe, wenn du nicht besser bist?" Der idiomatische Ausdruck dieser suggestiv gestellten Frage impliziert eine kritische Haltung der Schülerin den Handlungsweisen der „Deutschen" gegenüber. Diese Haltung dokumentiert sich auch am Ende ihrer Äußerung: „Und wenn du • zu der Zeit • gelassen hast, also nicht geholfen hast, dann frage ich wie moralisch bist du, wie weit ist deine Moral, dass du nicht eingegriffen hast?" Mit dem in dieser abschließenden Äußerung eingeführten Begriff „Moral" hinterfragt sie die Verhaltensweise „Deutschlands" in Bezug auf die Vereinbarkeit, bei einem „Völkermord" als Land teilnahmslos zu bleiben. Mit dem Fragewort *wie* ermöglicht sie die Einstufung des Gesagten und drückt ihre Einschätzung zum „moralisch" inkorrekten Verhalten „Deutschlands" aus. Dass ZEL das Verhalten „Deutschlands" als Regelverletzung betrachtet, dokumentiert sich in der Formulierung „[...] dass du nicht eingegriffen hast?" Interessanterweise dokumentiert sich hier auch eine implizite Akzeptanz der Vorwürfe aus den Berichten 1 und 2 des Impuls 3, die ZEL zu Beginn ihrer Äußerung vollständig ablehnte. Es scheint, dass sie auf eine *Beschuldigungsstrategie* zurückgreift, auch wenn sie damit den Beschuldigungen aus den Berichten 1 und 2 aus Impuls 3 zustimmt, die sie eingangs ablehnte.

Bei diesem Redebeitrag von *ZEL* sticht erneut ein Erzählmuster heraus, welches die Schülerin immer wieder benutzt und auch bei allen Schüler*innen immer wieder auffällt: die Personifizierung von Ländern, Staaten und Reichen. ZEL strukturiert ihren Redebeitrag über das Erzählmuster der Personifizierung, durch welchen die Länder zu Gestaltern der Geschichte werden. Auch wenn im geschichtsdidaktischen Diskurs die Personifizierung – im Vergleich zu dem bis in die 1970er Jahre als gängiges Prinzip verwendeten Erzählmuster der Personalisierung – als „Darstellung von Geschichte an ‚namenlosen' handelnden und leidenden Personen und aus der Sicht dieser Personen, die immer gesellschaftliche Gruppierungen vertreten"[1086], verstanden wird, mit der nicht die Narration der ‚Geschichte der Großen' im Zentrum des Geschichtsunterrichts steht, kann

---

1086 Vgl. Bergmann, K. (1997), S. 299.

9 Hauptstudie: das Osmanischen Reich in Schülervorstellungen   471

es wie bei der Narration von ZEL dazu führen, dass die Länder zu Handelnden der Geschichte werden. Das komplexe Gebilde der osmanischen oder der deutschen Geschichte wird über ein solches Erzählmuster für Schüler*innen in seinen ganzen Strukturen und seiner Prozesshaftigkeit nicht zugänglich, so dass ZEL die in diesen Strukturen und Prozessen handelnden Subjekte nicht verorten kann.

Da es sich bei der vorliegenden Analyse um die Vorstellungen der Schüler*innen zum Osmanischen Reich handelt, kann für die vorliegende Untersuchung konstatiert werden, dass ein differenzierter multiperspektivischer Zugang zu historischen Ereignissen nicht gegeben sein müssen. Jedoch zeigt insbesondere dieses Ergebnis, dass der Geschichtsunterricht bei der Berücksichtigung von Schülervorstellungen im Besonderen auf die Funktion von Erzählmustern eingehen muss, was sich insbesondere an allen Schüler*innenaussagen zeigt.

Validierung der Elaboration durch ER (Z. 1842)
Der Schüler *ER* äußert eine eindeutige Übereinstimmung und bestätigt den erweiterten Orientierungsgehalt und den damit verbundenen negativen Horizont von ZEL. Er verbalisiert dabei mit „Ja man" (das Responsiv *ja* als bestätigender Antwortausdruck und das *man* als weitere Unterstützung des negativen Horizonts) seine Zustimmung zur Ablehnung. Die Verwendung des Begriffs *man* ist in dieser Formulierung nicht als Indefinitum zu verstehen, sondern wie die Begriffe *Mann* oder *Alter* als direkte Anrede der Schülerin ZEL und kann als umgangssprachliche Anrede geschlechtsunabhängig verwendet werden. Dass *ER* das *man* als erstaunte Anrede verwendet, wird durch seine restliche Formulierung „das geht nicht" deutlich. Auch verdeutlicht *ER* durch die Verwendung der Negationspartikel *nicht*, dass der von ZEL kritisch dargestellte Sachverhalt auch von *ER* als nicht der Wahrheit entsprechend markiert wird. Die als kurz einzustufende Äußerung ist im Ganzen ein Ausdruck seiner erregten Gemütslage, die sich auf die öffentliche Darstellung von ‚Muslimen' bezieht.

Validierung und Elaboration im Modus einer Exemplifizierung durch BAR (Z. 1843-1850)
Auch *BAR* bestätigt durch die Kombination des Responsiv *ja* und der Interjektion *mhm* die Äußerung von ZEL und damit den negativen Horizont. Mit der operativen Partikel leitet der Schüler eine Äußerung ein, die er bereits zu Beginn der Textpassage erwähnte: „Also ich weiß nicht, ob das wirklich im Osmanischen Reich passiert ist oder nicht." Erneut bezieht er sich auf seine Unsicherheit bezüglich des in den Berichten 1 und 2 des Impulses 3 erwähnten Geschehnisses

„Völkermord". Im Vergleich zu seiner vorherigen Äußerung konkretisiert er seine Aussage dieses Mal, indem er die Lokalangabe „im Osmanischen Reich" des historischen Kontexts erwähnt. Im Anschluss an seine erneute Bekundung über seine Unkenntnis stellt er die Vermutung an, mit der er das historische Ereignis als gegeben annimmt. Für seine Vermutung führt er folgende Erklärung an: „jedes Land hat seine Leichen im Keller. Das ist einfach ein Fakt". Mit der Verwendung der phraseologischen Wendung verdeutlicht er, dass „jedes Land" durch in der Vergangenheit stattgefundene Ereignisse in der Gegenwart belastet werden kann, demnach es kein Land gibt, das schuldfrei ist. Durch die Verwendung der phraseologischen Äußerung entkräftet er die Schuldzuweisung, die aus Sicht des Schülers nicht gerechtfertigt ist, da „jedes Land [...] seine Leichen im Keller" hat. Durch die Formulierung „das ist einfach Fakt" markiert er die Faktizität und die Geltung seiner Äußerung und gleichzeitig unterstreicht er die Plausibilität seiner eigenen Feststellung. Seine phraseologische Verwendung kann in diesem Zusammenhang auch als eine Strategie betrachtet werden, die Ähnlichkeiten zu der Beschuldigungsstrategie aufzeigt, die *ZEL* bereits in ihrer Äußerung konstruiert.

Um seine Begründung für die undifferenzierte Schuldzuweisung weiter zu legitimieren und ein aus seiner Sicht der Gerechtigkeit entsprechendes Handeln zu dokumentieren, exemplifiziert er seinen Umgang mit „Deutschland" vor dem Hintergrund, „was die damals mit den Juden getan haben". Seiner Äußerung liegt ein vergangenheitssensibler Umgang mit historischen Ereignissen und die Einbettung dieser in den historischen Kontext zugrunde. Aus geschichtsdidaktischer Sicht konstruiert der Schüler ein Konzept, nach dem historische Ereignisse anhand des historischen Kontextes multiperspektivisch zu betrachten sind. Diese Betrachtung entsteht auf Grundlage von Konstruktion in der Gegenwart. Der Schüler greift dabei unter anderem auf die Kategorien ‚Zeit' und ‚Wandel' zurück, die für die Unterscheidung von realer und konstruierter Geschichte von zentraler Bedeutung sind. Dass er bei seinem Umgang mit „Deutschland" in Bezug auf ihre nationalsozialistische Geschichte und im Besonderen auf die „Vernichtung" der „Juden" im Nationalsozialismus einen gerechten Umgang mit „Deutschland" bevorzugen würde, erklärt er folgendermaßen: „[...] weil die haben aus ihren Fehlern gelernt. Und man sieht auch, dass sie das • bereuen, was damals passiert ist".

Im Umgang mit der Vergangenheit eines Landes konstruiert *BAR* einen exkulpierenden Umgang, mit dem vergangene „Fehler" verziehen werden sollten. Er fordert somit einen Umgang mit der Geschichte ein, der eine Orientierung in der Zeit erfordert. Demnach sollen Länder wie „Deutschland" die vergangenen „Fehler" nicht in der Gegenwart verantworten müssen oder nicht per se

9 Hauptstudie: das Osmanischen Reich in Schülervorstellungen   473

als Schuldige für vergangene „Fehler beschuldigt werden. Aus diesem Beispiel induziert er einen generellen Umgang mit historischen Ereignissen, der auch im Umgang mit der Thematik ‚Osmanisches Reich-Türkei-Völkermord' einzuhalten sei. Durch diesen notwendigen Umgang mit historischen Ereignissen formuliert *BAR* eine Enaktierungsmöglichkeit, mit der ein gerechter und inkludierender Umgang mit weltgeschichtlichen Ereignissen ermöglicht werden kann. Hervorzuheben ist auch seine Distanz zu der Vergangenheit Deutschlands, für die er eine verantwortliche Gruppe konstruiert, die er mit possessiver Determinativ *ihren* („ihren Fehlern") und Anapher *sie* („sie das bereuen") markiert, somit sich selbst von dieser Gruppe distanziert.

Nachdem er seine persönliche Handlungsweise darstellt, stellt er im nächsten Schritt seiner Äußerung über eine sprachliche Konditionalbeziehung mit *wenn-dann* eine Folge auf, die er persönlich ablehnt: „Wenn ein Land, das einen Fehler begangen hat, nicht möchte, dass auf diese Fehler zurückgegriffen wird, • aber auf ein anderes Land, das Fehler begangen hat, dann auf diese Fehler zurückgreift, das finde ich nicht okay". Im Vergleich zu seinem eigenen Handeln beschreibt er eine Bedingung, die er als „nicht okay" beurteilt. Dabei können die beiden Beschreibungen, die in seiner Äußerung aufeinander folgen, als Gegensätze verstanden werden, die über seinen persönlichen Umgang eine positive und anschließend eine negative Handlungsweise darstellen. Insbesondere durch seine Äußerung „das finde ich nicht okay" distanziert er sich von der negativen Handlung und stuft die Kritik, die *BAR* aus dem Bericht 3 des Impuls 3 herausliest, als legitim ein. Dieser Kritik ordnet er eine als „Türke" markierte Person zu und konstruiert damit zwei Gruppen: „Deutschland" und „der Türke". Obwohl der Schüler für die konstruierten Gruppen verschiedene Kategorien (Land: „Deutschland" und Ethnie: „Türke") verwendet, dokumentiert sich in der Verwendung der Markierung „Türke" die gleiche Kategorie wie bei „Deutschland". Denn er verwendet im Laufe seiner Äußerung personaldeiktische Mittel, mit denen er den „Türke[n]" und auch sich selbst der ‚Türkei' zuordnet. Mit der Verwendung des Adjektivs *genau* verbindet er seine Äußerung mit dem Inhalt des Berichts 3 aus Impuls 3 und impliziert eine exakte Wiedergabe dessen, was „der Türke" sagte. Es ist eine Art Paraphrase dessen, was *BAR* als die Meinung der Person „Türke" interpretiert. Er schließt seine Äußerung damit ab, indem er ein zweites Mal den Inhalt des Bericht 3 aus Impuls 3 paraphrasiert und diese als die Position des „Türke[n]" kategorisiert: „„ du kannst nicht auf mich/auf uns oder unsere Kultur, oder unser damaliges Geschehen • zurückgreifen, wenn du das doch selbst irgendwie in irgendeiner Art und Weise gemacht hast."

Anschlussproposition durch RUK (Z. 1851–1857)
RUK bestätigt die Gültigkeit der bisherigen Ausführungen mit dem Adjektiv *genau* und verdeutlicht damit ihre Übereinstimmung mit dem konstruierten Orientierungsrahmen und dem sich darin dokumentierenden negativen Horizont. Sie ergänzt die bisherigen Ausführungen zum Diskurs zu der Negativdarstellung von ‚Muslimen' in der Öffentlichkeit um einen weiteren Punkt, indem sie ihre Ergänzung mit dem Konjunktor *und* ankündigt. Mit der Formulierung „die Sache" nimmt sie Bezug auf die bisherigen Ausführungen und betont durch die Verwendung des quantifizierenden Determinativs *jeder* die Allgegenwärtigkeit dieser „Sache". In ihrer Äußerung dokumentiert sich gleichzeitig eine Entkräftung der Schuld, die hinsichtlich des Themas „Völkermord" aus Sicht der Schülerin den ‚Osmanen' und ‚Türken' zugewiesen wird. Daran schließt sie eine generelle Aussage an, in der sie mit einem Täter-Opfer-Konzept arbeitet. Sie verdeutlicht mit diesem Konzept ihre Vorstellung der Mechanismen *Macht* und *Schwäche* innerhalb von Opfer-Täter-Beziehungen. Anhand dieses Konzepts überträgt sie in ihrem Beispiel die Täter-Rolle auf die „Staaten", die sich aus Machtgier an ‚unschuldigen' Menschen begehen. Der propositionale Gehalt ihrer Aussage dokumentiert einen erwarteten Mechanismus, den die Schülerin als Kontinuum beschreibt: Ein Staat oder eine Person, die ein politisches Amt innehat, strebt Macht an. Diese Machtbestrebungen haben Auswirkungen auf bestimmte Menschen, die die Schülerin als die Opfer konstruiert. Für ihre *Täter-Opfer-Konstruktion* nennt sie zwei verschiedene Beispiele. Das erste ist ein fiktives, auf ihre Person bezogenes Beispiel, das zweite Beispiel bezieht sich auf die Präsidentschaftswahlen der USA im Jahre 2016[1087]: „Auch wenn ich heute • Bundeskanzlerin werden will, wenn ich Kanzlerin bin, • müssen andere drunter leiden, andere Leute. Im Kampf Trump gegen Clinton, Clinton hat gelitten. • Also musste leiden, damit Trump hochkommt, ist einfach so." Mit beiden Beispielen bestärkt sie ihre Argumentation zu ihrem *Täter-Opfer-Konzept* und unterstreicht die Allgemeingültigkeit ihres Konzeptes und seiner Mechanismen, die durch dieses Konzept ausgelöst werden, indem sie die Formulierung „ist einfach so" verwendet. Die Schülerin verdeutlicht mit ihrer Aussage, dass die von ihr aufgestellte Proposition auf jeden Fall und unter allen denkbaren Umständen und anderen Meinungen und Positionen wahr ist. Die Allgemeingültigkeit ihrer Äußerung bekräftigt sie erneut, indem sie eine Art erwartetes Ergebnis formuliert: „Auf dem Weg zum Erfolg gibt es immer irgendwelche Opfer". Durch die

---

[1087] Die Schülerin *RUK* bezieht sich in ihren Ausführungen auf die im November 2016 stattfinde 58. Wahl des Präsidenten, bei der Hillary Clinton und Donald Trump gegeneinander antraten und als erfolgreicher Kandidat zum Präsidenten der USA gewählt wurde.

9 Hauptstudie: das Osmanischen Reich in Schülervorstellungen 475

operativen Gradpartikel *immer*, durch die sie ihre ganze Äußerung entsprechend einstuft, erhält der von *RUK* formulierte Erwartungshorizont eine zeitlose und globale Gültigkeit.

Im nächsten Schritt ihrer Äußerung spricht sie eine Empfehlung zum Umgang mit der öffentlichen Darstellung von historischen Ereignissen aus: „Das wichtige ist, • • du musst gucken, inwiefern • wird dann das Ding benutzt, um irgendwas zu zeigen". Zu Beginn ihrer Empfehlung markiert sie die Relevanz dieser durch die Verwendung des Adjektivs *wichtig* und weist darauf hin, dass sie etwas Spezifisches hervorheben wird. Interessant erscheint hier auch die Verwendung der Personaldeixis *du*. Die Schülerin benutzt die Personaldeixis *du* an dieser Stelle wie das Indefinitum *man*, da sie ihre Äußerung im Modus einer allgemeingültigen Empfehlung konstruiert, an die sich nicht nur die Teilnehmer*innen der Gruppendiskussion zu halten haben, sie hat eine gesamtgesellschaftliche Relevanz. Die Empfehlung ergänzt sie weiter mit folgendem Hinweis: „Es gibt so viel, was auch versteckt ist, was einfach • • unterm Teppich einfach so, so nebenbei". Sie weist darauf hin, dass manche Ereignisse verdeckt werden, und verwendet dafür die idiomatische Wendung „unterm Teppich" kehren, mit der sie das Verheimlichen von (historischen) Ereignissen und Fakten anspricht. Betrachtet man diese Formulierung im Gesamtzusammenhang der Textpassage, wird deutlich, dass die Schülerin *RUK* mit dem Phraseologismus ‚unter den Teppich kehren' insbesondere die Verschleierung von historischen Ereignissen meint, die sich auf die deutsche Geschichte beziehen. Insbesondere vor dem Hintergrund des gemeinsamen Orientierungsrahmens, den die Schüler*innen konstruieren, geht die Schülerin auch an dieser Stelle von ‚den Deutschen' und ‚den Türken' aus. Besonders die Formulierung „einfach so, so nebenbei" fällt auf, da sie damit ihre Irritation über das Verheimlichen von historischen Ereignissen verdeutlicht. Ihre Äußerung schließt sie damit ab, indem sie mit absoluter Sicherheit über ein Ereignis ihre Meinung aussagt, das sie „Mord vom Staat" nennt. Ihrer Formulierung enthält eine uneingeschränkte Positionierung, die sie mit der Formulierung „kann mir auch keiner sagen" als unveränderbare Meinung verbalisiert.

Die interaktive Ausarbeitung der Thematik ‚Öffentlicher Auseinandersetzung zu Muslimen und der Völkermord an den Armeniern und Aramäern' und die interaktive Dichte und Detailliertheit des Diskurses verdeutlicht das Vorkommen einer Fokussierungsmetapher in dieser Textpassage.

Konklusion in Form einer Validierung durch BAR (Z. 1858)
Die Äußerung der Schülerin *RUK* wird von *BAR* durch eine Validierung bestätigt. *BAR* bestätigt die Proposition von *RUK* durch das Responsiv *ja* und unter-

streicht durch die Formulierung „auf jeden Fall", dass er den Sachverhalt aus der gleichen Perspektive betrachtet. In der Quantifizierung („jeden Fall") dokumentiert sich, dass der Schüler vollständig dem propositionalen Gehalt zustimmt und die Abschlussproposition die Diskussion der ganzen Textpassage abbildet. Der Schüler konstruiert keine neue Proposition und beendet das interaktive Aushandeln des Orientierungsrahmens und des negativen Horizontes an dieser Stelle.

9.3.3.3.2 „[D]er kann nichts dafür, dass das damals passiert ist, aber der kann auch nicht das, was damals passiert ist, gut reden. Geht nicht."

In der nachfolgenden Passage aus der Gruppendiskussion verbalisieren die Schüler*innen ihre Vorstellungen zur Schuldfrage bei Ereignissen, die sich in der Vergangenheit eines Staates ereignet haben. Ihr gemeinsamer Orientierungsrahmen beschreibt die Relevanz für die Konstruktion des Bedeutungszusammenhanges historischer Ereignisse in der Gegenwart. Die Schüler*innen begreifen Erinnerung als ein geschichtskulturelles Ereignis und konstruieren die Relevanz von Erinnerungskultur für Gesellschaften.

Transkriptionspassage (TP 2) zum Impuls 3

```
2075   Z: Also ich bin so der Meinung • • es hat/ für mich jetzt keinen Ursprung wie diese Leute im Parlament darauf
2076   kamen. • • Für mich / • ich könnts mir nur so erklären, die haben halt versucht irgendwas gegen irgendeine
2077   Gruppe • • zu stellen, also irgendwas in der Hand wollten die haben, haben die dann auch geschafft. • • Aber •
2078   es geht ja nicht darum, ob es jetzt der Holocaust der Deutschen oder • des Genozids der Osmanen zu der Zeit,
2079   weil es geht ja nicht darum. Es geht darum, was gemacht worden ist, was falsch ist. • • • Ich bin mir auch nicht
2080   sicher/ ich kann mir jetzt nicht vorstellen • also ich weiß es nicht, aber • / wenn es das/ gibt, was hier steht,
2081   • dann kann ich mir vorstellen, dass in den türkischen Schulen nicht erklärt wird, dass es sowas gibt. Das ist falsch,
2082   das sollte es auf jeden Fall nicht geben. Wie die Deutschen problemlos über ihre • Geschichte reden können, die
2083   halt durchaus falsch ist • ist das auch sehr wichtig, dass man als Land, als Staat • auch sagen/ was passiert ist.
2084   R: Ja, ja, auf jeden Fall. Das ist wichtig. Aber dafür kannst du ja nicht einen • Bekir Bozdağ, der grad hier steht, •
2085   der kann nichts dafür, dass • damals passiert ist, aber der kann auch nicht das, was damals passiert ist, gut
2086   reden. Geht nicht.
2087   E: Mhm, natürlich geht das nicht.
2088   N: Ja, das sehe ich auch so. Man muss darüber sprechen.
2089   B: Ja, man muss dazu stehen, was man gemacht hat
```

Formulierende Interpretation

Thema der Passage: Schülervorstellungen zum Umgang mit historischer Schuld und ihre Schlussfolgerung für die Gegenwart.

OT: Alle Staaten müssen ihre eigene Geschichte in der Gegenwart thematisieren und reflektieren, um aus den Fehlern zu lernen.

9 Hauptstudie: das Osmanischen Reich in Schülervorstellungen 477

UT: Jeder Staat muss seine Fehler aus der Vergangenheit einsehen und „auch sagen/was passiert ist".
UT: Die Menschen in der Gegenwart tragen keine Schuld für das, was in der Vergangenheit stattgefunden hat.

Reflektierende Interpretation

Proposition durch ZEL (Z. 2075–2083)
Die Schülerin ZEL verbalisiert ihre „Meinung" zur Veröffentlichung der Armenien-Resolution des Deutschen Bundestages vom 02.06.2016 und bezieht sich dabei auf den Bericht 3 des Impuls 3. Sie erwähnt, dass sie keinen relevanten Kontext für die Behandlung der Armenien-Resolution sieht, und verwendet dazu die Formulierung „keinen Ursprung". Mit dem Begriff „Ursprung" verweist sie auf den Zeitpunkt und den Ort, welche die Behandlung des Themas „Völkermord" hätten legitimieren können. Sie kritisiert somit die Berichterstattung in den Berichten 1 und 2 des Impulses 3 und impliziert eine Berechtigung für die Kritik der Person, von der im Bericht 3 des Impulses 3 berichtet wird. Sie stellt einen Erklärungsversuch auf, mit dem sie erneut verdeutlichen möchte, dass sie die historische Existenz eines „Völkermordes" weder widerlegen noch belegen kann: „Für mich/• ich könnts mir nur so erklären, die haben halt versucht irgendwas gegen irgendeine Gruppe • • zu stellen, also irgendwas in der Hand wollten die haben, haben die dann auch geschafft." Ihre Erklärung bleibt sehr vage und expliziert keine weiteren historischen Kategorien. Mit den Formulierungen „irgendwas" und „irgendeine", die sie beide als quantifizierende Determinative verwendet, markiert sie die Beliebigkeit des Ereignisses und entkräftet das in den Berichten 1 bis 3 des Impulses 3 angesprochene Ereignis. Daran schließt sie mit der Verwendung der operativen Abtönungspartikel *aber* eine abstrahierende Erklärung an, mit der sie einen generellen Blick auf historische Ereignisse einfordert: „Es geht darum, was gemacht worden ist, was falsch ist." Mit der Anapher *es* sorgt sie bei den Gruppendiskussionsteilnehmer*innen für eine Aufrechterhaltung der mentalen Orientierung und führt ihren Gedanken zum Umgang mit allen historischen Ereignissen weiter fort. Somit beurteilt sie im Modus einer Meinungsäußerung, womit ihre Beurteilung aus einer subjektiven Position heraus gefällt wird, dass bei der Reflexion von historischen Ereignissen nicht der Schuldige verurteilt, sondern die Schuld behoben werden sollte. Im Anschluss an ihre Empfehlung für den Umgang mit Vergangenheitsschuld und gegenwärtigem Recht bezieht sie sich erneut auf die Berichterstattung über die Position der Person, die in Bericht 3 des Impulses 3 dargestellt wird. Sie stellt eine Vermutung auf: „Ich bin mir auch nicht sicher/also ich kann mir jetzt nicht/•

also ich weiß es nicht, aber •/wenn es das/gibt, was hier steht, • dann kann ich mir vorstellen, dass in den türkischen Schulen nicht erklärt wird, dass es sowas gibt." Die Aussage von ZEL verdeutlicht, dass sie ihre Position zum propositionalen Gehalt mit einer Unsicherheit formuliert. Sie beginnt ihre Aussage mit drei unterschiedlich verbalisierten aneinandergereihten Satzanfängen, die alle denselben Zweck verfolgen: der Ausdruck von Skepsis dem in den Berichten 1 und 2 des Impulses 3 diskutierten Thema gegenüber. An diese Unsicherheit knüpft ZEL eine Vermutung an. Betrachtet man die Satzanfänge, die ihre Unsicherheit und damit ihre Vermutung einleiten sollen, sind diese unterschiedlich zu kategorisieren:

- „Ich bin mir auch nicht sicher": Mit dieser Äußerung schließt sie sich an zuvor genannte Äußerungen ähnlicher Art an und bearbeitet durch die Verwendung der operativen Abtönungspartikel *auch* spezifisches Wissen weiter. Durch die Verwendung des Negationspartikels *nicht* stellt sie ihr Wissen über die Sicherheit des in den Berichten des Impulses 3 thematisierten „Völkermord" in Frage.
- „also ich kann mir jetzt nicht vorstellen": Dieser Satzanfang verdeutlicht, dass sie die historische Existenz des Ereignisses ‚Genozid an den Armeniern und Aramäern' anzweifelt. Mit der operativen Partikel *also* verdeutlicht sie den Hörern, dass sie einen für alle erwarteten Beitrag einleitet, der sich auf die tatsächliche historische Existenz des Ereignisses bezieht.
- „also ich weiß es nicht": Erneut verwendet sie das Partikel *also* und weist damit auf ihre Wissenslücke hin. Durch das Negationspartikel *nicht* markiert sie diese Wissenslücke.

Das Aneinanderreihen der Satzanfänge verdeutlicht ihre Unsicherheit sowohl der Thematik als auch dem gegenüber, das sie als weitere Folgerung resultieren möchte: „aber •/wenn es das/gibt, was hier steht, • dann kann ich mir vorstellen, dass in den türkischen Schulen nicht erklärt wird, dass es sowas gibt." ZEL konstruiert eine Vermutung, die sich auf die Behandlung des Themas in türkischen Schulen bezieht. Ihre Vermutung realisiert sie über eine sprachliche Konditionalkonstruktion durch *wenn-dann* und formuliert einen negativen Horizont. Sie baut damit einen mentalen Raum auf, in dem sie vor dem Hintergrund der historischen Existenz des Ereignisses „Völkermord" ein mögliches Ereignis als Resultat für das türkische Bildungssystem als Vermutung aufstellt. Sie zieht einen subjektiven Schluss daraus, den sie wie folgt formuliert: „Das ist falsch, das sollte es auf jeden Fall nicht geben." Die über die Konditionalkonstruktion verbalisierte Situation bewertet sie als „falsch" und spricht sich damit für eine Thematisierung des „Völkermordes" aus, sofern die historische Existenz des Ereignisses bestätigt werden kann. In ihrer Schlussfolgerung konkretisiert sie ihre Äußerungen durch ein Positivbeispiel: „Wie die Deutschen problemlos über ihre • Geschichte reden können, die halt durchaus falsch ist • ist das auch sehr wichtig, dass man als Land, als Staat • auch sagen/was passiert ist." Ihre abschließende Äußerung leitet sie mit der operativen Adjunktor *wie* ein, in der sie eine Form der Gleichheit in der Andersartigkeit dokumentiert. Aus Sicht der Schülerin ZEL ist den verglichenen Staaten Deutschland und Türkei gleich, dass sie beide Vergangenheitsschuld besitzen, der Umgang mit dieser Vergangenheitsschuld wiederum markiert die Andersartigkeit. Die Relevanz des reflektierten Umgangs mit der Vergangenheit, was sie als zentrale Äußerung konstruiert, formuliert sie durch die Verwendung des Indefinitums *man* als allgemeingültige und allgegenwärtig gültige Norm.

Elaboration der Proposition durch RUK (Z. 2084–2086)
Die Proposition von ZEL wird von RUK durch die doppelte Verwendung des Responsiv *ja* bestätigt und mit der Formulierung „auf jeden Fall" untermauert. Mit der anschließenden Formulierung „Das ist wichtig" bestätigt sie den Orientierungsrahmen und den darüber konstruierten negativen Horizont. Mit der operativen Abtönungspartikel *aber* leitet RUK einen Gegensatz zu dem zuvor Gesagten ein und lenkt damit den Fokus ihrer Äußerung auf die Unschuld der Person Bekir Bozdağ um, die in dem Bericht 3 des Impuls 3 zitiert wird. Mit dieser Fokusumlenkung betont die Schülerin die Unschuld von Menschen in der Gegenwart an einem historischen Ereignis, das in der Vergangenheit stattgefunden hat. Ob die Schülerin der historischen Existenz des Ereignisses zustimmt, expliziert sie nicht. Jedoch positioniert sie sich durch die Zustimmung zum von ZEL beschriebenen Orientierungsrahmen unsicher dem Ereignis gegenüber. Interessant erscheint, dass RUK anschließend ihre eigene Äußerung entkräftet, indem sie das „gut [Reden]" eines solchen Ereignisses kritisiert: „aber der kann auch nicht das, was damals passiert ist, gut reden. Geht nicht." Diese Entkräftung belegt ihre Unsicherheit der historischen Existenz gegenüber.

Konklusion in Form einer Validierung durch die Schüler ER, NER und BAR (Z. 2087, 2088, 2089)
Die Schüler ER, NER und BAR bestätigen die Äußerungen von ZEL und RUK durch eine Validierung und bestätigen damit den gemeinsamen Orientierungsrahmen. Die Verbalisierungen der Bestätigungen sollen im Folgenden genauer betrachtet werden:

Der Schüler *ER* wählt für seine Bestätigung die Kombination durch die Interjektion *mhm* und die Modalpartikel *natürlich*, mit der er den Umgang mit der Thematik „Völkermord" kritisiert und ablehnt. Die Schülerin *NER* schließt sich dem gesamten propositionalen Gehalt an, indem sie zuerst durch das Responsiv *ja* antwortet. An diese Antwort schließt sie die Formulierung „das sehe ich auch so" an, mit der sie markiert, dass sie den Umgang mit der Thematik „Völkermord" aus der gleichen Perspektive betrachtet. Mit der Äußerung „Man muss darüber sprechen" formuliert sie eine Aufforderung, die sie durch die Verwendung des Indefinitums *man* als eine für gesellschaftlich relevante Forderung äußert. Auch der Schüler *BAR* verwendet ähnliche Verbalisierungselemente wie *NER*, um die Übereinstimmung seiner Position mit der der anderen zu verdeutlichen. Dabei beginnt *BAR* mit der expliziten Bestätigung durch die Verwendung des Responsiv *ja* und fügt eine allgemeingültige Äußerung an, mit der er die notwendige Positionierung aller Menschen einfordert: „man muss dazu stehen, was man gemacht hat". Mit dem Adverb *dazu* reorientiert er seine Äußerung und verdeutlicht, dass er sich auf die von den anderen Schüler*innen behandelten Orientierungsrahmen bezieht.

Alle drei Schüler*innen werfen keine neue Proposition auf und beenden mit ihrer Zustimmung somit die Verhandlung des Orientierungsrahmens und des negativen Gegenhorizonts.

9.3.3.3.3 „ISIS gleich Islam, ist so als wenn du sagst, Vergewaltigung gleich Liebe"

In der folgenden Passage stellen die Schüler*innen ihre subjektiven Theorien in Bezug auf den Diskurs des Islamischen Staats in den Medien auf. Sie beschreiben interaktiv die daraus resultierenden gesellschaftlichen Konsequenzen für ‚Muslime', die durch eine falsche Wahrnehmung des Islams in der Öffentlichkeit entstehen können.

Transkriptionspassage (TP 3) zum Impuls 3

2394 E: Ausgerechnet im Jahre zweitausendfünfzehn, wo der Islam sowieso • schlecht durch ISIS und alles • • • geredet
2395 wurde, ja. Genau da wirft man sowas vor? Das soll • Zufall sein oder • was?
2396 Z: IS, genau. Genau auf die Zeit der IS, genau da. Und Leute guckt mal, ich bin nicht dafür, dass man auf sowas
2397 einsteigen muss, aber guck mal, wenn ich sowas lese, • • stellt euch mal bitte vor, ein Mensch der gerade • echt
2398 so Gefühle hat, er ist verzweifelt, der liest sowas.
2399 B: Hier steht deportiert und massakriert, so richtig • • krass betont alles. Der bildet sich doch erst recht eine
2400 falsche Meinung.
2401 Z: Genau und dann, der fühlt sich so angegriffen von diesen Menschen und sagt • • "Ihr seid alle falsch" • • •
2402 und dann wird er radikal. Guckt mal, die das verfasst haben, sind keine dummen Menschen. • • Bundestag, das
2403 sind Leute, die entscheiden über unsere Zukunft, wirtschaften alles. Das macht man nicht! Und wenn du sowas
2404 machst, dann musst du auch mit den Konsequenzen rechnen.
2405 B: Die haben schon ihre Absicht gehabt, glaub mir.

9 Hauptstudie: das Osmanischen Reich in Schülervorstellungen 481

2406 R: Ja natürlich. Das macht man nicht einfach. • Und leider ist das schlimme, diese Konsequenzen tragen wir
2407 unschuldigen Menschen.
2408 E: Ist aber wirklich so. Was auch das Problem ist Leute, guckt mal, ich halt euch mal was fest, was ihr bestimmt
2409 gemerkt habt. ((1,1s)) Irgendwie • wird • mit sowas direkt der Islam verbunden, • • • direkt! Weil, wenn ein
2410 Moslem nun mal tötet, dann ist es der Islam, • der ihn dazu gebracht hat.
2411 Z: Leute, es gibt schon Witze, wo man sagt/ Leute ein Vogel wird oben von einem anderen Vogel getötet, das
2412 war ein muslimischer Vogel. Das sind schon Witze, die ich lesen muss. • • So krass sind wir schon.
2413 B: Ja, so / in den Medien wird gezeigt, der und der ist gestorben, der und der wurd angegriffen, man vermutet,
2414 dass es ein Terrorist war. Lak, du hast doch keine Belege!
2415 R: Ja. Wann ist man ein Terrorist? Wann ist man • kein Terrorist? Und, wer entscheidet das?
2416 Z: Wisst ihr, wieso? Dank diesen Menschen. Das Problem ist, • • dank diesen wirds auch anderen Verbrechern
2417 ganz einfach fallen. "Ich kann Leute töten, ach wird eh der IS sein. Mach, wat du willst", ich kann so viele
2418 Verbrechen begehen, ach ist eh der IS.
2419 R: Ja. Oder die sagen "Ja Islam ist Terrorist", das meine ich dabei. Ja
2420 B: Ganz ehrlich, • wenn hier nur ein Land sagen/ der IS • • ist ne Erbse neben einem • Land, das gegen den IS
2421 kämpfen würde. Wenn ein Land wirklich den IS wirklich • • sagen wir/ oder sagen würde, ich möchte ihn
2422 vernichten, könnte man das von heute auf morgen machen. Warum macht man das nicht?
2423 Z: Leute, Amerika. Guckt mal, wir reden von Amerika • unsere ganzen Handys können die überwachen. • Wenn
2424 die wollen würden, • • • das würd nur ein Blinzeln dauern, bis die das schaffen. Aber wisst ihr wieso? • Der IS ist
2425 ja eh ein Monster, was von den Amerikanern auf die Welt gesetzt worden ist gegen Assad. • • Und heute •
2426 kriegen die die nicht weg.
2427 R: Da muss man den IS auch nicht so aufpushen! Guckt mal, diese ganzen Medien pushen sowas um, der
2428 Islamische Staat, Islam, Islam, Islam, Osmanisches Reich wird verglichen, dies und das. Und denen wird mehr
2429 zugetraut, als sie überhaupt sind. • • • Also du vergrößerst die in deinen Augen so richtig/ • Das sind Maximum
2430 fünfhundert, tausend okay tausend, zweitausend Leute. • • Wenn die ganze Welt zusammenhalten würde und
2431 das machen die einen auf • Solidarität, dies und das. Dann kämpft doch gegen diese Leute!
2432 B: Mhm, ist so. Ey / ein lächerliches Land muss das bekämpfen und die wären tot. Ganz ehrlich, wenn man den
2433 IS nicht mehr in Mund nehmen würde, dann würd der aussterben. Ganz einfach!
2434 E: Guckt mal, wir müssen eins akzeptieren, • die Welt wird gegen den Islam aufgehetzt. • Das ist einfach Fakt so.
2435 B: Ja ne. • • Wenn ein Mensch, wie Jürgen Todenhöfer, der von sich selbst sagt, dass er nicht Moslem ist. Damals,
2436 vor Jahren war der hier in Uni Essen, wisst ihr? Da hat er ja gesagt "Ich bin kein Moslem", aber • der hat den
2437 Koran auswendig gelernt, • • als Nicht-Moslem, nur um diese Streitereien zwischen den Menschen, die radikal
2438 sind und gegen den Islam argumentieren, um das zu widerlegen. Weil er als • Mensch handelt und nicht als
2439 irgendein Religionszugehöriger. Das finde ich richtig.
2440 E: Ja man. Sein • Satz, • • wo ich gedacht hab, ((2s)) "ISIS • • • und Islam, • • ist so, als wenn du versuchst
2441 Vergewaltigung und Liebe gleichzusetzen", das hat der richtig krass gesagt.
2442 Z: Vergewaltigung und Liebe, richtig guter Vergleich.
2443
2444 N: Hammer.
2445 R: Krass, ne.
2446 B: Auf jeden Fall

Formulierende Interpretation

Thema der Passage: Der Islamische Staat wird bewusst in der medialen Öffentlichkeit behandelt, um darüber den Islam negativ darstellen zu können.

OT: Der Islam wird „durch ISIS und alles" negativ dargestellt.
UT: Die Thematisierung der Armenien-Resolution passt in den gegenwärtigen Diskurs der Negativdarstellung des Islams.
UT: Der Islam wird immer mit Terror gleichgesetzt.
UT: Die Konsequenzen der Negativdarstellung des Islams tragen unschuldige ‚Muslime'.

OT: Der Islamische Staat wird bewusst nicht bekämpft, um den wirtschaftlichen Eigenprofit bestimmter Staaten wie der USA aufrecht zu erhalten.
UT: Der Islamische Staat ist keine große Macht, wird von seinen Gegnern aber nicht bekämpft.
UT: Der Islamische Staat wurde von den USA „auf die Welt gesetzt".
UT: Der Islamische Staat ist eine wirtschaftliche „Quelle" für viele Staaten.

OT: Der Vergleich des Islamischen Staates mit dem Islam ist nicht haltbar, dies wäre wie „Vergewaltigung gleich Liebe".
UT: Der Islam wir gegen die ganze Welt „aufgehetzt".
UT: „ISIS und Islam ist so, als wenn du versuchst Vergewaltigung und Liebe gleichzusetzen."

Reflektierende Interpretation

Proposition durch ER (Z. 2394–2395)
Der Schüler ER führt in die Gesamtdiskussion zum Impuls 3 einen neuen Aspekt ein, mit dem er die Thematisierung der Armenien-Resolution im Deutschen Bundestag in einen zeitlichen Zusammenhang setzt. Mit der Verwendung des partizipialen Adverbs *ausgerechnet* weist der Schüler darauf hin, dass er seine Irritation über den zeitlichen Zusammenhang der Verabschiedung der Armenien-Resolution im Deutschen Bundestag und der öffentlichen Wahrnehmung des Islams durch den Diskurs zum *ISIS* (Abk. für *Islamischer Staat im Irak*) im Jahre 2015 äußern wird: „Ausgerechnet im Jahre zweitausendfünfzehn, wo der Islam sowieso • schlecht durch ISIS und alles • • • geredet wurde, ja." ER hinterfragt das authentische Interesse des Deutschen Bundestages an einer Resolution und konstruiert ein verdecktes Motiv, das aus seiner Sicht hinter der Verabschiedung der Armenien-Resolution steckt. Das als Vermutung formulierte Motiv rahmt er durch die Begriffe *Islam* und *ISIS* und konstruiert daraus den negativen Einfluss des ISIS auf den Islam. In dieser Konstruktion des Schülers dokumentiert sich eine Differenzierung zwischen dem Islam und dem ISIS, auf die die Schüler*innen im Laufe der Textpassage immer wieder eingehen. Insbesondere durch die Verwendung des Adjektivs *schlecht* stellt er einen Gegensatz von *gut*-*schlecht* auf, mit dem er den Islam als gut vom ISIS als schlecht unterscheidet. Demzufolge konstruiert der Schüler einen Orientierungsrahmen, womit er dem Deutschen Bundestag durch die Verabschiedung der Armenien-Resolution die Förderung der bereits negativ geprägten Wahrnehmung des Islams in der Öffentlichkeit unterstellt. Mit zwei aufeinanderfolgenden Suggestivfragen bekräftigt er seine Argumentation und verdeutlicht, dass er seine eingangs aufgestellte Vermutung als stichhaltig kategorisiert. Die beiden Fragen bauen inhaltlich auf-

einander auf und bestärken seine Argumentation im Modus einer Vermutung: „Genau da wirft man sowas vor? Das soll • Zufall sein, oder • was?" Mit der ersten Frage hinterfragt der Schüler die Zufälligkeit des Momentes, in der die Armenien-Resolution verabschiedet wurde. Die Analyse seiner Äußerung ermöglicht folgende Konstruktionen zu:

- Über die Kombination der operativen Intensitätspartikel *genau* und dem deiktischen Mittel *da* (eigentlich als Lokaldeixis zu bestimmen, der Schüler verwendet es in Form des temporaldeiktischen Mittels dann) hinterfragt er die die Exaktheit des Ereignisses.
- Mit dem umgangssprachlichen *sowas* (zusammengesetzt aus der Aspektdeixis so und dem Indefinitpronomen etwas) verdeutlicht er zum einen seine eigene Distanz zu dem Ereignis. Zum anderen drückt er eine individuelle Verwunderung aus.

Die daran anschließende Frage untermauert seine Position und stellt das zeitliche Kontinuum in Frage, mit dem er einen negativen Horizont beschreibt.

Validierende Elaboration der Proposition durch ZEL (Z. 2396–2398)
Die Schülerin ZEL bestätigt den propositionalen Gehalt mit der dreifachen Verwendung der operativen Intensitätspartikel *genau* und bezieht sich dabei auf die Kontiguität zwischen der Verabschiedung der Armenien-Resolution und dem öffentlichen Diskurs um den „IS". Dabei markiert auch ZEL das temporale Kontinuum durch die Verwendung des deiktischen Mittels *da*, das eigentlich als Lokaldeixis verwendet wird, sie dieses jedoch im Kontext ihrer Äußerung als temporaldeiktisches Mittel *dann* verwendet. Durch diese Reaktion auf die Äußerung von ER verdeutlicht ZEL, dass sie den von ER aufgestellten negativen Horizont bekräftigt.

Ihre Argumentation erhält im weiteren Verlauf einen den von ER beschriebenen propositionalen Gehalt ausführenden Modus, indem sie durch die Anrede „Leute" die anderen Schüler*innen zum einen direkt anspricht und zum anderen sie durch die Formulierung „guckt mal" darauf hinweist, dass die von ER beschriebene Proposition erweitert wird. Bevor sie ihre Elaboration verbalisiert, schaltet sie eine Art Hinweis vor, mit der sie mögliche Missverständnisse ihrer subjektiven Position gegenüber vermeiden möchte: „ich bin nicht dafür, dass man auf sowas einsteigen muss" Sie lehnt durch die Verwendung der Negationspartikel *nicht* eine monokausale Auseinandersetzung mit Berichten zum Thema „Völkermord" ab, führt direkt im Anschluss an diese Positionierung durch die Verwendung der operativen Abtönungspartikel *aber* einen Einwand ein: „„ aber guck mal, wenn ich sowas lese, • • stellt euch mal bitte vor, ein Mensch der gerade • echt so Gefühle hat, er ist verzweifelt, der liest sowas." Erneut lenkt sie durch die Formulierung „guck mal" das Augenmerk der anderen Schüler*innen auf ihre folgende Äußerung und bereitet die Gruppenteilnehmer*innen auf eine anschließende Verbalisierung vor. Durch die Verwendung der Personaldeixis *ich* und den unbestimmten Artikel *ein* (hier bezogen auf beliebige Person) verdeutlicht sie die Allgemeingültigkeit der von ihr fiktiv dargestellten Situation. Mit ihrer Äußerung bestimmt sie das Gefahrenpotential einer aus ihrer Sicht monoperspektivischen Berichterstattung zum Thema „Völkermord" für Personen, die aus einer affektiven Haltung heraus Entscheidungen treffen. Dabei sieht ZEL die Gefahr, dass insbesondere solche Menschen, unabhängig von ihren subjektiven Wissensstrukturen, aus ihrer emotional-affektiven Position heraus Inhalte wie in Bericht 1 und 2 des Impuls 3 unhinterfragt als Wahrheit annehmen können.

Elaboration in Form einer Differenzierung durch BAR (Z. 2399–2400)
Mit einer Konkretisierung der Äußerung von ZEL bestätigt BAR den aufgeworfenen propositionalen Gehalt. Dabei geht er auf ausgewählte Textstellen aus den Berichten 1 bis 3 aus dem Impuls 3 ein und zitiert die Begriffe „deportiert" und „massakriert", die er mit „so richtig • • krass betont alles" bewertet. In der Bewertung dokumentiert er seine subjektive Position zu den Berichten und hebt hervor, dass die Berichterstattung zum Thema „Völkermord" „krass betont" ist. Mit der Verwendung der Kombination des Intensitätspartikels *krass* und dem partizipialen Adjektiv *betont* markiert er insbesondere die stark ausgeprägte Ansicht der Berichten 1 bis 3 des Impulses 3. Zwar verwendet der Schüler für die Kategorisierung der Berichte zwei Begriffe („deportiert" und „massakriert"), mit der Verwendung des quantifizierenden Determinativ *alles* markiert er alle Texte des Impuls 3 gleich: Es werde ein radikaler und monoperspektivischer Diskurs zum Thema „Völkermord" geführt, ohne die historische Existenz gesichert zu haben. Daraus resultiert BAR, dass jeder, der diese Berichte unvoreingenommen liest, kein objektives Urteil fällen werden kann: „Der bildet sich doch erst recht eine falsche Meinung". Durch die Verwendung der operativen Abtönungspartikel *doch* in Kombination mit dem modalisierenden Ausdruck „erst recht" werden die anderen Schüler*innen darauf hingewiesen, dass beim Lesen der Berichte im Impuls 3 eine „falsche" Urteilsbildung evident ist. Die Ausführungen von BAR verdeutlichen, dass er sich dem negativen Horizont anschließt und diesen weiter bekräftigt.

9 Hauptstudie: das Osmanischen Reich in Schülervorstellungen 485

Fortsetzung der Elaboration durch ZEL (Z. 2401–2404)
Die Schülerin ZEL setzt die Elaboration von BAR fort, indem sie den Kontext, in dem die Armenien-Resolution entstanden ist, sowie die beteiligten Personen kritisiert. Ihre Kritik ist dabei als Fortsetzung der Äußerung von BAR zu verstehen. Durch die Verwendung des quantifizierenden Adjektivs *genau* verbalisiert sie die vollständige Übereinstimmung ihrer Meinung mit der von BAR. Ihre Meinung führt sie weiter aus, indem sie eine potentielle Folge konstruiert, die ZEL zur Folge durch die Lektüre von Berichten wie in Impuls 3 bei bestimmten Menschen ausgelöst werden kann: „und dann, der fühlt sich so angegriffen von diesen Menschen und sagt • • „Ihr seid alle falsch" • • • und dann wird er radikal." Die Folge wird von ZEL als negativ konstruierte Auswirkung beurteilt. Durch die Verwendung des Temporaladverbs *dann*, die sie als Strukturierungsmittel verwendet, dokumentiert sie eine aus ihrer Sicht erwartbare Handlungsfolge, die sowohl auf das Individuum als auch auf gesamtgesellschaftliche Strukturen Einfluss haben kann: Der einzelne Mensch ist von dem Deutschen Bundestag enttäuscht und fühlt sich hintergangen. Dies führt dazu, dass „er radikal" wird. Was die Schülerin mit „radikal" genau meint, wird in ihrer Äußerung nicht deutlich. Im Gesamtkontext der Gruppendiskussion betrachtet, ist bei diesem Wort auf eine Radikalisierung im Zusammenhang des sogenannten *Islamischen Terrorismus* zu schließen. Besonders der Diskurs der Schüler*innen zur negativen Darstellung des Islams unter dem Einfluss der als *IS*, *ISIS* oder *Islamischer Staat* genannten Miliz verdeutlicht, dass ZEL diesen zuvor konstruierten Orientierungsrahmen für ihre Argumentation an dieser Stelle nutzt. In ihrer Äußerung konstruiert sie neben diesen beiden Auswirkungen eine weitere Schuldzuweisung, die sich an den Deutschen Bundestag richtet. Dabei konstruiert sie eine Konstellation, bei der die Beteiligten und ihre Positionen Einfluss auf ihre Meinungen haben. ZEL konstruiert folgendes Beziehungsgeflecht: Die Verabschiedung der Armenien-Resolution durch den Deutschen Bundestag kann zu einer pauschalen Diffamierung ‚muslimischer Menschen' führen, was wiederum ein ungerechtes Empfinden bei ‚Muslimen' auslösen könne. Ein solches Ungerechtigkeitsempfinden könne bei manchen ‚Muslimen' zu einer Radikalisierung führen, was wiederum eine gesamtgesellschaftliche Gefahr bedeuten kann. Durch ihre Konstellation konstruiert sie zwei Gruppen, die sie als die Verfasser der Resolution und die Adressaten der Resolution markiert.

Im nächsten Schritt vertieft ZEL ihre Ausführungen, indem sie mit der Formulierung „guck mal" ihre Fokussierung für die Gruppe ankündigt. Sie bezieht sie auf die Verfasser der Resolution und bewertet diese als „keine dummen Menschen", wodurch sie sich auf das ihrer Meinung nach strategische Vorgehen des Deutschen Bundestages bezieht. Demnach handeln diese „Menschen", die sie als politische Entscheidungsträger der deutschen Gesellschaft und damit als einflussnehmende Personen konstruiert, mit vorher festgelegten Strategien, mit denen sie gegenwärtige und zukünftige Entscheidungen ohne Rücksicht auf bestimmte Personengruppen (im Sinne der Konstruktion der Schülerin ZEL sind hier ‚Muslime' gemeint) zu nehmen. ZEL spricht der Gruppe der Personen aus dem Deutschen Bundestag auch eine „wirtschaftlich[e]" Macht zu, womit sie dieser Gruppe im Gegensatz zu der Gruppe der ‚Muslime' eine größere Stärke zuschreibt. Dadurch konstruiert sie die beiden Gruppen vor dem Hintergrund eines *Macht-Schwäche-Konzepts*. Ihre Folgeäußerung „Das macht man nicht!" verdeutlicht ihre kritische Haltung dem Verhalten des Deutschen Bundestages in Bezug auf die Verabschiedung der Armenien-Resolution gegenüber. Gleichzeitig verdeutlicht ihre Äußerung, dass sie Konstellationen auf der Basis von Macht-Schwäche-Konzepten ablehnt. Die Verwendung des Indefinitums *man* markiert dabei, dass sie ihre Ablehnung solchen Konstellationen gegenüber nicht ausschließlich auf Deutschland bezieht, sondern, dass diese generellere Art ist.

Ihre Äußerung schließt sie mit einer konditional formulierten Aussage, mit der sie darauf hinweist, dass jede Handlung auch eine Konsequenz mit sich bringt: „Und wenn du sowas machst, dann musst du auch mit den Konsequenzen rechnen." In ihrer sprachlichen Verbalisierung der Konditionalbeziehung durch wenn-dann dokumentiert sie, dass die Handlung (Verabschiedung der Armenien-Resolution) bestimmte Konsequenzen (Radikalisierung bestimmter ‚Muslime') nach sich zieht, mit denen die Politiker des Deutschen Bundestages „rechnen" müssen und somit einen Teil der Schuld an Radikalisierungsprozessen von manchen ‚Muslimen' tragen. ZEL knüpft auch an den eingangs von ER konstruierten negativen Horizont an und bestätigt diesen mit ihren Argumenten.

Elaboration der Proposition durch BAR (Z. 2405)
BAR bestätigt direkt die Äußerung ZEL, womit er auch den konstruierten Orientierungsrahmen bestätigt. Dabei bezieht er sich durch die Verwendung des deiktischen Mittels *die* direkt auf die Personen im Deutschen Bundestag, die aus Sicht von BAR die Verantwortung für die Verabschiedung der Armenien-Resolution und die damit verbundenen Konsequenzen tragen. Er hebt mit der Äußerung „Die haben schon ihre Absicht gehabt" hervor, dass die Verabschiedung der Resolution mit einer „Absicht" verbunden war, also eine vorher festgelegte Intention habe. Er schließt sich damit an die von ZEL konstruierte Kritik der Position der Personen aus dem Deutschen Bundestag an, mit der er dieser Personengruppe eine böswillige „Absicht" zuspricht. Seine Äußerung bekräftigt er durch die Äußerung „glaub mir", die zum einen seine Positionierung zu dem

propositionalen Gehalt verdeutlicht. Zum anderen dokumentiert sich in dieser Äußerung die Kraft seines Wissens, mit dem er andere von seiner Position überzeugen kann und will.

Validierung durch RUK (Z. 2406–2407)
RUK bestätigt die Äußerung von *BAR* durch das Responsiv *ja* und setzt ihre Bestätigung in einen allgemeingültigen Modus, indem sie ihre direkte Antwort durch die Verwendung des Indefinitums *man* markiert. Dass sich ihre Bestätigung auf die Äußerung von *BAR* bezieht, verdeutlicht sie durch die Verwendung des deiktischen Mittels *das*. Auch in der Weiterführung ihrer Äußerung wird deutlich, dass die Schülerin sich auf die Ausführungen von *BAR* bezieht: „Und leider ist das schlimme, diese Konsequenzen tragen wir unschuldigen Menschen." Sie führt ihre Bestätigung und damit die Äußerung von *BAR* weiter aus, indem sie durch den Konjunktor *und* einen konvergenten Zusammenhang zwischen der Äußerung von *BAR*, ihrer Bestätigung und ihrer Ergänzung dazu, dass die „Konsequenzen" „unschuldige[...] Menschen" tragen, verdeutlicht. Diese als Tatsache konstruierte Bedingung der Konsequenz für die „unschuldigen Menschen" bewertet sie durch die Verwendung der Modalpartikel *leider* und des Adjektivs *schlimm* als etwas Negatives. An die zuvor konstruierten Gruppen der ‚deutschen Politiker' und ‚Muslime' schließt sich *RUK* an und dokumentiert die Differenzierung durch die Verwendung der Personaldeixis *wir*. Ausgehend von den zuvor konstruierten Gruppenkonstellationen kann davon ausgegangen werden, dass *RUK* das *wir* auf die Gruppe der ‚Muslime' bezieht, in die sie sich selbst auch zuordnet, und dem ‚Wir' ein ‚Nicht-Wir' gegenüberstellt. Anzumerken ist, dass *RUK* innerhalb der Gruppe der ‚Muslime' eine mögliche Differenzierung in ‚schuldige' und „unschuldige[...] Menschen" macht. Vor dem Hintergrund der Diskussion über die mögliche Radikalisierung von ‚Muslimen' durch die Provokation des Deutschen Bundestages (über die Verabschiedung der Armenien-Resolution) konstruiert sie ein Bild derjenigen Menschen, die sie durch den gemeinsamen Orientierungsrahmen als ‚Muslime' markiert, allerdings von den als „radikal" kategorisierten ‚Muslimen' unterscheidet. Diese Formulierung von *RUK* verdeutlicht, dass die Schüler*innen die Gruppe der für sie als ‚Muslime' zu markierenden Menschen nicht als ein homogenes Kollektiv betrachten, sondern mindestens in „unschuldige" und „radikale" differenzieren. *RUK* schließt sich somit dem eingangs beschriebenen negativen Horizont an und bestätigt diesen.

Differenzierende Validierung durch ER (Z. 2408–2410)
Auch der Schüler *ER* bestätigt die Äußerung des Schülers *BAR*, indem er sich mit der Formulierung „Ist aber wirklich so" der Interaktion anschließt. Mit der Verwendung des Begriffs *aber* dokumentiert er, dass er sich dem propositionalen Gehalt der zuvor getätigten Äußerungen anschließt und diejenigen Schüler*innen, die möglicherweise noch nicht von dem konstruierten Orientierungsrahmen überzeugt sind, zu überzeugen versucht. Seine eigene Position unterstreicht er zusätzlich mit der Verwendung der Modalpartikel *wirklich*, um so auf die Authentizität der bisher verbalisierten Positionen hinzuweisen.

Im Anschluss an seine Bestätigung führt er einen weiteren Aspekt an, mit dem er die pauschale Negativdarstellung des Islams thematisiert. Dabei schafft er einen gemeinsamen Wahrnehmungskontext, indem er über seine Äußerung den gemeinsamen Orientierungsrahmen bestätigt: „Was auch das Problem ist Leute, guckt mal, ich halt euch mal was fest, was ihr bestimmt gemerkt habt." Dass es sich bei dem Wahrnehmungskontext um eine negative Wahrnehmung handelt, markiert er mit dem Nomen „Problem". Dabei verwendet er die operative Abtönungspartikel *auch*, um den bereits beschriebenen negativen Horizont sowohl zu bestätigen als auch zu spezifizieren. Mit der Verwendung der Anrede „Leute" markiert er die ganze Gruppe und verbalisiert seine Einschätzung der Wahrnehmung von ‚Muslimen' in der Öffentlichkeit. Durch die Verwendung des quantifizierenden Determinativs *irgendwie* in Kombination mit dem Adjektiv *direkt* verweist er auf den in der Öffentlichkeit konstruierten Zusammenhang zwischen Islam, Muslime und dem Akt, jemandem gewaltsam das Leben zu nehmen. Dabei rekurriert er erst auf die Berichte 1 bis 3 des Impulses 3 und den in diesem Zusammenhang beschriebenen gemeinsamen Orientierungsrahmen (die ‚Muslime' und der ‚Islam' werden in der Öffentlichkeit immer negativ dargestellt) und leitet davon seine Explizierung ab: „Weil, wenn ein Moslem nun mal tötet, dann ist es der Islam, • der ihn dazu gebracht hat." Für die Folgerung, die er verbalisiert, verwendet er eine Erklärung, die er doppelt markiert, indem er sowohl das Subjunktor *weil* als auch eine Wenn-dann-Formulierung verwendet. Durch die Konstruktion, dass eine Bedingung als Tatsache (‚Muslime' werden in der Öffentlichkeit immer nur mit negativen Ereignissen verbunden und als „Terroristen" dargestellt, wodurch der ‚Islam' auch immer negativ dargestellt wird) konstruiert wird, kann bei dieser Formulierung von *ER* von einer Konditionalbeziehung durch wenn-dann gesprochen werden.

9 Hauptstudie: das Osmanischen Reich in Schülervorstellungen

Interaktive Validierung und Elaboration durch ZEL und BAR (Z. 2411–2412 und 2413–2414)
ZEL bestätigt den propositionalen Gehalt ihrer Vorredner*innen und elaboriert die Orientierung von *ER*, indem sie auf die Dimension der negativen Wahrnehmung zum ‚Islam' und zu ‚Muslimen' in der Öffentlichkeit eingeht. Um dabei die Dimension einzustufen, verwendet die Schülerin verschiedene sprachliche Mittel. Zunächst verwendet sie die Anrede „Leute" und schließt daran ihre Äußerung „es gibt schon Witze, wo man sagt/ein Vogel wird oben von einem anderen Vogel getötet, das war ein muslimischer Vogel", mit der sie ihr Erstaunen über den öffentlichen Diskurs zum Islam ausdrückt. Ihr Erstaunen markiert sie besonders mit der operativen Gradpartikel *schon* und stuft für die Schüler*innen die Dimension des öffentlichen Diskurses ein. Mit der Tatsache, dass es sich bei diesen Narrativen um Witze handelt, unterstreicht sie ihr Erstaunen. Witze als eine Form des Narratives zu nutzen, um Leser zum Lachen anzuregen, erscheint für die Schülerin eine besonders extreme Form der negativen Darstellung des Islams zu sein. Ihre Position in dieser von *ZEL* konstruierten Situation beschreibt sie mit folgenden Worten: „Das sind schon Witze, die ich lesen muss". Durch die Verwendung des Modalverbs *müssen* verdeutlicht sie, dass andere Personen Einfluss auf ihren Handlungs- und Wahrnehmungsraum haben und *ZEL* zum Lesen von Witzen über den Islam zwingen. Die Wahrnehmung dieser Situation, in der sich die Schülerin befindet, beschreibt sie mit dem Adjektiv *krass*. Die Verwendung des Begriffs *krass* verdeutlicht dabei, dass sie den Umgang mit dem Islam in der Öffentlichkeit als auffallend negativ und nicht gerechtfertigt empfindet.

In Anlehnung an die Äußerung der Schülerin *ZEL* konkludiert der Schüler *BAR* seine Äußerung ebenfalls mit einer nachdrücklichen Äußerung: „Lak, du hast doch keine Beweise!" Die Personaldeixis *du* verweist dabei auf den öffentlichen Diskurs über den Islam, der hier als kollektive Personaldeixis konstruiert wird. In seiner Äußerung erweitert er durch ein Beispiel den Umgang mit dem Islam „in den Medien" und legt den Fokus auf die pauschalisierte Auslegung von Informationen, in denen es um Menschen geht, die „gestorben" sind oder „angegriffen" wurden. *BAR* schließt mit seinem Beispiel an die Kritik am öffentlichen Diskurs an und damit auch an den negativen Horizont, der auch von *ZEL* bestätigt wurde. Durch die Formulierung „man vermutet, dass es ein Terrorist war" verdeutlicht er insbesondere, dass es einen allgemeingültigen Umgang innerhalb der Medienlandschaft mit dem Thema Islam gibt, welchen er durch das Indefinitum *man* markiert. Interessant erscheint die Anrede, die er am Anfang seiner Äußerung verwendet. Mit dem Begriff „Lak", der der Jugendsprache zuzuordnen ist und synonym zu den Begriffen ‚Alter', ‚Digga' oder ‚Man' verwendet wird, verbalisiert er seine Verwunderung zum Umgang mit dem Islam in den

Medien. Der Begriff ist als Fremdwort aus dem Arabischen in die Jugendsprache übernommen worden und wird als Anrede verwendet. Auch *BAR* verdeutlicht sowohl durch seine Anrede „Lak" als auch durch seine Gesamtäußerung den Anschluss an den gemeinsamen Orientierungsrahmen und an den darüber konstruierten negativen Horizont.

Elaboration im Modus einer Erklärung durch ZEL (Z. 2416–2418)
Ausgehend von den Äußerungen ihrer Vorredner formuliert *ZEL* eine Erklärung. Um den von den anderen Schüler*innen beschriebenen negativen Horizont zu erklären, leitet sie ihre Äußerung mit einer Frage ein, die sie im Anschluss im Modus einer Erklärung beantwortet. Ihre Frage fokussiert sie als direkte Anrede, indem sie die Personaldeixis *ihr* verwendet: „Wisst ihr, wieso?" Dabei verwendet sie einen indirekten Fragesatz, indem sie mit dem Fragewort *wieso* einen Nebensatz einleitet. Ihre gestellte Frage beantwortet *ZEL* selbst: „Dank diesen Menschen". Die Verbalisierung dieser Antwort verdeutlicht ihre empörte Reaktion zum Umgang mit dem Islam in der Öffentlichkeit und die damit verbundenen Negativnarrative, indem sie das Substantiv *Dank*, der Ausdruck für Anerkennung beispielsweise einer Handlungsweise oder einer Tat ist, von der Schülerin im ironischen Sinne verwendet wird. Durch die Demonstrativdeixis *diese* in Kombination mit dem Begriff *Menschen* markiert sie die Gruppe, die von den Schüler*innen im Laufe des Diskurses innerhalb der Textpassage als die ‚Nicht-Muslime' und als ‚Nicht-Wir' konstruiert werden. Im nächsten Schritt ihrer Äußerung führt sie ihre Erklärung weiter aus und verbalisiert die aus ihrer Sicht resultierende Konsequenzen, die der negative Diskurs zum Islam mit sich bringt: „. Das Problem ist, • • dank diesen wirds auch anderen Verbrechern ganz einfach fallen. „Ich kann Leute töten, ach wird eh der IS sein. Mach, wat du willst", ich kann so viele Verbrechen begehen, ach ist eh der IS." Ihre weiterführende Erklärung leitet sie damit ein, dass der mediale Diskurs zum Islam zu möglichen „Problem[en]" führe. Dabei formuliert sie, dass die Darstellung des Islams als Terror eine Ausstrahlungskraft auf andere potentielle ‚Kriminelle' haben kann und andere kriminelle Vorgehensweisen als unter dem Deckmantel des IS legitimierbar werden. Der Umkehrschluss ihrer Erklärung dokumentiert gleichzeitig die Konsequenz, dass die Gesamtsituation immer ein negatives Bild für ‚Muslime' bedeutet und somit die Hauptkritik von *ZEL* am medialen Diskurs zum Islam ist.

9 Hauptstudie: das Osmanischen Reich in Schülervorstellungen

Validierung und Elaboration durch BAR (Z. 2420–2422)
Der Schüler *BAR* steigt in den Diskurs mit einer vergleichenden Einschätzung ein, mit der er den IS im Vergleich zu den Ländern, die gegen den IS kämpfen, durch die Formulierung „ist ne Erbse" als schwächstes Glied in dem Kampf ‚IS gegen andere Länder" kategorisiert. Von dieser Einschätzung ausgehend formuliert *BAR* eine Wenn-Kondition, mit der er das Desinteresse bestimmter Länder an der Ausschaltung des IS konstruiert: „Wenn ein Land wirklich den IS •• sagen würde, ich möchte ihn vernichten, könnte man das von heute auf morgen machen." In der von *BAR* formulierten Konditionalität wird als Gegner des IS kein explizites Land genannt. Er verwendet den unbestimmten Artikel *ein*, um alle in diesem Kampf als Gegner des IS kategorisierbaren Länder in seine Argumentation einzubinden. Mit dieser Formulierung impliziert der Schüler eine Generalschuld, mit der er allen an diesem Kampf beteiligten Ländern eine Mitschuld an der Existenz des IS als Miliz zuschreibt.

Mit der abschließenden Frage „Warum macht man das nicht?" hinterfragt der Schüler die Glaubwürdigkeit der Länder in ihrem Kampf gegen den IS. Das Fragewort *warum*, mit dem nach dem Grund beispielsweise eines Ereignisses oder einer Verhaltensweise gefragt wird, nutzt der Schüler an dieser Stelle, um das authentische Interesse dieser Länder, den IS „vernichten", zu hinterfragen. Durch die Verwendung des deiktischen Mittels *das* rekurriert er auf das zuvor verbalisierte („. Wenn ein Land wirklich den IS •• sagen würde, ich möchte ihn vernichten, könnte man das von heute auf morgen machen.") und kombiniert dies mit dem Indefinitum *man*, um die Gültigkeit seiner Aussage für die Länder zu formulieren, die sich aus Sicht des Schülers im Kampf gegen den IS scheinbar einsetzen. *BAR* konstruiert demzufolge die Position dieser Länder als unglaubwürdig. Auch der Schüler *BAR* schließt sich mit seiner Argumentation an den beschriebenen negativen Horizont an und bestätigt dadurch auch den gemeinsamen Orientierungsrahmen.

Besonders die Aussage von *BAR* verdeutlich, dass Schüler*innen bei der Konstruktion von Vorstellungen zu einem Ausschnitt aus dem Universum des Historischen auch andere Bezüge zum Kontext herstellen. Der Schüler geht auf internationale Beziehungen von Staaten und das politische Interesse des einzelnen Staates ein, so dass er seine Vorstellungen auch aus einer politischen Perspektive konstruiert.

Besonders an den Vorstellungen des Schülers *BAR* wird deutlich, dass Schüler*innen bei der Aktivierung ihrer Vorstellungen zu einem historischen Gegenstand verschiedene Bezüge herstellen können (historisch, politisch, gesellschaftlich), weshalb die Berücksichtigung von fachübergreifenden Vorstellungen auch im Geschichtsunterricht berücksichtigt werden sollten, da sie den individuellen Zugang zum schulisch-historischen Lernen darstellen können.

Elaboration im Modus einer Explikation durch ZEL (Z. 2423–2426)
Die Schülerin steigt in ihre Äußerung mit einer direkten Anrede ein, indem sie die Gruppe mit „Leute" anspricht. Die Anrede kombiniert sie mit der Nennung des Staates „Amerika", womit sie den Fokus ihrer Äußerung markiert. Am Beispiel Amerikas elaboriert sie die Äußerung von *BAR* und beantwortet gleichzeitig die Frage, die der Schüler am Ende seiner Äußerung stellt („Warum macht man das nicht?"). Mit der Formulierung „Guckt mal, wir reden von Amerika" unterstreicht sie erneut, dass sie den Fokus ihrer Argumentation auf „Amerika" legt und am Beispiel Amerikas die Unglaubwürdigkeit in Bezug auf den authentischen Kampf gegen den IS konstruieren wird. Die umgangssprachliche Formulierung „Guckt mal" verwendet sie dabei als sprachliches Fokussierungselement, mit dem auf etwas Bestimmtes hingewiesen wird. Ihre Argumentation dazu baut *ZEL* so auf, dass sie zuerst die Bedeutung der Macht Amerikas und die Konsequenz dessen für ihr Leben beschreibt („unsere ganzen Handys können die überwachen"). Durch die Verwendung des possessiven Determinativs *unser* bezieht sie alle Gruppenteilnehmer*innen als Betroffene mit ein. Das Beispiel zur Überwachung der „ganzen Handys", die die persönliche Betroffenheit innerhalb des Machtgeflechtes ‚Amerika' und ‚die Menschen, die überwacht werden', verdeutlichen soll, führt zu ihrem nächsten Beispiel, in dem sich die Konstellation ‚Amerika-IS' dokumentiert: „Wenn die wollen, würden, • • • das würd nur ein Blinzeln dauern, bis die das schaffen." Durch die Kombination einer wenn-Kondition und der Verwendung des Konjunktivs verdeutlicht sie, dass „Amerika" die Vernichtung des IS realisieren kann, jedoch kein Interesse daran hat. Mit ihrer idiomatischen Formulierung „das würd nur ein Blinzeln dauern" geht sie auf die Macht Amerikas ein, die innerhalb der Äußerung von *ZEL* eine zentrale Rolle einnimmt.

Sowohl *ZEL* als auch ihre Vorredner*innen konstruieren damit ihre Vorstellung zum Missverhältnis zwischen der medialen Darstellung zum Kampf gegen den IS und ihrem subjektiven Zugang dazu. Sie heben insbesondere die Rolle der Länder hervor, die sich in diesem Kampf als die zentralen Akteure darstellen. Für die Schüler*innen gibt es demnach kein authentisches Interesse an der „Vernichtung" des IS. Über diese Diskrepanz konstruieren die Schüler*innen ihren gemeinsamen Orientierungsrahmen, in dem sich ausschließlich ein negativer Horizont dokumentiert.

ZEL verbalisiert im Anschluss an ihre beiden Beispiele zur Macht Amerikas und dem Umgang mit dem IS eine rhetorische Frage („Aber wisst ihr wieso?"), auf die sie keine Antwort erwartet, sondern damit die Wirkung ihrer bisherigen Argumentation verstärkt. Sie beantwortet die von ihr gestellte Frage selbst mit folgender Antwort: „Der IS ist ja eh ein Monster, was von den Amerikanern auf die Welt gesetzt worden ist gegen Assad. • • Und heute • kriegen die die nicht weg." Mit der Frage-Antwort-Konstellation verdeutlicht ZEL ihre subjektive Position zum Thema. Ihrer subjektiven Vorstellung nach wurde der IS, den sie als Monster beschreibt, „von den Amerikanern auf die Welt gesetzt". Durch die Verwendung des Begriffs „Monster" konstruiert sie den IS als eine Art furchterregendes und gefährliches Ungeheuer, das alle dem IS angehörigen Personen in dem „Monster" eint und von der Schülerin als ein homogenes Gebilde konstruiert wird. Ebenfalls interessant erscheint die Formulierung „auf die Welt gesetzt". Mit dieser idiomatischen Formulierung weist sie darauf hin, dass die „Amerikaner" „ein Monster" in Umlauf gebracht haben, was aus Sicht der Schülerin eine Gefahr für die ganze Welt ist. Den klassischerweise mit der Präposition *in* verwendeten idiomatischen Ausdruck verbalisiert ZEL mit der Präposition *auf*, so dass ihre Äußerung eine andere Bedeutung erhält. Durch die Präposition *in* können Positionen markiert werden, die auf einen räumlichen Einschluss hinweisen. In diesem Zusammenhang würde mit „in die Welt setzen" auf einen Zustand rekurriert werden, der neu ist und vorherigen Zustand verändert. Im Falle des Beispiels der Schülerin ZEL würde sich der Spruch auf folgenden neuen Zustand beziehen: Amerika ist für die Entstehung und Verbreitung des IS verantwortlich. Durch die Verwendung der Präposition *auf* erhält der idiomatische Ausdruck eine andere Qualität. Der idiomatische Ausdruck, den die Schülerin verwendet („auf die Welt gesetzt") kann in Hinblick auf die Gefahr des IS für die Welt rekonstruiert werden. Sie führt auch einen Grund an, mit dem sie „Amerikas" Verantwortlichkeit für die Entstehung des IS legitimiert. Als Grund nennt sie den Präsident Syriens „Assad". Den Zusammenhang, der sich in dem Grund dokumentiert (Zusammenhang zwischen dem syrischen Präsidenten, dem IS und Amerika) führt sie nicht weiter aus.[1088]

Sie verbalisiert am Ende ihrer Äußerung eine Konsequenz, die sie aus ihrer Sicht aus dem Fehlverhalten Amerikas resultiert: „Und heute • kriegen die die nicht weg." Durch die Verwendung des Konjunktors *und* in Kombination mit dem Adverb *heute* verbindet ZEL das zuvor konstruierte Fehlverhalten Amerikas, das sie in die Vergangenheit verortet, mit der Konsequenz für die Welt in

---

1088 Mit einer weiteren Lesart kann die Aussage der Schülerin als eine Strategie analysiert werden, mit der sie nach Rehbein (1982) auf ein Komplementär-Wissen zurückgreift, das das Gesagt in einen bereits existierenden oder einzuhaltenden Kontext einbettet. Zur genaueren Darstellung von Komplementär-Wissen siehe 9.3.3.1.3.

der Gegenwart. Sie beschreibt das „Monster" als ein Problem, das gegenwärtig nicht lösbar ist.

Elaboration durch RUK (Z. 2427–2431)
RUK führt den negativen Horizont zum Umgang von Ländern mit dem IS fort und kritisiert die Dimension des öffentlichen Diskurses zum IS: „Da muss man den IS auch nicht so aufpushen!" Die Verwendung des Indefinitums *man* verdeutlicht, dass *RUK* ihre Äußerung zum „[A]ufpushen" des IS im öffentlichen Diskurs als allgemeingültige Kritik formuliert. Durch die Formulierung „Guck mal" fokussiert sie ihre weitere Äußerung auf den konkreten Diskurs in den Medien und nennt Begriffe, die in den Medien aus Sicht der Schülerin unreflektiert verwendet werden: „Guckt mal, diese ganzen Medien pushen sowas, der Islamische Staat, Islam, Islam, Islam, Osmanisches Reich wird verglichen, dies und das." Sie nennt die Begriffe *Islamischer Staat, Islam* und *Osmanisches Reich* und konstruiert, dass diese ‚Vermischung' der Begriffe und die damit einhergehende negative Darstellung des Islams und des Osmanischen Reichs unter dem Einfluss des Negativbildes des Islamischen Staates entsteht.

Die daraus resultierende Konsequenz ist für die Schülerin, dass der Islamische Staat durch den intensiven Diskurs gestärkt wird, auch wenn die ihm zugesprochene Stärke nicht der realen Stärke des Islamischen Staates entspricht. Durch die idiomatische Formulierung „Also du vergrößerst die in deinen Augen so richtig" führt sie eine weitere Erläuterung für die Konsequenz an, mit der sie ihre Irritation äußert. Interessant erscheint die Verwendung dieses idiomatischen Ausdruckes deshalb, weil die Schülerin ‚in den Augen vergrößern'[1089] vermutlich aus dem Türkischen übersetzt und die Überschätzung des Islamischen Staats in den Medien darstellen möchte. Mit dieser idiomatischen Formulierung beurteilt die Schülerin den Umgang der Medien mit dem Islamischen Staat und ergänzt durch eine quantitative Angabe, die sich auf die Anzahl der Personen bezieht, die Teil des Islamischen Staats sind: „Das sind Maximum fünfhundert, tausend okay tausend, zweitausend Leute." Mit der Verwendung des quantifizierenden Substantivs *Maximum* verdeutlicht sie die Schwäche des Islamischen

---

1089 Im Türkischen ‚gözünde büyütmek' (wörtliche Übersetzung ins Deutsche: Auge-im vergrößern) wird als Sprichwort verwendet, wenn darauf hingewiesen wird, dass jemand jemanden/etwas überschätzt. Diese Übertragung aus dem Türkischen kann mit Rehbein (1982) als die Bewältigung einer Handlung beschrieben werden, bei der die Schülerin über ihr Komplementär-Wissen und ihre sprachlichen Kompetenzen im Türkischen die Kommunikationssituation bewältigt. Rehbein beschreibt diesen Bewältigungsakt als „unkontrolliert und nicht-reflektierbar zugleich." Vgl. Rehbein, J. (1982), S. 252.

Staates und damit die Überschätzung dessen in den Medien. Sie formuliert einen Wenn-Sachverhalt, den sie nicht zu Ende ausführt: „Wenn die ganze Welt zusammenhalten würde." Ihre weiteren Ausführungen verdeutlichen dann den Kontext des Sachverhaltes: „Da machen die einen auf • Solidarität, dies und das. Dann kämpft doch gegen diese Leute!" Die weiteren Ausführungen nach dem Konditionalsatz verdeutlicht, dass sie eine Möglichkeit konstruiert, durch die der IS zu besiegen wäre. Sie kritisiert die unsolidarische Haltung der „Welt" und fordert zum ‚Kampf' gegen den IS auf. Diese klare Position der Schülerin dokumentiert ihren Anschluss an den beschriebenen negativen Horizont, den sie durch ihre Äußerung weiter ausführt.

Validierung durch BAR (Z. 2432-2433)
BAR bestätigt die Äußerungen seiner Vorredner*innen, indem er dies mit der Interjektion *mhm* in Kombination mit der bestätigenden Formulierung „ist so" markiert. BAR schließt auch an die Äußerungen von RUK an und führt die Vorstellung zur Besiegbarkeit des IS durch jedes Land auf der Welt weiter. Dabei verlagert er den Fokus von der generellen Besiegbarkeit des IS darauf, dass selbst ein schwaches Land in der Lage wäre, den IS zu besiegen und bestärkt damit die zuvor von den Schüler*innen konstruierte Schwäche des IS als Miliz: „Ey/ein lächerliches Land muss das bekämpfen und die wären tot." Seine Ausführung leitet er mit der Interjektion *ey* ein, mit der er die Aufmerksamkeit der Gruppenteilnehmer*innen für seine anschließende Aussage erzeugt, die er dann einleitet. Mit der Verwendung des Adjektivs *lächerlich* konstruiert er seine Haltung dem IS gegenüber. Diesen stuft er als schwach ein, indem er darauf hinweist, dass selbst ein unbedeutendes Land in der Lage wäre, den IS zu bekämpfen. An diese Beurteilung des IS, die er auf der Grundlage des Macht-Schwäche-Konzeptes fällt, schließt der Schüler eine Konditionalbedingung an, mit der er eine Möglichkeit zum Bekämpfen des IS konstruiert: „Ganz ehrlich, wenn man den IS nicht mehr in Mund nehmen würde, dann würd der aussterben. Ganz einfach!" BAR kategorisiert die von ihm konstruierten Bedingung als Tatsache, als die Wahrheit, mit der eine absolut zuverlässige Bekämpfung des IS möglich wäre. Er formuliert damit eine aus seiner Sicht triviale Bedingung.

Mit dieser Äußerung führt BAR einen weiteren Diskurs ein, in dem der IS thematisiert wird: die Auseinandersetzung der Bevölkerung mit dem Thema IS. Im Laufe der bisherigen Diskussion diskutierten die Schüler*innen über den Diskurs zum IS unter Politikern und in den Medien. Mit der Äußerung wird somit eine dritte Gruppe konstruiert, die auch ihren Beitrag zu Bekämpfung des IS leisten kann und soll.

Konklusion im Modus einer Generalisierung durch ER (Z. 2434)
Mit seiner Äußerung stimmt ER nicht nur dem gesamten propositionalen Gehalt zu, sondern dehnt auch die thematische Reichweite des gemeinsamen Orientierungsrahmens aus. ER spricht mit der Anrede, die gleichzeitig eine Fokussierung des Gesagten ermöglicht, die ganze Gruppe an („Guckt mal"). Er abstrahiert aus der bisherigen Diskussion das aus seiner Sicht übergeordnete Problem, das er als Ursache des negativen Diskurses innerhalb der zuvor konstruierten Gruppen (politischer Diskurs, medialer Diskurs, gesellschaftlicher Diskurs – im Sinne von Bevölkerung) markiert: „wir müssen eins akzeptieren, • die Welt wird gegen den Islam aufgehetzt." Durch die Kollektivdeixis *wir* kennzeichnet der Schüler einen gemeinsamen Orientierungsrahmen und deutet auf das konjunktive Wissen hin, dass den Schüler*innen gemein ist. ER verwendet in der Auseinandersetzung mit dem Diskurs zum Islam die Kombination des Modalverbs *müssen* und des Vollverbs *akzeptieren*, um auf eine für das Kollektiv gültige Bedingung hinzuweisen. Dabei verdeutlicht er durch das Modalverb *müssen* die zwingend notwendige Akzeptanz für die Situation, dass „die Welt […] gegen den Islam aufgehetzt" wird. Durch die Bedingung, die der Schüler beschreibt, konstruiert er zwei Gruppen: a) die Gruppe der „[A]ufhetze[r]" und b) die Gruppe derjenigen, die unter dem Einfluss der „[A]ufhetze[r]" leiden. Die zuvor konstruierten negativen Diskurse summiert ER entsprechend dieser Gruppenkonstruktion in der Gruppe a). In seiner Argumentation dokumentiert sich weiterhin, dass aus Sicht von ER die negative Darstellung des Islams ein internationales Problem ist, was er durch die Verwendung des Begriffs „Welt" markiert. Seine Äußerung schließt ER mit der Formulierung „Das ist einfach Fakt so" ab und verweist darauf, dass seine Feststellung den Tatsachen entspricht und allgemeingültig ist.

Anschlussproposition durch BAR (Z. 2435–2439)
Der Schüler BAR bestätigt die Gültigkeit der bisherigen Ausführungen durch ein kurzes responsives *ja*, das er mit der Interjektion *ne* kombiniert, womit er den ganzen Orientierungsrahmen bestätigt. BAR fügt eine Elaboration hinzu und bezieht sich auf einen Vortrag an der „Universität Essen" des Publizisten Jürgen Todenhöfer. Er berichtet davon, dass der Referent des Vortrages als „Nicht-Moslem" sich besonders ausführlich mit dem Koran auseinandergesetzt hat, somit entgegen des negativen Diskurses zum Islam einen aus Sicht des Schülers authentischen und objektiven Diskurs führen kann: „als Nicht-Moslem, nur um diese Streitereien zwischen den Menschen, die radikal sind und gegen den Islam argumentieren, um das zu widerlegen." Der Referent wird von dem Schüler BAR als Beispiel für eine dem Islam gegenüber reflektierte Person konstruiert, die als „Nicht-Moslem" sich für die Entkräftung des negativen Diskurses über den

Islam einsetzt. Den Anlass seines Einsatzes begründet der Schüler *BAR* damit, dass er dem Referenten einen humanen und damit fairen Zugang zum Diskurs zuspricht: „Weil er als • Mensch handelt und nicht als irgendein Religionszugehöriger." Durch das Subjunktor *weil* kündigt der Schüler die Erklärung für seine Einschätzung der Person Jürgen Todenhöfer an und setzt in dieser Erklärung die Begriffe „Mensch" und „Religionszugehörigkeit" für den Diskurs zum Islam zueinander in Verhältnis. *BAR* beschreibt mit dieser Äußerung einen positiven Gegenhorizont und schließt seine Äußerung mit der bestätigenden Formulierung „Das finde ich richtig", die seine Position im Umgang mit dem Islam dokumentiert.

Elaboration durch ER (Z. 2440–2442)
Die Exemplifizierung des Schülers *BAR* wird durch *ER* mit der Formulierung „Ja man" bestätigt und durch eine Weiterführung der Proposition erweitert. Er zitiert aus dem Vortrag des Referenten Jürgen Todenhöfer, womit er seine Teilnahme an dem gleichen Vortrag an der Universität Essen bestätigt: „Der hat ja dann am Ende gesagt, ((1,2s)) „ISIS • • • und Islam, • • ist so, als wenn du versuchst Vergewaltigung und Liebe gleichzusetzen", das hat der richtig krass gesagt." Er bezieht sich auf den letzten Teil des Vortrages und zitiert einen aus Sicht des Schülers bedeutenden Vergleich, mit dem er den Diskurs kritisiert und die Ungerechtigkeit darstellt, die dem Islam zugefügt wird. Das verwendete Begriffspaar „Vergewaltigung und Liebe" zeigt die absolute Ablehnung des Schülers gegenüber der synonymen Verwendung der Begriffe „Islam" und „ISIS" im öffentlichen Diskurs zum Islam. Damit schließt sich *ER* der Position des Referenten Jürgen Todenhöfer an und ergänzt die Proposition des Schülers *BAR*.

Interaktive Konklusion durch ZEL, NER, RUK und BAR (Z. 2443, 2444, 2445, 2446)
Die Schüler*innen *ZEL*, *NER*, *RUK* und *BAR* wiederholen und elaborieren interaktiv die aufgeworfenen Orientierungen und Horizonte und schließen die Diskussion, ohne eine neue Proposition aufzuwerfen.

9.3.3.3.4 Zusammenfassung rekonstruierter Schülervorstellungen zum Impuls 3 unter Berücksichtigung der Einzelinterviews

Die Schüler*innen diskutieren den dritten Impuls der Gruppendiskussion im Vergleich zu den Impulsen 1 und 2 eher zurückhaltend und weisen immer wieder darauf hin, dass ihnen das Wissen zu einem solchen historischen Ereignis (*100 Jahre Genozid und die Armenier bzw. Aramäer*) fehlt.

> „Stimmt das wirklich, dass das damals passiert ist im Osmanischen Reich? Ich weiß nicht, ob das passiert ist. Deshalb frage ich jetzt wirklich. Man kann sich das nicht so vorstellen, ne?"[1090]

> „Ich kann jetzt nicht sagen „Auf keinen Fall ist sowas passiert", kann ich nicht sagen. Aber ich kann auch nicht sagen „Auf jeden Fall ist sowas passiert."[1091]

> „Also ich weiß nicht, ob das wirklich im Osmanischen Reich passiert ist oder nicht."[1092]

Alle Äußerungen der Schüler*innen verdeutlichen ihre kollektive Position zum Thema, mit dem sie eine Dichotomie von Existenz und Nichtexistenz eines Ereignisses (*Genozid und die Armenier bzw. Aramäer*) in der Vergangenheit des Osmanischen Reichs konstruieren. Die interaktiv verbalisierten Positionen, mit denen die Schüler*innen aufeinander Bezug nehmen und einen gemeinsamen Orientierungsrahmen konstruieren, verdeutlichen ihre tendenziell ablehnende Haltung zu dem durch den Impuls 3 dargestellten „Völkermord" im Osmanischen Reich. Diese Position wird durch die Beschreibung des negativen Horizonts kollektiv bestätigt:

> „[…] Aber was ich direkt •• sagen will über dieses/•• sagen wir mal dieser Völkermord wird gezeigt und • dann, wenn man es jetzt/zum Beispiel Christen gezeigt wird/ dann denkt der •• Christ •• über die Moslems ‚Ah das heißt Muslime ••• machen Völkermord'. •• Selbst, wenn eine Gruppe von Muslimen ••• unschuldige Christen • einfach so tötet. •• Kann man dadurch sagen, okay alle Muslime sind so? • Kann man das sagen?"[1093]

> „Sofort negativ, ne. Darf man nicht."[1094]

Die sich aufeinander beziehenden Äußerungen der Schüler*innen beschreiben zum einen den negativen Horizont, mit dem die Negativdarstellung des Islams und der ‚Muslime' in der Öffentlichkeit konstruiert wird, der sich insbesondere auf das Verhältnis von ‚Christen' und ‚Muslimen' bezieht. Die Schüler*innen konstruieren damit verbunden eine Verschlechterung dieses Verhältnisses und begründen dies mit dem öffentlichen Diskurs zum Islamischen Staat. Auch wenn die Schüler*innen diesen öffentlich geführten Diskurs zeitlich nicht ver-

---

1090 Gruppendiskussion, *BAR*, Z. 1823–1824.
1091 Gruppendiskussion, *ER*, Z. 1826–1827.
1092 Gruppendiskussion, *BAR*, Z. 1843.
1093 Gruppendiskussion, *ER*, Z. 1826–1832.
1094 Gruppendiskussion, *BAR*, Z. 1833.

9 Hauptstudie: das Osmanischen Reich in Schülervorstellungen 499

orten können, lassen ihre Narrationen erkennen, dass sie sich auf geopolitische Ereignisse beziehen, die seit Anfang der 2000er Jahren den öffentlichen Diskurs in Deutschland prägen. Zur Identifikation der Anderen durch den Islam als Differenzkategorie heben Mecheril/Olalde Folgendes hervor:

> „Spätestens seit dem 11.09.2011 ist es ‚im Westen' üblich, vom Islam als von der anderen Religion zu sprechen. Auf einer globalen Ebene begegnen und (geo-)politische Diskurse, die den Islam als die Religion bestimmter Gesellschaften thematisieren. So wird von der ‚islamischen Welt', von ‚islamischen Ländern', vom ‚islamischen Einflussgebiet' etc. gesprochen."[1095]

Genau diese Akzentuierung des aktuellen hegemonialen Diskurses über den Islam spiegeln auch die Schüler*innenvorstellungen zum Osmanischen Reich wider: Sie kritisieren diesen öffentlichen Diskurs, reproduzieren jedoch gleichzeitig die gleichen Kategorien, mit denen sie sich als ‚Muslime' und damit als die Anderen markieren. Die subjektivierenden Praktiken der Gesellschaft werden von den Schüler*innen in Form einer Selbstmarkierung übernommen. Innerhalb der Diskussion kritisieren die Schüler*innen im Besonderen den aus ihrer Sicht entstehenden Generalverdacht, unter den ‚Muslime' durch den Diskurs zum ‚Völkermord' gestellt werden. ‚Muslime' als „Terrorist[en]" (Bar, Z. 2414) darzustellen, beurteilen die Schüler*innen als einen ‚unfairen' Diskurs. Im konjunktiven Modus heben sie hervor, dass potentielle Täter unter den ‚Muslimen' die Gesamtheit der Muslime nicht vertreten können und eine Pauschalisierung eine unfaire Perspektive auf alle ‚Muslime' wirft. Die Schüler*innen explizieren, dass eine negative Haltung der ‚Christen' den ‚Muslimen' gegenüber nicht berechtigt ist.

In den für die Analyse der Hauptstudie berücksichtigten Einzelinterviews (Kap. 9.2) finden sich keine Äußerungen zum Thema „Völkermord". Der Impuls 3 irritiert die Schüler*innen in der Gruppendiskussion sichtlich, führt allerdings in der interaktiven Behandlung des Themas trotzdem zu der Konstruktion der Negativdarstellung des Islams und der ‚Muslime' in der gegenwärtigen Öffentlichkeit, welcher auch in den Einzelinterviews behandelt wird.

Obwohl in der Einzelinterviewanalyse in Kap. 9.2 keine Schülervorstellungen zum Inhalt Genozid im Kontext des Inhaltes Osmanisches Reich rekonstruiert werden konnten, entschied sich die Forscherin dafür, einen Impuls zu diesem Themenkomplex einzusetzen. Denn in einem Einzelinterview, das im Rahmen der Analyse nicht berücksichtigt werden konnte[1096], werden von einer Schülerin

---

1095 Vgl. Mecheril, P./Olalde, O. T. (2018), S. 188.
1096 Wie in Kap. 9.1.7.3 verdeutlicht wurde, sind für die Analyse der Einzelinterviews ausschließlich die Interviews der Schüler*innen berücksichtigt worden, die auch an

immer wieder Vorstellungen zum Konzept Genozid konstruiert, die sie in einer biographisch-subjektiven Form narrativiert. Dabei stützt sich die Schülerin *SME* auf ein für sie als historisch kategorisiertes Ereignis, das sie als den *Genozid an den Aramäern* bezeichnet. Sie konstruiert dieses Ereignis immer wieder im Modus der biographischen Narration, die im Sinne von Rüsen einer traditionellen Narration folgt.[1097] Anhand dieses Interviews hat sich die Bedeutung der Thematik gezeigt und zum Einsatz dieses Impulses geführt.

Den in der Gruppendiskussion beschriebenen negativen Horizont führen die Schüler*innen weiter aus, indem sie die Diskriminierung einer bestimmten Gruppe (die ‚Muslime' als konstruierte Gruppe) hervorheben:

„[…] ich könnts mir nur so erklären, die haben halt versucht irgendwas gegen irgendeine Gruppe • • zu stellen, also irgendwas in der Hand wollten die haben, haben die dann auch geschafft."[1098]

In Anschluss an die Weiterführung des negativen Horizonts, der das kollektive Orientierungswissen der Schüler*innen verdeutlicht, fordern sie in Form einer Enaktierungsmöglichkeit einen anderen Umgang mit der Negativdarstellung im öffentlichen Diskurs:

„[…] du kannst nicht auf mich/auf uns oder unsere Kultur, oder unser damaliges Geschehen • zurückgreifen, wenn du das doch selbst irgendwie in irgendeiner Art und Weise gemacht hast."[1099]

Die Markierung der Gruppe durch die Verwendung der Personaldeixis *mich* in Kombination mit der Kollektivdeixis *unser*, der sich die Schüler*innen auch selbst zuordnen, verdeutlicht ihre Vorstellung vom ‚Muslimischsein'. Diesem sprechen sie neben ‚religiösen' Komponenten auch ‚kulturelle' Eigenschaften zu, wodurch ihr Konzept von ‚Muslimischsein' bzw. vom ‚Islam' konkretisiert wird. Das ‚Muslimischsein' konstruieren sie über Normen, Grundsätze und Werte, die sie religiös und ethnisch kodieren und der Gruppe der ‚Muslime' zusprechen. Sie gehen davon aus, dass sich diese Normen und Werte im Verhalten aller ‚Muslime' repräsentiert sind und von ‚Nicht-Muslimen' respektiert werden müssen.

---

der Gruppendiskussion teilnahmen. Auch wenn die Vorstellungen der Schülerin SME eine thematische Dimension abbilden, die die analysierten Einzelinterviews nicht widerspiegeln, spiegeln sie Vorstellungen von Schüler*innen zum Inhalt ‚Osmanisches Reich' wider. Aus diesen Grund wurde auch der Inhalt ‚Genozid' als ein Impuls für die Gruppendiskussion ausgewählt.

1097 Rüsen, J. (1982).
1098 Gruppendiskussion, *ZEL*, Z. 2076–2077.
1099 Gruppendiskussion, *BAR*, Z. 1849–1850.

Ihre Vorstellung vom Umgang mit dem Islam im öffentlichen Diskurs beschreiben sie näher über den Begriff ‚Moral'[1100], den beispielsweise die Schülerin ZEL bei der Beschreibung des gemeinsamen negativen Horizontes verwendet und damit die öffentliche Auseinandersetzung des Deutschen Bundestages mit dem Konzept ‚Völkermord' im historischen Kontext des Osmanischen Reichs kritisiert. Die Forderung der Schülerin ZEL wird von allen Schüler*innen geteilt, so dass sie mit einem ‚moralischen' Umgang mit dem Islam einen anständigen und ethisch vertretbaren Umgang meinen.

Anhand des Impulses 3 diskutieren die Schüler*innen besonders intensiv die Markierung von bestimmten Bevölkerungsgruppen in Deutschland. Die Schüler*innen beziehen sich dabei explizit auf eine Kennzeichnung, die aufgrund der religiösen Zugehörigkeiten produziert werden und zur Diskriminierung dieser Gruppen führt. Am Beispiel des Deutschen Bundestages (dieser wird auch als geschlossene Gruppe kosntruiert) beurteilen sie die Diskriminierung als eine unbegründete Verhaltensweise und bewerten damit den Umgang mit Minderheiten als illegitim:

„[…] die haben halt versucht irgendwas gegen irgendeine Gruppe • • zu stellen, also irgendwas in der Hand wollten die haben, haben die dann auch geschafft."[1101]

Mit der Verwendung der Begriffe *irgendein* und *irgendwas* verdeutlicht die Schülerin ZEL die willkürliche und damit verbunden den unbegründeten und ungerechten Umgang mit bestimmten Gruppen in Deutschland.

Für den Umgang mit ‚Muslimen' halten die Schüler*innen fest, dass Menschen in der Gegenwart nicht die Verantwortung für historische Ereignisse tragen, weshalb negative historische Ereignisse immer im historischen Kontext zu betrachten sind. Schuldzuweisung, die sich auf der Grundlage von historischen Ereignissen auf Menschen in der Gegenwart beziehen, lehnen die Schüler*innen ab, da auch dies zur Ausgrenzung bestimmter Bevölkerungsgruppen führe. Aus der Kritik der Schüler*innen am Umgang mit bestimmten Bevölkerungsgruppen in Deutschland leitet sich der beschriebene negative Horizont ab, aus dem sie wiederum eine notwendige Forderung für gesamtgesellschaftliche Prozesse ableiten: Um gegen Diskriminierung bestimmter Bevölkerungsgruppen in Deutschland vorzubeugen, braucht es aus Sicht der Schüler*innen eine historisch-analytische Auseinandersetzung mit vergangenen Ereignissen aller Länder. Eine solche Auseinandersetzung ermögliche einen reflexiven Zugang zu historischen Ereignissen und die Förderung von Geschichtsbewusstsein. Die Notwendigkeit der von den Schüler*innen formulierten Forderung, die sich als

---

1100 Siehe dazu Gruppendiskussion, ZEL, Z. 1834–1841.
1101 Gruppendiskussion, ZEL, Z. 2076.

Enaktierungsmöglichkeit in der Gruppendiskussion dokumentiert, wird mit der folgenden Textpassage deutlich:

> „ZEL: [...] Wie die Deutschen problemlos über ihre • Geschichte reden können, die halt durchaus falsch ist • ist das auch sehr wichtig, dass man als Land, als Staat • auch sagen/ was passiert ist. [...]
> NER: Man muss darüber sprechen.
> BAR: Ja, man muss dazu stehen, was man gemacht hat"[1102]

Es ist zu vermuten, dass das negative Potential des Themenkomplexes die Schüler*innen daran hindert, explizite Vorschläge für eine Veränderung des Zustandes machen zu können. Die Schüler*innen konstruieren damit ihre Vorstellungen zu diesem Themenkomplex in Form eines Bildes, das als Gesamtangabe der Vorstellungen zusammengefasst werden kann. Dabei gibt das Bild

> „die Möglichkeit zu *verläßlichen Extrapolation* für alle O_Γ über ein O_Θ; der Wissende kann also eine sichere Vorausbestimmung zukünftiger O_Γ von O_Θ vornehmen. Das führt dazu, daß das Wissen Γ über Θ beim Wissenden abgerundet und fertig ist."[1103]

Zur Absicherung ihrer Vorstellungen, dass das Bild über die ‚Muslime' als negativ zu bewerten ist, wird in Anlehnung an den Impuls 3 der willkürliche Umgang mit der Gruppe der ‚Muslime' von Seiten des Deutschen Bundestages angeführt.

Vergleicht man die konstruierten Schülervorstellungen in der Gruppendiskussion zum diskriminierenden Umgang mit dem Islam und ‚Muslimen' in der Öffentlichkeit mit denen in den Einzelinterviews, so fällt auf, dass auch in den Einzelinterviews zum Umgang mit dem Islam Schülervorstellungen konstruiert werden (innerhalb des Themas 4: „Bedeutung des OR für die eigene Gegenwart", unter Kategorie 2: „Negativdarstellung des Islams und damit des OR in den Medien"). Im Vergleich zu den Vorstellungen in der Gruppendiskussion beziehen die Schüler*innen ihre Vorstellungen in den Einzelinterviews auf den diskursiven Umgang in den Medien, die sie als öffentlich verbreitete Kommunikationsmittel konstruieren. Diese werden von den Schüler*innen in Form von Einschätzungen realisiert.

Dass die Schüler*innen ihre Vorstellungen zum diskriminierenden Umgang mit dem Islam und ‚Muslimen' in der Öffentlichkeit in der Gruppendiskussion in Form eines Bildes konstruieren, kann auf die interaktive Dynamik der Konstellation zurückgeführt werden. Durch die Diskussion über diesen konstruierten negativen Horizont bearbeiten die Schüler*innen ihre Einschätzungen zum ne-

---

1102 Gruppendiskussion, Z. 2082–2089.
1103 Vgl. Ehlich, K./Rehbein, J. (1977), S. 52.

gativen Horizont weiter, so dass „ein Arsenal fester Interpretationen"[1104] entsteht. Die Wissensstrukturen, die diesen Interpretationen zugrunde liegen, lassen somit den gruppenspezifischen konjunktiven Erfahrungsraum der Schüler*innen immanent beschreiben.

In der Gruppendiskussion konkretisieren die Schüler*innen ihre Vorstellung und Vermutungen zu der Auseinandersetzung des Deutschen Bundestages mit der Thematik ‚Völkermord' und werfen dem Deutschen Bundestag eine provokative Absicht vor, die den Islam negativ darstellt und die Menschen, die sich dem Islam zuordnen, diskriminiert:

> „Er: Ausgerechnet im Jahre zweitausendfünfzehn, wo der Islam sowieso • schlecht durch ISIS und alles • • • geredet wurde, ja. Genau da wirft man sowas vor? Das soll • Zufall sein oder • was?
>
> Zel: IS, genau. Genau auf die Zeit der IS, genau da. Und Leute guckt mal, ich bin nicht dafür, dass man auf sowas einsteigen muss, aber guck mal, wenn ich sowas lese, • • stellt euch mal bitte vor, ein Mensch der gerade • echt so Gefühle hat, er ist verzweifelt, der liest sowas."[1105]

Die Schüler*innen kontextualisieren die in dem Impuls 3 thematisierten Ereignisse vor dem Hintergrund des Veröffentlichungsdatums der Berichte und bringen dies in Verbindung mit dem Diskurs zum Islamischen Staat in der Gegenwart. Mit dieser Kontextualisierung heben sie hervor, dass die Thematisierung eines genozidalen Aktes im Deutschen Bundestag kein „Zufall" ist, sondern den generellen öffentlichen Diskurs widerspiegelt. In dieser kollektiven Feststellung der Schüler*innen dokumentiert sich erneut der negative Horizont, mit dem sie das Verhalten des Deutschen Bundestages als Provokation beschreiben.

Am Beispiel der Person Jürgen Todenhöfer begründen die Schüler*innen ihre Vorstellungen von einem gleichen und allen Menschen gegenüber fairen Umgang mit dem Islam. In diesen Vorstellungen der Schüler*innen dokumentiert sich der positive Gegenhorizont in Bezug auf den Umgang mit dem Islam, der als ‚menschliche Auseinandersetzung' beschrieben wird:

> „Wenn ein Mensch, wie Jürgen Todenhöfer, der von sich selbst sagt, dass er nicht Moslem ist. Damals, vor zwei Jahren war der hier in Uni Essen, wisst ihr? Da hat er ja gesagt „Ich bin kein Moslem", aber • der hat den Koran auswendig gelernt, • • als Nicht-Moslem, nur um diese Streitereien zwischen den Menschen, die radikal sind und gegen den Islam argumentieren, um das zu widerlegen. Weil er als • Mensch handelt und nicht als irgendein Religionszugehöriger. Das finde ich richtig."[1106]

1104 Vgl. ebd.
1105 Gruppendiskussion, *ER* und *ZEL*, Z. 2394–2398.
1106 Gruppendiskussion, *BAR*, Z. 2435–2439.

Die Schüler*innen heben hervor, dass der Umgang mit dem Islam in der Öffentlichkeit einen ebenbürtigen Umgang brauche. Diesem Anspruch liegt das Bewusstsein eines existierenden Negativnarrativen zu ‚Muslimen' und zum Islam in der deutschen Öffentlichkeit zugrunde. Die Schüler*innen nehmen somit einen differenzfördernden gesellschaftlichen Diskurs wahr, der zur Produktion von ‚riskanten Gruppen' führt: ‚Muslime', die als potentielle „Terrorist[en]"[1107] konstruiert werden. Der abschließende positive Gegenhorizont am Beispiel des Verhaltens der Person Jürgen Todenhöfer verdeutlicht den gemeinsamen Erfahrungsraum der Schüler*innen zum Umgang mit dem Islam in der Öffentlichkeit und bestätigt die Umsetzung der zuvor vorgeschlagenen Enaktierungsmöglichkeit im Alltagshandeln der deutschen Gesellschaft. In diesem von den Schüler*innen am Ende der Diskussion konstruierten positiven Gegenhorizont, mit dem sie den Umgang Jürgen Todenhöfers mit dem Islam als Positivbeispiel beurteilen, dokumentiert sich gleichzeitig eine Art Postulat an den Deutschen Bundestag, aber auch an die deutsche Gesellschaft.

9.3.4 Zusammenführung zentraler Ergebnisse: curriculare Vorgaben, Lehrwerkinhalte und Schülervorstellungen zum Osmanischen Reich

Nachdem in Kapitel 7 institutionelle Vorgaben und ausgewählte in NRW zugelassene Geschichtsschulbücher der Sekundarstufe I und II auf ihre Berücksichtigung des Inhalts Osmanisches Reich hin gesichtet und analysiert und in Kapitel 9 auf der Grundlage von Einzelinterviews und einer Gruppendiskussion Schülervorstellungen zum Osmanischen Reich rekonstruiert wurden, sollen nun in diesem Kapitel alle Ergebnisse zusammengeführt und diskutiert werden. Dies geschieht vor dem Hintergrund der Frage ‚*Welche Vorstellungen konstruieren Schüler*innen zum Inhalt Osmanisches Reich und in welchem Zusammenhang stehen diese Vorstellungen zu curricularen Vorgaben und Schulbuchinhalten?*' Mit Blick auf diese Frage konnte im Vergleich der Ergebnisse aus der Rekonstruktion der Schülervorstellungen und den Ergebnissen aus der Kernlehrplan-/Geschichtslehrwerkanalyse herausgearbeitet werden, dass die Schüler*innen differenziertere Vorstellungen zum historischen Inhalt Osmanisches Reich konstruieren, als es in den Kernlehrplänen der Sekundarstufe I und II und im analysierten Kapitel der ausgewählten Geschichtsschulbücher der Fall ist. Diese inhaltlichen Differenzen zwischen den Schülervorstellungen und dem institutionellen Umgang mit dem Inhalt Osmanisches Reich verdeutlichen, dass die Schülervorstellungen zum Osmanischen Reich aus Narrativen generiert werden, die in unterschiedlichen, im Leben der Schüler*innen

---

[1107] Gruppendiskussion, *BAR*, Z. 2414.

offenbar bedeutsamen sozialen Räumen außerhalb des Unterrichts entstehen. Die von den Schüler*innen konstruierten Vorstellungen zum Osmanischen Reich, das zeigen die Analysen der Kernlehrpläne und der ausgewählten Geschichtsschulbücher, finden in institutionellen Dokumenten nur bedingt Berücksichtigung. Dieses Ergebnis ist weiterhin darüber zu stützen, dass die Schüler*innen selbst aussagen, den Inhalt Osmanisches Reich im Geschichtsunterricht nicht erlernt und reflektiert zu haben.

Bei der Sichtung der Kernlehrpläne wurden alle Inhaltsfelder in Bezug auf ihre Berücksichtigung des Inhaltes Osmanisches Reich untersucht. Dabei konnte eine explizite Nennung ausschließlich im Inhaltsfeld 2 des Kernlehrplans der Sekundarstufe II festgestellt werden. Dieses Inhaltsfeld setzt mit seinen zentralen Konzepten den Fokus auf die Behandlung von historisch-religiösen Ereignissen wie beispielsweise der Kreuzzüge in Bezug auf Entwicklungen im mittelalterlichen und frühneuzeitlichen Europa. Damit soll der Zusammenhang von Religion und Staat im historischen Kontext so erschlossen werden, dass es „zur Reflexion von gegenwärtig wirksamen Feindbildern und Stereotypen"[1108] beitragen soll. Der Inhalt Osmanisches Reich wird innerhalb dieses historischen Zusammenhanges im Kernlehrplan so verortet, dass die Auseinandersetzung mit dem Osmanischen Reich durch die Konstitution des Inhaltsfeldes auch eine Beschäftigung mit Konzepten wie ‚Kultur' und ‚Islam' mit sich bringt.

Es fällt auf, dass auch die Schüler*innen bei der Konstruktion ihrer Vorstellungen eine als historisch-religiöse Perspektive einnehmen. Für die Gruppendiskussion zeigt sich deutlich, dass über alle Impulse hinweg der *Islam* bei der Konstruktion der Schülervorstellungen eine bedeutende Rolle einnimmt. Die Schüler*innen entwickeln dabei von Anfang an ein *Positiv-Negativ-Konzept*, mit dem sie ihre subjektiven Vorstellungen begründen und legitimieren, aber auch die ihren Vorstellungen widersprechenden Positionen ablehnen.

Betrachtet man die Äußerungen der Schüler*innen, die aus diesem Konzept heraus generiert werden, fällt auf, dass sie ihre Vorstellungen zum Osmanischen Reich nicht aus einem historischen Kontext heraus analytisch beurteilen, um die Relevanz der Konzepte für ihre Lebenswirklichkeit zu erkennen, sondern entgegen dem Hauptziel des Inhaltsfeldes ‚Feindbilder und Stereotypen' konstruieren und darüber Differenzen schaffen:

1108 Vgl. Ministerium für Schule und Weiterbildung des Landes Nordrhein-Westfalen (2014): Kernlehrplan für die Sekundarstufe II Gymnasium/Gesamtschule in Nordrhein-Westfalen Geschichte. S. 18. In: https://www.schulentwicklung.nrw.de/lehrplaene/upload/klp_SII/ge/KLP_GOSt_Geschichte.pdf [eingesehen am 02.03.2018].

„Ähm • • zum einen möchte ich sagen, das Osmanische Reich ähm ist eine Sache, zum Beispiel ich als • • so gesagt türkischstämmiger finde ist sehr wichtig, dass • • Menschen die Geschichte über ihre Kultur kennen. Weil ich bin ech/ich finde es sehr traurig, weil ich das auch beobachte, dass manche Menschen sich • • die/also sie zum Beispiel, die sich in einem Ausland aufhalten, ihre Kultur langsam aber sicher verlieren. Also zu einer anderen Kultur rüber wechseln so gesagt. Das finde ich leider sehr traurig."[1109]

Der Schüler *ER* kritisiert den Umgang von ‚türkischstämmigen' Menschen mit der Geschichte des Osmanischen Reichs, die er als ‚ihre Geschichte' konstruiert. In seiner Konstruktion weist er auf eine Veränderung im Umgang mit subjektiven Geschichten hin, die *ER* zufolge beispielsweise dann eintreten kann, wenn ‚türkischstämmige' Menschen sich „in einem Ausland aufhalten". Aus dem veränderten Umgang mit der ‚osmanischen Geschichte' resultiert der Schüler einen ‚Kultur'-Verlust für die Person. Über den Zusammenhang zwischen ‚im Ausland leben' und ‚die Kultur verlieren' konstruiert er sein Kulturverständnis, welches in einem direkten Zusammenhang zu seinem subjektiven Nationenkonzept steht: *ER* bestimmt das ‚im Ausland leben' eines ‚Türkischstämmigen' als ein Resultat des Überschreitens nationalstaatlicher Grenzen, womit aus seiner Sicht der Verlust der eigenen *Geschichte* und damit auch der persönlichen *Kultur* verbunden ist. Das Adjektiv-Adjektiv-Kompositum ‚türkisch-stämmig' verweist in diesem Zusammenhang auf den familialen Hintergrund dieser Personen, nämlich das ‚Türkische'. Dem Türkischen ordnet der Schüler eine ‚türkische Kultur' zu, die statisch konstruiert wird: Wenn Menschen ihre *Herkunft* (im Beispiel von *ER* ist es die Türkei) verlassen und ins ‚Ausland' gehen, geht die ‚türkische Kultur' im Ausland sukzessive verloren. Eine dynamische und sich modifizierte kulturelle Zugehörigkeit wird im Konstrukt des Schülers ausgeschlossen. Sein *Kultur*-Konzept ist natio-ethnisch kodiert und schafft somit Differenzordnungen in ‚Wir' und ‚Nicht-Wir'.[1110] Mit dem ‚Wir' produziert der Schüler die Gruppe der ‚*Türkischstämmigen*', mit dem ‚Nicht-Wir' die der ‚*Nicht-Türkischstämmigen*'.

Interessant erscheint auch die eingenommen Perspektive des Schülers, aus der heraus er den Verlust-Aspekt konstruiert. In der Selbstmarkierung ‚türkischstämmig' dokumentiert sich vor allem durch das Zweitglied ‚-stämmig' des Kompositums die Lebenswirklichkeit des Schülers, womit er auf eine Migrationsgeschichte seiner Familie hinweist. Aus dieser Position heraus drückt er seine Trauer für den Verlust der ‚eigenen *Kultur*' von ‚türkischstämmigen' Personen im Ausland aus. Dabei fällt die Verwendung des Begriffs „Ausland" auf, mit der er die Konstruktion der Gruppen (‚türkischstämmig' und ‚nicht türkischstämmig') legitimiert. Diese Legitimation verdeutlicht auch die Vorstellung des Schülers

---

1109 Einzelinterview Er, Z. 52–57.
1110 Mecheril, P. (2016).

von einer Gesellschaft, in der Menschen entsprechend ihres ‚Herkunftslandes' in ‚Einheimische' und ‚Ausländer' kategorisiert werden.

Diese Konstruktionsmechanismen finden sich auch in den Narrationen der anderen Schüler*innen wieder. So ist in den Äußerungen der Schüler*innen auch eine Sentenz zur Differenzierung der Gesellschaft in eine Majorität und eine Minorität erkennbar. Dass sie sich mit dieser Differenzordnung auf ihre eigene Lebenswirklichkeit beziehen, wird durch die verwendeten Begriffe deutlich: „deutsch geprägt" vs. „Ausländer"[1111]. Der Kontext, in dem die Schüler*innen diese Differenzordnung konstruieren, verdeutlicht auch ihr Machtverständnis innerhalb dieser gesellschaftlichen Differenzierung. Besonders deutlich wird ihr Verständnis bei der Konstruktion der Mitschuld der ‚Muslime' an der Negativdarstellung des Islams in der ‚deutschen' bzw. ‚europäischen' Öffentlichkeit. Während ‚Muslime' von den Schüler*innen in ‚gebildet' und ‚ungebildet' kategorisiert werden, werden ‚deutsch geprägte' Personen, die durch diese Bezeichnung als ‚Nicht-Muslime' markiert werden, hinsichtlich ihres Wissens – im Sinne eines bildungsbezogenen Wissens – nicht hinterfragt. Ein ‚Muslim' hingegen wird von den Schüler*innen erst dann als ein ‚guter Muslim' markiert, wenn er ‚gebildet' ist. In dieser Narration der Schüler*innen zeigt sich, dass diejenigen, die der Mehrheitsgesellschaft zugeordnet und als „deutsch geprägt" bezeichnet werden, auch ohne Bezugnahme zum Bildungswissen akzeptiert und nicht hinterfragt werden. Ihnen wird sogar Verständnis zugesprochen, wenn sie Vorurteile „Ausländern" gegenüber haben. Daraus resultieren sie, dass der „Ausländer" daran schuld ist, dass „deutsch geprägte" Personen Vorurteile „Ausländern" gegenüber haben. Die Vorstellung, die hinter dieser Konstruktion steckt, verdeutlicht das Verständnis der Schüler*innen zum Verhältnis Macht und Wissen in der Migrationsgesellschaft, in der das Wissen der Mehrheitsgesellschaft bereits durch ihre Gruppenzugehörigkeit natürlich legitim ist, wohingegen das Wissen der Minderheitsgesellschaft erst durch die Explizierung in Form eines Beweises legitimiert werden kann.

Neben dem ‚Türkischsein' als identitätsbildende Kategorie wird von den Schüler*innen auch das ‚Muslimischsein' als eine weitere bedeutende Kategorie in das Zentrum ihrer Konstruktionen zum Osmanischen Reich gestellt. Dabei wird das ‚Muslimischsein' an manchen Stellen als separate Kategorie, an anderen Stellen wiederum als synonym zum ‚Türkischsein' verwendet. Was sich sowohl bei der Konstruktion der Schülervorstellungen in den Einzelinterviews als auch in der Gruppendiskussion herausstellt, ist die Eigenmarkierung der Schüler*innen als ‚Muslim', wenn sie gegenwärtige aktuelle Diskurse und die innerhalb dieser aus ihrer Sicht ihnen zugesprochenen Positionen in der Gesellschaft diskutieren.

1111 Gruppendiskussion, *RUK*, Z. 2202.

Die Äußerung des Schülers BAR in der Gruppendiskussion als Reaktion auf den ersten Impuls verdeutlicht diese Positionierung der Schüler*innen:

> „(…) hab ich mich nicht als Türke, sondern als Muslim persönlich • • direkt angegriffen gefühlt. (…) Also ich persönlich hab mich als Muslim dadurch wirklich direkt angegriffen gefühlt, (…) • ein Muslim so wie ich zum Beispiel, dem/dem/ich denke der Islam liegt uns allen sehr am Herzen, • • dass man sich nicht direkt angegriffen fühlt, weil das ist ja jetzt aus einem Schulbuch • und in der Schule gibt es wirklich, vor allem in/im Ruhregebiet ist die Mehrheits • • • der Schüler muslimisch. Und ich hab mich jetzt angegriffen gefühlt, was ich nicht okay finde." (Gruppendiskussion BAR, Z. 548–560)

Die Aussage des Schülers BAR macht deutlich, dass er sich mit Zugehörigkeitsfragen auseinandersetzt und sich selbst mindestens das ‚Türkischsein' und das ‚Muslimischsein' zuschreibt. Bei der Auseinandersetzung mit dem Impuls 1 der Gruppendiskussion markiert der Schüler sein ‚Muslimischsein'. Gleichzeitig zeigt sich in seiner Äußerung seine subjektive Mehrfachzugehörigkeit: er weist darauf hin, dass er in einem nationalen Zugehörigkeitskontext als „Türke" markiert wird und in einem religiösen Zugehörigkeitskontext als „Muslim".

Der Schüler konstruiert über seine persönliche Betroffenheit ein Machtverhältnis, mit dem er eine ‚christlich-europäische' einer ‚muslimisch-orientalischen' Gesellschaft gegenüberstellt und auf die Wirkmacht eines dominanten ‚christlich-europäischen' Diskurses hinweist. Diese Dominanzmarkierung findet sich auch in den Äußerungen der anderen Schüler*innen wieder. Sie verdeutlichen, dass über politische Dispositive und Alltagsdiskurse eine bestimmte diskursive Praxis konstruiert wird, mit der sogenannte *Muslime* im Geflecht der gesellschaftlichen Ordnungen als eigene Gruppe attribuiert und darüber subjektiviert werden. Zur Legitimation ihrer Beurteilung beziehen sich die Schüler*innen auf verschiedene öffentliche Diskurse wie die *Kopftuchdebatte*, die *Terrorismusdebatte* und die *IS-Debatte*, die ein ‚Wir' und ein ‚Nicht-Wir' hervorbringen. Die Schüler*innen konstruieren durch diese Differenzkategorien auch ihre Zugehörigkeiten zu einer gemeinsamen sozialen Gruppe: der ‚Muslime'. Sie konstruieren demzufolge insbesondere Vorstellungen zum Osmanischen Reich, die stark über öffentliche Migrationsdiskurse geprägt sind und sich aus ihrer Gegenwart heraus ergeben. Aus geschichtsdidaktischer Sicht wird deutlich, dass die Schüler*innen ausschließlich subjektive Konzepte aus ihrer gegenwärtigen Lebenswelt heraus konstruieren, die einen historisch-reflexiven Umgang nicht ermöglichen. Ein aus einer sachanalytischen Beschäftigung abzuleitendes historisches Sachurteil, aus dem im Sinne eines sinnbildenden historischen Lernens ein reflektiertes Werturteil gefällt werden kann, kommt aus diesem Grund in den Schülernarrationen zum Osmanischen Reich nicht zum Ausdruck.

Die Schüleräußerungen zeigen weiterhin, dass Kategorien wie ‚Kultur' oder ‚Nation' unhinterfragt bleiben und aus einer differenz- und machtkritischen Perspektive im Geschichtsunterricht reflektiert werden müssten. Jedoch legen die analysierten Kernlehrpläne und Geschichtsschulbücher dar, dass diese in ihren gegenwärtigen Konzeptionen für einen analytisch-reflexiven Umgang mit Differenzordnungen schaffenden Kategorien keine Perspektiven bieten. Insbesondere für die Werturteilsbildung ist eine differenzkritische Auseinandersetzung mit Kategorien wie ‚Kultur' und ‚Nation' im Geschichtsunterricht von besonderer Bedeutung, da Schüler*innen durch die Werturteilskompetenz zur Bewältigung von Lebensbedingungen befähigt werden. Denn das Werturteil, das auf das Sachurteil aufbaut, ermöglicht die aus historischen Ereignissen, Prozessen und Handlungen resultierenden Entscheidungen, Handlungen, Ideen im Hinblick auf bestimmte Normen und Maßstäbe, Jeismann spricht von Prämissen[1112], auf gegenwärtige Selbstverständnisse und Zukunftserwartungen hin zu beurteilen. Mit Blick auf die Ergebnisse der vorliegenden Arbeit, kann festgehalten werden, dass ein solcher Urteilsprozess der Berücksichtigung migrationsbedingter gesellschaftlicher Einflüsse bedarf, um differenzmarkierende Kategorien im Geschichtsunterricht zu hinterfragen und in Frage zu stellen.

Die Analyse der Schülervorstellungen aus einer migrationspädagogischen Perspektive in Bezug auf die Produktion von gesellschaftlichen Differenzordnungen hat gezeigt, dass die Schüler*innen „natio-ethno-kulturell kodierte Zugehörigkeitsordnungen"[1113] konstruieren, die sich auch – so die migrationspädagogische Annahme – in der gegenwärtigen gesellschaftlichen Wirklichkeit wiederfinden. Ihre Vorstellungen zum Osmanischen Reich narrativieren sie über ‚kulturelle' oder ‚nationale' Differenzbegriffe, mit denen sie eine allgemeine strukturelle Logik des gesellschaftlichen Zusammenlebens als gegebene gesellschaftliche Wirklichkeit annehmen.[1114]

1112 Jeismann, K.-E. (1977): Didaktik der Geschichte. Die Wissenschaft von Zustand, Funktion und Veränderung geschichtlicher Vorstellungen im Selbstverständnis der Gegenwart. In: Kosthorst, E. (Hrsg.): Geschichtswissenschaft. Didaktik - Forschung - Theorie. Göttingen. S. 9-33.
1113 Vgl. Mecheril, P. (2016), S. 15.
1114 Mecheril, P./Melter, C. (2010): Gewöhnliche Unterscheidungen. Wege aus dem Rassismus. In: Mecheril, P./Dirim, İ./Do Mar Castro Varela, M./Kalpaka, A./Melter, C. (Hrsg.): Migrationspädagogik, Weinheim/Basel: Beltz. S. 150-178.

10 Übergreifende Zusammenführung der Ergebnisse, ihre Bedeutung für den Geschichtsunterricht und ein Ausblick

Die vorliegende Arbeit hat das in der Bildungsforschung diskutierte Thema ‚Passung'[1115] aufgegriffen und in einen dichotomen Zusammenhang mit dem *Divergenz*-Begriff gesetzt, um aus einer interdisziplinär angelegten Perspektive (geschichtsdidaktisch, soziolinguistisch, migrationspädagogisch) Schülervorstellungen zum Osmanischen Reich, die unweigerlich auch durch die Bedingungen der Migrationsgesellschaft geprägt sind, zu erforschen. Kernanliegen war es dabei, in einem rekonstruktiv-hermeneutischen Verfahren einen Zugang zum konjunktiven Wissen und Erfahrungsraum von Schüler*innen zu erhalten, welche den Geschichtsunterricht der Sekundarstufe I und II besuchen. Der konjunktive Erfahrungsraum konstituiert sich dabei aus dem Erfahrungszusammenhang durch den Besuch des Geschichtsunterrichts, welcher auch mit der „Einbindung in vergleichbare Konstellationen"[1116] als Schülerin/Schüler einer allgemeinbindenden weiterführenden Schule im Ruhrgebiet gewährleistet ist. Bohnsack spricht von der „Strukturidentität des Erlebten"[1117], durch die die Rekonstruktion der Schülervorstellungen zum Osmanischen Reich möglich war.

Dabei hat sich das Gruppendiskussionsverfahren als geeignete diskursive Form erwiesen, um den Schüler*innen einen Raum anzubieten, ihre Vorstellungen zum Osmanischen Reich innerhalb der Gruppe zu diskutieren und der Forscherin einen Einblick in das konjunktive Wissen der Schüler*innen zum Osmanischen Reich zu ermöglichen. Neben diesem Zugang zu den kollektiven Vorstellungen wurden im Sinne einer Methodentriangulation leitfadengestützte Einzelinterviews und eine deskriptive Analyse ausgewählter institutioneller Daten durchgeführt, um Passungen und Divergenzen zwischen den in den Einzelinterviews sowie der Gruppendiskussion konstruierten Schülervorstellungen

---

1115 Bourdieu und Passeron beschäftigen sich mit ‚kultureller Passung'. Die vorliegende Untersuchung bezieht den Passungsbegriff auf die Wechselwirkung von gesellschaftlicher, institutioneller und individueller Passung bei der Konstruktion von Schülervorstellungen zum Osmanischen Reich als Ausgangspunkt für das historische Lernen. Zum Konzept ‚kulturelle Passung' siehe Bourdieu, P./Passeron, J.-C. (1977): Reproduction in education, society and culture. London: Sage.
1116 Vgl. Bohnsack, R. (1989), S. 379.
1117 Vgl. ebd.

zum Osmanischen Reich und dem institutionell legitimierten Umgang mit dem Inhalt Osmanisches Reich herauszuarbeiten.

Die Analyse der Daten anhand der Dichotomie ‚*Passungen-Divergenzen*' ermöglicht eine bisher noch nicht berücksichtigte Sichtweise auf Schülervorstellungen zum Osmanischen Reich sowie auf den Geschichtsunterricht: nämlich die gesellschaftliche, institutionelle und individuelle *Reproduktion migrationsbedingter Ungleichheiten durch den historischen Inhalt Osmanisches Reich*. Bislang unberücksichtigt ist diese Sichtweise insofern, als sie eine macht- und differenzkritische Auseinandersetzung mit dem Inhalt unter den Bedingungen der Migrationsgesellschaft erfordert.

Dass Schüler*innen in vor- und außerunterrichtlichen Kontexten eigene Vorstellungen zu Ausschnitten aus dem historischen Universum ausbilden, die Gegenstand des historischen Lernens im Geschichtsunterricht sein können, wurde in Kapitel 5 verdeutlicht. Auch wurde gezeigt, dass solche Vorstellungen als Ausgangspunkt für das historische Lernen bedeutsam sind, da die Beschäftigung mit neuen historischen Inhalten auf der Grundlage von Vorstellungen und bereits vorhandenen Wissensstrukturen erfolgt.[1118] Für das zentrale Ziel des Geschichtsunterrichts – die Anbahnung eines reflexiven Geschichtsbewusstseins, um ein Verständnis von Vergangenem, Gegenwärtigem und Zukünftigem zu entwickeln – braucht es demnach einen die individuellen Interessen und Vorstellungen der Schüler*innen berücksichtigenden Zugang zur Geschichte. Denn spätestens seit der narrativen Wende in Deutschland in den 1970er Jahren sind sich Geschichtswissenschaftler*innen und Geschichtsdidaktiker*innen einig, dass es nicht *die eine* Geschichte geben kann, sondern Geschichte immer eine individuelle Deutungsleistung ist.[1119] Die Auseinandersetzung mit Geschichte ist demzufolge immer ein individuell-perspektivischer Prozess, bei dem neuen Lerngegenständen aus den bereits gegebenen Vorstellungen heraus begegnet wird. Insofern sind Forschungsergebnisse zu Schülervorstellungen wesentliche Grundlage didaktischer Strukturierung im Geschichtsunterricht, wozu die vorliegende Untersuchung mit der Eruierung von Schülervorstellungen zum Osmanischen Reich einen Beitrag leisten möchte.

Bereits in der Einleitung zu dieser Arbeit wurde darauf hingewiesen, dass die „historische Bedeutungszuweisung"[1120], mit der das Individuum die Veror-

---

1118 Duit, R. (2002): Alltagsvorstellungen und Physik lernen. In: Kircher, E./Schneider, W. (Hrsg.): Physikdidaktik in der Praxis. Berlin: Springer Verlag. S. 1–26.
1119 Barricelli, M. (2012).
1120 Vgl. Jeismann, K.-E. (1990): „Geschichtsbewusstsein" als zentrale Kategorie der Didaktik des Geschichtsunterrichts. In: Niemetz, G. (Hrsg.): Aktuelle Probleme der Geschichtsdidaktik. Stuttgart: Metzler. S. 44–78. S. 63.

tung von historischen Inhalten in der Gegenwart und die Antizipation dieser für seine Zukunft vornimmt, für die Entwicklung des Geschichtsbewusstseins von tragender Bedeutung ist. Dieser Prozess, in dem zu „Ausschnitten aus dem Universum des Historischen"[1121] eine subjektive Bedeutung zugewiesen wird, kann als individuelle Sinnbildung betrachtet werden. Das Individuum beschäftigt sich innerhalb seiner gesellschaftlichen Wirklichkeit aus seiner eigenen Position heraus mit historischen Inhalten und beurteilt sie. Dabei setzt es sich primär mit für sich selbst relevanten historischen Fragen, Konzepten und Themen auseinander. Die Entwicklung des Geschichtsbewusstseins ist demzufolge nur dann möglich, wenn der individuelle Sinnbildungsprozess der Schüler*innen angeregt (Kap. 3.3) und dabei auch ihre gesellschaftliche Wirklichkeit berücksichtigt wird – und dies gilt im Besonderen für den Geschichtsunterricht, da in diesem explizit ein reflektierter Sinnbildungsprozess bei der Auseinandersetzung mit Ausschnitten aus dem historischen Universum angebahnt werden soll.

Rüsen beschreibt, dass die Entwicklung des Geschichtsbewusstseins die „lebensweltliche[...] Verwurzelung"[1122] von Individuen in einen Zusammenhang mit historischen Sinnbildungsprozessen setzt und über die Narration als zentrale Operation innerhalb dieser Prozesse zur historischen Identitätsbildung führt. Der individuelle Sinnbildungsprozess kann demnach nur dann angestoßen werden, wenn lebensweltliche Bedingungen der Schüler*innen für den historischen Bildungsprozess berücksichtigt werden.

Dieser an die lebensweltliche Wirklichkeit gebundene Prozess historischen Sinnbildens ist vor dem Hintergrund der vorliegenden Untersuchung immer auch an migrationsgesellschaftliche Gegebenheiten gebunden, da sich das Geschichtsbewusstsein in alltäglichen Erlebnissen mit der Umwelt des Individuums entwickelt. Das Individuum befindet sich demzufolge auch immer in einem gesellschaftlichen Umgang mit Geschichte. Dabei sind seine Denk- und Sinnesleistungen an die in gesellschaftlich geprägten sozialen Konstellationen stattfindenden Interaktionsprozesse gebunden, denen wiederum geschichtskulturelle Produkte (Kap. 3.4) zugrunde liegen. Innerhalb dieser Verbindung zwischen dem Geschichtsbewusstsein und der Geschichtskultur und ihrem Einfluss auf den individuellen Sinnbildungsprozess sind auch Schülervorstellungen zu verorten. Denn Vorstellungen entstehen als mentale Operation im Geschichtsbewusstsein von Schüler*innen und werden durch die sie umgebende Geschichtskultur beeinflusst. Somit sind Schülervorstellungen bei der Auseinandersetzung mit historischen Inhalten immer Teil des individuellen Sinnbildungsprozesses.

1121 Vgl. Gautschi, P. (2009), S. 47.
1122 Vgl. Rüsen, J. (2001): Geschichtsbewusstsein. Psychologische Grundlagen, Entwicklungskonzepte, empirische Befunde. Köln/Weimar/Wien: Böhlau Verlag. S. 2.

10 Zusammenführung der Ergebnisse

Die Ergebnisse der vorliegenden Arbeit zu Schülervorstellungen zum Osmanischen Reich verdeutlichen, dass die Schüler*innen ihre Vorstellungen auch über ihre eigene Position in der Gesellschaft konstruieren. Sie nutzen Narrationselemente, die den – mit Rüsen als traditionelle Erzählstruktur zu bezeichnenden – Erzählmustern zuzuordnen sind, mit denen sie ihre Vorstellungen aus ihren gegenwärtigen Erwartungen, also aus ihrem konjunktiven Erfahrungsraum, heraus konstruieren. Durch Affirmation und Identifikation konstruieren die Schüler*innen eine ‚Identität', mit der sie die „Übernahme [der subjektiv konstruierten] Weltordnungen und Lebensformen"[1123] im Osmanischen Reich als bedeutend darstellen. Dies zeigt sich insbesondere darin, dass die Schüler*innen ihre Vorstellungen auf der Grundlage des Topos ‚*Früher war alles besser*' konstruieren, über den immer wieder ein Positiv-Negativ-Konzept produziert wird. Die von den Schüler*innen verwendeten Erzählmuster unterscheiden sich jedoch von der schulisch angestrebten historischen Narrationskompetenz dadurch, dass reflektiertes historisches Erzählen eine erfahrbare Geschichte und die Orientierung in der Zeit (Vergangenheit, Gegenwart, Zukunft) zum Ziel hat. Historisches Erzählen ist in diesem Sinne „Sinnbildung über Zeiterfahrung"[1124].

Eine solche Sinnbildung ist für die Schüler*innennarrationen zum Osmanischen Reich nicht zu konstatieren, da sie ihre Vorstellungen stets aus der Gegenwart heraus konstruieren und ihre individuellen und kollektiven Erfahrungen weitestgehend unreflektiert auf die Vergangenheit übertragen. Die Schüler*innen konstruieren ihre Vorstellungen demzufolge auf Grundlage *lebensweltlicher Konzepte*, die über kollektive Wissensstrukturen begründet und aus ihrem konjunktiven Erfahrungsraum heraus als plausibel und kohärent kategorisiert werden. Eine historische Kontextualisierung und kritische Reflexion scheint für die Schüler*innen nicht notwendig zu sein, was sich im Besonderen in der Dominanz der Konzepte aus dem „konjunktivgültigen Erfahrungsraum"[1125] verdeutlicht. Die Analyse der Schülervorstellungen zeigt somit, dass die Schüler*innen fast ausschließlich auf Alltagskonzepte zurückgreifen, über die sie ihre Wissensstrukturen zum Osmanischen Reich realisieren, obwohl sie angeben, ihr Wissen zum Osmanischen Reich zum Teil auch aus Büchern oder aus digitalen Foren (Kap. 9) angeeignet zu haben.

1123 Vgl. Rüsen, J. (1989): Lebendige Geschichte. Grundzüge einer Historik III: Formen und Funktionen des historischen Wissens. Göttingen: Vandenhoeck & Ruprecht. S. 56.
1124 Vgl. Rüsen, J. (2008a), S. 16.
1125 Vgl. Mannheim, K. (1980): Strukturen des Denkens. Frankfurt a.M.: Suhrkamp Verlag. S. 214.

10.1 Zentrale Ergebnisse: Schülervorstellungen zum Osmanischen Reich

Die im Rahmen der vorliegenden Arbeit eruierten Schülervorstellungen weisen aus geschichtsdidaktischer Perspektive die Kriterien auf, die auch in anderen Untersuchungen zu Schülervorstellungen herausgearbeitet werden konnten.[1126] Unter Berücksichtigung der geschichtsdidaktischen Forschungslage fasst Günther-Arndt (2014) zentrale Kriterien zusammen, die in der empirischen Schülervorstellungsforschung und in der Conceptual-Change-Forschung immer wieder in der Konstruktion von Vorstellungen ermittelt wurden.[1127]

Im Folgenden werden die Kriterien betrachtet, die sich auch bei der Analyse der Schülervorstellungen zum Osmanischen Reich zeigten. Dabei handelt es sich um

- die Dominanz der lebensweltlichen Konzepte,
- einen undifferenzierten Gegenwartsbezug,
- die Personalisierung und Personifizierung von Geschichte,
- epistemologische Überzeugungen und
- die Bildung von Analogien.

Die Schüler*innen nutzen für die Konstruktion ihrer Vorstellungen zum Osmanischen Reich immer wieder ihre *lebensweltlichen Konzepte*, denen ein *undifferenzierter Gegenwartsbezug* zugrunde liegt. Dies zeigt sich insbesondere in den Vorstellungen, die über das dichotome übergeordnete *Damals-Heute-Konzept* konstruiert werden. Die Schüler*innen beziehen sich auf die *eine Vergangenheit*, die als ‚früher' kategorisiert wird. Ihre Narrationen zum Osmanischen Reich zeigen, dass der historische Kontext der fast 600-jährigen Geschichte des Osmanischen Reichs nicht differenziert betrachtet, sondern als *eine* Vergangenheit konstruiert wird. Ausschließlich in Bezug auf den Islam versuchen die Schüler*innen die Entwicklungen im Osmanischen Reich bedingt differenziert darzustellen. Sie sprechen von der *aktiven Phase* des Osmanischen Reichs, um einen Unterschied im Umgang mit dem Islam in den Anfängen des Osmanischen Reichs und zum Ende hin zu zeigen:

„Weil ähm vor/in der Zeit, als das Osmanische Reich ja noch *aktiv*[1128] war und als das äh Osmanische Reich und die Scharia in der Türkei noch geherrscht hat, •• ähm da waren

---

1126 Siehe dazu u. a. Günther-Arndt, H. (2006), Zülsdorf-Kersting, M. (2007), Martens, M. (2010) oder Lange, K. (2011).
1127 Günther-Arndt, H. (2014).
1128 Hervorhebung T.A.

ja überwiegend fünfundneunzig Prozent der Muslime wirklich streng gläubig praktizierende Muslime, die ihre fünfmaligen Gebete gebetet haben, wo es auch noch nicht äh kulturell geprägt war, der Mann hat diese Position, die Frau diese, sondern wo die Frau wirklich gleichberechtigt mit dem Mann war, äh weil halt überwiegend der Islam geherrscht hat mit einem Sultan, mit einem Kalifat." (Einzelinterview Bar, Z. 33–38)

Dieser aktiven Phase des Islams, welche positiv konnotiert ist, wird die Endphase des Osmanischen Reichs gegenübergestellt, in der der Islam im Osmanischen Reich nicht an der Gesetzesgrundlage der Scharia orientiert war. Mit dieser Gegenüberstellung ist eine in Ansätzen differenzierte Perspektive der Schüler*innen auf das Osmanische Reich zu erkennen, die die Entwicklungen des Islams im Osmanischen Reich und damit die Wahrnehmung von Zeitdifferenz (aktive Phase vs. Endphase) konstruiert, welche allerdings nicht weiter ausgeführt wird.

Die *dichotomen übergeordneten Konzepte* verdeutlichen, dass die Schüler*innen ihre Vorstellungen über im Alltag immer wieder zum Einsatz kommende *dichotome Kategorien* bilden. Als ein Hauptkriterium dieser Alltagstheorien kann nach Halldén die *Personalisierung und Personifizierung* von Geschichte genannt werden.[1129] Die Schüler*innen beziehen sich immer wieder auf ‚große Männer' (z. B. der *Sultan*), die die Entwicklungen in der Geschichte bestimmen oder schreiben beispielsweise dem Osmanischen Reich personifizierende Motive zu („Der • • • in erster Linie hat das Osmanische Reich • • nun Mal für Muslime gekämpft/also für den Islam.", Gruppendiskussion Er, Z. 245–246). Diese Erklärungsfiguren finden sich immer wieder sowohl in den Einzelinterviews als auch in der Gruppendiskussion wieder.

Das Kriterium der *epistemologischen Überzeugung*, das Günther-Arndt bei der Bestimmung von Schülervorstellungen nennt, ist auch für die Vorstellungen der Schüler*innen zum Osmanischen Reich zu identifizieren. Epistemologische Überzeugungen werden als alltagstheoretische Vorstellungen bestimmt, mit denen Individuen neuem Wissen begegnen. Diese Vorstellungen werden über die individuellen Überzeugungen begründet. Sie sind im Vergleich zur epistemologischen Herangehensweise im Sinne einer wissenschaftlich-reflexiven Erkenntnisorientierung häufig absolut formuliert, was sich beispielsweise in den Äußerungen der Schüler*innen innerhalb der Gruppendiskussion als Reaktion auf eine Aussage äußert:

„Z: Ach egal wohin, die (unverständlich) alle zusammen gekämpft und nicht mit der Absicht, ich bin jetzt Türke, ich bin Kurde, ich bin Araber, • sondern mit der Absicht die

---

[1129] Halldén, O. (1997).

Religion ist die Einheit. Und das ist ja auch der Gedanke von Kalifat, sonst könntest du sagen, hier Saudi-Arabien ist ein islamischer Staat:
B: Ist so." (Gruppendiskussion, ZEL und BAR, Z. 550–553)

Die Reaktion von *BAR* auf *ZEL*s Äußerung zur Funktion des Kalifats zeigt, dass die Äußerung von *ZEL* für *BAR* uneingeschränkt gültig ist, was einem prozessorientierten historischen Denken widerspricht und viele zentrale Prinzipien (beispielsweise Multiperspektivität und Multikausalität) des historischen Denkens und damit auch des historischen Erzählens als obsolet erklärt. Eine analytische Herangehensweise, die für historische Lern- und Denkprozesse im Geschichtsunterricht von tragender Bedeutung ist, wird bei der Produktion epistemologischer Überzeugungen nicht möglich. Wenn ein reflexiver Umgang mit den von den Schüler*innen konstruierten Vorstellungen nicht initiiert wird, werden sie auf den von ihnen verbalisierten Vorstellungen beharren und nicht zu einer Sachurteils- bzw. Werturteilsbildung gelangen. Jedoch ist erst bei der Bildung eines Werturteils die Orientierung in der eigenen Lebenswirklichkeit möglich.

Ohne eine zeitliche Differenzierung vorzunehmen, vergleichen die Schüler*innen Konzepte aus verschiedenen historischen Kontexten miteinander, was zur *Analogienbildung* führt. So werden ‚muslimische' Menschen, die in vergangener Zeit lebten, im Hinblick auf ihren Umgang mit den Regeln des Islam mit muslimisch markierten Menschen verglichen, die in der Gegenwart leben. Dadurch differenzieren die Schüler*innen die Lebensbedingungen und Verhältnisse in Vergangenheit und Gegenwart nicht und konstruieren eine scheinbare ‚Gleichheit von Verhältnissen'. Aus diesem Umgang der Schüler*innen mit der Vergangenheit im Vergleich zur Gegenwart kann konstatiert werden, dass ihnen ein historisches konzeptuelles Verständnis zum Inhalt Osmanisches Reich fehlt. Ihre vorhandenen Erfahrungen bzw. kognitiven Schemata wirken sich auf ihre Vorstellungen aus, so dass die Zeitdifferenz beispielsweise zwischen der Position des Islams im Osmanischen Reich und in der Gegenwart nicht realisiert wird. Die Schemata der Schüler*innen sind somit handlungsleitend und wirken sich auf ihre Sprache aus.

Die Analyse der Einzelinterviews und der Gruppendiskussion zeigte, dass die Schüler*innen mittels *dichotomer übergeordneter Konzepte* (siehe Abb. 22) ihre Vorstellungen zum Osmanischen Reich konstruieren.

Auf der Grundlage dieser dichotomen übergeordneten Konzepte konstruieren die Schüler*innen weitere, untergeordnete Konzepte wie *Nation, Staat, Reich, Herrschaft* oder *Kultur*. Auch diese finden sich als Fachkonzepte im Geschichtsunterricht wieder, werden jedoch im Zusammenhang mit dem Osmanischen Reich von den Schüler*innen kontextungebunden verwendet. Die dicho-

10 Zusammenführung der Ergebnisse

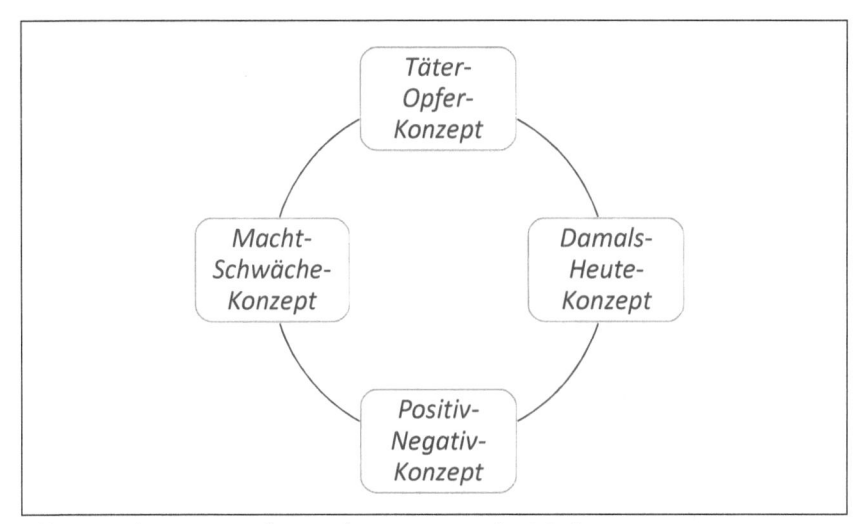

```
        Täter-
        Opfer-
        Konzept

Macht-              Damals-
Schwäche-           Heute-
Konzept             Konzept

        Positiv-
        Negativ-
        Konzept
```

Abb. 22: Rekonstruierte übergeordnete Konzepte der Schüler*innen

tomen übergeordneten Konzepte der Schüler*innen bilden den Rahmen ihres konjunktiven Erfahrungswissens, womit sie ihre Vorstellungen legitimieren und eine historische Kontextgebundenheit nicht berücksichtigen.

Auf der Basis diverser geschichtsdidaktischer Forschungsarbeiten zu Schülervorstellungen geht Günther-Arndt von zwei sogenannten Basiskonzepten aus, die Schüler*innen zur Konstruktion von Vorstellungen verwenden: *arm/reich* und *oben/unten*.[1130] Aus migrationspädagogischer Perspektive sind mit der vorliegenden Untersuchung die von Günther-Arndt genannten ‚dichotomischen Basiskonzepte' insbesondere um das *Täter-Opfer-Konzept* mit der Dichotomie *schuldig/unschuldig* zu ergänzen. Die über dieses übergeordnete Konzept konstruierten Vorstellungen entstehen ebenfalls über individuelle Erfahrungen der Schüler*innen, so dass sie ihre Narrationen zum Osmanischen Reich anhand ihrer Alltagskonzepte produzieren und zur Erklärung und Legitimation von vergangenen Ereignissen verwenden.

Die an den Alltagskonzepten orientierten Vorstellungen der Schüler*innen führen somit zu einer affektiven Auseinandersetzung mit dem Inhalt Osmanisches Reich. Dies kann insbesondere darauf zurückgeführt werden, dass die Schüler*innen ihre Wissensstrukturen zum Osmanischen Reich aus ihrer kollektiven Wirklichkeit heraus generieren. Diese Wirklichkeit der Schüler*innen ist geprägt durch an Migrationsphänomene gebundene Veränderungen, die sich auf ihr Verständnis für ein gesellschaftliches und institutionelles ‚Wir' und

---

1130 Günther-Arndt, H. (2014).

,Nicht-Wir' auswirken. Die Reproduktion dieser Zugehörigkeiten und Differenzen äußert sich im Besonderen in den Narrationen, die auf der Grundlage des übergeordneten Täter-Opfer-Konzepts entstehen. Die Schüler*innen reproduzieren insbesondere in diesen Vorstellungen die sich in Gesellschaftsstrukturen verfestigten Ungleichheiten, die als Mittel sozialer Distinktion interpretiert werden können.

Dieses Ergebnis der vorliegenden Untersuchung verdeutlicht, dass die von Günther-Arndt genannten dichotomen Basiskonzepte für eine Analyse von Vorstellungen, die die lebensweltlichen Bedingungen der Schüler*innen berücksichtigt, nicht ausreichen. Eine migrationspädagogische Perspektive ermöglicht insbesondere durch die Erweiterung um das dichotome Täter-Opfer-Konzept, die über historische Inhalte erzeugten, reproduzierten und in Kraft gesetzten Differenzverhältnisse zu analysieren. Die Schüler*innen produzieren bei diesem Konzept Differenzverhältnisse, die sie entweder als legitim annehmen oder kritisch hinterfragen. Dabei werden bei der Konstruktion der Vorstellungen Differenzverhältnisse zwischen essentialistischen und dekonstruierenden Positionierungen im gesellschaftlichen und institutionellen Kontext aufgerufen und verhandelt.[1131] Die Akzeptanz der gesellschaftlich produzierten Differenz in ,Wir' und ,Nicht-Wir' wird in der Gruppendiskussion beispielsweise von der Schülerin RUK wie folgt geäußert:

> Man kann Menschen verstehen. • • Wenn ich heute eine alte Oma in der Bahn begegne, die deutsch geprägt ist, kann ich das bisschen verstehen, warum die mich bisschen komisch anguckt. Aber ich wär nicht angegriffen, • • ich würds verstehen und okay einsacken lassen, vorbei. Aber wenn ich dann mal vor einem Ausländer, der null Ahnung über die Sachen hat so, ne • was würd diese/würd der machen? Und dann würd der wieder/ richtig ausrasten und dann hätte die Frau direkt ihr Klischee: Ausländer sind aggressiv und, und, und. (Gruppendiskussion Ruk, Z. 1599–1603)

Die Schülerin RUK äußert ihr Verständnis für die Reaktion eines „deutsch geprägt[en]" Menschen, der negativ auf das Verhalten eines „Ausländer[s]" reagiert. Sie übernimmt eindeutige Markierungsmechanismen, die auch in gesellschaftlichen und institutionellen Diskursen produziert werden. Sie reproduziert somit das Differenzverhältnis, das sich über ein gesellschaftliches ,Wir' und ein ,Nicht-Wir' konstituiert. Mit dieser als legitim verorteten Reproduktion von Differenzen schließt sie sich einem dominanten gesellschaftlichen Diskurs an

---

1131 Mecheril, P./Arens, S./Fegter, S./Hoffarth, B./Klingler, B./Machold, C./Menz, M./ Plößer, M./Rose, N. (2013): Differenz unter Bedingungen von Differenz. Zu Spannungsverhältnissen universitärer Lehre. Wiesbaden: VS Verlag.

und akzeptiert unhinterfragt die Verortung ihrer eigenen Person in die ‚Nicht-Wir-Gruppe'.

Innerhalb der gleichen Diskussion finden sich auch andere Reaktionen der Schüler*innen auf gesellschaftlich produzierte Zuordnungen, die einen kritischen Umgang mit dem öffentlichen Diskurs zum Islam verdeutlichen. Besonders deutlich wird diese Kritik in der Aussage der Schülerin ZEL:

> Ich finde, dass wir nicht ernst genommen werden. Und das liegt an unseren Leuten. Guck mal, ein gebildeter Mensch • • fängt anders an zu argumentieren und anders zu erzählen. Ein gebildeter Mensch • • ignoriert nicht das, was gesagt wird, sondern baut das, was er sagen will darauf auf und versucht das, was er sagt, • wirklich daran zu verknüpfen. […] Weil wir uns nicht artikulieren können, wir können uns null ausdrücken, null! Und das schlimmste ist, du kannst nicht eine Geschichte nehmen, • um eine Religion heute schlecht darzustellen, kannst du nicht. Ich kann nicht heute die Nazis als Beispiel nehmen, um sagen „Okay, komplett Deutschland ist scheiße.", • • kann ich nicht nehmen, kann ich nicht machen. Das wäre von mir nicht korrekt, weil die Geschichte damals hat die Leute heute geprägt, aber sind nicht die Menschen. • • Und das Osmanische Reich hat sehr großen Einfluss auf uns heute, auf • den Islam, • aber nicht auf den Islam • komplett, verstehst du? Das darf man nicht vergleichen. (Gruppendiskussion Zel, Z. 1562–1576)

Direkt zu Beginn ihrer Aussage positioniert sie sich, indem sie die Markierung ‚Wir' verwendet, mit der sie zum einen ein in gesellschaftlichen Diskursen produziertes religiöses Othering[1132] annimmt und selbst reproduziert, zum anderen die Schuld an der Produktion dieses Otherings bei den Personen sieht, die sie dem muslimischen ‚Wir' zuordnet. Die Differenz, die die Schülerin hier als (*muslimisches*) ‚Wir' produziert, ist innerhalb des gesellschaftlichen wie auch im institutionellen Diskurs dem (*nichtdeutschen* bzw. *nichtchristlichen*) ‚Nicht-Wir' zuzuordnen. Obwohl die Schülerin mit ihrer Äußerung ihre Kritik am Umgang mit dem Islam verdeutlicht, schließt sie an die gesellschaftlich und institutionell produzierten sozialen Zugehörigkeiten und die damit verbundenen exkludierenden Distinktionsdynamiken zum Verhältnis von Islam und Christentum an. Diese Struktur findet sich immer wieder über alle Einzelinterviews und die Gruppendiskussion hinweg wieder.

Das Differenzverhältnis, das bei der Rekonstruktion der Schülervorstellungen zum Umgang mit dem Islam im öffentlich-gesellschaftlichen Diskurs herausgearbeitet wurde, verdeutlicht über eine religiös kodierte Kategorie die Produktion einer identitären Zuschreibung der Schüler*innen in ‚Muslim' und ‚Nicht-Muslim'.

1132 Zu dem Begriff ‚religiöses Othering' siehe Mecheril, P./Olalde, O. T. (2018).

Die Schüler*innen erkennen, dass insbesondere natio-ethno-kulturell-religiös kodierte Differenzkategorien innerhalb der Gesellschaft zu Inklusions- und Exklusionsmechanismen führen. Besonders die Ungleichheitskategorie Religion beschäftigt die Schüler*innen, so dass sie immer wieder auf die durch Religion konstruierten Menschengruppen und die damit verbundene Dominanz eingehen. Sie beziehen sich auch auf den durch diese Differenz entstehenden Diskurs, den sie als ‚unfair' beschreiben. Denn der Diskurs über Religion führt dazu, dass „soziale, kulturelle und politische Identifikations- und Zuordnungspraktiken"[1133] entstehen und dass diese „plausibel und alternativlos (‚normal') erscheinen […]."[1134] Dass sich, wie Mecheril und Olalde (2018) beschreiben, Religion als Differenzkategorie seit den 2000er Jahren zu einer gesellschaftlich relevanten und dominanten Kategorie entwickelt hat, zeigt sich somit auch in den Äußerungen der Schüler*innen. Die Autoren sprechen von einer „medial, wissenschaftlich und politisch wirkmächtigen Kategorie"[1135], die auch in den schulischen Sprachgebrach Eingang gefunden hat. Die Äußerungen der Schüler*innen belegen diese Feststellung der Autoren, da die Schüler*innen ihre Vorstellungen zum Osmanischen Reich immer wieder in Bezug zum Islam und damit zur Differenzkategorie Religion setzen. Die Schüler*innen konstatieren, dass sowohl im schulischen Raum (hier im Besonderen im Geschichtsunterricht) als auch im öffentlich-gesellschaftlichen Raum die Diskurse und Sprechweisen über Religion zu einem religiösen Othering führen, welches in erster Linie ‚Muslime' trifft. Die Kritik der Schüler*innen zum Umgang mit dem Islam und den Muslimen im europäischen Diskurs verdeutlicht, dass dieser Subjekte hervorbringt, die als ‚Religions-Andere' markiert werden.

Vergleicht man die Zuschreibungsmechanismen der Schüler*innen mit denen, die sich in institutionellen Vorgaben wie dem Kernlehrplan Geschichte NRW der Sekundarstufe II konstituieren, so wird deutlich, dass die Schüler*innen das institutionell legitimierte Alteritätskonstrukt ‚Islam' annehmen, indem sie sich selbst über die Reproduktion des ‚Nicht-Wir' als Differenz (Alterität) innerhalb ihres gesellschaftlichen Raumes verorten.

Alteritätserfahrungen prägen immer wieder den konjunktiven Erfahrungsraum der Schüler*innen. Für den geschichtsdidaktischen Diskurs um multiperspektivischen Geschichtsunterricht erscheint aus diesem Grund der reflexive Umgang mit Alterität und Fremdverstehen, der den Einfluss von Migrationsphänomenen auf gesellschaftliche wie auch institutionelle Entwicklungen ernst nehmen muss, von tragender Bedeutung. Beide Zugänge (Alterität und

---

1133 Vgl. Mecheril, P./Olalde, O. T. (2018), S. 179.
1134 Vgl. ebd., S. 179.
1135 Vgl. ebd., S. 179.

10 Zusammenführung der Ergebnisse

Fremdverstehen) können sich sowohl auf vergangene als auch auf gegenwärtige Ereignisse und Verhältnisse beziehen. Auch führen beide Zugänge über die Perspektivierung zur Unterscheidung von ‚Wir' und ‚Nicht-Wir'. Das bedeutet, dass Schüler*innen anhand von Alteritäts- bzw. Fremdverstehenserfahrungen ihre Deutungen über Menschen in vergangenen Zeiten validieren und Menschen in der Gegenwart verstehen können sollten, um die Bildung einer historischen Identität zu fördern.[1136] Jedoch kann das Verstehen einer ‚fremden' Geschichte Differenzmechanismen produzieren, wenn die innere Plausibilität des Auszugs aus dem Universum des Historischen natio-ethno-kulturell-religiös kodiert ist. Insbesondere für den Zugang zu gegenwärtigen Ereignissen, über die den Schüler*innen eine individuelle Orientierung in der Zeit ermöglicht werden soll, braucht es eine Reflexion jener Schemata und Kategorien, die zur Produktion von ‚Wir' und ‚Nicht-Wir' führen. So kann die Auseinandersetzung beispielsweise mit der ‚osmanischen Geschichte' oder der ‚türkischen Geschichte' dazu führen, dass bestimmte Schüler*innen dieser Geschichte zugeordnet und damit als die ‚Fremden' oder ‚Differenten' kategorisiert werden. Eine solche Kategorisierung kann im sozialen Raum des Geschichtsunterrichts zu Differenzordnungen führen, die latente Diskriminierungsverhältnisse mit sich bringen. Ein gleichberechtigter Zugang zum historischen Bildungsprozess wird somit verhindert.

Aus dieser Herangehensweise an Prinzipien für das historische Lernen im Geschichtsunterricht ergeben sich Desiderata einer differenzkritischen Auseinandersetzung mit dem Fremdverstehen und der Alterität, aber auch mit dem zentralen Prinzip der Multiperspektivität für einen migrationssensiblen Geschichtsunterricht. Denn das zentrale Prinzip der Multiperspektivität hängt eng mit dem Erlernen von Alterität und Fremdverstehen zusammen und ermöglicht Schüler*innen eine selbstreflexive Auseinandersetzung mit vergangenen Handlungen, Gegenständen und Ereignissen. Das multiperspektivische historische Lernen kann nach Bergmann (2008) als die Voraussetzung dafür bestimmt werden, durch das Schüler*innen Geschichte selbst denken und Perspektiven aus der Vergangenheit kritisch hinterfragen, um Perspektiven für ihre individuelle Zukunft zu entdecken.[1137]

Besonders innerhalb des Diskurses zum sogenannten *Interkulturellen Geschichtsunterricht* finden sich immer wieder Auseinandersetzungen mit den Konzepten Fremdverstehen, Alterität und Perspektivität, womit auf einen Geschichtsunterricht hingewiesen wird, der die gesellschaftlichen Herausforderungen „einer kleiner werdenden Welt"[1138] reflektieren soll. Dabei zeigt sich, dass

---

1136 Körber, A. (2012).
1137 Bergmann, K. (2008).
1138 Schörken, R. (1980).

Begriffe wie ‚Migrationshintergrund', ‚Einwanderungsgesellschaft' oder ‚multiethnisch' unreflektiert hinsichtlich ihrer Wirkmacht verwendet (Kap. 3.6) und „symbolische und materielle Grenzen"[1139] produziert werden, die sich zum Teil auch in institutionellen Vorgaben des Faches Geschichte finden. So hat beispielsweise die Analyse der Kernlehrpläne gezeigt, dass ausschließlich ein Inhaltsfeld des Kernlehrplans NRW der Sekundarstufe II anhand des Inhaltsfelds 2 die Thematisierung des Inhaltes Osmanisches Reich im Fach Geschichte legitimiert. Die Sichtung dieses Inhaltsfeldes machte deutlich, dass im Kernlehrplan in erster Linie ein religiös markiertes Bild vom Osmanischen Reich konstruiert und durch die Verwendung der Konzepte ‚Kreuzzüge' oder ‚Religion' forciert wird. Mit dieser Perspektivierung wird das Osmanische Reich mit Blick auf ‚religiöse Konflikte zwischen Christen und Muslimen' dargestellt. Und eine ebensolche religiöse Kontextualisierung findet sich auch in den Schülervorstellungen zum Osmanischen Reich wieder. Die institutionell legitimierte Konstruktion des Feindbildes Islam wird von den Schüler*innen in den Einzelinterviews und der Gruppendiskussion tatsächlich reproduziert und in einen gesamtgesellschaftlichen Diskurs eingebettet. Die Äußerungen der Schüler*innen, durch die die institutionellen

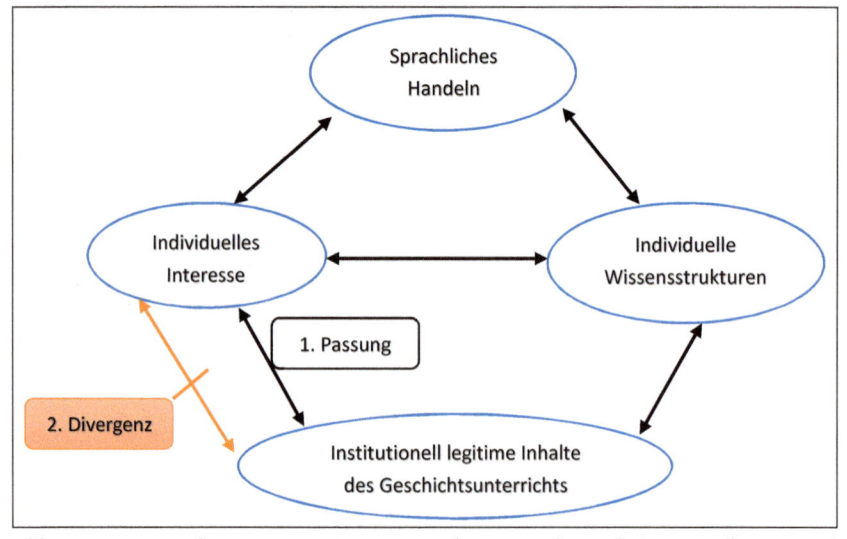

Abb. 23: Passung oder Divergenz – Zusammenhang zwischen Schülervorstellungen und institutionellen Vorgaben

---

1139 Vgl. ebd., S. 12.

und gesellschaftlichen Zuschreibungsprozesse reproduziert werden, ermöglicht einen Einblick in die Unhinterfragbarkeit von Schülervorstellungen. Die vorliegende Arbeit hat folglich gezeigt, dass die macht- und differenzkritische Auseinandersetzung mit geschichtsdidaktischen Kategorien ein Desiderat darstellt, so dass die Analyse natio-ethno-kulturell-religiös kodierter Schemata und Praxen im Geschichtsunterricht ein zentrales Anliegen zukünftiger geschichtsdidaktischer Forschung sein sollte.

10.2 Geschichtsunterricht in der Migrationsgesellschaft

Historische Erzählungen verbinden Macht, Wissen und Sprache miteinander. In diesem Zusammenhang kann die Versprachlichung von Geschichte als Diskursmächtigkeit und damit als Dominanz betrachtet werden. Für den Geschichtsunterricht bedeutet dieser Zusammenhang, dass Schüler*innen Teil des unterrichtlichen Diskurses sein können, wenn sie Wissensstrukturen zu den historischen Inhalten aktivieren können, die sie entsprechend sprachlich narrativieren. Es geht demnach um die Anschlussfähigkeit an institutionell legitimierte historische Inhalte für Schüler*innen, womit sie zum einen an ihre vorhandenen Wissensstrukturen und Vorstellungen anknüpfen, zum anderen über die Teilnahme am unterrichtlichen Diskurs vorhandenes Wissen umstrukturieren und weiter ausbauen können, um ein reflektiertes Geschichtsbewusstsein aufzubauen. Eine solche Entwicklung und Förderung von historischem Wissen ist dann möglich, wenn *individuelle Vorstellungen* und *institutionelle Inhalte* zu historischen Themen in einem Passungsverhältnis stehen. Die Abbildung 23 verdeutlicht dieses Verhältnis zwischen institutionellen Inhalten und individuellen Vorstellungen.

Die Darstellung macht deutlich, dass Schüler*innen mit ihren individuellen Vorstellungen zu historischen Inhalten immer in einem Abhängigkeitsverhältnis zu den institutionell legitimierten Inhalten des Geschichtsunterrichts stehen, welches sich durch 1. Passung oder 2. Divergenz bestimmen lässt. Dieses Verhältnis und seine Auswirkung im Hinblick auf Passung bzw. Divergenz wird im Folgenden verdeutlicht:

1. *Passung:* Besteht Interesse für den im Geschichtsunterricht thematisierten Inhalt und können individuelle Wissensstrukturen dazu aktiviert werden, kann von einer Erwartungskonformität der Schülervorstellungen mit den Inhalten des Geschichtsunterrichts gesprochen werden. Die mitgebrachten Vorstellungen sind konstitutiv passend zu den Inhalten des Geschichtsunterrichts. Der/die Lernende ist diskursfähig bzw. weist eine diskursive Passung

auf, so dass eine erfolgreiche Beteiligung am Geschichtsunterricht voraussichtlich möglich ist.
2. *Divergenz 1:* Weckt der institutionell legitimierte Inhalt des Geschichtsunterrichts nicht das Interesse des/der Lernenden und kann er/sie auch keine individuellen Wissensstrukturen zum unterrichteten Inhalt aktivieren, befindet sich der/die Lernende in einem divergierenden Verhältnis zum historischen Lerninhalt und Lernprozess. Der/die Lernende wird mit großer Wahrscheinlichkeit im Kontext des betreffenden Inhalts bzw. Unterrichts diskurs-divergent sein, sich also nicht erfolgreich am Geschichtsunterricht beteiligen können.

Die Eruierung der Schülervorstellungen zum Inhalt Osmanisches Reich stellten mit der vorliegenden Arbeit ein weiteres Abhängigkeitsverhältnis heraus, das trotz Interesse und Wissen zum Inhalt ebenfalls zu einer ‚Diskurs-Divergenz' führen kann:

3. *Divergenz 2:* Die Schüler*innen haben Interesse am Inhalt Osmanisches Reich und können ihr Interesse über individuelle Wissensstrukturen verbalisieren. Jedoch steht ihr Interesse bzw. Wissen in einem divergierenden Verhältnis zu den institutionell legitimierten Inhalten des Geschichtsunterrichts, so dass sie mit großer Wahrscheinlichkeit diskurs-divergent sind, sich also nicht erfolgreich am Unterricht beteiligen können.

Die Ergebnisse aus den Einzelinterviews und der Gruppendiskussion verdeutlichen, dass die Schüler*innen die im geschichtsdidaktischen Diskurs als relevant diskutierten Bedingungen für das reflexiv-historische Lernen und Denken im Geschichtsunterricht mitbringen (*Interesse* für historische Fragen – Aktivierung von *Vorstellungen und Vorwissen* – Formulierung von Fragen, die an die Geschichte gestellt werden), sich aber wegen Nichtberücksichtigung des Inhaltes im geschichtsunterrichtlichen Kontext nicht mit dem Inhalt und den damit verbundenen relevanten historischen Konzepten wie Nation oder Religion auseinandersetzen können.

Dieses Verhältnis wird an dieser Stelle in Anlehnung an den Kapitalbegriff nach Bourdieu (Kap. 2.3.2) betrachtet. Das Aufgreifen des Kapitalbegriffs zeigt, dass sich die Schüler*innen in einem Ungleichheitsverhältnis von individuellem Wissen und schulisch-institutionellen Vorgaben befinden. Das Wissen der Schüler*innen zum Inhalt Osmanisches Reich kann nach Bourdieu als inkorporiertes kulturelles Kapital bestimmt werden, das zum Habitus der Person geworden ist. Auf der Grundlage dieses Kapitals konstruieren die Schüler*innen ihre Vorstellungen zum Osmanischen Reich, die sie zur Reflexion von Konzep-

10 Zusammenführung der Ergebnisse

ten wie Nation oder Religion nutzen könnten, was ihnen durch institutionelle Rahmenbedingungen ihres Geschichtsunterrichts jedoch nicht möglich ist. Das habitualisierte Wissen, das die Schüler*innen zum Inhalt Osmanisches Reich besitzen, wie auch ihr Interesse für diesen Inhalt, können sie demzufolge nicht als Ausgangspunkt des historisch reflektierten Lernens nutzen, weil sie für den Inhalt Osmanisches Reich ein Divergenzverhältnis zu institutionell festgelegten inhaltlichen Vorgaben bestätigen. Aus diesem Abhängigkeitsverhältnis kann konstatiert werden, dass das Wissen der Schüler*innen zum Inhalt Osmanisches Reich für ihren historischen Lernprozess im Geschichtsunterricht nicht nutzbar gemacht werden kann und zentrale Konzepte vermutlich unreflektiert in außerunterrichtlichen Kontexten verwendet werden.

Aus den Ergebnissen der vorliegenden Arbeit kann deutlich abgeleitet werden, dass im geschichtsdidaktischen Diskurs an einer Öffnung für migrationsbedingte Phänomene und damit verbundenen Inhalten und Konzepten des Geschichtsunterrichts gearbeitet werden muss, um eine unreflektierte Manifestierung von institutionell und gesellschaftlich habitualisiertem Wissen zu verhindern. Denn die Ergebnisse der Arbeit zeigen, dass sich die Schüler*innen unter dem Einfluss des nationalstaatlichen Schulsystems jenen Ordnungsstrukturen anpassen und jene Mechanismen reproduzieren, die über die gesellschaftlichen und institutionellen Strukturen produziert und vorgegeben werden. Dies zeigt sich insbesondere in der Reproduktion gesellschaftlich legitimer Marker von Unterschieden: ‚Muslime', ‚Deutsche', ‚Europäer', ‚Ausländer'. Auch wenn diese natio-ethno-kulturell-religiös kodierten Markierungen von den Schüler*innen teilweise als differenzmarkierende Kategorien kritisiert werden, nutzen sie diese, um Differenzen zwischen beispielsweise ‚Muslimen' und ‚Nicht-Muslimen' oder ‚Türken' und Kurden' hervorzuheben. Aus diesem Grund muss im Geschichtsunterricht den Schüler*innen ein geschützter Raum geboten werden, in dem sie über historische Inhalte eigene Handlungsorientierungen entwickeln und institutionelle und gesellschaftliche Präsuppositionen kritisch reflektieren können.

Abschließend ist festzuhalten, dass die vorliegende Arbeit lediglich eine Fallstudie darstellt, demnach über die Ergebnisse hinaus kein Anspruch auf Repräsentativität erhoben werden kann. Aus diesem Grund müssten in weiterführenden Forschungsvorhaben Vorstellungen einer größeren Anzahl von Schüler*innen zum Osmanischen Reich eruiert werden, um übergreifende Systematisierungen von Schülervorstellungen zum Osmanischen Reich herauszustellen und für den Geschichtsunterricht nutzbar zu machen.

Auch erscheint es von Bedeutung, dass für die im Rahmen der Arbeit herausgestellte Relevanz von Schülervorstellungen als Konstitution von Passung für das historische Lernen in der Migrationsgesellschaft eine Dynamisierung der zentralen Dimensionen des Geschichtsunterrichts (Geschichtsbewusstsein, Geschichtskultur) notwendig ist. Mit der Forderung nach einer Dynamisierung würde wiederum die Modifikation von Kernlehrplänen und Geschichtslehrwerken verbunden sein. Die Inhalte des Geschichtsunterrichts müssten den Lehrkräften die Möglichkeit bieten, Raum für Diskussionen, für Zurückweisungen von Positionierungen, aber auch für Auseinandersetzungen mit einer gewissen Ergebnisoffenheit und Fragilität zur Verfügung zu haben. Ein solch dynamischer und migrationssensibler Raum könnte ermöglichen, dass Schüler*innen ihre mitgebrachten Vorstellungen zur reflexiven Erschließung von historischen Inhalten nutzbar machen und mit hohem Interesse sowie auch erfolgreich den für die Gesellschaft so bedeutsamen Geschichtsunterricht durchlaufen.

Es zeigt sich, dass eine macht- und differenzkritische Perspektive auf den geschichtsdidaktischen Diskurs dringend berücksichtigt werden muss, um Homogenitätsfiktionen und Monolingualitätsvorstellungen von Schule aufzubrechen. Eine solche Perspektive wirft viele Fragen auf, die für den Geschichtsunterricht unter den Bedingungen der Migrationsgesellschaft noch zu untersuchen sind.

11 Anhang

11.1 Abbildungsverzeichnis

Abb. 1:	Die vier Dimensionen der Sinnbildung, eigene Darstellung, in Anlehnung an Rüsen (2008)	95
Abb. 2:	Exempel für migrationssensiblen Untersuchungszugang bei Geschichtsschulbüchern, eigene Darstellung	151
Abb. 3:	Bevölkerungsstruktur im Osmanischen Reich, eigene Darstellung	187
Abb. 4:	Hierarchie des imperialen Harems, eigene Darstellung, in Anlehnung an Lesli P. Peirce (1993) und Fariba Zarinebaf-Sharhr (2004)	198
Abb. 5:	Übersicht empirische Studie	228
Abb. 6:	Arbeitsschritte Prästudie	231
Abb. 7:	Häufigkeit Kategorie 1 in Sek.-I-Lehrwerken	274
Abb. 8:	Häufigkeit Kategorie 2 in Sek.-I-Lehrwerken	275
Abb. 9:	Häufigkeit Kategorie 1 und 2 in Sek.-I-Lehrwerken insgesamt	276
Abb. 10:	Häufigkeit Kategorie 1 und 2 in Sek.-I-Lehrwerken im Vergleich	278
Abb. 11:	Häufigkeit Kategorie 1 in Sek.-II-Lehrwerken	279
Abb. 12:	Häufigkeit Kategorie 2 in Sek.-II-Lehrwerken	280
Abb. 13:	Häufigkeit Kategorie 1 und 2 in Sek.-II-Lehrwerken insgesamt	281
Abb. 14:	Zusammenhang von Sprache und Wissen, eigene Darstellung, in Anlehnung an den theoretischen Zugängen Dokumentarische Methode und Funktionale Pragmatik	288
Abb. 15:	Kernpunkte der Dokumentarischen Methode, eigene Darstellung, in Anlehnung an Mannheim (1980)	292
Abb. 16:	Interpretationsschritte der Dokumentarischen Methode, eigene Darstellung, in Anlehnung an Bohnsack (2014)	294
Abb. 17:	Interaktionskonstellation Einzelinterview	310
Abb. 18:	Interaktionskonstellation Gruppendiskussion	311
Abb. 19:	Erweitertes handlungstheoretisches Wissensmodell nach Ehlich/Rehbein (1986), Erweiterung nach Rehbein (1999)	313
Abb. 20:	Handlungstheoretischer Zugang zum Zusammenhang von Sprache und Wissen bei der Konstruktion von Schülervorstellungen zum Osmanischen Reich	314
Abb. 21:	Impuls 1 Gruppendiskussion	372
Abb. 22:	Rekonstruierte übergeordnete Konzepte der Schüler*innen	517
Abb. 23:	Passung oder Divergenz – Zusammenhang zwischen Schülervorstellungen und institutionellen Vorgaben	522

11.2 Tabellenverzeichnis

Tab. 1:	Übersicht Analyseperspektiven	180
Tab. 2:	Qualitative Zusammenfassung I	234
Tab. 3:	Qualitative Zusammenfassung II	236
Tab: 4:	Qualitative Zusammenfassung III	238
Tab. 5:	Übersicht Inhaltsfelder Kernlehrplan Geschichte der Sekundarstufe I in NRW	252
Tab. 6:	Übersicht Inhaltsfelder Kernlehrplan Geschichte der Sekundarstufe II in NRW	253
Tab. 7:	Berücksichtigung des Inhaltes Osmanisches Reich in den Inhaltsfeldern des Kernlehrplanes Geschichte der Sekundarstufe II (gymnasiale Oberstufe)	260
Tab. 8:	Berücksichtigung des Inhaltes Osmanisches Reich in den Inhaltsfeldern des Kernlehrplanes Geschichte Sekundarstufe I (Gymnasium)	261
Tab. 9:	Berücksichtigung des Inhaltes Osmanisches Reich in den Inhaltsfeldern des Kernlehrplans Gesellschaftslehre Sekundarstufe I (Gesamtschule)	262
Tab. 10:	Berücksichtigung des Inhaltes Osmanisches Reich in den Inhaltsfeldern des Kernlehrplans Geschichte Sekundarstufe I (Realschule)	263
Tab. 11:	Berücksichtigung des Inhaltes Osmanisches Reich in den Inhaltsfeldern des Kernlehrplanes Geschichte/Politik Sekundarstufe I (Hauptschule)	264
Tab. 12:	Kategorien der Diskursorganisation orientiert an den Sinneinheiten, eigene Darstellung, in Anlehnung an Przyborski/Wohlrab (2004)	298
Tab. 13:	Teilnehmer*innenliste Schüler*innen Einzelinterview	327
Tab. 14:	Teilnehmer*innenliste Schüler*innen Gruppendiskussion	328
Tab. 15:	Übersicht Themen und generierte Kategorien	361
Tab. 16:	Angaben Analysematerial	366
Tab. 17:	Zusammenfassung der Gruppendiskussion	367

11.3 Abkürzungen

GEI: Georg-Eckert-Institut – Leibniz-Institut für internationale Schulbuchforschung
FP: Funktionale Pragmatik
dt.: deutsch
tr.: türkisch
osm.: osmanisch
NRW: Nordrhein-Westfalen
IF: Inhaltsfeld
MSB: Ministerium für Schule und Bildung (des Landes Nordrhein-Westfalen)
OR: Osmanisches Reich
K: Kategorien
ITN: Interviewteilnehmende
IL: Interviewleiterin
GDT: Gruppendiskussionsteilnehmende
GDL: Gruppendiskussionsleiterin
S: Sprecher
H: Hörer
p: propositionaler Gehalt der sprachlichen Äußerung
P: Wirklichkeit
Π: Wissen
Π^S: sprecherseitiges Wissen
Π^H: hörerseitiges Wissen
TP: Textpassage
rH: relative Häufigkeit

11.4 Impulse Gruppendiskussion

11.4.1 Impulsblatt 1

Das Osmanische Reich in Europa zu Beginn des 20. Jahrhunderts
„Wer zieht hier wem den „Teppich unter den Füßen" weg?"

94.1 „Drei Herrscher", Karikatur aus „Petit Journal" v. 28.10.1908.

Aus: Geschichte konkret 3. Ein Lern- und Arbeitsbuch. Schroedel Verlag, S. 94.

„Die Großmächte des 20. Jahrhunderts haben das Osmanische Reich kaputt gemacht!"

Klapptext des Buches: Das Osmanische Reich auf dem Weg nach Europa

"Das Osmanische Reich war das letzte islamische Großreich der Menschheitsgeschichte, das sich über 600 Jahre über drei Kontinente erstreckte und in dem hunderte Völker, Religionen und Kulturen beheimatet waren. Anfang des 18. Jahrhunderts setzte der langsame Niedergang dieser Weltmacht ein, der letztendlich zur Frage der Restauration oder Reform des Staates führte. Ein gigantisches Reformprogramm ermöglichte es die Lebenszeit des Reichs der Sultane bis ins frühe 20. Jahrhundert zu verlängern. Im Gegensatz zu den europäischen Monarchien überstand das osmanische Sultanat und Kalifat den Ersten Weltkrieg und übernahm eine Schlüsselrolle im Befreiungskampf gegen die Siegermächte."

11 Anhang

11.4.2 Impulsblatt 2

> **Kommentare aus Foren im Internet zum Thema *Osmanisches Reich***
>
> *Daniela*
> *(Mittwoch, 06. Januar 2016 20:34)*
> *Unglaublich, das Osmanische Reich kommt hier ja super weg. Was ist mit der Knabenlese* die vom 14. bis 18. Jahrhundert von den Osmanen betrieben wurde????*
>
> *Anfänglich wurden pro Jahr bis zu 5000serbische Kinder in die Türkei entführt und dort zwangsislamisiert. Nach Jahren wurden sie als Soldaten zurück gebracht um Christen, darunter auch ihre eigenen Eltern zu töten.*
>
> *Sultane haben Jahrhunderte lang Mädchen entjungfert. Das sollte hier auch Thema sein. Was die Osmanen auf dem Balkan angerichtet haben ist viel schlimmer als Hitler angerichtet hat.*
>
> (*Knabenlese: Christliche männliche Kinder wurden für Aufgaben in der Armee eingezogen.)
>
>
> „*Türke*(*Freitag, 04. März 2016 14:15)*
> *Liebe Forumsmitglieder,*
>
> *als das Osmanische Reich über Afrika, Europa, Arabien, Kaukasus, etc. geherrscht hat, gab es in diesen Regionen Frieden, Kultur, Respekt vor anderen Religionen. Erst nach dem Untergang des Osmanischen Reiches kam der Krieg in diese Gebiete zurück!*
> *Diese Regionen wären viel entwickelter in jeder Hinsicht mit dem Osmanischen Reich als wie die aktuelle Lage ist.*
>
> *Tun Sie nicht so, als ob das Osmanische Reich in diesen Regionen Unrecht getan hätte, jeder durfte frei seine Sprache, Religion, Kultur ausleben, andernfalls hätte doch der heutige Balkan ja nur türkisch gesprochen, oder?*

11.4.3 Impulsblatt 3

> **Zeitungsausschnitte deutscher Zeitungen zum Thema *Genozid/Vernichtung***
>
> http://www.deutschlandfunk.de/voelkermord-an-den-aramaeisch-sprachigen-christen-der.886.de.html?dram:article_id=324152 (01.07.2015)
>
> Völkermord an den aramäisch-sprachigen Christen
> Der unbekannte Genozid
>
> *Der Völkermord an den Aramäern vor 100 Jahren ist einer der wenig bekannten Genozide in der modernen Geschichte. Er wird überschattet vom Genozid an den Armeniern. Im damaligen Osmanischen Reich sollten aber auch die syrisch-orthodoxen oder aramäisch-sprachigen Christen vernichtet werden. Daran erinnerten zwei internationale Konferenzen in Berlin.*
> *Von Matthias Bertsch*
>
> http://www.stern.de/politik/ausland/voelkermord-an-armeniern--deutschland-erkennt-genozid-an---wie-reagiert-die-tuerkei--6217888.html (23. April 2015)
>
> Deportiert und massakriert
> Warum der Völkermord an den Armeniern uns alle angeht
>
> *Vor 100 Jahren wurden Armenier im Osmanischen Reich verschleppt und getötet. Auch das Deutsche Kaiserreich wusste davon – und verhinderte die Gräueltaten nicht. Warum das heute noch wichtig ist.*
> *Von Lisa-Marie Eckardt*
>
> http://www.zeit.de/politik/ausland/2016-06/tuerkei-ruft-wegen-armenien-resolution-botschafter-zurueck (2. Juni 2016)
>
> *Armenien-Resolution*: „Kümmere dich um deine eigene Geschichte"*
>
> **Der türkische Justizminister Bekir Bozdağ nennt die Armenien-Resolution eine Verleumdung. Er fordert, Deutschland solle sich stattdessen mit dem Holocaust beschäftigen.**
>
> *Der türkische Justizminister Bekir Bozdağ hat die Armenien-Resolution des Bundestages deutlich kritisiert. "Erst verbrennst du die Juden im Ofen, dann stehst du auf und klagst das türkische Volk mit Genozidverleumdung an", sagte er.*
>
> *Den Deutschen empfahl er: "Kümmere dich um deine eigene Geschichte." Dass in der Resolution von einem Genozid gesprochen werde, sei eine Verleumdung des Volkes, des Staates und der Geschichte der Türkei.*
>
> (*Resolution: eine schriftliche Erklärung zu einem offiziellen Beschluss in der Politik)

12 Literatur

Adanır, F. (1997): Der Zerfall des Osmanischen Reichs. In: Demandt, A. (Hrsg.): Das Ende der Weltreiche. Von Persien bis zur Sowjetunion. München: Verlag C. H. Beck. S. 108–128.

Adanır, F. (2009): Beziehung von Christen und Muslimen im Osmanischen Reich. In: Kahl, T./Cay, L. (Hrsg.): Christen und Muslime. Interethnische Koexistenz in südosteuropäischen Peripheriegebieten (Religions- und Kulturgeschichte in Ostmittel- und Südosteuropa, Bd. 11). Wien/Berlin/Münster: LIT Verlag. S. 59–74.

Ahrenholz, B. (2010): Fachunterricht und Deutsch als Zweitsprache. Tübingen: Narr.

Aksoy, B. (2014): Der Status der Dhimmis im Osmanischen Reich. In: Fontäne 23/2004. Verfügbar unter: http://islam-aktuell.de/index.php/themen/islamische-geschichte/das-osmanische-reich/item/107-der-status-der-dhimmis-im-osmanischen-reich [eingesehen am 04.05.2018].

Alavi, B. (1998): Geschichtsunterricht in der multiethnischen Gesellschaft. Eine fachdidaktische Studie zur Modifikation des Geschichtsunterrichts aufgrund migrationsbedingter Veränderungen (Interdisziplinäre Studien zum Verhältnis von Migrationen, Ethnizität und gesellschaftlicher Multikulturalität, Bd. 9). Frankfurt: IKO – Verlag für interkulturelle Kommunikation.

Alavi, B. (2001): Von der Theorie zur Praxis interkulturellen Geschichtslernens. Problembereiche bei der Planung und Durchführung von Unterricht. In: Körber, A. (Hrsg.): Interkulturelles Geschichtslernen. Geschichtsunterricht unter den Bedingungen von Einwanderung und Globalisierung. Konzeptionelle Überlegungen und praktische Ansätze. Münster: Waxmann. S. 97–104.

Alavi, B. (2002): Geschichtsunterricht in der multiethnischen Gesellschaft. Eine neuere geschichtsdidaktische Position. In: Demantowsky, M./Schönemann, B. (Hrsg.): Neue geschichtsdidaktische Positionen. Bochum: Projekt-Verlag. S. 13–25.

Alavi, B. (2004): Geschichtsschulbücher als Erinnerungsorte. Ein Gedächtnis für die Einwanderungsgesellschaft? In: Motte, J./Ohliger, R. (Hrsg.): Geschichte und Gedächtnis in der Einwanderungsgesellschaft. Migration zwischen historischer Rekonstruktion und Erinnerungspolitik. Essen: Klartext Verlag.

Alavi, B. (2017): Geschichtslernen in der Migrationsgesellschaft. Herausforderungen und Chancen für außerschulische Lernorte. In: Knoll, W.-R. (Red.): Geschichtslernen und Demokratiebildung in der Migrationsgesellschaft – Herausforderungen und Chancen für außerschulische Lernorte. Tagungsband einer Fachtagung der Point Alpha Akademie vom 13./14. Juni 2016. Geisa: Point Alpha Akademie. S. 5–15.

Alavi, B./Henke-Bockschatz, G. (2004) (Hrsg.): Migration und Fremdverstehen. Geschichtsunterricht und Geschichtskultur in der multiethnischen Gesellschaft (Schriften zur Geschichtsdidaktik, Bd. 16). Idstein: Schulz-Kirchner Verlag.

Alavi, B./Wenzel, B. (2000): Interkulturelles Geschichtslernen. In: Mütter, B./Schönemann, B./Uffelmann, U. (Hrsg.): Geschichtskultur. Theorie, Empirie, Pragmatik. Weinheim: Deutscher Studien Verlag. S. 61–69.

Altındal, M. (1993): Osmanlı'da Harem. Istanbul: Altın Kitaplar.
Altun, T./Bernhardt, M. (2016): Vom Osmanischen Reich zur Republik Türkei. Moderner Staat oder türkischer Nationalismus? In: Geschichte lernen 29/169: Nation und Nationalismus. S. 40–49.
Anderson, B. (1983): Imagined Communities. Reflections on the Origin and Spread of Nationalism. London/New York: Verso.
Attia, I. (2009): Die „westliche Kultur" und ihr Anderes. Zur Dekonstruktion von Orientalismus und antimuslimischem Rassismus. Bielefeld: transcript Verlag.
Auernheimer, G. (2007): Einführung in die Interkulturelle Pädagogik. 5. Aufl. Darmstadt: Wissenschaftliche Buchgesellschaft.
Auernheimer, G. (2010): Interkulturelle Kompetenz und pädagogische Professionalität. Wiesbaden: VS Verlag für Sozialwissenschaften.
Aydin, H./Goldberg, A./Öksüz, N./Özbek, Y. (2000): Zur türkischen Gesellschaft, Kultur und Identität. Ein Literaturbericht zum Thema „Soziologische Länderkunde: Türkei" des Zentrums für Türkeistudien (Sozialwissenschaftliche Beiträge zur europäischen Integration, Bd. 2). Frankfurt a. M.: IKO – Verlag für Interkulturelle Kommunikation.
Bade, K. J. (2017): Migration – Flucht – Integration: Kritische Politikbegleitung von der ‚Gastarbeiterfrage' bis zur ‚Flüchtlingskrise'. Erinnerungen und Beiträge. Karlsruhe: von Loeper Literaturverlag.
Barricelli, M. (2005): Schüler erzählen Geschichte. Narrative Kompetenz im Geschichtsunterricht. Schwalbach/Ts.: Wochenschau Verlag.
Barricelli, M. (2011): Historisches Erzählen. Was es ist, soll und kann. In: Hartung, O./Steiniger, I./Fuchs, T. (Hrsg.): Lernen und Erzählen interdisziplinär. Wiesbaden: Springer VS Verlag. S. 61–82.
Barricelli, M. (2012): Narrativität. In: Barricelli, M./Lücke, M. (Hrsg.): Handbuch Praxis des Geschichtsunterrichts. Bd. 1. Schwalbach/Ts.: Wochenschau Verlag. S. 255–280.
Barricelli, M. (2017a): Narrativität. In: Barricelli, M./Lücke, M. (Hrsg.): Handbuch Praxis des Geschichtsunterrichts. Bd. 1. 2. Aufl. Schwalbach/Ts.: Wochenschau Verlag. S. 255–280.
Barricelli, M. (2017b): Darstellungskonzepte von Geschichte im Unterricht. In: Barricelli, M./Lücke, M. (Hrsg.): Handbuch Praxis des Geschichtsunterrichts. Bd. 2. 2. Aufl. Schwalbach/Ts.: Wochenschau Verlag. S. 202–223.
Barricelli, M./Gautschi, P./Körber, A. (2017): Historische Kompetenzen und Kompetenzmodelle. In: Barricelli, M./Lücke, M. (Hrsg.): Handbuch Praxis des Geschichtsunterrichts. Bd. 1. 2. Aufl. Schwalbach/Ts.: Wochenschau Verlag. S. 207–235.
Barsch, S./Degner, B./Kühberger, C./Lücke, M. (2019): Handbuch Diversität im Geschichtsunterricht. Schwalbach/Ts.: Wochenschau Verlag.
Bauer, U. (2012): Sozialisation und Ungleichheit. Eine Hinführung. 2. korrig. Aufl. Wiesbaden: VS Verlag für Sozialwissenschaften.
Becker, A./Heuer, C. (2017): Erkenntnistheoretische Grundlagen historischen Lehrens und Lernens. In: Barricelli, M./Lücke, M. (Hrsg.): Handbuch Praxis des Geschichtsunterrichts. Bd. 1. Schwalbach/Ts.: Wochenschau Verlag. S. 77–88.

12 Literatur

Beilner, H. (1999): Empirische Erkundungen zum Geschichtsbewusstsein am Ende der Grundschule. In: Schreiber, W. (Hrsg.): Erste Begegnungen mit Geschichte: Grundlagen historischen Lernens, Bd. 1. Neuried: ars una, S. 117–151.

Bekmezci, İ. (2015): Analyse und Beurteilung des EU-Beitritts der Türkei. Die Dimensionen der Debatte unter Berücksichtigung der europäischen Perspektiven. Norderstedt: Books on Demand (BoD).

Benholz, C./Lipkowski, E. (2000): Förderung in der deutschen Sprache als Aufgabe des Unterrichts in allen Fächern. In: Deutsch lernen 25/1. S. 1–10.

Benton, C. (2003): Nächte im Harem. München: Droemer Knaur.

Bergmann, K. (1972): Personalisierung im Geschichtsunterricht – Erziehung zur Demokratie? Stuttgart: Klett.

Bergmann, K. (1997): Personalisierung, Personifizierung. In: Ders./Fröhlich, K./Kuhn, A./Rüsen, J./Schneider, G: (Hrsg.): Handbuch der Geschichtsdidaktik. Seelze: Kallmeyer. S. 298–300.

Bergmann, K. (2008): Multiperspektivität. Geschichte selber denken (Methoden historischen Lernens). 2. Aufl. Schwalbach/Ts.: Wochenschau Verlag.

Bernhardt, M. (2011): „Ich sehe was, was Du nicht siehst!" Überlegungen zur Kompetenzentwicklung im Geschichtsunterricht am Beispiel der Bildwahrnehmung. In: Handro, S./Schönemann, B: (Hrsg.): Visualität und Geschichte (Geschichtskultur und historisches Lernen, Bd. 1). Berlin: LIT Verlag. S. 37–53.

Bernhardt, M./Conrad, F. (2018) (Hrsg.): Sprachsensibler Geschichtsunterricht. Geschichte lernen 31/182: Sprachsensibler Geschichtsunterricht. Seelze: Friedrich Verlag.

Bernhardt, M./Wickner, M. C. (2015): Die narrative Kompetenz vom Kopf auf die Füße stellen, Sprachliche Bildung als Konzept der universitären Geschichtslehrerausbildung. In: Benholz, C./Frank, M./Gürsoy, E. (Hrsg.): Deutsch als Zweitsprache in allen Fächern. Konzepte für die Lehrerbildung und Unterricht. Stuttgart: Filibach bei Klett. S. 281–296.

Bernstein, B. (1977): Beiträge zu einer Theorie des pädagogischen Prozesses (Edition Suhrkamp, Bd. 850). Frankfurt a. M.: Suhrkamp Verlag.

Bertsch, M. (2015): Völkermord an den aramäisch-sprachigen Christen. Der unbekannte Genozid. (01.07.2015) Verfügbar unter: http://www.deutschlandfunk.de/voelkermord-an-den-aramaeisch-sprachigen-christen-der.886.de.html?dram:article_id=324152, [eingesehen am 05.01.2017].

Bibliographisches Institut (1974) (Hrsg.): Enzyklopädisches Lexikon. In 25 Bänden. 9. völlig neu bearb. Aufl. zum 150jährigen Bestehen des Verlages. Mit 100 signierten Sonderbeiträgen. Bd. 10: Gem – Gror und 3. Nachtrag. Mannheim: Bibliographisches Institut.

Bildungsbericht (2016): Bildung in Deutschland 2016. Ein indikatorengestützter Bericht mit einer Analyse zu Bildung und Migration. Bielefeld: W. Bertelsmann Verlag.

Binnenkade, A./Gautschi, P. (2003): Didaktisches Konzept des Lehrmittels ‚Menschen von Zeit und Raum'. Das Theoriekonzept von „FUER Geschichtsbewusstsein" als Horizont. In: Zeitschrift für Geschichtsdidaktik 2: „FUER Geschichtsbewusstsein".

Ein internationales geschichtsdidaktisches Forschungsprojekt zum Geschichtsunterricht. S. 197–212.
Bohnsack, R. (1983): Alltagsinterpretation und soziolinguistische Rekonstruktion. Opladen: Westdeutscher Verlag.
Bohnsack, R. (1989): Generation, Milieu und Geschlecht. Ergebnisse aus Gruppendiskussionen mit Jugendlichen (Biographie & Gesellschaft, Bd. 8). Opladen: Leske + Budrich.
Bohnsack, R. (1997): „Orientierungsmuster". Ein Grundbegriff qualitativer Sozialforschung. In: Schmidt, F. (Hrsg.): Methodische Probleme der empirischen Erziehungswissenschaft. Baltmannsweiler: Schneider Verlag Hohengehren. S. 49–61.
Bohnsack, R. (2000): Gruppendiskussion. In: Flick, U./v. Kardorff, E./Steinke, I. (Hrsg.): Qualitative Forschung. Ein Handbuch (rororo/Rowohlts Enzyklopädie, Bd. 55628). 7. Aufl. Reinbek b. Hamburg: Rowohlt Taschenbuch Verlag. S. 369–383.
Bohnsack, R. (2006): Fokussierungsmetapher. In: Bohnsack, R./Marotzki, W./Meuser, M. (Hrsg.): Hauptbegriffe qualitativer Sozialforschung (UTB, Bd. 8226). 2. Aufl. Opladen/Farmington Hills: Verlag Barbara Budrich/UTB. S. 67.
Bohnsack, R. (2007): Dokumentarische Methode und praxeologische Wissenssoziologie. In: Schützeichel, R. (Hrsg.): Handbuch Wissenssoziologie und Wissensforschung (Erfahrung – Wissen – Imagination. Schriften zur Wissenssoziologie, Bd. 15). Konstanz: UVK Verlagsgesellschaft. S. 180–190.
Bohnsack, R. (2010): Rekonstruktive Sozialforschung: Einführung in qualitative Methoden (UTB, Bd. 8242). 8. durchg. Aufl. Opladen/Farmington Hills: Verlag Barbara Budrich/UTB.
Bohnsack, R. (2014): Rekonstruktive Sozialforschung. Einführung in qualitative Methoden (UTB, Bd. 8242). 9. überarb. und erw. Aufl. Opladen/Toronto: Verlag Barbara Budrich/UTB.
Bohnsack, R./Nentwig-Gesemann, I./Nohl, A-M. (2013): Die Dokumentarische Methode und ihre Forschungspraxis. Grundlagen qualitativer Sozialforschung. 3. aktual. Aufl. Wiesbaden: Springer VS Verlag.
Borries v., B. (1980): Problemorientierter Geschichtsunterricht? Schulbuchkritik und Schulbuchrevision, dargestellt am Beispiel der römischen Republik (Anmerkungen und Argumente zur historischen und politischen Bildung). Stuttgart: Klett Verlag.
Borries v., B. (1988): Geschichtslernen und Geschichtsbewußtsein. Empirische Erkundungen zu Erwerb und Gebrauch von Historie. Stuttgart: Klett Verlag.
Borries v., B. (1995): Das Geschichtsbewußtsein Jugendlicher. Erste repräsentative Untersuchung über Vergangenheitsdeutung, Gegenwartswahrnehmung und Zukunftserwartungen von Schülerinnen und Schülern in Ost- und Westdeutschland (Jugendforschung). Weinheim/München: Juventa Verlag.
Borries v., B. (1999): Jugend und Geschichte. Ein europäischer Kulturvergleich aus deutscher Sicht (Schule und Gesellschaft, Bd. 21). Opladen: Leske + Budrich.
Borries v., B. (2002): Genese und Entwicklung von Geschichtsbewusstsein. Lern- und Lebensalter als Forschungsproblem der Geschichtsdidaktik. In: Schönemann, B./Schreiber, W./Voit, H. (Hrsg.): Zeitschrift für Geschichtsdidaktik 1. S. 44–59.

12 Literatur

Borries v., B. (2005): Schulbuchverständnis, Richtlinienbenutzung und Reflexionsprozesse im Geschichtsunterricht. Eine qualitativ-quantitative Schüler- und Lehrerbefragung im Deutschsprachigen Bildungswesen 2002. Neuried: Ars Una.

Borries v., B. (2008): Historisch Denken Lernen – Welterschließung statt Epochenüberblick. Geschichte als Unterrichtsfach und Bildungsaufgabe (Studien zur Bildungsforschung, Bd. 21). Opladen/Farmington Hills: Verlag Barbara Budrich.

Bourdieu, P. (1982): Die feinen Unterschiede. Kritik der gesellschaftlichen Urteilskraft (Suhrkamp Taschenbuch Wissenschaft, Bd. 658). Frankfurt a. M.: Suhrkamp Verlag.

Bourdieu, P. (1987): Sozialer Sinn. Kritik der theoretischen Vernunft. Frankfurt a. M.: Suhrkamp Verlag.

Bourdieu, P. (1990): Was heißt Sprechen? Die Ökonomie des sprachlichen Tausches. Wien: Braumüller Verlag.

Bourdieu, P. (1992): Die verborgenen Mechanismen der Macht (Schriften zu Politik & Kultur, Bd. 1). Hamburg: VSA-Verlag.

Bourdieu, P. (1993): Soziologische Fragen (Edition Suhrkamp, Bd. 1872). Frankfurt a. M.: Suhrkamp Verlag.

Bourdieu, P. (1997): Das Elend der Welt. Zeugnisse und Diagnosen alltäglichen Leidens an der Gesellschaft. Konstanz: UVK Universitätsverlag.

Bourdieu, P. (1998): Praktische Vernunft. Zur Theorie des Handelns (Edition Suhrkamp, Bd. 1985). Frankfurt a. M.: Suhrkamp Verlag.

Bourdieu, P. (1999): Die Regeln der Kunst. Genese und Struktur des literarischen Feldes. Frankfurt a. M.: Suhrkamp Verlag.

Bourdieu, P. (2001): Die drei Formen des kulturellen Kapitals. In: Steinrücke, M. (Hrsg.): Wie die Kultur zum Bauern kommt. Über Bildung, Schule und Politik (Schriften zu Politik und Kultur, Bd. 4). Hamburg: VSA-Verlag. S. 112–120.

Bourdieu, P. (2005): Was heißt sprechen? Zur Ökonomie des sprachlichen Tausches. 2. erw. und überarb. Aufl. Wien: Braumüller Verlag.

Bourdieu, P./Passeron, J.-C. (1977): Reproduction in education, society and culture. London: Sage.

Bourdieu, P./Wacquant, L. J. D. (1996): Reflexive Anthropologie. Frankfurt a. M.: Suhrkamp Verlag.

Bramann, C./Kühberger, C./Bernhard, R. (2018) (Hrsg.): Historisches Denken lernen mit Schulbüchern. Frankfurt a. M.: Wochenschau Verlag.

Brizić, K. (2007): Das geheime Leben der Sprachen. Gesprochene und verschwiegene Sprachen und ihr Einfluss auf den Spracherwerb in der Migration (Internationale Hochschulschriften, Bd. 465). Münster: Waxmann.

Broden, A./Mecheril, P. (2007): Migrationsgesellschaftliche Re-Präsentation. Eine Einführung. In: Dies. (Hrsg.): Re-Präsentationen. Dynamiken der Migrationsgesellschaft. Düsseldorf: IDA-NRW.

Brüning, C./Deile, L./Lücke, M. (2016): Historisches lernen als Rassismuskritik. Schwalbach/Ts.: Wochenschau Verlag.

Brünner, G./Graefen, G. (1994): Einleitung. Zur Konzeption der Funktionalen Pragmatik. In: Brünner, G./Graefen, G. (Hrsg.): Texte und Diskurse. Methoden und

Forschungsergebnisse der Funktionalen Pragmatik. Opladen: Westdeutscher Verlag.

Bubenhofer, N./Lange, W./Okamura, S./Scharloth, J. (2015): Wortschätze in Lehrbüchern für Deutsch als Fremdsprache – Möglichkeiten und Grenzen frequenzorientierter Ansätze. In: Ott, C./Kiesendahl, J. (Hrsg.): Linguistik und Schulbuchforschung: Gegenstände – Methoden – Perspektiven. Göttingen: V&R unipress. S. 85–107.

Buchsteiner, M./Nitsche, M. (2016): Einleitung – Historisches Erzählen und Lernen. In: Ders. (Hrsg.): Historisches Erzählen und Lernen Historische, theoretische, empirische und pragmatische Erkundungen. Wiesbaden: Springer Verlag. S. 1–5.

Caravita, L./Halldén, O. (1994): Re-framing the problem of conceptual change. In: Learning and Instruction. 4/1. S. 89–111.

Chlosta, C./Ostermann, T. (2008): Grunddaten zur Mehrsprachigkeit im deutschen Bildungssystem. In: Ahrenholz, B./Oomen-Welke, I. (Hrsg.): Deutsch als Zweitsprache. Baltmannsweiler: Schneider Verlag Hohengehren. S. 17–30.

Conrad, F. (2012): „Alter Wein in neuen Schläuchen" oder „Paradigmenwechsel"? Von der Lernzielorientierung zu Kompetenzen und Standards. In: Geschichte in Wissenschaft und Unterricht (GWU) 63/5-6: Wikipedia. S. 302–323.

Cornelißen, C. (2003): Was heißt Erinnerungskultur? Begriff-Methoden-Perspektiven. In: Geschichte in Wissenschaft und Unterricht, 54/10. S. 548–563.

Cummins, J. (1991): Conversational and Academic Language Profiency in Bilingual Contexts. In: AILA-Review 8/91: Reading in Two Languages. S. 75–89.

Cummins, J. (2010): Language Support for Pupils form Families with Migration Backgrounds: Challanging Monolingual Instructional Assumptions. In: Benholz, C./Kniffka, G./Winter-Ohle, E. (Hrsg.): Fachlich und sprachliche Förderung von Schülern mit Migrationsgeschichte. Beiträge des Mercator-Symposiums im Rahmen des 15. AILA-Weltkongresses „Mehrsprachigkeit: Herausforderungen und Chancen". Münster: Waxmann.

Danto, A. C. (1974): Analytische Philosophie der Geschichte: Frankfurt a. M.: Suhrkamp Verlag.

Debuschewitz, P./Bujard, M. (2014): Migrationshintergrund, soziale Ungleichheit oder Bildungspolitik. Wodurch lassen sich Bildungsdifferenzen erklären? BiB Working Paper 1/2014. Wiesbaden: Bundesinstitut für Bevölkerungsforschung.

Dewald, J. (2003): Europe, 1450 to 1789; Encyclopedia of the Early Modern World. New York: Charles Scribner's Sons.

Dirim, I./Mecheril, P. (2009): Migration und Bildung: Soziologische und erziehungswissenschaftliche Schlaglichter. Münster: Waxmann.

Dirim, I./Mecheril, P. (2010a): Die Schlechterstellung Migrationsanderer. Schule in der Migrationsgesellschaft. In: Mecheril, P./Castro Varela, M. d. M./Dirim, I./Kalpaka, A./Melter, C. (Hrsg.): Migrationspädagogik. Weinheim/Basel: Beltz Verlag. S. 121–149.

Dirim, I./Mecheril, P. (2010b): Die Sprache(n) der Migrationsgesellschaft. In: Mecheril, P./Castro Varela, M. d. M./Dirim, I./Kalpaka, A./Melter, C. (Hrsg.): Migrationspädagogik. Weinheim/Basel: Beltz Verlag. S. 99–120.

Ditton, H./Krüsken, J./Schauenberg, M. (2005): Bildungsungleichheit. Der Beitrag von Familie und Schule. Zeitschrift für Erziehungswissenschaft 8/2. S. 285–304.

Doll, J./Frank, K./Fickermann, D./Schwippert, K. (2012): Einleitung. In: Doll, J./Frank, K./Fickermann, D./Schwippert, K. (Hrsg.): Schulbücher im Fokus. Nutzungen, Wirkungen und Evaluation. Münster: Waxmann. S. 9–17.

Domansky, E./Welzer, H. (1999): Die alltägliche Tradierung von Geschichte. In: Domansky, E./Welzer, H. (Hrsg.): Eine offene Geschichte. Zur kommunikativen Tradierung der nationalsozialistischen Vergangenheit (Studien zum Nationalsozialismus in der Edition diskord, Bd. 4). Tübingen: Edition diskord. S. 7–25.

Döll, M. (2013): Sprachdiagnostik und durchgängige Sprachbildung. Möglichkeiten der Feststellung sprachlicher Fähigkeiten mehrsprachiger Jugendlicher in der Sekundarstufe. In: Gogolin, I./Lange, I./Michel, U./Reich, H. H. (Hrsg.): Herausforderung Bildungssprache. Und wie man sie meistert (FÖRMIG Edition, Bd. 9). Münster: Waxmann. S. 170–180.

Dörr, M. (1975): Das Schulbuch im Geschichtsunterricht. Kriterien für seine Bewertung. In: Jäckel, E./Weymar, E. (Hrsg.): Die Funktion der Geschichte in unserer Zeit. Stuttgart: Klett Verlag. S. 294–309.

Duit, R. (1995): Zur Rolle der konstruktivistischen Sichtweise in der naturwissenschaftsdidaktischen Lehr- und Lernforschung. In: Zeitschrift für Pädagogik 41/6. S. 905–923.

Duit, R. (1996): Lernen als Konzeptwechsel im naturwissenschaftlichen Unterricht. In: Duit, R./v. Rhöneck, C. (Hrsg.): Lernen in den Naturwissenschaften. Beiträge zu einem Workshop an der Pädagogischen Hochschule Ludwigsburg (IPN, Bd. 151). Kiel: Leibniz-Institut für die Pädagogik der Naturwissenschaften (IPN). S. 145–162.

Duit, R. (2002): Alltagsvorstellungen und Physik lernen. In: Kircher, E./Schneider, W. (Hrsg.): Physikdidaktik in der Praxis. Berlin: Springer Verlag. S. 1–26.

Dzubiel, C./Giesing, B. (2018): Viel Lärm um wenig? Kompetenzorientierung und Geschichtsunterricht aus Sicht von Praktiker*innen in NRW. In: Geschichte in Wissenschaft und Unterricht 69/11-12: Schwerpunkt: Kompetenzorientierung im Geschichtsunterricht – eine Bestandsaufnahme. S. 623–638.

Ecarius, J. (2006): Biographieforschung und Lernen. In: Krüger, H.-H./Marotzki, W. (Hrsg.): Handbuch erziehungswissenschaftliche Biographieforschung. Wiesbaden: VS Verlag für Sozialwissenschaften. S. 91–108.

Eckhardt, L.-M. (2015): Deportiert und massakriert. Warum der Völkermord an den Armeniern uns alle angeht. (23.04.2015) Verfügbar unter: http://www.stern.de/politik/ausland/voelkermord-an-armeniern-deutschland-erkennt-genozid-an-wie-reagiert-die-tuerkei-6217888.html [eingesehen am 05.01.2017].

Ehlich, K. (1980): Der Alltag des Erzählens. In: Ehlich, K. (Hrsg.): Erzählen im Alltag (Suhrkamp Taschenbuch Wissenschaft, Bd. 323). Frankfurt a. M.: Suhrkamp Verlag. S. 11–27.

Ehlich, K. (1999a): Der deutsche Weg und die europäische Schiene. Einsprachig oder mehrsprachig? In: Deutsch Lernen 4/1999. S. 311–325.

Ehlich; K. (1999b): Vom Nutzen der ‚Funktionalen Pragmatik' für die angewandte Linguistik. In: Becker-Mrotzek, M./Doppler, C. (Hrsg.): Medium Sprache im Beruf.

Eine Aufgabe für die Linguistik (Forum für Fachsprachen-Forschung, Bd. 49). Tübingen: Gunter Narr Verlag. S. 23–36.

Ehlich, K. (2007a): Sprache und sprachliches Handeln. Bd. 1–3: Pragmatik und Sprachtheorie. Berlin/New York: Walter de Gruyter.

Ehlich, K. (2007b): Sprache und sprachliches Handeln. Bd. 2: Prozeduren des sprachlichen Handelns. Berlin/New York: Walter de Gruyter.

Ehlich, K. (2007c): Sprache und sprachliches Handeln. Bd. 3: Diskurs – Narration – Text – Schrift. Berlin/New York: Walter de Gruyter.

Ehlich, K./Rehbein, J. (1972): Zur Konstruktion pragmatischer Einheiten in einer Institution: Das Speiserestaurant. In: Wunderlich, D. (Hrsg.): Linguistische Pragmatik. Frankfurt a.M.: Akademische Verlagsgesellschaft Athenaion. S. 209–254.

Ehlich, K./Rehbein, J. (1977): Wissen, kommunikatives Handeln und die Schule. In: Goeppert, H. C. (Hrsg.): Sprachverhalten im Unterricht. Zur Kommunikation von Lehrer und Schüler in der Unterrichtssituation (UTB, Bd. 642). München: Wilhelm Fink Verlag/UTB. S. 36–114.

Ehlich, K./Rehbein, J. (1979): Sprachliche Handlungsmuster. In: Soeffner, H.-G. (Hrsg.): Interpretative Verfahren in den Sozial- und Textwissenschaften. Stuttgart: Metzler. S. 243–274.

Ehlich, K./Rehbein, J. (1980): Sprache in Institutionen. In: Althaus, P. (Hrsg.): Lexikon der germanistischen Linguistik. Tübingen: Max Niemeyer Verlag. S. 338–347.

Ehlich, K./Rehbein, J. (1986): Muster und Institutionen. Untersuchungen zur schulischen Kommunikation (Kommunikation und Institution, Bd. 15). Tübingen: Gunter Narr Verlag.

Ehmke, T./Hohensee, F./Heidemeier, H./Prenzel, M. (2004): Familiäre Lebensverhältnisse, Bildungsbeteiligung und Kompetenzerwerb. In: Prenzel, M./Baumert, J./Blum, W./Lehmann, R./Leutner, D./Neubrand, M./Pekrun, R./Rolff, H.-G./Rost, J./Schiefele, U. (Hrsg.): PISA 2003. Der Bildungsstand der Jugendlichen in Deutschland. Ergebnisse des zweiten internationalen Vergleichs. Münster: Waxmann. S. 225–254.

Endreß, M. (2007): Karl Mannheim. In: Schützeichel, R. (Hrsg.): Handbuch Wissenssoziologie und Wissensforschung (Erfahrung – Wissen – Imagination. Schriften zur Wissenssoziologie, Bd. 15). Konstanz: UVK Verlagsgesellschaft. S. 77–93.

Erdmann, E. (2007): Geschichtsbewußtsein – Geschichtskultur. Ein ungeklärtes Verhältnis. In: Geschichte, Politik und ihre Didaktik, 35, H. 3/4. S. 186–195.

Esser, H. (2004): Soziologische Anstöße. Frankfurt a. M.: Campus-Verlag.

Faroqhi, S. (2002): Stories of Ottoman Men and Women. Establishing Status, Establishing Control. Istanbul: Eren Yayıncılık.

Faroqhi, S. (2006): Geschichte des Osmanischen Reichs (Beck'sche Reihe, Bd. 2021). München: Verlag C. H. Beck.

Feilke, H. (2012): Bildungssprachliche Kompetenzen – fördern und entwickeln. In: Praxis Deutsch 39/233: Bildungssprache. S. 4–13.

Feilke, H. (2013): Bildungssprache und Schulsprache am Beispiel literal-argumentativer Kompetenzen. In: Becker-Mrotzek, M./Schramm, K./Thürmann, E./Vollmer,

H. J. (Hrsg.): Sprache im Fach. Sprachlichkeit und fachliches Lernen (Fachdidaktische Forschungen, Bd. 3). Münster: Waxmann. S. 113–130.

Findley, C. V. (übers. von: Ayşen Anadol) (2012): Dünya Tarihinde Türkler (türk. übers. von: The Turks in World History). 3. Baskı. İstanbul: Timaş Yayınları.

Flick, U. (2007): Qualitative Sozialforschung. Eine Einführung (rororo/Rowohlts Enzyklopädie, Bd. 55694). vollst. überarb. und erw. Neuausgabe. Reinbek bei Hamburg: Rowohlt Taschenbuch Verlag.

Flick, U. (2011): Triangulation. Eine Einführung (Qualitative Sozialforschung, Bd. 12). 3. aktual. Aufl. Wiesbaden: VS Verlag für Sozialwissenschaften.

Flick, U. (2014): An Introduction to Qualitative Research. Ed. 5. Los Angeles/London/New Dehli/Singapore/Washington DC: SAGE Publications.

Flick, U. (2017): Qualitative Sozialforschung. Eine Einführung (rororo/Rowohlts Enzyklopädie, Bd. 55694). 8. vollst. überarb. Aufl. Reinbek bei Hamburg: Rowohlt Taschenbuch Verlag.

Förschler, S. (2010): Bilder des Harems. Medienwandel und kultureller Austausch. Berlin: Dietrich Reimer Verlag.

Foroutan, N./Canan, C./Arnold, S./Schwarze, B./Beigang, S./Kalkum, D. (2014): Deutschland postmigrantisch I. Gesellschaft, Religion, Identität. Erste Ergebnisse. Berlin: Humboldt-Universität, Berliner Institut für empirische Integrations- und Migrationsforschung (BIM).

Foroutan, N./İkiz, D. (2016): Migrationsgesellschaft. In: Mecheril, P. (Hrsg.): Handbuch Migrationspädagogik. Weinheim/Basel: Beltz Verlag. S. 138–151.

Fröhlich, K. (1985): Schulbuch. In: Pandel, H.-J./Schneider, G. (Hrsg.): Handbuch Medien im Geschichtsunterricht (Geschichtsdidaktik. Studien, Materialien, Bd. 24). Düsseldorf: Schwann Verlag. S. 91–114.

Fuchs, E. (2006): Der Völkerbund und die Institutionalisierung transnationaler Bildungsbeziehungen. In: Zeitschrift für Geschichtswissenschaft 54/10. S. 888–899.

Fuchs, E./Niehaus, I./Stoletzki, A. (2014): Das Schulbuch in der Forschung. Analysen und Empfehlungen für die Bildungspraxis (Eckert. Expertise, Bd. 4). Göttingen: V&R unipress.

Fuchs-Heinritz, W./König, A. (2005): Pierre Bourdieu. Eine Einführung (UTB, Bd. 2649). Konstanz: UVK Verlagsgesellschaft.

Garfinkel, H. (1986) (Hrsg.): Ethnomethodological Studies of Work. London/New York: Routledge & Kegan Paul.

Gautschi, P. (2009): Guter Geschichtsunterricht. Grundlagen, Erkenntnisse, Hinweise. Schwalbach/Ts.: Wochenschau Verlag.

Gautschi, P. (2010): Anforderungen an heutige und künftige Schulgeschichtsbücher. In: Beiträge zur Lehrerinnen- und Lehrerbildung, 28/1. S. 125–137.

Gautschi, P. (2011): Guter Geschichtsunterricht. Grundlagen, Erkenntnisse, Hinweise. 2. Aufl. Schwalbach/Ts.: Wochenschau Verlag.

Gautschi, P. (2016): Plausibilität der Theorie, Spuren der Empirie, Weisheit der Praxis. Zum Stand der geschichtsdidaktischen Kompetenzdiskussion. In: Geschichte für heute 9/3: Kompetenzen ohne Ende? S. 5–18.

Gautschi, P./Moser, D. V./Reusser, K./Wiher, P. (2007) (Hrsg.): Geschichtsunterricht heute. Eine empirische Analyse ausgewählter Aspekte (Geschichtsdidaktik heute, Bd. 1) Bern: hep Verlag.
Geier, T. (2011): Interkultureller Unterricht. Inszenierung der Einheit des Differenten. Wiesbaden: VS Verlag für Sozialwissenschaften.
Geier, T. (2016): Schule. In: Mecheril, P. (2016): Handbuch Migrationspädagogik. Weinheim/Basel: Beltz Verlag. S. 433–448.
Georgi, V. B. (2003): Entliehene Erinnerung. Geschichtsbilder junger Migranten in Deutschland. Hamburg: Hamburger Edition/HIS Verlag.
Georgi, V. B. (2006): Historisch-Politische Bildung in der deutschen Migrationsgesellschaft. Zwischen nationaler Gedächtnisbildung und demokratischer Erinnerungsarbeit. In: Zeitschrift für Internationale Schulbuchforschung 28/4: Historisch-politische Bildung in der deutschen Migrationsgesellschaft. S. 355–366.
Georgi, V. B. (2008): Migration und Geschichte. Geschichtsaneignung und interkulturelles Lernen in der deutschen Einwanderungsgesellschaft. In: Schaarschmidt, T. (Hrsg.): Historisches Erinnern und Gedenken im Übergang vom 20. zum 21. Jahrhundert. Frankfurt a. M./Berlin/Bern/Bruxelles/New York/Oxford/Wien: Peter Lang. S. 109–131.
Georgi, V. B. (2009): Geschichte(n) in Bewegung. Zur Aneignung, Verhandlung und Konstruktion von Geschichtsbildern in der deutschen Migrationsgesellschaft. In: Institut für Kulturpolitik der Kulturpolitischen Gesellschaft (Hrsg.): Erinnerungskulturen und Geschichtspolitik. Kulturstatistik, Chronik, Literatur, Adressen (Jahrbuch für Kulturpolitik, Bd. 9). S. 247–256.
Georgi, V. B./Ohliger, R. (2009a) (Hrsg.): Crossover Geschichte. Historisches Bewusstsein Jugendlicher in der Einwanderungsgesellschaft. Hamburg: Ed. Körber-Stiftung.
Georgi, V. B./Ohliger, R. (2009b): Geschichte und Diversität. Crossover statt nationaler Narrative? In: Georgi, V. B./Ohliger, R. (Hrsg.): Crossover Geschichte. Historisches Bewusstsein Jugendlicher in der Einwanderungsgesellschaft. Hamburg: Ed. Körber-Stiftung. S. 7–21.
Glick, J. E./White, M. J. (2004): Post-secondary school participation of immigrant and native youth: The role of familial resources and educational expectations. In: Social Science Research 33/2. S. 272–299.
Glumpler, E. (1985): Schullaufbahn und Schulerfolg türkischer Migrantenkinder. Hamburg: E. B.-Verl. Rissen.
Gogolin, I. (1994): Der monolinguale Habitus der multilingualen Schule. Münster: Waxmann.
Gogolin, I./Dirim, İ./Klinger, T./Lange, I./Lengyel, D./Michel, U./Neumann, U./Reich, H. H./Roth, H.-J./Schwippert, K. (2011): Förderung von Kindern und Jugendlichen mit Migrationshintergrund FÖRMIG. Bilanz und Perspektiven eines Modellprogramms (FÖRMIG Edition, Bd. 7). Münster: Waxmann.
Gogolin, I./Krüger-Potratz, M. (2010): Einführung in die Interkulturelle Pädagogik (Einführungstexte Erziehungswissenschaft, Bd. 9). 2. durchg. Aufl. Opladen/Farmington Hills: Verlag Barbara Budrich.

Gomolla, M. (1998): Institutionelle Diskriminierung in der Schule. In: Das Argument 40/1-2. S. 129-143.

Gomolla, M. (2000): Ethnisch-kulturelle Zuschreibung und Mechanismen institutionalisierter Diskriminierung in der Schule. In: Atti, I./Marburger, H. (Hrsg.): Alltag und Lebenswelten von Migrantenjugendlichen. Frankfurt a. M.: IKO – Verlag für Interkulturelle Kommunikation. S. 49-70.

Gost, R. (2002): Die Geschichte des Harems. Düsseldorf: Albatros.

Graf, P. (2001): Wahrnehmung des Fremden als Verstehen des Eigenen. Interkulturelle Pädagogik und Konstruktivismus. In: Oltmer, J. (Hrsg.): Migrationsforschung und Interkulturelle Studien (IMIS-Schriften, Bd. 11), Osnabrück: V&R unipress. S. 313-332.

Grawan, F. (2014): »Impliziter Rassismus und kulturelle Hegemonie im Schulbuch? Rassismuskritische Analyse und objektivhermeneutische Rekonstruktion.« In: Eckert. Working Papers 2, Verfügbar unter: http://www.edumeres.net/fileadmin/publika-tionen/working_papers/EWP_Grawan_Rassismus_impl.pdf [eingesehen am 19.05.2018]

Greive, A. (1969): Die Entstehung der Französischen Revolutionsparole Liberté, Egalité, Fraternité. Meinem Freund Helmut Keßler zum Gedenken. In: Deutsche Vierteljahrsschrift für Literaturwissenschaft und Geistesgeschichte. Bd. 43. 726-751.

Grießhaber, W. (2001): Verfahren und Tendenzen der funktional-pragmatischen Diskursanalyse. Vom Speiserestaurant zum Cybercafé. In: Iványi, Z./Kertész, A. (Hrsg.): Gesprächsforschung. Tendenzen und Perspektiven (MetaLinguistica, Bd. 10). Frankfurt a. M./Berlin/Bern/Bruxelles/New York/Oxford/Wien: Peter Lang. S. 75-95.

Gropengießer, H. (2001): Didaktische Rekonstruktion des Sehens. Wissenschaftliche Theorien und die Sicht der Schüler in der Perspektive der Vermittlung (Beiträge zur Didaktischen Rekonstruktion, Bd. 1). 2. überarb. Aufl. Oldenburg: Didaktisches Zentrum.

Gülich, E. (1980): Konventionelle Muster und kommunikative Funktionen von Alltagserzählungen. In: Ehlich, K. (Hrsg.): Erzählen im Alltag (Suhrkamp Taschenbuch Wissenschaft, Bd. 323). Frankfurt a. M.: Suhrkamp Verlag. S. 335-384.

Gültekin, N. (2003): Bildung, Autonomie, Tradition und Migration. Doppelperspektivität biographischer Prozesse junger Frauen aus der Türkei. Opladen: Leske + Budrich.

Günay, C. (2012): Geschichte der Türkei. Von den Anfängen der Moderne bis heute (UTB, Bd. 3301). Wien/Köln/Weimar: Böhlau Verlag/UTB.

Günther-Arndt, H. (2004): Fremdverstehen, Schülervorstellungen und qualitative Forschung. In: Alavi, B./Henke-Bockschatz, G. (Hrsg.): Migration und Fremdverstehen. Geschichtsunterricht und Geschichtskultur in der multiethnischen Gesellschaft (Schriften zur Geschichtsdidaktik, Bd. 16). Idstein: Schulz-Kirchner Verlag. S. 215-220.

Günther-Arndt, H. (2005): Historisches Lernen und Wissenserwerb. In: ders. (Hrsg.): Geschichtsdidaktik. Praxishandbuch für die Sekundarstufe I und II, Berlin: Cornelsen Scriptor. S. 23-47.

Günther-Arndt, H. (2006): Conceptual Change-Forschung: Eine Aufgabe für die Geschichtsdidaktik? In: Günther-Arndt, H./Sauer, M. (Hrsg.): Geschichtsdidaktik empirisch. Untersuchungen zum historischen Denken und Lernen (Zeitgeschichte – Zeitverständnis, Bd. 14). Münster/Hamburg/Berlin/London: LIT Verlag. S. 251–278.

Günther-Arndt, H. (2008): Geschichte als Beruf. In: Budde, G./Freist, D./ders. (Hrsg.): Geschichte. Studium – Wissenschaft –Beruf. Berlin: Akademie Verlag. S. 32–50.

Günther-Arndt, H. (2010): Hinwendung zur Sprache in der Geschichtsdidaktik. Alte Fragen und neue Antworten. In: Handro, S./Schönemann, B. (Hrsg.): Geschichte und Sprache (Zeitgeschichte – Zeitverständnis, Bd. 21). Berlin: LIT Verlag. S. 17–46.

Günther-Arndt, H. (2011): Geschichts-Didaktik. Praxishandbuch für die Sekundarstufe I und II, 5. Aufl. Berlin: Cornelsen Scriptor.

Günther-Arndt, H. (2014): Historisches Lernen und Wissenserwerb. In: Günther-Arndt, H./Zülsdorf-Kersting, M. (Hrsg.): Geschichts-Didaktik. Praxishandbuch für die Sekundarstufe I und II. 6. überarb. Neuaufl. Berlin: Cornelsen Verlag. S. 24–49.

Hacker, H. (1980): Didaktische Funktionen des Mediums Schulbuch. In: Hacker, H. (Hrsg.): Das Schulbuch. Funktion und Verwendung im Unterricht. Bad Heilbrunn/Obb.: Verlag Julius Klinkhardt. S. 7–30.

Halldén, O. (1997): Conceptual Change and the Learning of History. In: International Journal of Educational Research 27/3: Explanation and Understanding in Learning History. S. 201–210.

Halliday, M. A. K. (1985): An Introduction to Functional Grammar. London: Edward Arnold.

Handro, S. (2013): Sprache und historisches Lernen. Dimensionen eines Schlüsselproblems des Geschichtsunterrichts. In: Becker-Mrotzek, M./Schramm, K./Thürmann, E./Vollmer, H. J. (Hrsg.): Sprache im Fach. Sprachlichkeit und fachliches Lernen (Fachdidaktische Forschung, Bd. 3). Münster: Waxmann. S. 317–333.

Handro, S./Schönemann, B. (2002) (Hrsg.): Methoden geschichtsdidaktischer Forschung (Zeitgeschichte – Zeitverständnis, Bd. 10). Münster/Hamburg/London: LIT Verlag.

Handro, S./Schönemann, B. (2010): Geschichte und Sprache. Eine Einführung. In: Handro, S./Schönemann, B. (Hrsg.): Geschichte und Sprache (Zeitgeschichte – Zeitverständnis, Bd. 21). Berlin: LIT Verlag. S. 3–15.

Handro, S./Schönemann, B. (2011): Zur Einleitung. In: Handro, S./Schönemann, B. (Hrsg.): Geschichtsdidaktische Schulbuchforschung. Theorie und Empirie (Zeitgeschichte – Zeitverständnis, Bd. 16). 2. Aufl. Berlin/Münster: LIT Verlag. S. 3–12.

Hartmann, E. (2016): Die Reichweite des Staates. Wehrpflicht und moderne Staatlichkeit im Osmanischen Reich 1869–1910 (Krieg in der Geschichte, Bd. 89). Paderborn: Ferdinand Schöningh.

Hasberg, W. (1997): Klio im Geschichtsunterricht. Neue Perspektiven für die Geschichtserzählung im Unterricht? In: Geschichte in Wissenschaft und Unterricht (GWU) 48/12. S. 708–726.

Hasberg, W. (2007): Im Schatten von Theorie und Pragmatik. Methodologische Aspekte empirischer Forschung in der Geschichtsdidaktik. In: Zeitschrift für Geschichtsdidaktik 6: Geschichtsdidaktische empirische Forschung. S. 9–40.

Hasberg, W./Körber, A. (2003): Geschichtsbewusstsein dynamisch. In: Körber, A. (Hrsg.): Geschichte – Leben – Lernen. Bodo von Borries zum 60. Geburtstag. Schwalbach/Ts.: Wochenschau Verlag. S. 177–202.

Heinemann, A. M. B./Dirim, I. (2016): „Die sprechen bestimmt (schlecht) über mich". Sprache als ordnendes Prinzip im Bildungssystem. In: Arslan, E./Bozay, K. (Hrsg.): Symbolische Ordnung und Bildungsungleichheit in der Migrationsgesellschaft. Wiesbaden: Springer VS Verlag. S. 199–214.

Heller, V. (2012): Kommunikative Erfahrungen von Kindern in Familie und Unterricht. Passungen und Divergenzen (Stauffenburg Linguistik, Bd. 67). Tübingen: Stauffenburg Verlag.

Helmke, A. (2015): Unterrichtsqualität und Lehrerprofessionalität. Diagnose, Evaluation und Verbesserung des Unterrichts. 5. Aufl. Seelze: Klett-Kallmeyer.

Herm, G. (1993): Der Balkan. Das Pulverfaß Europas. Düsseldorf/Wien/New York/Moskau: Econ Verlag.

Heuer, C. (2005): Geschichtsdidaktik, Zeitgeschichte und Geschichtskultur. In: Geschichte, Politik und ihre Didaktik, 3/4, S. 170–175.

Hintermann, C./Markom, C./Üllen, S./Weinhäupl, H. (2014): Debating Migration in Textbooks and Classroom in Austria. In: Jemms – Journal of Educational Media, Memory, and Society 6 (1). S. 79–106.

Hobsbawm, E. (2004): Das imperiale Zeitalter 1875–1914. Frankfurt a. M.: Fischer Taschenbuch Verlag.

Hoffmann, H. (2009): Geschichte und Film – Film und Geschichte. In: Horn, S./Sauer, M: (Hrsg.): Geschichte und Öffentlichkeit. Orte – Medien – Institution. Stuttgart: UTB Verlag.

Hoffmann, L. (2013): Deutsche Grammatik. Grundlagen für Lehrerausbildung, Schule, Deutsch als Zweitsprache und Deutsch als Fremdsprache. Berlin: Erich Schmidt Verlag.

Hoffmann, L. (2014): Deutsche Grammatik. Grundlagen für Lehrerausbildung, Schule, Deutsch als Zweitsprache und Deutsch als Fremdsprache. 2. Aufl. Berlin: Erich Schmidt Verlag.

Hoffmann, R./Weis, I. (2011): Deutsch als Zweitsprache – alle Kinder lernen Deutsch. Sprachlernen in mehrsprachigen Gruppen. Praxisorientierte Ansätze der Sprachförderung – für alle Jahrgangsstufen. Berlin: Cornelsen Verlag.

Hopf, C. (2009): Qualitative Interviews. Ein Überblick. In: Flick, U./v. Kardorff, E./Steinke, I. (Hrsg.): Qualitative Forschung. Ein Handbuch (rororo/Rowohlts Enzyklopädie, Bd. 55628). 7. Aufl. Reinbek b. Hamburg: Rowohlt Taschenbuch Verlag. S. 349–359.

Höhne, T. (2003): Schulbuchwissen. Umrisse einer Wissens- und Medientheorie des Schulbuchs. (Frankfurter Beiträge zur Erziehungswissenschaft: Reihe Monographien, Bd. 2). Frankfurt a. M.: Johann Wolfgang Goethe-Universität.

Höhne, T./Kunz, T./Radke, F.-O. (1999): Bilder von Fremden. Formen der Migrantendarstellung als der „anderen Kultur" in deutschen Schulbüchern von 1981–1997. Zwischenbericht (Frankfurter Beiträge zur Erziehungswissenschaft: Reihe Forschungsberichte, Bd. 1). Frankfurt a. M.: Johann Wolfgang Goethe-Universität. Verfügbar unter: https://www.uni-frankfurt.de/51747502/Bilder_von_Fremden.pdf [eingesehen am 25.06.2018].

Höhne, T./Kunz, T./Radke, F.-O. (2005): Bilder von Fremden. Was unsere Kinder aus Schulbüchern über Migranten lernen sollen. Frankfurt a. M.: Johann-Wolfgang-Goethe-Universität.

Hörner, K. (2001): Verborgene Körper – verborgenen Schätze. Haremsfrauen im 18. und 19. Jahrhundert. In: Gernig, K. (Hrsg.): Fremde Körper. Zur Konstruktion des Anderen in europäischen Diskursen. Berlin: Dahlem University Press. S. 176–207.

Hu, A. (1999): Identität und Fremdsprachenunterricht in Migrationsgesellschaften. In: Bredella, L./Delanoy, W. (Hrsg.): Interkultureller Fremdsprachenunterricht. Tübingen: Gunter Narr Verlag. S. 209–239.

Hummrich, M./Kramer, R.-T. (2017): Schulische Sozialisation (Basiswissen Sozialisation, Bd. 5). Wiesbaden: Springer VS Verlag.

İnalcık, H. (2003): The Ottoman Empire. The Classical Age 1300–1600. London: Phoenix Publishing House.

İnalcık, H. (2009): Devlet-i Aliyye – Osmanlı İmparatorluğu Üzerine Araştırmalar 1 – Klasik Dönem (1302–1606). İstanbul: Türkiye İş Bankası Kültür Yayınları.

Jacob, D. (2017): Minderheitenrecht in der Türkei. Recht auf eigene Existenz, Religion und Sprache nichtnationaler Gemeinschaften in der türkischen Verfassung und im Lausamer Vertrag (Jus Internationale et Europaeum, Bd. 127). Tübingen: Mohr Siebeck Verlag.

Jakob, G./v. Weniserski, H.-J (1997) (Hrsg.): Rekonstruktive Sozialpädagogik. Konzepte und Methoden sozialpädagogischen Verstehens in Forschung und Praxis. Weinheim/München: Juventa Verlag.

Jakob, J. (2014): Ostsyrische Christen und Kurden im Osmanischen Reich des 19. und frühen 20. Jahrhunderts (orientalia – patristica – oecumenica, Bd. 7). Berlin/Münster/Wien/Zürich/London: LIT Verlag.

Januschek, F./Redder, A./Reisigl, M. (2012): Funktionale Pragmatik und Kritische Diskursanalyse. Osnabrücker Beiträge zur Sprachtheorie (OBST), 82. Duisburg: Universitätsverlag Rhein-Ruhr.

Jeismann, K.-E. (1977): Didaktik der Geschichte. Die Wissenschaft von Zustand, Funktion und Veränderung geschichtlicher Vorstellungen im Selbstverständnis der Gegenwart. In: Kosthorst, E. (Hrsg.): Geschichtswissenschaft. Didaktik – Forschung – Theorie. Göttingen. S. 9–33.

Jeismann, K.-E. (1979): Internationale Schulbuchforschung. Aufgaben und Probleme. In: Internationale Schulbuchforschung 1/1. S. 7–22.

Jeismann, K.-E. (1985): Geschichtsbewußtsein. In: Bergmann, K./Baumgart, F. (Hrsg.): Handbuch der Geschichtsdidaktik. 3. völlig überarb. und bedeutend erw. Aufl. Düsseldorf: Schwann Verlag. S. 40–44.

Jeismann, K.-E. (1988): Geschichtsbewußtsein als zentrale Kategorie der Geschichtsdidaktik. In: Schneider, G. (Hrsg.): Geschichtsbewußtsein und historisch-politisches Lernen (Jahrbuch für Geschichtsdidaktik, Bd. 1). Pfaffenweiler: Centaurus Verlag. S. 1-24.
Jeismann, K.-E. (1990): „Geschichtsbewusstsein" als zentrale Kategorie der Didaktik des Geschichtsunterrichts. In: Niemetz, G. (Hrsg.): Aktuelle Probleme der Geschichtsdidaktik. Stuttgart: Metzler. S. 44-78.
Jeismann, K.-E. (1997): Geschichtsbewusstsein. Theorie. In: Bergman, K./Fröhlich, K./Kuhn, A./Rüsen, J./Schneider, G. (Hrsg.): Handbuch Geschichtsdidaktik. 5. überarb. Aufl. Seelze-Velber: Kallmeyer'sche Verlagsbuchhandlung. S. 42-44.
Jeismann, K.-E. (2000): „Geschichtsbewußtsein" als zentrale Kategorie der Didaktik des Geschichtsunterrichts [neu]. In: Jeismann, K.-E. (hrsg. und eingel. von: Wolfgang Jacobmeyer und Bernd Schönemann): Geschichte und Bildung. Beiträge zur Geschichtsdidaktik und zur historischen Bildungsforschung. Paderborn/München/Wien/Zürich: Ferdinand Schöningh. S. 46-72.
Jenisch, A. (2004): Erhebung von Schülervorstellungen zu historischem Wandel und curriculare Konsequenzen. In: Handro, S./Schönemann, B. (Hrsg.): Geschichtsdidaktische Lehrplanforschung. Methoden – Analysen – Perspektiven (Zeitgeschichte – Zeitverständnis, Bd. 12). Münster: LIT Verlag. S. 265-276.
Jung, T. (2007): Die Seinsgebundenheit des Denkens. Karl Mannheim und die Grundlegung einer Denksoziologie. Bielefeld: transcript Verlag.
Jung, W./Wiesner, H./Engelhard, P. (1981): Vorstellungen von Schülern über Begriffe der Newtonschen Mechanik. Empirische Untersuchung und Ansätze zu didaktisch-methodischer Folgerungen (Texte zur mathematisch-naturwissenschaftlich-technischen Forschung und Lehre, Bd. 8). Bad Salzdetfurth: Verlag Franzbecker.
Kahlert, J. (2010): Das Schulbuch. Ein Stiefkind der Erziehungswissenschaft? In: Fuchs, E./Kahlert, J./Sandfuchs, U. (Hrsg.): Schulbuch konkret. Kontexte – Produktion – Unterricht. Bad Heilbrunn/Obb.: Verlag Julius Klinkhardt. S. 41-56.
Kallis, I. (1999): Griechenlands Weg nach Europa. Das Ringen um demokratische Strukturen im 20. Jahrhundert. Münster: Theophano Verlag.
Kattmann, U./Gropengießer, H. (1996): Modellierung der didaktischen Rekonstruktion. In: R. Duit/C. von Rhöneck (Hrsg.): Lernen in den Naturwissenschaften. Kiel: IPN an der Universität Kiel, S. 180-204
Kattmann, U./Duit, R./Gropengießer, H./Komorek, M. (1997): Das Modell der Didaktischen Rekonstruktion. Ein Rahmen für naturwissenschaftliche Forschung und Entwicklung. In: Zeitschrift der Didaktik der Naturwissenschaften 4/3. S. 3-18.
Kévorkians, R. H. (2006): Le Génocide des Arméniens (Histoire). Paris: Odile Jacob.
Kiesendahl, J./Ott, C. (2015): Linguistik und Schulbuchforschung. In: Dies. (Hrsg.): Linguistik und Schulbuchforschung. Gegenstände – Methoden – Perspektiven (Eckert. Die Schriftenreihe, Bd. 137). Göttingen: V&R unipress. S. 7-16.
Klee, E. (1972): Gastarbeiter, Analysen und Berichte (Edition Suhrkamp, Bd. 539). Frankfurt a. M.: Suhrkamp Verlag.
Kleemann, F./Krähnke, U./Matuschek, I. (2009): Interpretative Sozialforschung. Eine praxisorientierte Einführung. Wiesbaden: VS Verlag für Sozialwissenschaften.

Koch, P./Oesterreicher, W. (1985): Sprache der Nähe – Sprache der Distanz. Mündlichkeit und Schriftlichkeit im Spannungsfeld von Sprachtheorie und Sprachgeschichte. In: Romanistisches Jahrbuch 36/85. Berlin/Boston: Walter de Gruyter. S. 15–43.

Koutcharian, G. (1989): Der Siedlungsraum der Armenier unter dem Einfluss der historisch-politischen Ereignisse seit dem Berliner Kongress 1878. Eine politisch-geographische Analyse und Dokumentation (Abhandlung des Geographischen Instituts, Anthropogeographie, Bd. 43). Berlin: Dietrich Reimer Verlag.

Koutcharian, G. (2007): Der Völkermord an den Armeniern (1915–1917). In: Hofmann, T. (Hrsg.): Verfolgung, Vertreibung und Vernichtung der Christen im Osmanischen Reich 1912–1922. Mit einem Geleitwort von Bischof Dr. Wolfgang Huber (Studien zur Orientalischen Kirchengeschichte, Bd. 32). 2. Aufl. Berlin: LIT Verlag.

Kölbl, C. (2004): Geschichtsbewusstsein im Jugendalter. Grundzüge einer Entwicklungspsychologie historischer Sinnbildung. Bielefeld: transcript Verlag.

Kölbl, C. (2008): Auschwitz ist eine Stadt in Polen. Zur Bedeutung der NS-Zeit im Geschichtsbewusstsein junger Migrantinnen und Migranten. In: Barricelli, M./Hornig, J. (Hrsg.): Aufklärung, Bildung, „Histotainment"? Zeitgeschichte in Unterricht und Gesellschaft heute. Frankfurt a. M.: Peter Lang. S. 161–173.

Kölbl, C. (2009): Mit und ohne Migrationshintergrund. Zum Geschichtsbewusstsein Jugendlicher in der Einwanderungsgesellschaft. In: Georgi, V./Ohliger, R. (Hrsg.): Crossover Geschichte. Historisches Bewusstsein Jugendlicher in der Einwanderungsgesellschaft. Hamburg: Ed. Körber-Stiftung. S. 61–74.

Kölbl, C./Straub, J. (2005): Geschichtsbewußtsein im Kulturvergleich, interkulturelles Geschichtsbewußtsein. Zur Einführung. In: Handlung, Kultur, Interpretation. Zeitschrift für Sozial- und Kulturwissenschaften, 14/2: Geschichtsbewußtsein interkulturell. S. 199–211.

Körber, A. (2001a) (Hrsg.): Interkulturelles Geschichtslernen. Geschichtsunterricht unter den Bedingungen von Einwanderung und Globalisierung. Konzeptionelle Überlegungen und praktische Ansätze (Novemberakademie, Bd. 2). Münster: Waxmann.

Körber, A. (2001b): Interkulturelles Geschichtslernen mit dem Internet? In: Körber, A. (Hrsg.): Interkulturelles Geschichtslernen. Geschichtsunterricht unter den Bedingungen von Einwanderung und Globalisierung. Konzeptionelle Überlegungen und praktische Ansätze (Novemberakademie, Bd. 2). Münster: Waxmann. S. 239–249.

Körber, A. (2010): Theoretische Dimensionen des interkulturellen Geschichtslernens. In: Sächsisches Bildungsinstitut (Hrsg.): Geschichte denken statt pauken in der Sekundarstufe II. 20 Jahre nach der friedlichen Revolution. Deutsche und europäische Perspektiven im gymnasialen Geschichtsunterricht. Radebeul: Sächsisches Bildungsinstitut. S. 25–48. Verfügbar unter: http://www.pedocs.de/frontdoor.php?source_opus=6540&la=de [eingesehen am 26.10.2017].

Körber, A. (2012): Fremdverstehen und Perspektivität im Geschichtsunterricht. Verfügbar unter: http://www.pedocs.de/volltexte/2012/5849 [eingesehen am 30.06.2017].

Körber, A./Meyer-Hamme, J. (2008): Interkulturelle historische Kompetenz? Zum Verhältnis von Interkulturalität und Kompetenzorientierung beim Geschichtslernen. In: Bauer, J.-P./Meyer-Hamme, J./Körber, A. (Hrsg.): Geschichtslernen – Innovationen und Reflexionen. Geschichtsdidaktik im Spannungsfeld von theoretischen Zuspitzungen, empirischen Erkundungen, normativen Überlegungen und pragmatischen Wendungen. Festschrift für Bodo von Borries zum 65. Geburtstag (Reihe Geschichtswissenschaft, Bd. 54) Kenzingen: Centaurus Verlag. S. 307–334.

Krais, B./Gebauer, G. (2002): Habitus. Bielefeld: transcript Verlag.

Kramer, R.-T. (2011): Abschied von Bourdieu? Perspektiven ungleichheitsbezogener Bildungsforschung. Wiesbaden: VS Verlag für Sozialwissenschaften.

Kreiser, K. (2008): Der osmanische Staat. 1300–1922. (Oldenbourg-Grundriss der Geschichte, Bd. 30). 2. aktual. Aufl. München: Oldenbourg Wissenschaftsverlag.

Kreiser, K./Neumann, C. K. (2009): Kleine Geschichte der Türkei (Reclams Universal-Bibliothek, Bd. 18669). 2. aktual. und erw. Aufl. Stuttgart: Philipp Reclam.

Kuckartz, U. (2012): Qualitative Inhaltsanalyse. Methoden, Praxis, Computerunterstützung. Weinheim/Basel: Beltz Juventa.

Kühberger, C. (2012): Historisches Wissen. Geschichtsdidaktische Erkundung zu Art, Tiefe und Umfang für das historische Lernen. Schwalbach/Ts.: Wochenschau Verlag.

Kürşat, E. (2003): Der Verwestlichungsprozeß des Osmanischen Reiches im 18. und 19. Jahrhundert. Zur Komplementarität von Staatenbildungs- und Intellektualisierungsprozessen (ZwischenWelten. Theorien, Prozesse und Migrationen, Bd. 7). Frankfurt a. M./London: IKO – Verlag für Interkulturelle Kommunikation.

Kürşat-Ahlers, E. (2003): Haremsfrauen und Herrschaft im Osmanischen Reich. In: Feministische Studien 21/1. S. 35–47.

Lamnek, S. (1998): Gruppendiskussion. Theorie und Praxis. Weinheim: Beltz PVU.

Lamnek, S. (2010): Qualitative Sozialforschung: Lehrbuch. 5. überarb. Aufl. Weinheim/Basel: Beltz Verlag.

Lange, D. (2004): Historisch-politische Didaktik. Zur Begründung historisch-politischen Lernens. Schwalbach/Ts.: Wochenschau Verlag.

Lange, K. (2011): Historisches Bildverstehen oder Wie lernen Schüler mit Bildquellen? Ein Beitrag zur geschichtsdidaktischen Lehr-Lern-Forschung (Geschichtskultur und historisches Lernen, Bd. 7). Berlin: LIT Verlag.

Lässig, S. (2010): Wer definiert relevantes Wissen? Schulbücher und ihr gesellschaftlicher Kontext. In: Fuchs, E./Kahlert, J./Sandfuchs, U. (Hrsg.): Schulbuch konkret. Kontexte – Produktion – Unterricht. Bad Heilbrunn/Obb.: Verlag Julius Klinkhardt. S. 199–215.

Lässig, S. (2011): Repräsentationen des „Gegenwärtigen" im deutschen Schulbuch. Verfügbar unter: http://www.bpb.de/apuz/59797/repraesentationen-des-gegenwaertigen-im-deutschen-schulbuch?p=0 [eingesehen am 07.05.2018].

Lässig, S. (2013): Räume und Grenzen. Außenperspektiven und Innenansichten durch die Linse des Schulbuches. In: Geschichte in Wissenschaft und Unterricht (GWU) 64/1-2: Internationale Schulbuchforschung. S. 6–12.

Leutner, D./Klieme, E./Meyer, K./Wirth, J. (2004): Problemlösen. In: PISA-Konsortium Deutschland (Hrsg.): PISA 2003: Der Bildungsstand der Jugendlichen in Deutschland. Ergebnisse des zweiten internationalen Vergleichs. Münster: Waxmann. S. 147–175.

Loos, P./Schäffer, B. (2001): Das Gruppendiskussionsverfahren. Theoretische Grundlagen und empirische Anwendung (Qualitative Sozialforschung, Bd. 5). Wiesbaden: Springer VS Verlag.

Lötzsch, R. (1999): Was ist ein Volk und was eine Nation? In: Utopie kreativ 10/103-104. S. 15–30.

Luchtenberg, S. (2009): Vermittlung interkultureller sprachlicher Kompetenz als Aufgabe des Deutschunterrichts. In: Nauwerck, P. (Hrsg.): Kultur der Mehrsprachigkeit in Schule und Kindergarten. Festschrift für Ingelore Oomen-Welke. Freiburg i. Breisgau: Fillibach Verlag. S. 277–289.

Luchterhandt, O. (2003): Der türkisch-armenische Konflikt, die Deutschen und Europa (Hamburger Beiträge zur Friedensforschung, Heft 132). Hamburg: Institut für Friedensforschung und Sicherheitspolitik an der Universität Hamburg.

Lundt, B. (2017): National-, Europäische, Weltgeschichte. In: Barricelli, M./Lücke, M. (Hrsg.): Handbuch Praxis des Geschichtsunterrichts. Bd. 1. Schwalbach/Ts.: Wochenschau Verlag. S. 405–421.

Lücke, M. (2016): Erinnerungsarbeit. In: Mecheril, P. (Hrsg.): Handbuch Migrationspädagogik. Weinheim/Basel: Beltz Verlag. S. 356–371.

Lücke, M. (2017): Multiperspektivität, Kontroversität, Pluralität. In: Barricelli, M./Lücke, M. (Hrsg.): Handbuch Praxis des Geschichtsunterrichts. Bd. 1. Schwalbach/Ts.: Wochenschau Verlag. S. 281–288.

Mahler, G. (1974): Zweitsprache Deutsch. Die Schulbildung der Kinder ausländischer Arbeitnehmer. Donauwörth: Auer Verlag.

Mahler, G./Steindl, M. (1983): Zweitsprache Deutsch für Ausländerkinder. Bildungspolitische Schwerpunkte, didaktische Grundlagen. Donauwörth: Auer Verlag.

Mangold, W. (1973): Gruppendiskussionen. In: König, R. (Hrsg.): Grundlegende Methoden und Techniken der empirischen Sozialforschung. Erster Teil (Handbuch der empirischen Sozialforschung, Bd. 2). 2. Aufl. Stuttgart: Ferdinand Enke Verlag. S. 228–259.

Mannheim, K. (eingeleitet und hrsg. von: Kurt H. Wolff) (1964): Wissenssoziologie: Auswahl aus dem Werk (Soziologische Texte, Bd. 28). Berlin/Neuwied. Luchterhand Fachverlag.

Mardin, Ş. (2000): The Genesis of Young Ottoman Thought. A Study in the Modernization of Turkish Political Ideas. Syracuse: Syracuse University Press.

Marmer, E. (2013): Rassismus in deutschen Schulbüchern am Beispiel von Arfrikabildern. In: Zeitschrift für internationale Bildungsforschung und Entwicklungspädagogik2. S. 25–31.

Martens, M. (2010): Implizites Wissen und kompetentes Handeln. Die empirische Rekonstruktion von Kompetenzen historischen Verstehens im Umgang mit Darstellungen von Geschichte. Göttingen: V&R unipress

Marz, R. (2013): Das Osmanische Reich auf dem Weg nach Europa. Neue osmanische Geschichtsschreibung. Norderstedt: Books on Demand.

Mathis, C. (2015): „Irgendwie ist doch da mal jemand geköpft worden" Didaktische Rekonstruktion der Französischen Revolution und der historischen Kategorie

Wandel (Beiträge zur didaktischen Rekonstruktion, Bd. 44). Baltmannsweiler: Schneider Verlag Hohengehren.

Matuz, J. (2006): Das Osmanische Reich. Grundlinien seiner Geschichte. 4. Aufl. Darmstadt: Wissenschaftliche Buchgesellschaft.

Matuz, J. (2010): Das Osmanische Reich. Grundlinien seiner Geschichte. 6. Aufl. Darmstadt: Wissenschaftliche Buchgesellschaft.

Mavruk, G. (2018): Microteaching in der universitären Lehrerausbildung. Rekonstruktionen studentischer Erfahrungsräume im Berufsfeldpraktikum im Bereich Deutsch als Zweitsprache (Mehrsprachigkeit, Bd. 45). Münster: Waxmann.

Mayer, U. (2014): Keine Angst vor Kompetenzen. Kompetenzorientierung. Eine typologische, historische und systematische Einordnung. In: Geschichte für heute 7/3: Geschichte kompetenzorientiert lehren. S. 6–19.

Mayring, P. (2002): Einführung in die qualitative Sozialforschung. Eine Anleitung zum qualitativen Denken (Beltz Studium). 5. Aufl. Weinheim/Basel: Beltz Verlag.

Mayring, P. (2010) Qualitative Inhaltsanalyse. Grundlagen und Techniken. 11. aktual. und überab. Aufl. Weinheim/Basel: Beltz Verlag.

Mägdefrau, J./Michler, A. (2012): Individualisierende Lernaufgaben im Geschichtsunterricht. Eine empirische Untersuchung zur Rolle von Schulbuchaufgaben und Eigenkonstruktionen von Lehrkräften. In: Zeitschrift für Geschichtsdidaktik 11: Menschenrechtsbildung – Holocaust-Education – Demokratieerziehung. S. 208–233.

Mecheril, P. (2003): Prekäre Verhältnisse. Über natio-ethno-kulturelle (Mehrfach-)Zugehörigkeit (Interkulturelle Bildungsforschung, Bd. 13). Münster: Waxmann.

Mecheril, P. (2010) (Hrsg.): Migrationspädagogik. Weinheim und Basel: Beltz Verlag.

Mecheril, P. (2014): Kritik als Leitlinie (migrations-)pädagogischer Forschung. In: Ziegler, A./Zwick, E. (Hrsg.): Theoretische Perspektiven der modernen Pädagogik. Münster: LIT Verlag. S. 159–173.

Mecheril, P. (2015): Kulturell-ästhetische Bildung. Migrationspädagogische Anmerkungen. In: Mission Kulturagenten. Onlinepublikation des Modellprogramms „Kulturagenten für kreative Schulen 2011-2015", Essen: Forum K&B. S. 113–120. Verfügbar unter: http://www.kulturagenten-programm.de/assets/Uploads/Modul-3-Reflexion.pdf [eingesehen am 20.07.2017].

Mecheril, P. (2016) (Hrsg.): Handbuch Migrationspädagogik. Weinheim/Basel: Beltz Verlag.

Mecheril, P./Arens, S./Fegter, S./Hoffarth, B./Klingler, B./Machold, C./Menz, M./Plößer, M./Rose, N. (2013): Differenz unter Bedingungen von Differenz. Zu Spannungsverhältnissen universitärer Lehre. Wiesbaden: VS Verlag.

Mecheril, P./Melter, C. (2010): Gewöhnliche Unterscheidungen. Wege aus dem Rassismus. In: Mecheril, P./Dirim; İ./Do Mar Castro Varela, M./Kalpaka, A./Melter, C. (Hrsg.): Migrationspädagogik, Weinheim/Basel: Beltz. S. 150–178.

Mecheril, P./Olalde, O. T. (2018): Religion oder die Identifikation der Anderen. In: Dirim, I./Mecheril, P. (Hrsg.): Heterogenität, Sprache(n), Bildung. Eine differenz- und diskriminierungstheoretische Einführung (UTB, Bd. 4443). Bad Heilbrunn/Obb.: Verlag Julius Klinkhardt/UTB. S. 179–196.

Mecheril, P./Quehl, T. (2015): Die Sprache der Schule. Eine migrationspädagogische Kritik der Bildungssprache. In: Thoma, N./Knappik, M. (Hrsg.): Sprache und Bildung in Migrationsgesellschaften. Machtkritische Perspektiven auf ein prekarisiertes Verhältnis. Bielefeld: transcript Verlag. S. 151–177.

Meisel, J. (1994): Bilingual first language acquisition. French and German grammatical development (Language acquisition & language disorders, Vol. 7). Amsterdam/Philadelphia: John Benjamins Publishing.

Menemencioğlu, N. (1967): Namık Kemal Abroad. A Centenary. In: Middle Eastern Studies 4/1. S. 29–49.

Menzel, W. (2010): Wie schreibe ich ein Schulbuch? In: Fuchs, E./Kahlert, J./Sandfuchs, U. (Hrsg.): Schulbuch konkret. Kontexte – Produktion – Unterricht. Bad Heilbrunn/Obb.: Verlag Julius Klinkhardt. S. 219–228.

Messerschmidt, A. (2016): Geschichtsbewusstsein ohne Identitätsbesetzungen. Kritische Gedenkstättenpädagogik in der Migrationsgesellschaft. In: Aus Politik und Zeitgeschichte 66/3-4. S. 16–22.

Meuser, M./Nagel, U. (1994): Expertenwissen und Experteninterview. In: Hitzler, R./Honer, A./Maeder, C. (Hrsg.): Expertenwissen. Die institutionalisierte Kompetenz zur Konstruktion von Wirklichkeit. Opladen: Westdeutscher Verlag. S. 180–192.

Meuser, M./Nagel, U. (2003): Experteninterview. In: Bohnsack, R./Marotzki, W./Meuser, M. (Hrsg.): Hauptbegriffe Qualitativer Sozialforschung. Opladen: Leske + Budrich. S. 57–58.

Meuser, M./Nagel, U. (2009): Das Experteninterview. Konzeptionelle Grundlagen und methodische Anlage. In: Pickel, S./Pickel, G./Lauth, H.-J./Jahn, D. (Hrsg.): Methoden der vergleichenden Politik- und Sozialwissenschaft. Neue Entwicklungen und Anwendungen. Wiesbaden: VS Verlag für Sozialwissenschaften. S. 465–479.

Meyer-Hamme, J. (2009a): >>Dieses Kostüm >Deutsche Geschichte< <<. Historische Identitäten Jugendlicher in Deutschland. In: Georgi, V./Ohliger, R. (Hrsg.): Crossover Geschichte. Historisches Bewusstsein Jugendlicher in der Einwanderungsgesellschaft. Hamburg: Ed. Körber-Stiftung. S. 75–89.

Meyer-Hamme, J. (2009b): Historische Identitäten und Geschichtsunterricht. Fallstudien zum Verhältnis von kultureller Zugehörigkeit, schulischen Anforderungen und individueller Verarbeitung (Schriften zur Geschichtsdidaktik, Bd. 26). Idstein: Schulz-Kirchner Verlag.

Meyer-Hamme, J. (2017): Historische Identitäten in einer kulturell heterogenen Gesellschaft. In: Barricelli, M./Lücke, M. (Hrsg.): Handbuch Praxis des Geschichtsunterrichts. Bd. 1. 2. Aufl. Schwalbach/Ts.: Wochenschau Verlag. S. 89–97.

Meyer-Ingwersen, J./Neumann, R./Kummer, M. (1977): Zur Sprachentwicklung türkischer Schüler in der Bundesrepublik. Bd. 1 und 2. Kronberg/Ts.: Scriptor Verlag.

Ministerium für Schule, Jugend und Kinder (2003): Zulassung von Lernmitteln (Runderlass vom 03.12.2003). Ritterbach Verlag GmbH: Erftstadt. Verfügbar unter: https://www.schulministerium.nrw.de/docs/Schulsystem/Medien/Lernmittel/Kontext/Zulassung.pdf [eingesehen am 10.05.2018].

Ministerium für Schule und Weiterbildung des Landes Nordrhein-Westfalen (2007): Kernlehrplan für das Gymnasium. Sekundarstufe I (G8) in Nordrhein-Westfalen.

Geschichte. Ritterbach Verlag GmbH: Frechen. Verfügbar unter: https://www.schulentwicklung.nrw.de/lehrplaene/upload/lehrplaene_download/gymnasium_g8/gym8_geschichte.pdf [eingesehen am 02.06.2018].

Ministerium für Schule und Weiterbildung des Landes Nordrhein-Westfalen (2011): Kernlehrplan für die Gesamtschule – Sekundarstufe I in Nordrhein-Westfalen. Gesellschaftslehre. Erdkunde, Geschichte, Politik. Verfügbar unter: https://www.schulentwicklung.nrw.de/lehrplaene/upload/lehrplaene_download/gesamtschule/GE_Gesellschaftslehre_Endfassung.pdf [eingesehen am 10.05.2018].

Ministerium für Schule und Weiterbildung des Landes Nordrhein-Westfalen (2014): Kernlehrplan für die Sekundarstufe II Gymnasium/Gesamtschule in Nordrhein-Westfalen. Geschichte. Verfügbar unter: https://www.schulentwicklung.nrw.de/lehrplaene/lehrplan/157/KLP_GOSt_Geschichte.pdf [eingesehen am 02.06.2018].

Moderow, H.-M. (2002): Schulbuchzulassung und Schulbuchverbreitung in Sachsen und die Rolle der Lehrervereine. In: Wollersheim, H.-W. (Hrsg.): Die Rolle von Schulbüchern für Identifikationsprozesse in historischer Perspektive (Leipziger Studien zur Erforschung von regionenbezogenen Identifikationsprozessen, Bd. 5). Leipzig: Leipziger Universitätsverlag. S. 25–47.

Mordtmann, J. H. (1913): Dewshirme. In: Houtsma, M. Th./Arnold, T. W./Basset, R./Hartmann, R. (Hrsg.): Enzyklopädie des Islam. Geographisches, ethnographisches und biographisches Wörterbuch der muhammedanischen Völker. Bd. 1. Leiden/Leipzig: E. J. Brill/O. Harrassowitz. 1. S. 992.

Morek, M./Heller, V. (2012): Bildungssprache. Kommunikative, epistemische, soziale und interaktive Aspekte ihres Gebrauchs. In: Zeitschrift für angewandte Linguistik 57/1. S. 67–101.

Müller, N./Kupisch, T./Schmitz, K./Cantone, K. (2007): Einführung in die Mehrsprachigkeitsforschung. Deutsch – Französisch – Italienisch. 2. durchg. und aktual. Aufl. Tübingen: Gunter Narr Verlag.

Müller, W. (1977): Schulbuchzulassung. Zur Geschichte und Problematik staatlicher Bevormundung von Unterricht und Erziehung (Grundfragen systematischer Pädagogik, Bd. 2). Kastellaun: Henn-Verlag.

Müller-Mathis, A./Wohnig, A. (2017): Konstruktionen der ungleichen Partizipation in Schulbüchern. Zur Einführung. In: Müller-Mathis, A./Wohnig, A. (Hrsg.): Wie Schulbücher Rollen formen. Konstruktionen der ungleichen Partizipation in Schulbüchern. Schwalbach/Ts: Wochenschau Verlag. S. 5–11.

Neugebauer, C./Nodari, C. (1999): Aspekte der Sprachförderung. In: Gyger, M./Heckendorn-Heinimann, B. (Hrsg.): Erfolgreich integriert? Fremd- und mehrsprachige Kinder und Jugendliche in der Schweiz. Bern: Berner Lehrmittel- und Medienverlag. Bd. 1. S. 161–175.

Neuner, G. (2007): Lehrwerke. In: Bausch, K.-E./Christ, H./Krumm, H.-J. (Hrsg.): Handbuch Fremdsprachenunterricht (UTB, Bd. 8043). 5. unverän. Aufl. Tübingen: Narr Francke Attempto Verlag/UTB. S. 399–402.

Nickel, B. (2015): Der Harem. Zu interkulturellen und intermedialen Austauschprozessen in der Herausbildung des abendländischen Orientalismus seit dem 18. Jahrhundert. In: World Literature Studies 7/1. S. 58–70.

Nieke, W. (2000): Interkulturelle Erziehung und Bildung. Werteorientierung im Alltag. Opladen: Leske u. Budrich.
Nohl, A.-M. (2006): Interview und Dokumentarische Methode. Anleitungen für die Forschungspraxis (Qualitative Sozialforschung, Bd. 16). Wiesbaden: VS Verlag für Sozialwissenschaften.
Nohl, A.-M. (2010): Konzepte interkultureller Pädagogik. Eine systematische Einführung. Bad Heilbrunn/Obb.: Verlag Julius Klinkhardt.
Nohl, A.-M. (2017): Interview und Dokumentarische Methode. Anleitungen für die Forschungspraxis. 5. aktual. u. erw. Aufl. Wiesbaden: Springer VS Verlag.
Nolle, A. (2004): Evaluation der universitären Lehrerinnen- und Lehrerausbildung, Erhebung zur pädagogischen Kompetenz von Studierenden der Lehramtsstudiengänge. München: Martin Meidenbauer Verlagsbuchhandlung.
Osterloh, K. (2008): Weißsein in Politikschulbüchern. Eine diskursanalytische Untersuchung. Saarbrücken: VDM Verlag Dr. Müller.
Ott, C. (2017): Sprachlich vermittelte Geschlechterkonzepte. Eine diskursanalytische Untersuchung von Schulbüchern der Wilhelminischen Kaiserzeit bis zur Gegenwart (Sprache und Wissen, Bd. 30). Berlin/Boston: Walter de Gruyter.
Pandel, H.-J. (1987): Dimensionen des Geschichtsbewusstseins. Ein Versuch, seine Struktur für Empirie und Pragmatik diskutierbar zu machen. In: Geschichtsdidaktik. Probleme, Projekte, Perspektiven 12/2. S. 130–142.
Pandel, H.-J. (1999): Postmoderne Beliebigkeit? Über den sorglosen Umgang mit Inhalten und Methoden. In: Geschichte in Wissenschaft und Unterricht, 50. S. 282–291.
Pandel, H.-J. (2000): Quelleninterpretation. Die schriftliche Quelle im Geschichtsunterricht. Schwalbach/Ts.: Wochenschau Verlag.
Pandel, H.-J. (2002): Erzählen und Erzählakte. Neuere Entwicklungen in der didaktischen Erzähltheorie. In: Demantowsky, M./Schönemann, B. (Hrsg.): Neuere geschichtsdidaktische Positionen (Dortmunder Arbeiten zur Schulgeschichte und zur historischen Didaktik, Bd. 32). Bochum: Projekt-Verlag. S. 39–56.
Pandel, H.-J. (2010): Historisches Erzählen. Narrativität im Geschichtsunterricht. Schwalbach/Ts.: Wochenschau Verlag.
Pandel, H.-J. (2013): Geschichtsdidaktik. Eine Theorie für die Praxis. Schwalbach/Ts: Wochenschau Verlag.
Pandel, H.-J. (2017a): Geschichtskultur. In: Barricelli, M./Lücke, M. (Hrsg.): Handbuch Praxis des Geschichtsunterrichts. Bd. 1. 2. Aufl. Schwalbach/Ts.: Wochenschau Verlag. S. 147–159.
Pandel, H.-J. (2017b): Geschichtsunterricht in unterschiedlichen Schulformen (insbesondere Sekundarstufe I). In: Barricelli, M./Lücke, M. (Hrsg.): Handbuch Praxis des Geschichtsunterrichts. Bd. 1. 2. Aufl. Schwalbach/Ts.: Wochenschau Verlag. S. 167–175.
Pape, M. (2008): Entwicklung von Geschichtsbewusstsein im Hinblick auf die unterrichtspraktische Gestaltung historischer Themen im Sachunterricht. Hannover: Philosophische Fakultät der Gottfried Wilhelm Leibniz Universität Hannover.

Papoulia, B. D. (1963): Ursprung und Wesen der ‚Knabenlese' im Osmanischen Reich (Südosteuropäische Arbeiten, Bd. 59). München: Verlag R. Oldenbourg.

Paulus, W./Blossfeld, H.-P. (2007): Schichtspezifische Präferenzen oder sozioökonomisches Entscheidungskalkül? Zur Rolle elterlicher Bildungsaspirationen im Entscheidungsprozess beim Übergang von der Grundschule in die Sekundarstufe. Zeitschrift für Pädagogik 53/4. S. 491–508.

Peirce, L. P. (1993): The Imperial Harem: Women and Sovereignity in the Ottoman Empire. New York: Oxford University Press.

Peters, J. (2014): Geschichtsstunden planen (Historica et didactica. Praxis, Bd. 1). St. Ingbert: Röhrig Universitätsverlag.

Pingel, F. (2010): UNESCO Guidebook on Textbook Research and Textbook Revision. 2nd. revised and updated edition. Paris/Braunschweig: UNESCO/Georg Eckert Institute for International Textbook Research. URL: http://unesdoc.unesco.org/images/0011/001171/117188e.pdf [eingesehen am 10.09.2017].

Pinn, I. (2004): Von der exotischen Haremsschönheit zur obskuren Fundamentalistin. Frauen im Islam. In: Youssef, H. (Hrsg.): Abschied vom Harem? Selbstbilder – Fremdbilder muslimischer Frauen. Berlin: Orlanda Frauenverlag. S. 137–152.

Polanyi, M. (1985): Implizites Wissen (suhrkamp taschenbuch wissenschaft, Bd. 543). Frankfurt a. M.: Suhrkamp Verlag.

Pollock, F. (1955): Gruppenexperiment. Ein Studienbericht. Frankfurt a.M.: Europäische Verlagsanstalt.

Portmann-Tselikas, P. R. (1998): Sprachförderung im Unterricht. Handbuch für den Sach- und Sprachförderunterricht in mehrsprachigen Klassen. Zürich: Orell Füssli Verlag.

Preuß, S./Völkel, B./Pacyna, T. (2017): Einleitung. In: Völkel, B./Pacyna, T. (Hrsg.): Neorassismus in der Einwanderungsgesellschaft. Eine Herausforderung für die Bildung. Bielefeld: transcript Verlag. S. 7–33.

Przyborski, A. (2004): Gesprächsanalyse und Dokumentarische Methode (Lehrbuch). Qualitative Auswertung von Gesprächen, Gruppendiskussionen und anderen Diskursen. Wiesbaden: VS Verlag für Sozialwissenschaften.

Przyborski, A./Wohlrab-Sahr, M. (2010): Qualitative Sozialforschung. Ein Arbeitsbuch. 3. korr. Aufl. München: Oldenbourg Wissenschaftsverlag.

Przyborski, A./Wohlrab-Sahr, M. (2014): Qualitative Sozialforschung. Ein Arbeitsbuch. 4. erw. Aufl. München: Oldenbourg Wissenschaftsverlag.

Quasthoff, U. M. (1980): Erzählen in Gesprächen. Linguistische Untersuchungen zu Strukturen und Funktionen am Beispiel einer Kommunikationsform des Alltags (Kommunikation und Institution, Bd. 1). Tübingen: Gunter Narr Verlag.

Radtke, F.-O. (2008): Schule und Ethnizität. In: Helsper, W./Jeanette, B. (Hrsg.): Handbuch der Schulforschung. Wiesbaden: VS Verlag für Sozialwissenschaften. S. 651–672.

Redder, A. (1994): „Bergungsunternehmen". Prozeduren des Malfelds beim Erzählen. In: Brünner, G./Graefen, G. (Hrsg.): Texte und Diskurse. Methoden und Forschungsergebnisse der Funktionalen Pragmatik. Opladen: Westdeutscher Verlag. S. 238–264.

Redder, A. (2008): Grammatik und sprachliches Handeln in der Funktionalen Pragmatik. Grundlagen und Vermittlungsziele. In: Japanische Gesellschaft für Germanistik (Hrsg.): Grammatik und sprachliches Handeln. Akten des 36. Linguisten-Seminars, Hayama. München: IUDICICUM Verlag. S. 9–26.

Redder, A. (2010): Functional Pragmatics. In: Antos, G./Ventola, E. (Hrsg.): Handbook of Interpersonal Communication (Handbooks of Applied Linguistics. Communication Competence – Language and Communication Problems – Practical Solutions, Vol. 2). Berlin/New York: De Gruyter Mouton. S. 133–178.

Reeken, D. v. (2014): Interkulturelles Geschichtslernen. In: Günther-Arndt, H./Zülsdorf-Kersting, M. (Hrsg.): Geschichtsdidaktik. Praxishandbuch für die Sekundarstufe I und II. 6. überarb. Aufl. Berlin: Cornelsen Scriptor. S. 238–246.

Rehbein, J. (1977): Komplexes Handeln. Elemente zur Handlungstheorie der Sprache. Stuttgart: Metzler.

Rehbein, J. (1982): Zu begrifflichen Prozeduren in der zweiten Sprache Deutsch. Die Wiedergabe eines Fernsehausschnitts bei türkischen und deutschen Kindern. In: Bausch, K.-H. (Hrsg.): Mehrsprachigkeit in der Stadtregion. Jahrbuch 1981 des Instituts für deutsche Sprache. Düsseldorf: Pädagogischer Verlag Schwann-Bagel. S. 225–281.

Rehbein, J./Kameyama, S. (2004): Pragmatics/Pragmatik. In: Ammon, U./Dittmar, N./Mattheier, K. J./Trudgill, P. (Hrsg.): Sociolinguistics. An International Handbook of the Science of Language and Society/Soziolinguistik. Ein internationales Handbuch zur Wissenschaft von Sprache und Gesellschaft, Vol. 1/Bd. 1. 2nd compl. rev. And extend. ed./2. vollst. neu überarb. und erw. Aufl. Berlin/New York: Walter de Gruyter. S. 556–589.

Reinkowski, M. (2006): Das Osmanische Reich. Ein antikoloniales Imperium?/The Ottoman Empire. An Anticolonial Empire? In: Zeithistorische Forschungen/Studies in Contemporary History. 3/1. S. 34–54.

Reinmann, G./Mandl, H. (2006): Unterrichten und Lernumgebungen gestalten. In: Krapp, A./Weidemann, B. (Hrsg.): Pädagogische Psychologie. Ein Lehrbuch. 5. vollst. überab. Aufl. Weinheim: Beltz PVU. S. 613–658.

Rentzsch, J. (2015): Kamusü'l-Alam'a Dair (4th International Conference on Language and Literature (Uluslararası dil ve edebiyat konferansı). Hena e Plote Beder University – Tirana/Albania. Verfügbar unter: http://www.julianrentzsch.com/Publications_files/Rentzsch_2016_Kamusulalam.pdf [eingesehen am 10.07.2018].

Rieger-Ladich, M. (2005): Weder Determinismus, noch Fatalismus: Pierre Bourdieus Habitustheorie im Licht neuerer Arbeiten. In: Zeitschrift für Soziologie der Erziehung und Sozialisation 5/3. S. 281–296.

Robertson, R. (1998): Glokalisierung: Homogenität und Heterogenität in Raum und Zeit. In: Beck, U. (Hrsg.): Perspektiven der Weltgesellschaft. Frankfurt a. M.: Suhrkamp Verlag. S. 192–220.

Rohe, M. (2009): Das islamische Recht: Geschichte und Gegenwart. München: Verlag C. H. Beck.

Roll, H. (2003): Jugendliche Aussiedler sprechen über ihren Alltag. Rekonstruktionen sprachlichen und kulturellen Wissens. München: IUDICIUM Verlag.

Rommelspacher, B. (1998): Dominanzkultur. Texte zu Fremdheit und Macht. Berlin: Orlanda-Frauenverlag.
Rosenbaum, E./Rochford, J. A. (2008): Generational Patterns in Academic Performance: The Variable Effects of Attitudes and Social Capital. Social Science Research 37/1. S. 350–372.
Rösch, H. (2017): Deutschunterricht in der Migrationsgesellschaft. Eine Einführung. Stuttgart: Metzler.
Rüsen, J. (1982): Die vier Typen des historischen Erzählens. In: Koselleck, R./Lutz, H./Rüsen, J. (Hrsg.): Formen der Geschichtsschreibung (Beiträge zur Historik, Bd. 4). Orig.-Ausg. München: Deutscher Taschenbuch Verlag. S. 514–605.
Rüsen, J. (1989): Lebendige Geschichte. Grundzüge einer Historik III: Formen und Funktionen des historischen Wissens. Göttingen: Vandenhoeck & Ruprecht.
Rüsen, J. (1992): Das ideale Schulbuch. Überlegungen zum Leitmedium des Geschichtsunterrichts. In: Internationale Schulbuchforschung 14/3. Hannover: Verlag Hahnsche Buchhandlung. S. 237–250.
Rüsen, J. (1994): Was ist Geschichtskultur? Überlegungen zu einer neuen Art, über Geschichte nachzudenken. In: Füßmann, K./Theodor Grütter, H./Rüsen, J. (Hrsg.): Historische Faszination. Geschichtskultur heute. Wien/Köln/Weimar: Böhlau Verlag. S. 3–26.
Rüsen, J. (1995): Geschichtskultur. In: Geschichte in Wissenschaft und Unterricht (GWU) 46/9. S. 513–521.
Rüsen, J. (1997a): Geschichtskultur. In: Bergmann, K./Fröhlich, K./Kuhn, A./Rüsen, J./Schneider, G. (Hrsg.): Handbuch der Geschichtsdidaktik. 5. überarb. Aufl. Seelze-Velber: Kallmeyer'sche Verlagsbuchhandlung. S. 38–41.
Rüsen, J. (1997b): Historisches Erzählen. In: Bergmann, K./Fröhlich, K./Kuhn, A./Rüsen, J./Schneider, G. (Hrsg.): Handbuch der Geschichtsdidaktik. 5. überarb. Aufl. Seelze-Velber: Kallmeyer'sche Verlagsbuchhandlung. S. 57–63.
Rüsen, J. (2001): Geschichtsbewusstsein. Psychologische Grundlagen, Entwicklungskonzepte, empirische Befunde. Köln/Weimar/Wien: Böhlau Verlag.
Rüsen, J. (2008a): Historisches Lernen. Grundlagen und Paradigmen. Schwalbach/Ts.: Wochenschau Verlag.
Rüsen, J. (2008b): Historische Orientierung. Über die Arbeit des Geschichtsbewusstseins sich in der Zeit zurechtzufinden. Schwalbach/Ts.: Wochenschau-Verlag.
Rüsen, J. (2008c): Wahrheit Historisches Lernen – Grundriß einer Theorie. In: ders. (Hrsg.): Historisches Lernen – Grundlagen und Paradigmen. Schwalbach/Ts. S. 75–77.
Rüsen, J. (2013): Historik. Theorie der Geschichtswissenschaft. Wien/Köln/Weimar: Böhlau Verlag.
Rüsen, J. (2014): Die fünf Dimensionen der Geschichtskultur. In: Nießer, J./Tomann, J. (Hrsg.): Angewandte Geschichte. Neue Perspektiven auf Geschichte in der Öffentlichkeit. Paderborn: Ferdinand Schöningh. S. 46–57.
Said, E. (1979): Orientalism. New York: Pantheon Books.

Sauer, M. (1991): Von der >Negativkontrolle< zur >Schulbuchpolitik. Schulbuchzulassung und -einführung in der preußischen Volksschule im 19. Jahrhundert. In: Recht der Jugend und des Bildungswesens 39/2. S. 182–194.

Sauer, M. (2001): Geschichte unterrichten – Eine Einführung in die Didaktik und Methodik. Seelze: Klett, Kallmeyer.

Sauer, M. (2006): Kompetenzen für den Geschichtsunterricht. Ein pragmatisches Modell als Basis für die Bildungsstandards des Verbandes der Geschichtslehrer. In: Informationen für den Geschichts- und Gemeinschaftskundelehrer, Heft 72. S. 7–20.

Sauer, M. (2012): Geschichte unterrichten. Eine Einführung in die Didaktik und Methodik. 10. Erneut aktual. und erw. Aufl. Seelze: Kallmeyer in Verbindung mit Klett.

Sauer, M. (2016): Schulgeschichtsbücher. Herstellung, Konzepte, Unterrichtseinsatz. In: Geschichte in Wissenschaft und Unterricht (GWU) 67/9-10: Konjunkturen des Mittelalters. S. 588–603.

Schecker, H. (1985): Das Schülervorverständnis zur Mechanik. Eine Untersuchung in der Sekundarstufe II unter Einbeziehung historischer und wissenschaftstheoretischer Aspekte. Dissertation, Universität Bremen. Hochschulschrift: Bremen.

Scherr, A. (2017): Sozialisation und Identitätsbildung bei Jugendlichen heute. In: Barricelli, M./Lücke, M. (Hrsg.): Handbuch Praxis des Geschichtsunterrichts. Bd. 1. 2. Aufl. Schwalbach/Ts.: Wochenschau Verlag. S. 59–69.

Schleppegrell, M. J. (2004): The language of schooling. A functional linguistics perspective. Mahwah/New Jersey: Erlbaum.

Schmidt, J. (1991): Pure Water for Thirsty Muslims. A Study of Mustafâ Àlî of Gallipoli's Künhü' l-ahbâr. Leiden: Het Oosters Instituut.

Schnotz, W. (1998): Conceptual Change. In: Rost, D.H. (Hrsg.): Handwörterbuch Pädagogische Psychologie. Weinheim: Beltz PVU. S. 75–81.

Schnotz, W. (2001): Conceptual Change. In: Rost, D. H. (Hrsg.): Handwörterbuch Pädagogische Psychologie. 2. überarb. und erw. Aufl. Weinheim: Beltz PVU. S. 75–81.

Scholl, D. (2009): Sind die traditionellen Lehrpläne überflüssig? Zur lehrplantheoretischen Problematik von Bildungsstandards und Kernlehrplänen. Wiesbaden: VS Verlag für Sozialwissenschaften.

Scholle, D. (1997): Schulbuchanalyse. In: Bergmann, K./Fröhlich, K./Kuhn, A./Rüsen, J./Schneider, G. (Hrsg.): Handbuch der Geschichtsdidaktik. 5. überarb. Aufl. Seelze-Velber: Kallmeyer'sche Verlagsbuchhandlung. S. 369–375.

Schönemann, B (2003): Geschichtsdidaktik, Geschichtskultur, Geschichtswissenschaft. In: Günther-Arndt, H. (Hrsg.): Geschichts-Didaktik. Praxishandbuch für die Sekundarstufe I und II. Berlin: Cornelsen Scriptor. S. 11–22.

Schönemann, B./Thünemann, H. (2010): Schulbucharbeit. Das Geschichtslehrbuch in der Unterrichtspraxis. Schwalbach/Ts.: Wochenschau Verlag.

Schönemann, B./Thünemann, H./Zülsdorf-Kersting, M. (2011): Was können Abiturienten? Zugleich ein Beitrag zur Debatte über Kompetenzen und Standards im Fach Geschichte. Berlin, Münster, Wien, Zürich, London: LIT Verlag.

Schörken, R. (1972): Geschichtsdidaktik und Geschichtsbewußtsein. In: Geschichte in Wissenschaft und Unterricht, 46. S. 81–89.

Schörken, R. (1980): Geschichte in einer kleiner werdenden Welt. Prolegomena zu einer Didaktik des Fremdverstehens. In: Süssmuth, H. (Hrsg.): Geschichtsdidaktische Positionen. Bestandsaufnahme und Neuorientierung. Paderborn/München/Wien/Zürich: Ferdinand Schöningh. S. 315–336.

Schörken, R. (1995): Begegnungen mit Geschichte. Vom außerwissenschaftlichen Umgang mit der Historie in Literatur und Medien. Stuttgart: Klett Cotta.

Schreiber, W. (2005): Geschichte denken statt pauken. Theoretische Grundlagen für ein praktisches Konzept. Basisbeitrag. In: Mebus, S./Schreiber, W. (Hrsg.): Geschichte denken statt pauken. Didaktisch-methodische Hinweise zur Förderung historischer Kompetenzen (Siebeneichener Diskurse, Bd. 3.) Meißen: Sächsische Akad. für Lehrerfortbildung. S. 17–23.

Schreiber, W./Sochatzy, F./Ventzke, M. (2013): Das multimediale Schulbuch. Kompetenzorientiert, individualisierbar und konstruktionstransparent. In: Schreiber, W./Schöner, A./Sochatzy, F. (Hrsg.): Analyse von Schulbüchern als Grundlage empirischer Geschichtsdidaktik. Stuttgart: W. Kohlhammer. S. 212–232.

Schreier, M. (2012): Qualitative Content Analysis in Practice. Los Angeles: SAGE Publications.

Schubert, H.-J. (2007): The Chicago School of Sociology. Theorie, Empirie und Methode. In: Klingemann, C. (Hrsg.): Jahrbuch für Soziologiegeschichte. Soziologisches Erbe: Georg Simmel – Max Weber – Soziologie und Religion – Chicagoer Schule der Soziologie. Wiesbaden: VS Verlag für Sozialwissenschaften. S. 119–164.

Schuler, S. (2011): Alltagstheorien zu den Ursachen und Folgen des globalen Klimawandels. Erhebung und Analyse von Schülervorstellungen aus geographiedidaktischer Perspektive (Bochumer Geographische Arbeiten, Bd. 78). Bochum: Europäischer Universitätsverlag/Bochumer Universitätsverlag.

Sharon, M.: People of the Book. In: McAuliffe, J. D. (Hrsg.): Encyclopaedia of the Qur'ān. Washington DC.: Georgetown University. S. 36–43. Verfügbar unter: http://dx.doi.org/10.1163/1875-3922_q3_EQSIM_00319 [eingesehen am 12.11.2018]

Steinbach, U. (2010): Geschichte der Türkei (Beck'sche Reihe, Bd. 2143). 5. Aufl. München: Verlag C. H. Beck.

Stöber, G. (2010): Schulbuchzulassung in Deutschland. Grundlagen, Verfahrensweisen und Diskussionen. Eckert. Beiträge 2010/3. Verfügbar unter: http://repository.gei.de/bitstream/handle/11428/92/715816195_2016_A.pdf?sequence=2&isAllowed=y [eingesehen am 08.08.2018].

Straub, J. (2000): Identität als psychologisches Deutungskonzept. In: Greve, W. (Hrsg.): Psychologie des Selbst. Weinheim: Beltz Psychologie-Verlags-Union. S. 279–301.

Straub, J. (2004): Identität. In: Jaeger, F./Liebsch, B. (Hrsg.): Handbuch Kulturwissenschaften. Grundlagen und Schlüsselbegriffe. Bd. 1. Stuttgart: J.B. Metzler. S. 277–303.

Suttner, E. C. (2009): Zur Rechtslage nicht-muslimischer Volksgruppen im europäischen Teil des Osmanischen Reichs. In: Kahl, T./Cay, L. (Hrsg.): Christen und Muslime. Interethnische Koexistenz in südosteuropäischen Peripheriegebieten (Religions- und Kulturgeschichte in Ostmittel- und Südosteuropa, Bd. 11). Wien/Berlin/Münster: LIT Verlag. S. 75–83.

Tajmel, T. (2009): Unterrichtsentwicklung im Kontext sprachlich-kultureller Heterogenität am Beispiel naturwissenschaftlichen Unterrichts. In: Fürstenau, S./Gomolla, M. (Hrsg.): Migration und schulischer Wandel: Unterrichtsqualität. Wiesbaden: VS Verlag für Sozialwissenschaften.

Terkessidis, M. (2002): Migration und politische Bildung in Deutschland. Über die vernachlässigte Frage der Staatsbürgerschaft. In: Widersprüche 22/85. S. 17-29.

Thünemann, H. (2018): Historisches Denken lernen mit Schulbüchern? Forschungsstand und Forschungsperspektiven. In: Bramann, C./Kühberger, C./Bernhard, R. (Hrsg.): Historisch Denken lernen mit Schulbüchern. Schwalbach/Ts.: Wochenschau Verlag. S. 17-36.

Treibel, A. (2003): Migration in modernen Gesellschaften. Soziale Folgen von Einwanderung, Gastarbeit und Flucht. 3. Aufl. Weinheim/München: Juventa Verlag.

Ufer, S./Reiss, K./Mehringer, V. (2013): Sprachstand, soziale Herkunft und Bilingualität. Effekte auf Facetten mathematischer Kompetenz. In: Becker-Mrotzek, M./Schramm, K./Thürmann, E./Vollmer, H. J. (Hrsg.): Sprache im Fach. Sprachlichkeit und fachliches Lernen. Münster: Waxmann. S. 167-184.

Vester, H.-G. (2009): Kompendium der Soziologie II. Der Klassiker. Wiesbaden: VS Verlag für Sozialwissenschaften.

Vodafone Stiftung Deutschland (2011): Schul- und Bildungspolitik in Deutschland. Ein aktuelles Stimmungsbild der Bevölkerung und der Lehrer. Eine Studie des Instituts für Demoskopie Allensbach. Düsseldorf: Vodafone Stiftung Deutschland.

Vollmer, H. J./Thürmann, E. (2013): Sprachbildung und Bildungssprache als Aufgabe aller Fächer der Regelschule. In: Becker-Mrotzek, M./Schramm, K./Thürmann, E./Vollmer, H. (Hrsg.): Sprache im Fach. Sprachlichkeit und fachliches Lernen. Münster: Waxmann. S. 41-57.

Völkel, B./Pacyna, T. (2017): Neorassismus in der Einwanderungsgesellschaft. Eine Herausforderung für die Bildung. Bielefeld: transcript. Zit. nach. Rommelspacher, B. (1998): Dominanzkultur. Texte zu Fremdheit und Macht. Berlin: Orlanda-Frauenverlag.

Vosniadou, S./Brewer, W. F. (1992): Mental models of the earth: A study of conceptual change in childhood. In: Cognitive Psychology, 24. S. 535-585

Wahl, D. (2001): Nachhaltige Wege vom Wissen zum Handeln. In: Beiträge zur Lehrerinnen- und Lehrerbildung 19/2. S. 157-174.

Wallsten, B. (2015): An der Schnittstelle zwischen Bild und Text. Bildunterschriften in Geschichtslehrbüchern als Untersuchungsgegenstand sprachwissenschaftlicher Schulbuchforschung. In: Kiesendahl, J./Ott, C. (Hrsg.): Linguistik und Schulbuchforschung. Gegenstände – Methoden – Perspektiven (Eckert. Die Schriftenreihe, Bd. 137). Göttingen: V&R unipress. S. 137-155.

Warren, J. W. (1979): Understanding Force. London: John Murray.

Weichlein, S. (2006): Nationalbewegung und Nationalismus in Europa. Darmstadt: Wissenschaftliche Buchgesellschaft.

Weinbrenner, P. (1995): Grundlagen und Methodenprobleme sozialwissenschaftlicher Schulbuchforschung. In: Olechowski, R. (Hrsg.): Schulbuchforschung (Schule –

Wissenschaft – Politik, Bd. 10). Frankfurt a. M./Berlin/Bern/New York/Paris/Wien: Peter Lang. S. 21–45.

Weinert, F. E. (2001): Vergleichende Leistungsmessung in Schulen – eine umstrittene Selbstverständlichkeit. In: Weinert, F. E. (Hrsg.): Leistungsmessungen in Schulen. Weinheim und Basel, S. 17–31.

Weinert, S./Stanat, P./Redder, A. (2016): Bildungssprachliche Kompetenzen (BiSpra): Anforderungen, Sprachverarbeitung und Diagnostik. Schlussbericht 2016. Bamberg u. a.: Otto-Friedrich Universität Bamberg u. a.

Wiater, W. (2003): Schulbuchforschung in Europa. Bestandsaufnahme und Zukunftsperspektive. Beiträge zur historischen und systematischen Schulbuchforschung, Bd. 1. Bad Heilbrunn/Obb.: Verlag Julius Klinkhardt.

Wiater, W. (2005): Lehrplan und Schulbuch. Reflexionen über zwei Instrumente des Staates zur Steuerung des Bildungswesens. In: Matthes, E./Heinze, C. (Hrsg.): Das Schulbuch zwischen Lehrplan und Unterrichtspraxis (Beiträge zur historischen und systematischen Schulbuchforschung, Bd. 4). Bad Heilbrunn/Obb.: Verlag Julius Klinkhardt. S. 41–64.

Witzel, A. (1982): Verfahren der qualitativen Sozialforschung. Überblick und Alternativen (Campus: Forschung, Bd. 322). Frankfurt a. M./New York: Campus-Verlag.

Wodak, R./de Cillia, R./Reisigl, M./Liebhart, K./Hofstätter, K./Kargl, M. (1998): Zur diskursiven Konstruktion nationaler Identitäten. (Edition Suhrkamp, Bd. 1349). Frankfurt a. M.: Suhrkamp Verlag.

Yeazell, R. B. (2000): Harems of the Mind. Passages of Western Art and Literature. New Haven/London: Yale University Press.

Yılmaz, H. (2007): Euroskeptizismus in der Türkei. Parteien, Eliten und öffentliche Meinung, 1995–2006. In: Clemens, G. (Hrsg.): Die Türkei und Europa (Studien zur neueren europäischen Geschichte, Bd. 1). Hamburg/Münster: LIT Verlag. S. 215–244.

Zülsdorf-Kersting, M. (2007): Sechzig Jahre danach: Jugendliche und Holocaust. Eine Studie zur geschichtskulturellen Sozialisation. Berlin: LIT.

Zülsdorf-Kerstings, M. (2012): Was ist guter Geschichtsunterricht? Annäherung an eine verschüttete und wieder aktuelle Frage. In: Meyer-Hamme, J./Thünemann, H./Ders. (Hrsg.): Was heißt guter Geschichtsunterricht? Perspektiven im Vergleich. Schwalbach/Ts.: Wochenschau Verlag. S. 11–23.

Zürcher, E. J. (2004): Turkey. A Modern History. London/New York: I. B. Tauris & Co Ltd.

Verwendete Lehrwerke und Materialien

Augustin, C. et. Al (2010): Das IGL-Buch 2. Gesellschaftslehre. 2. Aufl. Stuttgart: Klett

Baumgärtner, U. et. al (Hrsg.) (2015): Horizonte – Geschichte Qualifikationsphase S II Nordrhein-Westfalen. Braunschweig: Westermann.

Baumgärtner, U./Fieberg, K. (2009) (Hrsg.): Horizonte 2. Geschichte. Gymnasium Nordrhein-Westfalen. Braunschweig: Westermann.

Berge-von der Heide, T. (2012) (Hrsg.): Menschen Zeiten Räume 2. Gesellschaftslehre. Nordrhein-Westfalen. Berlin: Cornelsen.

Berge-von der Heide, T./Oomen, H.-G. (2012) (Hrsg.): entdecken und verstehen 2/3. Geschichte. Nordrhein-Westfalen. Berlin: Cornelsen.

Berge-von der Heide, T./Oomen, H.-G. (2012) (Hrsg.): entdecken und verstehen 3. Geschichte. Nordrhein-Westfalen. Berlin: Cornelsen.

Brants, E. et. Al (2014): Heimat und Welt Gesellschaftslehre 7/8. Differenzierende Ausgabe. Nordrhein-Westfalen. Braunschweig: Westermann.

Brokemper, P./Köster, E./Potente, D. (2011) (Hrsg.): entdecken und verstehen 2. Arbeitsbuch für Gesichte/Politik an Hauptschulen in Nordrhein-Westfalen. Berlin: Cornelsen.

Brokemper, P./Köster, E./Potente, D. (2013) (Hrsg.): Geschichte Real 3. Nordrhein-Westfalen. Berlin: Cornelsen.

Brückner, D. (2009) (Hrsg.): Das waren Zeiten 2. Gymnasium. Nordrhein-Westfalen. Bamberg: Buchner.

Christoffer, S. et. al (2008): mitmischen 2. Stuttgart: Klett.

Christoffer, S. et al. (2012): Zeitreise 3. Stuttgart: Klett.

Corneließen, H.-J. et. al (2008): Mosaik 2. Der Geschichte auf der Spur, Ausgabe D. Vom Mittelalter bis zum Ersten Weltkrieg. München: Oldenbourg.

Derichs, J. et. al (2012): denkmal Geschichte 3. Nordrhein-Westfalen. Braunschweig: Schroedel.

Drabinski, N. et. Al (2013): Trio Gesellschaftslehre 7/8. Braunschweig: Schroedel.

Droste, P. J. (2015) (Hrsg.): Geschichte und Geschehen. Qualifikationsphase Oberstufe Nordrhein-Westfalen. Stuttgart: Klett.

Ebeling, H./Birkenfeld, H. (2013) (Hrsg.): Die Reise in die Vergangenheit. Nordrhein-Westfalen 2. Braunschweig: Westermann.

Gaffga, P. et. al (2015): Gesellschaft bewusst 2. Differenzierende Ausgabe. Nordrhein-Westfalen Gesellschaftslehre Klasse 7/8. Braunschweig: Westermann.

Langendorf, E. (2015) (Hrsg.): Buchners Geschichte. Oberstufe. Ausgabe Nordrhein-Westfalen Qualifikationsphase. Bamberg: Buchner.

Laschewski-Müller, K./Rauh, R. (2015) (Hrsg.): Kursbuch Geschichte. Qualifikationsphase. Nordrhein-Westfalen. Berlin: Cornelsen.

Lendzian, H.-J. (2013) (Hrsg.): Geschichte und Gegenwart 3. Braunschweig: Schöningh.

Lendzian, H.-J. (2015) (Hrsg.): Zeiten und Menschen. Geschichte Qualifikationsphase Oberstufe Nordrhein-Westfalen. Braunschweig u. a.: Schöningh-Verlag.

Lendzian, H.-J. (2017) (Hrsg.): Zeiten und Menschen 2. Braunschweig: Schoeningh.

Regenhardt, H.-J. et. al (2008): Forum Geschichte 2. Nordrhein-Westfalen. Gesamtband. Berlin: Cornelsen.

Regenhardt, H.-J. et. al (2008): Forum Geschichte 2. Nordrhein-Westfalen. Teilband 1. Berlin: Cornelsen.

Sauer, M. (2016) (Hrsg.): Geschichte und Geschehen 2. Stuttgart: Klett.

Kommentare aus einem digitalen Gästebuch

https://www.osmanischesreich.de/g%C3%A4stebuch/ [eingesehen am 21.01.2017].

Digitale Artikel gängiger Zeitungen

deutschlandfunk.de

http://www.deutschlandfunk.de/voelkermord-an-den-aramaeisch-sprachigen-christen-der.886.de.html?dram:article_id=324152, (01.07.2015), [eingesehen am 21.01.2017].

stern.de

http://www.stern.de/politik/ausland/voelkermord-an-armeniern-deutschland-erkennt-genozid-an-wie-reagiert-die-tuerkei-6217888.html, (23. April 2015), [eingesehen am 21.01.2017].

zeit.de

http://www.zeit.de/politik/ausland/2016-06/tuerkei-ruft-wegen-armenien-resolution-botschafter-zurueck, (02.06.2016), [eingesehen am 21.01.2017].

MEHRSPRACHIGKEIT

Herausgegeben von Wilhelm Griesshaber und Jochen Rehbein

Band 1
Katharina Meng, Jochen Rehbein (Hrsg.)
Kindliche Kommunikation – einsprachig und mehrsprachig
2007, 480 S., br., 29,90 €, ISBN 978-3-8309-1188-3

Band 2
Seyyare Duman
Schweigen
1999, 288 Seiten, 19,50 €, E-Book 978-3-89325-5512-2

Band 5
Wilhelm Grießhaber
Die relationierende Prozedur
1999, 304 Seiten, 26,90 €, E-Book 978-3-89325-5711-9

Band 6
Sebastian Eissenhauer
Relativsätze im Vergleich: Deutsch – Arabisch
1999, 210 Seiten, 22,90 €, E-Book 978-3-89325-5710-2

Band 7
Oksana Kovtun
Wirtschaftsanglizismen
2000, 144 Seiten, 19,50 €, E-Book 978-3-89325-5828-4

Band 8
Christian Kodzo Ayivi
Zweisprachige Lexikographie
2000, 234 Seiten, 22,90 €, E-Book 978-3-89325-5845-1

Band 9
Karen Schramm
L2-Leser in Aktion
2001, 560 Seiten, 35,90 €, E-Book 978-3-8309-6082-9

Band 11
Petr Bednarský
Deutsche und tschechische Präpositionen kontrastiv – am Beispiel von *an*, *auf* und *na*
1999, 220 Seiten, 22,90 €, E-Book 978-3-8309-6102-4

Band 12
Larysa Tarasevich
Dimensionale Präpositionen
2003, 174 Seiten, 22,90 €, E-Book 978-3-8309-6277-9

Band 13
Bernd Meyer
Dolmetschen im medizinischen Aufklärungsgespräch
2004, 250 Seiten, br., 25,50 €, ISBN 978-3-8309-1297-2

Band 14
Shinichi Kameyama
Verständnissicherndes Handeln
2004, 244 Seiten, 26,90 €, E-Book 978-3-8309-6366-0

Band 16
Waltraut Timmermann
Tempusverwendung in chinesisch-deutscher Lernersprache
2005, 304 Seiten, 26,90 €, E-Book 978-3-8309-6485-8

Band 17
S. Cigdem Sagin Simsek
Third Language Acquisition
2006, 166 Seiten, 22,40 €, E-Book 978-3-8309-6604-3

Band 18
Jutta Fienemann
Erzählen in zwei Sprachen
2006, 312 Seiten, 26,90 €, E-Book 978-3-8309-6576-3

Band 19
Edgardis Garlin
Bilingualer Erstspracherwerb
2008, 518 Seiten, br., 39,90 €, ISBN 978-3-8309-1730-4

Band 20
Konrad Ehlich, Antonie Hornung (Hrsg.)
Praxen der Mehrsprachigkeit
2006, 196 Seiten, 22,40 €, E-Book 978-3-8309-6731-6

BAND 21
Alexandra Eberhardt
DIE SPRACHLICHE UMSETZUNG NEUER TECHNOLOGIEN IM FRANZÖSISCHEN
2007, 240 Seiten, 22,40 €, E-Book 978-3-8309-6854-2

BAND 22
Katharina Böttger
DIE HÄUFIGSTEN FEHLER RUSSISCHER DEUTSCHLERNER
2008, 230 Seiten, br., 29,90 €, ISBN 978-3-8309-1979-7

BAND 23
Karen Schramm, Christoph Schroeder (Hrsg.)
EMPIRISCHE ZUGÄNGE ZU SPRACHERWERB UND SPRACHFÖRDERUNG IN DEUTSCH ALS ZWEITSPRACHE
2009, 219 Seiten, br., 27,90 €, ISBN 978-3-8309-2220-9

BAND 24
Erkan Özdil
CODESWITCHING IM ZWEISPRACHIGEN HANDELN
2010, 236 Seiten, 22,30 €, E-Book 978-3-8309-7287-7

BAND 25
Pere Comellas, Conxita Lleó (Hrsg.)
RECERCA I GESTIÓ DEL MULTILINGÜISME / MEHRSPRACHIGKEITSFORSCHUNG UND MEHRSPRACHIGKEITSMANAGEMENT
2010, 314 Seiten, 23,90 €, dt. u. katal.
E-Book 978-3-8309-7325-6

BAND 26
Claudia Benholz, Gabriele Kniffka, Elmar Winters-Ohle (Hrsg.)
FACHLICHE UND SPRACHLICHE FÖRDERUNG VON SCHÜLERN MIT MIGRATIONSGESCHICHTE
2010, 204 Seiten, br., 24,90 €, ISBN 978-3-8309-2323-7

BAND 27
Michael de Jong
DAS KONZEPT DER MENTALITÄT IM SPRACHLICHEN HANDELN
2010, 246 Seiten, 26,90 €, E-Book 978-3-8309-7361-4

BAND 28
Susanne Lippert
SPRACHUMSTELLUNG IN BILINGUALEN FAMILIEN
2010, 352 Seiten, 26,90 €, E-Book 978-3-8309-7338-6

BAND 29
Alexandra Wojnesitz
„DREI SPRACHEN SIND MEHR ALS ZWEI"
2010, 244 Seiten, 22,40 €, E-Book 978-3-8309-7411-6

BAND 30
Lirim Selmani
DIE GRAMMATIK VON *UND*
2012, 278 Seiten, 26,90 €, E-Book 978-3-8309-7550-2

BAND 31
Galia Datcheva
***MAL*, *WOHL* UND IHRE BULGARISCHEN ENTSPRECHUNGEN**
2011, 274 Seiten, 40,40 €, E-Book 978-3-8309-7551-9

BAND 32
Susanne Prediger, Erkan Özdil (Hrsg.)
MATHEMATIKLERNEN UNTER BEDINGUNGEN DER MEHRSPRACHIGKEIT
2011, 240 Seiten, br., 32,90 €, ISBN 978-3-8309-2602-3

BAND 33
Yazgül Şimşek
SEQUENZIELLE UND PROSODISCHE ASPEKTE DER SPRECHER-HÖRER-INTERAKTION IM TÜRKISCHDEUTSCHEN
2012, 328 Seiten, 26,90 €, E-Book 978-3-8309-7633-2

BAND 34
Catherine Nanjala Agoya-Wotsuna
DIE SPRACHSITUATION KENIAS ALS VORAUSSETZUNG FÜR DIE VERMITTLUNG DES DEUTSCHEN ALS FREMDSPRACHE
2012, 336 Seiten, 31,99 €, E-Book 978-3-8309-6488-9

BAND 35
Elmar Winters-Ohle, Bettina Seipp, Bernd Ralle (Hrsg.)
LEHRER FÜR SCHÜLER MIT MIGRATIONSGESCHICHTE
2012, 336 Seiten, br., 29,90 €, ISBN 978-3-8309-2733-4

Band 36
Marine Lalayan
DEUTSCHSPRACHIGE HOCHSCHULKOMMUNIKATION IN ARMENIEN
2013, 312 Seiten, br., 39,90 €, ISBN 978-3-8309-2917-8

Band 37
Angelika Redder, Julia Pauli, Roland Kießling, Kristin Bührig, Bernhard Brehmer, Ingrid Breckner, Jannis Androutsopoulos
MEHRSPRACHIGE KOMMUNIKATION IN DER STADT
2013, 242 Seiten, br., 34,90 €, ISBN 978-3-8309-2965-9

Band 38
Gulsum Massakowa
REZEPTIVE MEHRSPRACHIGKEIT IN DER INTERTÜRKISCHEN KOMMUNIKATION
2014, 392 Seiten, 35,99 €, E-Book 978-3-8309-8185-5

Band 39
Jule Böhmer
BILITERALITÄT
2015, 392 Seiten, br., 34,90 €, ISBN 978-3-8309-3253-6

Band 40
Daniela Rotter
DER FOCUS-ON-FORM-ANSATZ IN DER SPRACHFÖRDERUNG
2015, 234 Seiten, br., 34,90 €, ISBN 978-3-8309-3253-6

Band 41
Michaela Kuchenreuther
EIN ZWEISPRACHIGES WÖRTERBUCH KONSULTIEREN
2015, 242 Seiten, br., 29,90 €, ISBN 978-3-8309-3317-5

Band 42
Olga Fekete
KOMPLEXITÄT UND GRAMMATIKALITÄT IN DER LERNERSPRACHE
2016, 256 Seiten, br., 34,90 €, ISBN 978-3-8309-3391-5

Band 43
Erkan Gürsoy
KOHÄSION UND KOHÄRENZ IN MATHEMATISCHEN PRÜFUNGSTEXTEN TÜRKISCH-DEUTSCHSPRACHIGER SCHÜLERINNEN UND SCHÜLER
2016, 242 Seiten, br., 34,90 €, ISBN 978-3-8309-3394-6

Band 44
Philip Bracker
DIE ENTSTEHUNG ETHNISCHER IDENTITÄT BEI ‚MENSCHEN MIT TÜRKISCHEM MIGRATIONSHINTERGRUND'
2017, 288 Seiten, br., 39,90 €, ISBN 978-3-8309-3580-3

Band 45
Gülşah Mavruk
MICROTEACHING IN DER UNIVERSITÄREN LEHRERAUSBILDUNG
2018, 328 Seiten, br., 39,90 €, ISBN 978-3-8309-3653-4

Band 46
Diana Maak, Julia Ricart Brede
WISSEN, KÖNNEN, WOLLEN – SOLLEN?!
2019, 326 Seiten, br., 39,90 €, ISBN 978-3-8309-3088-4

Band 47
Angelika Redder, Meryem Çelikkol, Jonas Wagner, Jochen Rehbein
MEHRSPRACHIGES HANDELN IM MATHEMATIKUNTERRICHT
2018, 436 Seiten, br., 44,90 €, ISBN 978-3-8309-3849-1

Band 48
Heike Roll, Heike Roll, Markus Bernhardt, Christine Enzenbach, Hans E. Fischer, Erkan Gürsoy, Heiko Krabbe, Martin Lang, Sabine Manzel, Işıl Uluçam-Wegmann
SCHREIBEN IM FACHUNTERRICHT DER SEKUNDARSTUFE I UNTER EINBEZIEHUNG DES TÜRKISCHEN
2019, 238 Seiten, br., 29,90 €, ISBN 978-3-8309-4088-3

Band 49
Tanja Sterling
BILITERALITÄT IM SPANNUNGSFELD VON PERSÖNLICHER IDENTITÄTSBILDUNG UND INSTITUTIONELLER SPRACHENFÖRDERPOLITIK
2021, 306 Seiten, br., 34,90 €, ISBN 978-3-8309-4258-0

Band 50
Esin Işıl Gülbeyaz
SCHRIFTSPRACHERWERB UND MEHRSPRACHIGKEIT
2020, 378 Seiten, br., 44,90 €, ISBN 978-3-8309-4260-3